# PROCÈS

DES

# TEMPLIERS

PUBLIÉ

## PAR M. MICHELET

MEMBRE DE L'INSTITUT, PROFESSEUR AU COLLÉGE ROYAL DE FRANCE
CHEF DE LA SECTION HISTORIQUE AUX ARCHIVES DU ROYAUME

TOME I

PARIS
IMPRIMERIE ROYALE
—
M DCCC XLI

# COLLECTION

DE

# DOCUMENTS INÉDITS

SUR L'HISTOIRE DE FRANCE

PUBLIÉS

## PAR ORDRE DU ROI

ET PAR LES SOINS

DU MINISTRE DE L'INSTRUCTION PUBLIQUE

PREMIÈRE SÉRIE

HISTOIRE POLITIQUE

Nous publions dans ce volume et dans les premières feuilles du suivant l'acte le plus important du procès des Templiers. C'est l'interrogatoire que le Grand Maître et deux cent trente et un chevaliers ou frères servants subirent à Paris par-devant les commissaires pontificaux.

Cet interrogatoire fut conduit lentement, et avec beaucoup de ménagement et de douceur, par de hauts dignitaires ecclésiastiques, un archevêque, plusieurs évêques, etc. Les dépositions obtenues ainsi méritent plus de confiance que les aveux, d'ailleurs très-brefs, uniformes et peu instructifs, que les inquisiteurs et les gens du Roi avaient arrachés par la torture, immédiatement après l'arrestation.

Il reste deux manuscrits authentiques du grand interrogatoire. L'un, copie sur vélin, fut envoyé au pape, et il est enfermé sous la triple clef du Vatican. L'autre, sur simple papier, fut déposé au trésor de Notre-Dame de Paris. A en juger par les surcharges et les ratures, celui-ci pourrait bien avoir été une rédaction primitive faite jour par jour sur les notes d'audience.

Il porte à la dernière page les mots suivants : « Pour « surcroît de précaution, nous avons déposé ladite procédure, « rédigée par un des notaires en acte authentique, dans le

« trésor de Notre-Dame de Paris, pour n'être exhibée à per-
« sonne que sur lettres spéciales de Votre Sainteté. »

A quelle époque le mystérieux registre fut-il tiré de Notre-Dame? Nous l'ignorons. Si nous en croyons du Puy (reg. 746, p. 165), il se trouvait au xvi$^e$ siècle dans la bibliothèque du président Brisson. De là il passa dans les mains de M. Servin, avocat général, enfin dans celles des Harlay. Au milieu du xviii$^e$ siècle, M. de Harlay le légua avec ses manuscrits aux bénédictins de Saint-Germain des Prés. Ayant heureusement échappé à l'incendie de leur bibliothèque en 1793, il a été déposé à la Bibliothèque royale, fonds Harlay, n° 49.

Si ce monument de scandale était resté enfoui au trésor de Notre-Dame, ce n'est pas nous qui l'en aurions fait sortir. Mais il en a été tiré depuis longtemps; depuis longtemps il est connu par de courts extraits, par des citations partielles, choisies selon des vues différentes. Les savants hommes qui les premiers n'ont pas craint de le divulguer, y cherchaient uniquement, quelle que fût leur bonne foi, ce qui pouvait appuyer deux systèmes, deux plaidoyers opposés. Ils ont montré et ils ont caché ; le scandale n'en a été que plus grand.

Mieux valait publier tout, donner les pièces, les actes en entier. Cette grande affaire, la plus grave peut-être du moyen âge, devait, pour être traitée gravement, se présenter à la critique dans l'intégralité de ses détails (*omnia munda mundis*), dans sa vérité naïve et terrible.

Désormais le lecteur pourra juger lui-même. Nous lui remettons entre les mains le plus ancien procès criminel dont il reste une instruction détaillée. Cette instruction se trouve être une sorte d'enquête singulièrement curieuse sur l'histoire des rites, des mœurs, des usages.

Tout identiques que sont les questions, tout uniformes de style que peuvent sembler les réponses dans le latin monotone du notaire apostolique, l'observateur sérieux verra, non sans intérêt, l'individualité humaine se produire encore sous cette lourde enveloppe avec le naturel, la variété, les accidents de la vie, souvent avec le mouvement imprévu de la passion..... Cette diversité des détails sera peut-être pour le critique un motif d'accorder quelque créance à ce que les assertions capitales présentent de concordant.

Nous avons religieusement reproduit le seul manuscrit de cet interrogatoire que nous eussions entre les mains. Nous l'avons suivi, copié, même dans ses dispositions matérielles les plus insignifiantes au premier coup d'œil[1], même dans ses nombreuses fautes de langue et d'orthographe[2]. Si nous obtenions plus tard communication d'un autre manuscrit du même acte, nous nous empresserions de faire connaître les variantes qu'il pourrait offrir.

Avant de publier les nombreuses pièces encore inédites du procès des Templiers[3], que possèdent les Archives du royaume et la Bibliothèque royale, nous faisons appel à l'obligeance

---

[1] Par exemple la lacune de la page 273, où on lit : « In ista pagina nichil est scriptum. » Cette lacune indique le moment où les commissaires du pape apprenant que cinquante-quatre Templiers viennent d'être brûlés, suspendent les interrogatoires.

[2] On trouve dans ces fautes mêmes de précieuses données sur la prononciation du temps : « De capite sibi *h*ostenso, Ad*h*orare, etc. »

[3] Je partage les travaux de cette publication avec les jeunes et savants employés des Archives du royaume, MM. de Stadler, Castelnau et Laget ont fait la transcription, d'autant plus difficile en certains passages, que le notaire italien défigure assez fréquemment des mots français qu'il latinise sans les comprendre. M. Dessalles a restitué quelques-uns de ces mots dans le passage en langue romane (141-144). M. de Stadler m'a spécialement aidé et dans la révision des épreuves et dans le travail minutieux des tables. La table analytique et la table alphabétique des matières se trouveront à la fin du dernier volume. Je donne seulement ici celle des noms d'hommes et de lieux.

des savants nationaux et étrangers. Nous espérons qu'ils voudront bien nous faire connaître les actes relatifs au même sujet qui se trouveraient dans les diverses archives, bibliothèques et autres dépôts publics.

La série des pièces une fois complétée et ordonnée, nous pourrons essayer de les apprécier, d'en déterminer la valeur, enfin de résumer le procès, d'en donner le sens historique, et de mieux motiver le jugement que nous avons hasardé ailleurs sur une si vaste et si obscure question.

31 janvier 1841.

# PROCÈS
### DES
# TEMPLIERS.

# PROCÈS DES TEMPLIERS.

In nomine domini nostri Jhesu Christi. Amen. Anno a nativitate ejusdem millesimo trecentessimo nono, indictione septima, pontificatus sanctissimi patris in Christo, domini Clementis, divina providencia Pape quinti, anno quarto, Noverint universi ac singuli hoc presens publicum instrumentum inspecturi, quod, cum venerabiles in Christo patres domini Dei gracia Narbonensis archiepiscopus, Bajocensis, Mimatensis et Lemovicensis episcopi, nec non venerabiles viri magistri Matheus de Neapoli sedis apostolice notarius, majoris Caleti Rothomagensis, Johannes de Mantua Tridentine, et Johannes de Monte Lauro Magalonensis ecclesiarum archidiaconi, fuissent per litteras apostolicas ad inquirendum contra Templariorum ordinem in regno Francie, una cum venerabili viro magistro Guillelmo Agarni Aquensi preposito, legittime, ut dicebatur, excusato, sub certa forma deputati, vellent et intenderent, ut dicebant, mandatum apostolicum exequi reverenter : fecerunt, ad cautellam et memoriam futurorum, in presencia mei notarii publici et aliorum notariorum ac testium infrascriptorum, dictas litteras apostolicas vera bulla plumbea dicti domini Pape bullatas et in nulla sui parte suspectas, nec non ac patentes litteras excusatorias dicti prepositi Aquensis sigillo suo.... sigillatas, in publicum recitari ac legi, et eas preceperunt per me et alios infrascriptos notarios redigi [in proc]essum. Tenor autem dictarum litterarum apostolicarum talis est :

Clemens episcopus servus servorum Dei venerabilibus [*fratribus*] archiepiscopo Narbonensi, ac Bajocensi, Mimatensi et Lemovicensi episcopis et dilectis filiis, magistris Matheo de Neapoli majoris Caleti Rothomagensis notario nostro, Johanni de Mantua Tridentine, Johanni de Monte Lauro Magalonensis archidiaconis ac Guillelmo Agarni preposito Aquensis ecclesiarum, salutem et apostolicam benedictionem.

Faciens misericordiam cum servo suo Dei filius, dominus Jhesus Christus, ad hec nos voluit in specula eminenti apostolatus assummi, ut gerentes, licet immeriti, vices ejus in terris, in cunctis nostris actibus et processibus, ipsius vestigia, quantum patitur humana fragilitas, imitemur. Sane dudum circa promocionis nostre ad apicem summi apostolatus inicium, eciam antequam Lugdunum, ubi recepimus nostre coronacionis insignia, veniremus, et post eciam tam ibi quam alibi, secreto quorumdam nobis insinuacio intimavit, quod Magister, preceptores et alii fratres ordinis milicie Templi Jerosolimitani, et eciam ipse ordo, qui ad defensionem patrimonii ejusdem domini nostri Jhesu Christi fuerant in Transmarinis partibus deputati, contra ipsum Dominum in scelus apostasie nephandum, detestabile ydolatrie, vicium execrabile Sodomorum, et hereses varios, erant lapsi. Quia vero non erat verisimile nec credibile videbatur, quod viri tam religiosi, qui precipue pro Christi nomine suum sepe sanguinem effundere ac personas suas mortis periculis frequencius exponere credebantur, quique multa et magna tam in divinis officiis quam in jejuniis et aliis observanciis devocionis signa frequencius pretendebant, sue sic essent salutis immemores, quod talia perpetrarent, hujusmodi insinuacioni ac delacioni ipsorum, ejusdem Domini nostri exemplis et canonice scripture doctrinis edocti, aurem noluimus inclinare. Deinde vero karissimus in Christo filius noster Philippus rex Francorum illustris, cui fuerant eadem facinora nunciata (non tipo avaricie, cum de bonis Templariorum nichil sibi vindicare vel appropriare intendat, immo ea nobis et ecclesie per deputandos a nobis administranda, gubernanda, conservanda, et custodienda liberaliter ac devote in regno suo dimisit;

manum suam exinde totaliter amovendo, sed fidei orthodoxe fervore,
suorum progenitorum vestigia clara sequens), accensus de premissis, quantum licite potuit, se informans ad instituendum et informan-
dum nos super hiis, multa et magnas [sic] nobis informacionem per
suos nuncios et litteras destinavit. Infamia vero contra Templarios
ipsos increbrescente validius super sceleribus antedictis, et quia
eciam quidam miles ejusdem ordinis magne nobilitatis, et qui non
leve opinionis in dicto ordine habebatur, coram nobis secreto
juratus, deposuit quod in recepcione fratrum prefati ordinis hec
consuetudo vel verius corruptela servatur, quod ad recipientis
vel ab eo deputati sugestionem, qui recipitur Christum Jhesum ne-
gat, et super crucem sibi obstensam spuit, in vituperium crucifixi,
et quedam alia faciunt recipiens et receptus, que licita non sunt
nec humane conveniunt honestati, prout ipse tunc confessus extitit
coram nobis, vitare nequivimus, urgente nos ad id officii nostri debito, quin tot et tantis clamoribus accomodaremus auditum. Sed
cum demum fama publica deferente, et clamosa insinuacione dicti
regis, nec non et ducum, comitum et baronum ac aliorum nobilium, cleri quoque et populi dicti regni Francie, ad nostram propter
hec, tam per se quam per procuratores et sindicos, presenciam ve-
niencium, quod dolentes referimus, ad nostram audienciam pervenisset, quod Magister, preceptores et alii fratres dicti ordinis et ipse
ordo prefatis et pluribus aliis erant criminibus irretiti, et premissa
per multas confessiones, attestaciones et deposiciones prefati Magistri et plurium preceptorum et fratrum ordinis prelibati, coram multis prelatis et heretice pravitatis inquisitore in regno Francie factas,
habitas et receptas et in publicam scripturam redactas, nobisque
et fratribus nostris ostensas: probata quodam modo viderentur, ac
nichilominus fama et clamores predicti in tantum invaluissent et
eciam ascendissent tam contra ipsum ordinem quam contra singulas
personas ejusdem, quod sine gravi scandalo preteriri non poterant
nec absque imminente periculo tolerari; nos, Illius cujus vices licet
immeriti in terris gerimus vestigiis inherentes, ad inquirendum

1.

de predictis racione previa duximus procedendum, multosque de pre[cedenti]bus presbiteris et militibus et aliis fratribus dicti ordinis, reputacionis non modice, in nostra presencia constitutis, prestito ab eis juramento, quod super premissis meram et plenam nobis dicerent veritatem, super premissis interrogavimus et examinavimus usque ad numerum septuaginta duorum, multis ex fratribus nostris nobis assistentibus diligenter, eorumque confessiones per publicas manus in autenticam scripturam redactas illico in nostra et dictorum fratrum nostrorum presencia, ac deinde interposito aliquorum dierum spacio, in consistorio publico legi fecimus coram ipsis, et eas in suo vulgari cuilibet eorum exponi. Qui perseverantes in illis eas expresse et sponte, prout recitate fuerunt, approbarunt, postque cum Magistro et precipuis preceptoribus prefati ordinis intendentes super premissis inquirere per nos ipsos, ipsum Magistrum, et Francie, terre Ultramarine, Normanie, Aquitanie ac Pictavie preceptores majores nobis Pictavis existentibus mandavimus presentari. Sed quoniam quidam ex ipsis sic infirmabantur tunc temporis, quod equitare non poterant nec ad nostram presenciam quoquomodo adduci, nos cum eis scire volentes de premissis omnibus veritatem et an vera essent que continebantur in eorum confessionibus et deposicionibus, quas coram inquisitore pravitatis heretice in regno Francie, presentibus quibusdam notariis publicis et multis aliis bonis viris, dicebantur fecisse, nobis et fratribus nostris per ipsum inquisitorem sub manibus publicis exhibitis et ostensis, dilectis filiis nostris Berengario tituli sanctorum Nerei et Archilei, et Stephano tituli sancti Ciriaci in Termis presbiteris, et Landulpho sancti Angeli diacono cardinalibus, de quorum prudencia et fidelitate indubitata[m] fiducia[m] obtinemus, commisimus et mandavimus, ut ipsi cum prefato Magistro et preceptoribus inquirerent tam contra ipsos et alias singulares personas dicti ordinis generaliter, quam contra ipsum ordinem, super premissis cum diligencia veritatem, et quicquid super premissis hiis invenirent, nobis referre ac eorum confessiones ac deposiciones per manum publicam in scriptis redactas nostro apostolatui deferre et presentare curarent, eisdem Magistro et preceptoribus absolucionis beneficium a sentencia excommunicacionis, quam pro premissis, si vera erant, incurrerent, si absolucionem humiliter ac devote peterent, ut debebant, juxta formam ecclesie, impensuri. Qui cardinales ad ipsos Magistrum et preceptores personaliter accedentes eis sui adventus causam exposuerunt, et quoniam tam persone quam res ipsorum et aliorum Templariorum in regno Francie consistencium in manibus nostris erant, quod libere, absque metu cujusquam, plene ac pure super premissis omnibus ipsis cardinalibus dicerent veritatem, eis auctoritate apostolica injunxerunt. Qui Magister et preceptores Francie, terre Ultramarine, Normandie, Aquitanie et Pictavie, coram ipsis tribus cardinalibus, presentibus quatuor tabellionibus publicis, et multis aliis bonis viris, ad sancta Dei Evangelia ab eis corporaliter tacta prestito juramento, quod super premissis omnibus meram et plenam dicerent veritatem, coram ipsis singulariter libere ac sponte, absque coactione qualibet et terrore, deposuerunt et confessi fuerunt inter cetera, Christi abnegacionem et spuicionem super crucem, cum in ordine Templi recepti fuerunt, et quidam ex eis, se sub eadem forma, scilicet cum abnegacione Christi et spuicione super crucem, fratres multos recepisse. Sunt eciam quidam ex eis quedam alia horribilia et inhonesta confessi, que, ut eorum ad presens parcamus verecundie, subticemus. Dixerunt preterea et confessi fuerunt esse vera que in eorum confessionibus et deposicionibus continentur, quas dudum fecerunt coram inquisitore heretice pravitatis. Que confessiones et deposiciones dictorum Magistri et preceptorum, in scripturam publicam per quatuor tabelliones publicos redacte, in ipsorum Magistri et preceptorum, et quorumdam aliorum bonorum virorum presencia, ac deinde interposito aliquorum dierum spacio, coram ipsis eisdem lecte fuerunt, de mandato et in presencia cardinalium predictorum, et in suo vulgari exposite cuilibet eorumdem. Qui perseverantes in illis, eas expresse ac sponte, prout recitate fuerunt, approbarunt, et post confessiones et deposiciones hujusmodi ab ipsis cardinalibus ab excommunicacione, quam pro premissis incurrerant, absolucionem, flexis genibus manibusque complosis, humiliter ac devote et cum lacrimarum effusione non modica, pecierunt. Ipsi vero cardinales, quia ecclesia non claudit gremium redeunti, ab eisdem Magistro et preceptoribus heresi abjurata expresse, ipsis secundum formam ecclesie, auctoritate nostra, absolucionis beneficium impenderunt. Ac deinde ad nostram presenciam redeuntes, confessiones et deposiciones prelibatorum Magistri et preceptorum, in scripturam publicam per manus publicas, ut est dictum, redactas, nobis presentaverunt, et que cum dictis Magistro et preceptoribus fecerant retulerunt. Ex quibus confessionibus et deposicionibus ac relacione invenimus sepefatos Magistrum et fratres in premissis, et circa premissa, licet quosdam ex eis in pluribus, et alios in paucioribus, graviter deliquisse. Verum quia in universis mundi partibus, per quas idem ordo diffunditur ac fratres degunt ipsius, super hiis non possumus inquirere per nos ipsos, discrecioni vestre, de quorum circumspectione specialem fiduciam gerimus, de fratrum nostrorum consilio, per apostolica scripta mandamus, quatenus ad Senonenses civitatem, diocesim et provinciam personaliter accedatis, et per publicum citacionis edictum per vos faciendum in locis de quibus vobis visum fuerit expedire, vocatis qui fuerunt evocandi, super articulis quos vobis sub bulla nostra inclusos transmittimus, et super aliis de quibus prudencie vestre videbitur expedire, inquiratis, hac auctoritate nostra, contra dictum ordinem cum diligencia, veritatem [eorum]que super premissis inveneritis, fideliter in scriptis publica manu redacta [sic], sub vestris sigillis ad nostram presenciam delaturi seu eciam transmissuri. Testes autem si qui, a vobis requisiti seu amoniti vel citati ut super dictis articulis ferant veritatis testimonium coram vobis, se prece vel precio, gracia, timore, odio vel amore a ferendo testimonio subtraxerint, nec non fautores, receptores et defensores predictorum fratrum, qui a vobis citati vel vocati, ut premittitur, coram vobis non comparuerint; eos insuper qui predictam vestram inquisicionem directe vel indirecte, publice vel occulte, per se vel alium seu alios, vel alio quoquo modo, presumpserint impedire, per censuram ecclesiasticam, appellacione postposita, compescatis, invocato ad hec, si opus fuerit, auxilio brachii secularis. Quod si non omnes hiis exequendis potueritis interesse, septem, sex, quinque, quatuor vel tres, duo videlicet de prelatis predictis cum altero saltem de aliis ea nichilominus exequantur. Datum Pictavis II Idus Augusti, pontificatus nostri anno tercio.

Item fuerunt exhibite per dictos dominos commissarios octo alie littere apostolice consimilis tenoris in effectu cum precedenti. In quarum una de Remensi, in alia de Rothomagensi, in alia de Turonensi, in alia de Lugdunensi, in alia de Burdegalensi, in alia de Bituricensi, in alia de Narbonensi, et in alia de Auxitanensi civitatibus, diocesibus et provinciis mencio habebatur.

Item aliarum duarum litterarum exhibitarum tenores tales sunt: Clemens episcopus servus servorum Dei venerabilibus fratribus universis, archiepiscopis et episcopis, et omnibus aliis per nos ad infrascripta per regnum Francie deputatis, salutem et apostolicam benedictionem. Ut in negocio fratrum ordinis Templariorum comodius procedere valeatis, vobis et singulis vestrum in provincia Senonensi, vel in quibusvis aliis locis regni Francie in quibus ipsi Templarii detinentur, eciam si aliunde illuc adducti fuerint, ac vobis et commissariis in eodem negocio deputatis magis expediens fore videbitur, inquirendi ac recipiendi probaciones quaslibet in eisdem provincia et locis, non obstantibus quibuscumque litteris apostolicis, cujuscumque tenoris existant, vobis concessis vel directis, per quas hujusmodi nostre concessionis explicacio posset quomodolibet impediri, juxta priorum nostrarum continenciam litterarum, plenam concedimus, auctoritate presencium, facultatem. — Datum Avinione XI Kalendas Junii, pontificatus nostri anno quarto.

Clemens episcopus servus servorum Dei venerabilibus fratribus universis, archiepiscopis et episcopis, et omnibus aliis per nos ad infrascripta per regnum Francie deputatis, salutem et apostolicam benedictionem. Volentes ut negocium fratrum ordinis Templariorum debitum celeriter sorciatur effectum, vobis et singulis vestrum inquirendi et procedendi in eodem negocio, juxta priorum apostolicarum vobis directarum continenciam litterarum, eciam extra provincias et dioceses vestras, non obstante quod in predictis litteris dicitur contineri, quod ad certas vos conferatis provincias, et ibi super hujusmodi negocio diligencius inquiratis ubi magis predicto negocio videritis expedire, plenam concedimus, auctoritate presencium, facultatem. Volumus tamen, quod alios articulos in dictis nostris prioribus litteris annotatos diligencius observetis. Datum Avinione xi Kalendas Junii, pontificatus nostri anno quarto.

Item in quadam alia littera apostolica, directa domino regi Francie illustri, continebantur clausule infrascripte, quas clausulas dicti domini commissarii preceperunt de verbo ad verbum in presenti processu inseri. Principium autem dicte littere apostolice tale est :

Clemens episcopus servus servorum Dei carissimo in Christo filio Philippo regi Francorum illustri salutem et apostolicam benedictionem. Prodierunt ex affluencia, etc. Item tenor dictarum clausularum talis est :

Ad illud autem quod petebatur a prelatis eisdem, quod, cum major pars Templariorum regni tui Parisius aut in Senonensi vel Turonensi provinciis tenerentur, eis videbatur expediens quod processus inquisicionis hujusmodi deberet in dicta provincia Senonensi inchoari; tibi duximus respondendum, quod de nostra voluntate procedit quod iidem prelati circa hoc agant quod melius in eodem negocio viderint expedire. Petebatur eciam a prelatis eisdem, quod in eadem provincia Senonensi vel alibi ubi dicti Templarii detinentur, et ubi prelatis et commissariis sepedictis videretur, inquirere et probaciones recipere possent ab omnibus quos invenirent ibidem, quamvis per litteras apostolicas eis missas oporteret ipsos ad alias transferre provincias, quod necesse ipsis minime videbatur, non obstante quod in eisdem litteris apostolicis super hoc directis aliud continetur. Ad quod respondemus quod id fieri volumus, prout a prelatis petitur supradictis. Super eo eciam quod petebatur si inquisiciones et processus hujusmodi ab eisdem prelatis extra suas provincias et dioceses, juxta continenciam litterarum apostolicarum per nuncios tuos exhibitarum, eisdem fieri poterant et haberi, Excellencie tue duximus respondendum, ut, non obstante quod in litteris commissariorum ipsorum dinoscitur contineri, quod ad certas vadant provincias, et ibi diligenter inquirant ubi magis dicto negocio viderint expedire, inquirere possint, servatis tamen aliis articulis in dictis litteris comprehensis, non obstante clausula illa videlicet quod se transferant ad provincias memoratas. Volumus igitur quod prelati regni tui in premisso negocio procedant juxta responsiones supradictas, nullo allio mandato nostro super hoc expectato, ut negocium hujusmodi facilius et celerius ad finem debitum deducatur. — Item data dicte littere directe dicto domino Regi talis est: Datum Avinione II Nonas Maii, pontificatus nostri anno quarto.

Item tenor dictarum litterarum excusatoriarum predicti prepositi Aquensis (in quibus a tergo erat ejus sigillum impressum cum figura seu ymagine beate Marie et ejus Filii, ac figura seu ymagine cujusdam hominis subtus ymaginem beate Marie, flexis genibus complosisque manibus existentis, cum quodam scuto leonis figuram continente, retro dictum hominem situato, et talibus litteris videlicet: S. GUILLELMI AQUENSIS ET APTENSIS PREPOSITI AC........ residuum vero ipsarum litterarum legi non poterat) talis est:

Venerabilibus et discretis viris, dominis et amicis suis carissimis, dominis Matheo Caragoli domini Pape notario et auditori reverendi in Christo patris domini P. de Columpna Dei gracia sancte Romane ecclesie diaconi cardinalis, Guillelmus Agarni Aquensis et Aptensis prepositus, salutem in Eo qui est omnium vera salus. Cum sanctissimus in Christo pater dominus Clemens, sancte Romane ac universalis ecclesie divina providencia Papa quintus, vobis et michi specialiter commiserit quasdam inquisiciones per vos et me debere fieri contra Templarios, et super certis articulis eosdem Templarios et domos eorum contingentibus, et super quibusdam aliis, prout hec in litteris dicte commissionis et capitulis plenius continentur, que, ut credo, jam ad vestram noticiam pervenerunt; verum, cum prefatus dominus Papa michi ante commissionem predictam commisserit specialiter et districte preceperit, in virtute a me prestiti juramenti et sancte obediencie, quod ego intendam diligenter et fideliter ad decimam colligendam, exigendam et recipiendam in provinciis Arelatensi, Aquensi, Ebredunensi, Viennensi ac eciam Lugdunensi ab omnibus personis et locis ecclesiasticis, quibusdam tamen terris et personis exceptis, concessam per eum ad biennium illustri viro domino Philippo principi Tharantino, ob causas racionabiles atque justas, propter que sum multipliciter occupatus, sic quod ad commissa negocia vobis et michi per eundem dominum Papam in premissis nullo modo possum intendere in presenti; idcirco me vobis circa hec excusans, et confidens de legalitate et discrecione vestra, super predictis, si opus est, et in quantum de jure possum, commicto specialiter vices meas, supplicans et requirens quod in hujusmodi negociis vobis et michi commissis procedatis, mei absencia non obstante. Datum Aquis v die mensis Maii, anno Domini M° CCC° nono. In cujus rei testimonium presentibus litteris sigillum meum apponendum duxi. Datum ut supra.

Item sciendum est, quod supradicti domini Matheus sedis apostolice notarius, Johannes Tridentinus et Johannes Magalonensis archidiaconi asseruerunt, in presencia aliorum dominorum collegarum suorum et mei ac ceterorum notariorum et aliorum testium infrascriptorum, se pro certo et pro constanti audivisse a reverendis in Christo patribus dominis Stephano Dei gracia tituli sancti Ciriaci in Termis presbitero et P. de Columpna sancte Romane ecclesie diaconis cardinalibus, quod eis constabat ipsum esse ex causis legitimis excusatum. Item ad ostendendum quod dictus prepositus Aquensis sit legittime excusatus, preceperunt dicti domini commissarii inseri in presenti processu quamdam litteram reverendi patris domini Berengarii Dei gracia tituli sanctorum Nerei et Archilei presbiteri cardinalis, cujus tenor talis est :

Venerabilibus in Christo patribus, amicis suis carissimis, Dei gracia dominis E. Narbonensi archiepiscopo, G. Bajocensi, R. Lemovicensi et G. Mimatensi episcopis, ac honorabili viro Johanni de Monte Lauro archidiacono Magalonensi, Berengarius miseracione divina tituli sanctorum Nerei et Archilei presbiter cardinalis, salutem et benivolencie specialis affectum. Litteras vestras grata manu recepimus et inspeximus diligenter, et litteras quidem vestras, quas per nos presentari domino nostro summo Pontifici petivistis, ei adhuc propter ipsius familiarium negociorum occupacionem, quibus idem dominus noster occupatus extitit, presentare nequivimus. Verum tamen scire vos volumus quod commissarii vestri in negocio Templariorum, jam XII diebus elapsis, de Romana curia recesserunt, excepto preposito Aquensi, qui se per suas litteras, quas deffert magister Matheus Caragolus domini Pape notarius, excusavit, ita quod jam in dicto negocio procedere poteritis ipsius prepositi absencia non obstante. Datum Avinione die VI Julii. Cras erit consistorium, et presentabimus litteras vestras predictas domino nostro. Si vero aliquid aliud vobis mandare voluerit, nos vobis significabimus per nostrum nuncium specialem.

Item prefati domini Matheus sedis apostolice notarius et Johannes archidiaconus Tridentinus, quibus antedictus prepositus Aquensis videbatur commississe in dictis suis litteris vices suas, dixerunt et fuerunt protestati expresse et preceperunt inseri in presenti processu, quod non recipiebant commissionem seu subdelegacionem dicti prepositi Aquensis, nec ut ejus commissarii vel ab eo subdelegati procedere intendebant. Et prefati eciam alii domini college eorum fuerunt protestati et preceperunt inseri in presenti processu, quod non intendebant recipere dictos dominum Matheum sedis apostolice notarium et Johannem archidiaconum Tridentinum tanquam commissarios antedicti prepositi Aquensis seu subdelegatos ab eo, neque sicut concommissarios seu subdelegatos ejusdem prepositi Aquensis procedere cum eisdem.

Post que supradicti domini commissarii et college, diligenti deliberacione inter se habita, decreverunt predictum ordinem Templi, fratres ejusdem ordinis et omnes alios evocandos, fore citandos per totum regnum Francie, per eorum publicum citacionis edictum, cujus edicti tenor sequitur in hunc modum :

Venerabilibus in Christo patribus, dominis Dei gracia...... archiepiscopo Senonensi, et ejus suffraganeis, vicariis et officialibus eorumdem, miseracione ejusdem archiepiscopus Narbonensis, Bajocensis, Lemovicensis et Mimatensis episcopi, nec non Matheus de Neapoli majoris Calcti Rothomagensis sedis apostolice notarius, et Johannes de Mantua Tridentine, et Johannes de Monte Lauro Magalonensis ecclesiarum archidiaconi, una cum venerabili viro magistro Guillelmo Agarni Aquensi preposito, legittime excusato, cum illa clausula, Quod si non omnes, etc. ad infrascripta per sedem apostolicam specialiter deputati, salutem in Domino, et mandatis apostolicis humiliter, reverenter et firmiter obedire. Ad vestram et pene omnium noticiam credimus pervenisse qualiter sanctissimus in Christo pater et dominus noster, dominus Clemens, divina providencia Papa quintus, apostasie, heresis, ydolatrie et alia gravia, ac enormia et nephanda facinora, contra Templariorum fratres et ordinem suo apostolatui clamore valido et publica ac creb[r]a infamia nunciata, occulis nequiens conniventibus pertransire, sed descendens exemplo Domini et videre ac experiri volens si clamorem qui ad eum pervenerat opere perpetrassent, vocata et ascita coram ipso et ejus sacro collegio de majoribus mediocribus et minoribus dicti ordinis multitudine copiosa, incepit per se ipsum ac quosdam fratres suos cardinales inquirere contra eos. Et quia in universis mundi partibus, per quas idem ordo diffunditur ac fratres degunt ipsius, super hiis non poterat inquirere per se ipsum, ut sua juxta doctrinam apostolicam aliis onera partiretur, personas providas et discretas in jure ac in facto expertas, ad inquirendum de predictis contra prefatum ordinem, ad diversas decrevit mundi provincias destinare ; obtansque, tamquam zelator fidei orthodoxe, ut dicta inquisicio ad Dei honorem et fidei catholice firmitatem debitum sortiretur effectum, citavit peremptorie prefatum ordinem, et omnes et singulos fratres dicti ordinis qui pro ipso vellent respondere, quod in dicto termino (quem prefati inquisitores, ad hec, ut premittitur, per ipsum specialiter destinati, per eorum publicum citacionis edictum ducerent statuendum), ad dicendum coram eis de predictis omnibus veritatem, ac deinde ipse ordo per ydoneos syndicos vel defensores coram ipso in generali concilio, quod congregari mandavit, comparere curarent, justam dante Domino sentenciam vel ordinacionem apostolicam recepturi, et ut hujusmodi ad communem omnium personarum dicti ordinis deduceretur noticiam, eam in palacio apostolico Pictavensi publico, presente fidelium multitudine copiossa, in audiencia publica legi et publigari, nec non cartas membran[e]as citacionem continentes eamdem, in majoris ecclesie Pictavensis appendi et affigi fecit hostiis, ne hii quos ipsa citacio contingebat aliquam possent excusacionem pretendere, quod ad eos talis citacio non pervenerat, vel quod ignorassent eandem, prout predicta omnia in dicti domini Pape litteris plenius continentur. Cum igitur mandatum (secundum formam litterarum apostolicarum, quarum tenores vobis, sub sigillis reverendi in Christo patris domini...... episcopi Parisiensis et ejus curie destinamus, originalia penes nos, propter pericula et viarum discrimina retinentes, cum opus fuerit, exhibenda) reverenter exequi intendamus, vocamus et citamus peremptorie, auctoritate nobis tradite potestatis, per hoc publicum citacionis edictum, predictum ordinem Templariorum, fratres dicti ordinis et omnes evocandos, ut, prima die non feriata post festum beati Martini hyemalis, compareant coram nobis sufficienter Parisius in episcopali aula, hora prime, in premissis et ea contingentibus, prout justum fuerit, processuri. Alioquin extunc ad contenta in dictis litteris apostolicis racione previa procedemus, eorum absencia non obstante, dictum terminum pro tribus edictis et uno peremptorie, quia negocium periculosum est toti fidei orthoxe et celeritatem desiderat, et ex aliis causis justis et legittimis, prefigentes. Porro ut hoc publicum nostre citacionis edictum ad predictorum ordinis fratrum ac omnium evocandorum et quorumcumque noticiam publicam deferatur, circumspectionis vestre prudenciam auctoritate apostolica requirimus, et in virtute sancte obediencie districte injungimus et mandamus, quatenus quam prius commode potueritis, faciatis dicte citacionis nostre edictum, cum ad vos pervenerit, publice ac solenniter fieri legi, recitari ac publicari clero et populo in cathedralibus, et magnis collegiatis ecclesiis, ac scolis ubi est studium generale, et curiis officialium vestrorum, civitatum et diocesium vestrarum, et in principalibus domibus ejusdem ordinis in dictis vestris civitatibus et diocesibus constitutis, et in locis in quibus fratres ipsius ordinis capti tenentur, de premissis omnibus et singulis facientes ad cautelam fieri publica munimenta [*instrumenta?*], que manu publica consignata vel sigillis autenticis communita, in dicto termino vel ante, per aliquem vestrum ydoneum certum et tutum nuncium, Parisius nobis vel nostrum alteri transmitatis, ita solerter super hiis vos habentes, quod de diligencia commendari, et de negligencia redargui minime valeatis. Sane easdem litteras ipsarum reddi precipimus portitori, in omnes et singulos qui execucionem presencium litterarum directe vel indirecte, publice vel oculte, per se vel alium seu alios, turbare vel impedire quomodolibet, vel litteras nostras et dicti domini Parisiensis episcopi, quas idem lator secum defert, contra ejus voluntatem auferre vel detinere presumpserint, in hiis scriptis excommunicacionis sentenciam proferentes. In quarum testimonium sigilla nostra presentibus litteris duximus apponenda. Actum et datum Parisius die Veneris ante festum beati Laurencii, anno Domini M° CCC° nono, indictione septima, pontificatus predicti domini nostri summi Pontificis anno quarto. Acta fuerunt hec anno predicto, die VIII<sup>a</sup> intrante mense Augusti, Parisius in domibus monasterii sancte Genovefe, presentibus discretis viris magistris Guillelmo de Chenaco canonico Parisiensi, Amisio de Aureliano archidiacono Aurelianensi, Chatardo de Pennavaria sancti Juliani Lemovicensis, Falcone Balati Claromontensis, Petro de Chadaleu Enesiati Claromontensis, Raymondo Moreti sancti Honorati Parisiensis diocesis ecclesiarum canonicis, et Petro Raynaldi rectore ecclesie sancti Privati de Chadeneto Mimatensis diocesis, et me Floriamonte Dondedei de Mantua notario publico infrascripto, ac Hugo[ne] Nicolai de Eugubio, Bernardo Filioli ecclesie Rausoliensis canonico Lemovicensi, Nicolao Constanciensi Bajocensis diocesis, ac Bernardo Humbaldi Barchinonensis diocesis, clerico Guillelmo Radulphi de sancto Floro Claromontensis diocesis, clericis, notariis publicis, quibus preceptum fuit per dictos dominos commissarios, quod redigeremus supradicta omnia et singula in processum, et quod de hiis conficeremus publica instrumenta.

Post hec in crastinum prefati domini commissarii, in eodem loco congregati, deputaverunt infrascriptos nuncios, videlicet Johannem de Bosco ad provinciam Senonensem, Jacomardum de Insula ad provinciam Remensem, Robertum Bernardi ad provinciam Rothomagensem, Colinum de Atrebato ad provinciam Turonensem, Petrum Cochardi ad provinciam Lugdunensem, Laurencium de Nanterre ad provinciam Bituricensem et ad Aniciensem et Vivariensem episcopos, Jacobum de Parvocayo ad provinciam Burdegalensem, Johannem Pilavena ad provinciam Narbonensem, Theobaldum de Andegavis ad provinciam Auxitanam, qui a fidedignis de fidelitate commendati fuerunt eisdem, eorum certos et speciales nuncios, ad presentandum litteras supradictas, et ad exequendum alia ad presens negocium pertinentia, que a dictis dominis commissariis fuerint injuncta eisdem. Qui dicti nuncii, tactis sacrosanctis Evangeliis, presentibus dominis commissariis supradictis, juraverunt litteras eorumdem dominorum commissariorum diligenter, fideliter et quam prius comode poterunt, illis, quibus per eos dicte littere destinantur, presentare, et omnia fideliter, juxta posse eorum, exequi, que a dictis dominis commissariis fuerint injuncta eisdem. Et immediate dicti domini commissarii preceperunt tradi supradictis nunciis eorum juratis patentes ipsorum licteras per dictas provincias defferendas, predictum edictum continentes sub forma suprascripta, directa[s] domino archiepiscopo Senonensi et ejus suffraganeo, mutatis duntaxat nominibus provinciarum et prelatorum eorumdem. Acta fuerunt hec anno predicto, die nona intrantis mensis Augusti, Parisius in predictis domibus prefati monasterii, presentibus venerabilibus viris dominis G. de Flavacuria archidiacono Rothomagensi, Johanne de Luperiis canonico sancti Pauli de sancto Dionisio, Aymone Choqueio rectore ecclesie sancti Quintini de Varenna Cenomanensis diocesis, P. de Chadeleu canonico Ensiati Claromontensis diocesis, et me Floriamonte Dondedei, Guillelmo Radulphi, Bernardo Filholi, Nicolao Constanciensi, Bernardo Umbaldi de Barchinona et Hugone Nicolai de Eugubio notariis publicis, quibus preceptum fuit per dictos dominos commissarios, quod redigeremus supradicta omnia et singula in processu, et quod de hiis conficeremus publica instrumenta.

*In ista pagina nichil scriptum est.*

In Dei nomine amen. Notum sit universis ac singulis, quod cum reverendi in Christo patres domini Dei gracia Narbonensis archiepiscopus, Bajocensis, Mimatensis et Lemovicensis episcopi, nec non et venerabiles viri domini Matheus de Neapoli majoris Caleti Rothomagensis sedis apostolice notarius, Johannes de Mantua Tridentinus, et Johannes de Monte Lauro Magalonensis archidiaconi, ad inquirendum contra Templariorum ordinem, in regno Francie, per sedem apostolicam, una cum venerabili viro magistro Guillelmo Agarni preposito Aquensi, legittime excusato, cum illa clausula, Quod si non omnes, etc. deputati, ad execucionem mandati apostolici facti eisdem procedere intendentes, vocassent et citassent peremptorie, auctoritate eis tradite potestatis, per publicum citacionis edictum, anno Domini m° ccc° nono, die Veneris ante festum beati Laurencii, predictum ordinem Templariorum, fratres dicti ordinis et omnes evocandos, ut prima die non feriata post festum beati Martini hyemalis tunc instans, comparerent sufficienter coram eis Parisius in episcopali aula, hora prime, super contentis in commissione facta eisdem, prout justum esset, processuri, alioquin ex tunc ad contenta in litteris commissionis eis facte procederent previa racione, eorum absencia non obstante; requisivissent insuper dicti domini commissarii volentes, ut publicum dicte citacionis eorum edictum ad predictorum ordinis fratrum et omnium evocandorum et quorumcumque noticiam publicam deferretur, per patentes litteras eorumdem universis archiepiscopis et episcopis regni Francie, vicariis et officialibus eorumdem, et in virtute sancte obediencie districte auctoritate apostolica injunxissent et mandassent eisdem, quatenus, quam prius comode possent, facerent predicte citacionis edictum, (quod edictum per certos et juratos nuncios per patentes litteras sub sigillis eorum, et transcriptum seu copiam commissionis eis facte sub sigillis venerabilis patris domini Parisiensis episcopi ac ejus curie Parisiensis sigillatas misserunt eisdem) cum ad eos perveniret, publice ac sollempniter fieri legi, recitari et publicari clero ac populo in cathedralibus, et magnis collegiatis ecclesiis, et scolis ubi est studium generale, ac curiis officialium suorum, civitatum et diocesium eorumdem, et in principalibus domibus ejusdem ordinis in dictis suis civitatibus et diocesibus constitutis, ac in locis in quibus fratres ipsius ordinis capti tenebantur, mandassent eciam dicti domini commissarii predictis archiepiscopis et episcopis, vicariis et officialibus eorumdem, quod de premissis omnibus et singulis facerent fieri ad cautelam publica instrumenta, que, manu publica consignata vel sigillis autenticis communita, transmitterent in dicto termino vel ante per aliquem ydoneum ac certum nuncium Parisius dictis dominis commissariis vel alteri eorumdem, prout de predictis omnibus et singulis plenius constat per litteras eorumdem dominorum commissariorum, in processu hujus negocii prius habito de verbo ad verbum registratas.

Adveniente termino supradicto, videlicet in crastinum predicti festi beati Martini, quod crastinum fuit die Mercurii xiiᵃ die intrante mense Novembris, supradicti domini archiepiscopus Narbonensis, Bajocensis, Mimatensis et Lemovicensis episcopi, ac dominus Johannes de Mantua archidiaconus Tridentinus, convenerunt Parisius in dicta aula episcopali. Et cum supradictus dominus Matheus de Neapoli et dictus dominus Johannes de Monte Lauro Magalonensis archidiaconus tunc abessent, eidem domini commissarii, causam absencie eorumdem scire vollentes, miserunt me notarium infrascriptum et alios notarios infrascriptos ad domum, quam dictus dominus Matheus Parisius inhabitabat, ad inquirendum si esset ibidem. Qui non fuit in ea inventus, nam erat, (sicut quidam ejus domicellus, nomine Franciscus Chicus, in predicta domo existens, retulit) cum venerabili viro domino Gaufredo de Plexeio sedis apostolice notario, apud Valles Parisiensis diocesis, tamen quoad predictum diem non venit, idem dominus Matheus se per ejus patentes litteras, quarum tenor infra subicitur, excusavit.

Eisdem autem dominis commissariis in predicta aula existentibus fuerunt presentate littere supradicti domini Johannis archidiaconi Magalonensis, quarum excusacionis tenor infra subicitur. In quibus quidem litteris dictus dominus archidiaconus Magalonensis notificabat eisdem, quod procederent in negocio supradicto, ejus absencia non obstante, cum, impediente infirmitate, que ipsum venientem de terra sua ad dictum terminum in itinere arripuerat, dicto termino interesse non posset.

Cum autem dicti domini Narbonensis archiepiscopus, Bajocensis, Mimatensis et Lemovicensis episcopi, ac Johannes de Mantua archidiaconus Tridentinus, expectassent in dicta aula episcopali diu, post horam tercie, et major missa, que post terciam cantatur, esset in ecclesia beate Marie celebrata, nullusque pro dicto ordine vel fratribus ejusdem ordinis seu aliis evocatis compareret, nec comparuisset dicta die ibidem coram eis, fecerunt vocari coram se Johannem, dictum Alladent, apparitorem juratum curie officialis Parisiensis, et fecerunt jurare eumdem, quod eorum mandata fideliter exequeretur. Cui preceperunt, quod alta voce proclamaret in dicta aula et ecclesia, in janua majori dicte aule, versus curiam dicti officialis Parisiensis, et intus in curia ipsius officialis, quod si aliquis erat, qui pro dicto ordine Templi, vel fratribus ipsius ordinis, aut aliis per ipsos dominos commissarios per dictum publicum eorum citacionis edictum vocatis et citatis, vellet comparere, vel aliquid dicere coram eis, accederet ad eos, quia parati erant benigne audire eosdem et facere quod erat faciendum. Quod preceptum idem apparitor extitit executus, et de dicta execucione fecit relacionem eisdem. Qua relacione audita, cum nullus compareret coram eis, idem domini commissarii deliberaverunt inter se, et decreverunt per eos esse de benignitate adhuc expectandum, continuantes et prorogantes assignacionem hujus termini ad id ad quod fuerat assignatus usque in crastinum hora prime. Quam continuacionem, expectacionem et prorogacionem preceperunt, et fecerunt alta voce proclamari et publicari per dictum apparitorem in dicta aula episcopali, et in ejus porta majori, et curia officialis predicti. De quibus voluerunt et preceperunt dicti domini commissarii per me Floriamontem Dondedei et alios notarios infrascriptos fieri publicum instrumentum.

Sane tenor predicte littere domini Mathei de Neapoli talis est :
Venerabilibus in Christo patribus, dominis Dei gracia Narbonensi archiepiscopo, Bajocensi, Mimatensi et Lemovicensi episcopis, ac venerabilibus viris dominis Johanni de Mantua Tridentine, et Johanni de Monte Lauro Magalonensis ecclesiarum archidiaconis, dominis et amicis carissimis, in facto Templariorum, a sanctissimo in Christo patre et domino Clemente divina providencia papa V, una nobiscum inquisitoribus deputatis, Matheus Caragoli de Neapoli domini Pape notarius in salutis auctore hominis ut usque salutem. Cum die Mercurii post festum beati Martini, XII mensis Novembris, propter necessarias et legitimas causas personam nostram specialiter contingentes, ad execucionem inquisicionis contra Tem-

plariorum ordinem interesse absque nostro magno dispendio nequeamus, nos vobis primitus excusantes, potestatem concedimus, ut in dicto negocio ea die procedere valeatis nostra absencia non obstante. In testimonium nostrum et vestrum presentes litteras munientes nostri appensione sigilli. Datum apud Valles prope Parisius, anno Domini M° CCC° nono. In festivitate beati Martini hyemalis.

Item tenor littere excusatorie predicti archidiaconi Magalonensis talis est :

Reverendis in Christo patribus, dominis Dei gracia Narbonensi archiepiscopo, Bajocensi et Mimatensi episcopis, ac venerabilibus viris dominis Matheo de Neapoli majoris Caleti Rothomagensis domini Pape notario, Johanni de Mantua Tridentine ecclesiarum archidiaconis, Johannes de Monte Lauro Magalonensis archidiaconus, in negocio inquisicionis super statu ordinis Templariorum una cum eis a sede apostolica deputatus, salutem prosperam et felicem, cum omni reverencia et honore. Paternitati et veneracioni vestre sit presentibus manifestum, quod propter debilitatem persone mee, ex infirmitate ac discrasia corporis procedentem, iter arreptum tempore competenti veniendi Parisius continuare non potui, ut vobiscum essem loco et die concorditer assignatis ad procedendum in negocio prelibato, et idcirco habeat me vestra paternitas et dominacio excusatum, et in ipso negocio procedatis, mei absencia non obstante, scientes quod, resumtis viribus, Deo propicio, ad vos veniam, continuatis dictis et gressibus, Christo duce, una vobiscum, juxta mandatum apostolicum vobis et mihi injunctum, quantum divina clemencia condonabit, in ipso negocio processurus. In quorum omnium testimonium sigillum meum duxi presentibus apponendum. Datum Beniassi super Ligerim decima die mensis Novembris, anno Domini M° CCC° nono.

Acta fuerunt hec supradicta per dictos dominos commissarios in supradicta aula episcopali, anno et die predictis, presentibus venerabilibus et discretis viris magistris Amisio de Aurelianis archidiacono Aurelianensi, Guaufredo dicto Chalox canonico ecclesie Perronensis, dominis P. de Chadeleu Enesiati, Fulcone Balati, ac Guillelmo Urdrini Claramontensium ecclesiarum canonicis, Johanne Grandis de Romergueria Ruthenensis, et Petro Raynaldi de Chadeneto Mimatensis diocesium, ecclesiarum rectoribus, et pluribus aliis in dicta aula existentibus, ac me Floriamonte Dondedei de Mantua clerico, notario publico et discretis viris magistris Bernardo Filioli Lemovicensi, Hugone Nicolai de Eugubio, Nicolao Constanciensi, Guillelmo Radulphi Claramontensi, et Bernardo Humbaldi notariis publicis, ad hoc specialiter vocatis et rogatis.

Item alie littere excusatorie predicti domini prepositi Aquensis, qui se iterato aliis dominis, ejus concommissariis memoratis, excusavit. Tenor sequitur in hec verba :

Reverendis in Christo patribus, et dominis suis carissimis, dominis Dei gracia Narbonensi archiepiscopo, Bajocensi, Lemovicensi et Mimatensi episcopis, nec non venerabilibus et discretis viris dominis et magistris Matheo de Neapoli sedis apostolice notario majoris Caleti Rothomagensis, Johanni de Mantua Tridentine, et Johanni de Monte Lauro Magalonensis ecclesiarum archidiaconis, una nobiscum a domino nostro summo Pontifice in negocio inquisicionis faciende contra ordinem milicie Templi in regno Francie deputatis, G. Agarni Aquensis et Aptensis prepositus, salutem, cum sincera in Domino caritate et reverencia quanta potest. Noscat vestra discrecio, quod [cum] nos, pluribus arduis et inevitabilibus negociis maxime per prefatum dominum nostrum summum Pontificem nobis impositis impediti, nequeamus intendere ad negocium supradictum, nos vobis in ipso negocio totaliter excusamus, precipue quia jam predictus dominus noster summus Pontifex nos habuit totaliter excusatos. In cujus rei testimonium presentes litteras sigilli nostri pendentis munimine fecimus communiri. Datum Aquis nona die mensis Septembris, anno Domini m° ccc° nono.

Post hec, in crastinum, videlicet die Jovis post predictum festum beati Martini, supradicti domini archiepiscopus Narbonensis, Bajocensis, Mimatensis et Lemovicensis episcopi, et domini Mathei de Neapoli domini Pape notarius, et Johannes archidiaconus Tridentinus, convenerunt in dicta episcopali aula, et cum in ea diu post horam tercie expectassent, ac major missa in ecclesia beate Marie celebrata esset, nullusque pro dicto ordine, vel fratribus ejusdem ordinis seu aliis evocatis, compareret nec illa die comparuisset coram eis, preceperunt eidem apparitori, quod alta voce proclamaret, sicut fecerat in die precedenti. Qui quidem apparitor alta voce proclamavit in dicta aula, et ejus majori janua, ac eciam in curia officialis predicti, quod si aliquis erat, qui pro dicto ordine Templi, vel fratribus ejusdem ordinis aut aliis per ipsos dominos commissarios per dictum publicum eorum citacionis edictum vocatis et citatis, vellet comparere, vel aliquid dicere coram eis, accederet ad eos, quia parati erant benigne audire eundem et facere quod esset faciendum. Quod preceptum idem apparitor extitit executus, et de dicta execucione fecit relacionem eisdem. Qua relacione audita, cum nullus compareret coram eis, idem domini commissarii deliberaverunt inter se, et decreverunt per eos esse de benignitate amplius expectandum, continuantes ac prorogantes assignacionem hujus termini ad id ad quod fuerat assignatus usque in crastinum hora prime. Quam continuacionem, expectacionem et prorogacionem preceperunt, et fecerunt alta voce proclamari per dictum apparitorem in dicta aula episcopali, et in ejus porta majori et curia officialis predicti. De quibus omnibus voluerunt et preceperunt dicti domini commissarii per me Floriamontem et alios notarios infrascriptos fieri publicum instrumentum.

Post hec, in crastinum, videlicet die Veneris, etc. (*Même ajournement que dessus.*)

Post hec, in crastinum, videlicet die Sabati, etc. — Post hec, die

Lune, etc. — Post hec, in crastinum, videlicet die Martis proxima, in octabis festi beati Martini, etc. (*Mêmes ajournements que dessus.*)

Item sciendum est, quod, cum in predicta die Martis et in precedentibus diebus, prefati domini commissarii et inquisitores vidissent et examinassent multas litteras plurium archiepiscoporum et episcoporum, in quibus rescribebant dicti prelati, vel vicarii aut officiales eorumdem, se publicasse prefatum edictum citacionis et vocacionis memorati ordinis Templi, fratrum ejusdem et aliorum evocandorum, et invenissent dicti domini inquisitores aliquos ex predictis archiepiscopis et episcopis, vicariis et officialibus eorumdem, satis sufficienter executos fuisse mandatum eis factum de publicacione predicti edicti, et satis sufficienter eis super hec rescripsisse; alios vero reperiissent minus sufficienter et minus plene fuisse executos, et minus plene et confusse rescripsisse eisdem; a pluribus autem archiepiscopis, episcopis, vicariis et officialibus eorumdem nullam recepissent dicti domini commissarii et inquisitores certitudinem nec responsionem, si et qualiter edictum publicaverant supradictum; cum eciam ex parte venerabilis patris domini episcopi Parisiensis adhuc sufficientem rescriptionem non recepissent, miserunt dicti domini commissarii et inquisitores, dicta die Martis, ante continuacionem, prorogacionem et expectacionem predictas, factas usque ad diem Sabati subsequentem, litteras sub sigillis suis, continencie infrascripte, quas voluerunt inseri in processu. Dictarum litterarum tenor talis est :

E. miseracione divina Narbonensis archiepiscopus, G. Bajocensis, R. Lemovicensis et G. Mimatensis episcopi, nec non Matheus de Neapoli majoris Caleti Rothomagensis sedis apostolice notarius, Johannes de Mantua Tridentine, et Johannes de Monte Lauro Magalonensis ecclesiarum archidiaconi, una cum venerabili viro magistro Guillelmo Agarni Aquensi preposito, legittime excusato, cum illa clausula, Quod si non omnes, etc. ad infrascripta per sedem apostolicam specialiter deputati, venerabili patri domino G. Dei gracia

Parisiensi episcopo salutem, et mandatis apostolicis reverenter et firmiter obedire. Dudum omnibus archiepiscopis et episcopis regni Francie, vicariis et officialibus eorumdem scripsisse meminimus, et mandasse, quod, cum nos, ad inquirendum contra totum Templariorum ordinem in regno Francie deputati, vocavissemus et citavissemus peremptorie, auctoritate nobis tradite potestatis, per publicum citacionis edictum, predictum ordinem Templariorum, fratres dicti ordinis et omnes evocandos, ut prima die non feriata post festum beati Martini hyemalis tunc instantem comparerent sufficienter coram nobis Parisius, in episcopali aula, hora prime, in premissis et ea tangentibus, prout justum esset, processuri; et quod dicti archiepiscopi, episcopi, vicarii seu officiales eorumdem predictum publicum nostre citacionis edictum facerent publice ac solempniter fieri legi, recitari et publicari clero et populo, in cathedralibus, et magnis collegiatis ecclesiis, et scolis ubi est studium generale, ac curia officialium suorum, civitatum et diocesium eorumdem, et in principalibus domibus ejusdem ordinis in dictis suis civitatibus et diocesibus constitutis, ac in locis in quibus fratres ipsius ordinis capti tenentur, et quod de premissis facerent fieri publica instrumenta, que nobis ante dictum terminum, vel saltim in ipso termino destinarent, prout hec et alia in dictis nostris litteris plenius continentur. Porro cum vos de execucione dicti mandati nostri nos nondum certificaveritis, et nos de benignitate post dictum terminum expectaverimus, et adhuc expectemus, et expectare intendimus quantum nobis videbitur, vos requirimus, vobisque in virtute sancte obediencie auctoritate apostolica districte injungimus et mandamus, quatenus si qua facienda restant, quod perficiatis celeriter, et expectacionem nostram predictam insinuare et publicare, nosque, quam prius comode potueritis, de hiis que feceritis certificare curetis, et si aliqui ex dictis fratribus dicant se velle aliquid dicere pro ordine supradicto, requiratis seu requiri faciatis gentes regias et custodes eorumdem, ut quandocumque ad nos venire voluerint pro premissis, sub fide certa et tuta custodia ad nos in dicta vestra aula episcopali Parisius personaliter adducant eosdem, ut in negocio nobis commisso procedatur, prout fuerit racionis. Nec volumus vos latere, quod contra fratres singulares dicti ordinis, et de hiis que ipsos tanquam singulares personas tangunt, non intendimus inquirere contra eos, sed duntaxat contra ordinem supradictum, juxta traditam nobis formam. Nec fuit nostre intencionis, nec est, quod aliqui ex eis venire cogantur seu teneantur, sed solum si qui voluntarie venire voluerint, venire valeant pro premissis. In quorum testimonium sigilla nostra presentibus litteris duximus apponenda. Actum et datum Parisius, in dicta aula episcopali, xviii<sup>a</sup> die Novembris, anno Domini M° CCC° nono, indictione octava, pontificatus sanctissimi patris, domini nostri, domini Clementis divina providencia Pape quinti, anno quinto.

Post hec, dicta die Sabati, que fuit vicessima secunda die[s] mensis Novembris predicti, domini commissarii et inquisitores convenerunt ad aulam predicti domini Parisiensis episcopi. Qui quidem dominus Parisiensis episcopus, inibi veniens personaliter, ad eosdem asseruit, prout dicti domini commissarii postea dixerunt, se personaliter ivisse ad loca in quibus Magister major dicti ordinis Templariorum, et frater Hugo de Payraudo visitator dicti ordinis in Francia, et quidam alii ex fratribus dicti ordinis, tenebantur capti, et quod eis fecerat legi in Latino, et exponi cum diligencia in vulgari, litteras originales apostolicas bullatas, quibus mandabatur dictis dominis commissariis, quod inquirerent contra dictum ordinem Templi, et eciam litteras dictorum dominorum commissariorum, in quibus per predictum citacionis edictum citaverant predictum ordinem Templi, fratres ejusdem et omnes alios evocandos ad primam diem juridicam post festum beati Martini nuper lapsum, et in quibus mandaverat archiepiscopis et episcopis regni Francie, vicariis et officialibus eorumdem, quod publicarent citacionis eorum edictum in locis in quibus fratres ipsius ordinis capti tenebantur, et in aliis certis locis, et eciam alias litteras eorumdem dominorum commissariorum supra registratas, eidem domino episcopo Parisiensi directas. Retulit eciam dictus dominus Parisiensis episcopus eisdem dominis commissariis, quod supradicti Magister ordinis Templi, et visitator, ac quidam alii ex fratribus dicti ordini Templi, lectis et expositis eis litteris supradictis, responderunt se velle venire ad presenciam predictorum dominorum commissariorum, et aliqui ex ipsis fratribus expresse dixerunt, quod volebant defendere ordinem supradictum. Dixit eciam prefatus dominus episcopus Parisiensis, quod quasdam personas ydoneas ex suis miserat ad diversa loca in quibus multi ex fratribus predicti ordinis in civitate et diocesi Parisiensibus capti tenebantur, ad publicacionem commissionis facte eisdem dominis inquisitoribus et edicti citatorii ipsorum dominorum commissariorum faciendam fratribus supradictis, et faceret eisdem dominis commissariis fidem per publica documenta qualiter ipse et sui, et in quibus locis, edictum publicaverunt supradictum, et si quid et quid responsum fuerit per fratres ipsius ordinis ad quorum noticiam publicacio devenerat supradicta. Quibus intellectis, supradicti domini commissarii preceperunt venerabili viro domino Philippo de Voheto preposito ecclesie Pictavensis, et provido viro Johanni de Jamvilla hostiario domini regis Francorum illustris, deputatis ad custodiam predictorum Templariorum, coram se vocatis, quod supradictos Magistrum, et visitatorem, et omnes alios qui responderant et adhuc dicebant se velle deffendere ordinem supradictum, vel pro predictis venire ad presenciam eorumdem, adducerent ad dictos dominos commissarios, sub tuta et fida custodia, quandocumque et quocienscumque propter premissa dicti Magister et visitator et alii supradicti venire vellent ad presenciam eorumdem dominorum commissariorum. Quod responderunt antedicti prepositus Pictavensis et Johannes de Jamvilla prompte et integraliter se facturos.

Eadem die Sabati, supradictis dominis commissariis existentibus in camera episcopali et pro tribunali sedentibus, venit quidam in habitu seculari ad presenciam eorumdem, qui dicebatur venire pro facto dictorum Templariorum. Interrogatus ab eis de nomine, condicione et causa adventus ejusdem, respondit quod vocabatur Johannes de Melot, et quod erat diocesis Bisuntinensis; et exhibuit quoddam sigillum in quo predictum nomen videbatur esse scultum, quod sigillum asserebat esse suum. Dixit eciam se fuisse de ordine Templi, et habitum ejusdem ordinis decem annis portasse, et se exivisse de eodem ordine, et quod nunquam, in anima et fide sua jurans, viderat nec audiverat, nec sciverat aliquod malum de ordine supradicto. Dixit eciam, quod venerat ad dictos dominos commissarios, paratus facere et sigillare quicquid vellent. Interrogatus a dictis dominis commissariis si venerat ad defendendum dictum ordinem Templi, et si volebat eum defendere quod diceret eis, quia parati erant benigne audire eumdem, respondit quod non venerat nisi ad illa que supradixit, et quod volebat scire quod fieret de ordine supradicto, et quod nolebat defendere ordinem supradictum, instans penes ipsos dominos commissarios, quod ordinarent de eo illud quod vellent, et quod facerent sibi ministrari vitam, cum pauper esset. Et quia fuit visum eisdem dominis commissariis, ex aspectu et consideracione persone sue, actuum, gestuum et loquele, quod erat valde simplex, vel fatuus et non bene compos mentis sue, non processerunt ulterius cum eodem, sed suaserunt quod iret ad predictum dominum episcopum Parisiensem, ad quem pertinebat recipere tales fratres fugitivos in sua diocesi Parisiensi, et quod sibi exponeret factum suum, et ipse benigne audiret eumdem, et de eo disponeret et ordinaret, ut ex[is]timabant, quoad victum et alia, quod servatur in aliis fratribus dicti ordinis fugitivis, et sic recessit ad presenciam eorumdem.

Eadem die supradicti prepositus Pictavensis et Johannes de Jamvilla, custodes predictorum Templariorum, adduxerunt ad presenciam eorumdem dominorum commissariorum sex Templarios infrascriptos, videlicet : fratrem Geraldum de Caus militem Ruthenensis diocesis, fratrem Raynerium de Larchant, fratrem Reginardum de

Trambeyo presbiterum, fratrem Theobaldum de Basimont, fratrem Radulphum de Salicibus, et fratrem Nicolaum Cretis, qui dixerant, publicato eis citatorio edicto, se velle venire ad presenciam dictorum dominorum commissariorum. Qui interrogati a dictis dominis commissariis sigillatim, ac singulariter, ac divisim, de causa adventus eorum, et si volebant ordinem defendere supradictum, responderunt ut sequitur.

Frater Geraldus, miles predictus, respondit, interrogatus de causa adventus sui, se venisse quia credebat, propter verba quedam, [que] fuerant dicta per dictum dominum Parisiensem et alios in publicacione dicti edicti, quod supradicti domini commissarii vellent quod ipse veniret ad presenciam eorumdem, et quod vellent informari ab eo de factis dicti ordinis, vel inquirere ab eodem unde venerat, paratus eis respondere prout sibi videretur, si de aliquo vellent interrogare eum vel certificari ab eo. Cui dictum fuit per dictos dominos commissarios, quod ipsi nullum vocabant vocacione necessaria per predictum suum edictum, nec erat intencio eorum quod aliquis cogeretur venire coram eis ad presens, et quod non inquirebant contra singulares personas, nec de facto singularium personarum, sed contra ordinem, et quod per dictum edictum non vocaverant adhuc aliquos ad testimonium, sed ut venirent, si volebant defendere ordinem antedictum, quia parati erant eos audire, prout racio suaderet. Interrogatus autem utrum ipse volebat dictum ordinem defendere, respondit finaliter, post multa verba, quod simplex miles, sine equis, armis et terra, erat, et non posset nec sciret ipsum ordinem defendere. Reliqui autem quinque de causa adventus eorum interrogati, responderunt in effectu idem sicut predictus frater Geraldus, et dixerunt quod nolebant defendere ordinem supradictum, quia simplices erant, et quia non possent nec scirent ipsum ordinem defendere.

Eadem die frater Hugo de Payraudo miles, visitator dicti ordinis in Francia, adductus ad presenciam dictorum dominorum commissariorum per supradictos prepositum Pictavensem et Johannem de Jamvilla, interrogatus de causa adventus ejusdem, et si volebat defendere ordinem supradictum, respondit quod ipse venerat ad presenciam eorumdem ad videndum eos, quia dictus dominus Parisiensis episcopus dixerat sibi, quod placebat eisdem dominis commissariis quod venirent ad eos quicumque vellent pro facto dicti ordinis, et venerat eciam ad rogandum eos, ut insisterent penes dominos Papam et Regem quod bona dicti ordinis non dissiparentur nec consumarentur, sed conservarentur et aplicarentur in subsidium Terre sancte, ad quod ab inicio fuerant deputata. Dixit eciam se fuisse locutum plura de statu dicti ordinis personaliter predicto domino Pape et tribus cardinalibus missis ad inquirendum cum eo et cum aliis, et adhuc erat paratus dicere quando esset in presencia dicti domini Pape; unde nolebat alia dicere coram dominis commissariis supradictis tunc. Et ipsi obtulerunt quod parati erant eum audire, prout racio suaderet, si volebat defendere ordinem supradictum. Et cum diceret tunc se alia non dicturum, fuit ei data licencia redeundi ad locum unde venerat.

Eadem die Sabati pervenit ex quorumdam secreto relatu ad noticiam quorumdam ex dictis dominis commissariis quosdam homines esse detentos Parisius, qui dicebantur venisse Parisius pro facto dictorum Templariorum, et ut defenderent ordinem memoratum. Unde cum hoc fuisset per illos qui secrete predicta audiverant aliis dominis collegis eorum reseratum, deliberacione habita inter eos, fecerunt venire ad presenciam eorumdem magistrum Johannem de Plublaveh prepositum Castelleti Parisiensis; et cum diligenter interrogatus fuisset per eos si in prisione sua habebat vel tenebat aliquos qui dicerentur venisse ad defensionem ordinis vel pro facto ipsius ordinis Templariorum, respondit se habere septem homines in prisione sua, quos ceperat in habitu laicali, de mandato aliquorum curialium domini Regis, quibus curialibus fuerat relatum quod predicti homines erant Templarii fugitivi, et quod venerant Parisius, mutato habitu, cum pecunia ad querendum advocatos et consiliarios et ad investigandum quid fiebat de facto ordinis antedicti, et quod idem prepositus inquisiverat cum duobus ex ipsis, quos eciam subposuerat questionibus, et non invenerat ita esse sicut fuerat relatum. Cui fuit preceptum per dominos commissarios memoratos, quod immediate eos adduceret ad presenciam eorumdem. Et cum adducti fuissent coram eis in habitu seculari, fuerunt omnes et singuli diligenter et singulariter interrogati de nominibus, condicione et causa adventus eorum, et si volebant defendere ordinem supradictum, per quos fuit responsum ut sequitur.

Primus ex dictis septem, de nomine suo interrogatus, respondit quod vocabatur Petrus de Sornayo, et quod erat diocesis Ambianensis. Requisitus de condicione sua, respondit quod fuerat de ordine dictorum Templariorum per tres menses ante capcionem eorumdem, et quod exiverat et aufugerat a dicto ordine per quindecim dies ante capcionem fratrum; sed in fide sua et periculo anime, nihil perversum et malum sciverat nec audiverat pro vero de ordine antedicto. Requisitus de causa adventus sui, respondit se venisse Parisius ad lucrandum unde viveret et querendum servicium, quia pauper, inobs et ignobilis erat. Item interrogatus si venerat ad defendendum dictum ordinem, et si volebat eum defendere, respondit quod non.

Secundus, requisitus de nomine suo, dixit se vocari Robertum Anglicum diocesis Ambianensis, et tercius, qui dixit se vocari Nicolaum de Sartis Cameracensis diocesis, et quartus, qui dixit se vocari Escalinum de Tornaco, et quintus, qui dixit se vocari Henricum Clerici, et sextus, qui dixit se vocari Johennetum de Cameraco, et septimus, qui dixit se vocari Henquinum Villane de Pretano, diligenter requisiti quare venerant Parisius et si volebant dictum ordinem defendere, responderunt precisse quod non venerant Parisius ad defendendum ipsum ordinem, et quod ipsum nolebant defendere, nec fuerant ad hoc missi, nec mandatum a quoquam receperant de dicta defensione facienda. Verumtamen Henquinus et Nicolaus predicti dixerunt, quod fuerant olim in servicio quorumdam Templariorum de commitatu Hanonie, et missi ab eis, ut investigarent quod fieret Parisius de facto ipsorum Templariorum et quod refferrent postmodum eis.

Cum autem supradicti septem constanter assererent, quod nolebant ordinem defendere supradictum, licet predicti domini commissarii offerrent eis quod parati erant benigne audire eosdem, et quod secure, si volebant dictum ordinem defendere, ipsum defenderent, et quicquid vellent dicerent pro ordine supradicto, et essent persone de quibus non erat verisimile quod pro defensione dicti ordinis venissent, licenciaverunt eos a presencia eorumdem, dicentes predicto preposito Castelleti, quod ipsos vel quoscunque alios volentes accedere ad presenciam dictorum dominorum commissariorum et pro defensione dicti ordinis vel aliis aliquod proponere coram eis, nullatenus impediret, nec ab aliis permitteret quomodolibet impediri. Et predictus prepositus Castelleti dixit se pariturum in hoc mandatis eorum, et de voluntate et assensu domini Guillelmi de Marsili militis Regis, qui a dictis dominis commissariis propter premissa vocatus et in presencia eorum constitutus dixit, quod ipse mandaverat quod dictus prepositus Castelleti caperet quosdam Templarios fugitivos, qui dicebantur incedere in habitu seculari per Parisius, sed non nominatim predictos captos, ut dicti domini commissarii vel ordinarii de eis, cum capti essent, ordinarent quicquid vellent, non ut ipse eorum officium impediret vel aliquis a defensione ipsius ordinis retraheret. Liberari preceperunt supradictos, dixerunt tamen dicti domini commissarii, quod supradictus Petrus de Sornayo, qui dixerat se fuisse de ordine Templariorum, duceretur ad dominum episcopum Parisiensem, ut ipse de eo ordinaret ut esset faciendum.

Quibus peractis, fecerunt per dictum aparitorem publice proclamari, sicut fecerat diebus precedentibus, quod erant parati audire si essent aliqui, qui vellent coram eis comparere pro dictis ordine Templi vel fratribus ipsius ordinis aut aliis evocatis. Et cum nullus compareret, de benignitate continuaverunt et prorogaverunt dictum terminum usque ad diem Lune sequentem, hora prime; de quibus omnibus, etc. ut supra.

Post hec, dicta die Lune, que fuit xxiiii<sup>a</sup> dies mensis Novembris, convenerunt predicti domini commissarii ad prefatam aulam episcopalem, et cum ibi expectassent quasi usque ad horam meridiei, et major missa in ecclesia beate Marie celebrata esset, et nullus coram eis compareret, licet per dictum aparitorem fuisset, prout in diebus precedentibus, proclamatum quod comparerent si qui essent, qui vellent pro dicto ordine fratribus et aliis evocandis aliquid dicere, quia parati erant eos audire et facere quod esset faciendum, continuaverunt et prorogaverunt istum terminum ad id ad quod supra assignatus fuerat usque ad diem Mercurii proximo subsequentem, hora prime, et usque ad dictam diem et horam decreverunt esse expectandum; de quibus omnibus, etc. ut supra.

Post hec, die Mercurii supradicta, que fuit xxvi<sup>a</sup> mensis Novembris, congregatis dictis dominis commissariis in camera existente post dictam aulam episcopalem, fuit per supradictos prepositum Pictavensem et Johannem de Jamvilla adductus ad presenciam eorumdem dominorum commissariorum frater Jacobus de Molayo, Magister major predicti ordinis Templariorum. Qui, ut supradictum est in processu, lecto sibi citacionis edicto per dictum Parisiensem episcopum, responderat se velle venire ad presenciam dictorum dominorum commissariorum. Requisitus per eosdem dominos commissarios si volebat ordinem defendere supradictum vel pro eo aliquid dicere, respondit quod ordo erat per sedem apostolicam confirmatus et previlegiatus, et quod valde mirum videbatur eidem si ecclesia Romana subito volebat procedere ad destrusionem ordinis supradicti, cum sentencia deposicionis contra Fredericum imperatorem dilata fuerit xxxii annis. Dixit eciam, quod ipse non erat ita sapiens sicut expediret sibi, nec tanti consilii quod posset defendere dictum ordinem per se ipsum; tamen paratus erat juxta sui possibilitatem dictum ordinem defendere; nam aliter se villem et miserum reputare[t], et posset ab aliis reputari, nisi ipsum ordinem defenderet, a quo receperat tot comoda et honores, licet difficile sibi videretur, quod congrue deffensio posset fieri per eum, cum esset in captivitate dominorum Pape et Regis, nec haberet aliquid, eciam iiii$^{or}$ denarios, quos expendere posset pro predicta defensione vel aliis, nisi secundum quod ministrabatur eidem. Propter quod petebat ad predicta perficienda auxilium et consilium dari eidem, dicens quod intencio sua erat, quod veritas eorum que erant imposita dicto ordini, sciretur non solum per illos de dicto ordine, verum eciam in universis partibus mundi per reges, principes, prelatos, duces, comites et barones, licet cum pluribus ex eisdem prelatis illi de ordine suo fuissent nimis rigidi in defensione jurium eorumdem. Et paratus erat dictus Magister stare deposicionibus et testimonio regum, principum, prelatorum, comitum, ducum, baronum et aliorum proborum virorum. Quia vero negocium arduum est, et predictus Magister non habebat secum, nisi unum fratrem servientem, cum quo consilium habere posset, predicti domini commissarii dixerunt predicto Magistro, quod bene et plene deliberaret super dicta defensione ad quam se offerebat, et quod adverteret ad illa que jam confessus fuerat contra se et contra ordinem supradictum. Ipsi tamen offerebant eidem, quod parati erant eum ad dictam defensionem recipere si et prout racio suaderet, si persistebat in dicta defensione facienda, et dilacionem eciam concedere, si amplius deliberare volebat. Volebant tamen ipsum scire quod in causa heresis et fidei, procedendum erat simpliciter, de plano, et absque advocatorum et judiciorum strepitu et figura.

Cui quidem Magistro supradicti domini commissarii, ut plene deliberare posset, fecerunt cum diligencia legi et vulgariter exponi litteras apostolicas de commissione inquisicionis contra predictum ordinem Templi faciende a sede apostolica facte eisdem, et iiii$^{or}$ alias litteras apostolicas ad negocium facientes, et eciam litteram in qua magister Guillelmus Agarni Aquensis prepositus se legittime excusavit, et eciam publicum citacionis edictum per quod iidem domini commissarii citaverant ordinem Templi, fratres ejusdem ordinis et alios evocandos. Quarum quidem litterarum apostolicarum et predicti edicti tenores supra inserti sunt in processu. In quarum eciam litterarum apostolicarum lectura, potissime cum recitarentur illa que dictus Magister dicebatur fuisse confessus coram reverendis patribus dominis Dei gracia Berengario nunc episcopo Tusculano, tunc vero sanctorum Nerei et Archilei, Stephano sancti Ciriaci in Termis titulorum presbiteris, et Landulpho sancti Angeli diacono, cardinalibus ad hoc per dictum dominum nostrum summum Pontificem deputatis et destinatis, producendo bis signum crucis coram facie sua et in aliis signis pretendere videbatur se esse valde stupefactum de hiis que continebantur super predicta confessione sua et aliis in litteris apostolicis supradictis, dicens inter alia, quod si dicti domini commissarii fuissent alii quibus liceret hoc audire, ipse diceret aliud. Et cum fuisset responsum eidem per dictos dominos commissarios, quod ipsi non erant ad recipiendum vadium duelli, subjunxit dictus Magister quod non intendebat dicere de hoc, sed placeret Deo quod illud quod observatur a Saracenis et Tartaris observaretur contra tales perversos in hoc casu, nam dicti Saraceni et Tartari abscindunt caput perversis inventis vel scindunt eos per medium. Et tunc fuit subjunctum per dictos dominos commissarios, quod ecclesia illos qui inveniebantur heretici, judicabat hereticos, et obstinatos relinquebat curie seculari.

Et cum idem Magister rogasset nobilem virum dominum Guillelmum de Plasiano militem regium, qui ibidem venerat, sed non de mandato dictorum dominorum commissariorum, secundum quod dixerunt, ut loqueretur cum eodem Magistro, et dictus dominus Guillelmus fuisset ad partem locutus cum eodem Magistro, quem, sicut asserebat, diligebat et dilexerat, quia uterque miles erat, et quia, ut dixit idem dominus Guillelmus, habebat providere ne se vituperaret vel perderet sine causa. Et tunc idem Magister dixit, quod bene videbat quod, nisi bene deliberaret, cito posset cadere in capistrum suum, et ideo volebat deliberare, supplicans eisdem dominis commissariis, quod concederent sibi dilacionem usque ad diem Veneris proximam ad deliberandum super predictis, quam dillacionem concesserunt eidem, majorem eciam se daturos offerentes, si sibi placeret et volebat.

Quibus peractis, facta per supradictum apparitorem proclamacione, sicut in diebus precedentibus, mandato eorum, ut comparerent coram eis si erant, qui dictum ordinem defendere vellent, cum nullus compareret, de benignitate continuaverunt et prorogaverunt presentem terminum ad id ad quod supra, et dixerunt se expectaturos usque ad diem Jovis proximo subsequentem, hora prime, non intendentes per hoc revocare dilacionem datam dicto Magistro, sed procedere in aliis pertinentibus ad negocium supradictum, prout existeret racionis. De quibus omnibus, etc. ut supra.

Post hec, predicta die Jovis, que fuit vicessima septima dies dicti mensis Novembris, congregatis predictis dominis commissariis in capella adherente aule episcopali predicte, fuerunt adducti ad presenciam dictorum dominorum commissariorum per supradictos prepositum Pictavensem et Johannem de Jamvilla, deputatos ad custodiam ipsorum Templariorum, infrascripti... qui publicato eis ex parte domini Parisiensis episcopi citatorio edicto dixerant, ut fuerat relatum eisdem dominis commissariis, se velle venire ad presenciam eorumdem; cum quibus fuit processum ut sequitur.

Et primo, cum fratre Radulpho de Gisiaco preceptore de Belvicinis et de Latigniaco Sico, et receptore peccunie regie in Campagnia; qui interrogatus primo per dictos dominos commissarios de causa adventus sui, et si volebat ordinem defendere supradictum, respondit quod nichil volebat dicere pro dicto ordine, nec eum defendere, nec aliud dicere nisi ea que alias dixerat in confessione sua; sed venerat pro eo quod dominus episcopus Parisiensis dixit eis quod illi, qui vellent venire ad dominos commissarios, poterant venire, et pro eo quod volebat dictos dominos commissarios videre.

Post hec, eisdem loco et die, frater Ponzardus de Gysiaco preceptor de Paians, adductus ad presenciam eorumdem dominorum commissariorum, et requisitus per eosdem si volebat defendere ordinem memoratum, respondit quod articuli qui sunt impositi dicto ordini, videlicet ipsum ordinem abnegare Jhesum Christum et spuere super crucem, et quod licencia data sit quod unus fratrum se commisceret carnaliter cum alio, et quedam alia enormia similia dependencia ex eisdem, sunt falsa, et quecumque ipse vel alii fratres dicti ordinis fuerunt confessi de premissis coram episcopo Parisiensi vel alibi, erant falsa, et quod predicta dixerunt per vim et propter periculum et timorem, quia torquebantur a Floyrano de Biteris priore Montis Falconi, Guillelmo Roberti monacho, inimicis eorum, et propter quamdam convencionem et informacionem quam fecerant ante illi qui in carceribus tenebant, et propter metum mortis, et pro eo quia triginta sex de dictis fratribus fuerant mortui Parisius per jainnam et tormenta et multi alii in aliis locis; dicens eciam, quod paratus erat defendere prefatum ordinem pro se et sibi adherentibus, si ministrarentur eis expense de bonis Templi, petens sibi fratres Reginaldum de Aurelianis et Petrum de Bononia presbiteros, fratres dicti ordinis, dari in auxilium et consilium sibi. Reddidit eciam quamdam cedulam manu sua, ut dicebat, scriptam, in qua erant scripta nomina quorumdam, quos dicebat esse inimicos ordinis antedicti. Cujus cedule tenor talis est :

Ces sont le treytour, li quel ont proposé fauseté et delauté contra este [?] de la religion deu Temple : Guillalmes Roberts moynes, qui les mitoyet à geine, Esquius de Floyrac de Biterris cumprior de Montfaucon, Bernardus Peleti prieus de Maso de Genois, et Geraues de Boyzol cehalier, veneus à Gisors.

Interrogatus si umquam fuit positus in tormentis, respondit quod fuit positus, tres menses erant elapsi ante confessionem factam per eum coram domino Parisiensi episcopo, manibus ligatis retro, ita stricte quod sanguis sibi cucurit usque ad ungues, in quadam fovea, in qua stetit per spacium unius leuge, protestans et dicens quod, si poneretur adhuc in tormentis, quod ipse negaret omnia que dicit modo, et diceret quecumque homo vellet. Tantum pro modico tempore, paratus erat vel capitis obtruncacionem, vel ignem, vel bullicionem pati pro honore dicti ordinis, tantum ita longa tormenta substinere non poterat, in quibus jam fuerat, duobus annis elapsis et plus carcerem substinendo. Item requisitus et interrogatus si volebat aliquid aliud dicere quare non deberent dicti domini commissarii ad inquirendum procedere bene et fideliter, respondit quod non, et quod volebat quod inquirerent per bonas gentes.

Item cum dictus prepositus Pictavensis tradidisset dictis dominis commissariis quamdam cedulam in presencia dicti fratris Ponzardi, et fuisset lecta coram eo, dictus frater Ponzardus dixit, quia veritas non querit angulos, quod ipse scripserat quamdam cedulam ejusdem tenoris, quam tradidit eidem preposito, ad hoc ut adduceretur ad presenciam domini Pape et dominorum commissariorum, ut audiretur. Dixit eciam, quod ipse scripserat eam tanquam turbatus contra ordinem, pro eo quod thesaurarius Templi dixerat sibi verba contumeliosa. Cujus cedule tenor sequitur in hec verba :

Ce sont les articles que vous ferés demander aus freres deu Temple, desquelles articles li dit frere n'ont point esté examiné :

Primers articles, defendus des maistres que li frere n'allassent à main de preste à offerende.

Item, que li dit frere ne tenissent enfans à fons, pour batesme avoir.

Item, frere ne couchast sus toit où fame jeust; et des articles dessus dites, li maistres vousisent metre un poure frere en prison et i l'en ometoient [?].

Item, li maistres qui fesoient freres et suers du Temple, aus dites suers fesoient promestre obediencie, chastee, vivre sans propre, et li dit maistre leur prometoient foi et loiauté, come à leurs suers.

Item, quant les dites suers estoient entrees, li dit maistre les despouceloient; et autres suers qui estoient de bon age, qui pensoient estre venues en la religion pour leur ames sauver, il convenoit par force que li maistre en feissent leurs volentez, et en avoient enfans les dites suers; et li dit maistre de leur enfans fesoient freres de la religion.

Item, li estas de la religion estoit tex, que nus freres ne devoit recevoir autre frere en la religion, se il n'estoit sains de toutes ses membres, et non bastars, et se il n'estoit hons de bonne vie et de bone conversacion.

Item, comunement estoient larron gent qui autre gent avoient mis à mort, se il avoient un pou d'argent, sil estoient freres.

Item, que li dit maistres des baillies qui demandoient congié aus commandaurs provinciaus du faire freres, tout ainsi comme hons vent un cheval en ma[r]chié, ainsi estoit marchié fais de celui qui i voloit venir en la religion; et vous savés que tuit cil et celes qui entrent en religion par symonie, cis qui le reçoit et cis qui i entre, est escomeniez, et cist qui est escomeniez en tel cas ne puest estre absols que de par nostre pere le Pape.

Item, que lu dit maistre fesoient jurer sus sains le frere que il n'i venoit par don ne par promesse, et li dis maistres savoit vrai que il le fesoit parjurer, et estoit li dit frere parjurs et escominiez, en [?] ni povoit freres sauver sa vie.

Item, li dit commandaurs de baillies, se nus petit freres li dist aucunes choses qui li annuient, pourchasast par dons au commandaur provincial que li pouvres freres alast outre mer, pour morir, ou en estrange terre o il ne se conoissoit, et par duel et por paureté le convenoit morir; et si il lessoit la religion et il povoit estre pris, il estoit mis en prison.

Item, au derrerain chapistre qui fo tenus par lu visitaur, et fu à lau chadelor feste Nostre Dame, pourposa frere Ranaus de la Folie contre frere Gerot de Villers et par un autre frere estoit perdue l'ille de Tourtose, et par lui forent mort li freres et prins, et encor sont, et le voloit prover par bone gant, et fo por ce que li dit frere Geraut se parti un jur devant, et amena avec lui ses amis, et pour le deffaut des bons chevaliers qu'il enmena furent perdu.

Et quia idem frater Ponzardus dicebat se dubitare, quod agravaretur sibi carcer pro eo quod obtulerat se ad defensionem dicti ordinis, supplicabat quod providerent ne gravaretur propter premissa, et dicti domini commissarii dixerunt dictis preposito Pictavensi et Johanni de Jamvilla, quod nullo modo gravarent eum, pro eo quod obtulerat se ad defensionem ordinis supradicti. Qui responderunt quod plus propter hoc non gravarent eundem.

Post hec frater Johannes de Sarancuria, alias de Cella, serviens, adductus ad presenciam eorumdem dominorum commissariorum, ac requisitus per eosdem si volebat dictum ordinem defendere, respondit quod nolebat eum defendere, quia nec sciret nec posset, nec aliquid volebat dicere, quin ipsi domini commissarii procederent ad inquisicionem predictam.

Post hec frater Jacobus Verjus, adductus ad presenciam eorumdem dominorum commissariorum, et requisitus per eosdem dominos commissarios si volebat dictum ordinem defendere, respondit quod erat agricola et quod nesciret litigare, et quod, si sciret et posset, libenter defenderet dictum ordinem, sed postea dixit quod nolebat eum defendere, quia nesciret nec posset. Requisitus autem si persistebat in confessione quam fecit coram episcopo Parisiensi, respondit quod sic.

Post hec frater Johannes de Villa Serva, adductus ad presenciam eorumdem dominorum commissariorum, et requisitus per eosdem si volebat dictum ordinem defendere, respondit quod erat pauper homo et non posset, et quod libenter defenderet eum in bono suo et honore suo, si posset; sed quia nesciret nec posset, non vult eum defendere; et requisitus ex habundanti si vult perseverare in confessione per eum factam coram domino episcopo Parisiensi, respondit quod sic.

Post hec frater Gaubertus de Malle, adductus ad presenciam dictorum dominorum commissariorum, et requisitus per eosdem si volebat dictum ordinem defendere, respondit quod nolebat eum defendere, et persistebat in confessione quam fecit coram episcopo Laudunensi.

Post hec frater Aymo de Barbona, adductus ad presenciam eorumdem dominorum commissariorum, et requisitus per eosdem si volebat dictum ordinem defendere, respondit quod fuit ter in tormentis positus, et apponebatur sibi aqua cum cucufa in ore, et fuit ad panem et aquam per novem septimanas, et quod pauper homo erat, et quod non poterat defendere ipsum ordinem, et quod libenter eum defenderet si posset, sed non poterat quia captus erat, et quod tribus annis tenuerat seu custodierat cameram Magistri ultra mare, et quod nil mali sciebat in Magistro nec in ordine, et nesciebat quid esset facturus, quia sibi corpus dolebat et anima flebat, et quod multa mala passus est pro ordine. Item interrogatus si vellet dicere aliquid quare dicti domini commissarii non deberent procedere ad inquisicionem per eosdem faciendam, respondit quod nolebat aliquid dicere nec pro ordine nec contra ordinem, quamdiu esset captus. Item interrogatus si volebat persistere in confessione sua, respondit quod non diceret aliud quam dixit, quamdiu esset captus.

Post hec frater Stephanus de Pruino, adductus ad presenciam

eorumdem dominorum commissariorum, et requisitus per eosdem si volebat dictum ordinem defendere, dixit quod nolebat defendere eum, et si magistri volebant defendere eum quod defendant, quia non fuit in ordine ante capcionem eorum nisi per novem menses, et vult perseverare in confessione quam fecit coram episcopo Parisiensi.

Post hec frater Guillelmus Boscelli, adductus ad presenciam eorumdem dominorum commissariorum, et requisitus per eos si volebat dictum ordinem defendere, dixit quod erat pauper homo et captus, et quod non est clericus, et quod non posset eum defendere, et quod si esset extra prisionem, libenter diceret veritatem, si peteretur ab eo, et quoad nunc non vult aliquid dicere, et quod stat in confessione quam fecit coram episcopo Parisiensi, quamdiu erit in prisione.

Post hec frater Nicolaus de Cella, adductus ad presenciam eorumdem dominorum commissariorum, et requisitus per eos si volebat dictum ordinem defendere, respondit quod erat pauper et captus, et quod nesciret nec posset eum defendere, et quod si sciret et posset, libenter eum defenderet, sed nolebat eum defendere, quia non posset. Item interrogatus si volebat perseverare in confessione sua per eum facta coram domino Parisiensi episcopo, dixit quod sic, quamdiu placebit Deo et beate Marie Virgini.

Post hec adductus frater Johannes de Furno, alias de Tortavilla, ad presenciam eorumdem dominorum commissariorum, et requisitus per eos si volebat defendere dictum ordinem, respondit quod *nolebat letigare cum dominis Papa et Rege Francorum*. Et dicti domini commissarii dixerunt ei, quod non erat litigare cum Papa et Rege, quia non faciebant in hoc partem, sed solum volebant quod veritas sciretur, et erant commissarii domini Pape et non domini Regis, qui dominus Papa ex officio suo mandat sciri veritatem de objectis ordini supradicto. Item interrogatus utrum vellet defendere dictum ordinem, dixit tunc quod non, quia captus erat et nesciret defendere eum. Item interrogatus utrum perseveraret in confessione quam fecerat in presencia domini Parisiensis episcopi, dixit quod sic, excepto peccato sodomie, quam confessionem de dicto peccato si fecerat, revocaverat alias, ut credebat, et adhuc revocabat eamdem. Item interrogatus quare ergo fecerat dictam confessionem, dixit quod fuerat questionatus tres menses erant elapsi ante, et dubitabat poni iterum ad tormenta, quia fuerat infirmus racione illorum tormentorum per annum.

Post hec frater Poncius de Bono Opere adductus ad presenciam dictorum dominorum commissariorum, requisitus si volebat defendere dictum ordinem, dixit quod libenter vellet defendere, si posset, sed pauper homo erat, et erat captus, propter quod non poterat. Requisitus si volebat aliquid dicere quod non procederetur ad inquisicionem faciendam, dixit quod nil pro ordine nec contra ordinem, quamdiu esset in prisione.

Post hec, die Veneris ante festum beati Andree, congregatis predictis dominis commissariis in camera post aulam predictam in qua congregari consueverant, frater Jacobus de Molayo Magister major dicti ordinis Templi, qui in die Mercurii proxime precedenti pecierat a dictis dominis commissariis, quod posset deliberare usque ad hanc diem Veneris super responsione per ipsum dicta die Mercurii facta coram eis quod ordinem defendere volebat, fuit adductus ad presenciam eorumdem dominorum commissariorum per supradictos prepositum Pictavensem et Johannem de Jamvilla, et fuit regraciatus eisdem dominis commissariis de dicta dilacione ad deliberandum concessa eidem, et quia majorem se daturos eidem obtulerant, si dicto Magistro eam accipere placuisset, et in hoc, sicut dixit, posuerant frenum super collum ejus. Interrogatus autem a dictis dominis commissariis si volebat defendere ordinem supradictum, respondit quod ipse erat miles illitteratus et pauper, et quod audiverat in quadam littera apostolica que sibi lecta fuerat, contineri quod dominus Papa ipsum et quosdam alios magnos ordinis Templariorum reservaverat sibi, et ideo ad presens in statu in quo erat, nolebat aliud facere super predictis. Requisitus expresse an vellet ad presens aliter defendere ordinem supradictum, dixit quod non, sed ad domini Pape presenciam iret, quando dicto domino Pape placeret, supplicans eisdem dominis commissariis et requirens eosdem, quod cum ipse, sicut et alii homines, esset mortalis, nec haberet de tempore nisi nunc, placeret eisdem dominis commissariis significare predicto domino Pape, quod ipsum Magistrum quam cicius posset ad ejus presenciam evocaret, quia tunc tantum diceret ipsi domino Pape, quod esset honor Christi et ecclesie pro posse suo.

Item, requisitus si vellet aliud dicere quare dicti domini commissarii, qui non intromitebant se de facto singularium personarum, sed de facto ordinis supradicti, non deberent bene et fideliter procedere in negocio inquisicionis contra ordinem predictum per dominum Papam commisse, eisdem respondit quod non, requirens eos ut bene et fideliter procederent in negocio supradicto. Quibus peractis, predictus Magister ordinis Templariorum dixit, quod ad exoneracionem consciencie sue volebat predictis dominis commissariis exponere tria de ordine prelibato, et ea exponebat eisdem. Quorum primum erat, quod ipse Magister nesciebat aliquam aliam religionem in qua capelle et ecclesie religionis haberent meliora et pulcriora ornamenta et reliquias ad cultum divinum pertinencia, et in quibus per presbiteros et clericos melius deservirent in divinis, exceptis ecclesiis cathedralibus. Secundum erat, quod nesciebat aliquam religionem in qua fierent plures elemosine quam in religione eorum; nam, in omnibus domibus ordinis, ex generali ordinacione ipsius ordinis, dabant ter in septimana elemosinam omnibus accipere volentibus eam. Tercium erat, quia nesciebat aliquam religionem nec aliquas gentes que pro defensione fidei Christiane contra inimicos ipsius fidei prompcius personas suas exposuerint morti, nec tantum de sanguine effudissent, et que magis dubitarentur a catholice fidei inimicis ; et quod ex hoc comes Atrabatensis, quando fuit mortuus in partibus ultramarinis, in prelio, voluit quod dicti Templarii essent in acie sua in ante-garda, et si credidisset dictus comes Magistro dicti ordinis qui tunc erat, predicti comes, Magister et alii non periissent, et quod dictus Magister qui tunc erat, dixit quod non crederet quod ipse hoc diceret nisi propter bonum, quia sequendo consilium dicti comes [*comitis?*] ipse moreretur in prelio et predictus comes una cum aliis.

Cum autem replicatum fuisset, quod predicta ad salvacionem animarum non proderant, ubi catholice fidei deerat fundamentum, respondit ipse Magister hoc verum esse, et quod ipse bene credebat in unum Deum, et in trinitate personarum, et in aliis pertinenciis ad catholicam fidem, et quod unus Deus erat, et una fides, et unum baptisma, et una ecclesia, et quando anima separaretur a corpore, tunc appareret quis bonus et quis malus esset, et quilibet nostrum sciret veritatem eorum de quibus agitur in presenti.

Verum, cum per nobilem virum dominum Guillelmum de Nogareto cancellarium regium, qui supervenerat post responsionem factam per dictum Magistrum quod nolebat aliter defendere quam suprascriptum fuerit ordinem supradictum, fuisset dictum eidem Magistro, quod in cronicis, que erant apud sanctum Dionisium, continebatur quod tempore Saladini, soldani Babilonie, Magister ordinis Templi qui tunc erat, et alii majores ipsius ordinis, fecerant homagium ipsi Saladino, et quod idem Saladinus, audita adversitate magna quam dicti Templarii tunc passi fuerant, dixerat in publico predictos Templarios fuisse dictam adversitatem perpessos, quia vicio Sodomitico laborabant, et quia fidem suam et legem prevaricati fuerant ; — dictus Magister fuit ex predictis verbis plurimum stupefactus, dicens quod nunquam usque tunc dici audiverat supradicta, sed tamen bene sciebat, quod, eo existente ultra mare, tempore quo erat Magister dicti ordinis frater Guillelmus de Bello Joco, ipse Jacobus et multi fratres alii de conventu predictorum Templariorum, juvenes, gueram appetentes, sicut moris est militum juvenum qui volunt videre de factis armorum, et eciam alii qui non erant de conventu eorum, murmurabant contra dictum Magistrum, quia, durante treuga quam rex Anglie premortuus posuerat inter Christianos et Saracenos, dictus Magister serviebat soldano et eum sibi retinebat placatum ; sed finaliter ipse frater Jacobus et alii de conventu predicto Templariorum fuerunt de hoc contenti, videntes quod dictus Magister non poterat aliud facere, quia ordo eorum habebat illis temporibus et tenebat ad manum suam et sub ejus custodia multas civitates et multa fortalicia in confinibus terre dicti soldani, nominando dicta loca que non potuisset aliter custodiisse, et eciam tunc perdita extitissent, nisi dictus rex Anglie victualia transmisisset.

Postremo predictus frater Jacobus Magister ordinis Templi predicti rogavit humiliter predictos dominos commissarios et dictum cancellarium regium, quod placeret eis ordinare et procurare quod ipse Magister posset audire missam et alia officia divina, et habere capellam suam et capellanos. Et dicti domini commissarii et cancellarius, laudantes devocionem quam pretendebat, dixerunt se procuraturos predicta.

Eisdem die et loco frater Petrus de Safet, ordinis predictorum Templariorum, coqus seu serviens dicti Magistri, adductus ad presenciam eorumdem dominorum commissariorum, presente dicto Magistro ordinis Templi et dicto cancellario regio, requisitus si volebat dictum ordinem defendere, vel aliquid dicere quare dicti domini commissarii non deberent procedere in negocio inquisicionis predicte, respondit quod dictus ordo habebat bonos defensores, scilicet dominos Papam et Regem, et ipse dimitebat conscienciam suam propter consciencias eorumdem, quos reputabat bonas et legales et sanctas personas, et erat de earum defensione contentus. Finaliter autem dixit, quod nolebat dictum ordinem defendere, et placeret eidem quod inquesta per ipsos dominos commissarios facienda bene et fideliter fieret et procederent in eadem.

Eisdem die et loco supradicti domini commissarii, pluribus tractatibus et deliberacionibus prehabitis inter eos, et examinatis cum diligencia rescriptivis litteris quas major pars archiepiscoporum et episcoporum regni Francie, vicariorum vel officialium eorumdem, miserant eis super publicacione edicti citatorii, facti dicta die Veneris ante festum beati Laurencii per eosdem dominos commissarios, et mandati in singulis civitatibus et diocesibus in locis contentis in ipso edicto supraposito publicari, inventoque per examinacionem scripturarum litterarum predictarum, quod publicacio predicti edicti non fuerat facta, sicut debuerat et [a?] multis ex predictis archiepiscopis et episcopis, vicariis seu officialibus eorumdem, et specialiter in locis in quibus dicti Templarii capti detinebantur; circumspecto eciam quod multi ex predictis minus plene et aliqui confusse rescripserant, licet nonnulli satis bene rescripsissent, et edictum publicassent predictum, invento eciam in dictis rescriptivis quod multi ex fratribus ordinis dictorum Templariorum in diocesibus Vassatensi, Tholosano, Claramontensi, Parisiensi et aliis detenti, publicato eis predicto citatorio edicto, precisse dixerant, quod dictum ordinem Templariorum defendere volebant, alii vero volebant venire ad presenciam dictorum dominorum commissariorum, aliqui alii quod parati erant obedire eisdem, et aliqua alia verba ambigua, aliqui quod ipsum ordinem defendere nolebant; attendentes dicti domini commissarii, quod, dictis fratribus et aliis vocandis evocatis juxta formam commissionis eis facte, procedere habebant, et quod incongruum videri posset, si sine presencia illorum qui vocati erant et dixerant se velle predictum ordinem defendere, procederent; videntes eciam, quod multi ex archiepiscopis et episcopis supradictis, vicariis et officialibus eorumdem nichil eis adhuc rescripserant de publicacione predicti edicti; advertentes insuper, quod per eos erat inquirendum contra dictum ordinem Templi, non solum cum fratribus dicti ordinis, verum eciam cum aliis qui non erant de dicto ordine, si qui essent qui scirent eorum de quibus habent contra ipsum ordinem inquirere veritatem; nolentes iidem domini commissarii de aliqua precipitacione, in tam arduo potissime negocio, posse notari, supradictis et aliis pluribus perpensatis, deliberaverunt et decreverunt aliud publicum edictum per eos esse denuo transmitendum ad omnes archiepiscopos et epiecopos dicti regni, vicarios et officiales eorumdem, super citatione evocandorum ad defensionem dicti ordinis, et eciam ad testimonium perhibendum, prefatum edictum mittentes per litteras patentes, sigillis eorum in pendenti sigillatas, tenorem qui sequitur continentes :

Venerabilibus in Christo patribus, dominis Dei gracia archiepiscopo Senonensi, ejus suffraganeis, vicariis et officialibus eorumdem, miseracione ejusdem... archiepiscopus Narbonensis... Bajocensis... Mimatensis, et Lemovicensis episcopi, nec non Matheus de Neapoli majoris Caleti Rothomagensis sedis apostolice notarius, Johannes de Mantua Tridentine, et Johannes de Monte Lauro Magalonensis ecclesiarum archidiaconi, una cum venerabili viro magistro Guillelmo Agarni Aquensi preposito, legittime excusato, cum illa clausula, Quod si non omnes, etc. ad infrascripta per sedem apostolicam deputati, salutem et mandatis apostolicis humiliter, reverenter et firmiter obedire. Pridem vobis et omnibus aliis archiepiscopis et episcopis regni Francie, vicariis et officialibus vestris, signifficasse meminimus qualiter nos, juxta commissionis nobis facte a domino nostro summo Pontifice tenorem, pro inquisicione contra Templariorum ordinem in dicto regno Francie facienda, vocabamus et citabamus per publicum citationis edictum perhemptorie, auctoritate nobis tradite potestatis, predictum ordinem Templariorum, fratres dicti ordinis et omnes evocandos, ut prima die non feriata post festum beati Martini hiemale tunc sequens, nunc vero lapsum, comparerent sufficienter coram nobis Parisius, in aula episcopali, hora prime, super contentis in dictis litteris apostolicis, quarum transcriptum vobis misimus, et ea tangentibus, prout justum esset, processuri. Alioquin ex tunc ad contenta in dictis litteris apostolicis procederemus previa racione, eorum absencia non obstante. Requisivimus insuper, et dicta auctoritate districte mandavimus, quod vos et vestrum singuli, quam prius comode possetis, faceretis predicte citationis nostre edictum, cum ad vos pervenisset, publice ac solempniter fieri legi, recitari ac publicari clero et populo, in cathedralibus, et magnis collegiatis ecclesiis, et scolis ubi est studium generale, et in curiis officialium vestrorum, civitatum et diocesium vestrarum, et in principalibus domibus ejusdem ordinis in dictis vestris civitatibus et diocesibus constitutis, ac in locis in quibus fratres ipsius ordinis capti tenebantur, in eis prout hec et alia in nostris litteris quas vobis tunc super hiis [*destinavimus?*] plenius continentur. Verum cum quam plures ex vobis nullo modo, et alii confusse et minus plene, licet aliqui satis bene, nobis rescripseritis de publicacione predicti nostri edicti, et nonnulli minus advertentes qualiter nos contra singulares fratres et personas dicti ordinis, contra quos vos archiepiscopi et episcopi inquirere debetis, nullatenus inquirere intendebamus nec poteramus, juxta formam commissionis nobis facte, sed contra ordinem, ut est dictum, intellexisse forsitan videantur, quod nos contra singulares personas et fratres predictos inquirere intenderemus de factis singularibus eorumdem, et quod ad nos venire necessario tenerentur, quod nequaquam nostre intencionis extitit nec existit, sed ut venire, si qui essent, qui voluntarie vellent pro dicto ordine respondere, juxta formam litterarum apostolicarum nobis super hec directarum;—adhuc ex superhabundanti, et ut maturius procederemus, vocamus et citamus iterato peremptorie, auctoritate nobis tradite potestatis, per hoc publicum nostre citationis edictum, prefatum ordinem Templariorum, fratres dicti ordinis et omnes evocandos quorum interest evocari, quatenus prima die juridica post instans festum Purificacionis beate Marie Virginis compareant sufficienter coram nobis Parisius, in aula episcopali, hora prime, ut super contentis in dictis litteris apostolicis et ea tangentibus, prout justum fuerit, procedatur. Alioquin ex tunc ad contenta in dictis litteris apostolicis racione previa procedemus, eorum absencia non obstante. Rursus citamus, et per vos citari mandamus in generali, sub penis canonicis quibuscumque, omnes ecclesiasticas ac seculares personas, que de dicto Templariorum ordine non sunt (de quibus Templariis quos expedire videbimus per alias nostras litteras intendimus evocare), cujuscumque status, dignitatis, condicionis et religionis fuerint, in regno Francie existentes, que veritatem noverint de criminibus eidem ordini impositis vel eorum aliquo de quibus fit mencio in litteris apostolicis antedictis, et specialiter de apostasia a fide, ydolatria, heresi et peccato contra naturam, ut eisdem loco et tempore, personaliter, sub penis predictis, compareant coram nobis, perhibituri super predictis testimonium veritati. Porro, ut predicta ad dictorum ordinis fratrum, ac omnium evocandorum et quorumcumque noticiam publicam deferantur, circumspectionis vestre prudenciam, auctoritate apostolica requirimus et in virtute sancte obediencie districte injungimus et mandamus quatenus quam prius comode potueritis, faciatis supradicta, cum ad vos pervenerint, publice ac solempniter fieri legi, recitari et publicari clero et populo in suprascriptis locis, et specialiter in locis in quibus fratres ipsius ordinis capti tenentur, in presencia eorumdem, et in aliis magnis locis de quibus vobis videbitur expedire. Et si aliqui ex fratribus dicti ordinis qui capti tenentur, dicant vel dixerint se velle pro dicto ordine respondere vel ipsum defendere, ipsos ad nos immediate Parisius sub tuta et fida custodia transmitti requiratis per gentes regias, et custodibus eorumdem, ut in premissis et ea tangentibus, prout justum fuerit, procedatur. Nos autem predictis gentibus regiis et custodibus damus (presentibus nostris litteris, ut predicta compleant) in mandatis, ac eciam super hiis dominus Rex Francorum illustris predictis gentibus suis scribit. Vos vero certificetis nos de omnibus que feceritis super predictis, et si qui et quot fratres dicti ordinis in vestris civitatibus et diocesibus tenebantur, et si quid et que dixerint ad predicta de premissis omnibus et singulis facientes ad cautellam fieri publica instrumenta, que manu publica consignata vel sigillis autenticis communita, in dicto termino vel ante, per aliquem vestrum ydoneum, certum et tutum nuncium, Parisius nobis vel nostrum alteri transmitatis, ita solerter super hiis vos habentes, quod de diligencia commendari et de negligencia redargui minime valeatis. Nec volumus vos latere, quod illi ex vobis qui negligentes in premissis fuerint, ulcionem canonicam et indignacionem sedis apostolice poterunt merito formidare. Sane easdem litteras earum reddi precipimus portitori, quarum presentacioni vestras litteras concedatis eidem, in omnes et singulos qui execucionem presencium litterarum, directe vel indirecte, publice vel occulte, per se vel per alium seu alios, turbare vel impedire quomodolibet, seu in eis aliquid immutare, vel contra ejus voluntatem auferre vel detinere presumpserint, in hiis scriptis excommunicacionis sentenciam proferentes. In quorum omnium testimonium sigilla nostra presentibus litteris duximus apponenda. Actum et datum Parisius, in dicta episcopali aula, die vicesimo octavo Novembris, anno Domini millesimo ccc nono, indictione octava, pontificatus sanctissimi patris et domini domini Clementis Pape quinti anno quinto.

Porro quia mittere predictum edictum fuisset inutile, quoad illos qui capti tenentur et pro defensione dicti ordinis se velle venire responderunt ad presenciam eorumdem dominorum commissariorum, nisi fuissent qui predictos captos ad eos Parisius sub fida et tuta custodia adduxissent, volentes ut dictum citacionis eorum edictum debitum sortiretur effectum, obtinuerunt a predicto domino Rege Francorum illustri, qui in premissis se favorabiliter prebuit, et benignum pro adductione fratrum dicti ordinis detentorum qui venire vellent ad dominos commissarios supradictos pro defensione ordinis supradicti evectionibus et expensis ministrandis eisdem ac custodia eorumdem, dirigi litteras suas regias omnibus senescallis et ballivis regni sui, tenorem qui sequitur continentes:

Philippus Dei gracia Francorum Rex, Rothomagensi, de Gizorcio et Cadomi ballivis et eorum loca tenentibus, salutem. Cum dilecti et fideles archiepiscopus Narbonensis, Bajocensis, Mimatensis et Lemovicensis episcopi, ac discreti viri Matheus de Neapoli majoris Caleti Rothomagensis, Johannes de Mantua Tridentine, et Johannes de

Monte Lauro Magalonensis ecclesiarum archidiaconi, una cum magistro Guillelmo Agarni preposito Aquensi, legittime excusato, cum illa clausula, Quod si non omnes, etc. ad inquirendum contra ordinem Templi in regno nostro Francie per sedem apostolicam deputati, speciales amici nostri, dudum omnibus archiepiscopis et episcopis regni ejusdem, eorum vicariis et officialibus, dederunt in mandatis, ut publicum sue citacionis edictum, quod fecerant pro procedendo in dicto negocio juxta mandatum a dicta sede apostolica eis missum, in suis cathedralibus et magnis collegiatis ecclesiis, et scolis ubi est studium generale, ac curiis officialium suorum, in principalibus domibus ejusdem ordinis in suis civitatibus et diocesibus constitutis, facerent solempniter publicari, legi et exponi, et inde fieri publica instrumenta, et nunc hoc idem mandant fieri in locis in quibus Templarii capti tenentur, prout in litteris eorumdem plenius continetur, ac nonnulli Templarii dixerint et responderint, quod si possent et facultatem haberent, libenter venirent ad presenciam eorumdem, dictum Templi ordinem defensuri, prout in quorumdam archiepiscoporum et episcoporum vel eorum officialium responsionibus continetur, vobis et vestrum cuilibet mandamus, quatenus omnes Templarios in ballivis vestris detentos qui sponte, voluntarii et sine coactione ad archiepiscopum, episcopos et archidiaconos supradictos, pro deffendendo prefatum ordinem, non se aut alios singulares personas (cum deputati predicti contra fratres singulares dicti ordinis aut de hiis que ipsos tangunt tanquam singulares personas, inquirere non intendant nec possint, secundum a predicta sede traditam sibi formam), Parisius ad presenciam deputatorum ipsorum, sub tam fida, tuta et certa custodia quod non possint aufugere, et ita caute et segregatim, quod se invicem non valeant subornare, aut aliquas collusiones, falsitates, machinaciones aut subterfugia fabricare, per que inquisicionis predicte negocio impedimentum prestetur, faciatis adduci sine dilacione aut contradicione quacumque, ita quod ad primam diem juridicam post instans festum Purificacionis beate Marie Virginis, quam idem deputati ad procedendum in dicto negocio assignarunt, se possint eorum conspectui presentare, facientes nichilominus eis et ipsorum conductoribus sine deffectu de ydoneis expensis et evectionibus provideri. Damus autem administratoribus bonorum dicti ordinis et omnibus deputatis ad custodiam personarum ipsarum, cujuscumque status existant, tenore presencium in mandatis, sub omni pena quam possent incurere contrarium faciendo, ut vobis in premissis omnibus obediant, sicut nobis. Actum Parisius, vicessima sexta die Novembris, anno Domini millesimo CCC nono.

Item, cum ab aliquibus diceretur, quod custodes dictorum Templariorum, in aliquibus partibus dicti regni, reddebant se difficiles ad representandum dictos Templarios ordinariis eorumdem seu eorum gentibus, quando ex officio ipsorum inquirentes, vel edictum publicare volentes, necessariam habebant presenciam eorumdem, fuerunt, de voluntate eorumdem dominorum commissariorum, per venerabilem virum dominum Philippum de Voeto prepositum Pictavensem, et discretum virum Johannem de Jamvilla predictos, deputatos ad custodiam predictorum Templariorum in provinciis Remensi, Senonensi et Rothomagensi, ad tollendum dictum impedimentum, misse littere continencie infrascripte :

Philippus prepositus ecclesie Pictavensis, ac Johannes de Jamvilla ostiarius serenissimi principis domini Regis Francorum, ad custodiam, visitacionem translacionemque personarum Templariorum, in Remensi, Senonensi et Rothomagensi provinciis, auctoritate apostolica et regia deputati, universis et singulis superintendentibus custodie Templariorum custodibusque eorumdem Aurelianis et in Aurelianensi diocesi constitutis, salutem. Mandamus vobis et vestrum cuilibet, quatenus quoscumque [*quandocumque?*] per reverendum patrem dominum Aurelianensem episcopum, vel per certum mandatum ipsius de quo per litteras ipsius vobis constabit, fueritis requisiti, liberum accessum ad publicandum, legendum et denunciandum semel vel pluries litteras apostolicas seu tenorem ipsarum, et ad exequendum mandatum reverendorum patrum et dominorum, archiepiscopi Narbonensis, Bajocensis, Mimatensis et Lemovicensis episcoporum, magistrorum Mathei de Neapoli sacrosancte Romane ecclesie notarii, Tridentine et Magalonensis archidiaconorum, auctoritate apostolica ad inquirendum contra ordinem Templariorum et statum ipsius ordinis deputatorum, sine difficultate qualibet prebeatis, nullo a nobis alio expectato mandato, ipsosque Templarios eidem Aurelianensi episcopo vel certo mandato ipsius exhibeatis et presentetis, et ad certum mandatum ipsius sub fida custodia Parisius adducatis, quociens ab ipso fueritis requisiti. Mandantes et injungentes auctoritate predicta administratoribus et curatoribus bonorum Templi Parisiensis, quatenus vobis pro ipsis sub fida custodia adducendis et reducendis convenienter provideant de expensis, injungentes nichilominus omnibus et singulis justiciariis domini Regis, ut vobis in premissis et premissa tangentibus efficaciter pareant et intendant. Datum et sigillis nostris sigillatum die Martis in octabis beati Martini hyemalis, anno Domini millesimo ccc nono.

Acta fuerunt hec anno, indictione, pontificatu, diebus et locis predictis, presentibus me Floriamonte Dondedei, Bernardo Filholi, Guillelmo Radulphi, Bernardo Humbaldi, Hugone Nicolai et Johanne Loveti notariis supradictis.

In ista pagina nichil scriptum est.

Anno Domini millesimo trecentesimo decimo, indictione octava. In Dei nomine amen. Notum sit universis ac singulis, quod cum reverendi in Christo patres, domini Dei gracia Narbonensis archiepiscopus, Baiocensis et Mimatensis et Lemovicensis episcopi, nec non venerabiles viri domini Matheus de Neapoli majoris Caleti Rothomagensis sedis apostolice notarius, Johannes de Mantua Tridentine, et Johannes de Monte Lauro Magalonensis ecclesiarum archidiaconi, ad inquirendum contra Templariorum ordinem in regno Francie per sedem apostolicam, una cum venerabili viro magistro Guillelmo Agarni Aquensi preposito, legittime excusato, cum illa clausula, Quod si non omnes, etc. deputati, vocassent et citassent perhemptorie auctoritate eis tradite potestatis, anno Domini millesimo trecentesimo nono, viccessima octava die mensis Novembris, per publicum citacionis eorum edictum, prefatum ordinem Templariorum, fratres dicti ordinis, et omnes evocandos quorum interest evocari, quod prima die non feriata post festum Purificationis beate Marie Virginis tunc sequens, comparerent sufficienter Parisius in aula episcopali, hora prime, coram eis, ut super contentis in litteris apostolicis, eisdem dominis commissariis directis, procederent, ut justum esset, citassentque omnes et singulos scientes veritatem de criminibus eidem ordini impositis, ut eisdem die, hora et loco comparerent coram eis, perhibituri supra predictis testimonium veritati, requisivissent insuper et mandassent districte predictas citaciones publice et solemniter per omnes archiepiscopos, episcopos regni Francie, vicarios seu officiales eorumdem, cum ad eos pervenissent, fieri legi, recitari ac publicari clero et populo in cathedralibus et magnis collegiatis ecclesiis, et scolis ubi est studium generale, et in curiis officialium suorum civitatum et diocesium suarum, et in principalibus domibus ejusdem ordinis in dictis suis civitatibus et diocesibus constitutis, ac in locis in quibus fratres ipsius ordinis capti tenebantur in eis, et quod dicti archiepiscopi, episcopi, vicarii seu officiales eorum, si qui fratres dicti ordinis dicerent se velle dictum ordinem deffendere, eos per gentes regias et custodes eorum ad ipsos dominos commissarios mitti requirerent, per eosdem dominos commissarios certificarent de hiis que facerent in predictis, prout hec et alia in litteris eorumdem dominorum commissariorum, sigillis eorum impendentibus sigillatis, supra in processu registratis, quas prelatis eisdem, vicariis et officialibus direxerant, plenius continentur.

Tandem adveniente dicto termino, qui fuit tercia die mensis Februarii, memorati domini archiepiscopus Narbonensis, Baiocensis,

Mimatensis et Lemovicensis episcopi, ac domini Matheus de Neapoli et Johannes de Monte Lauro, domino Johanne de Mantua quoad istam diem dumtaxat per discrasiam corporalem se excusante, convenerunt in hora prime ad dictam aulam domini Parisiensis episcopi. Et memoratus dominus archiepiscopus ex parte domini Regis Francorum illustris, ut dicebatur, ad ejus vocatus presenciam, accessit ad eum, excusans se quoad predictam diem et omnes alios dies quibus eum abesse contingeret, volens quod alii domini commissarii in dicta inquisicione procedant non obstante ipsius absencia, nisi ipsum contrarium expresse mandaret, adjiciens quod non poterat amplius vacare predicta die negocio supradicto, consuluit ut adhuc continuaretur presens terminus ad dies sequentes. Et cum ceteri college sui predicti usque ad consummacionem misse majoris, celebrate in ecclesia beate Marie Parisiensis, expectassent ibidem, et nullus pro dicto ordine nec de aliis citatis comparerent coram eis, deliberaverunt et decreverunt concorditer per eos esse expectandum adhuc sequentibus diebus, cum nondum per antedictos archiepiscopos et episcopos, vicarios seu officiales eorumdem, ad plenum certifficati fuissent de publicacione dicte citationis facte et mandate in predicto regno fieri per eosdem, nec adhuc adducti fuissent, propter inondaciones aquarum, temporis asperitatem et alia impedimenta que occurrerant propter termini brevitatem prefixi per eos, nisi pauci ex Templariis propinquis Parisius, qui dicebantur se obtulisse ad defensionem ordinis memorati. Unde presentem diem et terminum supradictis, ordini, fratribus et aliis evocatis prefixum, de benignitate expectandos prorogaverunt usque in crastinum hora prime, cum continuacione dierum sequentium quamdiu placeret eisdem. — Acta fuerunt hec in predicta camera adherente aule episcopali predicte, anno Domini millesimo trecentesimo nono, indictione octava, die tercia supradicti mensis Februarii, in presencia venerabilium virorum magistrorum Amisii de Aurelianis archidiaconi Aurelianensis, Guaufredi Zalup canonici Peronensis, et mei Floriamonti Dondedei de Mantua notarii, ac Bernardi Filioli, Hugonis Nicolai, Guillelmi Radulphi, Bernardi Humbaldi, Johannis de Fellinis et Johannis Loveti notariorum in causa predicta.

Post hec, in crastinum, scilicet die Mercurii post festum Purificationis beate Marie, supradicti domini commissarii, archiepiscopus Narbonensis, Baiocensis, Mimatensis et Lemovicensis episcopi, Matheus sedis apostolice notarius, archidiaconi Tridentinus et Magalonensis, hora prime, ad dictam aulam episcopalem convenientes et in camera propinqua dicte aule se recipientes, examinatis rescriptivis multorum prelatorum super publicacione secundi edicti citationis ordinis Templi, ex causis supradictis, in continuacione facta die Martis proximo precedenti, cum nullus compareret coram eis, et missa major in ecclesia beate Marie celebrata esset, continuaverunt et prorogaverunt usque ad diem Jovis sequentem hora prime. — Actum me presente et aliis notariis memoratis.

Die Jovis vero subsequenti excusavit se dominus Narbonensis quoad predictam diem, et ceteri domini commissarii ad predictum locum convenientes hora prime, expectato usque ad finem misse majoris, nullo comparente, ex causis predictis, continuaverunt et prorogaverunt, ut supra, usque in crastinum, hora prime, precipientes preposito Pictavensi et Johanni de Jamvilla custodibus dictorum Templariorum, quod in crastinum adducerent coram eis in eodem loco Templarios qui de diocesi Matisconensi adducti fuisse dicebantur et se obtulisse ad defensionem ordinis memorati. — Acta fuerunt hec in predicta camera, me absente, presentibus omnibus aliis notariis supra proximo nominatis, excepto Nicolao Constanciensi, ut ibidem postea retulerunt.

Die vero Veneris sequenti, sexta videlicet die mensis Februarii, convenerunt omnes supradicti domini commissarii in eodem loco. Sed cum dominus Narbonensis vocatus diceretur esse a predicto domino Rege, recedens excusavit se quoad predictam diem, consenciens quod omnes et singuli fratres Templi, qui dicebantur esse vel adducti fuisse Parisius, qui dixerant se velle ordinem defendere supradictum, adducerentur ad presenciam eorumdem dominorum commissariorum, et singulariter requirerentur si volebant ordinem defendere antedictum, et eorum responsio et nomina redigerentur in scriptis; et ita decreverunt et deliberaverunt omnes predicti domini commissarii, post predicti domini Narbonensis recessum, esse faciendum. Et eadem die fuerunt simul adducti omnes infrascripti fratres ad presenciam dictorum dominorum commissariorum, et postmodum singulariter et separatim interrogati omnes et singuli (reliquis in una parte camere simul remanentibus, et illo qui interrogabatur coram dictis dominis commissariis existente, et post responsionem ad aliam cameram eunte), si volebant ordinem defendere supradictum. Per quos fuit responsum ut sequitur :

Frater Guillelmus de Gurrisaco Eduensis diocesis respondit, quod volebat defendere ordinem supradictum, potissime in hiis que viderat a triginta annis citra, quibus fuerat in dicto ordine, sed non mala puncta dicti ordinis, si qua in eo sunt, quod non credit, nec malas personas dicti ordinis.

Frater Hugo Bossa Eduensis diocesis respondit, quod bene volebat defendere dictum ordinem, secundum illa que sciebat et viderat in ipso ordine, a decem annis citra, per quos in eodem steterat citra mare, sed nolebat defendere aliqua mala puncta, si qua erant in eo.

Frater Johannes de Corbinhiaco Eduensis diocesis respondit se velle deffendere ordinem supradictum, quia nullum malum sciebat in eo. Supradicti vero tres erant fratres servientes.

Frater Nicolaus de Riperia presbyter, Eduensis diocesis, et frater Stephanus de Prelomoniay, et frater Petrus de Ruciaco servientes, Eduensis diocesis, responderunt se ordinem velle deffendere supradictum, et frater Petrus de la Limay Lugdunensis diocesis respondit idem pro posse suo; et erat frater serviens.

Frater Aymo de Compen Lugdunensis diocesis, et frater Poncius de Mallo passu Aniciensis diocesis, et frater Clemens de Branccio Eduensis diocesis, fratres servientes, responderunt se velle ordinem deffendere supradictum; et frater Johannes de Cisseyo Eduensis diocesis, serviens, idem pro posse suo.

Frater Matheus de Corbono Lingonensis, frater Hugo de Same Cricon Eduensis, frater Johannes de Monte Belleti Matisconensis, et frater Hugo de Buris Lingonensis diocesium, servientes, responderunt quod volebant deffendere ordinem supradictum.

Frater Gerardus le Lorinhe Tullensis diocesis respondit, quod nolebat ordinem deffendere supradictum, quia valde malus erat, et multa mala puncta erant in eo.

Acta fuerunt hec in predicta camera, predictis die, etc., presentibus me Floriamonte et aliis notariis supra proximo nominatis, excepto Nicolao Constanciensi.

Die Sabati sequenti, septima videlicet die mensis Februarii, fuerunt adducti in predicta camera coram dictis dominis commissariis, exceptis dominis Lemovicensi et archidiacono Tridentino, quia nondum ibidem venerant, insimul infrascripti Templarii, qui dicebantur fuisse adducti de diocesi Claromontensi, videlicet fratres Andreas Jacoti, Stephanus Labossilha, Bernardus Charnerii, Johannes de Orto, Durandus Audebertus, Petrus de Bretona fratres servientes, Claramontensis diocesis; Petrus Bossa presbyter, Gerardus Besso, Bertrandus Amblardi, Petrus de Mantuhaco, Bonetus Sansauholi, Bonetus Cassagnoli, Johannes Lemosis fratres servientes, ejusdem diocesis; Johannes de Mallamorte, Johannes de Zelzils, Johannes de Bellafage et Gilbertus Lafon fratres servientes, Lemovicensis diocesis. Qui omnes singulariter et segregatim interrogati a dictis dominis commissariis, si volebant ordinem deffendere, responderunt quod sic.

Acta fuerunt hec die et loco predictis, presentibus omnibus notariis supra proximo nominatis, me et Bernardo Filhioli exceptis, prout postea retulerunt.

Post hec, cum predicti domini archiepiscopus Narbonensis, Baiocensis et Mimatensis episcopi, vocati essent ad presenciam regiam, excusaverunt se quoad ea que restabant agenda eadem die, rogantes ceteros collegas eorum, quod facerent adduci coram se alios Templarios qui de dicta diocesi Claromontensi dicebantur fuisse adducti, et quod scirent si volebant ordinem deffendere supradictum, quia iste non erat actus in quo omnes dicti commissarii haberent ex necessitate adesse. Postque recessit eciam ex causa necessaria, ut dicebat, dictus dominus Matheus de Neapoli, et fuerunt simul adducti ad presenciam dictorum dominorum Lemovicensis episcopi et Tridentini ac Magalonensis archidiaconorum, infrascripti fratres, scilicet fratres Guillelmus de Cambonent Lemovicensis, Bertrandus de Sartigiis Claramontensis, Aymericus de Capiaco Lemovicensis, Andinus de Vendaco, Petrus la Colongna Claramontensis, Bernardus de Bort Lemovicensis, Galterus de Massi Gelbenensis diocesium milites, Stephanus de Gardia presbiter, Petrus de Brolio, Guillelmus de Boncino, Guillelmus de Sprimassa Claramontensis diocesis, Bossa Coeta, Guillelmius de Podio Vignali, Petrus de Vernogia, Guillelmus Bremaz et Girbertus la Porta Lemovicensis diocesis. Qui omnes et singuli singulariter et separatim interrogati a dictis dominis commissariis, si volebant dictum ordinem deffendere, responderunt quod sic.

Actum me et omnibus notariis presentibus supra ultimo nominatis.

Die Dominica sequenti, nichil fuit actum, propter reverenciam diei.

Die Lune sequenti, que fuit nona dies mensis Februarii, fuerunt simul adducti ad presenciam dictorum dominorum commissariorum, absentibus dominis Narbonensi et Baiocensi, de diocesi Senonensi fratres Jacobus de Chamar Senonensis, Johannes de Vernosio Laudunensis, Galterus de Villers Bissuntinensis, Johannes de Ausato Tornacensis, Jacobus de Rubeo Monte Lingonensis diocesium, et Addam de Cathalone. Qui singulariter et separatim requisiti a dictis dominis commissariis, an vellent ordinem Templi deffendere ab hiis que sibi imponebantur, responderunt quod sic, et erant fratres servientes.

Eadem die fuerunt simul adducti in eodem loco ad dictos dominos commissarios, de diocesi Ambianensi fratres Nicolaus Versequi, Alinus de Templamars, Anricus de Erdenbort, Jacobus Cohadebur, Johannes de Vertimare, Petrus Capoins Tornacensis, Anricus de Brabancia Leodicensis, Anricus de Platea Cameracensis, Bernardus de Castre, Arnulphus Brem Morinensis diocesium, Philippus de Duaco Atrabatensis diocesis servientes, et Egidius de Perbona Trajectensis diocesis presbyter.

Qui omnes sigillatim et segregatim requisiti, responderunt se velle deffendere dictum ordinem, secundum quod fuerunt recepti in eo et sicut eum servaverant, et pecierunt omnes sibi ministrari ecclesiastica sacramenta tanquam bonis et fidelibus Christianis.

Eisdem die et loco fuerunt simul adducti coram dictis dominis commissariis infrascripti, qui tenebantur capti in diocesi Parisiensi, et sigillatim ac separatim requisiti si volebant dictum ordinem deffendere, responderunt ut sequitur :

Fratres Oddo de Nantolio, Thericus de Valle Bellant Suessionensis diocesis, servientes, responderunt se velle deffendere ordinem supradictum.

Frater Vernondus de Santoni, ejusdem diocesis, serviens, respondit quod nichil sciebat in ordine nisi bonum, et dicebat se non intelligere quid volebat dicere : deffendere.

Frater Lambertus de Cormeles serviens, ejusdem diocesis, respondit quod non deffenderet dictum ordinem, nec sciret, cum non sit clericus, sed si aliquid mali sibi imponeretur, se deffenderet prout posset et sciret.

Fratres Anricus de Castellione Constanciensis, Stephanus de Sanceyo Trecensis, P. de Mayson Vinhier Chathalonensis, Matheus de Cayneyo Belvacensis diocesium, responderunt quod volebant ordinem deffendere supradictum.

Frater de Britinhiaco Lingonensis diocesis dixit, quod vult deffendere in quantum tangit se.

Frater Thomas de Casnay Belvacensis diocesis, serviens, respondit quod nunquam vidit in ordine nisi bonum, quod non posset nec sciret eum deffendere si aliquis aliquod malum diceret vel malus esset, sed se ipsum vult deffendere.

Frater Johannes de Nigra curia Laudunensis diocesis respondit, quod vult deffendere modis quibus melius poterit, et peciit ecclesiastica sacramenta.

Frater Nicolaus de Maynilio Ambianensis diocesis respondit, quod vult deffendere, et peciit ecclesiastica sacramenta.

Frater Galterus de Buris Lingonensis diocesis respondit, quod vult deffendere, in quantum poterit.

Frater Petrus de Enapes Laudunensis diocesis dixit, quod vult deffendere personam suam.

Eadem die fuerunt simul adducti in eodem loco ad dictos dominos commissarios fratres subscripti, qui adducti fuisse dicebantur de diocesi Turonensi, videlicet fratres Gerardus de Cabilone Cabilonensis diocesis, qui ad interrogacionem et requisicionem eorumdem dominorum commissariorum respondit, quod volebat deffendere dictum ordinem, in quantum posset et sciret.

Guido de Tonaco Eduensis diocesis respondit, quod volebat deffendere, quantum pertinebat ad se.

Guillelmus de sancto Leonardo Eduensis diocesis respondit, quod volebat deffendere, in quantum posset, deberet et sciret.

Petrus de Pedagio Eduensis diocesis respondit se velle deffendere in quantum ad se pertinet.

Gaufredus de Malomonte Turonensis diocesis respondit se velle deffendere, in quantum ad se pertinet et de racione faciendum esset.

Petrus Trecie Turonensis diocesis respondit se velle deffendere, in quantum ad se pertinet, cum nichil mali sciat in ordine.

Andreas Beri Briocensis diocesis respondit se velle deffendere, in quantum ad se pertinet, et non ordinem.

Raynardus Baliani Laudunensis diocesis diocesis respondit, quod vult deffendere dictum ordinem, in quantum poterit et sciet, quia nichil mali scit in eo.

Johannes Coyfer Turonensis diocesis respondit, quod vult deffendere, in quantum ad se pertinet, cum nichil mali sciat in ordine.

Raynandus de Bonis Bituricensis diocesis respondit se velle deffendere, in quantum ad se pertinet, cum nichil mali sciat in dicto ordine.

Martinus de Lineriis Bituricensis diocesis respondit se velle deffendere, in quantum posset et sciret.

Symon de Lineriis Bituricensis diocesis respondit se velle deffendere, in quantum ad se pertinet, quia nunquam vidit nisi bonum in ordine.

Petrus Maliani Lemovicensis diocesis respondit, quod volebat deffendere, et respondere pro ordine, in quantum ad se pertineret.

Johannes Malon Turonensis diocesis vult ordinem, ut dixit, deffendere, quia nunquam vidit in ordine nisi bonum.

Johannes Dusseam Carnotensis diocesis dixit se velle deffendere ordinem, quia nunquam vidit nec scit nisi bonum in eo.

Petrus Foberti Turonensis diocesis vult ordinem, ut dixit, deffendere, sicut poterit et tenetur.

Johannes la Chara diocesis Turonensis dixit se velle ordinem deffendere, in quantum poterit et debebit, cum reputet ordinem ipsum bonum.

Guillelmus de Blere Turonensis diocesis respondit, quod volebat ordinem deffendere, in quantum poterit et ad eum pertinebit, quia nil mali sciebat in eo.

Eisdem die et loco, coram dominis commissariis supradictis fuerunt adducti de sancto Martino de Campis Parisiensi fratres Egidius curatus de Cysimonte, presbyter, Ambianensis diocesis; Robertus Cavalerii presbiter, curatus ecclesie sancti Johannis evangeliste, de valle Agie Rothomagensis; Robertus de Corenflos presbiter, curatus ecclesie de Brali, Ambianensis; Reynardus de Cuneriis miles, Belvacensis; Guillelmus de Platea de Belvaco preceptor de Cysimonte; Anricus de Conpendio Suessionensis, Bertaldus de Somerens Ambianensis, Johannes de Bulle Noncia Belvacensis, Philippus de Manino Morinensis, Petrus le Gris Noviomensis, Johannes de sancto Justo Belvacensis, Martinus de Marsiliis Belvacensis, Michael Mosset Ambianensis, Petrus de Verenis Trecensis, Decanus de Chifelli Remensis diocesium.

Qui sigillatim et separatim requisiti a dictis dominis commissariis, an vellent ordinem Templi ab hiis que sibi imponebantur deffendere, responderunt quod sic, et pecierunt sibi ministrari ecclesiastica sacramenta.

Acta fuerunt hec, predictis die et loco, presentibus me Floriamonte, Nicolo Constanciensi et aliis notariis supra proximo nominatis, hoc salvo quod dictus Nicolaus non interfuit interrogacioni xviii fratrum de Senonensi et Ambianensi diocesibus adductorum.

Die Martis sequenti, que fuit decima dies dicti mensis Februarii, fuerunt simul adducti in eodem loco ad dictos dominos commissarios, absentibus dominis Narbonensi et Baiocensi et domino Tridentino, de diocesi Nemausensi fratres : Albertus de Canellis miles, Aquensis; Guillelmus de Ranco Uticensis, Jacobus Calhardi Magalonensis, Petrus de Agusano Nemausensis, Johannes de Tribus viis Magalonensis, Poncius Pisani Magalonensis, Petrus Gibellini Nemausensis diocesium.

Qui sigillatim et separatim requisiti a dictis dominis commissariis, an vellent ordinem Templi defendere ab hiis que sibi imponebantur, responderunt quod sic.

Eisdem die et loco, coram dominis commissariis antedictis et domino archidiacono Tridentino superveniente, fuerunt adducti de diocesi Senonensi fratres Egidius de Valencenis presbyter, Cameracensis; Tierricus de Remis, et Johannes Borleta, Travensis diocesis; Constancius de Biceyo Lingonensis, Anricus li Abes Laudunensis;

Nicolaus de Ambianis, qui respondit velle defendere, prout ordo traditus sibi fuit; Johannes de Biersi Tornacensis, Johannes de Pruino Senonensis, Johannes de Parisius, Bertrandus de Montinhiaco Laudunensis diocesium. Qui sigillatim et separatim requisiti a dictis dominis commissariis, an vellent ordinem Templi ab hiis que sibi imponebantur defendere, responderunt quod sic. Adjecit tamen Johannes de Bersi : Pro posse. Et pecierunt ecclesiastica sacramenta.

Eisdem die et loco, coram dominis commissariis eisdem fuerunt adducti de Monte Leterico Parisiensis diocesis fratres Lambertus de Toysiaco Eduensis, Johannes de sancto Remigio Suessionensis, Milo de sancto Friachio presbyter, Meldensis; Guido de Ferreriis presbyter, Parisiensis; Gerardus de Lingonis presbyter, Laurencius de Crenoy Lingonensis, Johannes de Poysson Lingonensis, Radulphus du Carrel Rothomagensis diocesium. Qui sigillatim et separatim requisiti a dictis dominis commissariis, an vellent ordinem Templi ab hiis que sibi imponebantur defendere, responderunt quod sic.

Eisdem die et loco, fuerunt adducti coram eisdem dominis commissariis fratres subscripti de Templo Parisiensi, videlicet fratres Thomas de Jemval presbyter, Ambianensis; Johannes Vomberti Ambianensis, Gerardus de Somons Belvacensis, Marcilius de Fleyo Cenomanensis, Radulphus de Grandi Villarii Ambianensis, Guillelmus de Mayravent Petragoricensis, Theobaldus de Plomione Laudunensis, Guillelmus de Latigniaco Sico Meldensis, Johannes de Osqueriis Leodiensis; Poncius de Buris presbyter, Lingonensis; Stephanus de Turno presbyter, Parisiensis; Albertus de Germilla Cathalanensis, Johannes de Genefle Leodiensis, Ricardus de Caprosia Parisiensis; Johannes Braz de Fer presbyter, Ambianensis; Johannes Vassal presbyter, curatus ecclesie de Valle Camulla, Constanciensis; Gossoynus de Brugis Tornacensis, Johannes Dorbis Meldensis, Guillelmus de Verrinis Silvanectensis, Orricus de Precingie Lingonensis, Guillelmus Brioys Meldensis, Thomas dictus Cames Belvacensis, Johannes de Noviomo, Radulphus de

Pont Frenoy Silvanectensis, P. de Charuto Senonensis diocesium, P. de Bononia presbyter et procurator ordinis in curia Romana, ut dicebat; P. de Grimenilio presbyter Belvacensis, P. de Blesis presbyter Carnotensis, Thomas de Martinhiaco presbyter Laudunensis, Humbertus de Torbone miles Viennensis, P. de Symeyo miles Viennensis, Robertus de Mont Boin Senonensis, Egidius de Cantuco Senonensis, Johannes Bersi Suessionensis, Christianus de Biceyo Lingonensis diocesium. Qui singulariter et separatim interrogati, si volebant dictum ordinem Templi defendere, dixerunt et responderunt quod sic.

Item, et frater P. de sancta Gressa Ambianensis diocesis, qui in habitu laycali existens, dixit quod non fuerat in dicto ordine nisi per IIII menses ante capcionem fratrum, et nolebat defendere ordinem supradictum.

Item, et frater J. le Gabeer Ambianensis diocesis, qui dixit quod volebat defendere dictum ordinem pro tempore quo fuerat in eo.

Eisdem die et loco fuerunt adducti coram eisdem dominis commissariis fratres subscripti, qui adducti fuisse dicebantur de Aciis Parisiensis diocesis, videlicet fratres Raynaldus de Pruino presbyter Senonensis, Johannes de Mortuo Fonte presbyter Suessionensis, Johannes Ducis Parisiensis, Matheus de Atrabato, Robertus Vavassor Ambianensis, Guillelmus Espanbart Constanciensis, Jacobus de Rupella Bisuntinensis, Radulphus de Grandi Villarii Ambianensis, Symon lo Reppe Tornacensis, Gosso de Gandano Tornacensis, P. de Serra Trecensis, Johannes de Ressi Lingonensis, Bertrandus Coquardi Ambianensis, Constancius de Brecenay presbyter curatus ecclesie de Coleurs Senonensis, Girardus de Genefle Leodiensis, Michael de sancto Maninio Ambianensis, Addam de Versiaco Suessionensis, Raynaldus de Fontaynes Lingonensis, et Johannes de Foresta dicte Lingonensis diocesium. Qui sigillatim et separatim requisiti a dictis dominis commissariis, si volebant defendere dictum ordinem, responderunt quod sic, et pecierunt ecclesiastica sacramenta, et laxacionem carcerum. Acta fuerunt hec predictis die et loco, presentibus me Floriamonte et aliis notariis supra proximo nominatis, excepto Nicolao Constanciensi.

Post hec, die Jovis sequenti, que fuit XII dies mensis Februarii, in eadem camera aule episcopalis, fuerunt simul adducti coram dictis dominis commissariis, exceptis dominis Narbonensi et Baiocensi excusatis, fratres subscripti, qui adducti fuisse dicebantur de Corbolio, Parisiensis diocesis, videlicet fratres Robertus de Dormeliis presbyter Senonensis, Johannes Canho de Rusiaco Parisiensis, Robertus le Sech de Ambleyvilla Rothomagensis, et Robertus Flamengi Tornacensis diocesium; ac fratres subscripti, qui adducti fuisse dicebantur de baylia de Chaumont Senonensis diocesis, videlicet fratres Guillelmus de Buris Lingonensis, Thericus de Saxonia miles Magdebrugensis, Arbertus de Yengentis presbyter curatus de Ayanceriis Lingonensis, Nicolaus de Monsamon Lingonensis, Julianus de Cuceyo presbyter Lingonensis, Johannes de Volenis presbyter Lingonensis, Nicolaus de Sanceyo presbyter Trecensis, Petrus de Summavera presbyter Trecensis, Aymo de Buris Lingonensis, Johannes Lemainle Laudunensis, Guido de Acoliis Lingonensis, Johannes de Jemvilla Cathalanensis, Evrardus de Domibus Lingonensis, Robertus de Biceyo Lingonensis, Thomas de Charmolhis Lingonensis, Petrus de Villa Soterra Trecensis, Guillelmus de Muciaco Lingonensis, Thericus le Moys Lingonensis, Robertus de Moceyo Trecensis, Petrus de Cheriaco Noviomensis, Johannes le Brecel Lingonensis, Anricus Lalamans Maganensis [?], Stephanus de Espanheyo Lingonensis, Johannes de Richenbort Lingonensis, Johannes de Villa Sotera Trecensis, Durandus de Turachac Cabilonensis, Humbertus Fabri Cathalanensis, Theobaldus de Relanco Lingonensis, Johannes Corbeo Lingonensis, Guillelmus de Foresta Lingonensis, Oddo de Bello Camino Lingonensis, Johannes de Foresta Lingonensis, et Nicolaus Musardi Trecensis diocesium. Qui omnes sigillatim et separatim per se, et dictus Anricus Lalamans per interpretem, a dictis dominis commissariis requisiti, si volebant defendere dictum ordinem, responderunt quod sic, petentes cum instancia habitus suos sibi restitui, et eis ministrari ecclesiastica sacramenta.

Acta fuerunt hec predictis die et loco, presentibus me Floriamonte et aliis notariis supra proximo nominatis, excepto Nicolao Constanciensi.

Postmodum die Veneris sequenti, que fuit XIII dies dicti mensis Februarii, in dicto loco fuerunt simul adducti de sancto Dionysio Parisiensis diocesis coram ipsis dominis commissariis, exceptis dominis Narbonensi et Baiocensi et archidiacono Tridentino, fratres Thomas Morelli de Bragella presbyter curatus ecclesie de Somorens Ambianensis diocesis, Johannes de Sivriaco Senonensis, Bricius de Buris Lingonensis, Parisius de Buris Lingonensis, Johannes de Baro super Albam Lingonensis, Jacobus Gerbe Trecensis, et Thomas Cavalier Ebroicensis diocesium. Qui sigillatim et separatim requisiti, si volebant dictum ordinem defendere ab hiis que sibi imponebantur, responderunt quod sic, asserens dictus frater Johannes de Barro quod ipse fuerat questionatus ter, et fuerat in pane et aqua duodecim septimanis, et pecierunt ipse et frater Jacobus Gerbe predictus ecclesiastica sacramenta.

Eisdem die et loco fuerunt simul adducti coram eisdem dominis commissariis fratres subscripti, qui adducti dicebantur de Coflant Parisiensis diocesis, videlicet fratres Johannes de Gisiaco presbyter Laudunensis, Jacobus de Villaribus Ducis Lingonensis, Reginaldus de Ploysiaco Suessionensis, Robertus de Pontissera Rothomagensis, Stephanus de Bavenas Bisuntinensis, et Baldoynus de Gisiaco Laudunensis diocesium. Qui sigillatim et separatim interrogati a dictis dominis commissariis, si volebant dictum ordinem deffendere ab hiis que sibi imponebantur, responderunt quod sic.

Acta fuerunt hec predictis die et loco, presentibus me Floriamonte et aliis notariis supra proximo nominatis.

Die Sabati sequenti, que fuit XIIII dies dicti mensis Februarii, fuerunt simul adducti in eodem loco coram dictis dominis, Mimatensi, Lemovicensi episcopis, et domino Matheo, fratres subscripti, qui adducti fuisse dicebantur de diocesi Belvacensi, videlicet fratres Johannes de Chames Ambianensis, et Johannes de Naris in valle presbyter Ambianensis, et incontinenti, coram dictis dominis et archidiacono Tridentino, qui tunc venit, fratres Guillelmus de Maynillio Abbrici presbyter Parisiensis, Bartholomeus de Volenis Laudunensis, Johannes Fort de vin Altisiodorensis, Dominicus de Divione Lingonensis, Henricus de Favarolis Lingonensis, Nicolaus de Varlin Belvacensis, Philippus de Versine Belvacensis, et Robertus de Brioys Senonensis diocesium. Qui singulariter et separatim requisiti et interrogati a dictis dominis commissariis, si volebant dictum ordinem defendere ab hiis que sibi imponebantur, responderunt quod sic, dicens dictus frater J. de Chames : Usque ad mortem.

Item, frater Adam de Inferno, cum eisdem adductus, Noviomensis diocesis, et simili modo interrogatus, dixit quod volebat defendere dictum ordinem, prout sibi fuit traditus et ipse eum recepit.

Eisdem die et loco fuerunt simul adducti coram eisdem dominis commissariis fratres subscripti, qui adducti fuisse dicebantur de Vidriaco Cathalanensis diocesis, videlicet fratres Nicolaus de Marra presbyter curatus ecclesie de Romanis Remensis, Petrus de Sarnayo Ambianensis, et incontinenti coram dictis dominis, et archidiacono Magalonensi, qui tunc venit, fratres Johannes de Dormays Remensis, Philippus de Troys Fons Trecensis, Droco de Sernayo Ambianensis, Dominicus de Verduno, P. de Monte Coyni Meldensis, Petrus de Cathalone, et Johannes Davise Cathalanensis diocesium. Qui sigillatim et separatim requisiti a dictis dominis commissariis, an vellent dictum ordinem ab hiis que sibi imponebantur defendere, responderunt quod sic, quia nunquam in dicto ordine viderunt nisi bonum. Dixerunt tamen custodes eorum quod frater Johannes de Manberchim, de communia istorum, remansit infirmus ad mortem; propter quod coram eisdem dominis commissariis non venerat.

Eisdem die et loco fuerunt simul adducti coram eisdem dominis commissariis fratres subscripti, qui adducti fuisse dicebantur de Tyers Senonensis diocesis, videlicet fratres Johannes Peitavin presbyter Belvacensis, Johannes de Brueria Tornacensis, Bertrandus de Bissi Lingonensis, Jacobus de Saciaco Trecensis, qui dixit quod xxv fratres dicti ordinis fuerunt mortui propter tormenta et pasciones; Laurencius de Pruino Senonensis, Hugo de Villaribus Lingonensis, Johannes de Monte Meliandi Parisiensis, P. de Landres Remensis, Johannes dictus de Malip de Lauduno, Bertrandus de sancto Paulo Viennensis (qui dixit quod nunquam confessus fuit errores dicto ordini impositos nec confitebitur, quia verum non est, et dixit quod Deus operaretur miraculum, si corpus Christi administraretur eis, et si acciperent simul confitentes et diffitentes), et Petrus de Manbressis Remensis diocesium. Qui sigillatim et separatim a dictis dominis commissariis requisiti, si volebant dictum ordinem deffendere ab hiis que sibi imponebantur, responderunt quod sic, et pecierunt cum instancia eis ministrare ecclesiastica sacramenta et laxacionem carcerum.

Eisdem die et loco fuerunt simul adducti coram eisdem dominis commissariis fratres subscripti, qui adducti fuisse dicebantur de seneschallia Carcassonensi, videlicet fratres P. de Mossio Narbonensis, J. Maurini Narbonensis, Raymondus de Corbes Elnensis, Guillelmus de Nebias Narbonensis, Raymondus de Pruhanis Narbonensis, Poncius Tortossa Nemausensis, J. Cassanhas Carcassonensis, Arnaldus de Spel Appamiensis, Johannes Olibe Tholosane, Guillelmus de Castro Novo Carcassonensis, Stephanus Saurini Uticensis, Johannes Amelii Carcassonensis, Raymondus de Roianis Agatensis, Poncius Espes Biterensis, Martinus Rebol Agatensis, Bertrandus de Moleta de Anicio, Bartholamus Andree Agatensis, Guillelmus de Fuxo miles Appamiensis, P. de Terrasone Petragoricensis, Bertrandus Cascavelli Agatensis, P. Stephani Agatensis, Bertrandus Aiuda Dieu presbyter Magalonensis diocesium. Qui sigillatim et separatim requisiti, si volebant dictum ordinem deffendere ab hiis que sibi imponebantur, dixerunt quod sic, adiciens dictus P. Stephani : Pro posse.

Item, et sex fratres subscripti cum predictis et de seneschallia predicta adducti, videlicet fratres Gazerandus de Monte Pessato Narbonensis, Johannes Costa Agatensis, Stephanus Trobati Biterensis, Ger. de Fore Agula Agenensis, Dorde Jafet Biterensis, et Raymondus Finel Aquensis diocesium, qui licet, ut dixerunt, coram domino Papa aliqua contra se et dictum ordinem confessi fuissent, dicentes se mentitos fuisse coram eo, et predictam confessionem revocantes, singulariter et separatim requisiti a dictis dominis commissariis, si volebant dictum ordinem ab hiis que sibi imponebantur defendere, dixerunt quod sic.

Eisdem die et loco fuerunt simul adducti coram dominis commissariis, qui adducti fuisse dicebantur de diocesi Senonensi, videlicet fratres Ancherius de Suete milles Viennensis, Anricus de Aulisi miles Bituricensis, Laurencius de Bellna preceptor d'Espanhi Eduensis, P. de Cormelhis Parisiensis, Johannes de Baleno Eduensis, Stephanus de Castilho Lugdunensis, et Johannes de Hanonia Cameracensis diocesium. Qui sigillatim et separatim requisiti a dictis dominis commissariis, si volebant defendere dictum ordinem ab hiis que sibi imponebantur, dixerunt quod volebant deliberare cum Magistro ordinis.

Item, et alii subscripti cum predictis et de eadem diocesi adducti, qui sigillatim et separatim requisiti a dictis dominis commissariis, si volebant dictum ordinem ab hiis que sibi imponebantur defendere, responderunt ut sequitur. Fratres P. de Cortemple Lingonensis, Andreas de Buris Lingonensis, Johannes de Terra Enfondree Lingonensis, Guido de Nici Lingonensis, P. de Relanpont Lingonensis, P. de Corbon Lingonensis, Johannes de Niciaco Lingonensis, Galterus de Capella Cabilonensis, Martinus de Monte Moreti Lingonensis, Petrus de Lavine Lingonensis, Robertus de Cormelhiis Parisius, et Parisetus de Buris Lingonensis diocesium, et Jacobus de Grecis. Responderunt et dixerunt (separatim, ut dictum est, interrogati) quod volebant dictum ordinem deffendere pro posse suo.

G. de Belna Eduensis, Stephanus de Volenis Lingonensis, Johannes Rumprey Lingonensis, Jacobus de Lavine Lingonensis diocesium, singulariter et separatim requisiti, dixerunt se velle deffendere ordinem supradictum. Radulphus de Ganduhon Lingonensis diocesis eodem modo requisitus, dixit quod volebat dictum ordinem deffendere, cum consilio Magistri. Petrus de sancto Manierro Viennensis diocesis similiter requisitus, dixit quod vellet defendere dictum ordinem, si posset, et peciit consilium Magistri. P. Picardi Lingonensis diocesis requisitus, peciit consilium Magistri. Johannes Lapercha Lingonensis diocesis similiter requisitus, petiit consilium magistrorum suorum. Johannes de Cochiaco Lingonensis diocesis similiter requisitus, peciit consilium magistrorum suorum, et exhibuit quamdam litteram, que videbatur clausa fuisse sub duobus sigillis, quorum tamen caracteres non apparebant, quam litteram tradidit Johannes Supini clericus predictis fratribus et pluribus aliis qui erant simul tunc temporis Senonis, quando dominus episcopus Aurelianensis venit ibidem pro examinandis eisdem, prout dixit frater Laurencius de Belna suprascriptus, cujus littere tenor talis est :

Philipe de Voet prevost de l'eglese de Poytes, et Johan de Jemville huisser d'armes nostre segnor le Roy, deputez sus l'ordenance de la garde des Templers es provinces de Sens, de Roem et de Rems, à nostre amez frere Lorent de Biame, jadis commandaur de Apuli, et aus autres freres qui sont en prison de Sans, salut et amor. Savoir vous faisons que nous avons procuré que li Roys nostre siere vous envoie à l'evesche d'Orleans pour vous reconcilier. Si vous requirens et prions que vous en la bone confession que nos vous lassames, vous tenez si devotamant et si gransemant envers le dit evescheve d'Orliens que il n'aie cause de dire que par vous nous l'aiens fait travalier ne fait entandre mençonge; nous vous somons Joan Chapini nostre amé clerc, au quel vous voilhet creire de part nous de ce que il vous dira, le quel en leu de nous vos anvoiens. Et sachez que nostre pere le Pape a mandé que tuit cil qui auront fayt confessions devant los quizitor, ses anvouez, qui ou cele confession ne veudoent perseveres, que ilz seront mis à damnazion et destruit ou feu. Nos avons commandé au dit Johan que il vous mit à vous les covenables cameres, tant que nous serons à vous, où nos serons brevement, si Diu plet, et fessons alé, se ne fust pour avere grant besogne où li Rois envoie sue [?] soit garde de nous.

Dictus vero prepositus, vocatus ibidem per dictos dominos commissarios, ostensa sibi dicta littera, et per eum visa et diligenter inspecta, dixit quod ipse non credebat misisse dictam litteram, nec sciebat si sigillo suo sigillata fuerat, nam clericus suus aliquociens tenebat sigillum suum, nunquam tamen de mandato vel consensu suo sigillata fuerat, sicut dixit, asserens quod ipse nec per se nec per nuncium nec per litteram nec alias unquam induxit aliquem fratrem dicti ordinis nec dixit alicui quod diceret nisi veritatem puram, volens quod istud a dictis fratribus peteretur. Prefati vero Johannes de Cochiaco et Laurencius de Belna dixerunt ibidem quod dictus prepositus nunquam eis dixerat quod dicerent nisi bonum et veritatem.

Item, Guillelmus Chalim Eduensis diocesis cum predictis adductus et similiter requisitus, si volebat dictum ordinem defendere, peciit consilium magistrorum; Johannes de Cormeliis Parisiensis diocesis peciit consilium magistrorum, qui sciunt bene quod est, ut dixit. Lambertus de Cormeliis, ejusdem diocesis Parisiensis, peciit eciam consilium magistrorum. Stephanus de Buris Lingonensis diocesis similiter requisitus, dixit quod volebat defendere dictum ordinem in bona racione; et Parisetus de Vollenis Lingonensis diocesis similiter requisitus, dixit quod volebat dictum ordinem defendere pro posse suo et ut probous homo.

Acta fuerunt hec predictis die et loco, presentibus me Floriamonte Dondedei, Bernardo Filholi, Guillelmo Radulphi, Bernardo Humbaldi, Hugo[ne] Nicolai, Johanne Loveti et Johanne de Fellinis notariis suprascriptis.

Item, die Lune sequenti, que fuit sexta decima dies mensis Februarii, fuerunt adducti in loco predicto coram dictis dominis commissariis, domino Narbonensi excepto et se excusante, fratres subscripti, qui adducti fuisse dicebantur de castro divi Martini Meldensis diocesis, videlicet fratres Guillelmus de Sornayo miles Pictavensis, Droco de Viveriis Suessionensis, Johannes de Septem Montibus presbyter Suessionensis, Millo de Charni presbyter Lingonensis, Johannes de Villaribus Suessionensis, Guillelmus de Crava Rothomagensis, Jacobus de Calido Furno Meldensis, Christianus de Chameri Laudunensis, Petrus de Breella Belvacensis, Thomas de Rochacueria Ambianensis, Guillelmus de Putolis Parisiensis, Lambertus de Romana curia Remensis, Gervasius de Fellinis Carnotensis, Gervasius de Falesia Sagiensis diocesium. Qui singulariter et separatim interrogati, si volebant dictum ordinem defendere, responderunt quod sic. Acta fuerunt hec predictis die et loco, presentibus me Floriamonte Dondedei et aliis notariis supra proximo nominatis.

Die Martis sequenti, que fuit decima septima dies mensis Februarii, fuerunt adducti in capella predicta, coram dictis dominis commissariis, exceptis dominis Narbonensi et Baiocensi et [..?] se excusantibus, quatuor fratres subscripti, qui adducti fuisse dicebantur de diocesi Auxitana, videlicet frater Ademarus de Sparros miles Tarvensis diocesis, Raymondus de Gladio presbyter Carturcensis, Johannes de Valle Gelosa presbyter Petragoricensis, et Raymondus Guillelmi Auxitane diocesium. Qui singulariter et separatim interrogati, si volebant dictum ordinem defendere, responderunt ut sequitur. Dictus frater Ademarus dixit et respondit quod volebat dictum ordinem defendere, licet, ut dicebat, confessus fuisset coram domino Papa, asserens se mentitum fuisse coram eo. Raymondus de Gladio et Raymondus Guillelmi dixerunt et responderunt quod volebant dictum ordinem defendere. Johannes de Valle Gelosa dixit et respondit quod volebat dictum ordinem defendere, licet adductus fuerit coram domino Papa, coram quo nichil fuit confessus, ut dixit, contra ordinem.

Eisdem die et loco fuerunt adducti coram eisdem dominis commissariis et domino Baiocensi episcopo fratres subscripti, qui adducti fuisse dicebantur de Tholosanis. Qui singulariter et separatim interrogati, si volebant dictum ordinem defendere, responderunt ut sequitur. Frater Guillelmus Alberti Ruthenensis diocesis dixit quod vult dictum ordinem defendere quantum vidit; sed dicit quod ipse fuerat receptus in ordine per undecim dies solum ante capcionem fratrum. Requisitus si volebat absolvi, dixit quod non, nisi sicut dominus Papa ordinabit.

Frater Guillelmus Radulphi Tholosane, Raymondus Bernardi Convenarum, Bernardus Castri Ruthenensis, Guillelmus de Cardalhaco Convenarum, et Guillelmus de Scorralha Tholosane diocesium, dixerunt et responderunt quod volebant dictum ordinem defendere, et pecierunt ecclesiastica sacramenta.

Eisdem die et loco fuerunt adducti coram eisdem dominis commissariis fratres subscripti, qui adducti fuisse dicebantur de Crepricordio Meldensis diocesis, videlicet fratres Johannes de Vallellent Suessionensis, Jacobus de Cormele Suessionensis, Johannes de Chamino Ebroicensis, Philippus Gafel Noviomensis, Nicolaus de Serra Trecensis, Lambertus Flamengi Laudunensis, Fulco de Trecis, Matheus de Gresson Essart Belvacensis, Clemens de Grande Villarii Ambianensis, Arnulphus le Franceys Senonensis, Johannes Bochier Ambianensis, Andreas Mederarii Ambianensis, Johannes Pernet presbyter Belvacensis, Robertus de Rembaldi Valle Morinensis, Petrus de sancto Justo Belvacensis, Guillelmus Fabri Belvacensis, Egidius de Lana Curia Ambianensis, et Petrus de Latigniaco Noviomensis diocesium. Qui singulariter et separatim interrogati, si volebant dictum ordinem defendere, dixerunt et responderunt quod sic, et pecierunt ecclesiastica sacramenta.

Eisdem die et loco fuerunt adducti coram eisdem dominis commissariis fratres subscripti, qui adducti fuisse dicebantur de Tholosanis, videlicet fratres Raymondus Guillelmi miles Convenarum, Guillelmus de Cararco miles Caturcensis, Bernardus de Bevella Ruthenensis, Petrus de Malhaco Tholosane, Petrus Pagessii Convenarum, Hugo Golsa Albiensis, et Bernardus de Vado presbyter Albiensis diocesium. Qui singulariter et separatim interrogati, si volebant dictum ordinem defendere, dixerunt et responderunt quod sic. Et pecierunt ecclesiastica sacramenta et allevacionem carcerum, et dixit dictus Bernardus de Vado quod in tantum tortus et questionatus fuerat et tamdiu tentus ad ignem quod carnes talorum suorum combuste et ossa talorum infra paucos dies ceciderunt eidem, ostendens duo ossa que dicebat illa esse que ceciderant de talis.

Item, eisdem die et loco fuerunt adducti coram eisdem dominis commissariis (excepto domino archidiacono Magalonensi, qui jam, quoad ea que dicta die restabant agenda, se excusavit) fratres subscripti, qui adducti fuisse dicebantur de Pictavia, videlicet fratres Iterius de Lombihacho miles Lemovicensis, Petrus de Lonihis Remensis, Guillelmus de Sanzeto Lemovicensis, Helias Aymerici Lemovicensis, Galterus de Pincon Cameracensis, Aymericus Boeti Engolismensis, Guillelmus Vigerii Engolismensis, Matheus de Alveto Cameracensis, Petrus de Rupe Turonensis, Matheus de Stagno Turonensis, Helias de Chalhistrat presbyter curatus ecclesie de Relhatus Lemovicensis, Guillelmus Barbot Pictavensis, Raynardus de Bondis Parisiensis diocesium. Qui singulariter et separatim interrogati, si volebant dictum ordinem deffendere, dixerunt et responderunt quod sic.

Item, frater Humbertus de Reffiet Pictavensis diocesis, qui eodem modo interrogatus, respondit quod pauper homo est et non intendit defendere dictum ordinem, sed habebit ratum illud quod Magister ordinis faciet.

Item, et alii fratres subscripti cum aliis predictis de Pictavia, ut dicebatur, adducti. Qui singulariter et separatim interrogati, si volebant dictum ordinem defendere, responderunt ut sequitur.

Frater Audebertus de Porta Pictavensis diocesis querit consilium Magistri, sub cujus obediencia est.

Frater Johannes Bochandi Pictavensis diocesis respondit et dixit quod pauper homo est et non posset defendere, sed erit contentus de hoc quod Magister faciet.

Frater Thomas de Camino Rothomagensis diocesis respondit quod pauper homo est et non posset defendere, sed defendat Magister, si vult, quia de hoc quod ipse faciet est contentus.

Frater Johannes le Bergonhons Lingonensis diocesis, in habitu laycali existens, dixit quod non vult defendere dictum ordinem, quia, antequam Templarii essent capti, apostitaverat bene per annum, propter quamdam mulierem.

Frater Laurencius Bacizin Pictavensis diocesis dixit quod libenter defenderet dictum ordinem, si posset, sed non habet unde, propter quod relinquit defensioni superiorum suorum.

Frater Guido de Gorso Lemovicensis diocesis dixit quod libenter defenderet, si posset, sed non habet de quo, et relinquit defensioni Magistri.

Frater Johannes de Anonia Cameracensis diocesis dixit quod vult defendere suo posse.

Frater Stephanus de Lamon Lemovicensis diocesis dixit quod non potest defendere quamdiu est captus, sed si esset liber, defenderet suo posse.

Frater P. Raynardi Pictavensis diocesis relinquit defensioni Magistri.

Frater Guillelmus Bonamor Caturcensis diocesis relinquit defensioni majorum ordinis.

Frater Johannes de Bisonio Bituricensis diocesis dixit quod vult defendere suo posse.

Frater Stephanus Anglici Pictavensis diocesis relinquit defensioni Magistri ordinis, quia tempore capcionis fratrum non fuerat in dicto ordine nisi per duos annos.

Frater Aymericus Chamerlent Lemovicensis diocesis dixit quod non vult defendere, imo vult stare confessioni facte per eum coram domino Pape.

Fratres Stephanus Quintini Pictavensis, et Gerardus de la Terlanderia Engolismensis diocesium, dixerunt quod volebant dictum ordinem defendere pro posse suo.

Frater Iterius de Breveza Lemovicensis diocesis relinquit defensioni majorum.

Item, eisdem die et loco fuerunt adducti coram eisdem dominis commissariis fratres suscripti, qui adducti fuisse dicebantur de Crespino Silvanectensis diocesis, qui singulariter et separatim interrogati, si volebant dictum ordinem defendere, responderunt ut sequitur :

Frater Radulphus de Taverniacho Parisiensis diocesis dixit quod vult defendere usque ad finem.

Fratres Reginaldus de Parisius presbyter, Matheus de Tabulla Belvacensis, et Nicolaus de Compendio Suessionensis diocesium, dixerunt quod volunt dictum ordinem defendere usque ad mortem.

Fratres Helias de Gostro Meldensis, Johannes de Oratorio Suessionensis, P. de sancto Lupo Parisiensis, et Bonio de Volenis Lingonensis diocesium, dixerunt quod volunt dictum ordinem defendere. Acta fuerunt hec predictis die et loco, presentibus me Floriamonte Dondedei et aliis notariis supra proximo nominatis.

Post hec, die Mercurii sequenti, que fuit XVIII dies mensis Februarii, fuerunt adducti de Templo Parisiensi, coram dictis dominis commissariis, dominis Narbonensi archiepiscopo et Baiocensi exceptis, fratres subscripti, qui singulariter et separatim interrogati, si volebant dictum ordinem defendere, responderunt ut sequitur :

Frater Raynardus de Tremblaio presbyter Parisiensis diocesis, qui alias pro primo edicto fuerat coram dictis dominis commissariis, dixit quod si esset extra carcerem et haberet de quo, libenter defenderet, et hoc protestabatur.

Frater P. de Fontanis Ambianensis dixit quod non vult defendere, quia non fuerat in ordine nisi per v septimanas, et petit quod possit exire ordinem.

Frater Fulco de Duno Remensis diocesis dixit quod non vult defendere, quia non fuerat in ordine nisi per mensem et duos dies, et petit quod relaxetur, et quod possit exire ordinem supradictum.

Frater Petrus de Varmerivilla Remensis diocesis dixit quod non vult defendere, quia non fuit in ordine nisi per mensem minus duobus diebus, et petit sibi dari licenciam recedendi ab ordine.

Frater Nicolaus de Ancinimonte Cathalanensis diocesis dixit quod non vult defendere, quia non fuerat in ordine nisi per tres menses, et petit sibi dari licenciam recedendi ab ordine.

Frater Johannes de Turno Parisiensis diocesis dixit quod vult defendere dictum ordinem.

Frater Raynerius de Larchant Senonensis diocesis, qui alias fuerat coram dictis dominis commissariis pro primo edicto, dixit quod vult defendere pro posse.

Frater Radulphus de Salicibus Laudunensis diocesis, qui alias fuerat coram dictis dominis commissariis post primum edictum, dixit quod vult deffendere pro posse.

Frater Nicolaus de Trecis dixit quod vult deffendere.

Frater Symon de Cormicia Remensis diocesis dixit quod vult defendere pro posse, cum auxilio fratrum.

Frater Guillelmus de Gisiaco Bisuntinensis diocesis dixit quod vult defendere omni bono modo quo poterit.

Frater Johannes de Ellemosina Parisiensis diocesis dixit quod vult deffendere cum auxilio fratrum, si esset liber a carcere, sicut erat tempore capcionis.

Frater Stephanus de Pruino Senonensis diocesis, qui alias fuerat coram dictis dominis commissariis, dixit quod vult deffendere dictum ordinem quatenus fuit sibi traditus, et si esset extra prisionem.

Fratres Gerardus de Monachi Villa Autisiodorensis, et Guillelmus Espaulart Lingonensis diocesium, dixerunt quod volunt defendere dictum ordinem.

Frater Guido de Latigniaco Sicco Meldensis diocesis requisivit se reduci in statu in quo erat tempore capcionis, et tunc defenderet dictum ordinem, ut dixit, tanquam bonum et justum.

Frater Tossanz de Lanchivilla Belvacensis diocesis dixit quod vult defendere cum adjutorio fratrum.

Frater Guillelmus Ardoyni Aurelianensis diocesis dixit quod vult defendere pro posse, cum auxilio fratrum.

Frater Johannes de Cormella Suessionensis diocesis requisivit se reduci in statu quo erat tempore capcionis, et tunc defenderet pro posse, cum auxilio fratrum.

Frater Petrus de Sarcellis clericus Parisiensis diocesis dixit se esse pauperem, et si esset in statu quo erat tempore capcionis, ipse libenter defenderet dictum ordinem, ut dixit.

Frater P. Picardi de Buris Lingonensis diocesis petit quod ponatur extra carcerem, et tunc defenderet dictum ordinem cum adjutorio aliorum fratrum.

Frater Johannes de Ponte Episcopi Noviomensis diocesis dixit quod si esset in statu quo erat tempore capcionis sue, libenter defenderet dictum ordinem, sed captus et in paupertate in quo est, non potest.

Frater Thomas Quintini Baiocensis diocesis dixit quod vult defendere dictum ordinem; et pecierunt isti prenominati ecclesiastica sacramenta.

Acta fuerunt hec predictis die et loco, presentibus me Floriamonte Dondedei et aliis notariis supra proximo nominatis.

Post hec, die Jovis sequenti, que fuit xix dies mensis Februarii, fuerunt adducti de dicto Templo Parisiensi coram dictis dominis commissariis, dominis Narbonensi et Baiocensi exceptis, fratres subscripti, qui singulariter et separatim interrogati, si volebant dictum ordinem defendere, responderunt ut sequitur:

Frater Robertus de Mella Laudunensis diocesis dixit quod non vult defendere nisi personam suam tantum.

Frater Ponzardus de Gisiaco Laudunensis diocesis, qui alias fuerat coram dictis dominis commissariis, dixit quod vult juvare ad defensionem dicti ordinis pro posse suo.

Frater P. de Bocli miles Noviomensis diocesis dixit quod vult defendere, quantum ad ipsum pertinet.

Frater Matheus de Gisiaco miles Belvacensis diocesis dixit quod non vult defendere dictum ordinem, quia non vidit aliquem Templarium recipi nisi se ipsum.

Frater Johannes de Primeyo miles Carnotensis diocesis dixit quod non fuerat in ordine ante captionem eorum, nisi per IIII menses vel per v, ac non vult defendere, sed petit licenciam exeundi.

Frater Poncius de Bono Opere Lingonensis diocesis dixit quod si esset extra prisionem, ipse libenter defenderet pro posse.

Frater Johannes de Torta Villa Senonensis diocesis dixit quod vult defendere.

Frater Theobaldus de Basimonte Carnotensis diocesis dixit quod si esset extra carcerem et haberet de bonis Templi, ipse defenderet.

Frater Philippus de Villa Serva Noviomensis diocesis dixit quod si esset extra carcerem et haberet bona Templi, ipse defenderet libenter.

Frater P. de Geans Remensis diocesis dixit et respondit idem quod proximo precedens.

Frater Johannes de Cella Laudunensis diocesis dixit quod libenter defenderet, si posset et haberet unde.

Frater Jacobus de Vergiis Meldensis diocesis dixit quod libenter defendere vult pro posse, et si aliquid dixerit contrarium, mentitus est.

Fratres Nicolaus de Gella Laudunensis, et Aymo de Barbona Trecensis diocesium, dixerunt quod volunt defendere dictum ordinem pro posse suo.

Frater Guillelmus Bocella Ebroicensis diocesis dixit quod vult defendere, et si aliud dixit, mentitus est per gulam.

Acta fuerunt hec predictis die et loco, presentibus me Floriamonte Dondedei et aliis notariis supra proximo nominatis.

Post hec, die Veneris sequenti, que fuit vicessima dies mensis Februarii, convenerunt in camera adherente dicte aule episcopali predicti omnes domini commissarii. Et predictus frater Ponzardus, iterato veniens coram eis, dixit se velle defendere dictum ordinem, et protestatus fuit de racionibus suis, loco et tempore proponendis.

Item et prefatus frater G. de Caus miles Ruthenensis diocesis coram dictis dominis commissariis ante omnia protestatur, quod per ea que dicet seu proponet coram dominis commissariis supradictis, non intendit aliquid erroneum sustinere, nec facere nec dicere aliqua que possent esse vel deberent contra ecclesiam Romanam, nec contra dominum nostrum Papam, nec contra dominum nostrum Regem Francorum seu eorum curias, sed ad excusacionem et conservacionem juris sibi competentis vel competituri, dixit ea que sequuntur, et proposuit quod citacio seu interrogacio facta in citacione est penitus, quoad ipsum, inutilis et inanis, nec ipse posset facere responsionem aliquam dicte citacioni seu interrogacioni, nisi inutilem et inanem, et quod nullum sortiretur effectum, quia posito sine prejudicio quod ipse vellet dicere se velle defendere religionem Templi, velle suum nullum esset, quia illud quod deberet procedere ex mero sue voluntatis arbitrio, non posset compleri in statu in quo ipse est, pro eo quod est captus, et incarceratus et in prisione firmata detentus, et bonis Templi penitus spoliatus et denudatus. Unde dixit se non posse habere libertatem neque facultatem prosequendi racione predicta, quia non est dominus sui ipsius; sed, si esset liberatus et restitutus ad predicta bona, libenter per viam juris procederet coram eisdem dominis commissariis, si placeret summo Pontifici et domino nostro Regi, et tantum responderet, sine offensa eorum, quod de jure sufficere deberet, taliter quod propter deffectum suum religio Templi nullum pateretur detrimentum.

Tamen protestatur de omnibus suis racionibus, defensionibus, excepcionibus et excusacionibus suis suo loco et tempore proponendis, et in omnibus de jure suo.

Ad que dicti domini commissarii responderunt quod non habebant potestatem liberandi eumdem a carcere, sed solum habebant potestatem inquirendi contra totum ordinem Templi, et obtulerunt ei quod, quocienscumque voluerit venire coram eis, ipsi facient eum adduci ad presenciam eorumdem et ipsum libenter audient et benigne.

Post hec, ibidem veniens frater Radulphus de Gisiacho receptor in Campanea coram dictis dominis commissariis protestatus fuit, quod ipse nichil vult nec intendit dicere contra dominum nostrum summum pontificem, vel ecclesiam, vel Regem Francorum, liberos seu fratres suos; tamen dixit quod, si predicti domini commissarii vellent ipsum restituere pristine libertati, et ponere omnino extra omnem prisionem, et restituere sibi omnia bona Templi que tenebat tempore quo fuit captus, ipse offerebat se paratum venire coram eis, quocienscunque mandarent ei; et insuper protestatur quod omnes raciones, et allegaciones ac excusaciones sint sibi salve, loco et tempore opportunis.

Acta fuerunt hec predictis die et loco, presentibus me Floriamonte Dondedei et aliis notariis supra proximo nominatis.

Post hec, die Lune sequenti, que fuit XXIII dies mensis Februarii, convenerunt in capella dicte aule adherenti dicti domini Narbonensis et Lemovicensis, Matheus, Tridentinus et Magalonensis archidiaconi; et fuerunt ibidem coram eis adducti fratres subscripti, qui adducti fuisse dicebantur de Moysiaco Caturcensis diocesis: videlicet fratres Hugo de Calvioni miles Ruthenensis, P. de Telheto presbyter Lemovicensis, P. de Castanherio Agenensis, Arnaldus de Portello Aquensis, Sichardus Alberti de Tholosa, et Durandus de Viveriis Lectorane diocesium. Qui singulariter et separatim interrogati, si volebant dictum ordinem defendere, responderunt quod sic.

Item, eisdem die et loco, jam veniente domino Mimatensi, et recedente et se excusante domino Narbonensi, fuerunt adducti coram dictis dominis commissariis ibi presentibus et remanentibus, fratres subscripti, qui adducti fuisse dicebantur de Trapis Parisiensis diocesis. Qui singulariter et separatim interrogati, si volebant dictum ordinem defendere, responderunt ut sequitur :

Frater P. de Acies Noviomensis diocesis dixit quod vult defendere dictum ordinem, et tamen, ut dixit, non fuerat in ordine ante capcionem eorum nisi per quatuordecim menses.

Frater P. Prepositi Atrabatensis diocesis dixit quod vult defendere dictum ordinem pro posse, et requisivit ecclesiastica sacramenta.

Fratres Galterus de Villa Savir Suessionensis, P. de Caemi Noviomensis, Lucas de Servoy Ambianensis, Radulphus de Fremio ejusdem Ambianensis, et Petrus de Turno Parisiensis diocesium, dixerunt quod volunt dictum ordinem defendere.

Frater Johannes de Rizavalle Ambianensis diocesis dixit quod vult defendere, dicens quod non fuerat in dicto ordine ante capcionem eorum nisi per dimedium annum.

Fratres Oddo le Culheret Ambianensis, Hugo de Alchiaco ejusdem Ambianensis, et Rogerius de Mosselhas Belvacensis diocesium, dixerunt quod volunt dictum ordinem defendere pro posse.

Frater Nicolaus de Boncelo Belvacensis diocesis dixit quod ante capcionem eorum non fuerat in dicto ordine nisi per duos menses, et ideo nichil scit dicere, et petit licenciam et vellet libenter intrare aliam religionem, pro salute anime sue.

Frater Johannes de Campaneis Morinensis diocesis dixit quod vult defendere dictum ordinem, et petit ecclesiastica sacramenta.

Acta fuerunt hec predictis die et loco, presentibus me Floriamonte Dondedei, et aliis notariis supra proximo nominatis.

Post hec, die Mercurii sequenti, in crastinum sancti Mathie apostoli, que fuit xxv dies mensis Februarii, convenerunt in predicta camera adherente dicte aule episcopali prefati domini Mimatensis et Lemovicensis episcopi, Matheus, et Tridentinus ac Magalonensis archidiaconi, et fuerunt ibidem adducti coram eis insimul fratres subscripti, qui adducti fuisse dicebantur de Jamvilla Aurelianensis diocesis : videlicet fratres Dionisius Nepotis presbyter curatus de Errivilla Carnotensis diocesis, Arnulphus deu Porche Carnotensis, P. de Grisi Parisiensis, Stephanus de Compendio Suessionensis, Robertus de Nangivilla Senonensis, Matheus de Carnella Parisiensis, Guillelmus de Roynayo presbyter Lexoviensis, Petrus de Choyneyo Carnotensis, Arnulphus de Domnon Parisiensis, Stephanus Licon Carnotensis, P. de Belineys Aurelianensis, Symon de Floriaco en Bieyra Senonensis, Guillelmus de Stampis Senonensis, Johannes de Maynillio Albrici Parisiensis, Guido de Maynillio Albrici Parisiensis, Radulphus de Galeto Ambianensis, Guaufredus de Sanctis Carnotensis, Symon de Feritate Carnotensis, Girardus Boileve Aurelianensis, Oddo de Garinuhi Ambianensis, et Guillelmus de Guilherval Carnotensis diocesium. Qui singulariter et separatim interrogati, si volebant dictum ordinem defendere, résponderunt quod sic; eciam dicti Dionisius Nepotis et Arnulphus deu Porche, usque ad mortem, ut dixerunt; et pecierunt omnes isti ecclesiastica sacramenta.

Acta fuerunt hec predictis die et loco, presentibus me Floriamonte Dondedei et aliis notariis supra proximo nominatis.

Post hec, die Jovis sequenti, que fuit xxvi dies dicti mensis Februarii, convenerunt in eadem camera prefati domini Mimatensis et Lemovicensis episcopi, Matheus, et archidiaconus Tridentinus; et fuerunt ibidem adducti coram eis insimul fratres subscripti, qui adducti fuisse dicebantur de Gizorcio Rothomagensis diocesis. Qui singulariter et separatim interrogati, si volebant dictum ordinem defendere, responderunt singulariter ut sequitur : fratres Enricus Zelot presbyter Tulensis, Robertus de Monsterolio presbyter Suessionensis, et P. de Dampno Martino presbyter Parisiensis diocesium, responderunt se velle deffendere dictum ordinem; adjiciens dictus Robertus, pro posse suo. Et conveniente dicto domino Magalonensi archidiacono cum aliis predictis dominis commissariis, fratres subscripti, cum aliis predictis omnibus adducti, et interrogati ut supra, responderunt ut sequitur :

Frater Guaufredus de Sornayo miles Aurelianensis diocesis respondit quod vult deffendere dictum ordinem quantum ad se, asserens quod dictus ordo non est talis sicut imponitur ei.

Fratres P. Bons miles Bitericensis, Ancellus de Rocheria miles Cathalanensis, Galterus de Bullens miles Ambianensis, Enardus de Valdencia miles Treverensis, Guillelmus de Conde Carnotensis, Guillelmus de Roy Suessionensis, Thomas de Luier Remensis, et Richardus de Marselhie Ebroicensis diocesium responderunt quod volunt dictum ordinem deffendere, adjiciens dictus Richardus quia volebat salvare animam suam.

Frater Robertus de Sornayo Ambianensis diocesis respondit quod omni tempore voluit et vult dictum ordinem deffendere.

Frater Guaufredus de Cera Laudunensis diocesis respondit quod vult defendere.

Frater Robertus de Hermenoville Silvanectensis diocesis respondit quod vult defendere, de toto posse suo. Frater Nicolaus de Lanhivilla Belvacensis diocesis respondit quod vult defendere, pro posse.

Item fratres Renaudus de Landevilla Senonensis, Guillelmus de Anucuilio Bajocensis, Ricardus Leopardi Bajocensis, Petrus de Chableis Lingonensis, Robertus de Charinis Lingonensis, Stephanus de Novocastello Rothomagensis, Richardus Berlengue Rothomagensis, Nicolaus de Puteolis Parisiensis, Johannes de Cormelhes Parisiensis, Stephanus Romanha Remensis, Egidius de Euereyo Remensis, Michael de Fleys Ambianensis, Arnulphus de Fontanis Ambianensis, Guillelmus Eynardi Bituricensis, Robertus Burgundi de Bituris, Guillelmus de Cormelano Bajocensis, Johannes de Amblevilla Rothomagensis, Guido de Panaia Rothomagensis, P. de Villers Parisiensis, Johannes de la Verce Belvacensis, Johannes Dorges Lingonensis,

Johannes Barbona Trecensis, Guillelmus de Berines Carnotensis, Johannes Palho Parisiensis, P. de Arbleyo Parisiensis, Johannes de domo Dei au Moyne Meldensis, P. de Clargor Lemovicensis, Thomas de Trecis Civitatensis, Lambertus de Vercura Lingonensis, Lambertus de Gorion Bisuntinensis, Droco de Capriaco Senonensis, Anricus des Recors Ebroicensis, Robertus de Grandi Villarii Ambianensis, Oddo de Latiniaco Sico Meldensis, Radulphus de Perosello Ambianensis, Egidius de Parvane Suessionensis, Stephanus Domont Parisiensis, Gilanus Toe Bajocensis, Guaufredus Cruci Bajocensis, Matheus Renaudi Ebroicensis, Audinus Anglici Ebroicensis, et Christophorus de Locaveris Ebroicensis diocesium responderunt quod volunt dictum ordinem defendere. Dixerunt tamen dicti Arnulphus de Fontanis, Johannes de Amblevilla, Guillelmus de Bernies, Droco de Capriaco et Oddo de Latiniaco Sico, pro posse suo, et pecierunt dicti Guillelmus de Arnullo, P. de Chambleis, Stephanus de Romanha, P. de Villers, Robertus de Grandi Villarii, Guaufredus Cruci, Matheus Renaudi, et Audinus Anglici, ecclesiastica sacramenta.

Acta fuerunt hec predictis die et loco, presentibus me Floriamonte Dondedei et aliis notariis supra proximo nominatis.

Post hec, die Veneris sequenti, que fuit penultima dies mensis Februarii, convenerunt in predicta capella adherente dicte aule episcopali prefati dicti domini commissarii, excepto et se excusante quoad hodiernam diem prefato domino Lemovicensi episcopo, et absente domino Bajocensi; et fuerunt adducti coram eis ibidem insimul fratres subscripti, qui adducti fuisse dicebantur de Vernone Rothomagensis diocesis, videlicet fratres Johannes Botella presbyter de Parisius, Jacobus de Priveri Ebroicensis, Radulphus de Compendio Suessionensis diocesium (et tunc veniente domino Bajocensi coram ipso et aliis predictis dominis commissariis), fratres Johannes de Pelles Carnotensis, Petrus de Compendio Suessionensis, Johannes Deysimonce Ambianensis, Johannes Lomone Constanciensis, Johannes de Franville Rothomagensis, Guillelmus de Boysimont Rothomagensis, P. de Anisiaco Laudunensis, Johannes Briart Cameracensis, Nicolaus Legan Constanciensis, et Johannes Ganerii alias dictus Anucupe Sagiensis diocesium. Qui omnes singulariter et separatim interrogati, si volebant dictum ordinem defendere, responderunt quod sic.

Acta fuerunt hec predictis die et loco, presentibus me Floriamonte et aliis notariis supra proximo nominatis.

Post hec, die Lune sequenti, que fuit II dies mensis Marcii, convenerunt omnes septem domini commissarii predicti in quadam parva camera dicte aule adherente; et fuerunt adducti coram eis, de domo predicta Templi Parisiensis, fratres subscripti, qui singulariter requisiti, si volebant dictum ordinem defendere, responderunt ut sequitur :

Frater Johannes de Turno Parisiensis diocesis thesaurarius Templi respondit quod in statu et puncto in quo est, non potest dictum ordinem defendere nec vult.

Frater Guillelmus de Arteblayo Parisiensis diocesis olim hellemosinarius domini Regis, dixit quod non se offert nec vult offerre deffensioni dicti ordinis.

Frater Philippus Agate Ebroicensis diocesis dixit quod non potest nec vult defendere.

Frater Baudoynus de sancto Justo Belvacensis diocesis dixit quod non vult defendere.

Frater Jacobus de Molayo miles, Magister magnus ordinis Templi, requisitus per dictos dominos commissarios si vult defendere dictum ordinem, respondit quod dominus Papa reservaverat eum sibi, et ideo supplicavit quod dicti commissarii dimitterent eum super istis, quousque in presencia domini Pape, et tunc diceret quod videret expedire. Qui domini commissarii expresse declaraverunt quod contra personam suam sicut contra singularem nichil facere nec inquirere volebant nec poterant, sed tantum procedere in inquisicione sibi commissa contra ordinem, secundum traditam eis formam quod eos facere oportebat, et requisivit idem Magister quod dicti domini commissarii scriberent domino Pape, quod se et alios per dominum Papam reservatos ad suam presenciam evocaret. Et dicti domini commissarii responderunt ei quod hoc facerent quam cicius possent.

Acta fuerunt hec predictis die et loco, presentibus me Floriamonte Dondedei et aliis notariis supra proximo nominatis.

Postmodum, die Veneris post festum Beati Gregorii, que fuit XIII dies mensis Marcii, convenerunt in predicta camera dicte aule prefati domini commissarii, excepto domino archidiacono, Tridentino, se quoad illam diem excusante, et fuerunt adducti coram eis ibidem fratres subscripti, videlicet :

Frater Gaufredus de Gonavilla miles, preceptor Pictavie et Aquitanie, qui per dictos dominos commissarios interrogatus si vellet defendere ordinem Templi, respondit quod erat captus in prisione dominorum Pape et Regis, et erat homo illiteratus et insufficiens ad defensionem ordinis, nec habebat consilium, nec unde posset habere consilium, unde ad presens coram predictis dominis commissariis aliud nolebat nec audebat aliquid dicere; tamen si esset in presencia domini Pape vel Regis, quos tenet pro bonis dominis et justis judicibus, diceret quod expedire videret. Qui domini commissarii responderunt sibi quod secure poterat loqui coram eis, nec debebat timere de aliquibus violenciis, injuriis vel tormentis, quia non inferrent nec inferri permitterent, immo impedirent, si inferri deberent. Tamen nichil aliud voluit dicere coram dictis dominis commissariis, nisi quod petebat se reduci ad presenciam domini Pape.

Item, eisdem die et loco, fuit adductus ad presenciam dictorum dominorum commissariorum frater Hugo de Peraudo miles, visitator Francie. Qui interrogatus si volebat aliquid dicere coram eis pro dicto ordine vel contra, respondit quod non, nisi quod prius dixerat coram eis in primo edicto.

Item, eisdem die et loco, fuerunt adducti coram dictis dominis commissariis fratres subscripti, qui adducti fuisse dicebantur de diocesi Bituricensi, videlicet fratres : Robertus Vigerii Claramontensis, Aymo de Pratemi Lemovicensis, Johannes de Chantalup Nivernensis, Oddo de Buris Lingonensis, Johannes de Bussavent Nivernensis, Henricus Honorello Claramontensis, Galterus de Campo Allaman, Henricus de Caritate Altisiodorensis, Guillelmus de Tolhes Claramontensis, Guillelmus de la Toyssonieyra Eduensis, Martinus de Verines Eduensis, Stephanus de Paredo Claramontensis, Stephanus de Lalansa Bituricensis, Stephanus de Panenges Nivernensis, et Symon Testafort Altisiodorensis diocesium. Qui singulariter et separatim interrogati, si volebant dictum ordinem defendere, responderunt quod sic, excepto dicto Aymo de Pratemi, qui respondit quod non vult, nec potest, nec scit, et petit ecclesiastica sacramenta.

Acta fuerunt hec predictis die et loco, presentibus me Floriamonte Dondedei et aliis notariis supra proximo nominatis.

Post hec, die Sabati sequenti, que fuit xiv dies mensis Marcii, predicti domini commissarii congregati in dicta camera episcopali, absente domino Narbonensi et se excusante, fecerunt venire ad presenciam eorumdem infrascriptos fratres ordinis Templi qui alias dixerant se velle defendere ordinem supradictum, et omnibus in ipsorum dominorum presencia insimul constitutis, fecerunt ex integro legi commissionem factam eisdem dominis, super inquisicione predicta facienda per eos apostolica auctoritate, et in eorum presencia aperuerunt articulos, sub bulla ejusdem domini Pape eisdem dominis missos, super quibus inquirere habent, et dictos articullos fecerunt legi eisdem in Latino, et postmodum in Galico vulgariter exponi commissionem et articulos supradictos. Cujus commissionis tenor suprascriptus est et tenor articulorum sequitur in hec verba :

Isti sunt articulli super quibus inquiretur contra ordinem milicie Templi.

Primo quod, licet assererent sancte ordinem fuisse institutum et a sede apostolica approbatum, tamen in recepcione fratrum dicti ordinis, et quandoque post, servabantur et fiebant ab ipsis fratribus que sequuntur :

Videlicet quod quilibet in recepcione sua, et quandoque post, vel quam cito ad hec commoditatem recipiens habere poterat, abnegabat Christum, aliquando Crucifixum, et quandoque Jhesum, et quandoque Deum, et aliquandoque Beatam Virginem, et quandoque omnes sanctos et sanctas Dei, inductus seu monitus per illos qui eum recipiebant. — Item, [*quod*] communiter fratres hoc faciebant. — Item, quod major pars.

Item, quod eciam post ipsam recepcionem aliquando.

Item, quod dicebant et dogmatizabant receptores illis quos recipiebant, Christum non esse verum Deum, vel quandoque Jesum, vel quandoque Crucifixum.

Item, quod dicebant ipsi illis quos recipiebant, ipsum fuisse falsum prophetam.

Item, ipsum non fuisse passum pro redempcione generis humani, nec crucifixum, sed pro scelleribus suis.

Item, quod nec receptores nec recepti habebant spem salvacionis habende per Jesum, et hoc dicebant illis quos recipiebant, vel equipolens vel simile.

Item, quod faciebant illos quos recipiebant spuere super crucem, seu super signum vel sculpturam crucis et ymaginem Christi, licet interdum qui recipiebantur spuerent juxta.

Item, quod ipsam crucem pedibus conculcari quandoque mandabant.

Item, quod eamdem crucem ipsi fratres recepti quandoque conculcabant.

Item, quod mingebant et conculcabant interdum, et alios mingere faciebant super ipsam crucem, et hoc in die Veneris sancti aliquociens faciebant.

Item, quod nonnulli eorum, ipsa die vel alia septimane sancte, pro culcacione et mixione predictis convenire consueverunt.

Item, quod adorabant quemdam catum, sibi in ipsa congregacione apparentem quandoque.

Item, quod hoc faciebant in vituperium Christi et fidei orthodoxe.

Item, quod non credebant Sacramentum altaris. — Item, quod aliqui ex eis. — Item, quod major pars.

Item, quod nec alia Ecclesie sacramenta.

Item, quod sacerdotes ordinis verba, per que conficitur corpus Christi, non dicebant in canone Misse. — Item, quod aliqui ex eis. — Item, quod major pars.

Item, quod hec receptores eorum sibi injungebant.

Item, quod credebant, et sic dicebatur eis, quod magnus Magister a peccatis poterat eos absolvere. — Item, quod visitator. — Item, quod preceptores, quorum multi erant layci.

Item, quod hec faciebant de facto. — Item, quod aliqui eorum.

Item, quod magnus Magister ordinis predicti hoc fuit de se confessus, in presencia magnarum personarum, antequam esset captus.

Item, quod in recepcione fratrum dicti ordinis vel circa, interdum recipiens et receptus aliquando se deosculabantur in ore, in umbilico seu in ventre nudo, et in ano seu spina dorsi. — Item, aliquando in umbilico. — Item, aliquando in fine spine dorsi. — Item, aliquando in virga virili.

Item, quod in recepcione illa faciebant jurare illos quos recipiebant, quod ordinem non exirent.

Item, quod habebant eos statim pro professis.

Item, quod recepciones ipsas clandestine faciebant.

Item, quod nullis presentibus, nisi fratribus dicti ordinis.

Item, quod propter hec contra dictum ordinem vehemens suspicio a longis temporibus laboravit.

Item, quod communiter habebatur.

Item, quod fratribus quos recipiebant dicebant quod ad invicem poterant unus cum alio commisceri carnaliter.

Item, quod hec licitum erat eis facere.

Item, quod debebant hec facere ad invicem et pati.

Item, quod hec facere non erat eis peccatum.

Item, quod hec faciebant ipsi, vel plures eorum. — Item, quod aliqui eorum.

Item, quod ipsi per singulas provincias habebant ydola, videlicet capita quorum aliqua habebant tres facies, et aliqua unam, et aliqua craneum humanum habebant.

Item, quod illa ydola vel illud ydolum adhorabant, et specialiter in eorum magnis capitulis et congregacionibus.

Item, quod venerabantur.

Item, quod ut Deum.

Item, quod ut Salvatorem suum.

Item, quod aliqui eorum.

Item, quod major pars illorum qui erant in capitulis.

Item, quod dicebant quod illud capud poterat eos salvare.

Item, quod divites facere.

Item, quod omnes divicias ordinis dabat eis.

Item, quod facit arbores florere.

Item, quod terram germinare.

Item, quod aliquod capud ydolorum predictorum cingebant seu tangebant cordulis, quibus se ipsos cingebant citra camisiam seu carnem.

Item, quod in sua recepcione singulis fratribus predicte cordule tradebantur, vel alie longitudines earum.

Item, quod in veneracione ydoli hoc faciebant.

Item, quod injungebatur eis quod dictis cordulis ut premititur se cingerent, et continue portarent, et hoc faciebant eciam de nocte.

Item, quod communiter fratres dicti ordinis recipiebantur modis predictis.

Item, quod ubique.

Item, quod pro majori parte.

Item, quod qui nolebant predicta in sui recepcione vel post facere, interficiebantur, vel carceri mancipiabantur.

Item, quod aliqui ex eis.

Item, quod major pars.

Item, quod injungebant eis, per sacramentum, ut predicta non revelarent.

Item, quod sub pena mortis, vel carceris.

Item, quod neque modum recepcionis eorum revelarent.

Item, quod nec de predictis inter se loqui audebant.

Item, quod si qui capiebantur quod revelarent, morte vel carcere affligebantur.

Item, quod injungebant eis quod non confiterentur aliquibus nisi fratribus ejusdem ordinis.

Item, quod fratres dicti ordinis scientes dictos errores corrigere neglexerunt.

Item, quod sancte matri Ecclesie nunciare neglexerunt.

Item, quod non recesserunt ab observancia predictorum errorum et communione predictorum fratrum, licet facultatem habuissent recedendi et predicta faciendi.

Item, quod predicta fiebant et servabantur ultra mare, in locis in quibus Magister generalis et conventus dicti ordinis pro tempore sunt morati.

Item, quod aliquando predicta abnegacio Christi fiebat in presencia Magistri et conventus predictorum.

Item, quod predicta fiebant et servabantur in Cipro.

Item, quod similiter citra mare in omnibus regnis et locis aliis in quibus fiebant recepciones fratrum predictorum.

Item, quod predicta observabantur in toto ordine generaliter et communiter. — Item, quod ex observancia generali et longa. — Item, quod de consuetudine antiqua. — Item, quod ex statuto ordinis predicti.

Item, quod predicte observancie, consuetudines, ordinaciones et statuta in toto ordine, ultra mare et citra mare, fiebant et observabantur.

Item, quod predicta erant de punctis ordinis, introductis per errores eorum post approbacionem sedis apostolice.

Item, quod recepciones fratrum dicti ordinis fiebant communiter modis predictis in toto ordine supradicto.

Item, quod Magister generalis dicti ordinis predicta sic observari et fieri injungebat.—Item, quod visitatores.—Item, quod preceptores.—Item, quod alii majores dicti ordinis.

Item, quod ipsimet observabant hec, et dogmatizabant fieri et servari.—Item, quod aliqui eorum.

Item, quod alium modum recipiendi in dicto ordine fratres non servabant.

Item, quod non est memoria alicujus de ordine qui vivat, quod suis temporibus modus alius observatus fuerit.

Item, quod predictum recepcionis modum et supradicta alia non servantes et servare nolentes Magister generalis, visitatores, preceptores et alii magistri dicti ordinis in hoc potestatem habentes, graviter puniebant quando querela deferebatur ad eos.

Item, quod ellemosine in dicto ordine non fiebant ut debebant, nec hospitalitas servabatur.

Item, quod non reputabant peccatum in dicto ordine per fas aut nephas jura acquirere aliena.

Item, quod juramentum prestabatur ab eis augmentum et questum dicti ordinis quibuscumque modis possent per fas aut nephas procurare.

Item, quod non reputabatur peccatum propter hoc degerare.

Item, quod clam consueverunt tenere sua capitula.

Item, quod clam, vel in primo sompno, vel prima vigilia noctis.

Item, quod clam, quia expulsa tota alia familia de domo et clausuris domus, ut omnes de familia illis noctibus quibus tenent capitula jaceant extra.

Item, quod clam, quia sic se includunt ad tenendum capitulum, ut omnes januas domus et ecclesie in quibus tenent capitulum, firmant adeo firmiter quod nullus sit vel esse possit accessus ad eos nec juxta, nec possit quicumque videre nec audire de factis aut dictis ipsorum.

Item, quod clam adeo quod solent ponere excubiam supra tectum domus vel ecclesie in quibus tenent capitulum, ad providendum ne quis locum in quo tenent capitulum appropinquet.

Item, quod similem clandestinitatem observant et observare consueverunt, ut plurimum in recipiendo fratres.

Item, quod error hic viget et viguit in ordine longo tempore quod ipsi tenent opinionem, et tenuere retroactis temporibus, quod magnus Magister possit absolvere fratres a peccatis eorum.

Item, quod major error viget et viguit, quod ipsi tenent et tenuerunt retroactis temporibus, quod magnus Magister possit absolvere fratres ordinis a peccatis, eciam non confessatis, que confiteri, propter aliquam errubescenciam aut timorem penitencie injungende vel infligende, obmiserunt.

Item, quod magnus Magister hos predictos errores confessus est ante capcionem, sponte, coram fide dignis clericis et laycis.

Item, quod presentibus majoribus preceptoribus sui ordinis.

Item, quod predictos errores tenent et tenuerunt, nec tantum hoc oppinantes et tenentes de magno Magistro, sed de ceteris preceptoribus, et primatibus ordinis visitatoribus maxime.

Item, quod quicquid magnus Magister, maxime cum conventu suo, faciebat, ordinabat aut statuebat, totus ordo tenere et observare habebat et eciam observabat.

Item, quod hec potestas sibi competebat et in eo resederat ab antiquo.

Item, quod tanto tempore duraverunt supradicti pravi modi et errores quod ordo in personis potuit renovari semel, bis vel pluries, a tempore introductorum seu observatorum predictorum errorum.

Item, quod renuati [?] omnes vel quasi due partes ordinis scientes dictos errores corrigere neglexerunt.

Item, quod sancte matri Ecclesie nunciare neglexerunt.

Item, quod non recesserunt ab observancia predictorum errorum et communione dictorum fratrum, licet facultatem habuissent recedendi et predicta faciendi.

Item, quod multi fratres de dicto ordine propter feditates et errores ejusdem ordinis exierunt, nonnulli ad religionem aliam transeuntes et nonnulli in seculo remanentes.

Item, quod propter predicta et singula granda scandala contra dictum ordinem sunt exorta in cordibus sublimium personarum eciam regum et principum et fere tocius populi Christiani generata.

Item, quod predicta omnia et singula sunt nota et manifesta inter fratres dicti ordinis.

Item, quod de hiis est publica vox, opinio communis et fama tam inter fratres dicti ordinis quam extra.

Item, quod de majori parte predictorum.

Item, quod de aliquibus.

Item, quod magnus Magister ordinis, visitator et magnus preceptor Cipri et Normanie, Pictavie, et quam plures alii preceptores et nonnulli alii fratres dicti ordinis, premissa confessi fuerunt, tam in judicio quam extra, coram solempnibus personis et in pluribus locis eciam personis publicis.

Item, quod nonnulli fratres dicti ordinis tam milites quam sacerdotes, alii eciam in presencia domini nostri Pape et dominorum cardinalium, fuerunt predicta vel magnam partem dictorum errorum confessi.

Item, quod per juramenta prestita ab eisdem.

Item, quod eciam in pleno consistorio recognoverunt predicta.

Nomina vero dictorum fratrum in quorum presencia dicti domini commissarii, ut predictum est, aperuerunt dictos articullos et fecerunt eos et dictam commissionem legi, sunt hec, videlicet fratres :

Ranaudus de Bord miles Lemovicensis, Guillelmus de Chanbonnet Lemovicensis, Bertrandus de Sartiges Claramontensis, Oddo de Vendach Claramontensis, Petrus de la Colongna Claramontensis,

Aymericus de Copriach Lemovicensis, ac Galterus de Massi Gelbensis diocesium milites, Egidius de Valencenis presbyter Cameracensis, Guillelmus de Platea Belvacensis, Robertus le Chavaler, presbyter Rothomagensis, Robertus Correnflos presbyter Ambianensis, Johannes de sancto Justo Belvacensis, Egidius de Rotangi presbyter Belvacensis, Johannes de Bolencuria Belvacensis, Reginaldus de Cunheriis miles Belvacensis, Martinus de Marselhes Belvacensis, Henricus de Compendio Suessionensis, Philippus de Maninio Morinensis, Petrus le Gris Noviomensis, Michael Monsont Ambianensis, Bertrandus de Somorens Ambianensis, Thericus de Remis Cameracensis, Johannes de Nivela Leodiensis, Johannes de Parisius, Constancius de Bice Lingonensis, Henricus de Antinhi Laudunensis, Bertrandus de Montenge Suessionensis, Johannes Berse Tornacensis, Johannes de Pruino Senonensis, Nicolaus de Ambianis, Nicolaus de Riperia presbyter Lingonensis, Stephanus de Pranedo Eduensis, Petrus de Lalhaval Eduensis, Poncius de Payanis Aniciensis, Clemens de Boulay Eduensis, Johannes de Fusihac Eduensis, Hugo de Buris Lingonensis, Egidius de Perbona presbyter Trajectensis, Johannes de Monbelent Matisconensis, Matheus de Corban Lingonensis, Aymo de Scopoy Lugdunensis, Hugo de sancto Christophoro Eduensis, Petrus de Ruciaco presbyter Eduensis, Guillelmus de Bleri Turonensis, Johannes Coyfer Turonensis, Petrus Meliani Lemovicensis, Guaufredus de Malomonte Turonensis; Petrus Trecie Turonensis, Andreas Beri Bajocensis, Reynaldus de Balan Laudunensis, Johannes Malon Turonensis, Petrus Fouberti de Turonis; Reynaldus de Bans Bituricensis, Martinus Ponchart Bituricensis, Symon Martinet Turonensis, Johannes de Castra Bituricensis, Gerardus de Cabilone, Guido de Thoriaco Eduensis, Guillelmus de sancto Leonardo Eduensis, Poncius de Pedagio Eduensis, Johannes de Visello Carnotensis, Nicolaus de Versequi Tornacensis, Jacobus Cadeleta Tornacensis, Henricus de Ardenbort Tornacensis, Petrus Capon Tornacensis, Helinus de Temple March Tornacensis, Johannes de Vercinara, Philippus de Duaco Atrabatensis, Arnulphus Arbia Morinensis, Bernardus de Castris Morinensis, Henricus de Braybancia Leodiensis, Henricus de Platea Cameracensis, Albertus de Canellis Aquensis in Lombardia miles, Guillelmus de Ranco Uticensis, Johannes de Tribus viis Magalonensis, Petrus de Agusano Nemausensis, Jacobus Galhardi Magalonensis, Petrus Jubini Nemausensis, Poncius Pisani Magalonensis, Stephanus Jaurenen presbyter Claramontensis, Guillelmus de Gonrisan Eduensis, Poncius de Vernegia Lemovicensis, Petrus de Brolie Claramontensis, Bosso Gocta de Payrato Lemovicensis, Guillelmus Brinat Lemovicensis, Gumbertus de Porta Lemovicensis, Guillelmus Spinassa Claramontensis, Johannes de Cobrenhi Eduensis, Guillelmus Rossi Claramontensis, et Hugo Bossa Eduensis diocesium.

Acta fuerunt hec predictis die et loco, presentibus me Floriamonte Dondedei, Bernardo Filholi, Guillelmo Radulphi, Bernardo Umbaldi, Nicolao Constanciensi, Hugone Nicolai, Johanne Loueti et Johanne de Fellinis notariis suprascriptis.

Post hec, die Veneris post festum Annunciacionis beate Marie, que fuit XXVII dies mensis Marcii, convenerunt in dicta camera dicti domini Mimatensis, Lemovicensis episcopi, ac Tridentinus et Magalonensis archidiaconi, aliis se excusantibus. Et fuerunt ibidem adducti coram eis fratres subscripti, qui adducti fuisse dicebantur de diocesi Bituricensi, videlicet fratres Stephanus de Riperia miles Bituricensis, Johannes de Lugnet Claramontensis, Matheus Gandelin Bituricensis, Albertus de Maquenhiaco Laudunensis, Johannes Sapiencie Claramontensis, Johannes Ligossa Bituricensis, Stephanus Bessus Altisiodorensis, P. Guertelli Bituricensis, P. Loer Bituricensis, Guaufredus de Stampis Senonensis, P. Picardi Bituricensis, P. Crochet Altisiodorensis, Gerardus Gandoti Claramontensis, Hugo Seyssel Claramontensis, Guillelmus Galabrii Lemovicensis, Guaufredus Galabrii Lemovicensis, Helias de Cella Lemovicensis, P. de Dois Laudunensis, Johannes Roberti presbyter Claramontensis, Johannes Gandelin Bituricensis, Guillelmus le Chat Aurelianensis, Michael de sancta Selonhe Bituricensis, Seguinus de Dienne Nivernensis, Johannes de Braules Senonensis, Robertus de Bernoys Lemovicensis, Clemens de sancto Ilario Lemovicensis, Guillelmus Boton Claramontensis, Guillelmus Anglici Salabricensis, Bernardus la Porta Lemovicensis, Johannes de Fontaneyo Bituricensis, Aymericus Lator Lemovicensis, et Oliverius de Manso Sereno Lemovicensis diocesium. Qui omnes singulariter et separatim interrogati ab eisdem dominis commissariis, si volebant dictum ordinem defendere, dixerunt quod sic, adjicientes dicti fratres Stephanus de Riperia, Guillelmus Calabri, tanquam bonum et legalem, et frater Bernardus la Porta quantum poterit, dictusque Johannes Roberti presbyter dixit quod multos audiverat in confessione et nunquam invenerat illos errores; et pecierunt omnes ecclesiastica sacramenta.

Eisdem die et loco fuerunt adducti coram dictis dominis commissariis quatuor fratres subscripti, qui adducti fuisse dicebantur de diocesi Tarvensi. Qui singulariter et separatim interrogati, si volebant dictum ordinem defendere, responderunt ut sequitur: frater Diago de Cortarda miles Auxitane diocesis respondit, quod volebat dictum ordinem defendere tanquam bonum et legalem pro tempore quo fuit in dicto ordine, asserens quod in eo non fuerat nisi per septem vel octo annos; fratres Bertrandus de Monte Pessato Convenarum, Arnaudus Guillelmi Convenarum, et Guillelmus de Noerio Tarvensis diocesium, responderunt quod volebant dictum ordinem deffendere, adjiciens dictus Arnaudus pro posse.

Acta fuerunt hec predictis die et loco; presentibus me Floriamonte Dondedei et aliis notariis supra proximo nominatis, excepto Nicolao Constanciensi.

Post hec, die Sabati sequenti, que fuit xxviii dies mensis Marcii, convenerunt in viridario retro aulam et domum dicti domini episcopi Parisiensis omnes domini commissarii supradicti, et omnes infrascripti fratres dicti ordinis Templi fuerunt ibidem adducti ad presenciam dictorum dominorum commissariorum; in quorum omnium presencia iidem domini commissarii fecerunt ibidem legi Latinis verbis commissionem ad inquirendum contra Templariorum ordinem factam eisdem, et articullos sub bulla eis transmissos de quibus inquirere habent contra ordinem supradictum. Quibus lectis integraliter et perfecte, voluerunt et preceperunt iidem domini commissarii quod vulgariter omnia lecta exponerentur eisdem; sed responsum fuit per dictos fratres quod contenti erant de lectura facta in Latino, et quod non curabant quod tante turpitudines quas asserebant omnino esse falsas et non nominandas vulgariter exponerentur eisdem. Quibus peractis, iidem domini commissarii exposuerunt eisdem qualiter cum diligencia intendebant fideliter procedere ad execucionem mandati apostolici facti eisdem. Unde cum omnes fratres predicti obtulissent se ad defensionem ordinis memorati, et difficile esset omnes ad presenciam venire eorumdem dominorum commissariorum pro defensione predicta, nec insimul omnes absque confusione et turbacione negocii convenire nec audiri et exaudiri possent (ut re ipsa ibi apparebat) per tumultum, parati erant iidem domini commissarii, si et in quantum tenerentur de jure, recipere procuratores ad dictam defensionem ordinis prout ad ipsos fratres poterat pertinere, sex vel octo vel decem vel plures ex ipsis, si eos nominarent eisdem, et eos constituerent pro se et pro dicto ordine, in quantum ad eos pertinere posset defensio, procuratores ad defensionem predictam faciendam, et dare supradictis nominandis, deputandis et constituendis a dictis fratribus, liberam facultatem loquendi et deliberandi cum aliis super hiis que vellent dicere et proponere ad defensionem ordinis supradicti, et facere in premissis et aliis quod existeret racionis.

Post que, predicti fratres habuerunt deliberacionem inter se super premissis, dictis dominis commissariis ad partem se ponentibus et trahentibus, relictis fratribus memoratis. Post quam quidem deliberacionem, frater Raynaldus de Pruino presbyter, preceptor domus Aurelianensis dicti ordinis, et frater P. de Bononia presbyter, procurator in curia Romana dicti ordinis, ut dicebatur, qui ambo sunt litterati, proposuerunt pro se et pro supradictis omnibus et singulis fratribus, et scribi fecerunt ad dictamen eorum ista que secuntur. Asseruerunt enim quod sibi et dictis fratribus dura videbantur, primo quod privati sunt ecclesiasticis sacramentis, et fuerunt a tempore capcionis sue spoliati quidam habitu religionis, et omnes bonis temporalibus, et eciam omnes incarcerati vilissime et incathenati, et sunt adhuc.

Item, quod male providetur eis in omnibus.

Item, quod fere omnes fratres mortui extra Parisius in carcere, sepulti sunt extra loca sacra et cimmiteria.

Item, quod, in fine dierum suarum, fuerunt eis denegata ecclesiastica sacramenta.

Item, quod non videtur eis quod possit facere procurator sine consensu Magistri sui, sub cujus obediencia ipsi et omnes alii fratres dicti ordinis sunt et esse debent.

Item, quod fere omnes sunt illiterati et simplices, unde petunt habere consilium virorum prudentum et sapientum. Dixerunt eciam quod multi sunt qui volunt venire ad defensionem ordinis, sed non permittitur eis, de quibus nominaverunt fratrem Raynaldum de Vossinhaco militem Lemovicensis diocesis, et fratrem Matheum de Clichiaco Parisiensis diocesis.

Item pecierunt quod Magister, et fratres et alii preceptores provinciarum insimul congregentur, ut super constituendis procuratoribus et aliis peragendis possint plene deliberare.

Item, dixerunt et protestati fuerunt quod si predicti Magister et preceptores nollent vel non possent concordare vel interesse cum eis, quod nichilominus ipsi facerent quod deberent.

Quibus scriptis per nos notarios, et propositis et dictatis per eos, coram dictis dominis commissariis, et lectis in Latino, et expositis in vulgari, coram fratribus memoratis, dicti domini commissarii obtulerunt eis iterato quod parati erant, si et quantum de jure tenerentur, recipere procuratores, si eos volebant nominare et constituere, prout predixerant eis, et insuper eos et eorum quemlibet tunc et quandocumque coram eis venire vellent, benigne audire, si aliquid volebant dicere et proponere ad defensionem ordinis supradicti; declarantes eis quod Magister dicti ordinis, et visitator Francie, et aliqui alii magni preceptores dicti ordinis responderunt requisiti, quod nolebant dictum ordinem Templi defendere supradictum coram eis in statu in quo erant, et quod frater Guillelmus de Castro Novo miles responderat quod nolebat tunc defendere dictum ordinem coram eis in statu in quo erat. Declaraverunt insuper eis quod facultatem dederant omnibus qui dixerant se velle defendere dictum ordinem, veniendi ad eos, et adhuc dabant; et preceperunt quod prefati fratres, Raynaudus de Vassinhaco et Matheus de Clichiaco, adducerentur ad presenciam eorumdem, quandocumque voluerint.

Quibus actis, predictus dominus archiepiscopus Narbonensis, presentibus predictis collegis suis, dictis fratribus in dicto viridario congregatis, dixit : Fratres, vos audivistis que dicta et oblata sunt vobis per nos et collegas nostros; ordinetis aliquos hodie, dum estis hic, quia negocium requirit accelleracionem, et terminus concilii generalis appropinquat, et vobis expedit accelleracio negocii, qui, ut predictum est, pro defensione ordinis coram nobis compareant et faciant, et nos faciemus quod fuerit racionis, scientes quod non intendimus vos alias congregare, sed procedere in negocio juxta traditam nobis formam.

Post que, dictus dominus Bajocensis, presentibus eciam dictis collegis suis, dixit : Fratres, conveniatis de hiis que vobis dicta sunt; cras erit dies Dominica, et non procedemus, nec die Lune, sed die Martis, et ex tunc procedemus in dicto negocio, prout fuerit faciendum; et dimittimus vobis tabelliones nostros, ad scribendum et audiendum quecumque volueritis facere, ordinare et convenire super premissis. Et ex hiis sic actis dicti domini commissarii recesserunt exinde.

Nomina vero fratrum predictorum qui dictis die et loco, predictis omnibus et singulis, ut premittitur, ibidem actis interfuerunt, sunt hec, videlicet fratres :

Miletus de sancto Fiacrio presbyter Meldensis, Gerardus dictus

Baer Lingonensis, Laurencius de Crenayo Lingonensis, Johannes de sancto Remigio Suessionensis, Johannes de Poysson Lingonensis, Lambertus de Toysiaco Eduensis, Radulphus du Carel Rothomagensis, Thericus de Valbellay Suessionensis, Clemens de Rubeo ponte Cabilonensis, Nicolaus de Maynillio Montis Desiderii Ambianensis, Lambertus de Cormellis Suessionensis, Nicolaus de Riperia presbyter Lingonensis, Thomas de Cayneiis Belvacensis, Matheus de Caneiis Belvacensis, Matheus de Corbon Lingonensis, Galterus de Buris Lingonensis, Stephanus de Pare Lemonian Eduensis, Johannes de Sisseyo Eduensis, Vernondus de Sanconio Suessionensis, Aymo de Capoy Lugdunensis, Hugo de sancto Christoforo Eduensis, Poncius de Malo passu Aniciensis, Johannes de Monte Boleti Matisconensis, Hugo de Buris Lingonensis, P. de Maysson Umherii Cathalonensis, Oddo de Nantolio de subtus Morellum Suessionensis, P. de Ruciacho Eduensis presbyter, P. de Enapes Laudunensis, P. de Bretenay Lingonensis, Guillelmus de Bonayo presbyter Lexoviensis, Johannes de Camis Ebroycensis, Jacobus de Cormellis Suessionensis, Nicolaus de Serra Trecensis, Johannes de Valbellay Suessionensis, Philippus Grissel Noviomensis, Fulco de Trecis, Lambertus Flamengi Tornacensis, Guido de Mainilio Albrici Parisiensis, Johannes de Mainilio Albrici Parisiensis, Matheus de Capite ville de Cormelhis Parisiensis, Addam dictus Marescallus Suessionensis, Constancius curatus de Collatoriis Senonensis, Michael de sancto Maurino Ambianensis, Arnulphus de Pertico Carnotensis, Dionysius curatus de Arida villa Carnotensis, Symon de Feritate Villenolii Carnotensis, Stephanus Nicon Carnotensis, Guaufredus de Sors Carnotensis, Symon de Floriaco in Beria Senonensis, Guillelmus de Stampis Senonensis, Guillelmus de Stampis Carnotensis, Arnulphus de Dormant Parisiensis, P. Chaynay Carnotensis, P. Grissi Parisiensis, Radulphus Dugalet Ambianensis, Gerardus de Genefle Leodiensis, Gerardus Borleta de Aurelianis, Stephanus de Conpendio Suessionensis, Petrus de Belinays Aurelianensis, Robertus de Begravilla Senonensis, Raynaudus de Fontaynes Lingonensis, Johannes de Foresta Lingonensis, Guillelmus de Sornayo miles Pictavensis, Thomas de Bonchancuria Ambianensis, Johannes de Villaribus Suessionensis, Gervasius de Fallasia Sagensis, Cristianus de Chaumerio Laudunensis, Millo de Paians presbyter Lingonensis, P. de Bragella Belvacensis, Johannes de Septem Montibus presbyter Suessionensis, Guillelmus de Puteolis Parisiensis, Droco de Viveriis Suessionensis, Gervasius de Fellinis Carnotensis, Lambertus de Romancuria Remensis, Jacobus de Calido Furno Meldensis, Philippus de Tribus Fontibus Trecensis, Dominicus de Verduno civitate, Nicolaus de Manra presbyter Remensis, P. de Cathalano, P. de Monte Goyni Meldensis, P. de Sornayo Ambianensis, Droco de Sornayo Ambianensis, Johannes le Champanoys Cathalonensis, Johannes de Sornayo Remensis, Dominicus preceptor de Jonneyo Lingonensis, Anricus de Favarolis Lingonensis, Bertholameus de Volenis Lingonensis, Johannes Fort de vin Altisiodorensis, Robertus le Briays Senonensis, Johannes de Nons presbyter Ambianensis, Guillelmus de Maynillio presbyter Parisiensis, Addam de Inferno preceptor Belvacensis, Philippus de la Vercines Belvacensis, Johannes de Chaenes Ambianensis, Nicolaus de Valiaco Belvacensis, Radulphus de Taverniaco presbyter Parisiensis, Raymondus presbyter de Parisius, Helias de Jocro Meldensis, Nicolaus de Compendio Suessionensis, P. de sancto Lupo Parisiensis, Matheus de Tabulla Belvacensis, Bono de Vollenis Lingonensis, Johannes Lochan Parisiensis, P. de Landres Remensis, Bertrandus de sancto Paulo Viennensis, Petrus de Maybresis Remensis, Johannes de Malvo Laudunensis civitatis, Johannes de Brueria Tornacensis, Ber. de Biceyo Lingonensis, Jacobus de Saceyo Trecensis, Hugo de Villaribus Lingonensis, Johannes Poytavini presbyter Belvacensis, Laurencius de Pruino Senonensis, Johannes de Gisiaco presbyter Laudunensis, Jacobus de Villaribus Ducis Lingonensis, Bernardus de Ploysiaco Suessionensis, Robertus de Pontissera Rothomagensis, Baudoynus de Gisiacho Laudunensis, Stephanus de Bavenant Bisuntinensis, Guillelmus Alberti Ruthenensis,

Guillelmus de Ruthena Ruthenensis, Raymondus Bernardi Convenarum, Guillelmus de Cardalhaco Convenarum, Bertrandus Vasconis Ruthenensis, Guillelmus Scorralha Claramontensis, Raymondus Guillelmi de Bencha Convenarum, Guillelmus de Caiarco miles Caturcensis, Ademarus de Sparos miles Convenarum, Bernardus de Rouello Ruthenensis, Bernardus de Vado presbyter Albiensis, Raymondus de Glodio Caturcensis, Johannes de Valle Gelosa presbyter Petragoricensis, P. de Malhaco Tholosane, Guillelmus Radulphi Ruthenensis, Raymondus Guillelmi Tholosane, P. Pagessii Convenarum, Hugo Gossa Caturcensis, Reginaldus de Pruino presbyter Senonensis, preceptor Aurelianensis; Johannes de Mortuo Fonte Suessionensis presbyter, Johannes de Rociacho Lingonensis, Guillelmus Espanlart Constanciensis, P. de Serra Trecensis, Gerardus du Came Aurelianensis, Robertus Vavassor Ambianensis, Radulphus de Grandi Villarii Ambianensis, Symon Repre Tornacensis, Jacobus de Rupella Bisuntinensis, Matheus de Atrabato, Ber. Coquardi Ambianensis, Gossoynus de Gandano Tornacensis, Johannes Ducis Parisiensis, Evrardus de Buxeriis Lingonensis, P. Cortemple Lingonensis presbyter, P. de Claromonte Belvacensis, P. de Vatan Bituricensis, Johannes de Collatoriis Senonensis, Johannes de Buris Lingonensis, P. Foresta Lingonensis, Matheus de Buris Lingonensis, Galterus de Bullens miles Ambianensis, P. de Bons miles Bituricensis, Ancellus de Rupella Cathalanensis, Gerardus de Valdencia miles Treverensis, P. de Dampno Martino presbyter Parisiensis, Thomas de Trecis, Lambertus Gorion Bisuntinensis, Guillelmus de Gonde Carnotensis, Reginaldus de Landevilla Senonensis, Robertus de Monsterolio presbyter Suessionensis, Droco de Cheru Senonensis, Lambertus de Verenis Lingonensis, Robertus de Serneyo Ambianensis, P. de Chablies Lingonensis, Johannes Pilhon Parisiensis, P. de Arblayo Parisiensis, Guillelmus de Brimes Meldensis, Guillelmus Aymardi Bituricensis, Johannes de Ambleyvilla Rothomagensis, Michael de Fles Ambianensis, Guaufredus de Farra Laudunensis, Stephanus de la Romanha Remensis, Oricus Chonles Tullensis presbyter, Stephanus Commont Parisiensis, Robertus de Charmes Lingonensis, Guillelmus Dormelli Bajocensis, Guillelmus de Roy Suessionensis, Johannes de Via Belvacensis, P. Regis Parisiensis, Johannes de Domo Dei Meldensis, Matheus Renaudi Ebroicensis, Albrinus Langleys Ebroicensis, Anricus de Recors Ebroicensis, Guaufredus Ervei Bajocensis, Guillelmus de Cormolan Bajocensis, Guillanus Toe Bajocensis, Radulphus Petrosse Ambianensis, Guido Panaye Rothomagensis, Ricardus Bernanger Rothomagensis, Stephanus de Novo Castello Rothomagensis, Robertus de Hermenoville Silvanectensis, Arbertus de Canellis miles Aquensis provincie, Mediolanensis; P. de Aqusano Nemausensis, P. Gibellini ejusdem Nemausensis, Jacobus Caiardi Magalonensis, Ponsius Pisani ejusdem Magalonensis, Guillelmus de Ranco Uticensis, Johannes de Tribus viis Magalonensis, P. le Prevost Atrabatensis, P. de Aciis Noviomensis, Galterus de Villa Sapiencie Suessionensis, Coclarius Ambianensis, Hugo de Aliaco ejusdem Ambianensis, Radulphus de Fremeyo ejusdem Ambianensis, Johannes de Campanea de civitate Trecensi, Nicolaus de Bornelli Belvacensis, P. de Camino Noviomensis, Clemens de Turno Parisiensis, Johannes de Richavalle Ambianensis, Rogerius de Marsellis Belvacensis, Lucas de Sornayo Ambianensis, Ber. Ajuda Dei presbyter Magalonensis, Johannes Amelii Charchassonensis, Johannes Mauri Bituricensis, Renaudus de Assinellio Aquensis in Provincia, Gacerandus de Monte Pessato Narbonensis, Johannes Elibe Tholosane, Poncius Tortossa Nemausensis, Guillelmus de Nubia Lodoiensis [?], Johannes Costa Agatensis, Gerardus de Podio fort Agulha Agenensis, P. de Mons Narbonensis, Martinus Robul Agatensis, Stephanus Trobati Bituricensis, P. de Terrassone Petragoricensis, Raymondus de Prinhans Gelbenensis, Bertrandus de la Moneta Appamiensis, Arnaudus de Spel ejusdem Appamiensis, Deodatus Jafet Biterensis, P. Stephani Agatensis, Bertholameus Andree ejusdem Agatensis, Raymondus de Bassa ejusdem Agatensis, Ber. Cascanelli ejusdem Agatensis, Guillelmus de Castro novo

Uticensis, Stephanus Saurini Nemausensis, Poncius Espes Biterensis, Raymondus de Carbona Elnensis, Raymondus de Cunheriis miles Belvacensis, Egidius de Rontangni presbyter Belvacensis, Robertus de Corenflos presbyter Ambianensis, Robertus Cavalier Rothomagensis presbyter, Guillelmus de Platea Belvacensis, Johannes de Bonancuria Belvacensis, Johannes de sancto Justo ejusdem Belvacensis, Anricus de Compendio Suessionensis, Martinus de Marsellis Belvacensis, Bertrandus de Somorens Ambianensis, P. Griselli Noviomensis, Philippus de Marino Tornacensis, Michael dictus Masset Ambianensis, Egidius de Perbona presbyter Trajectensis, Nicolaus Versequi Tornacensis, Johannes de Versinara ejusdem Tornacensis, Anricus de Ardenbort ejusdem Tornacensis, Jacobus Candebur ejusdem Tornacensis, Helinus de Templemas ejusdem, P. Capon ejusdem, Anricus de Platea Cameracensis, Anricus de Brebanz Leodiensis, Philippus de Duaco Atrabatensis, Egidius de Valencenis presbyter Cameracensis, Johannes de Nivella Leodiensis, Constancius de Bichiaco Lingonensis, Anricus de Archeim Laudiensis, Johannes de Pruino Senonensis, Nicolaus de Ambianis, Johannes de Parisius, Johannes de Bersiaco Tornacensis, Bertrandus de Montigniaco Suessionensis, Lambertus de Tornon miles Viennensis, Aymericus de Copiaco miles Lemovicensis, Stephanus de Riperia miles Bituricensis, Draco de Cortarda miles Tarvensis, Ber. de Monte Pessato ejusdem Tarvensis, G. de Maxenix ejusdem Tarvensis, Arnaudus Guillelmi Daulo ejusdem Tarvensis, Guillelmus de Fuxo miles Appamiensis, P. la Colongne miles Claramontensis, Audinus de Vendaco miles Claramontensis, Johannes de Monte Regali Carcassonensis, Gonsoynus de Brugis preceptor Flandrie Tornacensis, Johannes Voberti Ambianensis, Johannes Gamber de Grande Villarii Ambianensis, Andreas Mosterii Ambianensis, Guillelmus Brioys Meldensis, Renaudus de Templeyo presbyter Parisiensis, Johannes Braz de Fer Ambianensis, Johannes de Ellemosina Parisiensis, Symon de Cornisiaco Remensis, Guido de Bellavilla Meldensis, Toysanus de Lanhivilla Belvacensis, Guillelmus de Verrinis Silvanectensis, Theobaldus de Bassimonte Carnotensis, G. de Soions Ambianensis, Oricus de Precinhio Lingonensis, Poncius de Bono Opere Lingonensis, Albertus de Gentevilla Cathalanensis, Thomas de Estamis Belvacensis, Johannes de Noyo Noviomensis, Johannes de Alqueriis Lexoviensis, Guillelmus Ardoyni Aurelianensis, Guillelmus Mayravent Petragoricensis, Radulphus de Grandi Villarii Ambianensis, Poncius de Buris presbyter Lingonensis, Robertus de Monte Boyni Senonensis, Raynerius de Leran ejusdem Senonensis, Ricardus de Seurorio Parisiensis, Thomas de Jamvalle Ambianensis, Marsilius de Fleyo Cenomanensis, Stephanus de Pruino Senonensis, P. de Blesis presbyter Carnoensis, Nicolaus de Trecis, Theobaldus de Plomione Laudunensis, Johannes de Cella Laudunensis, Nicolaus de Cella ejusdem, Guillelmus Digi Bisuntinensis, Thomas Quentini Bajocensis, P. de Grimellio presbyter Belvacensis, Johannes de Cormellis Suessionensis, Christianus de Biceyo Trecensis, Radulphus de Ponte Silvanectensis, Johannes de Torta villa Senonensis, P. de Bocheyo miles Noviomensis, Johannes de Ponte Episcopi ejusdem, P. de Sarcellis Parisiensis, P. de Surref miles Viennensis, Gerardus de Monachi villa Belvacensis, Guillelmus de Latigniaco sico Belvacensis, P. Picardi de Buris Lingonensis, Thomas de Martinhiaco Laudunensis, Ponsardus de Gisiaco ejusdem, Radulphus de Salicibus ejusdem, Johannes de Turre Parisiensis, Guillelmus Bocelli Ebroicensis, Aymo de Barbona Trecensis, Johannes Bersu, Suessionensis, P. de sancta Gressa Ambianensis, Stephanus de Turno presbyter Parisiensis, Hugo de Calmonte Ruthenensis, Sicardus Alberti Tholosane, Durandus de Vineriis Lectoransis, P. de Bononia presbyter, procurator generalis in curia Romana tocius ordinis; P. de Thelheto Lemovicensis, P. de Castanherio Agenensis, Arnaudus Porceto Auxitane, Egidius de Chamino Senonensis, Philippus de Villa Sana Noviomensis, P. Vergus Meldensis, Guillelmus de Fonte Lingonensis, Johannes de Ordis Meldensis, Johannes de Genefle Lexoviensis, P. de Chaurino Senonensis, P. de Jans Belvacensis, Guillelmus de Blereyo Turonensis, Johannes

Coyfier ejusdem, P. Trecie ejusdem, Johannes Malon ejusdem, P. Fouberti ejusdem, Guaufredus de Malo Monte ejusdem, Simon Martinet ejusdem, P. Maliani Lemovicensis, Johannes Visandi Carnotensis, Andreas Berri Briocensis, Bernardus de Bonis ejusdem, Martinus Ponhardi ejusdem, Renaudus de Malezis Laudunensis, Ger. de Cathalone ejusdem, Guillelmus de sancto Leonardo Eduensis, P. de Pedagio ejusdem, Guido de Turiaco ejusdem, Reynardus de Bort miles Lemovicensis, Galterus de Marri miles Ebroicensis, Guillelmus de Chambonnent miles Lemovicensis, P. Grocheti Altisiodorensis, Johannes Sapiencie Claramontensis, Johannes de Luqueto ejusdem, Ger. Gandeti ejusdem, Johannes le Gas Bituricensis, P. Loer ejusdem, Matheus Gondelm ejusdem, P. du Carel ejusdem, P. Picardi ejusdem, Albertus de Maquenhin Laudunensis, Guaufredus de Stampis Senonensis, Stephanus Bessus Altisiodorensis, Robertus Vigerii Claramontensis, Anricus Honorelli Claramontensis, Stephanus de Paray ejusdem, Guillelmus de Tulhas ejusdem, Johannes de Buffavento ejusdem, Oddo de Buris Lingonensis, Johannes de Chantalupo Nivernensis, Galterus de Camp Allaman ejusdem, Stephanus de Patiges ejusdem, Guillelmus de Toyfontria Eduensis, Martinus de Varenis ejusdem, Stephanus Losa Bituricensis, Henricus de Caritate Altisiodorensis, Symon Testefort ejusdem, Aymo de Prami Lemovicensis, Johannes Poynet presbyter Belvacensis, Matheus de Cresson Essart ejusdem, Andreas Motier Ambianensis, P. de Latiniaco Noviomensis, Egidius de Lovencurt Ambianensis, P. de sancto Justo Belvacensis, Johannes Bocherii de Grandi Villarii Ambianensis, Johannes de Ramba valle Morinensis, Arnulphus de Sanciaco Senonensis, Guillelmus Auri Fabri Belvacensis, Clemens de Grandi Villarii Ambianensis, Thericus Teotonicus miles Magdebrugensis, Albertus de Integentis presbyter Lingonensis, Jullianus de Inteyo Lingonensis, Johannes de Vollenis presbyter ejusdem Lingonensis, Nicolaus de Senceyo presbyter Trecensis, P. de Summa Vera presbyter ejusdem, Thericus dictus li Moys Lingonensis, Aymo de Buris ejusdem, Johannes de Jamvilla Cathalanensis, Guillelmus Johannes et Guillelmus de Buris Lingonensis, P. de Villa Soterra Trecensis, Johannes de Villa Soterra Trecensis, Nicolaus de Monsaygo Lingonensis, Guido de Serra ejusdem Lingonensis, Johannes de Corbon ejusdem Lingonensis, Theobaldus de Relanpont ejusdem, Johannes de Ricenbort ejusdem, Stephanus de Volenis ejusdem, Evrardus de Domibus ejusdem, Humbertus de Canerpiis Cathalanensis, Henricus Lalaman Magontinensis, Stephanus de Relanpont Lingonensis, Johannes Lennaube Trecensis, Nicolaus Musardi ejusdem, Robertus de Montayo ejusdem, Durandus de Tuchat Cabilonensis, Oddo de Nons Lingonensis, P. de Cheri Noviomensis, Thomas de Cormelhis Lingonensis, Guillelmus de Maysse ejusdem, Johannes le Bretes ejusdem, Robertus de Biceyo ejusdem, Guillelmus Gireset Eduensis, Hugo Bossa ejusdem, Johannes de Corpenthe Eduensis, Bosso Coeta Lemovicensis, Guillelmus Brinaz Lemovicensis, P. de Vernegia Lemovicensis, Gumbertus de Porta Lemovicensis, Stephanus de Garda presbyter Claramontensis, P. de Brolio ejusdem, Guillelmus de Spinassa ejusdem, Guillelmus Rassi ejusdem, Robertus de Dormellis presbyter Senonensis, Robertus Sicci Rothomagensis, Johannes de Rusiaco Parisiensis, Robertus Flamengi Tornacensis, Thomas de Bragella presbyter Belvacensis, Thomas militis Ebroicensis, Parisius de Buris Lingonensis, Johannes de Sivri Senonensis, Bricius de Buris Lingonensis, Johannes de Barro Lingonensis, Jacobus de Sanceyo Trecensis, P. de Vereriis Trecensis, Deccanus de Chofilli Remensis, Gerardus Bosso Claramontensis, Andreas Jacobi Claramontensis, P. de Montinhiaco Claramontensis, Bertrandus Amblardi Claramontensis, Bonetus Ganhel Claramontensis, Durandus Ardenbandi Claramontensis, Johannes de Orco Claramontensis, Johannes de Rosseria Claramontensis, Stephanus la Rossalha Claramontensis, P. de Brecina Claramontensis, Ber. Charnerii Claramontensis, Johannes de Gentils Lemovicensis, Johannes de Bella Faga Lemovicensis, Lambertus Lafont Lemovicensis, Johannes de Malamort Lemovicensis, Oliverius de Manso Sereno Lemovicensis, Johannes Roberti presbyter Claramontensis, Robertus de Boliens Claramontensis, Hugo Sestan miles Claramontensis, Petrus de Doy Laudunensis, Clemens de sancto Hilario presbyter Lemovicensis, Guillelmus Bocon Claramontensis, Johannes Branlis Senonensis, Johannes Codolin Bituricensis, Guillelmus le Gat Aurelianensis, Oddo de Trefons Trecensis, Seguinus de Dyona Nivernensis, Hugo de Volenis Lingonensis, Michael Samee Solonge Bituricensis, Guillelmus Anglici Salabricensis, Ber. la Porta Lemovicensis, Johannes de Fontaneto Bituricensis, Guillelmus Calabrini Lemovicensis, Guaufredus Calabrini Lemovicensis, Helias de Cella Lemovicensis, Aymericus Lator Lemovicensis, Johannes Bocelli presbyter Parisiensis, Stephanus Therrici Ebroicensis, P. de Aniseyo Laudunensis, Johannes Monachi Constanciensis, Nicolaus Logans Constanciensis, Johannes Carnerii Sagiensis, Johannes de Moysimont Ambianensis, Guillelmus de Bassimont Rothomagensis, Radulphus de Conpendio Suessionensis, Johannes de Opellis Carnotensis, Johannes de Freanvilla Rothomagensis, P. de Conpendio Suessionensis, Johannes Buardi Cameracensis, Iterius de Lombiaco miles Lemovicensis, P. de Lugniaco Remensis, Helias Aymerici Lemovicensis, Guillelmus Vigerii Engolismensis, Helias de Chalistrat presbyter Lemovicensis, Guillelmus Barboti Pictavensis, Matheus de Alveto presbyter Cameracensis, Laurencius Baazin Pictavensis, Guillelmus Lanceloti Lemovicensis, Aymericus Broeti Engoslismensis, Stephanus de le Mont Lemovicensis, Guido de Garson Lemovicensis, Johannes Blison Bituricensis, Gatterus de Pincon Cameracensis, Ger. de la Torlandera Engoslismensis, Stephanus Quintini Pictavensis, Reginaldus de Bondiis Parisiensis, Johannes de Enonia Cameracensis, P. de Rocha Turonensis, et Thomas de Camino Rothomagensis diocesium.

Acta fuerunt hec predictis die et loco, presentibus me Floriamonte Dondedei, Bernardo Filholi, Guillelmo Radulphi, Bernardo Umbaldi, Nicolao Constanciensi, Hugone Nicolai, Johanne Loueti, et Johanne de Felinis notariis supradictis.

Post hec, die Martis sequenti, que fuit ultima dies mensis Marcii, fuerunt adducti ad presenciam dictorum dominorum commissariorum, in capella adherente dicte aule episcopali, supradictus frater Raymondus de Vassinhiaco miles Lemovicensis diocesis, in habitu seculari, non Templario, de quo dictum fuerat ex parte Templariorum et presente multitudine ipsorum, in presencia dictorum dominorum commissariorum, quod ipse frater Raymondus tenebatur in quadam fovea inhonesta per regales, et quod dictum ordinem defendere volebat, si adduceretur coram ipsis. Qui Raymondus, coram dictis dominis commissariis adductus et presens, dixit quod bene, et honeste et secundum voluntatem suam tenebatur, et providebatur eidem, et requisitus si volebat ordinem defendere supradictum, respondit quod non, adjiciens quod non dimisisset habitum ordinis, si voluisset eum defendere.

Item, frater Mathias de Stangno Turonensis diocesis. Qui respondit requisitus, se velle defendere ordinem memoratum. Requisitus ut exprimeret quidquid volebat dicere ad defensionem ordinis predicti, respondit hoc solum quod nunquam viderat in dicto ordine nisi bonum, et quod nichil aliud volebat nec sciebat dicere ad defensionem ordinis supradicti.

Item, in eodem loco fuit ordinatum per predictos dominos commissarios et preceptum michi Floriamonti Dondedei et aliis notariis hujus processus, quod personaliter accederemus ad loca in quibus detinebantur Templarii, qui die Sabati proximo preterita fuerant coram eisdem dominis commissariis in viridario supradicto, et ex parte ipsorum dominorum commissariorum signifficaremus eisdem quod parati erant recipere et audire procuratores, si quos constituerant, prout ad ipsos Templarios pertinere poterat ad defensionem ordinis Templi, et audire defensiones, si quas proponere volebant, secundum quod in dicta die Sabati fuerat oblatum eisdem Templariis. Fuit insuper ordinatum et preceptum per dictos dominos commissarios, quod si dicti Templarii, vel eorum aliqui, volebant aliquid dicere pro defensione dicti ordinis, quod illud scriberemus vel scribi per alios faceremus, et reportaremus ad dominos commissarios antedictos, ut super predictis deliberare possent. Ordinaverunt insuper iidem domini commissarii et preceperunt venerabili viro preposito Pictavensi, et Johanni de Jamvilla custodibus Templariorum predictis, quod, die crastina in mane, adducerent ad presenciam dictorum dominorum commissariorum in predicta capella supradictos fratres : P. de Bononia, qui dicebatur esse in Romana curia procurator predicti ordinis, Reginaldum de Pruino preceptorem Aurelianensem presbyteros, Guillelmum de Chambonnet, et Bertrandum de Sartiges milites, qui locuti fuerant in dicta die Sabati pro omnibus aliis Templariis memoratis, et aliquos alios de discretioribus et magis ydoneis singularum provinciarum dicti ordinis, usque ad numerum novem, vel decem aut duodecim inter omnes. Que predicti prepositus et Johannes dixerunt se impleturos.

Post que, eadem die ego Floriamons Dondedei, Bernardus Filioli, Bernardus Humbaldi, Johannes Loueti, et Johannes de Fellinis notarii hujus processus predicti, accessimus personaliter ad domum Guillelmi de la Huce, in vico de Marché Palu, ubi decem et octo de predictis fratribus tenebantur, videlicet fratres Guillelmus de Bleri, Johannes Coyfier, P. Tressie, Johannes Malon, P. Fouberti, Guaufridus de Malomonte, Symon Martineti, P. Maliani, Johannes Vissandi, Andreas Beri, Johannes de Castra, Raymondus de Barinis, Martinus Ponchardi, Raynaldus de Malesis, Gerardus de Chatalono, G. de sancto Leonardo, Petrus de Pedagio, et Guido de Toriacho.

Quibus exposuimus ordinacionem predictam dictorum dominorum commissariorum, et eos interrogavimus utrum deliberassent super hiis que die Sabati preterita eis dicta fuerant. Qui responderunt quod, dicta die Sabati preterita, fuit eis dictum, quod Johannes de Jamvilla ad singulas societates eorum adduceret fratres P. de Bononia, Reginaldum de Pruino presbyteros, Guillelmum de Chanbonnet militem, et quemdam alium fratrem militem aut servientem, ut plenius deliberarent inter se, quod factum non exstitit; propter quod deliberare non potuerunt, et, sicut dictum fuit dicta die Sabati, ipsi sunt sub obediencia et esse debent, quare sine capite plene deliberare et respondere non possunt.

Requisivimus eos, si qua alia volebant dicere, et dixerunt quod non ad presens, sed si dicti domini commissarii vellent in dicto negocio procedere, super articulis eis impositis et dicta die Sabati lectis, ipsi volebant et requirebant habere copiam eorumdem, ut possint plene super eis deliberare, prout juris esset, protestantes de aliis racionibus et defensionibus suis, loco et tempore proponendis.

Post hec, nos notarii predicti, et Hugo Nicolai, et Guillelmus Radulphi predicti accessimus apud Templum Parisiense, et adducti ibidem coram nobis Templarii ibidem detenti, videlicet fratres P. de Bononia presbyter, Humbertus de sancto Jocro miles, Robertus de Monboyn, P. de Latignaco sico presbyter, Thomas de Martingni presbyter, P. de Blays, P. de Sivref chevalier, Egidius de Chenru, Christianus de Bisi, Gualterus de Latigniaco sico, Johannes de Clipes, Gerardus de Somons, Johannes le Camber, Johannes de Lorscius, Radulphus de Balle. Yglisse, Guillelmus de Marennet, Marsiletus de Floer, Thomas Enval, Theobaldus de Plomion, Stephanus Pacon presbyter, Poncius de Buris, Johannes Genefle, Arbertus de Jemville, Guillelmus de Lafons, Ricardus Lecharem, Gossoynus de Bruges, Johannes de Orbis, Guido de Bolle Ville, Gerardus de Mongneville, Hugo de Chaminant, P. de Trelhet presbyter, Durandus de Vineis, P. de Cheru, P. de sancta Gressa, Matheus de Clissi, P. de Boncoli, Simon de Remis, Thomas des Cames, Johannes Braz de Fer presbyter, Egidius de Fontancort, Guillelmus de Vergnes, Johannes de Noviomis, Henricus de Pressigni, Radulphus de Ponte, Guillelmus de Brioys, Guillelmus Digi, Philippus de Villesubterre, Poncius de Bono Opere, Jacobus de Vergus, Aymo de Barbone, P. de Jans, Ponsardus de Gifli, Guillelmus Ardoini, Thomas Quintini, Stephanus de Pruino, Johannes de Furno, Gobertus de Malle, Chicardus Alberti, Arnulphus de Portel, P. de Castanhier, Johannes de Turno, Guido Bocelli, Johannes de Serencourt, Nicolaus de Serencourt, P. de Sacellis, P. le Picart, Johannes de Corville, Toumez de Legnoville, Johannes de Lavione, Johannes de Ponte Episcopi, R. de Treploy presbyter, Reginaldus de Larchent, Theobaldus de Basimonte, Radulphus de Senonis, et Nicolaus de Trecis, qui alias se ad defensionem ordinis obtulerant, et fuerunt, die Sabati preterita, coram dictis dominis commissariis in prato domini episcopi Parisiensis, et fuerunt per nos supradictos notarios interrogati utrum deliberassent super procuratoribus per eos constituendis et faciendis, secundum et prout dictum fuit eisdem, dicta die Sabati per dominos commissarios antedictos.

Qui responderunt, et nobis scribentibus, per hos [sic] fratris P. de Bononia predicti, dictaverunt seu dictari fecerunt infrascripta : Quod, quia caput habebant, hoc sine ipsius licencia facere non poterant nec debebant; dicentes quod procuratores ad hoc constituere non intendebant nec volebant, offerentes se paratos coram dictis dominis commissariis comparere et defendere dictum ordinem, prout fuerit racionis. Dixerunt preterea, et dicunt et asserunt ad defensionem ordinis supradicti, quod omnes articuli missi per dominum Papam sub bulla ipsius, eis lecti et expositi, scilicet inhonesti, turpissimi, et inracionabiles, et detestabiles, et orrendi, sunt mendaces, falsi, imo falsissimi, et iniqui, et per testes, seu sursurones et sugestores inimicos et falsos, fabricati, adinventi et de novo facti, et quod religio Templi munda et immaculata est, et fuit semper, ab omnibus illis articullis, viciis et peccatis predictis; et quicumque contrarium dixerunt vel dicunt, tamquam infideles et heretici locuntur, cupientes in fide Christi heresim et turpissimam zinzanniam seminare, et hec parati sunt corde, ore et opere, modis omnibus quibus melius fieri potest et debet, defendere et sustinere. Petunt tamen quod, ad hoc faciendum, habeant potestatem liberam personarum; item, quod personaliter possint esse in concilio generali, et qui non poterunt interesse, possint aliis fratribus euntibus ad concilium committere vices suas, quod quidem facient, dum se viderint in propria potestate et a carceribus totaliter liberatos. Item dicunt quod omnes fratres Templi, qui dixerunt ista mendacia esse vera, vel partem eorum, mentiti sunt et falsum dixerunt; tamen dicunt non esse imponendum, quia timore mortis ea dixerunt, nec debent prejudicare religioni vel eciam personis eorum, quia metu mortis et per gravissima tormenta que passi sunt hec dixisse noscuntur, et si qui ex eis non fuerunt positi in tormentis, tamen timoribus tormentorum exteriti, videntes alios sic torqueri, dixerunt voluntatem torquencium, quod eis imputari non debet, quia pena unius multorum est metus, et quia videbant quod alio modo transire non poterant penas vel timores mortis nisi opi[tu]lante mendacio; vel quidam forte corrupti fuerunt prece, precio, blandimentis, vel magnis promissionibus, vel minis.

Item, quod hec omnia sunt ita publica et notoria, quod nulla possunt tergiversacione celari, et supplicant pro Dei misericordia quod fiat eis justicia, qui tam longo tempore indebite et injuste fuerunt oppressi et sunt; et tamquam boni et fideles Christiani, ut dicebant, pecierunt eis ministrari ecclesiastica sacramenta. Et hec omnia supradicta fuerunt verba prolata ex ore predicti fratris P. de Bononia. Qui nichilominus dicens se esse procuratorem generalem dicti ordinis Templi eciam in curia Romana, in qua curia dicebat suum procuratorem existere, respondit quod suo et nomine procuratorio tocius ordinis supradicti et sibi adherencium in hac parte et adherere volencium nunc et in futurum, tamquam conjuncta personna et frater dicti ordinis, dictum ordinem volebat defendere prout melius poterit et debebit.

Post hec accessimus apud sanctum Martinum de Campis de Parisius, ubi tenebantur capti XIII fratres subscripti, videlicet fratres Raynaldus de Cuneriis miles, Egidius Botengni presbyter, Robertus le Cavalier presbyter, Robertus de Corenflos, Guillelmus de Platea, Henricus de Compendio, Johannes de Bolencuria, Philippus de Mini, Bertrandus de Somorens, Martinus de Marteles, P. le Gris, Johannes de sancto Justo et Michael Musti de Ambianis. Et requisiti, ut alii supra, per nos notarios, dixerunt quod procuratores ad hoc constituere nolebant nec intendebant, ita capti et incathenati, cum haberent caput sub cujus obediencia existebant, dicentes quod si essent cum eorum superioribus, cum eis deliberarent super istis, et quod quilibet eorum per se dictum ordinem tamquam bonum et sanctum defendere volebant, prout melius possent et deberent, et pecierunt eis ministrari ecclesiastica sacramenta, tamquam bonis et fidelibus Christianis quos se esse asserebant. Dixerunt insuper quod ipsi credebant Magistrum eorum majorem esse bonum, justum, probum, legalem, et mundum ab erroribus ipsi ordini impositis, et quod nunquam ipsi eis imposita, tamquam falsa et mendacia, fecerunt, nec eis usi fuerunt, et quod nunquam de dictis erroneis eis impositis loqui audiverunt ante capcionem eorum, dicentes quod sunt probi, legales, et justi, et immunes ab erroribus eis impositis.

Post hec, eadem die Martis accessimus ad domum quondam domini episcopi Ambianensis, juxta portam sancti Marcelli, ubi detinebantur capti XIV Templarii, de illis qui fuerant die Sabati proximo preterita in viridario domini episcopi Parisiensis, inter quos erat predictus frater Reginaldus de Pruino preceptor Aurelianensis, presbyter. Qui requisiti quod deliberaverant super procuratoribus constituendis per eos ad defensionem ordinis, responderunt quod frater Reginaldus pro se et pro aliis sibi adherentibus die crastina veniet coram dominis commissariis, et tunc respondebit coram eisdem ad defensionem ordinis pro se et aliis sibi adherentibus, prout sibi videbitur faciendum. Protestatur tamen idem frater Reginaldus de suis racionibus proponendis et dicendis coram eisdem dominis commissariis die crastina, et post cras, et alias, loco et tempore opportunis, pro se et ordine ac aliis sibi adherentibus in hac parte. Nomina vero dictorum fratrum qui in dicta domo erant sunt hec, videlicet fratres Reginaldus de Pruino, Jacobus de Rupella, Johannes Ducis, Gerardus Ducamur, Johannes de Mortuo Fonte, Robertus de Somoy, Matheus Daratz, Guillelmus Esparlart; Bernardus Coquardi, Radulphus de Grandi Vilarii, Symon le

Reppe, Gossoynus de Candano, et Johannes de Rociaco ac Petrus de Serre.

Item, eadem die Martis accessimus ad domum domini comitis Sabaudie, juxta predictam portam sancti Marcelli, ubi detinebantur quidam Templarii qui fuerant die Sabati predicta in dicto viridario domini episcopi Parisiensis, inter quos erat frater Raymondus Guillelmi de Bonca miles. Qui requisiti quod deliberaverant super procuratoribus constituendis per eos ad defensionem ordinis et aliis sibi in dicto viridario expositis, respondit idem frater Raymondus quod extunc non potuerunt deliberacionem aliquam habere super predictis, cum fuerint et steterint ab aliis Templariis qui volunt defendere ordinem separatim, adjiciens quod si ipsi cum aliis, presertim de lingua Occitana, congregarentur in eodem loco, deliberarent super predictis taliter, quod responderent plene, super hiis et aliis, dominis commissariis antedictis. Requirens insuper quod congregentur ipsi cum aliis, presertim cum illis de lingua Occitana.

Item, die predicta erant quidam alii Templarii detenti in domo comitis memorati, qui requisiti, ut suprascripti, dixerunt, ut supradicti Templarii proximo, et quod super predictis responderent ad plenum dictis dominis commissariis si congregentur cum aliis Templariis qui volunt defendere ordinem, hoc cum instancia requirentes. Nomina vero dictorum fratrum qui in dicta domo erant, sunt hec : Constancius curatus de Colaours, Addam le Marechal, Michael de sancto Mamilio, Girardus de Genef, Reginardus de Fontanes, Johannes la Forest, et dictus Raymondus Guillelmi de Benel miles, Adhemarus de Peresio miles, Bernardus de Gallo, Bernardus de Revello, Guillelmus Radulphi, Guillelmus de Sarthago miles, Johannes de Valle Gellossa presbyter, Raymondus de Clans presbyter, Raymondus Guillelmi de Salis, P. de Maiaco, P. Pages et Hugo de Sessa.

Item, eadem die Martis accessimus ad domum domini episcopi Belvacensis, quod [sic] est inter sanctam Genevefam et fratres Predicatores, ubi detinebantur XXI Templarii ex illis qui fuerant in dicto viridario, dicta die Sabati, videlicet fratres Guido du Menil preceptor de Somus, Dionisius de Savere presbyter, Oddo de Grenulhii, Guillelmus de Benay presbyter, Stephanus Nicon de Duestreville, Symon la Font, Robertus de Sanceyo, Stephanus Vuoquier, P. Gresilh, Guillelmus de Stampis, Johannes du Meynil, Arnulphus deu Pergoche, Radulphus Dungalet, Guaufredus Baniliam, P. de Belvas, Matheus de Chueffodeville de Cormalhes, Gunardus Boyleve, P. de Chenay, Arnulphus Domput et Guillelmus de Guilheval. Qui requisiti ut suprascripti, responderunt quod nolunt constituere procuratores ad defensionem ordinis, sed quod quilibet per se vult defendere ordinem supradictum, prout sibi videbitur expedire. Acta fuerunt hec dictis die et locis, presentibus me Floriamonte Dondedei et aliis notariis suprascriptis, hoc salvo quod dicti Guillelmus et Hugo non interfuerunt hiis que facta fuerunt in dicta domo de Losa.

Post hec, die Mercurii sequenti, que fuit prima dies mensis Aprilis, ante Primam, accessimus ad abbaciam sancte Genevefe Parisiensis, ubi detinebantur xx Templarii ex illis qui dicta die Sabati fuerant in dicto viridario, videlicet fratres Iterius de Loburhac miles, P. de Lugni, Helias de Calhistrac presbyter, Matheus de Alneto presbyter, Helias Aymerici, Guillelmus Vigerii, Aymericus Boeti, Guillelmus Lanzalot, Guido de Corso, Guillelmus Barloti, Reginaldus de Bondis, Galterus de Picon, Johannes de Annonia, P. de la Rocha, Stephanus Quintini, Gerardus de la Terlandera, Stephanus de Ellemosina, Laurencius Bofin et Stephanus de Bissi, qui se obtulerant ad defensionem ordinis. Qui interrogati, ut alii supra, responderunt quod non deliberaverant adhuc super procuratoribus constituendis, pro eo quod prepositus Pictavensis et Johannes de Jamvilla non venerunt ad eos cum quibusdam fratribus dicti ordinis, qui debebant ire per singulas cameras, ad deliberacionem super premissis habendam. Tamen supradicti viginti Templarii dixerunt, quod ipsi faciebant et constituebant procuratores suos fratres Guaufredum de Gonavilla Pictavensem, et Guillelmum de Chambonnet de Blandesio milites, preceptores, ac fratres Guillelmum de Bleri de Chantallone, et Petrum Maliani de Bruxeria Raspit preceptores, et fratrem Heliam Aymerici Lemovicensis diocesis, ac fratrem P. de Longni preceptorem d'Auceni, ad defendendum ordinem, et ad proponendum et dicendum coram dominis commissariis raciones et defensiones bonas et legitimas ad defensionem ordinis supradicti, et ad alia facienda que circa hec fuerint opportuna, et que veri et legitimi procuratores facere possunt et debent, et ad habendum et petendum consilium, ratum et gratum habentes, etc. promittentes judicatum solvi. Qui fratres statim ibidem omnia supradicta revocaverunt, excepto quod petebant predictos sex fratres constitui procuratores ad petendum consilium et deliberandum cum aliis fratribus.

Post hec autem dicti viginti Templarii dixerunt quod articuli qui fuerunt lecti dicta die Sabati in presencia eorum, sunt falsi et contra fidem, et non continent veritatem in quantum contra fidem catholicam sunt et contra ordinem supradictum, protestantes de contrariis articulis dandis et probandis, et nichilominus frater Helias Aymerici, pro se et sociis suis et aliis fratribus sibi adherentibus ad defensionem ordinis antedicti, tradidit nobis quamdam cedulam pargameni cujus tenor talis est:

Sancti Spiritus adsit nobis gracia. Maria, stella maris, perducat nos ad portum salutis. Amen. Domine Jesu, Christe sancte, Pater eterne, Deus omnipotens, sapiens, creator, largitor, amministrator benignus et carissimus amator, pius et humilis redemptor, clemens, misericors salvator, sanctissime Domine Deus, te deprecor humiliter et exoro, ut illumines me, liberes et conserves, et omnes fratres Templi, et populum tuum Christianum turbatum quem adhuc est et erit. Provide nos, Domine, in quibus sunt et de quibus veniunt omnes virtutes et bona gracie Sancti Spiritus et dona, ut habeamus noticiam veritatis et justicie, debilitatas et miseras carnes nostras cognoscamus, ut veram humilitatem accipiemus; deficientem mundum et ejus inquinamenta, delectaciones vanas, superbiam et omnia mala contempnemus, et ad celestem superna cogitemus, operasque faciemus, ut vota nostra et mandata tua in humilitate teneamus. Et, sanctissime Domine Jesu Christe, per tuam sanctam virtutem nobis concessam gracia tua mediante, diabolum rugientem et omnes inimicos nostros et insidia et operas eorum evitare possimus, quos in ligno sancte crucis in tua humilitate et paciencia vincis et tua sancta misericordia nos redemisti, redemptor et defensor noster, conserva nos, ut per tuam sanctam crucem et per signum ejusdem omnes inimicos et eorum insidia contristare possimus, et sancte ecclesie tue provide, et illumines prelatos, doctores et rectores populumque tuum Christianum, ut dicant et faciant tuum sanctum servicium et voluntatem, mundo corde, humiliter et devote, pura devocione attendente, populum docentem et per bona exempla illuminare, ut in humilitate operas humilitas et exempla tua et apostolorum sanctorum et ellectorum tuorum faciemus, et cogitemus de quo et qui sumus et qui erimus, quod faciemus et quod facere debemus ut vitam posideamus per quem ad gaudia paradisi mittamur; et illi qui non sunt regenerati ex aqua et spiritu sancto, si placet, illuminas et convertas, ut ad tuam sanctam legem valeant pervenire, et sacramenta sancte ecclesie accipere, fidem sanctam tuamque tenere, et populum tuum Christianum dones voluntatem et potestatem terram sanctam in qua natus humiliter fuistis, et tua sancta misericordia nos redemistis, tua miraculla et exempla fecistis, et docuistis, quem promisistis amicis tuis, provide nos ut ipsam et fideles gracia tua mediante liberare valeamus, et ipsam possideamus, et tuum sanctum servicium et tuam voluntatem et opera faciamus, et, misericordissime Domine, tua religio (Christi adhuc voca Templum) que per generale concilio in honore beate gloriosse virginis Marie matris tue fuit facta et fundata per beatum Bernardum sanctum confessorem tuum, qui pro dicto negocio et officio per sanctam ecclesiam Romanam fuit ellectus, qui dicta religio cum alios probos viros doctavit et deputavit, et cum consilio beate gloriosse virginis Marie in honorem ejusdem, que est capta et detenta per regem Francorum minus justa causa, ad requisicionem beate gloriosse Virginis matris tue et societate celeste, cum fratres et bona liberes et conserves, tu qui es veritas, Domine, et scis nos esse innocentes, facias liberari, ut vota nostra et mandata tua in humilitate teneamus, et tuum sanctum servicium et voluntatem tuam faciemus. Verbas iniquas non veras contra nos oppositas per graves oppressiones et malas tribulaciones (miserere deprecaciones) quas passi fuimus, et pro pavore condempnacio corporis, et omnia ex parte domini Pape nobis dicta, esse incarcerati perpetualiter pro debilitate carnis ulterius pati non possimus mendaces dictas de ore cum magno dolore contra consciencias non obstante, et provide nos, Domine, et omnem populum tuum Christianum et docuisse voluntatem tuam facere, et Philippum regem nostrum, nepotem beati Ludovici, sanctum confessorem tuum, cui dedis pro sua bona vita et merita in regno suo tempore pacem et sui vitam consimilem consequantur, et omnes reges, principes, barones, milites, dones; et omnes qui sunt statuti pro facere et servare justiciam, prout tu vis et precepis, ipsam appendant, faciant, paciant et conservent et inter eos et in omni populo Christiano pacem et claritatem, et predictam terram sanctam cum nobis acquirere, et tuum sanctum servicium et operas tuas sanctas facere, et omnes parentes, et benefactores, et predecessores, et fratres nostros vivos ac defunctos vitam et requiem sempiternam. Qui vivis et regnas Deus per omnia secula seculorum. Amen.

Non sum dignus requirere, sed misericordiam et humanitas tua, et beata gloriosa mater. tua, avocata nostra, et societate celeste pro nobis requirant et impetrent. Amen. Paratus in omnibus obedire, nec fui in contrarium sensum. Sancta Maria, mater Dei, piissima, gloriossa, sancta Dei genitrix, preciosa virgo semper, Maria, errancium salus, in te sperancium consolatrix, desolatrix, defensatrix peccatorum virtutis restaurancium, consule, defende nos et religionem tuam, per quem dilectum sanctum confessorem tuum beatum Bernardum fuit facta, et cum alios probos viros de mandato sancte ecclesie Romane deputata, et declinata et in honore tua ; sanctissima, gloriossa fuit fundata. Te humiliter exoramus, ut nobiscum religio et bona tua impetres liberacionem, cum intercessione angelorum, archangelorum, prophetarum, evangelistarum, apostolorum, martirum, confessorum, virginum (mendaces appositas, prout tu scis, dictas non obstante), et adversarios nostros in veritate et caritate convertantur, ut vota nostra et mandata Domini nostri Jesu Christi filii tui teneamus, qui est defensor, et creator et redemptor carissimus, et misericors salvator noster, qui vivit et regnat Deus per omnia secula seculorum. Amen.

Oremus. Omnipotens sempiterne Deus, qui beatum Lodovicum, dilectum Francorum regem, sanctum confessorem tuum, graciam et virtutem dedis, humilitatem, caritatem et justiciam accipiendi, ad requestam beate gloriosse virginis Marie matris tue, quem multum diligebat, et operas caritatem faciebat, et ejus amorem tempore suo dedis in regno pacem, da nobis, Domine, ejus intercessione pacem et deliberacionem, cum religio nostra qui facta et fundata fuit in honore beate gloriosse virginis Marie matris tue, ejus intercessio liberes et conserves in veritate (mendaces dictas de ore per graves oppressiones, prout tu scis, non obstante), ut in terra sancta ubi nos tua sancta misericordia et pietate redemisti, vota nostra et mandata tua in humilitate teneamus, et tuum sanctum servicium et voluntatem faciemus, et nostrum regem Francie et sui vitam consimilem consequantur, ut ad gaudia paradisi pervenire valeamus. Qui vivis et regnas Deus per omnia.

Omnipotens sempiterne Deus, qui beatum Johannem evangelistam et apostolum tuum multum diligis, qui super pectus tuum in cena recubuit, et cui secreta celi revelavis et demonstravis, et stante in ligno sancte crucis pro redempcione nostra sanctissima mater tua virgo, et virginem commendabis, in cujus honore gloriosse fuit facta et fundata religio pro tua sancta misericordia, liberes et conserves, prout tu scis nos esse innocentes a criminibus contra nos oppositis, ut vota nostra et mandata tua in humilitate et caritate teneamus, vitam et operas possideamus, per quem ad gaudia paradisi perducamur per Christum Dominum nostrum. Amen.

Omnipotens sempiterne Deus, qui beatum Georgium, justum militem et sanctum martirem tuum, illuminasti, et docuisti (et sibi dedis virtutem et graciam) passuros martires et passiones placere, quem de morte suscitasti, in quem habemus magnam fiduciam, ejus amore et beate gloriosse virginis Marie, sanctissime matris tue, in cujus honore fuit facta et fundata religio nostra, nos et dictam religionem liberes et conserves, ut vota nostra et mandata tua in humilitate teneamus, et vitam possideamus, per quem ad gaudia paradisi pervenire valeamus, qui vivis et regnas Deus per omnia secula seculorum. Amen.

Protestatus tamen fuit idem frater Helias de falsis Latinitatibus que erant in dicta cedula, rogans nos notarios ut ea corrigeremus.

Frater autem Matheus de Stangno, qui non est de numero dictorum viginti fratrum, nec dicta die Sabati fuerat in viridario supradicto, dixit in presencia nostra quod ipse relinquebat Magistro ordinis predicti defensionem ejusdem, licet dixisset coram dominis commissariis se velle defendere ordinem supradictum.

Item, eadem die Mercurii, in dicta domo sancte Genevefe, fuerunt interrogati per nos, sicut alii supra, septem fratres milites dicti ordinis, videlicet fratres Guillelmus de Chambonnet, Bertrandus de Bord, Bertrandus de Sartiges, Oddinus de Vendach, P. de la Colonge, Galterus de Maci, et Aymericus de Copihac, qui in eadem domo, in alia tamen camera, tenebantur, qui responderunt quod non deliberaverunt adhuc super procuratoribus constituendis, pro eo quod prepositus Pictavensis et Johannes de Jamvilla, prout conditum fuerat, ut dicebant (quod tamen conditum dicti domini commissarii dicebant se non fecisse), non venerant ad eos cum quibusdam fratribus dicti ordinis, qui debebant ire per singulas cameras ad deliberacionem super premissis habendam, dicentes quod procuratores non possunt constituere seu alia ordinare sine licencia Magistri majoris ordinis predicti, cui debent obedienciam, et idem Magister eamdem eorum conventui, observare.

Post hec, eadem die Mercurii accessimus ad domum prioris de Cornay, ubi capti tenebantur xxi Templarii, videlicet fratres Guillelmus et Guaufredus Calabrin, Helias de Cella, P. de Doy, Johannes Roberti, Johannes Codelin, Guillelmus le Chat, Michael de sancta Seloiguch, Guillelmus Bancon, Oliverius de Manso sereno, Johannes de Branles, Seguin de Dicime, Robertus de Bures, Hugo de Vollenis, Guillelmus Anglici, Clemens de sancto Hilario, Bernardus la Porte, Johannes de Fontaneto, Aymericus Lator, Hugo Suosoys miles, et Oddo de Pruyno. Quos interrogavimus, ut alios Templarios supradictos. Qui respondentes dixerunt quod caput et superiorem habebant, scilicet magnum Magistrum ordinis eorumdem, sub cujus obediencia erant et esse debebant. Ideo non intendebant nec volebant ad dictam defensionem aliquos constituere procuratores sine dicti Magistri et aliorum dicti ordinis superiorum licencia et assensu; et protestati fuerunt quod et si magnus Magister predictus eundem ordinem nollet deffendere, quod ipsi nichilominus parati sunt dictum ordinem defendere in propriis personis eorumdem, in quantum poterunt et debebunt, dicentes et asserentes ea de quibus mencio habebatur superius, videlicet de preposito Pictavensi et Johanne de Jemvilla, quod ad ipsos, ut dicebant, venisse debuerant cum quibusdam fratribus dicti ordinis ad deliberandum super premissis.

Item, eadem die accessimus ad domum Serene in vico Cithare Parisiensis, ubi erant detenti xii Templarii, videlicet fratres Johannes de Chisiaco presbiter, Robertus de Pontissera, Jacobus de Villaribus, Reginaldus de Plesiacho, Stephanus de Bellevant, Baldoynus de Gisiacho, Guillelmus Scoraha, Guillelmus de Romangna, Raymondus Bernardi, Bertrandus Gast, Guillelmus de Cardeyaco et Guillelmus Arberti. Qui interrogati, ut alii supra, responderunt quod ipsi habent caput et majorem, videlicet Magistrum majorem, et absque ipsius licencia et auctoritate non possunt facere nec ordinare procuratores; dixerunt tamen quod si Magister predictus non defenderet seu nollet defendere ordinem supradictum, ipsi et eorum quilibet per se defendet et sustinebit, prout fuerit racionis, ordinem antedictum. Dicentes eciam quod si essent in aliquo loco cum dicto Magistro et aliis majoribus dicti ordinis congregati, deliberarent super istis et aliis taliter, quod possent plenius respondere.

Post hec, eadem die Mercurii revenimus ad dictam capellam adherentem aule episcopali predicte, ubi convenerunt omnes domini commissarii supradicti. Quibus nos notarii prefati in scriptis reportavimus responsiones quas iidem fratres fecerant nobis notariis antedictis, et ibidem fuerunt adducti ad eorum presenciam predictus frater Matheus de Clichiaco, qui dixit quod volebat dictum ordinem defendere pro posse suo, ac predicti fratres Reynaldus de Pruino et P. de Bononia presbyteri, Guillelmus de Chambonnet, et Bertrandus de Sartigiis milites, et frater Robertus Vigerii. Quos dicti domini commissarii requisiverunt, si volebant aliquid dicere vel proponere ad defensionem dicti ordinis coram eis, et si fecerant vel facere aut constituere intendebant aliquos procuratores ad predictam defensionem. Ad que dictus frater Reginaldus de Pruino pro se et aliis ibidem asistentibus, ac quibuscumque sibi adherentibus et adherere volentibus, quamdam cedulam tradidit et legit ibidem; cujusquidem cedule tenor sequitur in hec verba :

In presencia vestra, reverendi patres et domini mei, ego frater Reginaldus de Pruino Aurelianensis preceptor, nomine meo et michi adherencium, protestor de ordine nostro defendendo, et de racionibus et excepcionibus juris et facti proponendis loco et tempore competentibus, et omnia faciendi que juris et facti erunt facienda ad defensionem predictam.

Item, protestor quod si aliqua dixero que litis contestacionem sapiant, quod mihi non prejudicet nec aliis michi adherentibus, quia intencionis mee non est litem contestari, sine consilio et spoliatus.

Item, protestor quod non est intencionis mee aliqua dicere vel proponere contra sanctissimum patrem, sacrosancte Romane ecclesie summum Pontificem, nec contra sedem apostolicam, nec contra personam excellentissimi principis Regis Francorum nec ejus filios. Unde, reverendi patres et domini, quantum ad constituendos procuratores, vobis respondeo quod nos habemus superiorem et conventum qui non sunt hic presentes nec major pars ipsius conventus, sine quorum consensu non possumus facere vel ordinare procuratores predictos. Quare paternitati vestre supplicor, nomine quo supra, quatenus predictus Magister noster, Francie, Aquitanie, Cipri, Normanie preceptores, et omnes alii fratres quotquot sunt in custodia gentis Regis, ponantur in manu ecclesie penitus ita quod gentes Regis nec ejus ministri aliquatenus de ipsorum custodia se intromittant, quia scimus predictos fratres non audere consentire defensioni ordinis propter eorum metum et seduccionem et falsas promissiones, quia quamdiu durabit causa durabit et confessio falsa, et cesante causa, adherebunt michi et defensioni predicte, et hos fratres moneatis [?] eos ut intersint mecum vel prebeant consensum de procuratoribus faciendis, et si noluerint consentire, petto assensum eorum superioris in eorum defectum et negligenciam.

Item, peto ut assignetur michi et michi adherentibus de bonis ordinis tantum quod possimus solvere salaria procuratorum et advocatorum, et nobis facere expensas necessarias in persecucione negocii.

Item, peto securitatem procuratorum et advocatorum, et mei et michi adherencium.

Item, quod omnes fratres qui relicto habitu ordinis cotidie conversantur inhoneste, ponantur in manu ecclesie et in custodia secura, donec cognitum sit utrum falsum vel bonum perhibuerint testimonium, quia scio eos et quosdam alios prece vel precio fore corruptos.

Item, peto quod inquiratur ab illis qui fuerunt in ultima voluntate fratrum nostrorum in persecucione ista decedencium, et maxime a sacerdotibus qui eorum confessionem audiverunt, si in confessione contra ordinem vel pro ordine decesserunt.

Item, dico, reverendi patres, quod non potestis procedere contra ordinem de jure, nisi tribus viis, aut altera eorumdem, videlicet via accusacionis, denunciacionis, seu officio judicis; unde peto quod si via accusacionis vultis procedere, quod appareat accusator, et se obliget ad penam talionis, et caveat de lite prosequenda, et restituendis expensis, si injuste, etc.

Item, dico quod si via denunciacionis intenditis procedere, quod non est audiendus denunciator, quia ante denunciacionem debuit nos fraterna correpcione monere, quod non fecit.

Item, dico quod si officio procedere intenditis, reservo michi et michi adherentibus raciones et defensiones proponendas ordinato processu, non astringens in aliquo super hiis que michi et ordini sunt concessa.

Item, fuit ibidem quedam alia cedula eisdem dominis commissariis exhibita et tradita, que eisdem missa fuisse dicebatur per fratres predictos qui capti detinebantur apud sanctum Martinum de Campis, cujus cedule tenor sequitur in hec verba :

« Vechi les nons de freres deu Temple qui sunt à sacte Martin de Chans, en la garde Guillaume de Latengni. C'est à savoir, frere Tenant de Cuneres chevalier, mesier Guillaume de Rontengni prestre, mesier Robert le Camber prestre, mesier Robert de Gorenflore, Phelippe de Mauri, frere Guillialme de la Plache, frere Henrici de Gompingne, frere Johan de Rolencort le Gris, frere Johen de saint Just, frere Michel Monset d'Amiens. Li quili ont respondu à clers qui nous furent envoié da pars nous segnors les prelas, que il ne feront procuraur fors que chuscuns pour li en se personne, et aconfortant nos requestes et nos defenses, que li dit clerec ont vers en, nos requerens à avoir le consel de messire Renaut de Pruins, de messire Piere de Bonogna prestres, de frere Guilleme Chambonnet chavalier, et de plusaire autres, si comme il fu acorté de nos segnurs les prelas à veiir pars les prissons (quar nous sommes gens laie). Si vos prions pour Dieu, que se il i a temps, on porveu que il ne nous puie torner en nul prejudice, et por Deu que nous aiens l'eglise, comme bonne gent, et pour Dieu, que nos gages nos soient creu, quar il sont trop petit. »

Post que iidem domini commissarii dixerunt et concordaverunt inter [se], quod convenirent die Veneris proxima sequenti, in eadem capella, ad procedendum in negocio supradicto, et quod interim nos notarii antedicti iremus per Parisius ad loca in quibus alii fratres, qui fuerunt dicta die Sabati in dicto viridario, capti tenebantur, ad que loca nondum iveramus, ad audiendum si aliquos procuratores constituerant seu constituere volebant ad defensionem predictam, et scriberemus vel scribi faceremus ea que dicere et proponere in scriptis vel aliter vellent ad defensionem ordinis supradicti, et quod eorum responsiones reportaremus eisdem ad capellam predictam, die Veneris supradicta.

Post que nos notarii memorati, eadem die Mercurii post prandium, accessimus ad domum abbatis Latigniaci prope portam Templi Parisius, ubi erant detenti xi Templarii, videlicet fratres Loychon, Johannes de Maynilio, Petrus de Maubresi, Bernardus de sancto Paulo, P. Landres, Johannes Poytavin presbyter, Bernardus de Bichi, Johannes de Bonancuria, Hugo de Villaribus, Laurencius de Pruino, et Jacobus de Sanceyo. Et fuerunt interrogati per nos, ut alii supra. Qui responderunt quod non possunt, nec debent, nec volunt constituere aliquos procuratores, quia caput et superiores habent, sub quorum obediencia esse volunt et debent in bonum. Tamen si haberent consilium et colloquium cum eis, deliberarent plenius super istis. Nichilominus tamen parati sunt et volunt ex se ipsis aliquos constituere procuratores qui pro eis loquantur, vel quilibet per se paratus est et vult ordinem defendere supradictum, prout poterit et ei videbitur expedire, petentes se admitti quilibet per se, nisi illi quos ipsi constituerent admittantur ad defensionem ordinis supradicti, et pecierunt omnes ecclesiastica sacramenta; dicentes quod aliquis ipsorum non fuit propter tormenta nec propter promissiones aliquas vel diversitates confessus aliquid de erroribus impositis ordini supradicto.

Post hec autem dicti xi Templarii dixerunt quod faciebant procuratores fratres Johannem Lozon, Petrum de Landres et Laurencium de Pruino ac Bernardum de sancto Paulo dicti ordinis Templi, ad loquendum et respondendum pro defensione dicti ordinis coram dominis commissariis supradictis, et ad petendum consilium super premissis. Et pecierunt incaustrum et pergamenum, ad scribendum, et defensiones suas, quas facient, proponi et tradi per dictos procuratores coram dominis commissariis antedictis, et protestati fuerunt quod nolunt predictos constituere procuratores suos, ut premittitur, nisi alii fratres dicti ordinis qui se ad defensionem ejusdem ordinis obtulerant, constituerent expresse.

Post hec, eadem die Mercurii accessimus ad domum de Leuragie in vico de Calino Parisius, ubi erant xi Templarii, videlicet fratres Johannes Penet presbyter, Matheus de Gresson Eussart, Andreas le Mortoer, P. de sancto Justo, Clemens de Grand Vilar, Egidius de Louvencurt, P. le Gri, Robertus de Rabanval, Arnulphus de Sanceyo, Guillelmus de Belvaco, et Johannes le Banchier de Grandi Villarii. Qui fuerunt interrogati per nos, ut alii supra. Qui responderunt quod non fecerant procuratores, nec facere volunt sine consilio aliorum fratrum, dicentes ad defensionem ordinis quod non viderunt in ordine nisi bonum, et in eodem ordine volunt vivere et mori, cum eum bonum et sanctum reputent et legalem, et pro tali fuit eis traditus, et eum talem quamdiu fuerunt in ordine servaverunt et servare intendunt, quamdiu fuerint in eodem; petentes tamquam boni et fideles Christiani, ut dicebant, ecclesiastica sacramenta, et petunt habere consilium aliorum fratrum et majorum suorum ordinis supradicti.

Item, eadem die Mercurii accessimus ad domum Richardi de Spoliis, in vico Templi Parisius, ubi erant detenti xlvii Templarii, videlicet fratres Johannes de Monte regali, Martinus Rebol, Poncius Espes, Stephanus Saurini, P. de Mons, Johannes Olibe, Raymondus de Ronge, Anricus Daspel, Johannes Mour, Guillelmus de Castro novo, Guillelmus de Fugo miles, Bernardus Ajudadeo presbyter, de Carchassona, Poncius Tortassa, Deodatus Jaffet, Gerardus de Podio Fort Agulha, Raymondus de Fuel, Raymundus de Prinhans, Bertrandus de la Moneta, Bartholomœus Andree, Raymondus de Corbon, Johannes Costa, P. Stephani, Guillelmus de Nubia, Johannes Aymelii, Stephanus Trobati, Cacerandus de Monte Pessato, Bernardus Cascaveli, G. Basson, Andreas Jacob, P. de Breone, P. Chavaliel, Bertrandus Amblardi, Bernart Gaanhe, P. de Monturhac, Johannes Lemozin, Johannes de Orto, Durandus Audebort, Stephanus la Rossilha, Johannes de Mala Morte, Johannes de Bella Faya, Johannes Gentils et Ambertus la Font. Qui fuerunt interrogati per nos, ut alii supra, qui responderunt per hos [sic] fratris Johannis de Monte regali, dictantis ea que sequuntur : Quod nundum aliquos procuratores constituerant, nec constituere possunt nec volunt, sine licencia superioris sui; petunt tamen consilium alicujus periti et prudentis viri cum quo possint dictare et ordinare ea que ad defensionem sui ordinis eis necessaria videbuntur, que unus vel duo ex ipsis portabunt dominis comissariis supradictis, et petunt ecclesiastica sacramenta. Ita quod si contingeret ipsos vel aliquem ipsorum decedere, quod poneretur in terra sancta, sicut fidelis Christianus.

Acta fuerunt hec, predictis die et locis, presentibus me Floriamonte Dondedei et aliis notariis supra ultimo nominatis.

Post hec, die Jovis sequenti post octabas Annunciacionis Dominice, que fuit secunda dies Aprilis, accessimus ad abbaciam sancti Magrorii Parisius, ubi tenebantur XII Templarii, videlicet fratres Egidius de Perbone, Philippus de Douay, Helinus de Templamarz, Nicolaus de Versequin, P. Capon, Johannes de Versenacho, Jacobus Catibof, Enricus Endeburt, Bernardus de Castre, Giricus de Platea de Trecis, et Arnulphus Lambre. Qui fuerunt interrogati per nos, ut alii supra, et responderunt quod nolunt procuratores constituere ad defensionem ordinis supradicti, sed quilibet per se in propria persona vult corpore et anima ordinem defendere antedictum, prout traditus fuit eis et per sedem apostolicam confirmatus.

Item, eadem die Jovis accessimus ad domum Nicolai Hondree in vico Predicatorum Parisius, ubi detinebantur x Templarii, videlicet fratres Johannes de Nans in Valle presbyter, Guillelmus de Maynillio Albrici presbyter, Robertus le Brioys, Adam de Inferno, Philippus de la Vercines, Johannes de Diuncuria, Dominicus de Divone, Johannes Fort de Vin, Henricus de Favarolis et Bartholomeus de Volenis. Qui interrogati per nos, ut alii supra, responderunt quod nolunt, nec debent, nec possunt facere seu constituere procuratores absque licencia superioris sui, videlicet Magistri majoris Templariorum, sub cujus obediencia sunt, sed si cum ipso loquerentur, deliberarent super procuratoribus faciendis, adjicientes quod ista clausula est criminalis in qua quilibet debet se per se ipsum defendere, cum ipsi fratres faciant religionem, dixeruntque quod eorum religio fuit per sedem apostolicam approbata et confirmata tamquam bona et justa, et prout approbata et confirmata per eandem sedem extitit, eam tenuerunt, et tenent, et tenere volunt usque ad mortem; et si aliquis appareat qui vellit dicere vel proponere quod ipsi usi fuerunt criminibus dicto ordinis impositis, quod parati sunt se et ordinem predictum purgare super hoc prout jus et racio suadebunt, dicentes eciam quod non est verus Templarius qui dicit ordinem pravum, et pecierunt ecclesiastica sacramenta, tamquam boni Christiani.

Post hec, eadem die Jovis accessimus ad domum Johannis le Grant, sitam Parisius prope ponctam sancti Heustachii, ubi detinebantur xxx Templarii, ex hiis qui fuerant in dicto viridario domini episcopi Parisiensis, ut supradictum est, videlicet fratres P. Bons, Ansellus de la Rochiera, Evrardus de Valdencia, P. de Dampno Martino, Thomas de Trecis, Lambertus de Gorzol, G. de Conde, Raynaldus de Landovilla, Robertus de Morestoirol, Droco de Charut, Lambertus Daverons, Robertus de Cornayo, P. de Cables, Johannes Pillon, P. de Herblay, Robertus de Sornay, Guillelmus de Brimez, Guillelmus Arnaldi, Johannes de Amblevilla, Michael de Flex, Gaufredus de la Ferer, Stephanus de la Romagna, Orricus

Zapellans, Stephanus de Domont, Robertus de Zarmes, Guillelmus de Roy, Johannes de la Voya, P. le Roy, Johannes de la Mazon Dei, Aymonus et Robertus de Hermenovilla. Qui interrogati, ut alii supra, responderunt quod habent superiorem suum, videlicet Magistrum Templi majorem, sibi propinquum, ut credunt, et alios majores capitaneos ejusdem ordinis in spiritualibus et temporalibus, cum quibus si loquerentur, deliberarent super procuratoribus constituendis ad defensionem sui ordinis prelibati, sed sine ipsis, et quia sunt capti et incathenati et bonis Templi spoliati, non debent, nec possunt, nec volunt procuratores constituere ad predicta, sed quilibet per se in propria persona vult defendere suum ordinem memoratum. Interrogati si volunt aliquid dicere ad dicti ordinis sui defensionem, quia parati sumus scribere et dominis nostris commissariis reportare, dixerunt quod ordo eorum est bonus, justus et mundus a criminibus et viciis ipsi impositis, et offerunt se paratos ipsum defendere, ut premittitur, tanquam bonum, justum et mundum, prout justicia suadebit, et pecierunt cum instancia ecclesiastica sacramenta.

Item, erant in dicta domo fratres Guaufredus de Cernayo miles, Nicolaus de Langi Villa, Hernulphus de Fontanis, Johannes de Cormelliis, Odo de Colon, Johannes de Verges, et Robertus de Bergundiis. Qui, ut dixerunt, non interfuerant die Sabati preterita in dicto viridario episcopali, et dixerunt coram nobis quod ipsi volebant dictum ordinem defendere, et pecierunt ecclesiastica sacramenta, secundum quod boni Christiani, quod se esse dicebant.

Item, eadem die Jovis accessimus ad domum de Ocrea versus crucem du Tirol Parisius, ubi detinebantur XIII Templarii ex predictis qui fuerunt in predicto viridario domini episcopi Parisiensis, videlicet fratres Johannes Bocelli presbyter, Johannes de Freanville, Radulphus et P. de Conpendio, Johannes Monachi, Stephanus Therici, Johannes Ausapie, Johannes Briardi de Enonia, P. de Niseyo, Johannes de Apellis, Johannes de Oisimonte, Nicolaus Sancti et Guillelmus de Buosemont. Qui interrogati, ut alii supra, responderunt quod quia colloquium non habuerant cum majoribus dicti ordinis super procuratoribus constituendis, nolebant nec poterant procuratores constituere, sed parati erant et volunt defendere dictum ordinem quilibet per se in propria persona, et pecierunt ad hoc faciendum consilium peritorum, dicentes quod non petebatur ab eis quando ponebantur in jainis si procuratores constituere volebant.

Item, eadem die Jovis accessimus ad domum Roberti Anudei in vico Platee porcorum Parisius, ubi detinebantur VII fratres Templarii, ex illis qui fuerant in dicto viridario domini episcopi Parisiensis, videlicet fratres Radulphus de Taverniaco, Reginaldus de Parisiis presbyter, P. de sancto Lupo, Helias de Jocro, Nicolaus de Conpendio, Matheus de Tabulla et Bono de Volenis. Qui interrogati, ut alii supra, responderunt quod non fecerant procuratores predictos nec facere intendebant sine aliis fratribus ordinis predicti, et si facerent per se, videtur eis quod non valeret. Interrogati per nos si volunt aliquid dicere ad dicti ordinis sui defensionem, quia parati sumus scribere et dominis nostris commissariis reportare, dixerunt quod quecumque dicta, lecta et proposita fuerunt dicta die Sabati contra dictum ordinem in viridario memorato, sunt falsa et mendacium continencia, salva gracia mandantis inquisicionem fieri super eis, et quod dictus ordo est bonus, dignus et sanctus secundum Deum, et talem volunt servare et adversus et contra quoscumque defendere quilibet per se et in propria persona sua. Dixit eciam frater Radulphus de Taverniaco, quod ipse plures vidit recipi fratres in ordine, et quocienscumque recipiebantur, receptor dicebat hec verba : Ego in nomine sancte Trinitatis, Patris et Filii et Spiritus Sancti, et beate Marie et omnium sanctorum, te recipio et do tibi habitum Templi. Et idem dixerunt alii tam de se ipsis quam de aliis quos viderunt recipi in ordine. Dixerunt eciam omnes predicti quod si placeret dictis dominis commissariis quod de qualibet camera eorum congregarentur unus de qualibet coram eisdem dominis vel alibi, tunc deliberarent et deliberare possent qualiter et quid haberent proponere et facere coram eis. Supplicaverunt eciam quod si ipsi hoc facere nollent, saltem placeret eis quod unus ex eis posset loqui cum fratre Reginaldo de Pruino ad deliberandum cum eo.

Item, eadem die Jovis accessimus ad domum dicti Blavot prope portam sancti Anthonii Parisius, ubi detinebantur XIII fratres Templarii ex hiis qui fuerant in dicto viridario, videlicet fratres Guillelmus de Sornayo miles, Thomas de Bochancourt, Johannes de Septem Montibus presbyter, Millo de Chaneveyo presbyter, Droco de Viveriis, Johannes de Villaribus, Lambertus de Romancuria, Gervasius de Vallesia, P. de Bragella, Gervasius de Fellinis, Jacobus de Calido Furno, Guillelmus de Lorperiis, et Christianus de Chammeriaco. Qui interrogati, ut alii supra, responderunt quod ipsi non vident partem aliquam contra ordinem Templi, nisi dominos Papam et Regem, contra quos nullo modo litigarent, nec facerent procuratores, et quod ipsi sunt sub obediencia Magistri majoris dicti ordinis, sine quo et ejus auctoritate procuratores facere nolunt nec possunt, et si facerent, non valerent, quia sunt capti et incarcerati, petentes cum instancia et flexis genibus manibusque conplosis ecclesiastica sacramenta. Cumque offerremus eis nos paratos scribere et dominis nostris reportare, si aliquid volebant dicere ad defensionem ordinis prelibati, dixerunt quod si placeret dominis commissariis, vellent super hoc deliberare cum domino Reginaldo de Pruino et quibusdam aliis fratribus ordinis supradicti.

Item, eadem die Jovis accessimus ad domum Guillelmi de Marcillhiaco prope portam sancti Anthonii Parisius, ubi detinebantur IX fratres Templarii ex hiis qui fuerant in viridario predicto domini episcopi Parisiensis, videlicet fratres Nicolaus de Manra presbyter, Dominicus de Verduno, Johannes Danisa, Philippus de Tribus Fugiis, Petrus de Monte Goyni, Johannes de Sornayo, P. de Sornayo, Droco de Sornayo, et Petrus de Cathalano. Qui interrogati, ut alii supra, responderunt quod sine consilio et consensu Magistri et superiorum suorum nullum facerent procuratorem ad defensionem predictam. Cumque obtulissemus eis nos paratos scribere et dominis nostris commissariis reportare, si aliquid volebant dicere ad defensionem dicti ordinis, dixerunt ad defensionem predictam, quod ordo bonus, sanctus, justus et sufficiens est, et nunquam viderunt contrarium in eodem, et ita manutenebunt coram quibuscumque et contra quoscumque, usque ad finem, et pecierunt sacramenta ecclesiastica, et eciam indumenta.

Item, eadem die Jovis accessimus ad domum Johannis de Chaminis in vico de porta Bauderii Parisius, ubi detinebantur VII Templarii ex hiis qui fuerant in viridario predicto domini episcopi Parisiensis, videlicet fratres Johannes de Vambellano, Jacobus de Cormelles, Johannes de Chamis, Philippus Grisset, Falco de Trecis, Nicolaus de Serie et Lambertus Flamengi. Qui interrogati, ut alii supra, responderunt quod non habebant consilium inter se faciendi procuratores absque licencia Magistri et superiorum eorum, sed si loquerentur cum eo sub cujus obediencia sunt, deliberarent et haberent consilium super istis et aliis ad defensionem ordinis predicti contingentibus. Requisiti autem per nos si volebant aliquid proponere ad defensionem dicti ordinis, quia nos parati eramus scribere et dictis dominis commissariis reportare, dixerunt quod non viderant nec sciverant aliquid in ordine nisi bonum, petentes ecclesiastica sacramenta.

Item, eadem die accessimus ad domum abbatis de Tironio in vico de porta Bauderii Parisius, ubi detinebantur VIII Templarii ex hiis qui fuerant in viridario predicto domini episcopi Parisiensis, videlicet fratres P. de Court Temple, P. de la Chassancha, Johannes de Buris, Girardus de Byasseres, Johannes des Colancuris, Matheus de Bures, Petrus de Clerimont, et Petrus de Verinis. Qui interrogati, ut alii supra, responderunt quod ipsi sunt layci et simplices, et ideo aliquos procuratores non constituerunt, dicentes quod eamdem ordinacionem tenere et observare volebant, quam faciebant et tenebant fratres dicti ordinis qui fuerunt dicta die Sabati in viridario supradicto.

Item, eadem die Jovis accessimus ad domum abbatis de Prulhaco in vico de la Montelarie Parisius, ubi detinebantur xxvii Templarii ex hiis qui interfuerant in viridario predicto, videlicet fratres Ancherius de Sivre miles, P. de Cormelliis preceptor domus de Santillihaco, Henricus de Anisiaco miles, Johannes de Belno preceptor de Fontanetos, Radulphus de Bandeyo, Johannes de Cormelliis, Parisius de Vollanis, Andreas de Buris, Johannes de Chochiaco, Stephanus de Castellione, P. de Lamina, Martinus de Monte Moreti, Guido de Niciaco, Johannes Pacat, Stephanus de Buris, P. de Bellencort, Galterus de Capella, P. de Dicto Bono, Stephanus de Vollanis, Johannes la Percha, Jacobus de la Viria, Johannes de Enonia, Johannes de Terra Cumfondrea, Gerardus de Belna, Odo de Anona, et Bartholomeus de Trecis. Qui interrogati, ut alii supra, responderunt quod non fecerunt predictos procuratores, nec videtur eis quod possint facere sine consilio Magistri et superiorum suorum. Quos si facerent, non valeret, ut videtur eisdem. Requisiti si volebant aliquid dicere seu proponere ad defensionem ordinis sui, dixerunt quod ordo est bonus, et nesciunt in eo aliquam pravitatem, et super aliis proponendis ad defensionem ordinis prelibati, deliberabunt adhuc, ut dixerunt, adjicientes quod die Sabati preterita intellexerunt in viridario predicto quod fratres Reynaldus de Pruino et P. de Bononia venire deberent ad singulas prisiones fratrum ad deliberandum super constituendis procuratoribus et aliis, quod factum non fuit, ut dixerunt, et ideo petunt consilium dictorum duorum fratrum et aliorum, ut premittitur, superiorum suorum, antequam premissa dictis dominis commissariis reportentur et valeant coram eis; et nos eisdem respondimus quod non obstante hoc nos omnia dicta per eos presentabimus et reportabimus dominis nostris commissariis antedictis. Et pecierunt ecclesiastica sacramenta, presertim aliquem capellanum cui provideatur de bonis Templi, alioquin ipsi providerent eidem de gagiis sibi assignatis, qui capellanus celebraret divina officia in presencia eorumdem. Et aliqui ex eis spoliati, ut dicebant, habitibus suis, eosdem sibi restitui pecierunt et provideri sibi sufficienter de aliis indumentis.

Item, eadem die Jovis nos notarii supradicti accessimus ad domum Johannis Rosselli prope ecclesiam sancti Johannis in Gravia Parisius, ubi detinebantur xxviii fratres Templarii ex hiis qui interfuerant in predicto viridario, videlicet fratres Henricus de Honorello, Galterius de Campo Allamano, Oddo de Buris, Johannes de Cantalupo, Johannes de Bussavento, Robertus Vigerii, Guillelmus de Taysentria, Martinus de Vollenis, Stephanus de Paray, Symon Testafort, Stephanus de Losa, Stephanus de Patinges, Anricus de Caritate, Guillelmus de Tulhelhis, Aymo de Pratim, Stephanus de Riperia miles, P. du Carrel, Johannes le Cast, Guaufredus de Stampis, P. Cresseti, Girardus Gandoti, P. Leheri, Stephanus Bessus, Johannes Sapiencie, Johannes Loqueti, Matheus Gadolin, Albertus de Maquinhi, et Petrus Picardi. Qui, ut alii supra requisiti, responderunt quod, quia dictum fuit et deliberatum inter eos dicta die Sabati in prefato viridario domini episcopi Parisiensis quod duo presbyteri fratres dicti ordinis, videlicet fratres Reginaldus de Pruino et P. de Bononia predicti, et duo fratres milites dicti ordinis, debebant ad eos venire et super procuratoribus constituendis et aliis defensionem dicti ordinis contingentibus deliberare, et quia istud factum non extitit, ideo procuratores aliquos non fecerunt nec consilium aliquos super hoc habuerunt, requirentes dictorum presbyterorum et militum et aliorum superiorum suorum habere consilium ad predicta, et habito dictorum fratrum consilio, dixerunt quod deliberarent quod per eos esset super predictis faciendum, et volunt ad proponendas deffensiones et raciones suas habere consilium et presenciam superiorum suorum et aliorum fratrum predictorum. Et petunt quod cum in eodem hospicio sint inter duas societates divisi, quod facultatem habeant loquendi et consilium habendi super predictis inter se, petentes instanter, ut boni Christiani, eis ministrari ecclesiastica sacramenta. Frater vero Aymo de Pratimi prefatus dixit quod non poterat defendere dictum ordinem contra dominum Papam et dominum Regem, quia pauper et simplex homo erat, et quod non erat hereticus, nec unquam fecerat aliquid de erroribus dicto ordini impositis, nec ex quo fuit in ordine viderat nec audiverat illos errores esse in ordine supradicto, dicens quod non curabat de consilio aliorum predictorum fratrum in eadem domo existencium super procuratoribus ad defensionem dicti ordinis constituendis, vel quibuscumque aliis ad dictam defensionem per eos ordinandis et deliberandis et faciendis, sed petebat quod permitteretur dictam religionem Templi exire, et in seculo remanere vel aliquam aliam religionem intrare, cum illa in qua erat non placeret eidem, nichil aliud quare sibi non placebat pretendens. Requisivit eciam dictus frater Aymo adduci ad presenciam dominorum commissariorum predictorum, vel saltem ad dominum Lemovicensem.

Acta fuerunt hec predictis die et locis, presentibus me Floriamonte Dondedei de Mantua, et aliis notariis supra nominatis.

Post hec, die Veneris sequenti post octabas Annunciacionis Dominice, que fuit tercia dies mensis Aprilis, venerunt et comparuerunt coram dictis dominis commissariis, in capella predicta, fratres Templarii infrascripti, videlicet fratres Guillelmus de Sornayo miles, pro se et aliis predictis XII fratribus dicti ordinis qui cum eo tenebantur in dicta domo Blavoti prope portam sancti Anthonii, et fratres Radulphus de Compendio et Johannes de Fontanvilla pro se et aliis XI fratribus predictis dicti ordinis qui cum eis tenebantur in dicta domo de Ocrea prope crucem de Tiraut, et frater Radulphus de Taverniaco pro se et aliis VI fratribus predictis dicti ordinis qui cum eo tenebantur in dicta domo Roberti Anuerdi in vico veteris platee Porcorum; item fratres Nicolaus de Romanis et Dominicus de Verduno, pro se et aliis VII fratribus predictis qui cum eis tenebantur in dicta domo Guillelmi de Marcilhiaco prope portam sancti Antonii; item frater Addam de Inferno, pro se et aliis VIIII fratribus predictis qui cum eo tenebantur in domo Nicolae Ordee in vico Predicatorum Parisius; item frater Johannes de Valbelant, pro se et aliis VI fratribus predictis qui cum eo tenebantur in domo Johannis de Chamis in vico de porta Balderii; item fratres Guillelmus de Fuxo miles, et Johannes de Monte regali, et Ber. Charverii, ac Johannes de Bellafaya, pro se et aliis XXXVIIII fratribus predictis qui cum eis tenebantur in domo Ricardi de Spoliis in vico Templi Parisius; item fratres Egidius de Parbona et Nicolaus Versequin, pro se et aliis x fratribus qui cum eis tenebantur in abbacia sancti Maglorii Parisius. Et dictus frater Johannes de Monte regali, pro se et aliis predictis comparentibus et pro aliis de eorum societatibus predictis, exibuit et legit in presencia dominorum commissariorum predictorum ad defensionem ordinis sui quamdam cedulam, tenorem qui sequitur continentem :

« En nom de Nostre Sire, amen. Propaussant li Templers, primarament que lor ordre fu senz et aprovez antiquamant ben et honestamant pour la sancta Egleize de Roma.

« Item, propousant que touit li frere qui furent fez de cel ora jusque ici, furent fez bien et honestament, e senz tout pechié, segun la foy catholica de Roma, ensi quo se puet trover por les livres de la masson oisquieus se contient; li quieu livre sunt de una maniere por les diversas partidas dou siecle. Appar ensi pour li frere qui ont esté deu dit ordre tresportrés en autre, c'est à savoir en l'Ospital et en l'ordre de sans Lorens, et en ceau deus Escoliers qui furent en l'ordre deu Temple, et pour les confessions des freres qui sont mors en la prisson, e par les apostates.

« Proposant li frere deu dit ordre que il vivorent bien et honestament segon la foy catholica de Roma, en oïr leur orres, en fare le jejuni que sant Eglieze commanda, et plus que il jejunavant II carantenas chescun an, confessavant e comenegavant tres fois, c'est à savoir à Noël, à Paschas, à Pentecosta, en presensa deu pueple, pour la personne deu frere chapellan do lour ordre, se il i fust, et si no i fust, par una autre religions à capella deu sieclo. Ensi quant il estoient malades, confesier, commengier, enolier, e sevolir, quant estoient mors, en terra benedeta, ensi comme loiau Crestian de Nostre Segnor, en presensa deu pueple; e pour chascun frere qui morent, il tenoient un poure repari, pour l'arme de li, XL jors de cel viande como li autre frere manguent. Encoras eront tuit li frere de cela meson teneus de dire c Pater noster pour l'arme de li, dedens VIII jors après sa mort; e ceit e manefest pour toute maniera de gens de siegle.

« Item, propousant li frere deu dit ordre que pour toutes leurs eglieses estoit le greignor autier de Nostre Dame, à la sieue enor edifés; encoras que toutas les oras auz orent premeramant li frere em piés, salva la complée que se cantet dererena, por ce que Nostre Dame fu chiés de la religion, e sera si, si li plait.

« Item, propousent li frere deu dit ordre que, au jourz des Veners sans, adoravant la crus humiliament et devota en presence deu pueple, e que il portant la crus vermeile eus mantieus en la onour et en la reverencia de la crus en que Nostre Sire sustinez mort et passion pour nos.

« Item, les freres deu dit ordre proponent que lors capitols estoient celebrés bien et honestament, sens nulle tachees de peché, segun la foy de Rome. Encoras en chascun chapitilles general, preschavent à la foys avesque, à la fois predichaour au frere Menours; e zo se trovera per eus, e per li frere qui sunt issu de l'ordre, e par li apostata.

« Item, propousent li dit frere que en lor ordre se tenoit corr e ajun e justice seguon Dieu; et ceu se trovara par li frere qui ent esté Templer e sont tresportés aus autres religions, et par li apostata.

« Item, propausant que nostre paire lo Papa lor dona freres chapellan deu dit ordre, por aver la comunia de lors, comma en zo se trovara per lo previlegi de la mason.

« Item, proposent que lors chapellans estoient servidors bien et honestament segun la foy catholica de Roma.

« Item, proposent que en lors masons se tenoyt espitalité de aumosine aus viandans, cotidianamant, et espicialement tres foys la semana, à chascun que venir i voloit.

« Item, proposent que au Jouodi absolu avoient li poure en lors mesons, pour ferre le mandit, ensi cant est establi pour la gleza de Rome.

« Item, proposent que chascun dimenche, en lors masons ou en altre parte où sunt por oïr missa, prendrent pan beneit de le man de ceau qui cantoit la missa.

« Item, proposent que chascune feste grant fesoient processions en lors eglises, pour la onour de cella festa, davant le pople.

« Item, proposent que chant aucun frere issoit de l'ordre e se metoie en autre, que nos avions privileges de eaus reconcilier en pena d'escominion, e le recourcans autres sa volunté, por que si el sanse for [?], que ben entre nous il ne tornera point.

« Item, proposant li frere deu dit ordre que à la vegeuda ainans [?] s'en aloent, et après un temps retornoient à la merci de la massons, et fesoient lor peneanche; por quoi dient li frere du Temple que s'il seussent nulle mauvesté en l'ordre, que il ne retournassent point estre eus frere.

« Item, propossent quan canoines, moines, preicaurs, freres meneurs, carmelis, de la Trinité, sont issus de lor religion e venus en l'ordre deu Temple, li quieus n'i fussent mie venus se il seussent en nos nule mauvesté de pechié.

« Item, proposent se aucun frere deu dit ordre sont eu fez archevesques et avesques d'aucuns lieus par la santa glise de Roma.

« Item, proposent que antiquamant li frere deu dit ordre sont eus cubicullaves de nostre sire le Papa, et vivoient en conversamant religion sancta et honesta, en tiel guisse que se il fussent cil on lor mist de sus, ils ne les eurent pas receu en cel offici.

« Item, proposent li frere deu dit ordre que nostre sire le Roy de France et aucuns autres Rois ont tenus tresauriens et aumoniers et autres officials deu dit ordre, sens touta mavesa sopita de error.

« Item, proposent que arcevesques, avesques, comtes et barons, si ont tenus freres deu dit ordre en lor officis, sens touta sospita de mauvesa error.

« Item, proposant que aucuns prelats de sancta Glisa, e nobles et non nobles, les cals avient devocion eus biens espérituals de la masson, requiront esser receus eus biens de la meson, et il donnoient leur enmesgnes en poura devocion que il avoient en la meson, lequel chose il ne fussent mie se il trovassent le contraire.

« Item, proposent que aucuns nobles et aucuns autres requeroient estre freres deu Temple à la mort, pour la devocion del ordre que il li avoit.

« Item, proposent que l'ordre deu Temple, en temps passé, si se es parties de la mer, et de sçà mier, ens lieus que estoient en frontiera de Sarazin, bien et loiaument contre li anemi de la foy de Jeshu Crist, en temps du rois Lois, deu roy de Ingalterra, en jiu [?] teps se perdi des foys tout le convent; et après, en temps de frere G. de Berninet nostre Maistre, que mori en Acre à mers III$^c$ freres, qui morirent aveque li en Acre.

« Item, proposent que en Spanha et en la frontera d'Arago, si se ise portes liaument contre li, en aunor de la crouz, à lor forsa et à lor poir; e ce se puet trovier por lo roy de Castella et d'Aragon, le ausors poir il ont esté.

« Item, propossent que li frere del dit ordre qui furent pris, XXV ans a passés, en fayt d'armes, qui sunt poir deu Souda, ne por pour de mort, ne pour dons, nos ouit ez volgut reneier de lor Creator; per que dient li Templer, que se il fussent tieus cant om dit, cil sont fet, ils fussent délivrés maintenant de l'avant dita prisson.

« Item, propousent li dit frere que la sancta cros du Temple, la quela grecia vesiblement e manifesta levo miet [?] del cros de la persona en qui est, la quel sancta cros est et sol esser en poder deus Templiers, se il fussent tieus gens que om dit, no demorera ni se leysera garder à ties gens.

« Item, proposent que la spina de la corona que fu de Nostre Senior in cele meisme guisse ne florrira au jor del Venres sanz entre les mans des freres capellans deu Temple, si il fossent tiels que om lor met dessus.

« Item, proponent deu cors de sancta Eufemia que venit à Castel Pelegri por grace de De, en quel luc il a faicz plusors miracles, deu por li, que ile ne i so fure mie herbergée entre li Templiers, se il fussent cil que om dist, ne aucunas auteras reliquies qui sont et solunt ester en poder deu Temple.

« Item, proponent li frere deu dit ordre que las almoinas qui se fasoient desà mier en las mesos, ni celas que se fasoient outra mer, por li Maistre et por l'armoianer, ne se porroient emendier per nulle re del mont, ne le ben que en set estre fés, si sesta fausenda n'euse estré mise sur l'ordre, tant en passages quant autres choses.

« Item, propossent que il sont mort plus des $xx^m$ frer por la foi de Die outra mer.

« En perro, si nul home voloit dire que en l'ordre del Temple fusse fete nulla mavesté, dizent que il sont aparelié de combatre am tot homme, exceptat l'ostal de nostre sengnor le Roy e de nostre segnor le Papa. »

A tergo vero dicte cedulle erant hec : Et si pars adversa aliquid proponere voluerit, petimus transcriptum et diem ad deliberandum.

« Item, proposent che la glesa lor e defenduta à gran tort, dont hei cherunt per Dieu che la sia redua.

« Item, et hoc primerament li frere deu Temple negant esse vers tug cetez mauveses articles que om lor (*mét*) surs l'ordre. »

Item peciit pro se et nomine quo supra ecclesiastica sacramenta, et corpora decedencium fratrum tradi ecclesiastice sepulture, et ante exhibicionem dicte cedule dixit coram dictis dominis commissariis quod ipse et alii fratres prenominati erant layci et simplices, et ideo petebant advocatum sibi dari. Dixit eciam quod multi voluissent venire ad defensionem ordinis, sed non permittitur eis, hec dicens expresse de fratribus apud Montem Ferandi in Advernia detentis, et peciit eos adduci coram dictis dominis commissariis ad defensionem predictam. Ad quod responsum fuit per dictos dominos commissarios, quod illi qui in denunciacione predicti eorum edicti dixerunt se velle defendere ordinem antedictum, adducti fuerunt Parisius, et adhuc sunt et fuerunt coram eis in dicto viridario domini episcopi Parisiensis. Alii vero qui dixerunt se nolle defendere ordinem memoratum, de quo extant publica instrumenta, et ideo non fuerunt adducti.

Item, eadem die Veneris, fuit exhibita et tradita ibidem coram dictis dominis commissariis cedulla, cujus tenor inferius est insertus, per Colardum de Ebroicis custodem XI Templariorum fratrum in dicta domo de Leurage detentorum, ex parte dictorum undecim fratrum, ut dicebat, transmissa ad defensionem predictam; tenor vero dicte cedule sequitur et est talis :

« Vehi les reisons et les defenses que li frere qui sunt en garde Colart de Evreis propossent à defendre la religion du Temple et leur cors de cas qui sunt proposé contre eaus, vos [?] ques cas ne sont mie veritable. E dit Jehan Penet, freres chapellans, frere Mayeus de Cresson Essart et freres Andrees li Mortoiers, et lour compagnus dusques à XI tout d'une compagnie : Primeremant que le religion deu Temple fu fete et fondée e nom de Deu, damada sancta Maria, et fu divisea et establie per monsegnur sant Bernart et des pluseus prudomes, et fu confremée de nostre per le Pape qui à che tans estoit et des autres papes ensuians, e che le religion nos a esté baillie e l'avon tenue et maintenue à nostre poir, et en chelle religion volus vivre et mourir pour le sauvement de nos ames.

« Item, nos disons que en la religion deu Temple, par toutes les massons à chapelle, avoit prestre et clorec, et plus des seculers que de le religion deu Temple, qui fesoient le servise Nostre Segnor les freres presens, et buvoient et mengoient aviec aus, et gisoient en lor dordoirs entre aus, des quieus prestres et clers nos requerens les enquestes.

« Item, cele devant dite religion li pere i atreoit li fil, et li freres se frere et li oncles le neveu; par coi nous disons se le religion fuit mauvèse, il ne les atraissent mie avec aus.

« Item, se aucuns freres par courous ou par maulvès concel laissasent leur abiet et alassent au siecle, il venoient requerre leur abiet et crier leur merchi, sans forche nulle ferre, et fesoient leur penanche an et jour, tele com nostre religion devise, lequele nous creons que nous avons par dievers nous, et en i a grant plenté de cieus qui i sont revenu, liquel n'i fussent mie revenui se le religion fust mauvese.

« Item, nous avons souffert moire de tormens de fers, prisons et de geines, et longs tans au pan et à l'iue, par coi aucons de nos freres sunt mort; et ne eussons mie tant souffert se nostre religion ne fust bone et se nos ne mantenissons verité, et si n'i fust pour le monde oster hors de mal erreur qui i est sans raison.

« Item, nous requirons à monssegnur l'archevesque de Nerbonne, à monsegnor l'evesque de Limoge, à monsegnor l'evesque de Mende et à monsegnor l'evesque de Lisieues et à lou conpangnour, nos deritures de sante egliese, com à no pere et à nostre mere; quar nos savons et creons que vous estes envoiés de par nostre pere le Pape en cheste besongne, et si savon que vos estres membre de sainta egliesie, et nous tenons le Pape à pere et sainte egliese à mer, et volons obeir à no per et à nostre mere, com bon fil et bon Crestien et bien creant en Pere et en Fil et en Sant-Eusprit, e recheruns aver dret, se nos che vos matenant [?], et requerrons à aver le consel de nos freres, chest à savoir frere Guillaume Chambolent frere chevalier, frere Renaut de Provins frere chapellans, frere Petre de Bonogna frere chapellans, frere Gossein commendeur de Flandres, frere Jehan de Corbie, frere Guillaume de Lepleche, frere Pietre le Prevoist, frere Nicolas Versequin; et requerons toit emsemble à aleir par davant vous, et s'il ne vous plest que nous soions tout mené, si mandés frere Mathieu de Cresson Essart et frere Andrée le Mortoier, et nous accordens à che qui feroit pour la religion defendre. »

Post hec dicti domini nostri commissarii voluerunt et ordinaverunt quod nos notarii, una cum venerabili viro magistro Amisio supradicto, iremus ad domos fratrum predictorum pro quibus et pro se prenominati fratres dicta die Veneris comparuerant coram eis, ad sciendum et audiendum si pro eis et de mandato eorum coram dictis dominis commissariis venerant et comparuerant, et si rata habebant ea que per predictos comparentes fuerant proposita et tradita coram eis, et quod eis significaremus eis et eciam aliis quod dicti domini commissarii non intendebant ulterius expectare quin in dicto negocio procederent ut jus esset, et quod affererent vel mitterent dicti fratres per aliquem de suis societatibus vel per quemcumque alium fratrem, omnes raciones et defensiones quas dicere vellent et proponere ad defensionem ordinis memorati, nam ipsi parati erant recipere, si et quantum esset de jure.

Post hec, eadem die Veneris post prandium nos notarii predicti, una cum prefato venerabili viro, magistro Amisio archidiacono Aurelianensi, de mandato dictorum dominorum commissariorum, ut dictum est, acessimus ad domum predictam Rabiosse sive de le Ragera, ubi detinebantur XI fratres prefati, et petivimus ab eis utrum cedulam predictam hodie ostensam et exibitam coram dominis commissariis supradictis per Collardum de Ebroicis misissent, et nomine ipsorum et pro ipsis tradita fuisset eisdem. Qui omnes, ipsa cedula eis per nos exhibita et inspecta per ipsos, responderunt omnes quod eam miserant per eundem Colardum, et de mandato ipsorum eam tradiderat dominis commissariis supradictis ad defensionem dicti ordinis. Quo facto, nos eisdem diximus quod si vellent mittere aliquem ex ipsis vel fratrem R. de Pruino, P. de Bononia, vel dominum Guillelmum de Chabonnet militem supradictos, ad proponendum et dicendum coram dictis dominis commissariis quicquid vellent ad defensionem ordinis, libenter audiremus, et predictis dominis commissariis reportaremus; et bene significavimus eisdem quod predicti domini commissarii, instanti die Mercurii, intendebant procedere in negocio supradicto, sive facerent sive non, quatenus de jure possent et deberent. Qui responderunt quod non intendebant aliquem procuratorem facere vel mittere ad defensionem ordinis supradicti, donec haberent consilium, et possent loqui omnibus nominatis in predicta cedula quam miserant per predictum Colardum, quia magnum pericullum esset quod ipsi submitterent statim et honorem tocius ordinis et personarum suarum in defensionem quatuor vel quinque personarum, quia si, per impressionem aliquorum potencium virorum, illi defensores minus sufficienter defenderent dictum ordinem, et omitteretur ordo de criminibus supradictis, licet inquiratur contra totum ordinem, nichilominus persone eorum essent in pericullo, qui tanto tempore in dicto ordine remanserunt, sed quilibet est paratus per se, quantum poterit, defendere dictum ordinem. Requisiti si volebant aliquid aliud dicere, responderunt quod non.

Postmodum, eadem die Veneris accesimus ad dictam domum Ricardi de Spoliis in vico Templi Parisiensis supradicti, ubi erant detenti XLIII Templarii supradicti, et petivimus ab omnibus simul stantibus et audientibus utrum misissent omnes hodie ad presenciam dictorum dominorum commissariorum fratrem Guillelmum de Fuxo militem, et fratrem Johannem de Monte regali predictos, ad proponendum et dicendum coram eis illa que dixerat et legerat ad defensionem dicti ordinis, et in quamdam cedulam et dimiserat eisdem. Qui omnes dixerunt et responderunt quod ipsos miserant pro se, et de mandato ipsorum dixerat idem frater Johannes predicta; et nichilominus voluerunt et ordinaverunt, quod predicti fratres Guillelmus et Johannes hac instanti die Mercurii ad presenciam dictorum dominorum commissariorum venerant et proponerant [sic] aliqua que ipsi omnes volebant adhuc dicere ad defensionem dicti ordinis, et dederunt omnes predictis fratribus G. et J. potestatem et mandatum dicendi et proponendi ea ad defensionem dicti ordinis prout in eis est. Requisiti si volebant aliquid aliud dicere, dixerunt quod non ad presens.

Postmodum accessimus ad domum Guillelmi de Marcilhiaco predictam, ubi erant IX Templarii predicti, qui per nos interrogati utrum hodie misissent coram dictis dominis commissariis predictos fratres Nicolaum de Marra curatum de Romanis, presbiterum, et Dominicum de Verduno de societate eorum ibidem presentes, dixerunt omnes quod miserunt eos, et de mandato eorum iverunt et ratum habent quod per eos actum est et propositum die ista, et dicunt quod si minus plene dixerunt, adhuc sunt parati dicere et proponere ad defensionem ordinis quod Deus ministrabit eis, et statuerunt predictos fratres Nicolaum et Dominicum ad dicendum et proponendum, hac instanti die Mercurii, coram dictis dominis commissariis, ad defensionem ordinis, illud quod interim occurrerit eis. Acta fuerunt hec predictis die et locis, presentibus dicto magistro Amisio, me Floriamonte Dondedei, et aliis notariis supra proximo nominatis.

Die Sabati iiii mensis Aprilis accessimus ad dictam domum Johannis de Calinis, ubi detinebantur vii Templarii, et petivimus ab eis utrum frater Johannes de Valbellendi, qui die Veneris precedenti comparuerat coram dictis dominis commissariis pro ipsis et de mandato ipsorum, venisset et proposuisset ad defensionem ordinis ea que ibi proposita fuerunt; et dixerunt omnes quod ipsi miserunt eum ad predictos dominos, non ut procuratorem, sed ut raciones predictas et defensiones proponeret coram eis, nec intendebant aliquem procuratorem constituere. Requisiti a nobis utrum vellent aliqua alia dicere ad defensionem ordinis, et statuere aliquem ex eis vel ex aliis ad dicendum et proponendum aliquas raciones ad deffensionem dicti ordinis, responderunt quod sic, et mitterent predicta die Mercurii proxima dictum fratrem Johannem de Valle Bellando ad dominos commissarios predictos, pro eorum racionibus et defensionibus proponendis et dicendis coram eisdem dominis commissariis.

Postmodum, eadem die Sabati accessimus ad domum Blavoti predictam, ubi detinebantur xiii Templarii predicti, et petivimus ab eis utrum frater Guillelmus de Sornayo miles, qui die Veneris proxima precedenti comparuerat coram dictis dominis commissariis pro ipsis et de mandato ipsorum, venisset et proposuisset ad defensionem ordinis ea que ibi proposita fuerunt. Dixerunt omnes quod ipsi miserant eum ad predictos dominos commissarios, et ex parte eorum proposuit vel proponi fecit ea que fuerunt ibi proposita, di-

centes quod adhuc habent et volunt proponere. Et tunc diximus
eis quod ipsi dicerent nobis ea que volebant proponere, vel statuerent
aliquem ex eis vel ex aliis qui die Mercurii vel alias quandocumque
predicta proponeret coram dictis dominis commissariis, quia ipsi
predicti domini commissarii ultra dictam diem Mercurii non expec-
tarent quin in dicto negocio procederent prout de jure deberent.
Qui omnes voluerunt et ordinaverunt quod fratres Johannes de Septem Montibus et Guillelmus de Sornayo miles, pro eis et nomine
ipsorum, coram dictis dominis commissariis comparerent, et predictas raciones proponerent, tanquam nuncii, et non tanquam procuratores; et pecierunt quod hodie possent loqui cum predicto fratre
Reynaldo de Pruino.

Post hec, eadem die Sabati accessimus ad dictam domum abbatis de Tyronio, [ubi] detinebantur VIII Templarii predicti, quorum duo
veniebant de dicta aula episcopali, ubi credebant dictos dominos commissarios esse et se deberent representare dicta die, a quibus petivimus quid fecissent et quid dixissent si eos invenissent? Qui dixerunt omnes quod miserant eisdem dominis commissariis quamdam
cedulam, quam nobis tradiderunt ibidem, cujus quidem cedule
tenor sequitur in hec verba :

« A homes honerables et sages, ordenés de per nostre pere l'Apos-
telle pour le fet des Templers, li freres, li quies sunt en prisson à
Paris en la masson de Tiron, des ques vez ci les noms: primerement
frere P. de Cortemble prestre, frere P. de la Casseme, frere Evrart
de Buissiers, frere Jehan de Bures, frere Mathie de Bures, frere
Jehan de Coleurs, frere P. de Clermont en Biauvoisin, frere P. de
Vatan : honeur et reverencie. Comes votres comandemans feut à nos
ce jeudi prochein passé, et nos feut demandé se nos volens defendre
la religion deu Temple desus dite, tuit distrent oïl ; et dison que ele
est bone et leal, et est tout sans et mauevesté et traïson tout ce que
nos l'en met sus, et sommes prest de nous defendre chacun pour soy
eu touz emsemble; an telle mainere que droit et sante Egliese et vos

an regarderons, come cil qui sunt en prisson an nois fres, à cople II, a somes en neire fosse oscure toutes les nuit.

« Item, nos vos fessons asavir que les gages de XII denier que nos avons ne nos sufficent mie; car nos convient paier nos lis, III denier per jour chascun liz, loage de cuisine, napes, touales pour teueles et autres choses, II sol. VI denier la semange.

« Item, pour nos fergier et desferger, puis que nos somes devant les auditors, II sol.

« Item, pour laver dras et robes, lignes, chascun XV jours XVIII denier. Item, pour bûche et candole, chascun jor IIII denier. Item, passer et repasser lesdis freres, XVI denier, de asiles de Nostre Damme de l'altre part de l'iau. »

Qua per nos inspecta, petivimus ab eis si aliud volebant dicere; qui dixerunt quod non, quia nichil aliud sciebant, sed multum placeret eis quod dicti domini commissarii procederent in dicto negocio secundum Deum et justiciam ac racionem, quia periculum erat in mora, quia si contingeret dominum Papam mori, negocium impediretur, et semper remanerent capti. Dixerunt eciam quod ipsi habent et habebunt ratum et gratum quicquid fiet et proponetur in dicto negocio per fratres R. de Pruino et P. de Bononia supradictos.

Post hec, eadem die Sabati accessimus ad dictam domum de Prulhiaco, ubi detinebantur XXVI Templarii supradicti, quibus diximus quod predicti domini commissarii, qui eos fecerant congregari ad sciendum utrum vellent constituere aliquem vel aliquos procuratores ad deffensionem ordinis supradicti, et alias eciam ex habundanti ad ipsos miserant ad sciendum hoc idem, quia nolebant amplius expectare quin in dicto negocio procederent secundum quod fuerit racionis, et ideo volebamus scire utrum vellent aliquem ex se vel ex aliis statuere ad defensionem ordinis. Qui dixerunt quod nullum procuratorem intendebant facere, sed ordinaverunt quod fratres Ancherius de Sivre miles, et P de Carmelhis, veniant instanti die Mercurii, ad tradendum in scriptis defensiones ordinis, et ratum habebunt et firmum quicquid per ipsos dicta die traditum fuerit coram dominis commissariis supradictis, et petunt consilium predictorum fratrum R. de Pruino et P. de Bononia.

Post hec, eadem die Sabati accessimus ad dictam domum Johannis Roscelli, ubi detinebantur XXVII fratres preter fratrem Amelium de Pratimi, quibus diximus, ut aliis proximo precedentibus. Qui, habito simul inter se aliquali consilio, tradiderunt nobis quamdam cedulam, cujus tenor sequitur in hec verba :

« Che sont les defenses et les requestes que li frer du Temple qui sont in l'ostel Jehan Rossiau, estgrient à nostre pere le Pape et à nostre segnor le Roi et nos segnurs les prelas, et font protestacion de toutes leurs bonnes raysons à dire en lieu, en tens, et nient et defendent toutes les malvestes erreurs qui lor sunt opposées contre tous ceus qui les dovreient maintenir.

« Item, il requerent li frere du Temple la graze des prisons et delivrance de leurs cors et de leurs biens.

« Item, il requirent le sacrament de sancta Egliese. Item, requirent veir le Maistre du Temple, et frere Hugo de Peraut commandeur de France, et tous les preudes hommes freres du Temple, pour avoir consel, à eus, et se ce ne nous est fare, nos ne somes pas conseillés de fere procuraurs. Et si les nos refusent, nos nos appellons déconsiliés et devé de droit, et en appellons à Dieu nostre segur, comme cil qui somes pris à tort. »

Et pecierunt quod possint loqui cum fratribus R. de Pruino et P. de Bononia antedictis, et dixerunt quod suplicaremus dominis commissariis quod possent loqui cum predictis; ellegerunt fratres Stephanum de Riperria militem et Anricum de Onerello, ad loquendum et consulendum cum ipsis. Nos autem signifficavimus eis quod domini commissarii procederent in dicto negocio die Mercurii instanti, et extunc in antea, prout fuerit racionis.

Post hec, eadem die Sabati post prandium accessimus ad domum

Penne Vayrie in cimiterio vici de Lucumdella, in qua moratur Nicolaus de Falesia, ubi detinebantur xxiii Templarii, videlicet fratres Johannes de Parisius, Egidius de Valencianis, Johannes de Pruino, Johannes de Bersi, Henricus de Hentingentis, Bertrandus de Montinhi, P. Daties, Lucas de Sonayo, Rogerius de Marselles, Hugo Deilli, Johannes de Compendio, Clemens de Turno, Radulphus de Frenoy, Thericus de Remis, Johannes de Nivella, Nicolaus de Ambianis, Constancius de Bissiaco, P. Prepositi, Johannes de Ronzavalle, Oddo le Culherier, Galterus de Villa Sauoir, et Nicolaus de Boynel. Et petivimus ab eis utrum vellent aliquem ex eis vel ex aliis constituere procuratorem ad defensionem ordinis. Qui responderunt quod nullo modo procuratorem facerent ad hoc, sed placebat eis et gaudebant quod procederetur in negocio bene et juste, confidentes multum de fidelitate dictorum dominorum commissariorum. Protestantur de defendendo ordinem, dicentes quod nolunt ad presens mittere aliquem, sed quilibet vult venire per se ad defensionem ordinis antedicti.

Acta fuerunt hec predictis die et locis, presentibus dicto magistro Amisio, me Floriamonte Dondedei, et aliis notariis supra ultimo nominatis.

Post hec, die Dominica sequenti, v$^a$ videlicet die mensis Aprilis, accessimus ad domum Guillelmi de Domonte in vico novo Beate Marie, ubi tenebantur capti iiii$^{or}$ Templarii, ex illis qui dicta die Sabati interfuerant in prefato viridario dicti domini episcopi Parisiensis, videlicet fratres Robertus de Dormellis presbiter, Robertus Flamengi, Johannes de Rossiaco et Robertus de Amblavilla. Qui [per] nos requisiti, ut alii supra, responderunt quod, si alii fratres vellent facere procuratores ad defensionem dicti ordinis, et ipsi volunt in bono; si alii facere nolunt, ipsi similiter nollunt.

Item, requisiti quos vellent facere procuratores, si alii facerent, responderunt quod fratres Reynaldum de Pruino et P. de Bononia predictos, et ratum haberent et firmum quod in premissis fieret per predictos, si alii fratres ratum haberent, dicentes quod non habent de quo facerent procuratores, et petunt consilium et presenciam magistrorum et superiorum suorum. Requisiti insuper si aliquas raciones vel defensiones pro dicto ordine volebant proponere vel dicere, dixerunt quod ordo erat bonus, sanctus et legalis, et quod omne bonum in eo injungitur, et omne malum prohibitur, et nichil aliud dixerunt.

Post hec, cum videremus quod multi ex dictis fratribus, et quasi omnes, petebant habere consilium et deliberacionem predictorum fratrum Raynaldi de Pruino et P. de Bononia, et quorumdam aliorum, revenimus ad presenciam domini Bajocensis. Quo sibi exposito, dicens quod sua et aliorum dominorum commissariorum intencio erat hac instanti die Martis in dicto negocio procedere, et ulterius non expectare, voluit quod prefati fratres R. de Pruino et P. de Bononia, ac fratres Guillelmus de Chambonnet et Bertrandus de Sartiges milites, ducerentur ad singulas societates fratrum predictorum Parisius existencium, qui se obtulerunt ad defensionem ordinis memorati, ut cum eis deliberare possent de constituendis procuratoribus, et racionibus et defensionibus ordinis faciendis et proponendis, et de aliis agendis, et quod aliqui ex nobis notariis iterato cum eis rediremus ad fratres predictos, et audiremus adhuc ex habundanti si vellent aliquos procuratores constituere ad defensionem predicti ordinis, et si quid proponere vellent, audiremus, et significaremus eis quod dicti domini commissarii, non expectando ulterius, dicta die Martis in dicto negocio procederent, ut jus esset, ad quam diem ipsi fratres mitterent raciones et defensiones, si quas haberent et vellent proponere ad defensionem ordinis supradicti, et quod nichilominus eis tradi faceremus papirum vel pergamenum et incaustrum, ad scribendum raciones et defensiones suas.

Post hec vero magister Amisius predictus et ego Bernardus Filioli ivimus apud sanctam Genovefam, ubi erant XVIII fratres, videlicet Helias de Chalhistrac presbiter, Iterius de Leburhac miles, Helias Aymerici, P. de Lenhi preceptor de Somorens, Galterus de Enonia,

Johannes de Enonia, Raynaldus de Bondis, P. de Rupe, St. de Remis, G. de la Terlandera, Laurencius Basini, Guillelmus Barloti, Aymericus Boeti, Aymericus Barloti, Guillelmus Vigerii, Guido de Corso, Stephanus de Ellemosina, Johannes de Blisson et Matheus de Alveto. Et fuerunt ad eos ibidem adducti prefati fratres, R. de Pruino et P. de Bononia presbiteri, ac fratres Guillelmus de Chambonnet et Bertrandus de Sartiges milites. Quibus ibidem congregatis insimul, nos eos iterato interrogavimus si fecerant, vel adhuc facere volebant, procuratores aliquos ad defensionem ejusdem ordinis, significavimusque eis ex parte dictorum dominorum commissariorum quod dicti domini commissarii instanti die Martis volebant in dicto negocio procedere, nec intendebant ulterius expectare; unde diximus eis quod omnes raciones et defensiones quas proponere vellent ad defensionem ordinis, dicta die Martis mitterent per dictos IIII$^{or}$ fratres, vel per aliquem alium per quem eis expediens videretur; et interim si vellent aliquid ad defensionem ordinis scribere vel scribi facere, precepimus custodi eorum quod eis traderetur papyrus seu pergamenum et incaustrum ad ea scribenda. Qui fratres per nos sic interrogati, et premissis sibi per nos expositis diligenter auditis, habito inter se et cum predictis IIII$^{or}$ fratribus aliquali consilio ad partem, concordaverunt et voluerunt quod predicti prenominati fratres R. de Pruino et P. de Bononia presbiteri, Guillelmus de Chambonnet et Bertrandus de Sartiges milites, ex parte et nomine ipsorum, hac die Martis instanti, dicant et proponant coram ipsis dominis commissariis quod nolunt facere procuratores aliquos ad defensionem dicti ordinis nec intendunt, et quod proponant ad defensionem dicti ordinis dicta die ea que dicere et proponere voluerint.

Postmodum, cum predictis IIII$^{or}$ fratribus, accessimus ad fratres Bernardum de Bord, P. Colonge, Odinum de Vendac, Aymericum de Copiac et Sancius de Maci milites, qui ibidem, licet in alia camera, tenebantur, eosque interrogavimus, ut alios in medio precedenti, eisque diximus et significavimus, et obtulimus et fecimus, sicut et aliis inmediate predictis. Qui, habito inter se et cum aliis prenominatis IIII$^{or}$ fratribus consilio et deliberacione prehabita, responderunt quod nullo modo nollunt, nec intendunt facere procuratores, nec possunt; sed placet eis quod prefati IIII$^{or}$ fratres, R. de Pruino et P. de Bononia, Guillelmus de Chambonnet et B. de Sartiges, predicta die Martis proponant et dicant pro ordine et ad defensionem ordinis quidquid boni poterunt; si tamen aliquid dicant quod contra ordinem suum esset, non habent ratum nec habebunt.

Post hec, eadem die Dominica, cum dictis IIII$^{or}$ fratribus, accessimus ad domum condam episcopi Belvacensis, inter sanctam Genevefam et domum fratrum Predicatorum, ubi erant XXI fratres superius nominati, quos, ut alios supra, requisivimus et interrogavimus, et eis diximus et exposuimus que et sicut aliis supradictis. Qui, habito inter se et cum dictis IIII$^{or}$ fratribus consilio, responderunt et dixerunt quod ex causis alias dictis, videlicet quod non habent consensum Magistri sui vel majoris partis conventus, non intendunt, nec possunt, nec volunt facere procuratores aliquos, sed bene volunt quod prenominati IIII$^{or}$ fratres instanti die Martis proponant et dicant coram dictis dominis commissariis quidquid boni poterunt ad defensionem dicti ordinis, protestantes quod si dicant aliquid quod sit contra ordinem vel honorem ordinis, non habent nec habebunt ratum.

Post hec, eadem die, cum dictis IIII$^{or}$ fratribus, accessimus ad domum predictam prioris de Cornay, ubi erant fratres predicti, quos ut alios supra requisivimus et interrogavimus, et eis diximus et exposuimus que et sicut dixeramus et feceramus aliis supradictis. Qui, habito inter se et cum dictis IIII$^{or}$ fratribus consilio, responderunt id idem quod responderunt fratres inmediate precedentes, existentes in dicta domo condam episcopi Belvacensis.

Acta fuerunt hec dictis die et locis, presentibus magistro Amisio, me Floriamonte Dondedei, et aliis notariis supra ultimo nominatis, prout est superius specificatum et singulariter declaratum.

Post que, die Lune sequenti, que fuit vi dies Aprilis, ego B. Filioli, cum dicto magistro Amisio et Johanne de Fellinis notariis supradictis, et cum predictis iiii^or fratribus, accessimus ad dictam domum condam episcopi Ambianensis, ad portam sancti Marcelli, ubi erant fratres predicti, quos requisivimus et interrogavimus, ut alios supra, et eis significavimus et diximus ea que et sicut aliis predictis dixeramus. Qui, habito inter se et cum dictis iiii^or fratribus consilio, responderunt quod non intendebant, nec volebant, nec possunt facere procuratores, cum non habeant presenciam et consensum Magistri et conventus, sed ad defensionem ordinis personaliter se offert quilibet, supplicantes quod in concilio generali, vel ubicumque de statu religionis Templi tractabitur, esse possint, et qui non poterint esse per se ipsos, cum fuerint in plena libertate, ad quam petunt se restitui, procuratores constituent de fratribus sui ordinis, qui nomine ipsorum prosequentur pro defensione religionis, aliter non. Et placet eis quod crastina die prenominati iiii^or fratres proponant coram dictis dominis commissariis quidquid boni poterunt ad defensionem ordinis, et si aliquid contra utilitatem et honorem dicti ordinis facerent vel dicerent, non haberent ratum, nec volunt habere.

Postmodum, eadem die Lune, cum dictis iiii^or fratribus, accessimus ad predictam domum comitis Sabaudie, juxta eamdem portam sancti Marcelli, ubi erant xviii fratres predicti, quos requisivimus et interrogavimus, ut alios supra, et eis significavimus et diximus ea que et sicut aliis predictis dixeramus et feceramus. Qui, habito inter se et cum aliis iiii^or fratribus predictis consilio, responderunt illud idem quod prefati inmediate precedentes, existentes in dicta domo condam episcopi Ambianensis.

Post hec, cum predictis iiii^or fratribus, accessimus ad domum Stephani le Bergonho de Serena, ubi erant xii fratres predicti, quos interrogavimus et requisivimus, ut alios supra, et eis significavimus et diximus ea que et sicut aliis predictis dixeramus et feceramus. Qui, habito inter se et cum dictis iiii^or fratribus consilio, eodem modo responderunt quo et predicti existentes in domo domini episcopi Ambianensis.

Deinde, cum dictis IIII^or fratribus, accessimus ad dictam domum de Penna Vayria, ubi erant XXIII fratres predicti, quos requisivimus et interrogavimus, ut alios supra, et eis significavimus et diximus ea que et sicut aliis predictis dixeramus. Qui, habito inter se et cum dictis IIII^or fratribus consilio, responderunt idem quod predicti existentes in domo condam episcopi Ambianensis.

Postmodum, cum dictis IIII^or fratribus, accessimus ad domum Coyssoine de Braybancia, in magno vico sancti Jacobi, ubi erant VI fratres qui in congregacione predicta, facta in dicto viridario domini Parisiensis episcopi, non interfuerant, ut dixerunt, licet coram dictis dominis commissariis singulariter dixissent se velle defendere ordinem supradictum, videlicet fratres Jacobus de Clamerolis, J. de Saco, Addam de Ortaliano, Johannes de Vernolio, Galterus de Villaribus, et Jacobus de Rubeo Monte, quos interrogavimus si volebant aliquos procuratores facere seu constituere ad defensionem dicti ordinis, eisque significavimus et denunciavimus alia que et sicut aliis predictis significaveramus. Qui, habito inter se et cum dictis IIII^or fratribus consilio, responderunt illud idem quod alii predicti existentes in dicta domo condam episcopi Ambianensis.

Postmodum, eadem die, cum dictis IIII^or fratribus, accessimus ad dictam domum Guillelmi de Domonte, ubi erant IIII^or fratres superius nominati. Qui per nos interrogati et requisiti, ut aliis supra, et significatis et dictis eis que supra aliis dixeramus, habito inter se et cum predictis IIII^or fratribus consilio, responderunt id idem quod alii supra predicti existentes in domo condam episcopi Ambianensis.

Postmodum, eadem die Lune, cum dictis IIII^or fratribus, accessimus ad dictam domum ad Ocream, in vico sancti Cristofori, ubi erant XVIII fratres predicti, quos requisivimus, ut alios supra, et eis diximus et significavimus ea que et sicut aliis predictis dixeramus. Et ipsi, habito inter se et cum dictis IIII^or fratribus consilio, dixerunt et responderunt id idem quod alii inmediate precedentes.

Deinde accessimus, cum dictis quatuor, ad dictam [domum] abbatis de Latiniaco, ad portam Templi, ubi erant xi fratres predicti, quos requisivimus et interrogavimus, ut alios supra, et eis diximus et significavimus ea que et aliis predictis. Qui, habito inter se et cum dictis iiii^or fratribus consilio, dixerunt et responderunt id idem quod immediate precedentes.

Deinde accessimus, cum dictis iiii^or fratribus, ad dictam domum de Henregea, ubi erant xi fratres predicti, quos requisivimus, ut alios supra, et eis diximus et significavimus ea que et aliis predictis. Qui, habito inter se et cum dictis iiii^or fratribus consilio, dixerunt et responderunt id idem quod immediate precedentes.

Deinde accessimus, cum dictis iiii^or fratribus, ad dictam domum Richardi de Spoliis, ubi erant xliii fratres predicti, quos requisivimus, ut alios supra, et eis diximus ea que et aliis predictis. Qui, habito inter se et cum dictis iiii^or fratribus consilio, dixerunt et responderunt id idem quod immediate precedentes.

Deinde accessimus, cum dictis iiii^or fratribus, ad Templum seu domum Templi Parisiensis, ubi erant lxxiiii^or fratres predicti, quos omnes insimul congregatos, exceptis fratribus Gauberto de Manra leproso, Egidio de Fulcandi Curia, et P. de Gremelio presbitero, qui infirmati dicebantur; requisivimus et interrogavimus, ut alios supra, et eis diximus ea que et aliis dixeramus. Qui, habito inter se et cum dictis iiii^or fratribus consilio, dixerunt et responderunt id idem quod inmediate precedentes, rogantes tamen quod de hiis que per predictos iiii^or fratres dicta die crastina proponentur ibidem coram dictis dominis commissariis copiam habeant.

Deinde accessimus, cum dictis iiii^or fratribus, apud sanctum Martinum de Champis, ubi erant tredecim fratres predicti, quos omnes, excepto fratre Roberto Cavalier, qui infirmari dicebatur, requisivimus et interrogavimus, ut alios supra, et eis diximus ea que et aliis dixeramus. Qui, habito inter se et cum dictis quatuor fratribus consilio, dixerunt et responderunt id idem quod alii suprascripti existentes in domo condam episcopi Ambianensis.

Deinde accessimus, cum dictis IIII$^{or}$ fratribus, ad domum de Claravalle in vico sancti Martini, ubi erant XI fratres ex hiis qui fuerant in dicto viridario, videlicet fratres Guillelmus de Givresoy, Hugo nepos suus, Johannes de sancto Leonardo, Guillelmus Brinatz, Guillelmus Rossini, Bosso Cocca, Gubertus la Porta, Stephanus de Gardia presbiter, Guillelmus Spinassa, P. de Vernegia et P. de Brolio, quos requisivimus et interrogavimus, ut alios supra, et eis diximus ea que et aliis dixeramus. Qui, habito inter se et cum dictis IIII$^{or}$ fratribus consilio, dixerunt et responderunt id idem quod alii suprascripti inmediate precedentes, requirentes tamen quod cum prefatis IIII$^{or}$ fratribus crastina die Martis compareant, et sit dictus frater Guillelmus de Givresoy ad proponendum quidquid boni poterunt pro ordine Templi.

Deinde ivimus, cum dictis IIII$^{or}$ fratribus, ad dictam domum Nicolai Odree, ubi erant X fratres predicti, quos requisivimus, ut alios supra, et eis diximus id quod et aliis dixeramus. Qui, habito inter se et cum dictis IIII$^{or}$ fratribus consilio, dixerunt et responderunt id idem quod inmediate precedentes, in domo domini episcopi Ambianensis.

Deinde accessimus, cum dictis IIII$^{or}$ fratribus, ad dictam domum Roberti Anuerdei, ubi erant VII fratres predicti, quos requisivimus, ut alios supra, et eis diximus ea que et aliis dixeramus. Qui, habito inter se et cum dictis IIII$^{or}$ fratribus consilio, dixerunt et responderunt id idem quod inmediate precedentes.

Post hec, eadem die Lune post prandium ego Floriamons Dondedei, cum dictis magistro Amisio, B. Filioli et Johanne de Fellinis notariis suprascriptis, ivimus cum dictis IIII$^{or}$ fratribus ad dictam domum Johannis Bosselli in Gravia, ubi erant XXVIII fratres predicti, quos omnes insimul congregatos requisivimus et interrogavimus, ut alios supra, et eis diximus que et aliis dixeramus. Qui, habito inter se et cum dictis IIII$^{or}$ fratribus consilio, responderunt quod non intendebant, nec volebant, nec possunt facere procuratores, cum non habeant presenciam vel consensum Magistri et conventus, sed ad defensionem ordinis personaliter se offerunt quilibet, supplicantes quod in concilio generali, vel ubicumque de statu religionis tractabitur, esse possent; et qui non poterint interesse per se ipsos, cum fuerint in plena libertate, ad quam petunt se restitui, procuratores constituent de fratribus sui ordinis, qui nomine ipsorum prosequantur defensionem religionis, aliter non; et placet eis quod dicti iiii<sup>or</sup> fratres R. de Pruino, P. de Bononia, Guillelmus de Chambonnet et Bertrandus de Sartiges, cras et alias, quandocumque, proponant coram dictis dominis commissariis quidquid boni poterunt ad utilitatem et honorem ordinis, et si quid contra dictum ordinem vel ejus statum et honorem dicerent, non ratum haberent, nec habere vellent.

Deinde accessimus cum dictis iiii<sup>or</sup> fratribus ad dictam domum de Prulhiaco, ubi erant xxvii fratres predicti, quos requisivimus et interrogavimus, ut alios supra, et eis diximus ea que et aliis dixeramus. Qui, habito inter se et cum dictis iiii<sup>or</sup> fratribus consilio, responderunt id idem et eodem modo quo et alii inmediate precedentes, qui erant in domo Johannis Rosselli.

Deinde accessimus cum dictis iiii<sup>or</sup> fratribus ad dictam domum Johannis de Chamis, ubi erant vii fratres predicti, quos requisivimus et interrogavimus, ut alios supra, et eis diximus que et aliis dixeramus. Qui, habito inter se et cum dictis iiii<sup>or</sup> fratribus consilio, responderunt id idem quod inmediate precedentes.

Deinde accessimus cum dictis iiii<sup>or</sup> fratribus ad domum predictam dicti Blavoti, ubi erant xiii fratres predicti, quos requisivimus et interrogavimus, ut alios supra, et eis diximus que et aliis dixeramus. Qui, habito inter se et cum dictis iiii<sup>or</sup> fratribus consilio, responderunt id idem quod inmediate precedentes.

Deinde ivimus cum dictis iiii<sup>or</sup> fratribus ad dictam domum Guillelmi de Montilhiaco, ubi erant ix fratres predicti, quos requisivimus et interrogavimus, ut alios supra, et eis diximus ea que et aliis dixeramus. Qui, habito inter se et cum dictis iiii<sup>or</sup> fratribus consilio, responderunt id idem quod fratres existentes in domo Johannis Rosselli.

Post hec, venimus cum dictis IIII^or fratribus ad dictam domum abbatis de Tyronio, ubi erant VIII fratres predicti, quos requisivimus et interrogavimus, ut alios supra, et eis diximus ea que et aliis dixeramus; qui, habito inter se et cum dictis IIII^or fratribus consilio, responderunt id idem quod inmediate precedentes, qui erant in domo Johannis Rosselli.

Eadem vero die Lune in mane, nos B. Umbaldi, Hugo Nicolai, Guillelmus Radulphi et Johannes Loueti notarii predicti, accessimus ad dictam domum abbatis sancti Maglorii, ubi erant XII Templarii, de quibus fratres Egidius de Perbona et Nicolaus Versequi, pro se et aliis, ut dixerunt, comparuerunt die Veneris supradicta coram dominis commissariis antedictis, et sicut per dictos dominos commissarios dicta die fuerat ordinatum, petivimus ab eis si habebant ratum et firmum illud quod dictum et propositum fuit coram dictis dominis commissariis dicta die Veneris proximo precedenti per fratrem Johannem de Monte regali et dictos fratres Egidium et Nicolaum Versequi. Qui responderunt quod volebant audire articullos tunc traditos ad defensionem dicti ordinis et lectos per dictum fratrem Johannem. Quibus fratribus legimus articullos supradictos; quibus lectis, responderunt omnes quod ratum et firmum habebant quidquid dictum et factum fuit per dictos fratres, die Veneris antedicta.

Post hec, eadem die Lune, nos IIII^or notarii predicti proximo accessimus ad dictam domum Nicolai Odree in vico Predicatorum, ubi detinebantur X fratres predicti, quorum frater Adam de Inferno dicta die Veneris comparuerat pro se et aliis, ut dicebat, coram dictis dominis commissariis, et petivimus ab aliis si dictus Adam comparuerat ibidem pro se et aliis fratribus predictis et de mandato eorum. Qui responderunt quod sic, et quod ea que ibi proposita fuerunt ad defensionem dicti ordinis, rata habent et firma.

Post hec, eadem die Lune, nos IIII^or notarii predicti accessimus ad dictam domum de Ocrea, ubi detinebantur XIII Templarii predicti, quorum duo, scilicet fratres Radulphus de Compendio et Johannes de Frayvilla predicti, dicta die Veneris comparuerant pro se et aliis, ut dicebant, coram dictis dominis commissariis, et petivimus ab eis si dicti fratres Radulphus et Johannes ibidem comparuerant pro se et aliis fratribus predictis et de mandato eorum; qui responderunt quod sic, et quod ea que ibi proposita fuerunt ad defensionem ordinis rata habent et firma.

Post hec, eadem die Lune, nos IIII<sup>or</sup> notarii predicti accessimus ad dictam domum Roberti Anuerdei, ubi detinebantur VII Templarii predicti, quorum unus, scilicet frater Radulphus de Taverniaco predictus, prefata die Veneris comparuerat, ut dicebat, coram dictis dominis commissariis, et petivimus ab eis si dictus frater Radulphus ibidem comparuerat pro se et aliis fratribus predictis et de mandato eorum. Qui responderunt quod sic, et quod ea que ibi proposita fuerunt ad defensionem dicti ordinis, rata habent et firma. Acta fuerunt hec, predictis die et locis, presentibus magistro Amisio predicto, me Floriamonte Dondedei, et ceteris notariis suprascriptis, prout est superius declaratum.

Post hec, die Martis sequenti, que fuit VII dies mensis Aprilis in mane, ego Floriamons Dondedei, Bernardus Filioli et Guillelmus Radulphi notarii predicti, una cum IIII<sup>or</sup> fratribus antedictis, accessimus ad predictam domum de Ocrea prope crucem del Turuol, ubi erant fratres predicti, et, sicut supra, requisivimus eos si fecerant vel facere volebant aliquos procuratores ad defensionem dicti ordinis, et eis significavimus ex parte dictorum dominorum commissariorum quod, quidquid vellent dicere et proponere ad defensionem sui ordinis, hac presenti die per dictos IIII<sup>or</sup> fratres vel alios mitterent vel mandarent dictis dominis commissariis, nam ipsi parati erant recipere si et quantum de jure deberent, et quod nichilominus dicta die presenti dicti domini commissarii procederent et procedere intendebant in dicto negocio, prout esset de jure. Qui habito inter se et cum dictis IIII<sup>or</sup> fratribus consilio, dixerunt et responderunt id idem quod alii supradicti existentes in domo condam episcopi Ambianensis, videlicet quod non intendebant, nec volebant, nec possunt facere procuratores, cum non habeant presenciam vel consensum Magistri et conventus; sed ad defensionem ordinis personaliter se offert quilibet, supplicans quod in concilio generali, vel ubicumque de statu religionis tractabitur, esse possint, quia qui non poterunt esse per se ipsos cum fuerint in plena libertate, ad quam petunt se restitui, procuratores constituent de fratribus sui ordinis, qui nomine ipsorum prosequentur ad defensionem religionis; aliter non. Et placet eis quod hac presenti die prefati iiii$^{or}$ fratres R. de Pruino, P. de Bononia, G. de Chambonnet et Bertrandus de Sartiges proponant coram dictis dominis commissariis quidquid boni poterunt ad defensionem dicti ordinis, et si aliquid contra utilitatem et honorem dicti ordinis facerent vel dicerent, non haberent ratum, nec habere vellent.

Deinde accessimus una cum predictis iiii$^{or}$ fratribus ad dictam domum Johannis le Grant, ad portam sancti Eustachii, ubi detinebantur xxxv fratres predicti, quos omnes insimul congregatos requisivimus et interrogavimus, ut alios supra inmediate precedentes, et eis diximus et significavimus ea que et aliis inmediate precedentibus dixeramus. Qui, habito inter se et cum dictis iiii$^{or}$ fratribus consilio, dixerunt et responderunt id idem quod inmediate precedentes, hoc addito quod placet quod hac die et alias quandocumque dicti iiii$^{or}$ fratres proponant coram dictis dominis commissariis quidquid boni poterunt ad defensionem dicti ordinis, et si aliquid contra utilitatem et honorem dicti ordinis facerent vel dicerent, non haberent ratum, nec habere vellent.

Deinde venimus ad domum Guillelmi de Latingi in quadrivio Guilhore, ubi erant iiii$^{or}$ fratres, videlicet fratres Drago de Cortalda, Ber. de Montepessato, Guillelmus de Noers, Arnaudus Guillelmi de Lon, quos requisivimus et interrogavimus, ut alios inmediate precedentes, et eis diximus et significavimus que et aliis inmediate precedentibus dixeramus. Qui, habito inter se et cum dictis iiii$^{or}$ fratribus consilio, dixerunt et responderunt id idem et eodem modo quod alii inmediate precedentes.

Post hec, ipsa die Martis, vii die videlicet mensis Aprilis, redivimus ad capellam predictam, aule episcopali adherentem, et ibidem comparuerunt coram omnibus predictis dominis commissariis prefati fratres Raynaldus de Pruino et P. de Bononia presbiteri, ac fratres Guillelmus de Chambonnet, Bertrandus de Sartiges et Guillelmus de Fuxo milites, fratres Johannes de Monte regali, Matheus de Cresson Essart, Johannes de sancto Leonardo et Guillelmus de Givrisaco, pro se et aliis omnibus fratribus supradictis qui ad defensionem dicti ordinis se obtulerant, et pro se et aliis fratribus predictis exhibuerunt in presenciam dominorum commissariorum predictorum quamdam cedulam; et eam legit frater P. de Bononia prefatus, de mandato aliorum fratrum predictorum ibidem presencium, cujus tenor sequitur in hunc modum:

Coram Vobis reverentibus patribus et commissariis datis per dominum summum Pontificem ad inquirendum de statu religionis Templi super quibusdam articulis orendis, datis contra ordinem Templi, proponunt et dicunt infrascripti fratres ejusdem ordinis, non animo litem contestandi, sed simpliciter respondendo, quod procuratores constituere non possunt, nec debent, nec eciam volunt, absque presencia, consilio et assensu sui Magistri et conventus in tanta causa, cum hoc de jure non possint, nec debeant.

Item, quod offerunt se omnes, personaliter, generaliter et singulariter, ad defensionem religionis, et petunt et supplicant esse in concilio generali per se ipsos, et ubicumque tractabitur de statu religionis.

Item, dicunt quod cum erunt in plena libertate, intendunt omnino, si poterunt, ire; qui vero non poterunt, committere vices suas, vel constituere procuratores de fratribus ipsius ordinis, qui nomine eorum et suo negocium hujusmodi prosequantur.

Item, concesserunt et commiserunt fratribus Reginaldo de Pruino, P. de Bononia presbiteris, Guillelmo de Chambonnet et Bertrando de Sartiges fratribus militibus, quod possint producere, porigere, dicere et dare in scriptis vobis suprascriptis, reverentibus patribus, omnia jura, omnes allegaciones et argumenta bona que faciunt et possunt facere ad defensionem, statum et honorem religionis predicte, et si quid porrigerent vel dicerent quod posset in prefate religionis prejudicium vel dispendium redundare, nullo modo consenciunt, sed petunt et volunt quod omnino sit irritum et inane.

Item, protestantur quod si aliqua dixerunt fratres Templi, dicunt vel dixerint in futurum, quamdiu erunt carcerati, contra se ipsos et ordinem Templi, non prejudicent ordini predicto; cum notorium sit quod coacti et compulsi, aut corupti prece, precio vel timore, dixerunt vel dicent, et protestantur quod de predictis docebunt suo loco et tempore; cum plena securitate gaudebunt et ad plenum fuerint in integrum restituti.

Item, petunt quod omnes fratres dicti ordinis, qui, relicto habitu seculari, conversantur inhoneste in opprobrium dicte religionis et Ecclesie sancte, ponantur in manu Ecclesie, sub fida custodia, donec cognitum fuerit utrum falsum vel verum perhibuerint testimonium.

Item, petunt, supplicant et requirunt quod, quandocumque fratres aliqui examinabuntur, nullus laycus intersit qui eos possit audire, vel alia persona de qua possint merito dubitare, nec pretextu alicujus terroris vel timoris, falsitas possit exprimi vel veritas occultari, quia omnes fratres generaliter sunt tanto timore et terrore percussi; quod non est mirandum quodam modo de hiis qui menciuntur, sed plus de hiis qui sustinent veritatem, videndo tribulaciones et angustias quas continue veridici patiuntur, et minas et contumelias et alia mala que cotidie sustinent, et bona, comoda et delicias ac libertates quas habent falsidici, et magna promissa que sibi cotidie fiunt. Unde mira res et forcius stupenda omnibus quod major fides adhibeatur mendacibus illis qui sic corupti talia testificantur ad utilitatem corporum, quam illis [qui] tanquam Christi martires, in tormentis pro veritate sustinenda cum palma martirii decesserunt, et eciam quod majori et saniori parti vivencium [qui] pro ipsa veritate sustinenda, sola urgente consciencia, tot tormenta, penas, tribulaciones et angustias, improperia, calamitates et miserias passi fuerunt et in carceribus cotidie paciuntur.

Item, dicunt quod extra regnum Francie nullus in toto terrarum orbe reperietur frater Templi, qui dicat vel qui dixerit ista mendacia, propter quod satis patet quare dicta sunt in regno Francie, quia qui dixerunt, corupti timore, prece vel precio testificati fuerunt.

Ad defensionem religionis respondent et dicunt simpliciter quod religio Templi in caritate et amore vere fraternitatis tradita et fundata fuit, et est (ad honorem Virginis gloriosse, matris Domini nostri Jhesu Christi, ad honorem et defensionem Ecclesie sancte et tocius fidei Christiane, et ad expugnacionem inimicorum crucis, hoc est infidelium, paganorum seu Saracenorum ubique, et presertim in terra sancta Jerosolimitana, quam ipse Dei filius moriendo pro nostra redempcione sanguine proprio consecravit) religio sancta, munda et immaculata apud Deum et patrem; hoc est ab omni labe et ab omni sorde quorumlibet viciorum, in qua semper viguit et viget regularis institucio et observancia salutaris, et talis per sedem apostolicam approbata, confirmata et multis privilegiis decorata.

Quicumque religionem ipsam ingreditur, promittit IIII$^{or}$ substancialia, videlicet obedienciam, castitatem, paupertatem et se totis viribus exponere servicio Sancte Terre, hoc est ad ipsam terram sanctam Jerosolimitanam adquirendam et adquisitam, si Deus dederit graciam adquirendi, conservandam, custodiendam et defendendam pro posse; recipitur ad honestum osculum pacis, et habitu recepto cum cruce quam perpetuo defferunt circa pectus, ob reverenciam crucifixi pro nobis, in sue memoriam passionis, regulam et mores antiquos, eis traditos ab ecclesia Romana et sanctis Patribus, servare docetur.

Et hoc est omnium fratrum Templi communiter una professio, que per universam orbem servatur, et servata fuit per omnes fratres ejusdem ordinis, a fundamento religionis usque ad diem presentem. Et quicumque aliud dicit, vel aliter credit, errat totaliter, peccat mortaliter, et omnino discedit a tramite veritatis.

Unde super articulis datis contra religionem inhonestis, oribilibus et orendis et detestandis, tamquam inposibilibus et turpissimis, dicunt quod articuli illi sunt mendaces et falsi, et quod illi qui suggesserunt illa mendacia tam iniqua et falsa domino nostro summo Pontiffici et serenissimo domino nostro Regi Francorum, sunt falsi Christiani, vel omnino heretici, detractores et seductores Ecclesie sancte et tocius fidei Christiane, quia zello cupiditatis et ardore invidie moti, tamquam impiissimi scandali seminatores, quesierunt apostatas seu fratres fugitivos ab ordine Templi, qui propter eorum scelera, tanquam morbide pecudes, abjecti fuerunt ab ovili, hoc est a fratrum congregacione, adinvenientes et fabricantes una cum eis illa scellera et orenda mendacia que ipsis fratribus et ordini falso fuerunt imposita, seducentes eosdem, ita quod ad eorum suggestionem omnes quotquot poterant inveniri, querebant et adducebant, monebant et informabant super ipsis mendaciis referendis domino Regi et ejus consilio, ita quod, quantumcumque de diversis mundi partibus adducerentur, ita subornabantur et ducebantur super istis criminibus quod omnes conveniebant in idem. Propter quod predicti domini Regis et sui consilji animos inducebant ad credendum predicta. Nam credebant quod ex vicio religionis et fratrum procederent ea que dicebant, que ex malicia suggerentium et subornancium procedebant.

Ex quibus omnibus tanta postmodum periculla processerunt, ut de capcione, spoliacione, tormentis, occisionibus et coaccionibus predictorum fratrum, qui per penas mortis coacti, prout a satellitibus edocti confitebantur contra conscienciam, et cogebantur ista facinora confiteri, quia predictus dominus Rex, ita deceptus a seductoribus illis, dominum Papam super predictis omnibus informavit, et sic dominus Papa et dominus Rex per falsas sugestiones decepti fuerunt.

Item, dicunt quod via vobis tradita, videlicet ex officio, de jure procedere non potestis, cum super articulis illis ante capcionem ipsorum diffamati non essent, nec contra ordinem fama publica laboraret, et hoc certum sit nos et ipsos in loco tuto non esse, cum sint continue et fuerint in potestate suggerencium falsitatem domino Regi, quia cotidie, per se vel per alios, monent et suadent, per verba, nuncios et litteras, ne a falsis deposicionibus, extortis metus causa, recedant, quia si recesserint, pro ut dicunt, comburentur omnino.

Item, dicunt quod fratres ejusdem ordinis qui ea dixerint vel confessi fuerunt, propter tormenta vel timore tormentorum dixerunt, et quod libenter redirent, si auderent; sed tot et tantis terroribus sunt percussi et perteriti, quod non audent, propter minas eis illatas cotidie. Unde supplicant quod in examinacione ipsorum talis et tanta securitas eis detur, quod absque terrore possint ad veritatem redire.

Hec omnia protestantur et dicunt, salvis semper omnibus defensionibus datis et dandis per quoscumque fratres Templi singulariter, specialiter vel generaliter, nunc et in futurum, ad defensionem et favorem religionis predicte, et si qua data fuerunt prolata, vel lata vel dicta, que possent in dampnum vel prejudicium dicti ordinis redundare, sunt omnino cassa et irrita et nullius valoris.

Item, prefatus frater Johannes de Monte regali, qui alias quamdam aliam cedulam suprascriptam tradiderat et legerat eisdem dominis commissariis, tradidit et legit ibidem, addendo cedulle suprascripte, in presenciam eorumdem dominorum commissariorum, pro se et aliis fratribus dicti ordinis cum eo in dicta domo Ricardi de Spoliis detentis, quamdam aliam cedulam, ad defensionem dicti ordinis, cujus tenor talis est:

« Item, proposent li frere de dot ordre del Temple que alcunas falsas conffessions, senblables a vertet, sont estues fates pour alcus freres del dit ordre, per forsa de tormens que lor fasia la cort temporal, et apres a cautela les mitan em poder dels enquiriors e deus ordinaris, las cals so faitas contra la vertu de lors privileges en prejudici del dit ordre; sunt exemps e gausisso de privilegit special que non devo pont parer devant nul juge ecclesiastre ni secular, si non davant nostre sire le Pape, o davant cel que el comandara en cel offici; per que requerent li frere desus dit que las dites falsas conffessions, faytas forsadamens, sian anullatas per nostre segnor le Pape, come celas que so faitas en prejudici del dit ordre.

« Item, propousam que nul frere del dit ordre del Temple non pot confessar causa falsa que sia prejudicials a l'ordre davan cil que persone que sia per razo de lors privileges, als cals nul frere ne puet renunciar per si vers le mastre de l'ordre.

« Item, propossan que si dit maistre o autre personas singulars an confessadas menssognas non prejudice a l'ordre, devant cal que persone l'aian confesada, per raus de privilege del dit ordre, le cals so autreyaez en favor de tot l'ordre, per que nul frere n'i pot renunciar per si ni far le dan de la religio en prejudici del dit ordre, per que li frere requiere que que otas las falsas confessios sian anullatas de las singulars personas per nostre segnor le Pape.

« Item, propossan que lis freres capellans del dit ordre del Temple sanctificant ben et dignament le cor de Jhesu Christ e segon la fe catholica de Roma ansi que se pot trobar per religiosas personas et per capellans et per diaques que lor aministravon a l'autar.

« Item, propossant que en temps de pape Bonefaci I frere cavaler de la lenga de Fransa que auria nom frere P. de Sencio, per sa defauta ac congie de la religion e letra que ponges s'arma salvar en autra, le cal frere s'en ane al Pape et als cardenals et supplique al Pape que sa religion que avia perduda per sa defauta li fos redunda, si que nostre segnor le Pape mande per sas litteras al commandor de Pola que l'ordre li rendes, salva la justicia de la dit ordre, la cal justicia era de I an et jor mangar en terra, et aisi le dit chervalier cobre son abit; per que dizo li frere deu Temple que sil chavalier saubes nulla malvastat en l'ordre, il ne eusse torné en sa deta religion.

« Item, propossan li frere del dit ordre que il prendran cenres le premier jors de careme, vecent totas gens, ansi que fizes Crestians de Nostre Senhor, per las mans del capelan.

« Item, propousan li frere del dit ordre que cant le Sasfet fou pris, el Souda se fe venir devant IIII$^{xx}$ freres del Temple et lor dis ansi coma a presoniers que il reneguesse Dieu Jhesu Christ lor creator en pena de las testas, les cals freres no volgio Dieu renegar, ans en aisi touz perdero las testes per la fe de Dieu; per que dison li Templer que s'ils dis freres fosse tels que om lor met desus, foran delivres per celas guissa.

« Item, propossan li dit freres que la glesa lors es entredita a grant tort, per que requero humelment e devota a vos autres senhors et a nostre segnor le Pape, que la devant dita gleisa am sas drecturas lor sias reduda, comme a fizels Crestians Nostre Senchor.

« Item, requere li dit frere a vos autres senhors licencia et oportunitat de venir a vostre concili le cals deves tenir, por allegar lor dreit en aysi quon devran ni razo requerra. »

Quibus cedulis lectis et per dictos dominos commissarios auditis, ad aliqua que ipsi (tam extra cedulas quam in cedulis seu rotulis) dixerant dicti fratres coram eis, responderunt ipsi domini commissarii quod ipsi eos capi non fecerant nec bona eorum, et quod ipsi in prisione domini Pape et bona ordinis in manu ipsius et Ecclesie existebant; unde non potterant liberare eorum personas, nec bona predicta eis restituere, nec debebant.

Item, quia dicebant se non esse diffamatos, responderunt eis prefati domini commissarii quod inmo magna infamia contra eos fuerat et erat, ut apparet per bullam domini nostri Pape, et quod de infamia priusquam de aliis articulis inquirere debebant, secundum tenorem littere apostolice, eis misse.

Item, ad hoc quod dicebant quod ordinarii vel inquisitores generales heretice pravitatis non potuerunt inquirere contra eos, propter privilegia ordini suo concessa, et ideo confessiones facte coram eis non valebant nec debebant in aliquo prejudicare, responderunt dicti domini commissarii quod in jure contrarium est cautum, quantum ad crimina que heresim sapiebant, et potissime prelati inquisitores, auctoritate apostolica et ordinaria auctoritate juris hoc approbantis, processerant et procedere potuerunt, licet de eorum processibus non agatur ad presens.

Item, ad id quod dicebant de majori Magistro ordinis predicti, responderunt quod idem Magister vocatus per eos pluries et requisitus an vellet defendere dictum ordinem, si vellent ipsum admittere, responderat eis quod non coram eis, quia reservatus per dominum Papam, et quando esset cum eo, diceret quod sibi videretur, prout responsio dicti Magistri supra plenius continetur.

Item, ad multa alia que ipsi fratres a dictis dominis commissariis petebant, tam in scriptis quam sine scriptis, responderunt quod non extendebat se potestas eorum ad illa, sed rogarent libenter illos ad quos pertinebant quod bonum quod possent facere dictis fratribus facerent, et curialiter et humaniter tractarent eosdem, secundum ordinacionem et injunctionem reverendi patris domini P. divina Providencia episcopi Penestrini, qui ex commissione domini Pape habet custodiam eorumdem. Et hiis dictis, dicti domini commissarii dixerunt eisdem fratribus pro se et aliis quod procedere volebant, et agrediebantur negocium inquisicionis faciende super articulis a domino Papa sibi missis, secundum traditam eis formam, offerentes et dicentes eisdem quod quocienscumque, eciam usque ad inqueste conclusionem, aliquid vellent dicere vel proponere ad defensionem ordinis, ipsi parati erant recipere, et reciperent, et ponerent in inquesta, et facerent quod deberent.

Acta fuerunt hec predictis die et locis, presentibus ad ea que fuerunt facta in dicta capella magistro Amisio supradicto, me Floriamonte Dondedei et aliis notariis predictis, prout est superius declaratum.

Post que, die Sabati sequenti ante Ramos palmarum, que fuit XI dies mensis Aprilis, convenerunt in dicta capella supradicti domini archiepiscopus Narbonensis, Bajocensis, Mimatensis et Lemovicensis episcopi, Matheus de Neapoli et archidiaconus Magalonensis, (domino archidiacono Tridentino se quoad hodiernam diem legitime excusante) et ibidem supradicti domini commissarii deliberaverunt inter se quod prefati fratres P. de Bononia procurator ordinis Templi, ut dicitur, in curia Romana, R. de Pruino presbiteri, Guillelmus de Chambonnet et Bertrandus de Sartiges milites, qui una cum quibusdam aliis fuerant communiter nominati a fratribus qui se obtullerant ad defensionem ordinis supradicti, et de voluntate eorumdem fratrum proposuerant et in scriptis reddiderant aliqua coram predictis dominis commissariis pro ipsis fratribus et ad defensionem ordinis supradicti, sicut apparet per processum superius factum, vocarentur ad presenciam dictorum dominorum commissariorum et per eos deputarentur, cum videretur eisdem dominis commissariis, ut dicebant, quod essent ceteris ydoniores ad videndum jurare testes de quibus videretur eisdem dominis commissariis quod periculum non immineret eisdem, et ad faciendum alia processum ipsorum dominorum commissariorum continencia que essent consentanea racioni, quando et prout eisdem dominis commissariis videretur faciendum, non intendentes propter hoc dicti domini commissarii, ut dixerunt, recipere dictos iiii$^{or}$ fratres ut defensores ordinis pro se et aliis memoratis fratribus qui se ad defensionem obtulerunt supradictam, vel ut partem facientes in negocio isto, vel ut instructores, nisi si et in quantum admittendi essent de jure. Que omnia fuerunt iidem domini commissarii protestati, adductis ad eos et presentibus iiii$^{or}$ fratribus memoratis, et hoc mandaverunt redigi in processum.

Quibus peractis, fuerunt adducti ad presenciam eorumdem dominorum commissariorum per predictos prepositum Pictavensem et Johannem de Janvilla, custodes dictorum Templariorum, ad ferendum testimonium in negocio isto et super articulis de quibus inquirendum est, infrascripti qui, presentibus et videntibus supradictis iiii$^{or}$ fratribus, juraverunt singulariter singuli, sacrosanctis Evangeliis per eos manu tactis, dicere predictis dominis commissariis totam, plenam et meram veritatem quam sciunt vel credunt, de articulis a sede apostolica missis super quibus inquirendum est et contingentibus articulos memoratos, et quod meram, puram et plenam veritatem dicent, non immiscentes aliquid falsitatis, quod eciam dicent veritatem predictam tam contra ipsum ordinem quam pro ipso ordine, et quod nec prece, nec precio, nec amore, nec timore, nec privato odio, nec pro comodo temporali quod habuerunt, vel habeant vel habere sperent, testimonium dicent, ordinantes iidem domini commissarii predictam juramenti formam servandam esse in recepcione omnium qui in hoc negocio recipientur ut testes. Dicti vero iiii<sup>or</sup> fratres protestati fuerunt quod sit eis jus salvum ad dicendum in personis [sic] et dicta predictorum testium, dictique domini commissarii responderunt quod, quantum esset de jure, volebant ad hoc jus eis esse salvum.

Nomina vero dictorum testium qui dicta die Sabati, ut predictum est, juraverunt sunt hec, videlicet Johannes de Scivriaco Senonensis diocesis, et magister Johannes de Fallegio presbiteri, in seculari habitu existentes, et dicentes se fratres dicti ordinis.

Item, fratres Johannes de Juvenii, et Johannes de Capricordio Belvacensis diocesis, portantes habitum et mantellos dicti ordinis.

Item, Johannes Thaiafer et Hugetus de Buris Lingonensis, et Guaufredus Thantan Turonensis, et Johannes Anglicus Londoniensis diocessium, dicentes se esse fratres dicti ordinis, et habentes barbam ad modum Templariorum, mantellos tamen portabant in manibus, et eos coram dictis dominis commissariis projecerunt, dicentes quod de cetero nolebant eos portare nec habitum Templi; sed dicti domini commissarii dixerunt eis quod eos non dimiterent ibi, nec de eorum mandato, seu consilio, sed extra facerent quidquid vellent.

Item, Nicolaus de Capella, et Johannes de Bollena Senonensis, Johannes de Cathalona, Arnulphus de Marnayo, Robertus de Layme et Johannes de Valle Bruandi Lingonensis, Henricus de Landesi Laudunensis, Galterus de Belna Eduensis, Johannes de Henesi Belvacensis, Guillelmus de sancto Suppleto Meldensis, P. de Montont Parisiensis, et Girardus de Passagio Metensis diocessium, dicentes se esse Templarios et habebant barbas ad modum Templariorum, excepto dicto G. de Passagio, mantellos tamen ordinis non portabant.

Item, magister Radulphus de Praellis juris peritus Laudunensis diocesis, domini Guizardus de Masiaco et Johannes de Vassegio milites, et Nicolaus Symonis armiger seculares. Post hec magister R. deposuit ut sequitur.

Magister Radulphus de Praellis, dioecesis Laudunensis, juris peritus, advocatus in curia regia, testis juratus, secundum formam superius positam, existens in presencia dictorum dominorum commissariorum, visis et lectis per eum articulis missis eisdem dominis commissariis a sede apostolica, super quibus inquirendum est, requisitus a dictis dominis commissariis quod diceret eis si qua sciebat de contentis in articulis supradictis vel de pendentibus ex eisdem, dixit et deposuit, sub juramento prestito per eundem, prout sequitur, quod scriptum fuit ad dictamen ejusdem, videlicet, quod tempore quo morabatur apud Laudunum, quidam Templarius, vocatus frater Gervasius de Belvaco, tunc rector domus Templi de Laduno, multum familiaris ejusdem magistri Radulphi, dixit eidem magistro Radulpho sepe et sepius et in presencia plurium ita quod per IIII$^{or}$ vel v vel vi annos ante capcionem Templariorum plusquam centies, quod in ordine Templariorum erat quidam punctus, ita mirabilis et ita precipiebatur cellari, quod idem Gervasius ita cito vellet caput suum amputari quam vellet ipsum punctum per se revelare, dum tamen sciri posset, quod ipse revelasset. Dixit eciam, quod eodem modo dixit sibi dictus frater Gervasius, quod eciam in capitulo generali Templariorum, erat quidam punctus adeo secretus, quod si idem magister R. illum punctum videret, quocumque infortunio, sive eciam Rex Francorum videret, non obstante metu et pena quibuscumque, ipsum videntem tenentes capitulum pro posse suo interficerent, neminis quandocumque auctoritati deferentes. Dixit eciam pluries idem frater Gervasius eidem magistro R. quod habebat quemdam librum parvulum, quem bene ostendebat, de statutis sui ordinis, sed alium secretiorem habebat, quem, pro toto mundo, non hostenderet. Rogavit eciam idem Gervasius dictum magistrum R., ut sibi procuraret erga magnos de ordine suo, quod posset accedere ad capitulum generale dicti ordinis, et quod si posset ad dictum capitulum accedere, non dubitabat quin efficeretur tam cito magnus magister in ordine. Et procurato ab eodem magistro R. quod ad dictum capitulum accederet, post ejus eggressum, dixit idem magister R. quod vidit ipsum in magna auctoritate, et quod alii magni de ordine et potentes ipsum auctorizabant, sicut predixerat idem frater Gervasius.

Requisitus super omnibus aliis articulis supradictis, dixit quod nihil scit, excepto articulo qui loquitur de conpulsione et coactione per carcerem, quam faciebant fratribus suis inobedientibus; dixit quod pluries audivit ab eodem fratre Gervasio et pluribus aliis quod de alio carcere ita atrosce non audiverat loqui sicut de carceribus ordinis sui, et quidquid precipiebatur a preceptoribus suis parere tenebatur; qui vero in contrarium resistebat, eidem carceri eciam usque ad mortem inhumaniter ponebatur. Requisitus, qui erant presentes, quando dicta verba per dictum fratrem Gervasium dicebantur eidem, dixit quod magister Jacobus de Nuliaco, Nicholaus Symonis, Addam de Calandriaco, clerici tunc apud Laudunum commorantes. Requisitus de loco, dixit quod apud Laudunum, aliquando in domibus Templi loci predicti quas tenebat idem frater Gervasius, et aliquando in domo in qua morabatur ibidem magister R. prefatus. Super articulis autem predictis, visis et lectis per eum, dixit quod nihil aliud sciebat nec audiverat, ante capcionem fratrum dicti ordinis, quam illud quod supra dixerat. Interrogatus de etate sua, dixit quod erat quadragenarius vel circa. Item requisitus si prece, precio, timore, amore, odio vel temporali comodo deposuit, respondit quod non.

Item, eadem die Sabati, in capella prefata, Nicolaus Symonis Domizellus, Senonensis diocesis, prepositus monasterii Fassatensis, litteratus, etatis, ut dixit, XL annorum vel circa, testis juratus secundum formam suprapositam et requisitus super dictis articulis sibi lectis, respondit sub juramento suo, quod nihil scit de veritate dictorum articulorum, sed suspicatur dictam religionem non esse bonam. Requisitus de causa suspicionis, respondit quod sunt XXV anni vel circa, quod Janotus dictus de Templo avunculus suus venerat de Aragonia cum fratre Arnulpho de Visinalla milite ordinis predicti, et fuit dicto Johanni qui nutritus fuerat in dicto ordine Templi persuasum et requisitum pluries quod intraret dictum ordinem, et noluit intrare. Item, ex eo, quia audivit pluries quod quidam Templarius nomine Gervasius, de quo deposuit magister Radulphus de Praellis, habebat quemdam librum, continentem plura statuta dicti ordinis que videbantur isti testi satis bona, cui Gervasio [sic] dixit isti testi : Alia sunt statuta in ordine nostro quam sint ista. Et idem frater Gervasius dicebat quasi gemendo quod erant alia puncta in dicto ordine que non auderet alicui revelare, et si revellaret, haberet de hoc multum pati. Requisitus ubi hoc audivit, dixit quod apud Laudunum in domo Templi quam idem Gervasius tenebat. Requisitus quando hoc audivit, dixit per duos annos vel circa ante capcionem Templariorum. Requisitus de astantibus, dixit quod aliquociens erat solus, quando hoc eis dicebat, et aliquociens erat presens magister Radulphus de Praellis et Jacobus de Nuliaco clerici tunc apud Laudunum commorantes. Item, dixit se suspicari predicta, quia bene sunt IIII$^{or}$ anni vel circa quod, mortua uxore sua, ipse testis affectans intrare ordinem Templi et habere unam domum dicti ordinis propinquam domui quam tenebat, idem frater Gervasius rogavit ipsum Gervasium, quod procuraret predicta, quia ipse Nicolaus habebat satis de pecunia et esset eis bene, et dictus Gervasius respondit : « Ha! ha! il i auriaye trop à faire. » Requisitus, si plura sciebat super predictis, dixit quod non. Requisitus, si sic deposuit prece, precio, amore, timore, odio vel temporali comodo, dixit quod non.

Cumque post hec, eisdem die et loco, datum esset intelligi dictis dominis commissariis, quod frater Johannes de sancto Benedicto, preceptor de Insulla Bochardi, Turonensis diocesis, producendus in testem in presenti negocio, adeo infirmabatur apud sanctum Glodoaldum quod non poterat coram ipsis dominis presencia et personaliter comparare nec adduci, voluerunt et ordinaverunt dicti domini commissarii quod, cum de morte ipsius timeretur et esset periculum, reverendi patres, dicti domini Bajocensis et Lemovicensis episcopi, et dominus Magalonensis archidiaconus, cum duobus vel tribus notariis accederent et juramentum ab eo reciperent, juxta formam predictam, et eum examinarent super dictis articulis et eos contingentibus, et ejus deposicionem eisdem postmodum reportarent.

Acta fuerunt hec predicta die Sabati in predicta capella per dictos dominos commissarios, presentibus me Floriamonte Dondedei, magistris Bernardo Filioli, Guillelmo Radulphi, Nicolao Constanciensi, Bernardo Humbaldi, Hugone Nicolai de Heugubio, Johanne de Fellinis et Johanne Boueti notariis hujus causse.

Post hec, die Lune sequenti, que fuit tercia decima dies mensis Aprilis, dicti domini Bajocensis et Lemovicensis episcopi ac Magalonensis archidiaconus, una nobiscum notariis subscriptis, accesserunt apud sanctum Glodoaldum predictum, ad domum episcopalem dicti loci, in qua dictus frater Johannes jacebat infirmus, et exposita sibi causa eorum adventus, idem frater Johannes, sacrosanctis Evangeliis per eum manu tactis, secundum formam suprapositam, juravit eis dicere totam, plenam et meram veritatem quam scit vel credit de dictis articulis a sede apostolica missis et eos contingentibus, non immiscens aliquid falsitatis; quod eciam diceret veritatem, tam contra ipsum ordinem quam pro ipso ordine, et quod nec prece, nec precio, nec amore, nec timore, nec privato odio, nec pro comodo temporali quod habuerit vel habeat, vel habere speraret, testimonium dicet. Quo juramento sic prestito, idem frater Johannes deposuit ut sequitur :

Frater Johannes de sancto Benedicto, preceptor domus Templi de Insulla Bochardi, Turonensis diocesis, et de eadem diocesi natus, in lecto egritudinis positus, etatis LX annorum vel circa, ut dixit, testis juratus secundum formam predictam et diligenter interrogatus super articulis a sede apostolica missis super inquisicione facienda contra Templariorum ordinem; et primo super primis articulis in quibus agitur de abnegacione Christi vel Jhesu, etc. usque ad articulum de spuicione super crucem, sibi diligenter expositis, dixit quod ipse fuit receptus bene sunt XL anni vel circa apud Rupellam, diocesis Xantonensis, per fratrem P. de Legione, tunc preceptorem de Rupella, nunc defunctum, qui in ejus recepcione dixit sibi quod oportebat eum abnegare Dominum nostrum, non recollens si Jhesum vel Christum vel Crucifixum nominavit, sed dixit ipsi testi quod totum est unum; cui iste testis respondit quod si negaret eum, non negaret corde sed ore, et sic negavit eum ad instigacionem recipientis. Requisitus, an ita fieret communiter in ordine omnibus vel majori parti, dixit quod multos recepit nec unquam fecit eis hoc fieri neque vidit quod alicui fieret, nisi de se, ut dictum est, neque scit quod alii faciebant, quia non erat, nec credit quod hoc facerent. Requisitus super articulis de spuicione crucis usque ad articulum de cato sibi diligenter expositis, dixit quod dictus frater P. qui eum recepit, dixit sibi quod spueret super quamdam parvam crucem que erat ibi, et ipse ad mandatum ejusdem semel spuit juxta dictam crucem, non supra, separatus tamen ab aliis per dictum fratrem P. Requisitus, si ita servabatur communiter in ordine, dixit quod ipse non servavit nec credit quod hoc ab aliis servaretur, quia nunquam vidit nisi de se, in recepcione sua. Item, requisitus super articulo cati, dixit se nichil scire. Item, interrogatus super articulo sacramenti altaris et super aliis usque ad articulum, quod magnus Magister poterat absolvere, etc., dixit quod ipse credit et credidit omnia ecclesiastica sacramenta, et credit quod ordo ita credebat, et credit quod sacerdotes ordinis, in missis suis, dicebant verba per que conficitur corpus Christi.

Item, super articulis, an videlicet Magister et alii preceptores ordinis possent fratres absolvere a peccatis, etc. et super sequentibus usque ad articulum de osculacione, etc. singulariter requisitus, dixit quod nunquam audivit dici nec credit quod possent, nisi essent sacerdotes, nec aliud scit de illis articulis. Item, super articulis de osculacione, usque ad articulum juramenti quod ordinem non exirent, etc. singulariter requisitus super quolibet, dixit quod in ore se osculabantur in recepcione, sed de aliis non vidit, nec credit servari in ordine. Item, requisitus super articulo juramenti quod ordinem non exirent et aliis usque ad articulum de commixione unius cum altero, singulariter super quolibet requisitus, dixit quod recipientes faciebant illos quos recipiebant jurare in eorum recepcione, quod dictum ordinem non dimitterent, pro meliori vel pro pejori, sine licencia magni Magistri, et quod statim ex quo erant recepti, habebantur pro professis, et quod eorum recepciones communiter fiebant januis clausis, et nemine presente nisi esset frater ordinis, et credit quod ex hoc erat et fuit, diu est, suspicio contra ordinem, et credit quod ita servaretur communiter per totum ordinem, et ita servavit ipse et vidit servari a multis aliis.

Item, super articulo de commixione et aliis sequentibus usque ad articulum de ydolo, singulariter super quolibet requisitus, respondit quod nunquam audivit, neque vidit, nec scivit, nec credit quod tale vicium, in dicto ordine, duceretur nec committeretur. Item, super articulo de ydolis et aliis sequentibus usque ad articulum, De non confitendo nisi sacerdotibus ordinis, singulariter super quolibet requisitus, dixit quod nunquam in vita sua vidit in dicto ordine aliquod ydolum, nec scivit, nec adoravit, nec audivit dici ante capcionem eorum, nec credit quod aliquod ydolum esset in eorum ordine, nec capud aliquod ydoli, nec quod aliqua veneracio ydoli fieret in dicto ordine; dixit tamen quod in eorum recepcione recipiebant quilibet unam cordulam quam portabant cinctam supra camisias de die et de nocte, et in toto ordine ista servatur. De aliis vero contenptis in dictis articulis nichil aliud scit servari in ordine, nec audivit loqui ante capcionem eorum. Item, requisitus super articulo, quod injungebatur fratribus, quod non confiterentur nisi fratribus sacerdotibus ordinis, dixit quod inhibebatur fratribus, quod non confiterentur nisi fratribus sacerdotibus ordinis, quamdiu inveniri et haberi possent, addiciens quod sacerdotes sui ordinis habebant privilegium quod possent absolvere alios fratres a peccatis suis, sicut archiepiscopi vel episcopi habent in subdictis suis.

Item, super articulo quod fratres fuerunt negligentes corrigere, etc. aliis sequentibus usque ad articulum de ellemosina, etc. singulariter super quolibet requisitus, dixit quod de contentis in dictis articulis nichil scit, nec credit, nisi quod supra deposuit, nec fuit ultra mare, nec in tam remotis partibus, nisi semel apud Montem Pessulanum, in quodam capitulo generali Templariorum, asserens quod ibi non audivit aliquid fieri, nec dici, de contentis in dictis articulis.

Item, super articulo de ellemosinis et aliis sequentibus usque ad articulum quod dicit, quod tenebant sua capitula clandestine, etc. singulariter super quolibet requisitus, dixit quod immo ellemosine bene fiebant et hospitalitas bene servabatur in dicto ordine, et ipse bene servabat in domo quam tenebat, nec unquam audivit nec scivit quod contenta in dictis articulis injungerentur, nec preciperentur, nec dicerentur ab illis de ordine, sed bene credit quod aliqui forenses hoc eis imponebant; ipse tamen bene scit quod injuste acquirere est peccatum.

Item, requisitus super articulo de tenendis capitulis clam et aliis sequentibus usque ad articulum, Item quod hic error viget et viguit, etc. singulariter super quolibet requisitus, respondit quod vidit pluries quod capitula tenebantur, aliquando de die, aliquando de nocte; sed quando de die, habebant quandoque religiosum aliquem de extra ordinem eorum, qui predicabat eis, et predicacione completa faciebant illum predicatorem et socium suum et omnes alios, exceptis fratribus sui ordinis, extraire, et clausis hostiis capitulabant et tractabant de agendis suis, et nunquam vidit, nec audivit, quod tractarentur ibi nisi bona; alia contenta in dictis articulis nunquam vidit, nec scivit.

Item, requisitus super articulo quod magnus Magister et alii magni preceptores possent fratres absolvere, etc., respondit quod jam responderat supra, nec credit quod magnus Magister posset absolvere a peccatis, licet posset temperare disciplinas debitas, pro transgressione ordinis; et de aliis contentis usque ad articulum, Item quod quidquid magnus Magister maxime cum conventu suo faciebat, etc. singulariter super quolibet requisitus, dixit quod nichil scit ultra ea que supra deposuit.

Item, requisitus singulariter super illo articulo, Quicquid magnus

Magister facit cum conventu suo, etc. sibi exposito, dixit quod illud quod magnus Magister et conventus ordinabant ultra mare, bene mandabant observari et observabatur citra mare, nunquam tamen audivit quod aliquid erroneum observari mandarent. De aliis articulis sequentibus usque ad articulum, Item quod multi fratres de dicto ordine propter feditates, etc. singulariter requisitus, dixit se nihil scire ultra id quod supra deposuit.

Item, super articulo, Quod multi fratres de dicto ordine exiverunt propter feditates, etc. et super aliis usque ad finem singulariter super quolibet requisitus, dixit quod multi dictum ordinem exiverunt, non propter feditates et errores qui sint in ordine, sed forte propter suos. Item dixit quod multa et gravia scandala sunt exorta contra ordinem ex hiis que sibi imponebantur et generata in cordibus grandium personarum et populorum, sed nescit aliud quam supra deposuit. De confessionibus vero Magistri et aliorum preceptorum magnorum et de confessionibus fratrum plurium, que dicuntur facte in presencia dominorum Pape et cardinalium et in consistorio, nichil scit, nec interfuit, nisi prout audivit contineri in quadam littera apostolica alias sibi lecta.

Actum dicta die Lune, apud sanctum Glodoaldum, in dicta domo episcopali, per dictos dominos Bajocensem et Lemovicensem episcopos et archidiaconum Magalonensem et coram eis, presentibus magistris Bernardo Filioli, Nicolao de Constanciis et Johanne de Fellinis notariis publicis, ut ipsi postmodum retulerunt:

Post que dicti domini Bajocensis et Lemovicensis episcopi ac archidiaconus Magalonensis, de dicto loco de sancto Glodoaldo redeuntes, eadem die, Parisius, ad dictam capellam aule predicte episcopali adherentem, invenerunt ibidem alios prefatos dominos commissarios congregatos; coram quibus omnibus prefatus dominus Guischardus de Marchiaco, testis supra juratus, deposuit ut sequitur :

Dominus Guischardus de Marziacho miles predictus, juratus

secundum formam supra positam, etatis L annorum et ultra, ut dicebat, expositis sibi sigillatim omnibus articulis suprapositis, et requisitus ut, sub debito juramenti per eum prestiti, diceret si quid sciebat super eis, respondit se nichil scire super eis, nisi prout sequitur. Nam super xxx° articulo, de osculatione ani, dixit se audivisse dictam osculacionem, XL anni sunt elapsi, et ex tunc quingentis vicibus ut extimat et ultra in diversis locis et ab diversis personis et communiter, et erat de hoc fama publica, quod ille qui recipiebatur osculabatur recipientem in ano vel receptus eum, et ex hoc dicebatur predicta recepcio clandestine fieri et secrete. Interrogatus de locis et personis in quibus et a quibus audiverat predicta, respondit quod Tholose, Lugduni in patria sua, in multis locis, et Parisius, et in Apulia, et in Aragonia ac aliis diversis locis a militibus, burgensibus, et aliis quando erant insimul congregati, et fiebat sermo de recepcione fratrum ordinis supradicti, et erant tot a quibus audivit predicta que communiter dicebantur quod copia quasi inopem eum facit.

Item, requisitus quid vocat ipse famam publicam, hic respondit quod illud quod publice reffertur in diversis locis et a diversis personis. Interrogatus, si scit unde habuit originem dicta fama, respondit quod non, sed quod erat apud bonos et graves.

Item, super xxxvi articulo, de clamdestina recepcione dictorum fratrum, dixit se procurasse quod dominus Hugo de Marchant diocesis Lugdunensis, de parentella sua, qui studuerat longo tempore in legibus, tunc etatis XL annorum vel circiter, fuit receptus in ordine Templi Tholose, et in die recepcionis, idem dominus Guischardus fecit eum militem in magna aula domus Templariorum Tholose, in habitu militis secularis, et postmodum fratres dicti ordinis introduxerunt predictum dominum Hugonem in quadam camera propinqua dicte aule in qua jacebat idem dominus Guichardus, et de camera in quamdam gardarobam, et clauserunt intrinsecus hostia dicte camere, quantum firmius potuerunt, et cortinas quas iidem dominus Guichardus tenebat circa lectum suum mutaverunt ante hostium dicte camere ex parte interiori, ita quod existentes extra cameram non poterant per rimulas hostii respicere intus. Et cum fuissent inclusi cum dicto Hugone per tantum temporis spacium quod existentes extra cameram et expectantes erant valde tedio affecti, apperuerunt dictam cameram, et adduxerunt dictum Hugonem ad predictum testem, in eadem domo in habitum militum Templi, et dictus Hugo fuit valde palidus et quasi turbatus et stupefactus; de quo idem testis, ut dixit, fuit plurimum admiratus, quia dictus Hugo fuerat valde voluntarius ad ingressum et institerat multum penes dictum testem, quod faceret ipsum fieri militem Templi, et in eadem die priusquam intrasset cameram, dictus Hugo erat valde letus et fortis et robustus. In crastinum autem predictus Hugo fuit adductus ad domum, quam Tholose inhabitabat dictus testis, et requisivit eundem Hugonem ad partem, qualiter erat consolatus de ingressu suo predicto, ad quem prius fuerat ita voluntarius, et quare fuerat ita stupefactus in die precedenti, et adhuc esse videbatur, et respondit idem Hugo quod nunquam deinceps letus esse posset, nec in concordia [?] cordis, et licet tunc et alias multociens idem testis rogasset instanter eum quod exprimeret sibi causam dicte sue turbacionis et stupefactionis, nunquam sibi voluit declarare, nec vidit quod ex tunc esset letus, nec quod faceret bonum vultum, licet prius esset valde letus. Requisitus de tempore quo fuerit predicta, respondit quod erat x anni elapsi vel circa. Requisitus eciam, qui fratres fuerunt presentes in recepcione dicti Hugonis, respondit quod frater Guigo Adhemari miles, preceptor provincie, qui recepit eum, ut dixit, et frater Oddo Saumanda preceptor domus Templi Tholosane, et quidam frater sacerdos qui serviebat in capella dicte domus ordinis Templi Tholose, et quidam frater serviens qui serviens morabatur cum dicto magistro provincie, et quidam alii fratres ejusdem ordinis de quorum nominibus dixit se non recordari ad presens. Item, requisitus qui fuerunt presentes quando dictus Hugo dixit sibi verba predicta, dixit quod nullus qui audire posset eos, quod ipse testis credat. Verumptamen tunc et pluries aliter fecit idem testis requiri dictum Hugonem per dominum Hugonem de Marchiaco canonicum Lugdunensem, fratrem ipsius testis, et per Lanzalotum de Paspretes canonicum Aniciensem, et per alios familiares ipsius testis, fratris Hugonis, eundem fratrem Hugonem, de causa prefatarum suspicionis et turbacionis, quam eis noluit declarare. Item, dixit quod in eadem septimana in qua idem frater Hugo fuit receptus, dictus Lanzalotus significavit ipsi testi quod idem frater Hugo fecerat fieri quoddam sigillum, in cujus circumferencia erat sculptum : Sigillum Hugonis perditi, asserens idem Lanzalotus se credere dictum fratrem Hugonem esse quasi desperatum; cum autem idem testis reprehendisset eundem fratrem Hugonem ad suam, propter hoc specialiter advocatum, presenciam, quia fecerat fieri sigillum predictum, et requisivisset eum quod traderet sibi dictum sigillum, fecit impressionem in cera rubra, ut sibi videtur, quam tradidit ipsi testi, sed noluit sibi tradere dictum sigillum, quia idem testis dixerat eidem fratri Hugoni quod sigillum volebat frangere supradictum. In impressione autem dictum [sic] cere facta a predicto sigillo continebatur, sicut litterati viri qui legebant litteras ipsius sigilli dicebant eidem testi : Sigillum Hugonis perditi. Et licet idem testis multum reprehendisset prefatum fratrem Hugonem, quia fecerat fieri tale sigillum, et suasisset ei frequenter quod ipsum sigillum frangeret, nequaquam hoc potuit obtinere, nec causam scire quare se perditum vocabat. Item, dixit quod cum idem frater Hugo stetisset, quasi per duos menses, ut arbitratur, in ordine, licet non bene recolat, rediit ad ipsum testem et ad alios ejus propinquos, et cum stetisset quasi per annum cum dimedio inter eos, infirmitas arripuit eum in civitate Lugduni, in qua infirmitate fuit confessus fratribus Minoribus, quos idem testis fecit venire ad eum, et receptis ecclesiasticis sacramentis, cum magna devocione, ut exterius apparebat, diem clausit extremum.

Acta fuerunt hec predicta die Lune, in prefata capella, per dictos dominos commissarios, presentibus me Floriamonte Dondedei de Mantua et omnibus aliis notariis supradictis.

Post hec in crastinum, scilicet die Martis que fuit XIIII dies Aprilis, idem dominus Guichardus rediit coram prefatis dominis commissariis, absentibus et excusatis dictis dominis Narbonensi et Bajocensi, ut perficeretur ejus deposicio, que propter hore tarditatem heri non fuerat completa, et fuit requisitus ab eisdem ex qua causa putabat quod dictus frater Hugo vocaret se perditum, et si credit quod hoc diceret propter perdicionem anime, vel quia relinquerat seculum, respondit: quod modo credit, propter ea que dicuntur contra ordinem Templi, quod se perditum vocaret propter perdicionem anime; nam idem testis, qui erat tunc seneschalcus Tholose, honorifice cum equis et armis et aliis necessariis militaverat eum et collocaverat in dicto ordine, et intendebat in ipso ordine magnificare eum; sed tunc putabat idem testis, ut dicit, quod vocaret se perditum propter austeritates quas ordo et fratres ordinis Templi tunc in vita eorum servare credebantur. Item, requisitus, si recordabatur per quos litteras sigilli fecerit legi supradictas, respondit quod non, quia multi litterati assistebant sibi. Item, requisitus, si recordabatur de nominibus predictorum fratrum Minorum, respondit quod non, sed erant de conventu Lugdunensi.

Item, super LXXXXVIIII articulo, qui incipit, Item quod non reputabatur, etc., dixit quod mali vicini erant illis qui habebant dividere territoria cum eis, nescit tamen si ipsi hoc reputabant licitum vel peccatum.

Item, super CXIII articulo qui incipit, Item quod quicquid, etc., dixit predictus testis quod dum ipse esset rector Montis Pessulani, pro domino Rege Francie, sunt circiter XVI anni, magister Templi qui nunc est, et frater Hugo de Paravent visitator tunc dicti ordinis, et alii preceptores fecerunt, ut dicebatur tunc, quasdam ordinaciones circa modum vivendi et comestionis eorum, et audivit quod fuerant observate; aliud dixit se nescire de contentis in articulo memorato.

Item, super CXVIIII articulo, qui incipit, Item quod multi, etc., dixit quod cum filius quidam Mathei de Mura civis Lugdunensis, de cujus nomine non recordatur, fuisset receptus ad instanciam ipsius testis et domini Guillelmi Flote et aliorum amicorum ejus, in dicto ordine Templi et adductus Parisius infra annum, ut sibi videtur, rediit Lugdunum et institit penes patrem suum, et pater postea penes ipsum testem, quod collocaret eum in alia religione, alioquin irent ad talem locum quod nunquam reviderent ipsum; verumptamen causam propter quam ad aliam religionem transferi volebat, non potuerunt extorquere ab eo, quod sciat. Fuit tamen translatus ad ordinem Hospitalis sancti Johannis, infra dictum annum, et postea in dicto ordine Hospitalis obiit. Requisitus de etate predicti Templarii, dixit quod tempore ingressus sui, erat etatis circiter xvi annorum, ut putat.

Item, super cxx articulo, qui incipit, Item quod propter, etc., dixit se frequenter audivisse quod propter nimiam familiaritatem, quam habebat frater Guillelmus de Bello Zocho, tunc Magister major dicti ordinis, cum Soldano et Saracenis, multa dampna provenerant Christianis; ipse tamen testis dixit se credere contrarium, quia intellexit quod strenue se gesserat in prelio Aconensi contra Saracenos, et in eo mortuus fuerat.

Item, super cxxv articulo, qui incipit, Item quod magnus, et sequentibus, dixit se audivisse quod Magister et ceteri confessi fuerunt contenta in articulis supradictis; plura dixit se nescire. Requisitus, si deposuerat prece, precio, precepto, amore, hodio vel timore aut comodo temporali habito vel habendo, respondit quod non.

Post que, eadem die, Johannes Taylafer de Gene diocesis Lingonensis, testis suprajuratus, defferens vestes de burello grisso, absque mantello et habitu ordinis Templi, habens barbam rasam, etatis xxv annorum vel circa, ut dixit, venit ad presenciam dictorum dominorum commissariorum, ut deponeret dictum suum. Requisitus ab eisdem dominis commissariis quot annis steterat in ordine Templi, respondit quod per iii annos vel circa, ante capcionem eorum, et quod erat frater serviens. Requisitus ubi et a quibus fuerat receptus in dicto ordine, respondit quod in dicta diocesi Lingonensi, in domo Templi vocata Mormant, de novo acquisita, et fuit receptus, ut dixit, a fratre Stephano capellano ejusdem domus, et presentibus vi vel vii fratribus ejusdem ordinis de quorum nominibus non recordatur, quia non viderat nec noverat eos, ut dixit, ante diem recepcionis sue, nec post dictam recepcionem remansit ibidem, sed in quadam grangia dicti ordinis que vocatur Bellus Vissus, ejusdem diocesis, et ibi stetit per annum, et postmodum in alia domo Templi vocata Biena, et in ea fuit captus; expositis autem sibi omnibus et singulis articulis, et requisitus per dictos dominos commissarios sigillatim super eis, respondit ut sequitur.

Super primo articulo, qui incipit, Primo quod licet, etc., dixit quod ipse in recepcione sua ad mandatum predicti capellani qui recepit eum, abnegavit semel Christum, sed dixit quod dictam abnegacionem fecit ore et non corde; item, dixit quod fuit sibi preceptum ut spueret supra crucem, et quod spuit semel prope ipsam crucem, non supra ipsam crucem, propter reverenciam crucis; requisitus qualis erat dicta crux, respondit quod lignea, antiqua et depicta. Requisitus, si intullerunt sibi aliquam vim, quando fecit abnegacionem predictam, respondit quod non, sed fuerant sibi comminati quod nisi faceret illa, ponerent ipsum in tali loco quod non videret pedes nec manus quas haberet; requisitus, si erant ibi presentes aliqui nisi fratres dicti ordinis, respondit quod non; requisitus qua hora fuit receptus, respondit quod circa auroram, et quod in capella, in qua fuit receptus, erant due candelle accensse, ita quod non clare videbatur in ipsa capella, tamen bene dicernebat ipsam crucem, sed non recordatur quales picture et cujus colloris erant in dicta cruce, quia erat vetusta et deleta; requisitus, si preceperunt sibi quod faceret aliud, nisi quod supra deposuit, respondit quod non. Requisitus cujus etatis erat tunc, respondit quod xx annorum vel circa, et quod subito fecerunt sibi fieri predicta, dicentes quod adhuc plenius informarent eum de punctis ordinis supradicti; requisitus, si postmodum informaverunt eum de aliis punctis dicti ordinis, dixit quod non, quia ad ipsos postea non ivit, nec ad eorum capitulia, licet increparent aliquando ipsum eo quod non ibat.

Item, dixit quod non interfuerat recepcioni aliorum fratrum dicti ordinis, credit tamen quod ita recipiantur alii in dicto ordine et eodem modo quo ipse receptus fuit; requisitus de causa credelitatis [sic], dixit quod nescit.

Item, super ii, iii et iiii° articulis requisitus, dixit se nichil aliud scire quam supra deposuit.

Item, super v°, qui incipit, Item quod dicebant, etc., dixit se nichil scire, et super vi idem, et super vii idem, super viii idem.

Item, super ix, qui incipit, Item quod faciebant, etc., respondit ut supra.

Item, super x, xi, xii et xiii articulis requisitus, respondit se audivisse dici a quodam fratre serviente dicti ordinis, nato de Lingone, et qui commoratus fuerat apud Mormant et qui erat in itinere eundi ultra mare, ut dicebat, de cujus nomine dixit se non recordari, quod fratres dicti ordinis aliquando conculcabant pedibus crucem et conculcari faciebant; sed nunquam vidit hoc, nec ab eo fieri fecerunt. Requisitus in quo loco et quibus presentibus audiverat a dicto fratre dici predicta, respondit quod in dicto loco de Belna, et quod soli erant, et quod fuit de die in mane. Requisitus de tempore, dixit quod per annum vel circa ante capcionem eorum; de aliis contentis in dictis iiii$^{or}$ articulis dixit se nichil aliud scire.

Item, requisitus super xiiii et xv articulis, dixit se nichil scire nec audivisse ante capcionem.

Item, super xvi articulo, qui incipit, Item quod non credebant, etc., et super xvii-xxiii articulis, dixit nichil scire nec audivisse subjungentes quod ipse bene credebat et crediderat omnia sacramenta Ecclesie.

Item, super xxiiii articulo, qui incipit, Item quod credebant, etc., et xxv-xxviiii articulis, respondit se audivisse referri communiter a fratribus dicti ordinis, de quorum nominibus specialiter recordatur, ut dixit, quod magnus Magister poterat absolvere fratres dicti ordinis a peccatis eorum, et similiter capellani ordinarii poterant hoc facere; de visitatoribus et aliis nunquam audivit dici, de aliis contentis in dictis vi articulis, dixit se nichil scire.

Item, super xxx articulo, qui incipit, Item quod in recepcione, etc., et xxxi, xxxii et iii articulis requisitus, respondit quod recipiens eum, de quo supra deposuit, fuit, in ejus recepcione, osculatus eum in ore, in umbilico et retro in renibus supra locum bragalis, et credit quod ita fiebat aliis in dicto ordine.

Item, super xxxiiii articulo, qui incipit, Item quod in recepcione, etc., et super xxxv-xxxviiii articulis requisitus, respondit quod fecerunt ipsum jurare in sua recepcione quod dictum ordinem non exiret, et dixerunt quod pro professo habebatur statim, et fuit facta sua recepcio clandestine, januis clausis, nullis presentibus, nisi fratribus dicti ordinis, et credit quod idem fieret et servaretur in recepcione aliorum fratrum dicti ordinis; dixit eciam se credere et audivisse a pluribus secularibus quod propter hanc clandestinacionem vehemens suspicio contra dictum ordinem habebatur; a quibus tamen et ubi predicta audivit dici, dixit non esse certum, audiverat tamen, ut dixit, ante capcionem eorum.

Item, super xl articulo, qui incipit, Item quod fratribus, etc., et super xli-xlv articulis requisitus, respondit se nichil scire nec audivisse ante capcionem suam.

Item, super xlvi articulo, qui incipit, Item quod ipsi, etc., et super xlvii-lxiv articulis requisitus, respondit quod in die recepcionis sue fuit positum quoddam capud in altari capelle in qua fuit receptus, et fuit sibi dictum quod debebat adhorare dictum capud. Requisitus, si dictum capud erat aureum, argenteum, vel eneum, vel ligneum, vel de osse aut de quo alio erat, respondit se nescire, quia non multum se appropinquabat, apparebat tamen effigies ymaginis faciei humane. Requisitus cujus coloris erat, respondit quod quasi coloris rubei. Requisitus, si erat pictum vel non, dixit se non avertisse. Requisitus, de grossitudine et quantitate dicti capitis, respondit quod erat quasi grossitudinis capitis humani. Requisitus quis fuit ille qui dixit sibi quod debebat adhorare dictum capud, dixit quod ille capellanus qui recepit eum, nec vidit illud capud ab aliquo adhorari, nec scit in cujus veneracione erat factum, nec nunquam alias vidit illud. Requisitus in qua hora fuit sibi hostensum dictum capud, dixit quod in hora dicte sue recepcionis.

Item, dixit quod in dicta sua recepcione, fuit sibi tradita quedam cordulla de filo albo, qua dicebant fuisse cinctum dictum capud, et quod capellanus predictus recipiens eum, precepit sibi quod eam portaret super camisiam suam de die et nocte, sed eam non portavit, ut dixit, sed projecit eam.

Item, dixit se credere quod cum similis cordula tradebatur aliis quando recipiebantur in fratres dicti ordinis et quod eciam dicebatur eis quod debebant adhorare capud, nescit tamen quale capud. De aliis contentis in dictis articulis, dixit se nichil scire.

Item, super LXV articulo, qui incipit, Item quod qui nolebant, etc., et super LXVI-LXXII articulis requisitus, respondit quod in die recepcionis sue fuit sibi inhibitum ad recipientem [sic] eum ne modum sue recepcionis alicui non revelaret, et quod credit quod ita fiebat in recepcione omnium fratrum dicti ordinis, sed non vidit aliis fieri; audivit tamen dici in ordine a recipiente eum quod si aliquis revelaret aliis eciam fratribus ipsius ordinis, nisi interfuissent, quod caperentur et in prisione et ferris ponerentur et tenerentur semper; non tamen vidit quod aliqui propter hoc caperentur. Super aliis contentis in dictis articulis dixit nichil aliud scire.

Item, super LXXIII articulo, qui incipit, Item quod injungebantur, etc., et super LXIIII et V articulis requisitus, respondit se nichil scire quid actum fuerit de contentis in dictis articulis.

Item, super LXXVI articulo, qui incipit, Item quod non recesserunt, etc., requisitus, respondit se credere vera esse contenta in dicto articulo, eo quod clandestine et celato modo faciebant illa de quibus supra deposuit.

Item, super LXXVII articulo, qui incipit, Item quod predicta, etc., et super LXXVIII-XCVI articulis requisitus, respondit se credere vera esse contenta in ipsis articulis, sed non vidit aliter quam supra deposuit, nec aliter scit in presenti.

Item, super xcvii articulo : Item quod ellemosine, etc., requisitus, respondit quod in locis et domibus dicti ordinis in quibus ipse fuit conversatus, fiebant ellemosine et hospitalitas servabatur; de aliis locis ordinis, dixit se nichil scire, credebat tamen quod plures ex fratribus dicti ordinis libenter dabant ellemosinas.

Item, super xcviii, viiii et c requisitus, respondit se nichil scire.

Item, super ci, qui incipit, Item quod clam consueverunt, etc., et super cii-cviii articulis requisitus, respondit se nichil scire, nisi quod supra deposuit.

Item, super cviiii articulo, qui incipit, Item quod magnus Magister, etc., et super cx et xi articulis requisitus, respondit se nichil scire, nisi quod supra deposuit.

Item, super cxii, qui incipit, Item quod quidquid, etc., et super cxiii-cxvii articulis requisitus, respondit se audivisse dici quod illa que fiebant et ordinabantur ultra mare per dictos Magistrum et conventum dicti ordinis, servabantur citra mare; alia vero super dictis articulis dixit se nescire, nisi prout supra deposuit.

Item, super cxviii articulo, qui incipit, Item quod multi, etc., requisitus, respondit quod ipse vidit quod plures exiverunt dictum ordinem, nescit tamen qua de causa; dixit eciam quod displicebat sibi dictus ordo propter feditates et errores de quibus supra deposuit, et quod placuit sibi, quando captus fuit cum aliis, sed non placebat sibi quia tanto tempore in carcere stetit, subiciens quod propter dictam displicenciam ordinis projecerat nuper et dimiserat mantellum dicti ordinis coram dictis commissariis.

Item, super cxix articulo, qui incipit, Item quod propter, etc., et super cxx-cxxvii qui ultimus est, requisitus, respondit se credere vera esse contenta in ipsis articulis et audivisse dici ab aliquibus secularium, de quorum nominibus non recordatur, ut dixit, quod predicti errores fuerant divulgati apud Lugdunum, quando dominus Papa qui tunc est et dominus Rex convenerunt ibidem. Requisitus quid vocat famam publicam, respondit quod illud quod communiter dicitur. Requisitus, si fuit instructus vel rogatus quod sic deponeret, et si prece, precepto, amore, odio vel comodo temporali sic deposuerat, respondit quod non.

Acta fuerunt hec predicta die Martis, in prefata capella, per dictos dominos commissarios, absente domino Narbonensi superius excusato, presentibus me Floriamonte Dondedei et omnibus aliis notariis supra proximo nominatis.

Post hec, in crastinum, scilicet die Mercurii sancta, que fuit xv dies mensis Aprilis, Johannes Anglici de Hinquemeta, Londonensis diocesis, testis suprajuratus, deferens vestes de burello grisso, absque mantello et habitu ordinis Templi predicti, habens barbam rasam, etatis xxxvi annorum vel circa, ut dixit, venit ad presenciam dictorum dominorum commissariorum, ut deponeret dictum suum; et sciendum quod die Sabati proximo precedenti dictus Johannes projecerat et dimiserat dictum mantellum coram predictis dominis commissariis, sicut scriptum est superius in processu. Requisitus autem super singulis articulis supradictis a dominis commissariis antedictis, respondit ut sequitur. Super i-xiii articulis requisitus, respondit quod ipse fuerat receptus in dicto ordine apud Rupellam Xantonensem a fratre Petro de Madit milite dicti ordinis, magistro in Pictavia, et cum imposuisset sibi mantellum supra collum, idem miles ad requisicionem fratris Guillelmi de Leodio, tunc preceptor [sic] de Rupella in cujus servitio idem testis tunc morabatur, ut dixit idem miles, duxit ipsum testem retro quoddam altare, et precepit sibi quod negaret ter Jhesum et quod spueret super quamdam crucem oblatam ibidem; adiciens se abnegasse Jhesum ad preceptum dicti militis, ter, ore, non corde, et spuisse ter juxta dictam crucem. Item, dixit quod Raynaldus capellanus ipsius ordinis in dicta domo de Rupella tradidit sibi quamdam cordulam de filo albo et precepit quod de illa cingeret se die ac nocte super camisiam suam, et asseruit idem capellanus, ut dixit idem testis, quod quoddam capud fuerat cinctum predicta cordula, sed nescit quod, nec illud vidit. Item, dixit quod predictus miles, qui eum recepit, osculatus fuit ipsum testem, post ipsam recepcionem, in ore, presentibus fratribus qui adherant recepcioni; postmodum idem miles, cum duxisset eum retro altare, fuit eum osculatus in pectore et inter scapulas in carne nuda. Item, dixit predictum militem tunc precepisse eidem quod supradicta teneret secrete et super hoc recepisse juramentum ab eo, faciendo ipsum jurare super quendam librum. Requisitus de tempore dicte sue recepcionis et de astantibus, respondit decem annos esse vel circa quod fuerat receptus, et quod fuerant presentes IIII fratres dicti ordinis cum dicto receptore, videlicet frater Raynaldus predictus, frater Stephanus, tunc claviger dicti loci, frater Theobaldus Mandies miles, frater Stephanus Picardi carpentrarius dicti loci, quos omnes dixit obiisse preter preceptorem predictum.

Requisitus, si sciebat aliquas observancias dicti ordinis, respondit quod jejunabant vel jejunari debebant VI feria a festo Omnium Sanctorum vel circa usque ad Pascha, et ex tunc qui volebant et per quemdam Quadragesimam ante Natalem Domini, et dicebant vel dicere debebant, inter diem et noctem pro vivis et defunctis, LX Pater noster et Ave Maria, et pro singulis horis canonicis diei novies Pater noster, ut sibi videtur, et pro singulis horis beate Marie septies Ave Maria, ut sibi videtur. Requisitus, si ille qui precepit sibi quod abnegaret Jhesum et quod spueret super crucem reddidit sibi aliquam causam vel racionem quare talia faceret, respondit quod dictus miles sibi dixit quod ita servabatur in ordine, aliam causam nec sibi dixit nec presens testis scit. Item, dixit quod quando fecit abnegacionem et spuicionem predictas et deosculacionem in pectore et in scapulis, nullus erat qui videret nisi ipse testis et dictus miles eum recipiens, sed osculum horis bene viderunt alii fratres presentes. Item, requisitus, an hoc vidit in aliis in ordine servari, dixit quod ipse, per IIII$^{or}$ annos vel circa post suam recepcionem, vidit in dicta domo Templi de Rupella in quadam camera in fratrem recipi dicti ordinis quemdam qui vocabatur Petrus de Chatenhac Xantonensis diocesis, et fuit receptus per dictum Petrum militem et ductus per eum post imposicionem mantelli in capella retro altare, et secuti fuerunt dictum Petrum ipse testis et frater Raynotus, Stephanus claviger et Stephanus carpentrarii supradicti, et credit quod predictus recipiens fecit fieri ab ipso recepto, sicut factum fuerat per ipsum testem, sed non poterant videre iste testis et alii predicti, quia dictus recipiens et receptus erant retro altare. Requisitus, si iste modus servabatur ubique in ordine tam citra mare quam ultra, dixit quod credit quod sic, sed non vidit nisi illa de quibus supra deposuit; de aliis contentis in predictis articulis, dixit se nichil amplius scire.

Item, super XIIII et XV articulis requisitus, respondit quod ita audivit dici ab aliquibus secularibus ante capcionem eorum, sed nunquam vidit nec interfuit nec a fratribus dicti ordinis dici audivit, nec recolit de nominibus secularium predictorum.

Item, super XVI articulo et aliis sequentibus usque ad XXIIII articulum requisitus, respondit quod ipse credit sacramenta altaris et alia ecclesiastica sacramenta, sed nescit quid alii fratres credebant vel non credebant, nec an sacerdotes dimitebant verba canonis misse per quod conficitur corpus Christi vel non, sed post capcionem Templariorum audivit dici a pluribus personis quod sacerdotes ordinis predicti obmitebant aliqua verba in canone misse, sed nescit an sit verum vel non; dixit eciam quod ter in anno, videlicet in festo Pasche, Pentecoste et Natalis Domini, dicti fratres communicabant de manu sacerdotis ordinis sui; de aliis contentis in dictis articulis, dixit se nichil amplius scire.

Item, super XXIIII articulo et aliis sequentibus articulis usque ad XXX requisitus, respondit quod audivit dici pluries a pluribus fratribus ordinis predicti, de quorum nominibus non recolit, ut dixit, quod magnus Magister ordinis poterat committere et precipere capellanis ejusdem ordinis quod absolverent fratres confitentes peccata sua, sed si non confiterentur non audivit dici quod possent absolvere; de aliis contentis in dictis articulis, dixit se nichil amplius scire, nisi quod visitatores et preceptores bene imponebant penas fratribus predicti ordinis, de comedendo ad terram super mantellos suos.

Item, super xxx° articulo et aliis sequentibus usque ad xxxiiii requisitus, respondit id quod supra et nichil plus.

Item, super xxxiiii articulo et aliis sequentibus usque ad lx requisitus, respondit quod ipse ad mandatum illius qui recepit eum juravit super quemdam librum quod ipse dictum ordinem non exiret, et credit quod omnes alii qui recipiebantur in dicto ordine idem facerent, et ipse hoc vidit de predicto fratre Petro de Chatenhac quando fuit receptus, et quod statim reputabantur pro professis. Item, dixit quod recepciones dictorum fratrum fiebant clamdestine, scilicet januis fortiter clausis, et nullis presentibus nisi fratribus dicti ordinis. Requisitus qualiter scit hoc, respondit quod quia vidit de se fieri et servari in recepcione sua et dicti fratris P. de Catenhaco, et credit quod eodem modo fiebat et servabatur in ordine; dixit eciam quod ex clandestina recepcione fuit vehemens suspicio contra dictum ordinem a satis longis temporibus.

Item, super xl articulo et aliis sequentibus usque ad xlvi requisitus, respondit quod nunquam audivit dari illam licenciam, quod unus cum alio posset vel deberet se carnaliter commiscere; immo credit quod esset gravissimum peccatum et facere et pati. Audivit tamen dici, bene sunt decem anni, quod ultra mare aliqui fratres inter se committebant illud peccatum, non tamen credit quod hoc sit de licencia Magistri nec de statuto ordinis supradicti. Requisitus a quibus hoc audivit dici, respondit quod a quibusdam secularibus et eciam ab aliquibus fratribus dicti ordinis, qui fuerant et venerant de ultra mare, de quorum nominibus non recordatur, ut dixit.

Item, super xlvi et aliis sequentibus articulis usque ad lxv requisitus, respondit quod ipse nescit nec vidit illud ydolum, nec illud capud, nec audivit dici quod essent in ordine nisi post capcionem eorum, nec eciam credit nisi quantum et prout supradixit de cordulis; de aliis contentis in dictis articulis, dixit se [non?] amplius scire.

Item, super lxv et aliis sequentibus articulis usque ad lxxiii articulum requisitus, respondit quod non vidit nec audivit aliquem fratrem interfici, nec carceri mancipari, nec male tractari, nec comminaciones fieri nisi predicta faceret; non tamen scit nec audivit quod aliquis renuerit facere abnegacionem et spuicionem ac deosculaciones predictas per eum recognitas. Item, dixit quod de modo recepcionis sue eciam inter se non loquebantur nec audebant. Interrogatus quare, respondit quod credebat quod pro honore seculi seu pro verecundia propria. De aliis contentis in dictis articulis, dixit se nichil amplius scire, nisi quod supra deposuit.

Item, super LXXIII articulo requisitus, respondit quod capellani ordinis predicti bene prohibebant fratribus ne confiterentur aliis quam presbiteris de ordine Templi, non tamen audivit quod Magister ordinis vel alii preceptores fecerunt istam inhibicionem. Requisitus a quibus capellanis audivit fieri istam inhibicionem, dixit quod a capellanis locorum in quibus ipse testis fuit moratus, et credit quod hoc esset de statu ordinis, sed aliter nescit.

Cumque propter hore tarditatem, dictus testis non posset perficere dictum suum, dicti domini commissarii ob reverenciam festivitatis paschalis, non volentes dicto negocio quo ad presens ulterius intendere, voluerunt et concordaverunt quod idem testis ad eos reveniret in eumdem locum, die Jovis post Pascha, ad perficiendum dictum suum. Dictus vero dominus Bajocensis dicens quod ipse de mense vel ultra non posset intendere dicto negocio, cum haberet recedere tam propter concilium provinciale Rothomagense, quod interim celebrari debebat et cui interesse oportebat, quam propter aliqua alia negocia, excusavit se usque ad regressum suum, volens quod alii domini commissarii, in dicto negocio, procedant ejus absencia non obstante.

Acta fuerunt hec in dicta capella per dictos dominos commissarios, predicta die Mercurii, presente me Floriamonte notario et aliis notariis suprascriptis, excepto Guillelmo Radulphi.

Post hec, die Jovis post Pascha, que fuit XXIII dies mensis Aprilis, supradicti domini commissarii, excepto domino Bajocensi excusato ut supra, convenerunt in capella predicta, et revenit coram eis ad perficiendum deposicionem suam, que propter hore tarditatem non poterat perfici dicta die Mercurii ante Pascha, qua dicta die Mercurii inceperant examinari eundem. Requisitus autem super LXXIIII, V et VI articulis, respondit se credere vera esse contenta in ipsis articulis, quia sic audiverat dici a fratribus dicti ordinis, et specialiter a dicto preceptore Rupelle qui vivus est, ut credit; qui autem presentes fuerunt quando audivit predicta et quo tempore, dixit se non recordari, fuerat tamen ante tempus eorum capcionis eorum fere per bienium, ut credit, et predicta dixit se audivisse a prefato preceptore in colocutorio domus Templi de Rupella ante portam.

Item, super LXXVII et aliis sequentibus usque ad LXXXVIII requisitus, respondit se nichil scire nisi de credulitate, quia credit omnia contenta in dictis articulis esse vera quantum ad ea que confessata sunt per eundem supra in aliis articulis.

Item, super LXXXVIII et aliis sequentibus articulis usque ad XCVI requisitus, respondit se credere contenta in ipsis articulis vera esse quoad illa que supra de se confessus est, aliter dixit se nescire nec causam reddere nisi de aditu dici.

Item, super XCVI articulo requisitus, respondit se credere quod Magister et visitatores et preceptores possent punire nolentes facere predicta, non tamen vidit aliquem puniri nec audivit dici quod aliquis noluerit facere predicta confessata de se; dixit eciam se credere quod nolentes facere illa que ipse confessus est de se fecisse fuissent puniti per eorum superiores; aliter dixit se nescire.

Item, super XCVII articulo requisitus, respondit quod in multis domibus Templi fiebant ellemosine et hospitalitas servabatur, non tamen ita plene et bene sicut debuissent et sicut ordinaverant alii qui bona sua relinquerant ordini pro ipsis ellemosinis faciendis et hospitalitate servanda. Interrogatus, si ex statuto ordinis fiebant dicte ellemosine, respondit quod in domibus in quibus sunt capelle, sed non in aliis fiebant ellemosine, ter in septimana, ex statuto ordinis, ut credit, et ita vidit observari, ut dixit, tempore quo ipse fuit in dicto ordine. Item, dixit se vidisse in domo dicti ordinis, civitatis Nannatensis, quod Thomas claviger dicte domus, frater dicti ordinis, dabat interdum porcis bonum bladum et pauperibus panem de sulfure, licet preceptor dicte domus precepisset dicto clavigero quod faceret debitam ellemosinam, et hoc dixit se audivisse dum existeret in domo predicta.

Item, super xcviii-c articulis requisitus, respondit se nichil scire, vidit tamen quod per litteras apostolicas multi vexabantur a fratribus dicti ordinis et aliqua extorquebant obtentu dictarum litterarum ab eis, et vidit, ut dixit, quod dominus Guaufredus de sancto Britone, episcopus quondam Xantonensis, fuit conquestus fratri Guaufredo de Vicheyo visitatori dicti ordinis de fratre Martino preceptore de Epans ejusdem diocesis, quem asserebat idem episcopus extorsisse indebite ab ejus subditis ultra quingentas libras, et petebat a dicto visitatore quod faceret eum cessare a dictis extorsionibus et reddere sic extorta, sed dictus visitator surda aure pertransivit et dissimulavit predicta, de quo dictus episcopus fuit valde turbatus. Interrogatus de tempore quo fuerunt predicta, dixit quod decem anni erant, et quod dictus episcopus parum vixerat post predicta. Requisitus quot annis fuerat ipse testis in ordine Templi antequam predicta audivisset, respondit quod per quadriennium, de quibus fuerat moratus per duos annos in dicto loco des Enspans ut donatus, sed nondum indutus, et per alios duos in domo de Rupella ut frater dicti ordinis. Requisitus de loco in quo dictus episcopus predicta dixerat dicto visitatori, respondit quod apud castrum Bernardi Xantonensis diocesis.

Item, super ci-cvi articulis requisitus, respondit quod clam consueverunt tenere sua capitula, eciam excluso predicatore qui aliquando predicabat in dictis capitulis, et se audivisse dici quod predicta capitula tenebantur circa auroram, sed non interfuerat in dictis capitulis, ut dixit, nec vidit nec audivit dici quod familiares expellerentur extra claustras domus, non tamen audebant appropinquare ad hostia domus, in quo capitulum tenebatur, et firmabant ita hostia ecclesie vel domus in quibus tenebant capitulum, quod nullus posset intrare, sed non alia hostia domus. De contentis in cv articulo dixit se nichil scire; contenta vero in cvi articulo dixit vera esse. Requisitus, si fuerat in aliqua domo dicti ordinis ubi capitulum teneretur, respondit quod non, postquam fuit receptus in fratrem dicti ordinis, sed ante recepcionem suam, dum erat familiaris dictorum fratrum, fuerat in dicta domo de Rupella, ubi fratres tenebant suum capitulum, et ibi vidit, ut dixit, que supra deposuit de dicta clausura hostiorum.

Item, super cvii et cviii articulis requisitus, respondit se nichil scire de Magistro quod absolveret vel absolvere posset, sed fratres presbiteri dicti ordinis predictas absoluciones faciebant.

Item, super cviiii et cx articulis requisitus, respondit se nichil scire.

Item, super cxi articulo requisitus, respondit se nichil scire, nisi de presbiteris prout supra deposuit.

Item, super cxii et xiii articulis requisitus, respondit se credere contenta in dictis articulis esse vera. Requisitus de causa, respondit quod sic audiverat dici a fratribus dicti ordinis.

Item, super cxiiii articulo requisitus, respondit se credere quod longo tempore duraverunt in dicto ordine dicti errores confessati per eum, et se audivisse dici a fratribus dicti ordinis quod in dicto ordine erant aliqua que indulgebant corectione et indiguerant, triginta anni erant elapsi; de tempore tamen, loco et personis et a quibus audivit predicta, respondit se non recordari.

Item, super cxv, xvi et xvii articulis requisitus, respondit se credere vera esse contenta in ipsis articulis, nec vidit, ut dixit, aliquam emendacionem in erroribus supra confessatis per eum.

Item, super cxviii articulo requisitus, respondit quod multi exierant dictum ordinem, nescit tamen ex qua causa, et quod ipse testis exivisset dictum ordinem vii anni sunt elapsi, et credit eciam quod quingenti alii et ultra fecissent idem ante eorum capcionem per aliqua tempora, nisi ob timorem ordinis retracti fuissent. Requisitus ex qua causa ipse exivisset ordinem predictum, dixit quod propter abominacionem dictorum errorum per eum confessatorum.

Item, super CXVIIII articulo requisitus, respondit se nichil scire, nisi de auditu dici post tempus capcionis eorum.

Item, super CXX, XXI, II, III articulis requisitus, respondit quod inter fratres dicti ordinis erant noti et manifesti errores, de quibus ipse supra deposuit, et erat fama publica inter eos dictos errores vigere in ordine supradicto, nescit tamen, ut dixit, quod extra ordinem ante capcionem eorum esset fama predicta. Requisitus quid vocat hic famam publicam, respondit quod illud quod communiter sciebatur inter fratres dicti ordinis.

Item, super CXXIIII, XXV, XXVI et XXVII articulis requisitus, respondit se credere esse vera contenta in eis. Requisitus quare credit, respondit quia hoc audiverat legi in litteris bullatis in presencia officialis Pictavensis. Requisitus, si sic deposuit prece, precio, precepto, timore, odio vel amore, aut aliquo comodo temporali, doctus vel instructus, respondit quod non.

Conpleta vero et perfecta deposicione dicti Johannis Anglici, eadem die Jovis, ut premititur, venerunt in predicta capella predicti fratres P. de Bononia, R. de Pruino presbiteri, Guillelmus de Chambonent et Bertrandus de Sartigiis milites, coram dominis commissariis supradictis, et exhibuerunt eisdem, ad defensionem dicti ordinis, quamdam cedulam quam idem frater P. de Bononia legit ibidem, cujus tenor talis est :

Coram vobis reverendis patribus, etc., proponunt et dicunt frater Petrus et frater Raynaldus presbiteri, frater Bertrandus et frater Guillelmus milites de ordine Templi, nomine suo et omnium fratrum ejusdem ordinis, sibi adherentium, quod processus habitus contra ipsos rapidus, violentus, repens, inicus et injustus fuit, nullam omnino justiciam, sed totam injuriam, violenciam gravissimam et errorem intollerabilem continens; quia nullo servato juris ordine, vel rigore, immo cum exterminato furore subito capti fuerunt omnes fratres ejusdem ordinis in regno Francie, et tamquam oves ad occisionem ducti, subito bonis et rebus suis omnibus spoliati, diris carceribus mancipati, et per diversa et varia genera tormentorum, ex quibus multi et multi fuerunt mortui, multi perpetuo debilitati, et multi ad tempus, cohacti fuerunt mentiri contra se ipsos et ordinem suum, et per predictas capciones, spoliaciones, violencias et tormenta, sublatum fuit eis totaliter liberum arbitrium, quod est quicquid boni potest homo habere : unde qui caret libero arbitrio, caret omni bono, sciencia, memoria et intellectu. Ergo quicquid dicat in tali statu, nec sibi, nec ordini suo prejudicare debet vel potest. Quare protestantur, et dicunt quod si quid testificentur vel dicant aliqui fratres Templi contra religionem suam, vel contra se ipsos, non prejudicet religioni predicte vel sibi.

Item, quod, ut facilius et melius possent induci fratres predicti ad menciendum et testificandum contra se ipsos et ordinem, dabantur eis littere cum bulla domini Regis pendenti, de conservacione membrorum et vite, ac libertatis, ac omni pena, et diligenter cavebatur eisdem de bona provisione et magnis redditibus sibi dandis annuatim in vita ipsorum, predicendo semper eis quod ordo Templi erat condempnatus omnino. Unde quecumque contra dictum ordinem fratres Templi dixerint, corupti sunt ex causis predictis. Nam omnia predicta sunt ita publica et notoria, quod nulla possunt tergiversacione celari. Quare protestantur quod non prejudicet religioni predicte, cum hec omnia sint parati, et se offerant incontinenti probare.

Item, quod omnes bone presumpciones faciunt pro ordine Templi, contra quas probaciones in contrarium recipi non deberent; primo, quia nullus debet credi tam fatuus vel insanus, qui in perdicione anime sue religionem intraret vel perseveraret.

Item, quia multi nobiles et potentes diversarum patriarum et terrarum, quorum aliqui valde antiqui, et in seculo viri multi famosi, honeste persone, ac de magnis generibus oriundi, qui, zelo accensi fidei orthodoxe, professi fuerunt in ordine Templi, perseverantes in eo usque ad finem vite sue. Unde si tales et tanti viri quicquam inhonestum scivissent, vidissent vel audivissent in ordine Templi, et maxime tam detestandas injurias et blasfemias nominis Jhesu Christi, reclamassent omnino, et ea omnia ad noticiam tocius seculi devolvissent.

Item, petunt predicti fratres R. P. G. B., nomine quo supra, ut eis exhiberi faciatis copiam commissionis vestre, et copiam omnium articulorum super quibus habetis inquirere contra religionem predictam.

Item, petunt, nomine suo et predictorum fratrum omnium sibi adherencium, et adherere volencium, nunc et in futurum, et supplicant habere in scriptis nomina omnium testium juratorum et jurandorum, et protestantur se velle dicere contra personas eorum et dicta sua, loco et tempore.

Item, petunt et supplicant quod testes deponentes, post deposicionem suam, separentur ab illis qui non deposuerint, ita quod eis loqui non valeant.

Item, supplicant et petunt quod, inmediate ante deposiciones, vel post, jurent quod neminem informabunt, vel subornabunt, vel eorum testimonia secreta, vel dicta revellabunt verbo, signo, litteris aut nunciis; et quidquid dictum fuerit in ipsa examinacione, per vos vel per alios circumstantes, secretum tenebunt, quoniam ex predictis, si contrarium fieret, posset pericullum et scandalum eminere.

Item, supplicant et petunt ut dicatis cuilibet testium, ante deposicionem suam, quod dicat secure veritatem, quia quicquid dixerit secretum erit, et nemini revelabitur, donec pervenerit ad noticiam summi Pontificis.

Item, petunt et supplicant quod queratur, ab illis omnibus qui custodierunt et custodiunt fratres Templi, et eorum sociis ac servitoribus, in quorum custodia multi fratres mortui fuerunt, qualiter decesserunt fratres predicti, et quale testimonium de ordine Templi dixerunt, circa obitum eorum, et maxime illi qui dicebantur reconciliati.

Item, quod queratur, ab omnibus fratribus qui dixerunt se nolle defendere religionem, nec venire voluerunt, dicentes se nichil velle dicere pro vel contra, quare hoc faciant, et jurati respondere cogantur, cum ita sciant veritatem religionis sicut et alii fratres.

Hec omnia dicunt et petunt, protestantes de suis responsionibus et racionibus ut supra.

Item, notificant reverende paternitati vestre fratres predicti quod frater Addam de Valincuria, nobilis miles, qui longo tempore fuerat frater ordinis Templi, volens arciorem religionem intrare, licenciam peciit et intravit ordinem Caturisiensem, in quo modico tempore perseverans, supplicavit, cum instancia longa precum, reddire ad ordinem Templi; qui receptus fuit, salva ordinis disciplina, quia nudus cum femoralibus tantum, a porta exteriori usque ad capitulum, presentibus pluribus nobilibus, consanguineis et amicis suis, coram fratribus omnibus venit; et flexis genibus coram preceptore, qui celebrabat capitulum, misericordiam peciit, et quesivit iterum, cum lacrimis, se admitti in consortium fratrum; fecit penitenciam solempnem per annum et diem, comedendo in terra omnes sextas ferias illius anni, jejunando in pane et aqua singulis diebus dominicis, accedens nudus ad altare in missarum solempniis, recipiendo de manu presbiteri disciplinam; et postea recuperavit habitum et consortium fratrum, secundum statuta religionis; unde cum dictus frater Addam sit Parisius, nec venerit ad defensionem ordinis religionis, petunt et supplicant quod ipsum coram vobis venire personaliter faciatis, et jurare ac deponere veritatem de statu religionis et de omnibus supradictis; quia non est verissimille talem virum, in opprobrium anime et corporis vituperium, tantam penitenciam peregisse, si religio malla esset; nam omnes apostatantes ab ordine Templi oportebat similem agere penitenciam, ante quam possent in fratrum admitti consorcium.

Qua cedula lecta et tradita, ut premissum est, dicti domini commissarii preceperunt nobis notariis infra scriptis, quod faceremus eisdem quatuor fratribus copiam de commissione et articulis supradictis.

Acta fuerunt hec predicta die Jovis, in prefata capella, per dictos dominos commissarios, presentibus me Floriamonte Dondedei, Guillelmo Radulphi et omnibus aliis notariis supra scriptis.

Post hec, die Veneris sequenti, que fuit XXIV dies mensis Aprilis, convenerunt in dicta capella dicti domini commissarii, excepto domino Bajocensi, ut supradictum est, excusato, et venit ibidem coram eis, ut deponeret dictum suum, Huguetus de Buris, Lingonensis diocesis, testis supra juratus, et non deferebat habitum ordinis Templi, sed deferebat super tunicale de burello grisso et tunicam de panno livido, habens barbam rasam, mantellum autem nuper abjecerat coram predictis dominis commissariis una cum duobus testibus supra examinatis, et Guaufredus de Tentan [?] qui omnes quatuor morabantur in uno loco capti, requisitus quanto tempore fuerat in dicto ordine Templi, et ubi, a quo et qualiter receptus, respondit quod ante capcionem eorum fuerat per trienium, et fuerat receptus in domo ordinis vocata Fontanetos, Lingonensis diocesis, a fratre P. de Buris, fratre serviente preceptore dicte domus, quem dixit nunc vita finitum esse, adiciens dictum fratrem P., qui recepit eum in quadam capella dicte domus, cum idem testis exuisset sibi omnes vestes quas deferebat, exceptis camisia et bracis, tradidisse sibi vestes ordinis et mantellum; et quod inmediate fuit osculatus eundem testem, primo in ore, secundo in umbilico, tertio in spina dorsi, supra locum quo defertur bracale, dicens quod idem frater P. levavit vestes ipsi testi ante et retro, quando fuit eum osculatus in umbilico et in spina dorsi predictis.

Item, dixit quod, post premissa, incontinenti idem frater P. attulit quamdam crucem, et precepit eidem testi quod spueret super dictam crucem, et eam conculcaret pedibus, et quod abnegaret ter Jhesum; et cum ipse testis de dictis osculis umbilici et spine dorsi, et de talibus preceptis miraretur, ut dixit, et reluctaretur se facturum quod dictus frater P. precipiebat eidem, idem frater P. dixit quod oportebat eum facere supradicta, quia hoc erat de punctis ordinis Templi, et, nisi faceret predicta, sciebant bene quod erant facturi de eo; et tunc frater Guillelmus de Buris, presbiter dicti ordinis, frater carnalis ipsius testis, nunc defunctus, qui presens erat, ut dixit, in dicta recepcione, et nullus alius, dixit ipsi testi quod faceret supradicta; quibus auditis, ipse testis negavit Jhesum ter, ut dixit, ore, non corde, et spuit juxta crucem semel, non tamen conculcavit eam pedibus.

Item, dixit quod, inmediate post predicta, dictus frater P. extraxit de quoddam armario dicte capelle quoddam capud et posuit supra altare, et cum quadam cordula circumduxit dictum capud, tradens illam cordulam ipsi testi, et precipiens ut ea continuo supra camisiam cingeret; sed tamen dixit quod non portavit eam.

Item, dixit eundem fratrem P., post premissa, precepisse eidem testi quod ex tunc non intraret aliquam ecclesiam, quando matrimonium solempnizaretur in ea.

Item, dixit eundem fratrem P. inhibuisse eidem testi quod non confiteretur nisi fratribus presbyteris dicti ordinis.

Item, dixit eundem fratrem P. dixisse eidem testi quod adhuc alio tempore diceret sibi alia, sed tunc nihil aliud dixit vel precepit ipsi testi quam supra deposuerit, excepto hoc quod non intraret domum aliquam in qua jaceret mulier cum puerperio.

Interrogatus, si dictus preceptor dixit sibi aliqua persuasoria propter que videretur esse utille vel necessarium facere servare illa que supra deposuit, respondit quod non, nisi quia predicta erant de punctis ordinis. Interrogatus per que verba negaverat Jhesum, respondit quod per hec verba: *Je reney Dieu, je reney Dieu, je reney Dieu.* Interrogatus, si predicta omnia fuerunt facta in eodem loco, respondit quod sic et in eadem capella, ante altare, post auroram, sine reducione ad alium locum. Interrogatus, si erat in dicta capella luminaria tunc, respondit quod non; sed bene videbat, quia dies illucescebat, ita quod bene discernebat dictam crucem. Interrogatus de quo erat dicta crux, respondit quod de ligno, et erat depicta cum imagine Crucifixi, magnitudinis quasi dimidii cubiti. Interrogatus de dicto capite quale erat, respondit quod non erat ligneum, sed videbatur argenteum, vel cupreum, vel aureum; et erat ad instar capitis humani, cum facie et cum longa barba quasi cana. Interrogatus cujus erat dictum capud, respondit se nescire nec vidisse postmodum dictum capud, quia non fuit, ut dixit, ex tunc in dicta domo nisi duobus diebus, et dictus preceptor, facta dicta recepcione, reposuit ipsum capud in predicto armario.

Interrogatus qualis erat dicta cordula, respondit quod de filo albo gracili, longitudinis talis quod homo poterat inde cingi. Interrogatus quare non cingit dictam cordulam, ex quo fecerat alia graviora que fuerant sibi precepta, respondit quod non curavit; requisitus quare non curavit, respondit quia credebat esse peccatum, quia viderat eam cingi dictum capud, quod capud non credebat significare bonum, ut dixit. Requisitus, si alias fuerat examinatus in negocio Templariorum, respondit quod sic ab archiepiscopo Turonensi. Requisitus quot annorum erat quando intravit dictum ordinem, respondit quod xxvii annorum, vel circa.

Post hec fuerunt lecti ipsi testi et vulgarizati omnes et singuli articuli supradicti, et requisitus singulariter super eis? respondit ut sequitur. Super primis iiii<sup>or</sup> articulis, de abnegacione Christi et aliorum in eis contentorum requisitus, respondit se nichil scire; credit tamen quod ita servaretur in aliis, sicut deposuit supra, servatum fuisse in recepcione sua; nunquam tamen interfuit, ut dixit, recepcioni alicujus alterius fratris.

Item, super v articulo, de dogmatizatione quod Christus non esset verus Deus, et iii sequentibus requisitus, respondit se nichil scire, nec credere quod predicta dogmatizarentur vel dicerentur illis qui recipiebantur in ordine supradicto, quia non fuerat sibi dicta in recepcione sua nec alias audiverat loqui.

Item, requisitus super viiii, de spuicione et conculcacione crucis, et super aliis v sequentibus, respondit se nichil scire nec credere quod alii facerent, nisi quod supra deposuit factum fuisse in recepcione sua.

Item, requisitus super XIIII, de adoratione cati, et sequenti, respondit se nichil scire nec audivisse dici.

Item, requisitus super XVI, Quod non credebant sacramentum altaris, et aliis VII sequentibus, respondit quod ipse bene credebat dictum sacramentum et alia sacramenta Ecclesie, et se credere quod alii fratres ejusdem ordinis crederent eodem modo. Item dixit se credere quod sacerdotes ordinis dicebant bene verba per que conficitur corpus Christi, quia faciebant similitudines et signa; extra nec audivit, ut dixit, quod contrarium injungeretur sacerdotibus dicti ordinis vel fieret in dicto ordine; posset tamen esse, ut dixit, quod aliqui fratres dicti ordinis essent mali.

Item, requisitus supra XXIIII, Quod magnus Magister posset absolvere a peccatis, et aliis V sequentibus, respondit se audivisse ab aliquibus fratribus ejusdem ordinis, de quorum nominibus non recordatur, in domo ordinis vocata a Sivre diocesis Cabilonensis, quod Magister eorum major poterat absolvere a peccatis fratres dicti ordinis, quod tamen ipse testis nunquam credidit, sicut dixit; quod autem visitator vel preceptores possent absolvere, respondit se nunquam audivisse nec plura scire de contentis in articulis memoratis.

Item, requisitus super XXX, de osculationibus oris, etc., et III sequentibus, respondit se nichil aliud scire quam supra deposuit de se ipso, credit tamen, ut dixit, quod idem fieret in ordine in aliis fratribus quod deposuit de se ipso.

Item, requisitus super XXXIIII, de juramento quod ordinem non exirent, etc., et super sequenti, quod statim pro professis haberentur, respondit se credere vera esse contenta in ipsis duobus articulis, quia ille qui recepit eum fecit eum jurare in recepcione sua super quendam parvum librum quod dictum ordinem non exiret, et dixit quod pro professo habebatur, subiciens quod ipse testis exivisset dictum ordinem, si ausus fuisset.

Item, requisitus super XXXVI et sequenti, de clamdestina recepcione, respondit se credere vera esse contenta in dictis articulis, quia ejus recepcio fuit facta clamdestine, januis clausis, nullis presentibus nisi receptore et ipso recepto et fratre suo prenominato.

Item, requisitus super XXXVIII et XXXIX, de suspicione, respondit se audivisse pluries ante eorum capcionem postquam fuit frater dicti ordinis a quibusdam gentibus ville de Sivreyo de quarum gencium nominibus dixit se non recordari, quod suspicio erat contra dictum ordinem, quia faciebant receptiones clamdestinas, et credit quod longis temporibus fuerat dicta suspicio habita ab aliquibus gentibus, sed non communiter ab omnibus.

Item, requisitus super XL et aliis quinque sequentibus, de commixione carnali, etc., respondit se nunquam audivisse dici, nec scivisse, nec credere vera esse contenta in ipsis articulis.

Item, requisitus super XLVI et aliis XI sequentibus, de adoracione ydoli, respondit se nichil scire, nec unquam audivisse dici, nec credere nisi quod supra deposuit de capite sibi hostenso in recepcione sua.

Item, requisitus super LVIII et aliis VI sequentibus, de cordulis, respondit se credere vera esse contenta in ipsis articulis, propter illa que de dicta cordula deposuit de se ipso, aliter dixit se nescire.

Item, requisitus super LXV et aliis VII sequentibus, de punitione illorum qui nolebant facere predicta, respondit se nunquam audivisse quod aliquis fuerit interfectus vel incarceratus propter predicta; audivit tamen dici a quibusdam fratribus dicti ordinis, de quorum nominibus dixit se non recordari, quod si aliquis noluisset facere predicta confessata per eum, fuisset incarceratus, et quod predicta fuerant sibi dicta per illum qui recepit eundem in receptione sua. Item, dixit eidem fuisse injunctum in recepcione sua per sacramentum et sub pena carceris quod modum receptionis sue non revellaret aliis, et credit quod idem preceperetur aliis. Alia dixit se nescire de contemptis in articulis memoratis.

Item, requisitus super LXXIII, respondit sibi fuisse injunctum in recepcione sua ab illo qui eum recepit quod non confiteretur nisi sacerdotibus ordinis, non tamen servavit dictum preceptum, ut dixit;

immo infra mensem a recepcione sua fuit confessus supradictos errores confessatos per eum domino Hugoni de Monte Belleti capellano seculari deservienti in ecclesia parochiali dicte ville de Monte Belleti, nescit tamen si dictus Hugo capellanus sit nunc vivus vel mortuus, dixit tamen quod juvenis erat subiciens eundem presbiterum absolvisse dictum testem a predictis peccatis et aliis confessatis per eum, et imposuisse sibi penitenciam quod incederet sine camisia VI feria et jejunaret in pane et aqua vigilias beate Marie per unum annum, non tamen revelavit alicui fratri dicti ordinis, ut dixit, quod fuisset confessus presbitero supradicto; dixit eciam quod alia peccata sua fuerat confessus fratribus capellanis ejusdem ordinis et specialiter fratri Petro de Sivre capellano dicti ordinis, sed in dicta confessione non fecit mencionem, ut dixit, de erroribus supra confessatis per eum.

Item, requisitus super LXXIIII, V et VI articulis, respondit quod eidem videbatur fratres dicti ordinis fuisse negligentes, quia non correxerunt nec denunciaverunt Ecclesie dictos errores confessatos per eum, nec recesserunt ab eis cum bene habuerint facultatem.

Item, requisitus super LXXVII articulo, quod predicta abnegacio fiebat ultra mare, etc., et aliis XVIIII sequentibus, usque ad articulum : Item quod ellemosine, etc., respondit se nichil aliud scire nisi quod supra deposuit de modo recepcionis sue et de se ipso.

Item, requisitus super XCVII, respondit se vidisse in locis ordinis in quibus fuit conversatus, et specialiter in loco vocato Mormant Lingonensis diocesis, quod elemosine fiebant in dicto ordine convenienter ter in septimana, et dabantur singulis pauperibus medietas unius miche de bono pane, et hospitalitas servabatur ibidem.

Item, requisitus super XCVIII, VIIII et C articulis, respondit se nichil scire, nec audivisse dici quod non reputaretur peccatum in ordine per fas vel nephas acquirere, et quod hoc non haberetur pro peccato, vel degerare propter premissa.

Item, requisitus super CI, II, III, IIII, V et VI, de clamdestina recepcione et aliis in ipsis articulis contemptis, respondit se nichil aliud scire quam supra deposuit de recepcione sua, quia nunquam interfuerat capitulis nec recepcionibus aliorum.

Item, requisitus super cvii et viii articulis, respondit se audivisse dici, in dicto ordine, a fratribus ejusdem ordinis, quod Magister magnus poterat absolvere fratres dicti ordinis a peccatis eorum, sed non audivit dici quod posset absolvere a peccatis non confessatis. Requisitus a quibus audivit dici quod dictus Magister posset absolvere a peccatis, respondit quod a quodam fratre dicti ordinis viatore, de cujus nomine non recordatur, fratre serviente transeunte per dictum locum de Sivre per bienium ante capcionem eorum, sed nulli alii erant presentes quando audivit predicta.

Item, requisitus super cviiii et x, respondit se nichil scire si Magister magnus fuit confessus predictos errores, vel non.

Item, requisitus super cxi articulo, respondit se nichil scire nisi quantum supra deposuit.

Item, requisitus super cxii et xiii articulis, respondit se credere quod illa que statuuntur per magnum Magistrum cum conventu servantur et servari debent in ordine.

Item, requisitus super cxiiii, xv, xvi et xvii articulis, respondit se nichil scire quando dicti errores fuerunt introducti, et an a tempore introductionis dictorum errorum potuerunt renovari, vel non, omnes fratres vel due partes dicti ordinis; credit tamen quod negligentes fuerunt de non denonciando Ecclesie et de non recedendo a dicta observancia errorum, cum facultatem haberent.

Item, requisitus super cxviii, respondit se nescire quod aliqui exiverunt dictum ordinem propter ejus feditatem, nec credit quod aliquis fuisset ausus exire propter dictam causam et propter pericullum quod sibi poterat imminere.

Item, requisitus super cxviiii, xx, i, ii et iii articulis, respondit se nichil scire; credit tamen quod de erroribus supra per eum confessatis sit fama publica in ordine, sed non extra. Requisitus quid vocat hic fama publica, respondit quod illud quod communiter fertur.

Item, requisitus super cxxIIII, v, vi et vii articulis, respondit se audivisse referri quod Magister et multi alii fratres dicti ordinis recognoverunt multos ex dictis erroribus coram dominis cardinalibus et aliis, tamen nescit quos errores. Requisitus si prece vel precio, precepto, timore, odio vel amore, vel aliquo comodo temporali doctus vel instructus sic deposuit, dixit quod non. Et dicti domini commissarii inhibuerunt eidem sub juramento suo ut dictam deposicionem suam alicui non revellaret.

Acta fuerunt hec predicta die Veneris in dicta capella per dictos dominos commissarios, presentibus me Floriamonte Dondedei et aliis notariis suprascriptis.

Post hec, die Lune sequenti post octavas Pasche, que fuit xxvii mensis Aprilis, convenerunt in dicta capella predicti domini commissarii, exceptis dominis archiepiscopo Narbonensi et Bajocensi episcopo ut supra excusatis, et venit ibidem coram eis ad deponendum dictum suum Gerardus de Pasagio Metensis diocesis, testis supra juratus, non defferens habitum ordinis Templi, sed deferebat quoddam supertunicale de malbreto livido et rubeo cum tunica ejusdem panni, habens barbam rasam et capud tonsum, etatis, ut dixit, L annorum, et requisitus si fuerat alias examinatus in facto Templariorum, respondit quod sic per fratres Predicatores et per episcopum Cabillonensem et per vicarium episcopi Tullensis, sed non fuerat coram domino Papa, ut dixit. Lectis autem et expositis eidem omnibus et singulis articulis, respondit ut sequitur : Super primo articulo deposuit quod quando ipse fuit receptus in ordine Templi, receptor fecerat eum vovere castitatem et quod viveret sine proprio et quod teneret et servaret bona statuta et puncta ordinis facta et facienda per superiores eorum, adiciens quod si ipse vel alius frater dicti ordinis fuisset inventus in aliqua domo clausa cum muliere aliqua, quod perdidisset mantellum et fuisset positus in carcere, et si inventus fuisset habere proprium super se vel circa se sine commenda superiore, perdidisset eciam mantellum et fuisset punitus et si in morte inventus fuisset habere proprium, caruisset ecclesiastica sepultura.

Item, dixit quod, post predictum juramentum per eum prestitum, fuit eidem ostensa quedam crux lignea et petitum ab eo si credebat quod hoc esset Deus, et cum ipse respondisset quod erat ymago crucifixi, fuit ei dictum quod non crederet hoc, immo erat quoddam frustrum ligni et Dominus noster erat in celis.

Item, dixit quod post premissa fuit sibi preceptum quod spueret super dictam crucem et pedibus conculcaret eandem, et ipse spuit super eam, sed tamen noluit eam conculcare, nisi pedem crucis, propter ejus reverenciam.

Item, dixit quod post premissa duo fratres astantes levaverunt retro vestes illius qui receperat eum et ipse testis fuit osculatus dictum recipientem in spina sua in spacio quod est inter bragale et zonam.

Item, dixit quod post premissa docuerunt eum puncta religionis, et preceperunt ei quod diceret quinquies Pater noster in mane pro mortuis et tantundem pro vivis et LX pro oris diei, et quod [*pro*] quolibet fratre quem audebant obiisse quinquies.

Item, dixit quod preceperunt eidem et fecerunt ipsum jurare quod non exiret clausuram domus nisi per rectam portam, quia si contrarium faceret, perderet habitum et poneretur in carcere.

Item, dixit quod preceperunt eidem quod faceret jejunia que consueta erant fieri in ordine. Requisitus si fecerunt eum jurare, vel ei preceperunt nisi illa de quibus supra deposuit, vel si instruxerunt eum nisi in hiis que dicta sunt per eum in dicta sua recepcione, respondit quod non. Requisitus de tempore et loco recepcionis sue et de nominibus recipiencium et astancium, respondit quod fuerat receptus sunt XVII anni, in Cipro, circa festum nativitatis beati Johannis, a fratre Baudoino de Ardan milite, preceptore domus Templi, civitatis Nicociensis, in ecclesia dicte domus, presentibus fratre Roberto laboratore et fratre Johanne clavigero ejusdem domus clerico, de quorum cognominibus dixit se non recordari; pluries eciam dixit non fuisse in sua recepcione predicta. Requisitus qua hora receptus fuerat, respondit quod de die in mane ante missam. Requisitus in quo loco dicte ecclesie fuerat receptus, respondit quod ante altare et in eodem loco dixit fuisse acta omnia que supra deposuit, presentibus fratribus supradictis. Requisitus si duxerant eum ad alium locum in dicta sua recepcione, respondit quod non. Requisitus in quibus vestibus intraverat dictam ecclesiam quando eum receperunt, respondit quod in vestibus radiatis quas exuit retro altare et eciam supercamisiam et femorales, et eciam caligas et sutulares, videntibus fratribus memoratis, et postmodum induit alias vestes novas de camelino, et mutavit aliam camisiam, bragas, caligas et sutulares. Requisitus si aliqua verba persuasoria dixerunt sibi propter que deberet facere illa que supra deposuit et quod ex hoc assequeretur aliquam utilitatem anime vel corporis, respondit quod non, sed preceperunt quod faceret supradicta. Requisitus quis preceperat sibi supradicta, respondit quod dictus miles qui receperat eum. Requisitus per que verba preceperat eidem, respondit quod in virtute sacramenti prestiti per eum. Requisitus quare fuit inclinatus ad faciendum predicta, respondit quod non credebat ire contra Deum illa faciendo, et quia requirebatur sub juramento prestito per eum. Requisitus si non credebat esse peccatum spuere supra crucem, respondit quod sic, sed faciebat quia requirebatur sub debito juramento per eum prestito. Requisitus quociens spuit super dictam crucem, respondit quod semel, et quod spuerat super pedem dicte crucis. Requisitus de quo erat dicta crux, respondit quod de ligno, et quod erat picta colore rubeo et viridi, et erat ibi ymago Crucifixi, et erat longa ad instar cubiti. Requisitus ubi erat dicta crux quando spuit super eam et quando conculcavit eam pedibus, respondit quod dictus miles tenebat dictam crucem in manibus suis quando spuit super eam, sed quando conculcavit posuit eam in terram. Requisitus quibus diebus jejunabant fratres dicti ordinis, respondit quod in Vigiliis apostolorum et in Quadragesima a Dominica ante festum sancti Martini usque ad Natale et in alia Quadragesima a carnisprivio usque ad Pascha. Requisitus quot septimanis jejunant in secunda Quadragessima, respondit quod septem septimanas sicut et nos. Requisitus si infringunt dicta jejunia an puniantur in dicto ordine, respondit quod non. Requisitus quot diebus in tempore non quadragesimali comedunt carnes in septimana, respondit quod in diebus dominicis Martis et Jovis.

Item, requisitus qualiter reciperint alii fratres in dicto ordine, respondit se credere quod recipiantur sicut ipse fuit receptus, et quod viderat recipi in dicto ordine IIII$^{or}$ vel v fratres, et presens fuerat in recepcione eorum. Requisitus de nominibus illorum quos viderat recipi, respondit se non recordari. Requisitus de locis unde erant dicti recepti et in quibus locis recipiebantur et per quos, respondit quod duo vel tres ex predictis receptis erant de Parisiis, et fuerant recepti in domo Templi Parisius, aliqui in fratres milites et aliqui in servientes, duos autem, sicut dixit, viderat recipi in fratres servientes in Burgundia apud Cabilonem. Requisitus de qua parentella erant predicti quorum recepcionibus dixit se interfuisse, respondit se nescire, et quod non viderat eos ante ipsam recepcionem nec vidit post. Requisitus de nominibus illorum qui recipiebant eos et qui fuerant presentes, respondit se nescire, sed preceptores locorum faciebant dictas recepciones. Requisitus de tempore dictarum recepcionum, respondit recepcionem quam dixit fuisse Parisius extitisse factam circa festum nativitatis beati Johannis erunt octo anni, et alia recepcio fuit facta post modum in septimana ante Pascha erunt sex anni; requisitus de diebus in quibus fuerunt facte dicte recepciones, dixit se non recordari. Requisitus quomodo interfuerat ipse in recepcionibus predictis, et si erat frater residens in dictis locis, respondit quod non residebat, sed a casu venerat. Requisitus in quibus locis erat ipse conventualis eo tempore quo fuerunt facte recepciones predicte, respondit quod tempore prime recepcionis facte Parisius et eciam secunde erat conventualis Treveris in Allamania, et erat frater serviens. Requisitus quot annis fuerat ibi conventualis, respondit quod per duos annos cum dimedio. Requisitus ex qua causa vene-

Item, requisitus super xxx, xxxi, ii et iii articulis, de osculis, respondit vera esse quantum ad osculum oris et spine dorsi, de aliis osculis dixit se nichil scire, nec audivisse dici, nec credere esse vera. Requisitus quomodo scit quod osculabantur in ore et spina dorsi, respondit quod in recepcione sua iste testis fuit osculatus recipientem in ore et spina dorsi, et vidit idem fieri in recepcionibus aliorum predictorum quibus interfuerat.

Item, requisitus super xxxiiii et v articulis, de juramento quod non exirent ordinem et quod statim habeantur pro professis, respondit esse veros articulos, reddens causam quia ipse juraverat in sua recepcione et fuerat sibi dictum quod pro professo habebatur, et quia ita vidit fieri in aliis recepcionibus de quibus supra deposuit. Addiciens quod incarcerati fuissent si qui exivissent dictum ordinem et capti [sic] potuissent ab eis.

Item, requisitus super xxxvi et vii articulis, quod clamdestine fiebant recepciones et nullis presentibus nisi fratribus ordinis, respondit vera esse, et reddit causam ut in proximis articulis.

Item, requisitus super xxxviii et viiii articulis, quod suspicio vehemens habebatur contra ordinem, etc., respondit vera esse et quod ipse audiverat viginti anni erant elapsi et priusquam fuisset in ordine, et post a pluribus personis et in pluribus locis de quibus dixit se non recordari.

Item, requisitus super xl-xlv articulis, quod fratres poterant carnaliter commisceri, respondit quod non credebat, nec sciebat, nec audiverat dici, existens in ordine, contenta in dictis articulis esse vera.

Item, requisitus super xlvi-lvii articulis, de adoracione ydolorum, respondit se nichil scire, nec audivisse, nec credere contenta in ipsis articulis esse vera, et quod propter dictos articulos, quia non confitebatur eos coram baylico regio Matisconensi, fuit questionatus ponderibus apensis in genetalibus suis et in aliis membris quasi usque ad exanimacionem.

Item, requisitus super lviii-lxiiii articulis, de cordulis cum quibus cingebant capud ydolorum, respondit falsum esse quod cingerentur capita ydolorum cordulis, et quod tales cordule traderentur fratribus; quilibet tamen fratrum cingebat se super camisiam una cordula quam accipiebat vel emebat unde volebat, et quando erat captus apud Saracenos non dabatur pro ejus redempcione nisi cordulla talis, et in hujusmodi significationem precipiebatur eis, ut dixit, quod portarent cordulam predictam, et dixit esse de punctis ordinis in Acon. Interrogatus quomodo hoc sciebat, respondit quod primo quam esset frater dicti ordinis, audivit predicta dici in Acon a fratre Guillelmo de Bellojoco tunc Magistro ordinis in domo Templi, et a Magistro qui nunc est audivisse in Cipro postquam fuit frater ordinis predicti.

Item, requisitus super LXV, VI et VII articulis, quod interficerentur vel incarcerarentur qui nolent in recepcione sua facere predicta, respondit quod nec sciebat, nec viderat, nec audiverat aliquem interfici vel incarcerari propter predicta, nec scit, nec audivit dici quod aliquis recusaverit facere illa que ipse deposuit in recepcione sua se fecisse.

Item, requisitus super LXVIII-LXXII articulis, ne predicta per sacramentum revellarent, respondit quod per sacramentum imponebatur eis ne revelarent modum recepcionis sue et secreta capituli, et si qui revelassent, abstulissent eis mantellum, et posuissent eos in carcere mortali, nec de predictis auderent loqui inter se, non tamen vidit nec audivit aliquem revellasse predicta, nec propter hoc fuisse punitum.

Item, requisitus super LXXIII articulo, respondit verum esse, et quod sibi injunctum fuerat quod non confiteretur nisi fratribus presbiteris ejusdem ordinis, et idem audivit precipi in capitulis eorum quibus interfuit. Requisitus quare precipiebant, respondit quod ad hoc ut non scirentur ab aliis confessiones eorum.

Item, requisitus super LXXIIII, V et VI articulis, quod neglexerunt corrigere errores et nunciare Ecclesie, licet potuerint, respondit se credere vera esse contenta in ipsis articulis, tamen credit quod confiterentur, adiciens quod ipse idem confessus fuerat errores supra per eum confessatos cuidam legato Sedis Apostolice qui erat cardinalis et Lombardus, ut sibi videtur, in festo beati Martini proximo lapso vel circa fuerunt v anni elapsi, et dictus legatus injunxit sibi penitenciam quod iret ultra mare et absolvit eum a peccato, nec injunxit sibi quod reintraret ordinem de quo tunc exierat, dicens quod ex predicta causa volebat ire ultra mare, quando fuit captus. Dixit insuper quod infra duos menses postquam fuerat predicta confessus predicto cardinali, fuit eadem confessus archiepiscopo Treverensi nunc deffuncto in civitate Treverensi, et injunxit sibi penitenciam quod jejunaret diebus sabatinis totis temporibus vite sue, et absolvit eum. Requisitus quare confessus fuerat legato et archiepiscopo predictis, respondit quod specialiter propter illa peccata que confessus est, et quia volebat exire terram illam.

Item, requisitus super LXXVII articulo, quod predicta servabantur ultra mare, et aliis usque ad XCVII articulum, de ellemosinis, respondit se credere vera esse quoad illa que supra confessus est, sed quoad illa que non recognovit nec confessus est non credit esse vera; alia super contenta in dictis articulis, dixit se nescire.

Item, requisitus super XCVII articulo, respondit quod non credebat verum esse, quia in locis ordinis in quibus ipse fuerat commoratus fiebant ellemosine et hospitalitas servabatur, et ipse frequenter de bonis Templi fecit ellemosinas sicut dixit.

Item, requisitus super XCVIII, VIIII et C articulis, respondit quod non credebat esse vera contenta in ipsis articulis, immo contrarium scilicet quod reputaretur peccatum per nephas acquirere et propter hoc degerare.

Item, requisitus super CI-VI articulis, respondit quod clamdestine fiebant capitula et receptiones et januis clausis et omnibus preter fratres exclusis; alia de excubiis et aliis contentis in dictis articulis, dixit se non vidisse nec audivisse.

Item, requisitus super CVII et VIII articulis, respondit se nescire nec audivisse quod Magister posset absolvere a peccatis confessatis vel non confessatis, nec credit.

Item, requisitus super cviiii, x et xi articulis, quod Magister fuerat confessus dictos errores, respondit se nihil scire nec credere contenta in ipsis articulis esse vera.

Item, requisitus super cxii et xiii articulis, respondit se credere vera esse contenta in ipsis, quod Magister cum conventu possit et ab antiquo potuerit statuere, et quod ordo observaret statuta per eos.

Item, requisitus super cxiiii articulo, respondit se nescire quando dicti errores inceperunt, sed bene sunt xx anni elapsi quod audivit pravitates esse in dicto ordine.

Item, requisitus super cxv, xvi et xvii articulis, respondit quod fuerunt negligentes in corigendo et non denunciando Ecclesie, ut supra deposuit.

Item, requisitus super cxviii articulo, respondit quod ipse exiverat dictum ordinem propter predictas feditates supra per eum confessatas, et credit quod multi alii ex eadem causa exiverunt.

Item, super cxviiii articulo, respondit quod credit verum esse post capcionem eorum scandala fuisse exorta in cordibus fidelium et aliorum.

Item, requisitus super cxx-iii articulis, respondit quod ad confessata per eum supra credit vera esse quod sint nota et manifesta inter fratres dicti ordinis, et quod de ipsis sit in ordine publica vox et fama et eciam extra ordinem post capcionem fratrum.

Item, requisitus super cxxiiii-vii articulis, respondit se nescire contenta in ipsis articulis esse vera, quia erat captus quando dicte confessiones a Magistro et ab aliis dicuntur fuisse facte.

Item, requisitus si prece, vel precio, precepto, timore, odio vel amore aut aliquo comodo temporali doctus vel instructus ut sic deponeret, et si aliquid fuit sibi datum vel promissum ut sic deponeret, respondit quod non. Et dicti domini commissarii inhibuerunt eidem sub juramento suo ut dictam deposicionem suam alicui non revelaret.

Acta fuerunt hec per dictos dominos commissarios, predicta die

Martis, in predicta capella sancti Ellegii, presentibus me Floriamonte et aliis notariis suprascriptis, excepto N. de Constanciis.

Post hec, die Mercurii sequenti, que fuit dies penultima mensis Aprilis, convenerunt dicti domini commissarii, exceptis dominis Narbonensi et Bajocensi supra excusatis, in predicta capella sancti Ellegii, et venit ibidem coram eis, ad deponendum dictum suum, Guaufredus de Thatan Turonensis diocesis, testis supra juratus, in habitu seculari, deferens supertunicale de camelino nigro et tunicam de burello grisso, habens barbam rasam recenter et capud tonsum, qui nuper coram dictis dominis commissariis una cum aliis tribus supradictis abjecerat mantellum dicti ordinis, asserens se esse etatis trigenta annorum vel circa, et fuisse frater dicti ordinis. Requisitus super IIII primis articulis de abnegacione, etc., respondit contenta in ipsis articulis esse vera. Requisitus de causa sciencie, respondit quod ipse fuerat receptus in fratrem dicti ordinis apud insulam Bochardi, in festo Ascensionis Domini instanti, erunt sex anni, a fratre Johanne de sancto Benedicto, tunc preceptore de insulla Bochardi, nuper post deposicionem testimonii sui factam in presenti inquisitione defuncto apud sanctum Clodoaldum, asserens idem testis quod predictus frater Johannes precepit eidem, priusquam induisset sibi mantellum ordinis, quod abnegaret ter Jhesum, et abnegavit ter, ut dixit : *Je reney Jhesu, je reney Jhesu, je reney Jhesu*. Postmodum dictus preceptor fecit aportari quamdam crucem, precipiens eidem testi quod spueret super eam, et spuit juxta eam, non tamen voluit, ut dixit, spuere super eam. Requisitus per que verba fuit inductus ad faciendum predicta, et si dictus receptor asserebat sibi quod hoc assequeretur in isto seculo vel in alio aliquam commoditatem, respondit quod preceptor dixit ei quod faceret predicta, et cum ipse testis diceret ei : Quomodo possum hoc facere ? subjunxit idem receptor quod ista erant de punctis ordinis que et alia infra quindecim dies ostenderet ei, non tamen ostendit, ut dixit, nec promisit sibi quod ex hoc assequeretur aliquam commoditatem in presenti seculo vel in alio, subjiciens dictum preceptorem sibi dixisse quod, nisi predicta faceret, poneretur in tali loco quod nunquam videret pedes suos. De istis tamen verbis comminatoriis requisitus pluries, quia videbatur variare, respondit bis quod non fuerant facte alique comminaciones, et bis vel ter quod fuerant facte, sicut scriptum est supra, et in hoc perseveravit. Requisitus de die et hora recepcionis sue, respondit quod in die Ascensionis Domini de mane, die tamen clara. Requisitus de loco receptionis, dixit quod in quadam camera dicte. domus Templi de insula Bochardi que vocatur camera magistri Pictavii, in qua nullum erat altare. Requisitus qui fuerant presentes in recepcione sua, respondit quod frater Geraldus de Launay, preceptor domus de Frecoy prope Loches, defunctus, et nullus alius. Requisitus quis apportaverat dictam crucem et unde, et qualis erat dicta crux, respondit quod Johannes, valetus dicti preceptoris et qui cum eo equitabat adhuc superveniens, ut credit, apportavit, de mandato dicti preceptoris, dictam crucem de ecclesia prefate domus, et cum tradidisset eam antedicto preceptori in dicta camera, fecit preceptor dictum valetum exire de dicta camera, et fuit per ipsum preceptorem vel per alium astantem statim clausa porta dicte camere, et dicta crux erat lignea, ut dixit, cum pictura Crucifixi antiquata. Requisitus si illa hora qua dictus valetus intravit dictam cameram, ipse testis induerat mantellum, respondit quod non, sed post abnegacionem et spuicionem predictas. Unde propter illa que ipse fecerat et que fuerant precepta eidem, credebat firmiter quod predicta fierent et servarentur in toto ordine, verumptamen nunquam interfuerat, ut dixit, receptioni alterius, nec capitulis eorumdem, nec in aliquibus aliis domibus dicti ordinis, nisi in predicta domo de insula Bochardi in qua moratus fuerat tribus annis, et quod in domo de Molinis conjuncta et vicina eidem in qua steterat per annum cum dimedio vel circa, ut dixit, et in ea fuerat captus, et ex inde ductus fuit Laudunum, et de Lauduno apud Caynonem coram Baylivo de Toroyne, coram quo fuit confessus premissa, ut dixit, absque tormentis, et dixit se fuisse gavisum multum de captione Templariorum, propter revelationem feditatum predictarum, et de Caynone fuit, ut dixit, adductus Turonis ad dominum archiepiscopum Turonensem, et confessus fuit predicta coram eo sponte. Requisitus si aliqua alia fuerunt sibi precepta vel facta in recepcione sua, respondit quod fecerunt eum jurare quod servaret statuta et puncta ordinis, et quod non revelaret predicta, nec accusaret eum, et quod servaret jura Templi, et predicta juravit super quemdam librum. Item, dixit quod post predicta, fuit osculatus dictum receptorem primo in ore, et post in humero super carnem nudam, nescit tamen in quo humero, scilicet dextro vel sinistro, et dixit quod dictus receptor non spoliavit se, sed dissolvit quosdam nodulos quos portabat super humeros.

Item, requisitus super v-viii articulis, de dogmatizacione, etc., et quod non habebant spem salvationis, etc., respondit se nichil scire, nec audivisse de contentis in ipsis articulis, credit tamen quod aliis dicerentur predicta, quamquam non fuerunt sibi dicta, propter alia que sibi dicta fuerunt de quibus supra deposuit. Finaliter tamen, antequam esset examinatus super aliquo alio articulo, dum pluries repeteretur sibi interrogatio supradicta, dixit quod non credebat esse vera, quia non fuerant sibi dicta in recepcione sua.

Item, requisitus super viiii-xiii articulis, de spuicione, conculcacione et mixcione super crucem, respondit se nichil scire, nisi quam supra deposuit de se ipso, nec audivisse dici; quin imo dixit se vidisse in dicta domo de insula Bochardi quod fratres ipsius ordinis humiliter et devote nudis pedibus adorabant crucem in die Veneris sancta.

Item, requisitus super xiv et xv articulis, de adoratione et apparicione cati, etc., respondit se nichil scire. Audivit tamen dici a familiaribus dicti preceptoris de insula Bochardi, quando redierant de capitulo fratrum quod tenuerant apud Auson, quod quidam catus apparuerat fratribus in dicto capitulo. Interrogatus de nominibus illorum a quibus hec audiverat, et quando et in quo loco; respondit quod a Guillelmo Pictavini et Raynaldo Britonis, famulis quondam dicti preceptoris, quorum unus, scilicet Guillelmus Pictavini, mortuus est, de alio nescit an vivat, et predicta dixit se audivisse a predictis in stabulo dicte domus de insula Bochardi, sunt circiter IIII anni. Interrogatus si aliqui alii erant presentes in dicto stabulo, dixit quod non, nisi predicti duo famuli et ipse testis.

Item, requisitus super XVI-XXIII articulis, quod non credebant sacramentum altaris, nec presbiteri dicebant verba canonis, etc., respondit se nichil scire, imo credebat contenta in ipsis articulis non esse vera, quia ipse credebat sacramentum altaris et alia sacramenta, et credit quod alii fratres idem credunt, et quod sacerdotes ordinis nichil obmitterent de verbis canonis in missa.

Item, requisitus super XXIV-XXIX articulis, quod magnus Magister et alii possint absolvere a peccatis, et quod hoc fuisset confessus Magister, etc., respondit se nichil scire nec credere contenta in ipsis articulis; audivit tamen dici ab aliquibus fratribus ejusdem ordinis quod penas debitas pro transgressionibus potuerint remittere.

Item, requisitus super XXX, I, II et III articulis, de osculis, respondit se nichil scire nisi quod supra deposuit de se ipso, nec credit quod in ordine fuerant alia oscula preter quam in ore et humero, prout deposuit de se ipso.

Item, requisitus super XXXIV et XXXV articulis, respondit quod credebat ea esse vera, quia ipse juraverat in recepcione sua quod non exiret ordinem, et dixerant ei quod erat professus, et aliter dixit se nescire.

Item, requisitus super XXXVI et XXXVII articulis, respondit quod credebat eos veros esse, quia in recepcione non fuerant nisi duo fratres presentes, et porta fuit clausa, ut supra deposuit.

Item, requisitus super XXXVIII et XXXIX articulis, respondit quod vehemens suspicio habebatur communiter contra ordinem propter clamdestinaciones predictas, sicut dixit se audivisse a pluribus, postquam fuit in ordine ante capcionem fratrum, et in pluribus locis, non tamen recolit in quibus locis, et a quibus personis, et quando.

Item, requisitus super XL-V articulis, quod possint carnaliter commisceri, etc., respondit se nichil scire, nec audivisse dici, nisi ab archiepiscopo Turonensi, quando examinavit eum, nec credit vera esse que in dictis articulis continentur.

Item, requisitus super XLVI-LVII articulis, de ydolis, etc., respondit se nichil scire, nec audivisse dici, nisi a dicto archiepiscopo, quando inquirebat cum eo, nec credit quod essent dicta ydola in ordine, quia estimat quod si essent, ipse scivisset vel audivisset aliqua inde.

Item, requisitus super LVIII-LXI articulis, de cordulis, respondit quod in recepcione sua fuit sibi preceptum ab illo qui recepit eum, quod haberet unam cordulam cum qua cingeret se super camisam, et portaret eam de die et de nocte in signum castitatis; alia dixit se nescire.

Item, super LXII, III et IV articulis, respondit se credere quod communiter fratres recipiuntur in ordine prout deposuit se fuisse receptum, et non aliter; alia dixit se nescire de contentis in ipsis articulis.

Item, requisitus super LXV, VI et VII articulis, respondit se nunquam vidisse, vel audivisse, quod aliquis fuerit interfectus vel incarceratus quia noluit fecisse predicta confessata per eum, nec quod aliquis recusaverit facere. Postquam tamen fuerunt capti, audivit dici quod si aliquis recusasset, male accidisset ei.

Item, requisitus super LXVIII, IX, LXX, I et II articulis, respondit se nescire nisi quod supra deposuit de se ipso, credit tamen quod jurarent non revelare predicta, nec audebant loqui inter se de modo recepcionis eorum; et si fuissent locuti et superiores eorum scivissent, credit quod incarcerassent eos, et credit eciam quod esset de punctis ordinis quod nullus deberet revelare predicta.

Item, requisitus super LXXIII articulo, respondit se audivisse dici a dominis Guillelmo Britonis et Luca de Caynone presbyteris donatis Templi, commorantibus in dicta domo de insula Bochardi, quod non debebant confiteri nisi fratribus vel donatis presbyteris dicti ordinis. Aliud dixit se nescire.

Item, requisitus super LXXIV, V et VI articulis, respondit se credere contenta in eis vera esse.

Item, requisitus super LXXVII articulo, quod predicta fiebant ultra mare, et sequentibus usque ad XCVII; item quod ellemosine, etc., respondit se credere quod illa que deposuit de se ipso serventur ubique in ordine ex punctis ordinis et precepto superiorum, et quod non esset alius modus recipiendi fratres in ordine; alia dixit se nescire de contentis in articulis memoratis.

Item, requisitus super XCVII articulo, respondit se vidisse in insula Bochardi, in qua morabatur, quod ter in septimana dabant ellemosinam omnibus venientibus, nemini dando repulsam, et dicta ellemosina valebat obolum; tamen credit quod largiorem ellemosinam potuissent et debuissent facere quam facerent; dixit eciam quod hospitalitas bene et hilariter servabatur ibidem.

Item, requisitus super XCVIII, IX et C, respondit quod videtur sibi ipsum audivisse dici a dicto preceptore de insula Bochardi, quod non erat peccatum acquirere ordini per fas vel nephas, vel degerare propter predicta, et quod jurabant acquirere per fas vel nephas, et quibuscumque modis possent dicto ordini, et quod hoc audivit a dicto preceptore dici, et idem juravit hoc, ut dixit, in recepcione sua. Requisitus ubi et quando, et quibus presentibus audivit predicta a dicto preceptore, respondit quod in dicta domo de insula Bochardi, dum idem preceptor sederet ad mensam et confabularetur cum quibusdam clericis et aliis, de quorum nominibus dixit se non recordari, et sunt circiter tres anni quod audivit predicta dici, ut dixit.

Item, requisitus super CI-VI articulis, respondit quod nunquam interfuerat capitulis, sed audiverat dici a dicto Zanoto valeto dicti preceptoris, quod quando tenebant capitula sua apud Auzont, circa mediam noctem faciebant pulsari quamdam campanam, et conveniebant fratres dicti loci, et precavebant sibi quod nullus alius esset in circuitu dicte capelle, et claudebatur porta dicte capelle; et credit eciam quod recepciones fratrum fierent clandestine, sicut deposuit suam factam fuisse; alia dixit se nescire de contentis in ipsis articulis.

Item, requisitus super CVII-XI articulis, respondit se nichil scire nec audivisse, nec credere quod Magister vel visitatores, aut preceptores ordinis possent absolvere a peccatis, nec quod Magister fuerit predicta confessus.

Item, requisitus super CXII et XIII articulis, respondit se credere et audivisse dici quod totus ordo servabat, et servare debebat illud quod magnus Magister cum conventu ordinabat.

Item, requisitus super CXIV articulo, quod ordo potuerit renovari ex quo errores in eo fuerunt introducti, respondit se nescire, credit tamen quod longo tempore duraverunt in ordine errores confessati per eum.

Item, requisitus super CXV, XVI et XVII articulis, respondit se credere quod negligentes fuerunt et stulti, quia non correxerant errores predictos, nec denunciaverant Ecclesie, nec recesserant ab eis, cum potuissent.

Item, requisitus super CXVIII articulo, respondit se nichil scire quod aliqui exiverint ordinem propter ejus feditates, et quod ipse libenter exivisset dictum ordinem propter dictas feditates, si fuisset ausus, et credit quod multi alii fecissent idem.

Item, requisitus super CXIX articulo, respondit quod grandia scandala erant exorta contra ordinem propter predicta, ut in articulo continetur.

Item, requisitus super CXX-III articulis, respondit quod de hiis de quibus supra deposuit quod erant vera, est publica vox et fama in ordine, et sunt nota et manifesta inter fratres, et eciam extra, postquam fuerunt capti, fuit fama publica de predictis. Requisitus quid vocat fama publica, respondit quod illud quod communiter dicitur.

Item, requisitus super CXXIV-VII articulis, respondit se audivisse dici quod magnus Magister et alii contenti in articulis fuerunt confessi illos errores quos ipse confessus est coram domino Papa et coram aliis. Requisitus si sic deposuit prece, precepto, premio, amore, timore, odio, commodo temporali habito, vel habendo alias instructus vel informatus ut sic deponeret, respondit quod non. Et fuit inhibitum sibi per dictos dominos commissarios quod non revelaret deposicionem suam predictam aliis, quousque atestaciones fuerunt publicate.

Acta fuerunt hec in predicta capella coram prefatis dominis commissariis, presentibus me Floriamonte Dondedei et aliis notariis supra proximo nominatis.

Post hec, die Jovis sequenti, que fuit ultima dies Aprilis, convenerunt dicti domini commissarii, exceptis dictis dominis Narbonnensi archiepiscopo et episcopo Bajocensi, ut supra excusatis, in eadem capella sancti Ellegii, et fuit adductus ad presenciam eorumdem dominorum commissariorum tunc ibidem frater Johannes de Juvignaco preceptor domus de Vauben, Ambianensis diocesis, testis suprajuratus, ut deponeret dictum suum, in habitu fratris servientis ordinis Templi, etatis LIIII annorum vel circa, ut dixit. Requisitus si fuerat alias examinatus in negocio Templariorum, respondit quod sic per dominum Papam, rogans et requirens eosdem dominos commissarios quod non inquirerent cum eo de hiis super quibus per dictum dominum Papam fuerat inquisitum cum eodem, sed super aliis articulis, si volebant. Unde predicti domini commissarii volentes plenius deliberare super istis, cum ingnorarent de quibus articulis dictus dominus Papa inquisivit cum eo, remiserunt eundem quousque ad suam presenciam vocarent eundem.

Acta predicta die et loco et aliis notariis supra proximo nominatis presentibus.

Post hec, die Sabati sequenti, que fuit secunda dies May, convenerunt in dicta capella sancti Ellegii dicti commissarii, exceptis dominis Narbonnensi et Bajocensi, ut supra excusatis, et fuerunt adducti ad presenciam eorumdem dominorum commissariorum infrascripti fratres ordinis Templi, qui adducti fuisse dicebantur de diocesi Petragoricensi, et se obtulisse ad defensionem ordinis predicti, videlicet :

Frater Consolinus de sancto Jorio miles, Caturicensis diocesis, qui fuit requisitus per eosdem dominos commissarios si volebat dictum ordinem defendere. Respondit quod sic, tamquam bonum et legalem. Requisitus si fuerat ipse confessus dictos errores impositos dicto ordini, vel aliquos ex eis, respondit quod sic, coram episcopo Petragoricensi, sed vi tormentorum illatorum sibi prius per annum; sed postmodum fuit, ut dixit, a die Veneris post Nativitatem Domini usque ad diem Sabbati post sequens festum nativitatis sancti Johannis Baptiste, in pane et aqua et frigore, et fuerunt sibi amoti subtulares et supertunicale et capucium, ita quod non habebat nisi tunicam et camisiam, et braccas, et caligas et paleas subtus se.

Frater P. Mariani presbyter, curatus de Chanáco Caturcensis diocesis, dixit quod vult deffendere dictum ordinem.

Frater P. de Taxaco Caturcensis, Ber. Ebrardi Caturcensis, P. Natalis Albiensis, Reginardus Arcoys Turonensis, G. Mercati Caturcensis, G. Vigerii Albiensis, G. Arnaudi Caturcensis, Reginardus Arcoys Turonensis, Dominicus Levela Tarvensis, P. Truelli Caturcensis, G. Alberti Ruthenensis, Jacobus Texanderii Caturcensis, Bertrandus de sancto Johanne Caturcensis, Raymondus de Castabolle Caturcensis, Raymondus Bertrandi Ruthenensis, Johannes Lagorse Caturcensis, Durandus de Prisiaco Ruthenensis diocessium. Qui fratres singulariter et separatim requisiti per dictos dominos commissarios si volebant dictum ordinem defendere, responderunt quod sic, tamquam bonum et legalem, licet confessi fuerint aliquos errores coram episcopo Petragoricensi, vi tormentorum et famis, ut dixerunt. Et frater Guillelmus de Villaribus, qui dixit quod paratus erat dicere veritatem, quando peteretur ab eo; aliter non vult dictum ordinem defendere, quia senex homo est, prout dixit.

Item, Sanctius de Angevilla Gasta Carnotensis, Johannes Borivent Pictavensis, Reginaldus de Bianis Andegavensis, Johannes Jacosi Lemovicensis, Julianus de Picti Turonensis, et Johannes de Poilaloe Turonensis diocesium. Qui fratres singulariter et separatim requisiti an vellent dictum ordinem defendere, responderunt quod sic, tamquam bonum et legalem, adjicientes quod nunquam aliquid contra ordinem fuerunt confessi, licet examinati fuissent per episcopum Cenomanensem.

Item, eisdem die et loco fuerunt simul adducti coram eisdem dominis commissariis fratres subscripti, qui adducti fuisse dicebantur de diocesi Cenomanensi, videlicet fratres P. de Mervilla miles, Carnotensis, et Johannes de Partivis Carnotensis diocesis. Qui sigillatim requisiti si volebant dictum ordinem defendere, responderunt quod si essent restituti pristine libertati et haberent restitucionem bonorum suorum, ipsi defenderent dictum ordinem tamquam bonum et legalem contra omnem hominem, exceptis dominis Papa et Rege.

Acta fuerunt hec predictis die et loco per dictos dominos commissarios, presentibus me Floriamonte et aliis notariis supra proximo nominatis.

Post hec, die Lune sequenti, que fuit iv dies mensis May, convenerunt predicti domini commissarii, exceptis dominis Narbonensi et Bajocensi, ut supra excusatis, in dicta capella sancti Ellegii, parati testes recipere, audire et examinare, si qui ad eorum presenciam adducerentur, et procedere in dicto negocio, ut deberent. Cumque nullus testis produceretur coram eis qui examinatus non fuisset per dominum nostrum Papam, nec commode possent ibidem habere, ut eisdem dictum fuit, et expectassent usque ad horam comestionis, dicti domini commissarii continuantes usque in crastinum recesserunt.

Acta fuerunt hec predictis die et loco per dictos dominos commissarios, presentibus me Floriamonte et aliis notariis supra proximo nominatis, excepto Guillelmo Radulphi.

Post hec, die Martis sequenti, que fuit v dies mensis Maii, convenerunt in dicta capella sancti Ellegii prefati domini commissarii, excepto domino Bajocensi, supra excusato, et cum testes qui supra juraverant et examinati non fuerant per dominos commissarios ante dictos, dicerentur fuisse alias per dominum Papam, vel per dominos cardinales deputatos ab eo in inquisicione que fit contra ordinem Templi supradicti, domini commissarii deliberaverunt supersedere ab examinacione predictorum testium juratorum et examinatorum per dominum Papam vel cardinales predictos, quousque plenius deliberarent super istis. Et receperunt in testes Raymondum de Versinacho militem, Lemovicensis diocesis, quondam preceptorem de Bilda, Baudoynum de sancto Justo quondam preceptorem de Pontivo Ambianensis diocesis, Thomam de Chamino Rhotomagensis diocesis, Johannes Buchandi Pictavensis diocesis, Ancherium de Villa Ducis Lingonensis diocesis, Ambertum de Ros Pictavensis diocesis, Jacobum de Trecis, Giletum de Encreyo Remensis diocesis, non portantes habitum Templi, exceptis dictis Johanne Boncandi et Ancherio de Villa Ducis, qui mantellos et habitum Templi portabant. Qui quidem prenominati testes, presentibus et videntibus predictis fratribus Raynaldo de Pruino, P. de Bononia, Guillelmo de Chambonent et Bertrando de Sartiges, juraverunt singulariter singuli, sacrosanctis Evangeliis per eos manu tactis, dicere predictis dominis commissariis totam, plenam et meram veritatem quam sciunt vel credunt de articulis a Sede Apostolica missis, super quibus inquirendum est et contingentibus articulos memoratos, et quod meram, puram et plenam veritatem dicerent non inmiscentes aliquid falsitatis; quod eciam dicerent veritatem predictorum, tam contra ipsum ordinem quam pro ipso ordine, et hoc quocienscumque per ipsos dominos commissarios fuerint requisiti, et quod nec prece, nec precio, nec amore, nec timore, nec privato odio, nec pro commodo temporali quod habuerint, vel habeant, vel habere sperent, testimonium dicent, et quod deposiciones suas non pandent nec revelabunt alicui, quousque fuerint publicate. Ista forma juramenti fuit servata ab hac die in antea in receptione omnium testium sequencium. Dicti vero IV fratres, ante juramentum predictum, protestati fuerunt de dicendo in personis et dicta testium predictorum loco et tempore competenti, petentes sibi dari nomina dictorum testium, cum, ut dicebant, essent ex eis aliqui quos non noscebant nec credebant esse Templarios. Et prefatus Thomas de Chamino dixit ibidem coram dictis dominis commissariis quod, cum ipse nuper fuisset in viridario domini episcopi Parisiensis inter alios qui defensioni dicti ordinis se obtulerant, ipse tamen non vult, nec intendit ordinem defendere supradictum. Quibus peractis, cum major pars predictorum dominorum commissariorum propter necessarias causas, ut dicebant, habuerunt recedere, nec possent ipsa die examinacioni dictorum testium vacare, continuaverunt dictam diem ad diem Mercurii sequentem.

Acta fuerunt hec predictis die et loco, per dictos dominos commissarios, presentibus me Floriamonte Dondedei et aliis notariis supra ultimo nominatis, ac magistro Amisio archidiacono Aurelianensi.

Post hec, dicta die Mercurii, que fuit sexta dies mensis Maii, convenerunt in dicta capella sancti Elligii prefati domini commissarii, exceptis dominis Narbonensi et Bajocensi supra excusatis, et rediit ad eorum presenciam prefatus Raymondus de Vassiniacho miles, ad deponendum dictum suum, in habitu militis secularis existens, barba rasa, etatis, ut dixit, LX annorum vel circa. Qui requisitus super primo, II, III et IIII° articulis de abnegacione, etc., respondit quod ipse receptus fuerat in domo Templi castri Lemovicensis a fratre Francone de Bort milite Templi predicti, tunc preceptore Alvernie et Lemovicum, et in ejus recepcione fecit jurare ipsum testem super quendam librum quod observaret castitatem, obedienciam, et viveret sine proprio, et quod servaret usus et consuetudines dicti ordinis et qui tunc erant in dicto ordine et qui ponerentur in futurum. Et post dictum juramentum imposuit sibi, ut dixit, mantellum militarem dicti ordinis; quo imposito, precepit sibi quod deponeret ad terram suum mantellum predictum, et deposito in terra precepit ei quod abnegaret crucem mantelli, et spueret super eam, et calcaret eam pedibus in despectu illius qui fuerat crucifixus in ea; et ipse testis adimplens mandatum abnegavit dictam crucem semel, ore, non corde, ut dixit, et spuit in dicto mantello juxta ipsam crucem, non tamen supra eam, et calcavit dictum mantellum, sed non crucem. Unde ex predictis credit, ut dixit, quod talis modus recepcionis servetur communiter in toto dicto ordine. Requisitus si ille qui recepit eum, dixit sibi aliqua verba persuasoria vel illectiva seu alia ex quibus deberet moveri ad faciendum predicta et aliquam utilitatem spiritualem vel temporalem consecuturus ex predictis, respondit quod non, sed quod predicta debebat facere, quia hoc erat de punctis et usibus ordinis supra dicti. Requisitus de tempore dicte recepcionis et de presentibus, respondit quod erant circiter XXIV anni, et quod fuerant presentes in ipsa recepcione fratres Robertus de Teulet miles, et Johannes de sancto Hilario serviens, tunc preceptor de Paulhaco, et Petrus Reginaldi serviens, frater carnalis predicti Johannis preceptoris de Paulhaco, et frater Hugo de Dompuho serviens, quos omnes dixit esse mortuos; in presenti de nominibus aliorum qui interfuerant dicte recepcioni sue dixit se non recordari. Requisitus in qua parte dicte domus fuit receptus et qua hora, respondit quod in aula ipsius domus intra horam prime et tercie.

Item, dixit quod in predicta recepcione sua fuit ei dictum per dictum receptorem suum quod secundum puncta ordinis debebat eum osculari in ore et in umbilico, et precepit quod oscularetur eum in dictis locis, et ipse osculatus fuit eum in ore et super vestes existentes super umbilicum, sed non super carnem nudam.

Item, dixit quod dictus receptor dixit ei quod non debebat esse in aliquo loco in quo solempnizaretur matrimonium, secundum puncta ordinis, nec esse patruus levando aliquem de sacris fontibus, et quod non intraret aliquam domum in qua mulier jaceret in puerperio, et si haberet motus carnales et concupiscenciam commiscendi se cum muliere, commisceret se cum fratribus dicti ordinis; non tamen recolit si dixit sibi quod istud esset de punctis seu usibus ordinis; requisitus si predicta dixit sibi ad partem, respondit quod non, imo presentibus fratribus supra nominatis per eum.

Item, requisitus si dictus receptor dixit ei quod commiscere se cum aliis fratribus dicti ordinis non esset violare castitatem vel peccatum, respondit quod non.

Item, requisitus si ipse interfuerat recepcioni alicujus alterius fratris dicti ordinis, respondit se interfuisse recepcioni fratris P. de las Maiz, qui fuit receptus a fratre Humberto de Conborinio tunc preceptore de Paulhaco, in capella domus Templi de las Maiz Bituricensis diocesis. Requisitus si in dicta recepcione fuerunt facta illa que supra deposuit fuisse facta per eum in recepcione sua et dicta et precepta eidem, respondit se plene non recordari; tamen videtur ei quod omnia vel quasi fuerunt facta et precepta, sicut in recepcione ipsius testis facta fuerant et precepta. Requisitus de tempore dicte recepcionis et qui fuerant presentes, respondit quod erant XII anni vel circa, sed de die et mense non recordatur, et fuerunt presentes, ut dixit, fratres Guillelmus Arnaudi tunc preceptor de las Maiez, et Humbandus dictus lo Berroyers servientes, ipse testis qui loquitur et dictus receptor; de pluribus dicit se non recordari, nec scit si dictus Humbandus sit vivus vel mortuus, sed alii scilicet receptor decesserunt et preceptor.

Item, dixit quod ipse testis, existens tunc preceptor dicte domus Templi de Bilheda, recepit in fratrem servientem dicti ordinis Bertrandum la Marcha Lemovicensis diocesis, in domo Templi de Roleis Bituricensis diocesis, et Johannem de Pratemi Lemovicensis diocesis, in fratrem militem dicti ordinis in dicta domo de Bilhida, et in recepcionibus eorum servavit et servari fecit per eos, et eis precepit et dixit omnia que servata fuerant et facta, dicta et precepta in recepcione sua, prout supra deposuerat, hoc excepto quod non fuerun eum osculati in umbilico, nec precepit eis quod conculcarent crucem, nec dixit dicto militi quod posset commiscere se cum aliis fratribus, quia dictus miles erat senex. Sed bene dixit hoc dicto Bertrando qui erat juvenis; nunquam tamen scivit, nec audivit, ut dixit, quod aliquis frater dicti ordinis commiserit dictum peccatum sodomiticum. Requisitus de tempore dictarum duarum recepcionum et de presentibus, respondit quod dictum Bertrandum recepit sunt VIII anni vel circa, presentibus fratribus Humbando lo Berroyer, et Petro de Ardenayo et Arnardo la Brossa, de quibus nescit an sint vivi vel mortui; fuerunt tamen cum aliis fratribus capti. Prefatum autem militem dixit se recepisse sex anni vel circa, presentibus tribus fratribus proximo nominatis et fratre Bartholomeo de Pratini milite, preceptore domus de Ulmo Triandi Bituricensis diocesis, filio dicti militis tunc recepti; plures non interfuerunt in dictis recepcionibus, sicut dixit. De diebus vero et mensibus in quibus dicte recepciones facte fuerunt, dixit se non recordari. Requisitus si ipse testis in recepcione sua fecit aliquam resistenciam, quando predicte abhominaciones precipiebantur sibi, et alii quos ipse recepit, et ille quem vidit recipi, respondit quod admirantes deferebant facere donec dicebatur eis, et ipsemet dixit illis quos recepit quod ista erant de punctis ordinis, et sic inducebantur ad faciendum predicta, et dicebant [sic] quod faciebant ore, et non corde. Requisitus cujus estatis erant illi quos recepit tempore recepcionis eorum, dixit quod dictus Bertrandus erat etatis XXX annorum vel circa, et dictus miles receptus per eum septuagenarius. De dictis IV articulis et contentis in ipsis, dixit se alia nescire.

Item, requisitus super V-VIII articulis, de dogmatizacione, etc., respondit se nichil scire, nec audivisse ante capcionem Templariorum; sed ex tunc bene fuit interrogatus super istis, nec credit, ut dixit, quod dicti errores contenti in V-VIII articulis vigerent in ordine Templi.

Item, requisitus super IX-XIII articulis, de spuicione, et mincione et conculcacione super crucem, respondit se nichil scire, nec audivisse, nec credere vera esse, nisi in quantum supra deposuit.

Item, requisitus super XIV et XV articulis de adoracione cati, respondit se nichil scire, nec audivisse dici, nec credere vera esse contenta in dictis articulis.

Item, requisitus super XVI-XXIII articulis, quod non credebant sacramenta altaris nec aliis sacramentis, et quod sacerdotes obmittebant verba canonis, etc., respondit quod ipse credebat in dicto sacramento altaris et in aliis sacramentis ecclesiasticis, et credit quod communiter idem crederent alii fratres dicti ordinis, nec credit, nec scit, nec audivit quod sacerdotes eorum obmitterent verba canonis; nec quod hoc preciperetur eis in dicto ordine, imo videtur sibi quod bene et debite celebrarent.

Item, super xxiv-ix articulis, quod Magister, visitator et preceptores poterant fratres absolvere a peccatis, etc., respondit quod aliquo tempore fuit in dicto ordine quod non erant fratres presbyteri, sicut audivit refferri, et tunc si aliquis fratrum delinquebat, injungebatur sibi pena per superiores suos juxta qualitatem delicti; postmodum habuerunt presbyteros, et quando excedebant fratres, remittebantur ad dictos sacerdotes, nisi esset talis excessus propter quem deberent perdere ordinem vel mantellum; dixit tamen se nunquam audivisse, nec credit quod magnus Magister, preceptores vel visitatores dicti ordinis, possent absolvere alios fratres a peccatis, nec confessi fuerint se absolvere posse a predictis.

Item, requisitus super xxx-iii articulis, de osculis, etc., respondit se nescire nisi quantum deposuit supra, nec credere quod alia oscula facerent, nisi in ore et in umbilico.

Item, requisitus super xxxiv et v articulis, respondit dictos articulos veros esse, videlicet quod jurabant non exire ordinem, nec eum dimittere pro majori vel minori religione, absque licencia Magistri et conventus dicti ordinis, et quod statim pro professis habebantur. Requisitus qualiter scit predicta, respondit quod quia ipse juraverat in recepcione sua, et fecit alios quos recepit jurare idem.

Item, requisitus super xxxvi-ix articulis, de clandestina recepcione fratrum, et quod ex hoc erat vehemens suspicio, etc., respondit quod credebat vera esse contenta in ipsis articulis, et quod in recepcionibus non intererant nisi fratres dicti ordinis, et quod fiebant januis clausis. Requisitus quomodo hoc sciebat, respondit se vidisse ita servari in recepcione sua et aliorum quos receperat et recipi viderat. Item, dixit se frequenter audivisse in diversis locis a fratribus ejusdem ordinis, et eciam ab aliis secularibus, quod vehemens suspicio erat contra dictum ordinem, propter clamdestinas recepciones predictas.

Item, requisitus super XL-V articulis, de commixione carnali, respondit se credere quod in toto ordine vigeret dictus abusus dicendi fratribus in recepcione sua quod poterant carnaliter commisceri, non autem quod dicerent eis hoc non esse peccatum facere et pati, nec scit, nec audivit quod adinvicem commiscerentur.

Item, requisitus super XLVI-LVII articulis, de capitibus idolorum et eorum veneracione, etc., respondit se nichil scire, nec audivisse dici ante capcionem Templariorum, nec credit vera esse contenta in istis articulis.

Item, requisitus super LVIII-LXI articulis, de cordulis, etc., respondit quod communiter cinguntur cordulis super camisias eorum; nunquam tamen scivit, nec audivit dici, nec credit, ut dixit, quod hoc fieret in veneracionem idolorum, nec quod capita idolorum essent cincta illis cordulis.

Item, requisitus super LXII-VII articulis, quod fratres communiter recipiebantur modis predictis, et quod interficiebantur et puniebantur nolentes hoc facere, etc., respondit se credere quod communiter fratres reciperentur in dicto ordine, sicut deposuit supra se fuisse receptum et alios recepisse et recipi vidisse. Nec vidit, nec audivit quod aliquis fuerit interfectus vel incarceratus pro eo quod noluerit facere supradicta de quibus ipse deposuit, nec quod aliquis finaliter ea facere recusaverit.

Item, requisitus super LXVIII-LXXII articulis, respondit quod communiter injungebatur in ordine per sacramentum ne revelarent modum sue recepcionis aliis qui non essent de eorum ordine, sed inter se bene poterant loqui et loquebantur; non tamen inhibicio fiebat eis sub pena mortis vel carceris, sed per juramentum: si tamen revelassent, fuissent puniti per illos de ordine ad panem et aquam duobus vel tribus diebus in septimana, vel aliter, ad arbitrium fratrum dicti ordinis.

Item, requisitus super LXXIII articulo, respondit verum esse quod injungebatur fratribus ipsius ordinis quod non confiterentur absque licencia superiorum suorum, nisi fratribus ejusdem ordinis, et dixit esse de punctis ordinis, et se audivisse hoc precipi in capitulis celebratis in ordine quibus interfuerat, et dixit se interfuisse bene in decem capitulis generalibus celebratis in ipso ordine, tam ultra mare quam citra mare.

Item, requisitus super LXXIV, V et VI articulis, respondit se credere vera esse quod negligentes fuerant, quia non correxerant dictos errores, nec Ecclesie nunciaverant, nec recesserant ab eisdem cum bene habuissent facultatem.

Item, requisitus super LXXVII et sequentibus articulis usque ad XCVII, item quod ellemosine, etc., respondit se credere quod supra confessata per eum servabantur et ab antico servata fuerunt communiter in ordine, citra mare et ultra mare, ex precepto superiorum et ex statutis ordinis, nec audivit dici quod aliquis modus, varians substanciam eorum de quibus supra deposuit, fuerit in dictis recepcionibus observatus.

Item, requisitus super XCVII articulo, respondit quod ellemosine sufficienter fiebant in ordine et hospitalitas convenienter servabatur, et hoc dixit se servasse et fecisse servari in domibus quas ipse tenuit, et vidit servari in aliis domibus dicti ordinis.

Item, requisitus super XCVIII, VIIII et C articulis, respondit quod non credebat vera esse contenta in dictis articulis; imo erat commune preceptum in dicto ordine quod fratres ipsius ordinis non interessent scienter, nec consentirent indebite exheredacioni alicujus Christiani, nec unquam vidit, nec audivit dici quod in ordine referretur non esse peccatum degerare pro incremento ipsius ordinis.

Item, requisitus super CI-VI articulis, respondit quod clandestine fiebant capitula et recepciones in dicto ordine, scilicet januis clausis et nullis presentibus, nisi fratribus dicti ordinis, in locis in quibus fiebant, et vidit quod aliquando mitebantur fratres servientes ad videndum si aliquos essent in eventu qui possent audire vel videre eos quando tenebant dicta capitula vel faciebant recepciones predictas, nec vidit quod predicta fierent de nocte, nisi urgente aliqua necessitate.

Item, requisitus super CVII-CXI, respondit se non credere, nec scire, nec audivisse, nec vidisse contenta in ipsis articulis esse vera.

Item, requisitus super CXII et XIII articulis, respondit verum esse quod totus ordo tenebatur servare illud quod magnus Magister cum conventu ordinabat, et hoc dixit se scire, quia vidit de hoc agi et tractari ultra mare, quando erat ibi.

Item, requisitus super CXIV-VII articulis, respondit se nescire quando dicti errores inceperunt; credit tamen quod longo tempore duraverunt errores confessati per eum; nescit tamen qualiter et quare fuerunt introducti, nec a quibus; de negligencia correctionis eorum, dixit ut supra.

Item, requisitus super CXVIII° articulo, respondit quod multi exiverant dictum ordinem, sed nescit quibus ex causis.

Item, requisitus super CXIX° articulo, respondit se credere verum esse quod grandia scandala sint, propter premissa, exorta, ut in dicto articulo continetur.

Item, super CXX-III, respondit se credere quod de hiis que per eum confessata sunt supra, sit fama publica in ordine, et sint nota et manifesta inter fratres ordinis, et quod eciam nunc sit fama publica de predictis inter seculares. Requisitus quid vocat famam publicam, respondit quod illud quod communiter gentes dicunt.

Item, requisitus super CXXIV-VII articulis, respondit se nescire nisi per relatum alienum incertum. Requisitus si fuerat alias examinatus super facto Templariorum, respondit quod sic, per dominum archiepiscopum Bituricensem apud Exordunum Bituricensis diocesis, asserens quod prius dudum ante questionatus fuerat et tentus per plures septimanas in pane et aqua. Requisitus si fuit aliqua confessus coram dicto domino archiepiscopo, dixit quod sic aliqua, sed non omnia, nec tot sicut deposuit coram dictis dominis commissariis. Item requisitus si sic deposuit prece, precepto, premio, amore, timore, odio, commodo temporali habito vel habendo, vel instructus, vel informatus ut sic deponeret, respondit quod non, et fuit ei inhibitum quod non revelaret deposicionem suam predictam aliis, quousque attestaciones fuerint publicate.

Acta fuerunt hec per dictos dominos commissarios, predictis die et loco, presentibus magistro Amisio, me Floriamonte Dondedei et aliis notariis supra proximo nominatis, ac eciam dicto Guillelmo Radulphi.

Post hec, die Jovis sequenti, que fuit vii$^a$ dies dicti mensis Maii, convenerunt in predicta capella sancti Ellegii predicti domini commissarii, exceptis dominis Narbonnensi et Bajocensi, supra excusatis, et fuit adductus ad presenciam eorumdem, ut deponeret dictum suum, Baldoynus de sancto Justo preceptor de Pontivo Ambianensis diocesis, sine mantello et habitu Templi, quem mantellum dixit se dimisisse volontarie isto anno circa mediam Quadragesimam, et rasisse barbam, etatis xxxiv annorum, ut dixit. Requisitus si fuerat alias examinatus in negocio Templariorum, respondit quod sic, Ambianis per fratres Predicatores, et Parisius per episcopum Parisiensem, et dixit quod fuerat subjectus questionibus Ambianis, ubi, ut dixit, primo per fratres Predicatores examinatus, paulo post Templariorum capcionem, vi et metu dictorum tormentorum confessus fuit plura coram ipsis Predicatoribus quam postea Parisius coram domino episcopo Parisiensi, per quem nuper circa mediam Quadragesimam examinatus fuit, et plus quam non deponat coram dominis commissariis. Requisitus autem super omnibus et singulis articulis suprapositis, sibi qui Latinum intelligebat expositis, respondit ut sequitur. In primis, super iv articulis, respondit quod ipse testis etatis tunc circiter decem et octo annorum, fuit receptus tunc in ordine Templi in domo Templi de Somorens Ambianensis diocesis, per fratrem Robertum de sancto Justo presbyterum, preceptorem ballive de Somorens, consanguineum dicti testis, et in ejus recepcione dixit fuisse servatum istum modum, videlicet quod in capella dicte domus imposuit sibi dictus preceptor mantellum supra vestes seculares, sed antequam imponeret sibi dictum mantellum, fecit eum vovere et jurare castitatem, obedienciam, et quod viveret sine proprio, et insuper quod esset servus esclavus Templi, ad recipiendam Terram Sanctam pro posse suo. Item, dixit quod post predicta exiverunt capellam, et frater Petrus de Braella preceptor domus dicti loci de Somorens duxit ipsum testem ad quamdam cameram, et excluso hostio, dixit ipsi testi quod abnegaret Deum, et cum dictus testis perterritus facere recusaret, subjunxit dictus frater P. preceptor quod oportebat eum ita facere, aliter male accideret sibi, et tunc ipse testis fuit magis attonitus et orripilavit, id est eriguere pilli sui, potissime quia audivit murmur aliquorum extra ostium camere predicte, et dixit quod tunc abnegavit Deum ad mandatum illius, ore, sed non corde, semel tantum. Et hoc facto, idem frater P. dixit sibi : Tu eris bonus pugil ultra mare. Post que immediate precepit idem frater P. ipsi testi quod si aliquis frater dicti ordinis vellet jacere secum, non deberet recusare. Ipse tamen testis, ut dixit, non intellexit quod hoc diceret ut jacentes insimul aliquod peccatum committeretur, sed si deficeret lectus alteri, quod reciperet eum in lecto suo honesto. Quibus sic actis, ipse testis exuit se vestibus suis secularibus usque ad camisiam et braccas, et induit vestes novas ordinis. Requisitus si ibi erat aliqua crux, respondit quod non. Requisitus de tempore recepcionis sue et de presentibus, respondit quod in crastinum instantis festi nativitatis Beati Johannis Baptiste, erunt XVI anni, ut sibi videtur, presentibus in capella, quando fuit sibi traditus mantellus, dictis duobus preceptoribus, fratre Jacobo de Rubeo Monte fratre serviente, et fratre Alberto curato dicte domus, et fratre Johanne de Via fratre serviente, et fratre Ansoldo serviente, dispensatore dicte domus, quos omnes dixit obiisse, exceptis fratribus Jacobo de Rubeo Monte et Johanne de Via predictis; in camera vero, quando abnegavit Deum, non fuerant aliqui presentes nisi frater P. preceptor predictus et ipse testis.

Item, requisitus si contenta in iv articulis predictis servabantur in ordine Templi, respondit se nescire, quia nunquam interfuerat, ut dixit, nisi in recepcionibus iv fratrum, in quibus quidem recepcionibus non fuerunt facta contenta in ipsis iv articulis, quod ipse viderit vel sciverit. Requisitus qui erant dicti fratres, ubi, quando et a quibus fuerunt recepti et quibus presentibus, respondit quod ipse idem testis, existens preceptor Baylive de Pontivo, recepit tres ex predictis, videlicet fratres Michaelem Musset, quem recepit in camera domus sue de Oysimont Ambianensis diocesis, fuerunt iv anni in festo Nativitatis Domini proximo preterito, presentibus fratribus Egidio curato ecclesie dicti loci de Oysimonte, Guillelmo de Platea, Radulpho de Frenayo qui vivit, ut credit; recepit insuper fratrem Johannem de sancto Justo nepotem suum, in capella domus vocata Forest, ejusdem diocesis Ambianensis, in mense Setembris proximo venturo erunt iv anni, presentibus dicto Egidio curato de Oysimonte, et Andrea Meditatorio, Bernardo Gafet et Michaelle, presbytero de Villaroys, deffuncto. Item, recepit, ut dixit, fratrem Johannem de Resida Valle, in camera domus sue de Oysimonte, tres anni fuerunt in festo Epiphanie Domini proximo preterito, presentibus dicto Egidio curato de Oysimonte, et fratribus Thoma de Janvalle presbytero, Roberto Flamengi, Radulpho de Frenayo, qui omnes vivunt, ut dixit, excepto dicto Roberto, de quo dubitat si vivat aut sit mortuus. Requisitus quem modum servavit in recepcione dictorum trium fratrum, respondit quod fecit eos jurare et vovere castitatem, obedienciam, et viverent sine proprio, et quod essent servi esclavi dicti ordinis Templi, ad recipiendum Terram Sanctam pro posse eorum. Dixit insuper quod in libris eorum sunt certa statuta qualiter vivere debent dicti fratres, ire ad ecclesiam, dicere horas suas et conversari, et qualiter debent se induere, et cingi cordula supra camisiam, et calciare se caligis, et alia facere que pertinent ad religionem eorum, et in dicta recepcione faciebat eis legi dicta statuta, et specialiter illa que continebant penam imponendam eisdem quando delinquebant; non tamen fecit abnegare

Deum, nec aliquam inhonestatem, ut dixit. Requisitus si in recepcione sua, vel alias, fuit ei injunctum quod si contingeret eum recipere aliquos, faceret eos abnegare Deum, sicut ipse fecerat, respondit quod non.

Item, dixit se interfuisse recepcioni fratris Jacobi de Bergnicuria, qui dicitur obiisse, et fuit receptus a fratre Hugo de Paurando visitatore ordinis Templi, in capella dicte domus Templi de Somorens, sunt XII anni vel circa, ut credit, et fuerunt presentes predictus frater Robertus, alias vocatus de Belvaco, et frater Albertus curatus dicte domus de Somorens, et Jacobus de Rubeo Monte et Johannes de Via predicti, et in dicta recepcione nichil aliud factum fuit, ut dixit, quod ipse sciverit vel viderit, nisi quod ipse testis supra deposuit se fecisse in recepcione supradictorum trium quos ipse recepit. Requisitus si credit quod in ordine predicto fierent abnegaciones predicte contente in dictis IV articulis vel aliqua ex eis, respondit se credere quod ab aliquibus et in aliquibus locis fierent, sicut ipse fecit, quia non credit quod ipse fuerit primus nec solus in abnegacione predicta; scit tamen bene, ut dixit, quod in aliquibus locis non fiebant dicte abnegaciones.

Item, requisitus super V-VIII, de dogmatizacione, etc., respondit se nichil scire de contentis in dictis articulis, nec audivisse, nec credere vera esse.

Item, requisitus super IX-XIII, quod spuebant supra crucem, et conculcabant, et super eam mingebant, eciam in septimana sancta, respondit quod credit contenta in dictis articulis esse trufatoria et non vera, et quod nichil scivit de eis, nec audivit ante capcionem Templariorum.

Item, requisitus super XIV et XV articulis, de apparicione et adoracione cati, respondit se nichil scire, et credit esse falsum et derisorium.

Item, requisitus super XVI-XXIII articulis, quod non credebant sacramentum altaris nec alia sacramenta ecclesiastica, et quod sacerdotes dicti ordinis obmittebant verba canonis ex precepto preceptorum, respondit se nichil scire, nec audivisse; quin imo credebat contrarium esse verum, scilicet quod bene credebant sacramentum altaris et alia sacramenta Ecclesie, et quod sacerdotes verba dicerent per que conficitur corpus Christi, nec audivit quod unquam prohiberetur eis ne dicerent dicta verba.

Item, requisitus super xxiv-ix articulis, respondit quod quando aliquis frater dicti ordinis delinquebat publice, Magister, vel visitator aut preceptores puniebant eum secundum ordinis disciplinam, vel ei graciam faciebant quandoque, verumtamen de peccatis non absolvebant, sed sacerdotes ordinis quibus confitebantur absolvebant eos, et hec dixit se vidisse in locis et capitulis dicti ordinis quibus interfuerat.

Item, requisitus super xxx-iii articulis, respondit verum esse quod in recepcione fratrum recipiens osculabatur in ore recipientem et fratres astantes; de aliis osculacionibus contentis in dictis articulis, dixit se nichil scire, nec credere esse vera, sed reputat abusionem.

Item, requisitus super xxxiv et v articulis, respondit quod statim pro professis habebantur; sed quod jurarent se non exire ordinem, dixit se nescire, nec audivisse.

Item, requisitus super xxxvi-viiii articulis, respondit quod in recepcione fratrum non intererant nisi fratres dicti ordinis, et quod fiebant januis clausis; nescit tamen, ut dixit, quod propter hoc vehemens suspicio haberetur, quia non audivit de hoc ante capcionem Templariorum, nec poterat divinare quid alii suspicabantur de hoc.

Item, requisitus super xl-v articulis, quod poterant carnaliter commisceri licite et sine peccato, et quod plures vel aliqui eorum hoc faciebant, respondit se nichil scire, nec audivisse, nisi in quantum supra deposuit sibi fuisse dictum per fratrem P. de Braella, in quo tunc malum nullum intellexit, ut dixit.

Item, requisitus super xlvi-lvii articulis, de ydolis, respondit se nichil scire, nec alias audivisse, imo reputabat trufam et falsum esse, quia interfuerat capitulis Parisius bis et in Cipro bis, et nunquam de contentis in dictis articulis audiverat fieri mencionem in eis, ut dixit.

Item, requisitus super LVIII-LXI articulis, quod cingebant capita ydolorum cordulis quas tradebant fratribus, ut eas continue portarent, respondit quod cordulas portabant quas assumebant unde volebant, et cingebantur eis, ut audivit, propter honestatem et ne palparent ita libere carnem suam, non tamen credit, nec scit, nec audivit quod capita ydolorum cum eis cingerentur, nec quod in eorum veneracionem portarentur.

Item, requisitus super LXII, III et IV articulis, quod communiter fratres dicti ordinis recipiebantur modis predictis, respondit se nichil scire quod supra deposuit.

Item, requisitus super LXV, VI et VII articulis, quod qui nolebant predicta facere interficerentur vel incarcerarentur, respondit se nichil scire, nec audivisse quod aliquis interficeretur vel incarceraretur propter hoc.

Item, requisitus super LXVIII-LXXII articulis, respondit quod illa que agebantur in capitulis eorum non audebant revelare etiam fratribus dicti ordinis qui non interfuerant capitulis, et hoc injungebatur eis sub pena amissionis habitus. Alia dixit se nescire de contentis in ipsis articulis. Requisitus si injungebatur eis specialiter quod non revelarent modum recepcionis eorum, respondit quod non; sed ex generali precepto quod non revelarent sub pena predicta ea que agebantur in capitulis, intelligebatur ne revellarent modum recepcionis injunctum.

Item, requisitus super LXXIII° articulo, respondit verum esse quod injungebatur fratribus ne sine licencia fratris sacerdotis curati eorum confiterentur aliis, adjiciens quod ipse idem testis infra VIII dies, ut sibi videtur, post recepcionem suam, petita licencia a fratre Alberto curato de Somorens quod posset alteri confiteri peccata sua, fuit confessus abnegacionem per ipsum factam de qua supra deposuit, et alia peccata sua cuidam sacerdoti seculari qui vocabatur Johannes, curatus de Vereria Ambianensis diocesis, qui absolvit eum et imposuit sibi penitenciam quod jejunaret omnes dies Veneris unius anni, quorum XII fuerunt in pane et aqua, subjungentes quod dictam licenciam specialiter petiit ut confiteretur de abnegacione predicta.

Item, requisitus super LXXIV, V et VI articulis, respondit quod fratres qui sciebant et faciebant errores predictos, et habebant facultatem recedendi ab eis, fuerunt negligentes, quia non dixerunt dictos errores, nec denunciaverunt sancte matri Ecclesie.

Item, requisitus super LXXVII et sequentibus usque ad XCVII, item quod elleemosyne, etc., respondit se nescire nisi in quantum supra deposuit de modo recepcionis et de aliis contentis in dictis articulis.

Item, requisitus super XCVII articulo, respondit quod ex precepto fiebant ellemosine convenienter in ordine, et dabant decimam panis quem coquebant, non tamen dabant pauperibus panem ita album et depuratum a furfure sicut ipsi comedebant, et hoc vidit fieri in dictis domibus de Somorens et de Oysimonte; potest tamen esse, ut dixit, quod in multis domibus dicti ordinis non fierent eleemosine ita ordinate sicut in domibus predictis. Dixit insuper quod in domibus dicti ordinis in quibus fuit, vidit fieri et servari hospitalitatem et bene recipi bonos homines, et victualia eis et eorum manualibus ministrari.

Item, requisitus super XCVIII, VIIII et C articulis, respondit contenta in ipsis non esse vera, sed pocius contrarium, quia reputabatur peccatum per nephas acquirere aliena et propter hoc degerare, et precipiebatur quod non acquirerent aliena injuste, et si acquisivissent aliena in exheredacionem alicujus, fuissent expulsi de domo vel puniti; non tamen vidit quod aliquis propter hoc puniretur, nec quod casus eveniret.

Item, requisitus super CI-VI articulis, respondit quod quando celebrabant capitula vel recipiebantur fratres, excludebant omnes preter fratres dicti ordinis, et claudebant januas locorum in quibus tenebantur capitulia et fiebant recepciones predicte; non tamen vidit quod tenerentur vel fierent in primo sompno vel in prima vigilia noctis, vel quod familie excluderentur a domo, nec quod excubie ponerentur supra tectum; capitula autem et recepciones vidit teneri et fieri de die, ut dixit.

Item, requisitus super cvii-xi articulis, respondit se nescire quod possint magnus Magister, visitatores et preceptores, absolvere a peccatis confessatis vel non confessatis, nec audivit dici, nec credit. Audivit tamen dici quod dictus magnus Magister confessus est aliquos errores coram pluribus.

Item, requisitus super cxii et xiii articulis, respondit se credere quod totus ordo tenebatur servare quod magnus Magister cum conventu suo ordinabat, unde in capitulis precipiebatur et dicebatur quod servarent bonos usus et bonas consuetudines ordinis quos habebant et que in posterum per Magistrum cum conventu ordinarent.

Item, requisitus super cxiv-xvii articulis, respondit se nescire quando habuerunt inicium herrores quos confessus est supra, quia de aliis nichil scit. De aliis vero contentis in ipsis articulis, respondit ut supra.

Item, requisitus super cxviii° articulo, respondit se nescire quod aliqui exiverint dictum ordinem propter feditates ordinis.

Item, requisitus super cxviiii° articulo, respondit se credere quod post capcionem Templariorum, sed non ante, fuerunt exorta scandala contenta in dicto articulo, et quod multi ex fratribus dicti ordinis revelassent errores quos sciebant esse in ordine, si putassent quod fides in hoc adhibita fuisset eisdem, et nisi timuissent pericullum quod ex revelacione eis poterat imminere ab ordine supra dicto.

Item, requisitus super cxx-iii articulis, respondit se non credere contenta in ipsis articulis esse vera, nec eciam esse quod confessata per eum sint notoria et scita ab omnibus aliis fratribus.

Item, requisitus super cxxiv-vii articulis, respondit ut supra quod audiverat dici aliquos errores fuisse confessatos per Magistrum et per plures alios fratres dicti ordinis.

Item, requisitus si sic deposuit prece, precepto, premio, amore, timore, odio, comodo temporali, habito vel habendo, instructus vel informatus ut sic deponeret, respondit quod non, et fuit inhibitum sibi per dictos dominos commissarios quod non revelaret deposicionem suam predictam aliis quousque fuerint publicate.

Acta fuerunt hec predictis die Jovis, et in cappella predicta sancti Elligii, presentibus magistro Amisio, me Floriamonte Dondedei et aliis notariis supra proximo nominatis.

Post hec, die Veneris sequenti, que fuit viiiª dies mensis Maii, convenerunt in dicta capella sancti Ellegii predicti domini commissarii, exceptis dominis Narbonensi et Bajocensi, supra excusatis, et fuit adductus ad presenciam eorumdem, ut deponeret dictum suum, Gilletus de Encreyo, Remensis diocesis, in habitu seculari, barba rasus, testis supra juratus, etatis, ut dixit, lx annorum vel circa de presenti; quando vero intravit ordinem dixit quod erat l, et quod fuerat receptus in fratrem servientem ejusdem ordinis, et erat laborator agrorum et custos animalium. Requisitus si alias fuerat inquisitum cum eo in negocio Templariorum, respondit quod sic Parisius in Templo per fratres Predicatores et postmodum alia vice per dominum episcopum Parisiensem in aula sua, et dixit quod fuerat suppositus questionibus in Templo paulo post capcionem Templariorum; et expositis omnibus et singulis articulis sibi, respondit ut sequitur.

In primis requisitus super primis iv articulis, de abnegacione, etc., respondit se fuisse receptum in dicto ordine in diocesi Remensi, in domo dicti ordinis vocata Serenicourt, per fratrem Johannem de Cella preceptorem dicte domus, in die omnium Sanctorum instanti erunt viiii anni, et dixit quod quando fuit receptus, fecerunt eum venire ad capellam dicte domus, et clausis januis fuit aportatum unum missale et appertum coram eo, et fuit petitum ab eo si erat conjugatus vel alias ligatus, et cum respondisset quod non, sed quod habuerat duas uxores, fuit ei dictum per dictum fratrem Johannem de Cella quod ipse deberet vivere caste, sine proprio et sub obediencia superiorum suorum, et predicta juravit super dictum missale. Deinde peciit ab eo dictus frater Johannes si credebat in illum cujus rememoracio et representacio erat in dicto libro, in quo libro apparebat quedam ymago rubea Crucifixi, et cum per ipsum testem fuisset responsum quod sic, precepit ei dictus frater Johannes quod spueret super dictum librum, et ipse testis fuit ex tali precepto, ut dixit, plurimum stupefactus, et noluit spuere super dictum librum, sed spuit prope ipsum librum.

Item, dixit quod predictus frater Johannes dixit tunc ei quod ipse poterat jacere cum aliis fratribus ordinis et ipsi cum eo, et ipse testis credidit, ut dixit, quod simul possent jacere propter penuriam locorum, nec intelligebat aliquam turpitudinem in dicto precepto includi. Sed dictus frater Johannes subjunxit et declaravit quod carnaliter poterant commisceri, de quo ipse testis fuit multum turbatus, ut dixit, et multum desideravit, ut dixit, quod tunc esset extra portam dicte capelle. Nunquam tamen, sicut dixit, commiscuit se cum aliquo alio nec alter cum ipso, nec aliquem requisivit de hoc, nec requisitus ab aliquo.

Item, dixit quod idem recipiens precepit tunc ipsi quod renegaret Deum, et ipse testis respondit ei quod non faceret illud, si deberet amputare capud. Qua responsione audita, dictus recipiens precepit ei quod oscularetur eum in vestibus suis super umbilicum, et fuit eum osculatus in dictis vestibus, sed non in ore, nec in aliqua alia parte, alios autem fratres fuit osculatus in ore. Requisitus qui fuerunt presentes in predictis, respondit quod fratres Gerardus de Lauduno, et Johannes dictus la Gambe, et Anricus dictus Burgondus, et Lambertus de Ramecourt servientes, quos omnes dixit obiisse preter fratrem G. de Lauduno, quem credit vivere et esse fugitivum. Requisitus si dictus modus recepcionis confessatus per eum servabatur communiter in dicto ordine, respondit se credere quod sic, et quod audivit in prisione, postquam fuit captus, ab aliquibus fratribus dicti ordinis qui erant capti cum eo apud Gizorcium, quod fuerant recepti per eumdem modum, et quod aliqui eorum fuerant osculati retro in ano ab illo qui recipiebat eos; de nominibus autem illorum a quibus audivit predicta, dixit se non recordari. Plura autem dixit se nescire de contentis in dictis IV articulis, quia nunquam interfuerat recepcioni alicujus fratris nec alicui capitulo.

Item, requisitus super V-VIII articulis, de dogmatizacione, etc., respondit quod non credebat esse vera contenta in ipsis articulis, nec aliquid inde sciebat.

Item, requisitus super VIIII-XIII articulis, de spuicione super crucem et conculcacione, respondit se aliqua audivisse ab aliquibus, de quorum nominibus non recordatur, ante capcionem eorum; non tamen scit aliquid de contentis in dictis articulis, nisi quod supra deposuit, nec credit, ut dixit.

Item, requisitus super XIV et XV articulis, de cato, etc., respondit se nichil scire ; audivit tamen ab aliquibus dici, de quibus non recordatur, quod quidam catus apparebat ultra mare in preliis eorum, quod tamen non credit.

Item, requisitus super XVI-XXVIIII articulis, respondit quod non credebat eos esse veros, sed pocius contrarium.

Item, requisitus ad XXX-III articulos, de osculis, respondit ut supra.

Item, requisitus ad XXXIV et V articulos, respondit quod statim pro professis habebantur, sed non jurabant non exire ordinem quod sciat.

Item, requisitus ad XXXVI-VIIII articulos, respondit quod clandestine fiebant recepciones, januis clausis, nullis presentibus, nisi fratribus ordinis, et quod ex hoc gentes seculares non erant bene pegate, adjiciens se multum gaudere quia predicta sunt revellata, et quia domini Papa et Rex volunt scire et punire predicta, quamquam ipse perdat illa que posuit in ordine predicto.

Item, requisitus ad XL-V articulos, respondit de carnali commixcione quod supra deposuit, sibi dictum fuisse in sua recepcione; nunquam tamen audivit dici predicta facere non esse peccatum, nec quod fratres uterentur vicio supradicto.

Item, requisitus ad XLVI-LXI articulos, respondit se nichil scire nec aliquid audivisse. Vidit tamen quod aliqui fratres portabant quasdam cordulas super camisiam; ipse tamen non portavit, nec fuit sibi injunctum, ut dixit.

Item, ad LXII, III et IV articulos, de modo recepcionis, etc., respondit ut supra.

Item, ad LXV, VI et VII articulos respondit quod ipse nescit, sed bene credit quod si illi qui recipiebantur in ordine, recusarent facere illa que ipse confessus est de se, quod majores ordinis punirent eum et mitterent eum ad locum remotum.

Item, ad LXVIII-LXXII articulos respondit quod si aliquis revellaret secreta ordinis vel capitula vel modum recepcionis sue, poneretur in carcere, et mitteretur ad partes remotas, quasi exul relegaretur; non tamen vidit aliquem propter hoc incarcerari nec interfici.

Item, ad LXXIII articulum, de non confitendo nisi fratribus dicti ordinis, respondit se nichil scire, nec audivit hoc injungi.

Item, ad LXXIV, V et VI articulos respondit ipsos esse et fuisse negligentes de hoc, quod recognita per eum non correxerunt, nec sancte matri Ecclesie nonciaverunt, et quod non recesserunt ab herroribus predictis per eum recognitis.

Item, ad LXXIV et ad alios sequentes articulos usque ad XCVII articulum, item quod ellemosine, etc., respondit se credere quod modus per quem ipse fuit receptus servatus fuerit in recepcione aliorum fratrum, citra mare et ultra mare, et quod sit de punctis ordinis, nec credit quod alius modus recepcionis fuerit servatus in dicto ordine. De aliis contentis in dictis articulis, dixit se nichil scire nisi quod supra deposuit.

Item, ad XCVII articulum respondit quod ellemosine fiebant in dicto ordine ter in septimana omnibus petentibus; tamen aliquando redarguebantur dispensatores a superioribus quando faciebant ellemosinas que videbantur eis esse nimis magne, et quod ellemosine erant ita parve quod pauci pauperes veniebant ad eos; hospitalitatem bene servabant et faciebant, et leto vultu bonos homines ad eos venientes bene recipiebant, et predicta dixit se vidisse et audivisse in dicta domo de Serena Curia.

Item, ad XCVIII, VIIII et C articulos respondit se nichil scire; audivit tamen dici ab aliquibus fratribus dicti ordinis, ac specialiter a fratre Johanne la Gamba, jam defuncto, quod non erat peccatum facere comodum dicti ordinis per fas vel nephas, et eciam propter hoc degerare.

Item, ad ci-vi articulos, de clandestinacione, etc., respondit quod nichil scit nisi quod supra deposuit.

Item, ad cvii-xi, quod Magister, visitatores et preceptores layci possent absolvere a peccatis, etc., respondit se nichil scire, nec audivisse, nec credere quod possent.

Item, ad cxii et xiii respondit se audivisse et credere quod totus ordo tenebatur servare quod magnus Magister cum conventu ordinabat.

Item, ad cxiv-xvii respondit se nescire quando dicti errores habuerunt exordium, alia dixit se nescire de contentis in ipsis articulis nisi que supra deposuit.

Item, ad cxviii respondit se nescire, sed propter feditates aliqui ordinem exiverunt.

Item, ad cxviiii respondit quod jus habebant scandalizari contra ordinem seculares, propter premissos errores.

Item, ad cxx-iii respondit se nescire.

Item, ad cxxiv-vii respondit se nescire, sed si recognoverunt errores quos sciebant, bene fecerunt.

Item, requisitus si sic deposuit prece, precepto, premio, amore, timore, odio, comodo temporali habito vel habendo, instructus vel informatus ut sic deponeret, respondit quod non, et fuit inhibitum sibi per dictos dominos commissarios quod non revellaret deposicionem suam predictam quousque attestaciones fuerint publicate, et quousque domino supremo Pontifici fuerint ostense.

Acta fuerunt hec per dictos dominos commissarios, presentibus me Floriamonte Dondedei et aliis notariis supra proximo nominatis.

Post hec, die Sabati sequenti, que fuit nona dies mensis May, convenerunt in dicta capella sancti Elligii domini commissarii predicti, exceptis dominis Narbonnensi et Bajocensi, supra excusatis, et fuit adductus ad presenciam eorumdem dominorum commissariorum, ut deponeret dictum suum, Jacobus de Trecis, testis suprajuratus, absque mantello et habitu Templi, tonsus capite et rasus barba, etatis, ut dixit, xxiv annorum vel circa, et dixit quod intraverat dictum ordinem per tres annos cum dimedio vel circa ante capcionem Templariorum, et intelligebat Latinum, ut dixit, et erat seneschallus domus de Villaribus prope Trecas et frater serviens, et fuerat examinatus, ut dixit, in negocio Templariorum per archiepiscopum quondam Senonensem et postea per episcopum Aurelianensem, nunquam tamen questionatus, ut dixit, fuerat. Requisitus autem super omnibus et singulis articulis, respondit ad eos ut sequitur.

Super primis IV$^{or}$ articulis, de abnegacione, etc., respondit quod ipse fuerat receptus in dicto ordine in domo Templi de Sanci Trecensis diocesis, per fratrem Radulphum de Gisiaco receptorem reddituum Campanie pro domino Rege, citra festum omnium Sanctorum, erunt sex anni vel circa, et in dicta recepcione sua, ut dixit, fuit servatus talis modus, nam quum venisset ad locum predictum cum patre et matre et aliis amicis suis multis, eis remanentibus extra, fuit introductus in quamdam cameram, in qua erant predictus frater Radulphus et fratres Ponzardus de Gisiaco serviens, nepos ejusdem fratris Radulphi, et quidam Burgondus dictus Milo, et Symon de Pruino presbyteri, et multi alii de quorum nominibus non recordatur, ut dixit; et cum esset in dicta camera, dictus frater Radulphus dixit ei quod abnegaret *Nostre Sire* qui pependit in cruce, et ipse respuit hoc facere, sicut dixit, sed postmodum timens quod interficerent eum, ut dixit, quia habebant ibi unum magnum evaginatum ensem, abnegavit ter dicendo, ter ore, sicut dixit, sed non corde : « *Je reni Nostre Sire*, postquam vos vultis. » Et deinde receptor precepit sibi, ut dixit, quod pedibus conculcaret unam crucem argenteam, in qua erat ymago Crucifixi in terram positam, et quod spueret super ipsam, ter ipse testis conculcavit ipsam crucem, ut dixit, super pedes Crucifixi, et spuit juxta ipsam crucem, et non supra, prout dixit. Et cum fecisset predicta, tradidit sibi mantellum ordinis, super quem stabant aliqui ex fratribus astantibus; quo tradito, fecit eum sedere ad terram coram se, et fecit eum jurare quod predicta non revellaret, et quod castitatem servaret, et viveret sine proprio et sub obediencia. Dixit eciam ei quod ab illa hora in antea non intraret domum in qua aliqua mulier jaceret in puerperio, nec susciperet aliquem nec teneret in sacro fonte, et quod non offerret in missa; et predicta fecit eum jurare, ut dixit. Sed non servavit juramentum, ut dixit; nam, captus amore cujusdam mulieris, exivit ordinem per unum annum ante capcionem Templariorum, et dimisit habitum, et aliquos levavit de sacro fonte antequam exivisset ordinem, et post obtulit eciam in missa postquam exivit ordinem.

Item, dixit quod post predicta, dictus receptor dixit ei quod oporteret ei esurire quando vellet comedere, et vigillare quando vellet dormire, et multa alia facere et servare super quibus alias instrueret eum cum rediisset de Parisius, quo erat propter negocia regia profecturus, et precepit eciam ei quod de bonis Templi non daret aliquid patri aut matri vel aliis amicis suis, sed quicquid posset aportaret ad Templum.

Item, dixit quod dictus receptor expoliavit se totum nudum in presencia sua et aliorum fratrum astancium, et precepit ei quod oscularetur eum in ano, sed ipse renuit hoc facere; fuit tamen osculatus eum super carnem nudam in humero ex parte posteriori, et dixit ei quod predicta omnia erant de punctis ordinis. Requisitus si dicta recepcio sua fuit facta de die vel de nocte, respondit quod de die circa horam prime.

Item, cum predictus testis videretur esse valde facilis et procax ad loquendum, et in pluribus dictis suis non esset stabilis, sed quasi varians et vacilans, fuit interrogatus si fuit ei preceptum a dicto receptore quod cum digitis manus sue faceret ficum Crucifixo, quando ipsum videret, et si fuit ei dictum quod hoc esset de punctis ordinis, respondit quod nunquam audivit loqui de hoc.

Item, requisitus si contenta in dictis iv articulis servabantur in toto ordine, respondit quod sic, et quod ipse erat de hoc bene certus, sicut jurabat. Interrogatus quomodo erat certus, respondit quod pro eo quia erat unus ordo, et si haberet diversos modos recipiendi fratres, fuisset ipse ordo sibi contrarius. Interfuerat insuper recepcioni alicujus fratris, ut dixit, videlicet recepcioni J. Petitpars, quem dixit [?] fuisse receptum in quadam camera domus Templi de Payans Trecensis diocesis, per dictum fratrem Radulphum de Gisiaco, presentibus ipso teste, et fratribus Ponzardo de Gisiaco, et Milone Burgondo presbytero, predictis; et in dicta recepcione vidit, ut dixit, servari eumdem modum qui fuit servatus in recepcione sua, excepto quod non vidit ensem, nec vidit dictum Johannem respuentem agere que precipiebantur eidem, et dicta eciam recepcio fuit facta circa horam prime.

Item, requisitus super v-viii articulis, de dogmatizacione, etc., respondit quod nunquam fuit sibi locutum de contentis in ipsis articulis, nec audivit loqui, quia non interfuerat capitulis eorum, nec sciebat aliquid de predictis.

Item, ad viiii-xiii articulos, de conculcacione et spuicione, respondit ut supra, de ceteris dicens se nichil scire.

Item, ad xiv et xv articulos, de cato, respondit se nichil scire nec audivisse.

Item, ad xvi-xxiii respondit se nichil scire; ipse tamen bene credit, ut dixit, sacramentum Ecclesie.

Item, ad xxiv-viii respondit se nichil scire, nec credit quod possent absolvere, quia non erant sacerdotes.

Item, ad xxx, xxxi, ii et iii, de osculis, respondit se nichil scire nisi quod supra deposuit.

Item, ad xxxiv et xxxv respondit vera esse contenta in ipsis articulis, reddens causam quia fecerant eum jurare in sua recepcione quod ordinem non exiret, et dixerunt ei quod statim professus erat.

Item, ad xxxvi-viiii respondit quod clandestine fiebant recepciones, januis et fenestris clausis, nullis presentibus, nisi fratribus ordinis, et per iv annos, ut dixit, plus quam intraret ordinem, audivit dici quod osculabantur se in ano a pluribus gentibus et in pluribus locis, dicens se audivisse predicta, et quod ex predictis clandestinacionibus et osculis erat suspicio contra ordinem supradictum; ipse tamen testis non credebat tunc predicta, ut dixit, quia si credidisset, nullatenus ordinem intravisset.

Item, ad xl-v, de commixione carnali, respondit se nichil scire, nec audivisse, nec credere vera esse.

Item, ad xlvi-lvii, de ydolis, respondit se audivisse refferri a pluribus, nescit tamen ubi nec a quibus, ante recepcionem suam per aliquos annos, quod quando capitulum Templariorum celebrabatur Parisius, apparebat eis circa mediam noctem quoddam capud quod multum venerabantur. Post recepcionem suam de hoc nichil audivit, nec credit. Plura dixit se nescire de contentis in ipsis articulis; audivit tamen dici, postquam fuit in ordine, quod dictus frater Radulphus habebat demonem privatum, cujus consilio erat sapiens et dives.

Item, ad lviii-lxi, de cordulis, respondit se nichil scire, et quod nunquam fuit sibi injunctum quod portaret cordulam, nec eam portaverat; vidit tamen aliquos alios fratres eam portantes.

Item, ad lxii, iii et iv, de modo recepcionis, respondit ut supra.

Item, ad lxv-lxxii respondit quod de interfeccione et incarceracione comminabantur eis quod non revellabunt modum recepcionis, et eciam injungebatur per sacramentum, nec audebant loqui inter se nec amicis suis, subjungens quod cum mater sua vellet ponere in dicto ordine Petrum fratrem ipsius testis, et requireret consilium ab ipso teste super hoc, potissime quia dicebat dicta mater se audivisse multa mala de ordine Templi, noluit sibi declarare dictos errores, sed dissuasit quod non intraret. Alia dixit se nescire, asserens quod magis voluisset esse mortuus bona morte in die recepcionis sue quam fecisse illa que supra deposuit.

Item, ad lxxiii respondit sibi fuisse preceptum quod non confiteretur nisi fratribus presbyteris ejusdem ordinis, credens quod aliis preciperetur idem. Hoc tamen ipse testis non servavit, ut dixit.

Item, ad LXXIIII, V et VI respondit se credere vera esse contenta in ipsis articulis, quod negligentes fuerunt quia non correxerunt nec denunciaverunt, cum possent, errores predictos, et non recesserunt ab eis.

Item, ad LXXVII et sequentibus usque ad XCVII respondit quod confessata per eum credebat servari citra mare et ultra mare in ordine ex punctis ordinis et precepto superiorum, et quod idem modus recepcionis sit in ordine.

Item, ad XCVII respondit quod ellemosinas non faciebant nec hospitalitatem servabant ut debebant, nec sibi ipsis providebant in victualibus sicut opportunum fuisset.

Item, ad XCVIII, XCVIIII et C respondit se vidisse quod per nephas acquirebant et injuste, non tamen vidit nec audivit quod hoc preciperetur, vel jurari facerent, nec audivit quod non reputaretur peccatum propter hoc degerare.

Item, ad CI-VI, de clandestinacione, respondit quod nunquam interfuerat capitulis, sed audiverat dici quod clam et de nocte, quandoque exclusa familia, fiebant capitula et recepciones; alia dixit se nescire.

Item, ad CVII-XI respondit se non credere nec scire nec audivisse alieno dici quod magnus Magister, preceptores vel alii layci possent absolvere a peccatis, nec quod hoc confessi fuerint.

Item, ad CXII et CXIII respondit de credulitate et auditu, dici et se credere vera esse quod totus ordo tenebatur servare illud quod magnus Magister cum conventu ordinabat.

Item, ad CXIV-XVII respondit se audivisse dici a pluribus secularibus personis, nescit quibus nec ubi, per decem annos antequam esset receptus in ordine, quod quidam miles Templi qui venerat de ultra mare et fuerat inter paganos, aportaverat ad partes istas errores predictos, ut scilicet in recepcione abnegarent Christum, conculcarent crucem et spuerent super ipsam, et oscularentur se retro; nescit tamen quando dicti errores inceperunt, sed audivit dici quod bene erant quingenti anni.

Item, ad cxviii respondit se exivisse dictum ordinem, plus propter feditatem ipsius ordinis, quam amore mulieris cujus occasione dixit supra se dictum ordinem exivisse, quia ipsam mulierem habebat et habere poterat in ipso ordine, quando volebat, dicens se credere multos alios exivisse dictum ordinem propter feditates ipsius ordinis.

Item, ad cxix respondit se nescire si scandala sunt exorta vel non.

Item, ad cxx, xxi, ii et iii respondit quod illa que confessata sunt per eum, sunt nota et manifesta inter fratres ordinis, et de hiis est ibi publica vox et fama, et credit eciam quod nunc sit fama inter seculares; nescivit tamen declarare quid est vox et fama publica.

Item, ad cxxiv, v, vi et vii respondit se credere quod recognoverunt illa que ipse supra confessus est; aliter dixit se nescire.

Item, requisitus si prece, precepto, premio, amore, timore, odio, comodo temporali habito vel habendo instructus vel informatus ut sic deponeret, respondit quod non. Et fuit sibi inhibitum per dictos dominos commissarios quod non revellaret alicui fratri dicti ordinis nec alicui alio seculari ea que deposuerat, quousque domino nostro Pape hostensa fuerint et publicata.

Acta fuerunt hec per dictos dominos commissarios, presentibus me Floriamonte Dondedei et aliis notariis supra proximo nominatis.

Post hec, die Dominica sequenti que fuit x$^a$ dies mensis Maii, cum datum fuisse diceretur intelligi dictis dominis commissariis quod prefatus R. de Pruino, P. de Bononia, Guillelmus de Chambonent et Bertrandus de Sartiges, volebant venire ad eorum presenciam, convenerunt in dicta capella sancti Ellegii predicti domini Narbonensis, Mimatensis et Lemovicensis, ac domini Matheus et archidiaconus Tridentinus, et fuerunt ibidem adducti ad eorum presenciam prefati iv fratres, et proposuit dictus frater Petrus pro se et aliis coram eis, qualiter ipsi domini una cum collegis suis erant missi et deputati per dominum Papam ad inquirendum in regno Francie contra ordinem Templariorum super articulis eis per dominum Papam missis, et qualiter ipsi domini per suum publicum citacionis edictum citaverant fratres dicti ordinis qui dictum ordinem vellent defendere, et qualiter multi fratres propter hoc ad eorum presenciam venerant et se defensioni dicti ordinis obtulerant coram eis, subjungens quod ipsi jam audiverant et ex verisimilibus conjecturis timebant et credebant quod dominus archiepiscopus Senonensis cum suis suffraganeis aliquos processus, crastina die, in suo provinciali concilio Parisius convocato, facere volebat contra multos ex fratribus qui defensioni dicti ordinis se obtulerant, quod, ut dixerunt, esset facere ut fratres ipsi necessario desisterent a defensione predicta, propter quod, ut dixerunt, quamdam appellacionem formaverant, quam volebant legere coram ipsis dominis: cumque dictus dominus archiepiscopus diceret eis quod de eorum appellacionibus nichil ad ipsum et collegas suos pertinebat, et quod non habebant se intromittere de eisdem, cum non appellarent ab eis, sed si quid dicere vellent ad defensionem ordinis Templi, illud libenter audirent et reciperent, dictus frater Petrus quamdam cedulam coram eis exhibuit, porrexit et tradidit, cujus tenor sequitur in hec verba :

In nomine Domini, amen. Coram vobis, reverendis patribus, domino archiepiscopo Narbonensi, ac dominis Lemovicensi, Mimatensi et Bajocensi episcopis, domino Matheo de Neapoli domini Pape notario, dominis Magalonensi et Tridentino archidiaconis, proponunt et dicunt Petrus de Bononia, R. de Pruino presbyteri, Bertrandus de Sartiges et Guillelmus de Chambonent milites, de ordine milicie Templi, nomine suo et omnium fratrum ejusdem ordinis sibi adherencium nunc et in futurum, quod ex verisimilibus conjecturis et causis timent et gravissime dubitant ne procedatur per dominum archiepiscopum Senonensem et ejus suffraganeos et per alios archiepiscopos et prelatos regni Francie de facto, cum de jure fieri non valeat neque possit pendente inquisicione vestra seu processu contra ipsos et alios fratres ejusdem ordinis qui se obtulerunt et se offerunt seu offerrent defensioni ejusdem ordinis. Quare cum appellacionis remedium adinventum fuerit ad relevandum oppressos injuste, ne execucio aliqua fiat contra ipsos et personas eorum, aut injuria inferatur eisdem per dictos dominos archiepiscopos et prelatos regni, quod certe si fieret, contra Deum et justiciam esset, et hoc inquisicio vestra totaliter turbaretur, ideo ex nunc ad dominum Papam et apostolicam Sedem provocant et appellant, tam viva voce quam eciam in scriptis, ponentes se ipsos, personas eorum et totum jus suum et totius ordinis Templi sub protectione Sedis apostolice et omnes fratres dicti ordinis qui se obtulerunt et offerunt seu offerrent defensioni predicte. Petunt apostolos, et iterum petunt, et petunt cum instancia maxima. Item, petunt habere consilium sapientum ad corrigendum presentem appellacionem, si opus fuerit, et petunt necessarias et sufficientes expensas de bonis ordinis ministrari sibi, et cum plena securitate mitti vel duci ad dominum Papam infra tempus legitimum ad appellacionem hujus prosequendam, et omnia alia necessaria in causa predicta.

Item, protestantur et dicunt nomine suo et omnium sibi adherencium, nunc et in futurum omnia supradicta se velle prosequi, secundum quod de jure melius poterunt et debebunt. Item supplicant, patres reverendi, ut pendente vestro inquisicionis officio, mandare velletis dicto domino archiepiscopo et ejus suffraganeis ac omnibus aliis prelatis de regno, quod non procedant ad aliquam novitatem faciendam contra fratres predictos. Item, supplicant, ut mediante auxilio vestro possint adire presenciam dicti domini archiepiscopi Senonensis, ut coram ipso super predictis valleant appellare, et quod mittatis cum ipsis unum vel duos de notariis vestris seu tabellionibus, qui de dicta appellacione faciant eis publicum instrumentum, cum non inveniant notarium qui vellit ire cum ipsis ad hoc faciendum. Item, rogant omnes notarios presentes, ut de appellacione hujus eis faciant publicum instrumentum.

Item, supplicant, ut appellacionem presentem ad expensas dicti ordinis notifficare faciatis omnibus archiepiscopis de regno Francie, cum hoc ipsi facere non possint quia sunt carcerati, contra quos omnes et a quibus appellant ex nunc in forma predictorum, vel eo modo et forma quibus poterit melius appellari. Porrecta fuit hec appellacio die, etc.

Qua tradita, dicti fratres exiverunt dictam capellam, et coram dictis dominis commissariis fuit lecta cedula predicta; qua audita, dictus dominus archiepiscopus dicens se vel celebrare vel missam audire, recessit; alii vero et dominus archidiaconus Magalonensis, qui nunc supervenit, remanentes ibidem, habita aliqua deliberacione inter se, vocatis tandem dictis fratribus, dixerunt quod ipsi adhuc loquerentur ipsa die, et liberarent inter se et cum dicto domino archiepiscopo Narbonensi, et in vesperis responderent eis super contentis in dicta cedula quatenus possent et eos tangerent, precipientes Petro de Vererio custodi eorum, ut dixit, ut ipsa die in vesperis eos reduceret coram eis in loco predicto, audituros responsionem eorum. Dicti vero fratres ibidem porrexerunt et tradiderunt quandam aliam cedulam, tenorem qui sequitur continentem.

In nomine Patris, et Filii, et Spiritus Sancti, amen. Coram vobis, venerabili patre domino archiepiscopo Senonensi, proponimus et dicimus, nos fratres P. de Bononia, Reginaldus de Pruino, Bertrandus de Sartiges et Guillelmus de Chambonent milites de ordine milicie Templi, nomine nostro et omnium fratrum Templi de provincia Senonensi nobis adherencium, quod ex verisimilibus conjecturis et causis timemus et dubitamus gravissime ne procedatur ex abrupto per vos et suffraganeos vestros de facto, licet de jure fieri non valeat, debeat neque debet, pendente causa seu inquisicione ipsius ordinis, contra nos et fratres ordinis nostri qui se obtulerunt et offerunt seu offerrent ad defensionem ipsius ordinis. Unde cum appellacionis remedium adinventum fuerit ad relevandum oppressos injuste, ideo ne injuria nobis et dictis fratribus, aut aliqua execucio contra nos vel ipsos fiat, que si fieret, contra Deum et justiciam esset, et ex hoc predicta inquisicio totaliter turbaretur, ex nunc ad dominum Papam et Sedem apostolicam appellamus et provocamus, tam viva voce quam in scriptis, ponentes nos ipsos, et jus nostrum et tocius ordinis nostri, et omnes fratres qui se obtulerunt et offerunt seu offerrent defensioni predicte, sub protectione Sedis apostolice. Petimus apostolos, iterum petimus, et cum maxima instancia petimus. Item, petimus habere consilium sapientum ad corrigendum appellacionem presentem, si necesse fuerit. Item, petimus necessarias et sufficientes expensas de bonis dicti ordinis nobis ministrari, et cum plena securitate mitti vel duci ad dominum Papam infra tempus legitimum ad appellacionem hujus prosequendam, et eciam alia nobis necessaria ad causam predictam. Item, protestamur et dicimus nomine nostro et omnium nobis adherencium omnia supradicta nos velle prosequi, secundum quod de jure melius poterunt et debebunt. Item, rogamus omnes notarios presentes, ut nobis inde faciant publicum instrumentum.

Postmodum, eadem die in vesperis, dicti domini commissarii omnes se convenerunt in capella predicta, et fuerunt adducti ad eorum presenciam dicti IV fratres, quibus et aliis fratribus dicti domini multum compaciebantur, ut dixerunt; responderunt quod negocium de quo dicti dominus archiepiscopus Senonensis et ejus suffraganei agebant, retractabant in suo consilio, [et] erant totaliter diversa et abinvicem separata, et quod ipsi nesciebant quid in dicto consilio aliquid agebatur ibidem, et quod, sicut ipsi domini commissarii erant in negocio sibi commisso per Sedem apostolicam deputati, ita et dominus Senonensis et ejus suffraganei ad ea que in suo concilio agere dicebantur, erant auctoritate apostolica deputati, et quod ipsi domini nullam habebant potestatem in eos nec super eos; propter quod non videbatur dictis dominis commissariis prima facie, ut dixerunt, quod haberent aliqua inhibere dicto domino archiepiscopo Senonensi vel aliis prelatis super retardacione processuum faciendorum per eos contra singulares personas ordinis predicti; adhuc tamen deliberarent melius super predictis, et facerent quod esset faciendum per eos, precipientes nobis notariis, ut requestam et appellaciones ipsorum fratrum insereremus in processu, loco apostolorum testimonialium exhibendorum eisdem.

Acta fuerunt hec predictis die et loco, presentibus me Floriamonte Dondedei, Bertrando Filholi, Guillelmo Radulphi, Hugone Nicolai, Bernardo Humbaldi et Johanne de Fellinis notariis supradictis.

Post hec, die Lune sequenti, que fuit xi$^a$ dies mensis Maii, convneerunt predicti domini commissarii, exceptis dominis Narbonensi et Bajocensi, ut supra excusatis, in capella predicta sancti Ellegii, et fuit adductus ad presenciam eorumdem, ut deponeret dictum suum, frater Humbertus de Podio Pictavensis diocesis, serviens, testis supra juratus, deferens habitum Templi et barbam, etatis, ut dixit, xlv annorum vel circa. Requisitus si fuerat alias examinatus in negocio Templariorum, respondit quod sic, primo per Johannem de Jamvilla et Sen. de Peyto, apud monasterium Bovini Pictavensis dicte diocesis Pictavensis, et fuit ibidem, ut dixit, de eorum mandato ter questionatus, quia non confitebatur que volebant, et postmodum, ut dixit, fuit positus in quadam turri apud Nivortum ejusdem diocesis, et ibidem ad panem et aquam detentus in vinculis, ut dixit, xxxvi septimanis, et ex inde fuit adductus Pictavis, et ibidem examinatus fuit per officialem et decanum Pictavenses, et juravit, ut dixit, coram eis quod non retrocederet confessione facta per eum coram eisdem. Requisitus autem super omnibus et singulis articulis predictis, sibi diligenter expositis, respondit ad eos ut sequitur :

Inprimis, ad primos iv articulos, de abnegacione, etc., respondit quod nunquam interfuit alicui capitulio, nec recepcioni alicujus fratris ordinis supradicti, et quod de contentis in dictis iv$^{or}$ articulis nichil sciebat, nisi per auditum dici ; audiverat tamen, ut dixit, a fratre Bartholomeo Merloti fratre serviente dicti ordinis, qui erat de Pictavia, quod predicta servabantur in predicto ordine. Requisitus ubi, et quando et quibus presentibus audivit predicta, respondit se audivisse apud Castrum Bernardi Xantonensis diocesis, in domo ordinis Templi, antequam esset frater dicti ordinis, sunt circiter novem anni; non tamen credebat tunc quod illa que dicebantur essent vera, nec adhuc credit, et quod nullus fuit presens quando dictus frater Bartholomeus dixit sibi predicta. Requisitus quomodo intervenerat materia ad loquendum de predictis, respondit quod dictus frater Bartholomeus volebat quod ipse testis esset frater dicti ordinis, qui erat consanguineus suus germanus, et idem frater Bartholomeus dixerat ei se audivisse dici quod predicti errores in ordine servabantur; et cum de hoc loqueretur alia vice, idem frater Bartholomeus dixit ei quod non crederet supradicta. Requisitus ubi, quando, qualiter, a quo et quibus presentibus ipse fuerat receptus in ordine, respondit quod fuerat receptus in domo Templi de Dompuho Xantonensis diocesis, in capella dicte domus, auctoritate fratris P. de Villaribus preceptoris Pictavie, a fratre Symone Picardi, sunt circiter octo anni, presentibus fratribus Guillelmo Bergerio Pictavensi avunculo ipsius testis, et Arnaudo Berzo, Enrico Guillelmo de Villa Vinossa Xanctonensi, et Bartholomeo Merloti, qui obierunt omnes, exceptis fratribus Bartholomeo et Arnaudo predictis. Fuit autem receptus, ut dixit, in hunc modum.

Primo, pecierunt ab eo quod facerent intrare quandam cameram continguam capelle predicte, in qua camera recluserunt eum sub clave, et dictum fuit sibi si volebat esse servus et sclavus domus Templi, et cum respondisset quod sic, fecerunt eum venire ad dictam capellam, et cum esset ibidem coram eis, iterato pecierunt ab eo si volebat esse servus esclavus Templi; quo respondente quod sic, dixit ei predictus frater Symon quod oportebat eum mutare statum suum, et velle suum pro alieno dimittere, et esse subditum inferiori se quandoque, et esurire quando vellet comedere, et vigillare quando vellet dormire, et fecerunt eum jurare super misale, quod misale stabat ad terram, ut dixit, et erat super eum quedam crux argentea, quod esset obediens superioribus suis, et secreta Templi non revellaret, et quod non interesset in loco ubi homo exheredaretur injuste, nec interesset ubi aliquis judicaretur criminaliter, nisi esset de justicialibus dicti ordinis, et quod non interesset in loco ubi mulier jaceret in puerperio et sollempnizaretur matrimonium, et quod servaret castitatem, et non haberet proprium, et quod jaceret in camisia et femoralibus, cinctus quadam cordula, et in caligis, et quod servaret bonos usus et bonas consuetudines Templi, et injunxerunt ei sine juramento quod jejunaret Quadragesimam ordinariam, et eciam Quadragesimam que est inter festum beati Martini hiemalis et festum Nativitatis Domini, et vigillias Apostolorum et beate Virginis. Et dixit ei dictus frater Symon quod multa alia erant precepta et statuta ordinis que non poterat tunc sibi explicare, sed alias explicaret ei, nunquam tamen ulterius dixit sibi aliud, nec declaravit; remansit tamen in eadem domo per annum, ut dixit; prius tamen quam recepisset habitum, fuerat in eadem domo prepositus et administrator septem annis. Post predicta autem tradiderunt sibi mantellum, ut dixit. Requisitus si in dicta sua recepcione fecerunt eum abnegare Christum et alia contenta in ipsis quatuor articulis, respondit quod non. Requisitus si ab aliquo alio audivit quod in dicto ordine essent dicti errores vel alii, respondit quod postquam fuerunt capti, audivit dici a fratribus Johanne Botan diocesis Pictavensis, et Guillelmo dicto Santongier Xantonensis diocesis servientibus, quod aliqua inhonesta erant in dicto ordine. Requisitus ubi et quibus presentibus audiverat dici predicta, respondit se audivisse Parisius in domo ad Serpentem, die Jovis proximo preterita, a prefato fratre Johanne Botan, et erant soli; et alias, in domo Templi Engolisme a dicto Guillelmo Sanctongier, sunt sex anni vel circa, presente N. Brossardi clerico Engolismensi, clavigero dicte domus.

Item, requisitus super v-viii articulis, de dogmatizacione, etc., respondit se nichil scire, nec audivisse, nec credere vera esse.

Item, ad viiii-xiii, de spuicione et conculcacione crucis, etc., respondit se nichil scire. Postquam tamen fuit captus, audivit dici a multis secularibus quod spuebant super crucem dicti fratres; ipse tamen non credit contenta in ipsis articulis esse vera.

Item, ad xiv et xv, de cato, etc., et ad xvi-xxiii, de sacramento altaris et aliis de omissione verborum canonis, respondit se nichil scire, nec credere contenta in ipsis articulis esse vera. Audivit tamen dici multa de contentis in ipsis articulis postquam fuit captus, a multis secularibus.

Item, ad xxiv, v-viiii respondit nec scire, nec credere, nec audivisse dici quod possint absolvere a peccatis nisi presbyteri et episcopi, nec quod magnus Magister fuerit predicta confessus.

Item, ad xxx, xxxi, ii et iii, de osculis, respondit se nichil scire, nec credere, nec audivisse dici ante capcionem, excepto osculo oris quod confitetur.

Item, ad xxxiv et v respondit se credere contenta in ipsis articulis esse vera, pro eo quod ipse juraverat non exire dictum ordinem, et fuerat sibi dictum quod pro professo habebatur.

Item, ad xxxvi-viiii respondit quod recepciones fiebant in ordine clandestine, januis clausis, nullis presentibus, nisi fratribus ordinis, et credit quod ex hoc esset suspicio contra dictum ordinem magna et mala communiter.

Item, ad xl-v, de commixcione carnali, respondit se nichil scire, nec credere contenta in ipsis articulis esse vera.

Item, ad xlvi-lvii respondit se nichil scire, nec credere contenta in ipsis articulis esse vera.

Item, ad lviii-lxi respondit quod ipse cingebatur quadam cordula quam ipse idem fecerat super camisiam, ut supra deposuit, et dicta cordula portabatur, ut audivit dici, in signum castitatis, et dixit se vidisse quod frater Helias Aymerici Lemovicensis diocesis, qui nunc detinetur Parisius, cingebatur ita stricte dicta cordula quod caro sua est multum inter lesa; alia de contentis in ipsis articulis dixit se nescire nec credere.

Item, ad lxii, iii et iv respondit se credere quod ubique in ordine servetur talis modus recepcionis qualiter deposuit servatum fuisse in recepcione sua et non alium diversum in substancia.

Item, ad lxv, vi et vii respondit se non credere quod interficerentur vel incarcerarentur illi qui nolebant facere predicta erronea, que ipse testis dixit se non credere esse vera, nec servari in ordine.

Item, ad LXVIII-LXXII respondit notum esse quod mirabiliter servarentur secreta ordinis, et quod non revellarent modum recepcionis sue; de aliis contentis in ipsis articulis dixit se nescire.

Item, ad LXXIII respondit verum esse quod non debebant confiteri nisi fratribus presbyteris dicti ordinis, et ita fuit sibi dictum per fratrem Arnaudum de Lobester preceptorem de Inter-duo-maria Burdegalensis diocesis, et quod a dicto fratre Bartholomeo postquam fuit receptus, ipse tamen fuit confessus, ut dixit, pluribus fratribus Minoribus et presbyteris secularibus.

Item, ad LXXIV, V et VI respondit quod scientes errores esse in ordine, sunt et fuerunt stulti et fatui, si non correxerunt dictos errores, et non denunciaverunt Ecclesie.

Item, ad LXXVII et sequentes usque ad XCVII, quod predicta servabantur citra mare et ultra mare, etc., respondit se nichil scire nisi quod, supra deposuit; credit tamen quod ille qui recepit eum, juxisset quod docuisset eum puncta et statuta ordinis; non tamen scit nec credit errores predictos esse in ordine.

Item, ad XCVII respondit quod ellemosine fiebant bene et sufficienter in ordine ter in septimana, et hospitalitas bene servabatur ibidem, et hoc dixit se ipse testis servasse et fecisse servari in domo de Dompuho in qua erat locumtenens preceptoris, et hoc faciebat ex precepto dicti preceptoris, ut dixit, et ibidem vidit servari apud Rupellam, et in aliis locis dicti ordinis in quibus fuit, ut dixit.

Item, ad XCVIII, VIIII et C respondit quod nunquam juravit nec scivit alium jurasse quod acquirerent per nephas dicto ordini, nec quod propter hoc degerare non esset peccatum; scit tamen quod multi injuste acquirebant in ordine supradicto, et quod ipse idem, ut dixit, abstullerat decimam quando ab archipresbytero de Pruihac Engolismensis diocesis.

Item, ad CI-VI respondit quod capitulia, sicut audivit dici, tenebantur post matutinum, exclusa familia a circuitate domus in qua capitulia tenebantur vel fiebant recepciones; de aliis contentis in ipsis articulis dixit se nichil scire.

Item, ad CVII-XI respondit, ut supra deposuerat, se nichil scire, nec credere quod magnus Magister, visitatores vel preceptores laici possent absolvere a peccatis, nec ipse testis reputaret se absolutum, ut dixit, et si confessi sunt predicta, reputat eos stulticiam fuisse confessos.

Item, ad CXII et XIII respondit se audivisse dici contenta in ipsis articulis esse vera, et vidisse servari per annum vel circa in ordine quod fratres non comedebant pisces in die Veneris, nec in aliis diebus nisi de uno ferculo carnium, et quod non portarent in extremitate zone et corrigie calcarum mordent de ferro vel argento vel de alio metallo, quod magnus Magister dicebatur ordinasse predicta, et insuper ordinavit dictus Magister quod ellemosine restringerentur in ordine, et hec servarentur per plures annos; et LX hoc nobiles aliqui de Lemovicinio, sicut audivit dici, occupaverunt possideri [?] per eos dietas Templariorum in domibus de Prulhaco et de Manso Dei.

Item, ad CXIV-XVII respondit se nescire si et quando dicti errores fuerunt introducti in ordine.

Item, ad CXVIII respondit se nescire; vidit tamen quod III vel IV exierunt ordinem propter maliciam eorum propriam, ut credit, et fuerunt suspensi in seculo propter maleficia et scelera eorum.

Item, ad CXVIIII respondit post capcionem multa scandala esse exorta, et quod ante capcionem erat suspicio contra dictum ordinem, ut supra deposuit.

Item, ad CXX-XXIII respondit quod ante capcionem erat suspicio, ut supra deposuit, sed postmodum est ordo diffamatus de multis, ex criminibus supradictis.

Item, ad CXXIV-VII respondit se credere quod confessi sunt multos ex erroribus supradictis coram domino Papa, et cardinalibus et aliis.

Item, requisitus si sic deposuit prece, precepto, premio, amore, timore, odio, comodo temporali habito vel habendo, instructus vel informatus ut sic deponeret, respondit quod non. Et fuit inhibitum per dictos dominos commissarios quod predicta non revellaret, quousque domino nostro summo Pontifici fuerint ostense et publicate.

Acta fuerunt hec predictis die et locis, presentibus me Floriamonte Dondedei et aliis notariis suprascriptis proximo.

Post hec, die Martis sequenti, que fuit xii dies Maii, convenerunt in capella predicta sancti Ellegii predicti domini commissarii, exceptis dominis Narbonnensi et Bajocensi, supra excusatis, et fuit adductus ad presenciam eorumdem, ut deponeret dictum suum, frater Johannes Bertaldi, testis suprajuratus, serviens, Pictavensis diocesis, etatis circiter L annorum, ut dixit, preceptorque Buxeris in Gastina ejusdem diocesis. Requisitus si fuerat alias examinatus in negocio Templariorum, respondit quod sic, primo per Johannem de Jamvilla et seneschallum Pictavensem, apud sanctum Maxencium Pictavensis diocesis, et aliquantulum questionatus. Postmodum, anno, sicut arbitratur, elapso, fuit examinatus per officialem Pictavensem, assistentibus fratribus Predicatoribus et Minoribus, decano Pictavensi et aliis, et fuit Ecclesie reconciliatus, ut dixit. Requisitus autem super omnibus et singulis articulis supra registratis, sibi diligenter expositis, respondit ad eos, ut sequitur :

In primis ad iv primos, de abnegacione, etc., respondit quod in recepcione sua ille qui recepit eum, imposito sibi mantello, precepit ei quod abnegaret Jhesum, et quod spueret super crucem. Ipse timore ductus cum primo resisteret, et non prodesset ei, et receptor diceret ei quod professus erat, et quod, nisi faceret predicta, poneretur in quadam fovea, abnegavit ore, non corde, semel Jhesum, et spuit juxta dictam crucem, sed non supra ipsam. Requisitus autem de nomine recipientis et astantibus, loco et tempore recepcionis, respondit se fuisse receptus a fratre P. Mainardi, tunc preceptore domus de Campo Gilonis, defuncto, in capella dicte domus, sunt circiter xviii anni, presentibus quibusdam fratribus, quorum unus vocabatur Robertus et erat paniger, adhuc vivens, ut credit, alius frater Michael, deffunctus, de quorum cognominibus non recordatur, nec de diocesi de qua erat dictus frater Michael, et alio fratre vocato Johanne de Romi Galico, adhuc vivente, ut credit.

Item, dixit quod dictus preceptor precepit ei et fecit eum jurare quod servaret castitatem, obedienciam, et viveret sine proprio, et quod servaret bene et fideliter bona ordinis, neque revellaret secreta eorum.

Requisitus de dicta cruce qualis et ubi erat, respondit quod erat enea, parva, et plana absque ymagine, ut sibi videtur, Crucifixi, et erat posita in terra. Item, dixit quod dictus recipiens fuit in dicta recepcione osculatus ipsum testem primo in ore, secundo in pectore, tercio in spatulis, non supra carnem nudam, sed vestibus interpositis. Requisitus si interfuerat recepcioni alicujus fratris et in capitulis aliquibus in ordine celebratis, respondit quod non, quia ad talia vocabantur majores ordinis, ut milites, et non ipse vel alii minores. De contentis autem in dictis iv articulis, dixit se nichil aliud scire, sed propter illa que deposuit facta fuisse in recepcione sua, credit, ut dixit, quod consimili modo reciperentur alii fratres in ordine supradicto.

Item, ad v-viii, de dogmatizacione, etc., respondit quod in recepcione sua vel post non fuit sibi aliquid dictum de contentis in ipsis articulis, nec scit aliquid.

Item, ad viiii-xiii, de conculcacione crucis, etc., respondit se nichil scire nisi quod supra deposuit de se ipso.

Item, ad xiv et xv, de cato, respondit se nichil scire nec audivisse.

Item, ad xvi-xxiii respondit se nichil scire, asserens se bene credere in dictis sacramentis, credens eciam quod alii bene crederent, et quod eorum sacerdotes debito celebrarent.

Item, ad xxiv-viiii respondit se nichil scire, nec credit quod aliquis possit absolvere a peccatis nisi presbyter.

Item, ad xxx, xxxi, ii et iii, de osculis, respondit ut supra deposuit de se ipso, de aliis nichil sciebat.

Item, ad xxxiv et v respondit quod ipse non juravit non exire dictum ordinem, nec hoc sibi fuit preceptum, nec scit quod alii jurarent, vel quod preciperetur eisdem. Ipse tamen testis exivisset dictum ordinem, ut asserit, si ausus fuisset, quia ordo non placebat ei, asserens quod pro professis statim habebantur.

Item, ad xxxvi-viiii respondit quod in recepcione sua non adfuerunt nisi fratres ordinis, nec fuerunt porte capelle in qua recipiebatur clause, ut sibi videtur, et aliqui volebant respicere, et fuit eis preceptum ut retraherent se, et erant seculares. [*Requisitus*] quid servaretur in aliis, et si esset propter hoc vehemens suspicio contra ordinem, dixit se nescire.

Item, ad xl-v, de commixione carnali, etc., respondit se nichil scire nec audivisse, et quod non credit contenta in ipsis articulis esse vera.

Item, ad xlvi-lvii, de capitibus ydolorum, respondit se nichil scire nec audivisse, et quod non credit contenta in ipsis articulis esse vera.

Item, ad lviii-lxi, de cordulis, respondit quod fratres ordinis portabant cordulas supra camisiam, nescit ex qua causa; ipse tamen non portavit, ut dixit, nec unquam scivit nec audivit quod dicte cordule tangerent capita ydolorum.

Item, ad lxii, iii et iv respondit se nichil scire nisi de modo recepcionis sue; credit tamen quod alii reciperentur sicut ipse fuit receptus.

Item, ad lxv, vi et vii respondit quod, nisi ipse fecisset illa que precepta fuerunt sibi de abnegacione et spuicione, credit quod fuisset incarceratus vel alias male tractatus, et inde credit quod factum fuisset aliis.

Item, ad lxviii, viiii, lxx, lxxi et ii respondit quod ipse juraverat quod non revellaret secreta ordinis, et post dictum juramentum fuit sibi injunctum quod non revellaret ea que fuerant facta in recepcione sua, et credit quod idem fieret et preciperetur aliis.

In ista pagina nichil scriptum est.

Item, ad LXXIII respondit quod sibi non fuit injunctum quin ipse confiteretur sacerdotibus aliis, asserens post recepcionem suam se fuisse confessum fratri Galtero, quondam episcopo Pictavensi, de predictis et aliis, et dictus episcopus consuluit sibi inter alia quod exiret ordinem.

Item, ad LXXIV, V et VI respondit quod si sciebant, male faciebant quia non corrigebant, et non denonciabant Ecclesie, et non recedebant ab eis.

Item, ad LXXVII et sequentibus usque ad XCVII respondit se nichil scire nisi quod supra deposuit.

Item, ad XCVII respondit quod in locis ordinis in quibus fuit, specialiter in domibus de Campo Gillonis de Montgagniet Pictavensis et de Castro Bernardi Xantonensis diocesium, et ultra mare in Ancon, fiebant bene ellemosine, et hospitalitas servabatur, et dabant decimam fornatam panis pro amore Dei, et ultra hec, fragmenta et reliquias mensarum suarum.

Item, ad XCVIII, VIIII et C respondit se nichil scire, nec unquam audivisse dici quod per nephas acquirere liceret, et quod non esset peccatum degerare propter predicta.

Item, ad CI-VI, de clandestinacione capitulorum et recepcionum, respondit se nichil scire nisi quod supra deposuit.

Item, ad CVII-XI respondit, ut supra, se nescire nec credere quod magnus Magister vel aliqui layci possent absolvere a peccatis.

Item, ad CXII et XIII respondit se audivisse dici, dum erat ultra mare, quod illa que magnus Magister ordinabat cum probis hominibus ordinis et cum stricto consilio, debebant servari in ordine.

Item, ad CXIV, XV, XVI et XVII respondit se nescire quando et a quibus ortum habuerunt errores confessati per eum, et si sciebant, fuerunt negligentes quia non correxerunt, nec denunciaverunt Ecclesie, nec recesserunt ab eis.

Item, ad CXVIII respondit se nescire si propter feditates ordinis aliqui exiverunt de ipso.

Item, ad CXVIIII respondit se nescire, sed si scandalizati sunt, displicet ei.

Item, ad CXX-III respondit quod ipse nesciebat nisi quod deposuit supra, nec quod ante capcionem Templariorum ordo esset diffamatus; credit tamen quod post capcionem eorum dicta diffamacio processit.

Item, ad CXXIV-VII respondit se nescire; audivit tamen quod alique confessiones facte sunt per Magistrum et alios coram dominis Papa et cardinalibus et aliis.

Item, requisitus si sic deposuit prece, precepto, premio, amore, timore, odio, commodo temporali habito vel habendo, instructus vel informatus ut sic deponeret, respondit quod non. Et fuit sibi inhibitum per dictos dominos commissarios quod non revellaret alicui fratri dicti ordinis, vel alicui alii seculari, ea que deposuerat, quousque domino nostro Pape exhibita fuerint et hostensa et publicata.

Cumque, inter moras examinacionis fratris Johannis Bochandi, ante horam prime, pervenisset ad noticiam dictorum dominorum commissariorum, in dicta capella existencium, quod LIV ex Templariis qui coram eisdem dominis commissariis se obtulisse dicebantur ad defensionem dicti ordinis, erant dicta die comburendi, iidem domini commissarii preceperunt venerabilibus viris, domino Philippo de Voheto preposito ecclesie Pictavensis, ad custodiam Templariorum auctoritate apostolica deputato; et magistro Amisio archidiacono Aurelianensi, clerico regio, ex parte eorum accederent ad dictum dominum archiepiscopum Senonensem, ejusque suffraganeos et concilium, et quod rogarent eos et suaderent eis quod placeret eis plene deliberare et mature agere circa premissa, et si eis videbant utile differre et facere differri predicta, quia dictus prepositus et multi alii asserebant quod fratres dicti ordinis qui obierant in extremo vite sue, asseruerant in periculo animarum suarum se et dictum ordinem falso delatos fuisse de criminibus eis impositis, et quia si dicta execucio nunc fieret, videbatur posse impediri officium dominorum commissariorum predictorum, et quia eciam testes aliqui, adducti eadem die et precedenti coram ipsis dominis commissariis in inquisicione predicta, erant adeo exterriti, racione processuum quos vel dominus archiepiscopus Senonensis ejusque suffraganei et concilium ejus fecisse et facturi esse dicebantur, quod non videbantur esse in pleno sensu suo ex timore predicto, nec esse ydonei ad faciendum testimonium in inquisicione predicta. Dixerunt eciam quidam ex ipsis dominis commissariis eisdem preposito Pictavensi et archidiacono Aurelianensi, quod significarent eisdem domino archiepiscopo Senonensi, suffraganeis et concilio ejusdem, quod prefati fratres R. de Pruino, P. de Bononia presbyteri, G. de Chambonnent et Bertr. de Sartigiis milites, pro se et sibi adherentibus interposuerant coram ipsis dominis commissariis, die Dominica proximo preterita, quasdam appellaciones a dominis archiepiscopo Senonensi, ejus suffraganeis et concilio memoratis.

Acta fuerunt hec predictis die et loco, presentibus me Floriamonte et aliis notariis supra nominatis proximo.

Post hec, die Mercurii sequenti, que fuit XIII dies mensis Maii, convenerunt in dicta capella sancti Elligii dicti domini commissarii, exceptis dominis Narbonensi et Bajocensi, supra excusatis, et fuit adductus ad eorum presenciam, ut deponeret dictum suum, Amerius de Villaribus Ducis Lingonensis diocesis, rasa barba, et sine mantello et habitu Templi, etatis, ut dixit, L annorum vel circa, et dixit quod fuerat frater Templi xx$^{ti}$ anni sunt vel circa, et antequam esset frater, serviverat in dicto ordine per VIII annos, ut dixit. Cum autem ipsi domini commissarii explicarent sibi articulos super quibus erat inquirendum cum eo, dictus testis, palidus et multum exterritus, dixit per juramentum suum et sub pericullo anime sue, inpetrando sibi ipsi, si menciebatur in hoc, mortem subitaneam, et quod statim in anima et corpore in presencia dictorum dominorum commissariorum absorberetur in infernum, tondendo sibi pectus cum pugnis, et ellevando manus suas versus altare, ad majorem assercionem, flectendo genua, quod omnes errores ordini impositi erant omnino falsi, quamquam ipse testis propter multa tormenta sibi, ut dixit, illata per dominos G. de Marcilhiaco et Hugo de Cella milites regios, qui inquisiverant cum eodem, aliquos errores ex predictis confessus fuisset, asserens quod cum ipse testis vidisset erri duci in quadrigiis LIV fratres dicti ordinis ad comburendum, quia noluerant confiteri errores predictos, et audivisset eos fuisse combustos, quod ipse qui dubitabat quod non posset habere bonam pacienciam, si combureretur, timore mortis, confiteretur et deponeret per juramentum suum, coram dictis dominis commissariis et coram quibuscumque aliis, si interrogaretur, omnes errores impositos ordini esse veros, et quod eciam interfecisset Dominum, si peteretur ab eo, obsecrans et adjurans dictos dominos commissarios, et nos notarios astantes, quod non revellarentur predicta gentibus regiis nec custodibus suis, quia timebat, ut dicebat, quod si predicta scirent, traderetur tali supplicio quali traditi fuerunt LIV Templarii suprapredicti. Unde cum dicti domini commissarii viderunt dictum testem paratum precipicio, et ipsum et alios valde exterritos propter premissa, et quidam testis, prius receptus ab eisdem dominis, propter premissa in die Martis proximo preterita, rediisset ad eos ad supplicandum quod ejus deposicio secreta teneretur, propter pericullum quod timebat posset sibi probabiliter imminere, predicti domini commissarii, ex predictis periculis et aliis, que credebant posse imminere negocio commisso eisdem et testibus, si quos reciperent durante timore predicto, et eciam ex aliis causis deliberaverunt quoad presens supersedendum esse ab examinacione ipsius testis et eciam aliorum, donec deliberacionem super predictis habuerint pleniorem. Que voluerunt et preceperunt per nos notarios redigi in processu.

Acta fuerunt hec predictis die et loco, presentibus me Floriamonte Dondedei, Hugone Nicolai, Guillelmo Radulpho et Bertrando Humbaldi, et aliis notariis supra proximo nominatis.

Post hec, die Lune post Dominicam qua cantatur Cantate, videlicet xviii<sup>a</sup> die mensis Maii, supradicti domini commissarii, excepto domino Bajocensi, supra excusato, in mane congregati Parisius in domo dicti domini archiepiscopi Narbonensis, commiserunt et mandaverunt ut dicerent venerabilibus viris, domino Philippo de Voeto preposito Pictavensi, ad custodiam Templariorum auctoritate apostolica deputato, et magistro Amisio archidiacono Aurelianensi, clerico regio, ut ex parte eorumdem dominorum commissariorum adeuntes presenciam reverendi in Christo patris domini archiepiscopi Senonensis ejusque suffraganeorum et concilii sui Parisius congregati, significarent eisdem qualiter in commissione per Sedem apostolicam ipsis dominis commissariis facta ad inquirendum contra ordinem Templi continebatur inter cetera quod in dicta inquisicione procederent vocatis evocandis, et quod obtentu dicte clausule ipsi domini commissarii citari fecerant dictum ordinem et fratres ipsius ordinis, si qui erant qui dictum ordinem defendere vellent et ad ejus defensionem forent admittendi. Postquam quidem citacionem multi ex fratribus ipsius ordinis offerentes se ad defensionem predictam, quorum nomina supra scripta sunt in processu, comparuerunt Parisius coram eis. Inter quos fuerat frater Raynaldus de Pruino presbyter, preceptor domus Templi Aurelianensis, qui a pluribus ex dictis fratribus ad predictam defensionem se offerentibus fuerat ad dictam defensionem faciendam coram ipsis dominis commissariis, una cum fratre P. de Bononia presbytero, generali procuratore dicti ordinis in curia Romana, ut dicebatur et ipse hoc asserebat, et cum fratribus Guillelmo de Chambonnent et Bertrando de Sartigiis militibus, sub certa forma deputatus, ab ipsis dominis commissariis admissus ad ipsorum defensionem, in quantum de jure esset admittendus. Coram quibus quidem dominis commissariis idem frater R. cum aliis supra nominatis, multa proposuerat pro defensione predictá, que se eciam obtulerat probaturum, et vocatus fuerat eciam per dictos dominos commissarios ad videndum idem frater R. juratos testes, per ipsos dominos commissarios in dicta inquisicione receptos, et ordinatum atque preceptum fuerat per eosdem dominos commissarios ut memoratus frater Reginaldus et ceteri ad dictam deffensionem assumpti, accederent ad presenciam eorumdem dominorum commissariorum, sub tuta et fida custodia, quociens et quandocumque vellent, pro deffensione ordinis supradicti. Que omnia volebant iidem domini commissarii nota esse eisdem domino archiepiscopo Senonensi ejusque suffraganeis et concilio, pro eo specialiter quia dicebantur eumdem fratrem R. ad suam presenciam evocasse, ad perficiendum inquestam que contra ipsum, tanquam contra singularem fratrem ipsius ordinis, dicebatur inchoata fuisse. Non intendentes dicti domini commissarii, ut dixerunt, propter premissa aliquam inhibicionem facere dominis archiepiscopo Senonensi ejusque suffraganeis et concilio memoratis, nec eorum officium impedire, sed ad eorum dominorum commissariorum exoneracionem, et ut predictorum dominorum veritas eis igno[tes]ceret, significabant predicta, ut predicti domini archiepiscopus Senonensis, suffraganei sui et concilium, qui periti erant, deliberarent inter se qualiter haberent procedere in inquisicione contra dictum fratrem Reginaldum, qui de eorum esse provincia dicebatur.

Post hec, eadem die in vesperis, congregatis predictis dominis commissariis, exceptis dominis Narbonensi et Bajocensi, apud sanctam Genovefam in capella predicta sancti Elligii, venerunt ad presenciam eorumdem dominorum commissariorum ex parte antedictorum dominorum archiepiscopi Senonensis ejusque suffraganeorum et concilii, ut dicebant, venerabiles viri Petrus de Mossa Senonensis, Michael Maliconductus Ebroicensis, et Johannes Coccardi Pithuerensis, Aurelianensis diocesium ecclesiarum canonici; et repetitis in summa suprascriptis, que dicebant fuisse eadem die significata ipsis domino archiepiscopo Senonensi ejusque suffraganeis et concilio supradictis per prefatos prepositum Pictavensem et archidiaconum Aurelianensem ex parte dictorum dominorum commissariorum, proposuerunt iidem magistri P. de Mossa, Michael Maliconductus et Johannes Coccardi Pithuerensis, coram eisdem dominis commissariis, se habuisse in mandatis a domino archiepiscopo Senonensi, suffraganeis suis et concilio antedictis, quod ex parte eorum significarent ipsis dominis commissariis : Qualiter bienium erat elapsum quod fuerat inchoata inquisicio contra dictum fratrem Reginaldum, tanquam contra fratrem singularem dicti ordinis, super criminibus que imponebantur eidem et aliis fratribus dicti ordinis, et quod ipsi erant Parisius in concilio congregati ut dictam inquisicionem et alias, factas contra singulares fratres Templi provincie eorumdem, juxta formam mandati apostolici racione previa terminarent, et quod idem dominus archiepiscopus non poterat quocumque volebat dictum concilium congregare; requirentes dicti magistri Petrus, Michael et Johannes Coccardi, ab eisdem dominis commissariis, ex parte ejusdem domini archiepiscopi Senonensis, ejusdem suffraganeorum et concilii predictorum, ut declararent eis quid intendebant per significacionem quam dicta die hodierna eis fieri fecerant per prepositum Pictavensem et archidiaconum Aurelianensem memoratos, asserentes quod non erat intentionis ejusdem domini archiepiscopi Senonensis, suffraganeorum et concilii ejusdem in aliquo impedire officium dominorum commissariorum predictorum.

De quibus omnibus iidem magistri Petrus, Michael et Joh. Coccardi requisiverunt fieri publicum instrumentum, per quemdam clericum, secum adductum, quem esse notarium asserebant. Post que, collacione super premissis inter dominos commissarios antedictos habita, fuit responsum per eosdem dominos commissarios eisdem magistris : Quod cum, de voluntate et consilio dicti domini archiepiscopi Narbonensis fecissent, absque aliqua inhibicione et precepto, significacionem predictam eisdem domino archiepiscopo Senonensi, ejusque suffraganeis et concilio, et dicta significacio clara esset et nullam contineret ambiguitatem, dictusque dominus archiepiscopus Narbonensis absens esset a Parisius, non poterant convenienter, absque ejusdem domini archiepiscopi consilio, declaracionem aliam facere in premissis, sed eo redeunte Parisius, cum ejus consilio declararent eisdem si aliqua erant super hoc declaranda. Addicien[te]s predictos dominum archiepiscopum Senonensem ejusque suffraganeos et consilium, a Deo fore peritos quam bene sciebant [sic] discernere quod, ex significacione predicta eis facta, debebant agere in premissis.

Item, cum die Martis proxima preterita, ante horam prime, pervenisset ad noticiam eorumdem dominorum commissariorum, in dicta capella existencium, quod LIIII Templarii qui coram eisdem dominis commissariis dicebantur se obtulisse ad defensionem dicti ordinis, erant dicta die comburendi, et iidem domini commissarii precepissent eisdem preposito Pictavensi et archidiacono Aurelianensi, quod ex parte eorum accederent ad dictum dominum archiepiscopum Senonensem ejusque suffraganeos et concilium, et quod rogarent eosdem et suaderent eis quod placeret eis bene deliberare et mature agere circa premissa, et si eis videbatur utile differre et facere differri predicta, quia dictus prepositus et multi alii asserebant quod fratres dicti ordinis qui obierant in extremo vite eorum asseruerant, in periculis animarum suarum, se et dictum ordinem falso delatos fuisse de criminibus eis impositis; et quia, si dicta executio fieret, videbatur posse impedire officium dominorum commissariorum predictorum, et quia eciam testes aliqui, adducti eadem die et precedenti coram ipsis dominis commissariis in inquisicione predicta, erant adeo exterriti, racione processuum quos iidem domini commissarii, archiepiscopus Senonensis ejusque suffraganei et concilium fecisse et facturi esse dicebantur, quod non videbantur esse in pleno sensu suo, ex timore predicto, nec esse ydonei ad ferendum testimonium in inquisicione predicta, fuissetque reportatum eisdem dominis commissariis, ut dixerunt, a quodam fuisse dictum, coram domino archiepiscopo Senonensi ejusque suffraganeis et concilio memoratis, quod dicti prepositus Pictavensis et archidiaconus

Aurelianensis [qui in dicta die Martis, circa horam prime, premissa intimasse dicebantur, et ipsi iidem hoc attestabantur suffraganeis domini archiepiscopi Senonensis predicti in concilio congregatis, tunc absente dicto domino archiepiscopo Senonensi] predicta non significaverant de mandato eorumdem dominorum commissariorum, dixerunt et asseruerunt iidem domini commissarii prefatis magistris Petro, Michael et Johanni, et per eos significatum voluerunt dominis archiepiscopo Senonensi, suffraganeis et concilio supradictis, a quibus missi fuerant ad eos, quod predicta per dictos prepositum Pictavensem et archidiaconum Aurelianensem, dicta die Martis, circa horam prime, dicta et significata ipsis suffraganeis et concilio, fuerant dicta et significata de mandato ipsorum dominorum commissariorum, et ea rata et firma habuerant et habebant. Item, significaverunt iidem domini commissarii prefatis magistris Petro, Michael et Johanni Coccardi, et per eos significari voluerunt domino archiepiscopo Senonensi, ejusque suffraganeis et concilio memoratis, quod dicti fratres, Reginaldus de Pruino, Petrus de Bononia, et Guillelmus de Chambonnent et Bertrandus de Sartigiis, interposuerant pro se et suis adherentibus quasdam appellaciones coram ipsis dominis commissariis, die Dominica, que fuit decima dies mensis Maii, a domino archiepiscopo Senonensi ejusque suffraganeis et concilio memoratis; addicientes iidem domini commissarii se credere quod dicte appellaciones fuissent, dicta die Martis, intimate per dictos prepositum Pictavensem et archidiaconum Aurelianensem, domino archiepiscopo Senonensi ejusque suffraganeis et concilio memoratis, cum per aliquos ex dictis dominis commissariis hoc fuisset dictum preposito et archidiacono antedictis.

Postmodum, dictis magistris Petro, Michael et Johanne recedentibus, ibidem fuerunt adducti ad presenciam dictorum dominorum commissariorum prefati fratres R. de Pruino, G. de Chambonnent et Bertrandus de Sartigiis, dicentes quod prefatus P. de Bononia ab eis et eorum societate fuerat separatus, et nesciebant qua de causa; adjicientes sine tamen prejudicio et ordinis sui quod ipsi erant simplices et imperiti, et in se ipsis stupefacti et turbati, ita quod nichil sciebant ordinare et dictare pro deffensione dicti ordinis sine dicti fratris Petri consilio. Quare supplicaverunt quod ipsi domini commissarii eum ad suam presenciam evocarent et audirent, et scirent qualiter et quare ab eis recesserat, et an vellet insistere deffensioni ordinis predicti vel desistere ab eadem, et dicti domini commissarii preceperunt dictis preposito Pictavensi et Johanni de Jemvilla, quod, die crastina in mane, eundem fratrem P. adducerent ad presenciam eorumdem.

Acta fuerunt hec predictis die et loco, presentibus me Floriamonte Dondedei, Hugone Nicolai, Guillelmo Radulpho et aliis notariis supra proximo nominatis.

Post hec, die Martis sequenti, que fuit xviiii$^a$ dies mensis Maii, convenerunt in predicta capella sancti Elligii dicti domini commissarii, exceptis dominis Narbonensi et Bajocensi, supra excusatis, et fuerunt adducti ad eorumdem dominorum commissariorum presenciam fratres infrascripti, qui sigillatim requisiti a prefatis dominis commissariis ad quid venerant, responderunt quilibet per se, quod, cum nuper ipsi se obtulissent coram ipsis dominis commissariis ad defensionem ordinis Templi, modo desistere volebant et desistebant a defensione predicta et renonciabant eidem defensioni. Nomina vero dictorum fratrum sunt hec, videlicet fratres : Humbertus de sancto Jorgio, Ancherius et Petrus de Syare milites Vienenses, Petrus de sancta Gressa Ambianensis, Johannes de Ponte Episcopi Noviomensis, P. de Jans Belvacensis, Philippus de Villa Selva Noviomensis, Egidius de Cheruto Senonensis, Otho de Anona Lingonensis, P. de Cheruto Senonensis, Aymo de Perbona Trecensis, Robertus de Monboin Senonensis, Thomas de Martinhiaco presbyter Laudunensis, Symon de Cormissiaco Remensis, Poncius de Bono Opere Lingonensis, Johannes de Noviomo, Nicolaus de Trecis, Johannes de Bersi de sancto Germano Suessionensis, Guillelmus Ardoini Aurelianensis, Thomas Quintini Bajocensis, P. de Sarcellis Parisiensis,

Johannes de sancta Genefa Leodiensis, P. de Grumenilio presbyter Belvacensis, P. de Blesis presbyter Carnotensis, Christianus de Bice Lingonensis, P. le Picart de Buris Lingonensis, Jacobus dictus Vergus Meldensis, Gerardus de Belna Eduensis, Johannes de Corvella Suessionensis, Abertus de Corvella Cathalonensis, Bartholomœus de Trecis, Guillelmus de Gi Bisuntin., Theobaldus de Basmonte Carnotensis, Tonzsanus de Lenhivilla Belvacensis, Johannes de Ellemosina Parisiensis, Radulphus de Salicibus Laudunensis, Nicolaus de la Gella Laudunensis, Raynerius de Larchamp Senonensis, Raynaudus de Tremplayo presbyter Parisiensis, Stephanus de Turno Parisiensis, Guillelmus Bocelli Ebroicensis, Richardus de Caprosia Parisiensis, Johannes de sancto Lupo et P. de Arbleya Parisiensis diocesium.

Acta fuerunt hec predictis die et loco, per dictos dominos commissarios, presentibus me Floriamonte Dondedei, Hugone Nicolai, Guillelmo Radulpho et aliis notariis memoratis.

Post hec, die Sabati post Ascensionem Domini, videlicet penultima dies mensis Maii, convenerunt in dicta capella sancti Elligii dicti domini Bajocensis, Mimatensis et Lemovicensis episcopi, Matheus de Neapoli et archidiaconus Magalonensis, domino archiepiscopo Narbonensi absente a civitate Parisiensi, qui supra excusavit in processu quociens contingerit eum abesse et voluit quod procederetur in negocio ejus absencia non obstante, et archidiacono Tridentino absente, propter infirmitatem quam asserebatur habere et ex hoc convenire cum aliis non posse, prout Johannes clericus Calitensis Rothomagensis diocesis, familiaris ejusdem domini archidiaconi Tridentini missus ad hoc ab ipso archidiacono, ut dicebat, asseruit, et excusando eundem. Cum autem in die Mercurii sancta nuper lapsa, fuisset concordatum unanimiter inter predictos dominos Narbonensem archiepiscopum, Bajocensem, Mimatensem et Lemovicensem episcopos ac Matheum de Neapoli, et archidiaconos Tridentinum et Magalonensem, propter multas causas inter ipsos actas, quod si

36.

contingeret concilium generale prorogari, quod erat mandatum ad proximas kalendas Octubris prorogari, dicti domini commissarii supersederent in presenti inquisicione usque ad medium mensis Octubris vel circa, prout asserebant dicti domini commissarii, hodierna die congregati dicti domini commissarii presentes, ex causis pluribus, ut dixerunt, supersedere in ipsa inquisicione usque ad terciam diem proximi mensis Novembris. Quam diem, cum continuacione sequenti, assignaverunt ad procedendum in ipsa inquisicione, prout fuerint raciones, Parisius in monasterio sancte Genovefe, in capella predicta; et si forte contingeret ipsos dominos presentes, vel eorum aliquem seu aliquos, dicta die ad procedendum assignata vel in sequentibus abesse, voluerunt et consensuerunt predicti domini commissarii quod per alios concommissarios et collegas eorum qui presentes adherunt ipsa die et sequentibus, procedatur in ipsa inquisicione, secundum formam commissionis eis facte, usque ad adventum absencium, eorum absencia non obstante, et nunc, prout ex tunc, excusantes usque ad eorum regressum, si contingeret eos non adesse in termino supradicto. De quibus omnibus voluerunt et preceperunt per nos notarios hujus processus fieri publicum instrumentum.

Post hec incontinenti, nos notarii subscripti, de mandato dictorum dominorum commissariorum, ivimus ad prefatum dominum archidiaconum Tridentinum, ad domum videlicet quam inhabitat in abbacia sancti Germani de Pratis, sibique ex parte dictorum dominorum commissariorum significavimus et legimus premissa [que] per eosdem dominos commissarios hodierna die in prefata capella sancti Elligii acta fuerunt. Qui, eis auditis, nobis dixit quod ipse bene miserat ad dictos dominos commissarios dictum Johannem familiarem suum, ad excusandum eum quoad hodiernam diem propter indisposicionem sui corporis, quam asseruit esse veram, et excusacionem per dictum Johannem factam dixit se ratam habere. Dixit eciam quod ipse predictum terminum, assignacionem et alia per dictos dominos commissarios hodie acta, rata habebat, et bene placebat ei. Dixit eciam dictus dominus archidiaconus Tridentinus quod prius non fuerat contradictum de recessu cum eo, salva reverencia dictorum dominorum collegarum suorum.

Acta fuerunt hec dicta die, in dictis locis, presentibus me Floriamonte Dondedei, et magistris Bernardo Filioli, Bernardo Humbaldi, Hugone Nicolai et Johanne de Fellinis notariis suprascriptis, ac Guillelmo Radulphi.

Qua quidem die tercia mensis Novembris convenerunt in dicta capella sancti Elligii apud sanctam Genefevam dicti domini episcopus Mimatensis, Matheus de Neapoli et archidiaconus Tridentinus, et fecerunt requiri extra dictam capellam et in monasterio sancte Genevefe si esset ibidem aliquis qui vellet aliquid dicere coram eis pro ordine Templi; et nullo comparente qui aliquid diceret, dicti domini tres commissarii videntes quod ipsi non poterant in dicto negocio procedere juxta traditam eis formam, propter absenciam aliorum concommissariorum suorum, cum dictus dominus archiepiscopus Narbonensis esset extra Parisius occupatus propter negocia regia et propter sigillum regium quod tenebat, et dominus episcopus Bajocensis de mandato regio pro arduis negociis profecturus esset ad curiam Romanam, et Nicholaus se excusasset per litteras suas, et prefatus dominus archidiaconus Magalonensis, qui esse dicebatur apud Montem Pessulanum, excusavit se propter infirmitatem sui corporis per patentes litteras suas, et memoratus dominus Lemovicensis episcopus, qui ad predictam diem veniebat, retrocessisset, intellecto per litteras regias quod non expediebat certis de causibus [sic] in dicto negocio procedi usque ad principium parlamenti regni proximo futuri, quod teneri debebat in crastinum festi beati Vincencii, decreverunt expectandum esse adventum predictorum dominorum commissariorum, vel aliquorum ex eis, in tali numero quod procedi posset juxta traditam eis formam. De quibus prefati tres domini commissarii pecierunt per magistros Hugonem Nicolai et Guillelmum Radulphi notarios supradictos, qui presentes erant, fieri publicum instrumentum, et predicta redigi in processu, prout dicti duo notarii, et eciam predicti tres domini commissarii, aliis dominis commissariis subscriptis, et mihi Floriamonti Dondedei, Bernardo Filiholi et Bernardo Umbaldi notariis subscriptis, qui tunc absentes eramus, postmodum die subscripta proximo retulerunt.

Acta fuerunt hec per dictos tres dominos commissarios, predictis die et loco, presentibus magistris Hugone Nicolai et Guillelmo Radulphi predictis, ut nobis aliis postmodum retulerunt.

Post hec, anno eodem, videlicet M° III<sup>c</sup> X°, die XVII<sup>a</sup> mensis Octubris, indictione VIIII<sup>a</sup>, pontificatus sanctissimi patris et domini nostri domini Clementis Pape quinti anno VI°, convenerunt in capella predicta sancti Elligii prefati domini Narbonensis archiepiscopus, Mimatensis et Lemovicensis episcopi, Matheus de Neapoli et archidiaconus Tridentinus, dominis Bajocensi episcopo et Magalonensi archidiacono legittime excusatis per patentes litteras eorumdem quarum tenor inferius est insertus. Et volentes dicti domini commissarii procedere ad testium recepcionem, fecerunt legi dictas litteras excusatorias, et exponi in vulgari, presentibus dictis fratribus Guillelmo de Chambonnent et Bertrando de Sartiges, qui alias ad defensionem ordinis se obtulerant et jurare viderant testes usque nunc receptos in presenti negocio per dictos dominos commissarios antedictos, ad hoc specialiter evocatis. Qui quidem fratres, Guillelmus et Bertrandus, auditis lectis litteris memoratis, dixerunt et protestati fuerunt quod ipsi persistebant in appellacionibus prius interpositis per eos, et cum essent layci illiterati, ut dicebant, pecierunt quod frater R. de Pruino et frater P. de Bononia supradicti adducerentur ad presenciam eorumdem, cum alias fuissent dicti fratres R. et P. cum ipsis duobus militibus deputati sub certa forma ad defensionem dicti ordinis ab illis fratribus Templi qui Parisius convenerant hoc anno pro defensione predicta. Pecierunt eciam consilium sibi dari, dicentes quod si essent restituti libertati et bonis eorum, quod libenter defenderent ordinem supradictum. Cum autem per dictos dominos commissarios fuisset dictum eisdem prefatos R. et P. sollempniter et voluntarie renunciasse defensioni ordinis predicti et rediisse ad primas confessiones factas per eos, et eciam post dictam renunciacionem prefatum fratrem P. fregisse carcerem et fugisse, et dictum fratrem R. esse in tali statu quod non est admittendus ad defensionem ordinis predicti, ut pote quia degradatus per concilium provincialis concilii Senonensis, offerentes dicti domini commissarii predictis militibus quod parati erant recipere juramenta testium recipiendorum in negocio isto in presencia eorumdem militum, si adesse volebant, et benigne audire si qua vellent proponere coram ipsis. Dicti milites responderunt se nolle interesse modo nec alias juramentis testium recipiendorum in negocio prelibato, nisi haberent dictos fratres R. et P. et consilium, timentes aliter, ut dicebant, prejudicari appellacionibus predictis. Et sic ab ipsorum dominorum commissariorum presencia recesserunt.

Quibus peractis, fratres Galterus de Buris Lingonensis, Stephanus de Doimont ejusdem, Odo de Doura Petra Eduensis, Enricus de Buris Lingonensis presbiteri, Johannes Thara Belvacensis, Garnerius de Vernefraaco Senonensis, Albertus de Columbis Parisiensis, Theobaldus Tavernarii Parisiensis, P. de Loyson Morinensis, P. de Bello Monte Belvacensis, Johannes Quintini de Benna Eduensis, et Johannes de sancto Questo Belvacensis diocesium, qui dicebantur esse fratres dicti ordinis, licet tunc dicti ordinis habitum non gestarent, adducti ad presenciam dictorum dominorum pro perhibendo testimonio in negocio isto, juraverunt coram dictis dominis commissariis, tactis sacrosanctis Evangeliis, dicere totam plenam meram veritatem in negocio isto, secundum formam juramenti aliorum testium superius registratam et vulgariter expositam eisdem. Et dicti domini commissarii deliberaverunt quod ex tunc continue procederent, quando melius et celerius possent, in negocio supradicto, et placuit supradictis dominis, archiepiscopo Narbonensi, Mimatensi et Lemovicensi episcopis et Matheo de Neapoli, quod si contingeret eos, vel eorum aliquem, ex aliqua causa non convenire ad locum in quo examinabuntur testes, quod alii college, dum tantum in sufficienti numero fuerint, procedant in negocio memorato, eorum absencia non obstante, ne propter dictam absenciam processum retardari contingat. Et ipsi et dominus archidiaconus Tridentinus unanimiter deputaverunt domum vocatam de la Serpent, que est abbatis Fiscatensis, sitam Parisius in Parochia sancti Andree de Arcubus, ad examinandum testes predictos et alios in dicto negocio producendos, et ad procedendum in dicto negocio ulterius ut jus erit, donec per eos super ordinacione loci aliud fuerit ordinatum.

Tenores autem dictarum litterarum excusatoriarum tales sunt :

Reverendis in Christo patribus ac dominis, dominis Dei gracia, Narbonensi archiepiscopo, Mimatensi ac Lemovicensi episcopis, nec non discretis viris magistris Mateo de Neapoli in ecclesia Rothomagensi, ac Magalonensi et Tridentino archidiaconis, a Sede apostolica super inquisicione facienda contra ordinem Templariorum in regno Francie deputatis, una cum aliis in litteris apostolicis declaratis, G. eadem gracia episcopus Bajocensis, collega eorumdem in premissis, salutem, cum sincera in Domino karitate. Quoniam nollemus prefatum inquisicionis negocium per nostram absenciam impediri, fuerimusque et adhuc simus arduis negociis tam nostris quam domini Regis et regni impediti, nos vobis excusavimus, quociens nos abesse contingerit a locis ubi vos vel ulli ex vobis in dicto negocio insufficienti numero fueritis, secundum formam apostolicam congregati; vos requirentes quatenus, nostri absencia non obstante, in dicto negocio procedatis, secundum traditam in hec formam. Et quam primum poterimus comode, ad vos Parisius accedere curabimus, dante Deo. Datum XIII die mensis Octubris, anno Domini millesimo ccc° decimo.

Reverendis in Christo patribus, dominis ejus carissimis, dominis Dei gracia, archiepiscopo Narbonensi, etc., Johannes de Monte Lauro Magalonensis archidiaconus, in negocio inquisicionis contra Templariorum ordinem in regno Francie una cum eis a Sede apostolica deputatus, salutem cum omni reverencia et honore. Cum, propter longam corporis mei molestiam et langorem quem diu passus extiti in tibia et in pede, non possim iter agredi et continuare, seu ire versus Parisius, ad procedendum in prelibato inquisicionis negocio vobis et mihi, ut premissum est, commisso, sine corporali periculo, juxta consilium medicorum, et ego eciam senciam in me ipso, sicque non possim assignata die per nos concorditer et statuta adesse Parisius, ut optarem, ad procedendum una vobiscum in negocio memorato, reverende paternitati et dominacioni vestre, cum reverencia debita me excuso, vobis humiliter supplicando, ut ex causis premissis, mea absencia non obstante, die assignata et diebus ac temporibus subsequentibus, in prefato nobis commisso negocio procedatis, juxtra traditam nobis formam. Cessante autem inpotencia ac resumptis viribus, Deo propicio, prosecucioni ac expedicioni negocii ejusdem interessem, et una vobiscum, ut filius obediencie, promptis affectibus exequerer officii mei debitum in premissis. Datum in Monte Pessulano, anno Domini M° CCC° X°, scilicet IIII idus Octubris, pontifficatus sanctissimi patris, domini Clementis Pape quinti, anno quinto.

Reverendis in Christo patribus, dominis suis carissimis, dominis Dei gracia, Narbonensi archiepiscopo, etc., Johannes de Monte Lauro Magalonensis archidiaconus, in negocio inquisicionis contra Templariorum ordinem una cum eis a Sede apostolica deputatus, salutem et promptam ad eorum mandata et beneplacita voluntatem, cum omni reverencia et honore. Cum, propter corporis mei debilitatem et molestiam, ex multis passionibus et egretudinibus procedentem, quas passus sum divino judicio estate ac tempori proximo precedenti, ad presenciam vestram Parisius accedere non potuerim, sicut voluissem ac pariter debuissem, in statuto per nos termino et prefixo una vobiscum in predicto negocio processurus, litteras meas patentes excusacionem meam et inpotenciam continentes vobis, dominis meis predictis, cum debita reverencia, destinavi et direxi, quas credo paternitati et dominacioni vestre presentatas fuisse, loco et tempore competenti, per ejus ministerium cujus fidei ac solite benignitati eas committendas decrevi, vobis legittime presentandas. Quia vero illustrissimi domini nostri, Regis Francorum, recepi litteras, mandatum et precamina, continentes ut, visis et inspectis suis litteris, omni dilacione remota, Parisius accederem, una vobiscum in premisso inquisicionis negocio processurus, vel si aliquo impedimento me contingeret esse detentum, excusacionem meam et inpotenciam vobis per meas patentes litteras insinuare deberem, juxta domini nostri Regis prefati mandatum ac jura et apostolice commissionis beneficium, vobis notifico per presentes me esse impeditum et inpotentem hoc tempori ad veniendum Parisius, propter persone mee molestiam et langorem, et idcirco paternitati et dominacioni vestre ex causis premissis, cum reverencia debita, me excuso vobis, humiliter supplicando, ut mea absencia non obstante in prefato inquisicionis negocio procedatis, juxta traditam vobis formam. In quorum omnium testimonium sigillum meum cereum duxi presentibus apponendum. Actum et datum in Monte Pessulano, III die mensis Decembris, anno Domini millesimo CCC° X°, pontificatus sanctissimi patris, domini Clementis Pape quinti, anno quinto.

Acta fuerunt hec anno, die et loco predictis, presentibus venerabili viro magistro Amilio de Aurelianis, archidiacono Aurelianensi, et me Floriamonte Dondedei de Mantua, et magistris Bernardo Filioli, Guillelmo Radulphi, Hugone Nicolai et Bernardo Humbaldi notariis et tabellionibus suprascriptis.

Post hec in crastinum, videlicet die XVIII[a] predicti mensis Decembris, convenerunt in predicta domo abbatis de Fiscano domini commissarii antedicti, et fuit adductus ad presenciam eorundem frater Johannes de Thara, predictus testis supra juratus, ut deponeret dictum suum. Requisitus ante omnia, cum non portaret mantellum Templariorum, si fuerat de ordine Templi, respondit quod sic, undecim annis vel circa ante capcionem Templariorum. Mantellum autem cum quo captus fuit, dixit fuisse consumptum seu confractum, et ex tunc non portavit mantellum. Requisitus quem statum habebat in ordine Templi, respondit quod erat preceptor de Monte Boini Senonensis diocesis. Requisitus de etate sua, respondit se esse circiter LX annorum. Requisitus si alias fuerat examinatus in facto Templariorum, respondit quod sic, per episcopum Aurelianensem, et quod reconciliatus fuerat per ipsum episcopum Aurelianis, et in concilio Senonensi confirmavit suam confessionem, et postmodum rasit barbam. Lectis autem et diligenter expositis sibi omnibus et singulis articulis, respondit ut sequitur.

Et primo, ad primum, secundum, tercium et quartum, de abnegacione Christi, etc., respondit quod in recepcione fratrum dicti ordinis, faciebant eos communiter vovere castitatem, obedienciam et vivere sine proprio, et postmodum abnegare Jhesum Christum, sicut sibi videtur. Est tantum bene certus, ut dixit, quod abnegabant Dominum, et credit quod per Deum intelligerent Jhesum Christum. Requisitus quomodo sciebat predicta, respondit quod ipse sic fecerat in recepcione sua. Requisitus ubi et a quo et quando receptus fuerat in dicto ordine, et quibus presentibus, respondit se fuisse receptum apud Belvacum, in capella domus Templi, a fratre Roberto de sancto Pantaleone preceptore dicti domus, in vigilia festi omnium Sanctorum proxime preteriti fuerunt XIIII anni, presentibus fratribus Garino de Grandi Villarii presbitero quem credit esse in Chipro, Petro de Cormelliis serviente, Johanne dicto le Camus serviente, defunctis, et quibusdam aliis de quorum nominibus dixit se non recordari, et dixit se fuisse receptum circa horam terciam. Requisitus quomodo abnegaverat ipse Christum, respondit quod tradito sibi mantello dictus preceptor precepit ei quod abnegaret Christum, et ipse fuit totus stupefactus et turbatus, et videbatur sibi quasi quod esset incantatus, nesciens sibi ipsi consulere cum comminarentur eidem graviter nisi hoc faceret, et ita abnegavit ore, non corde, ut dixit. Juravit tunc insuper, ut dixit, se conservaturum bona Templi et secretum capitulorum et ordinis.

Item, requisitus si aliquid aliud illicitum fuerat actum in recepcione sua, respondit quod dictus preceptor precepit ei quod spueret super quandam parvam crucem, in qua erat ymago Crucifixi, quam idem receptor tenebat in manu sua, et ipse testis spuit juxta crucem predictam, sed non super, non tamen recordatur si dicta ymago erat sculpta vel picta, nec si dicta crux erat lignea vel metalina.

Item, dixit dictum receptorem tunc precepisse eidem quod oscularetur ipsum receptorem retro supra braccale in carne nuda, et osculatus fuit eum ibidem retro altare, ut dixit, nullis presentibus nisi ipsis duobus. Dixit insuper quod ibidem osculatus fuit ipsum receptorem in umbilico, sed in tradicione mantelli dictus receptor et alii fratres astantes fuerunt osculati eum in ore, aliud illicitum non recolit ad presens, ut dixit, fuisse factum in recepcione sua predicta, et hoc fuit nimium, ut dixit.

Item, requisitus si interfuerat recepcionibus aliquorum aliorum fratrum dicti ordinis, respondit quod sic aliquando. Requisitus ubi, quando et in quorum recepcione interfuerat, respondit quod Parisius in domo Templi vidit recipi duos fratres carnales de genere domini de Renaval, et cum eis Ricardum Scoti, quondam servientem gueti, et multos alios de quorum nominibus dixit se non recordari, a fratre Hugone de Penrado visitatore Francie, circa festum beatorum Petri et Pauli proxime preteritum fuerunt novem anni. Verumptamen in dictis recepcionibus non vidit aliquid illicite agi, quia recessit cito cogitans quod illa fierent eis que fuerant facta sibi, quia ipse testis nolebat videre, ut dixit, credit tantum quod post recessum suum predicta fierent.

Item, dixit se recepisse fratres P. de Claramonte et Jacobum de Via Parisia inservientes ipsius ordinis, in capella domus Templi de Campo Bubali Senonensis diocesis, et dictum fratrem P. recepit, bene sunt octo anni, presentibus fratribus Guillelmo le Parrier Henrico dicto Bolart servientibus, et Johanne dicto Peynet, et Hugone dicto David presbiteris. Prefatum vero fratrem Jacobum dixit se recepisse per VII menses vel circa ante capcionem Templariorum, presentibus fratribus Matheo de Telleyo, P. de Lonso servientibus, et Daniele de Parisiis presbitero, superstitibus; de pluribus dixit se non recordari. Requisitus si in recepcione dictorum fratrum Petri et Jacobi fuerat aliquid illicite actum per eum vel per eos, respondit quod in recepcione dicti fratris Petri nichil fuit illicite actum, nec proponebat dictus receptor eum, ut dixit, facere Deum abnegare; sed postmodum elapsis tribus mensibus, vel circa, supervenit frater Gerardus de Villaribus, qui fuerat preceptor firmiter et erat magnus homo in dicto ordine, et multum reverebatur ab aliis, ut dixit, qui peciit ab ipso receptore si fecerat dictum fratrem Petrum abnegare Christum et spuere super crucem et oscula facere inhonesta; et cum ipse testis respondisset quod non, dixit ei comminando quod exinde posset incurere magnum dampnum, propter quod cito posset dictam reprehensionem (*sic*); sed non recordatur qua die dictus testis precepit dicto fratri Petro quod abnegaret Christum, quia hoc erat faciendum secundum observanciam ordinis, et quod eciam debebat spuere supra crucem et facere oscula supradicta, de quo idem frater Petrus fuit multum stupefactus, dicens ipsi testi: Dimitatis me in pace. Finaliter tamen ad ejus mandatum abnegavit Christum, quo facto non curavit idem testis quod alia fierent inhonesta; dixit autem se non recordari precisse in quo loco erant quando fuit facta dicta abnegacio; credebat tamen quod essent in campis causa [?] spaciandi, vel in aula dicte domus de Monte Boini, et erant ambo soli. In recepcione autem dicti fratris Jacobi, dixit fuisse servata illa que supra deposuit fuisse facta in recepcione sua, plures dixit se non recepisse, nec aliorum quam supra deposuit recepcionibus interfuisse quod recordetur.

Item, requisitus si predictus modus recepcionis servatus in eo et per eum servabatur communiter in toto ordine et a majori parte, respondit quod ante capcionem eorum credebat quod non servaretur in toto ordine, sed audito quod magnus Magister et alii preceptores dicti ordinis confessi fuerant predicta servare in toto ordine post capcionem eorum, credidit quod verum confessi fuissent et quod ita servaretur communiter in toto ordine predicto.

Item, ad v-viii articulos, de dogmatizacione, etc., respondit se audivisse dici ab illo qui eum recepit illa de quibus supra deposuit, et quod Christus erat falsus propheta; de aliis contentis in ipsis articulis, dixit se aliud nescire quod supra deposuit.

Item, ad ix-xiii articulos, de conculcacione crucis, etc., dixit se nescire nisi quantum supra deposuit.

Item, ad xiiii et xv, de cato, dixit se nichil scire, quia non frequentabat capitula generalia eorum.

Item, ad xvi-xxiii, de sacramento altaris et sacerdotibus, etc., respondit se nichil scire, adiciens quod ipse bene credebat sacramentum altaris et omnia alia sacramenta Ecclesie, et se credere quod eorum sacerdotes debite celebrabant.

Item, ad xxiiii-viiii respondit se nichil aliud scire nisi quod precipiebatur eis districte quod confiterentur fratribus sacerdotibus ordinis tantum.

Item, ad xxx-iii, de osculis, respondit ut supra et nichil ultra.

Item, ad xxxiiii-v respondit quod non jurabant sed promitebant quod ordinem non exirent, et statim pro professis habebantur.

Item, ad xxxvi-viiii, de clamdestina recepcione et suspicione, respondit vera esse contenta in eis, quia ita viderat servari in dicto ordine, et credit quod predicta fierent ex statuto dicti ordinis et quod hoc bene sciebat, sed aliam causam non redidit requisitus.

Item, ad xl-v, de sodomia, respondit se nichil scire nec credebat contenta in ipsis articulis esse vera, dixit tamen quod receptor suus dixerat ei in recepcione sua predicta posse fieri secundum observaciones eorum, et ipse testis respondit ei in vulgari : *Vos poeez la art.*

Item, ad xlvi-lvii, de ydolis, respondit se nichil scire.

Item, ad lviii-lxi, de cordulis, dixit se nichil scire quod tangerent capita ydolorum; portabant tamen dictas cordulas, et cordula qua ipse cingebatur fuit sibi data per quandam domizelam.

Item, ad lxii-vii respondit ut supra de modo recepcionis et de minis.

Item, ad lxviii-lxxii respondit quod ex sacramento tenebantur, ut supra deposuit, non revellare secreta ordinis, et si revellassent, credit quod fuissent incarcerati, quia si eciam revellassent honesta que fiebant in capitulis, fuissent incarcerati.

Item, ad lxiii respondit, ut supra, verum esse.

Et ad lxxiiii-vi respondit contenta in eis esse vera.

Item, ad lxxvii et sequentes usque ad articulum, item quod ellemosine, respondit se credere quod ordo ab inicio fuit bonus, credit tamen contenta in ipsis articulis esse vera, quia Magister magnus et alii, ut supra deposuit, confessi fuerunt, et quod dicti errores per malos magistros fuerunt in dicto ordine introducti; alia super ipsis articulis dixit se nescire.

Item, ad xcvii, de ellemosinis, respondit quod ipse faciebat eas fieri convenienter in locis in quibus erat, credit tamen quod aliqui vel propter avariciam vel propter negligenciam non facerent ut debebant, et ille qui eum recepit, precepit ei quodam tempore caristie quod diminueret ellemosinam, ipse tamen non obedivit ei, ut dixit.

Item, ad xcviii-c respondit se nichil scire, nec audivisse dici.

Item, ad ci-vi, de clamdestina recepcione, respondit ut supra, alia dixit se nescire nisi quod predicta fiebant januis clausis, et deputabatur unus serviens qui previderet ne aliqui possent eos videre vel audire.

Item, ad cvii-xi respondit se nichil scire nisi quod supra deposuit.

Item, ad cxii-xiii respondit se credere vera esse contenta in eis.

Item, ad cxiiii-xvii respondit ut supra, alia dixit se nescire.

Item, ad cxviii respondit se nescire quod aliquis exiverit dictum ordinem propter feditates predictas.

Item, ad cxviiii respondit se credere contenta in eo esse vera.

Item, ad cxx-xxiii respondit se credere quod illa que confessus est supra essent nota inter fratres dicti ordinis, de extra nichil scit, ut dixit.

Item, ad CXXIIII-VII respondit, ut supra, se credere vera esse quod confessi fuerunt.

Item, requisitus si sic deposuit prece, precio, amore, timore, odio vel comodo temporali, quod ipse vel alius pro eo habuerit vel habere speret, respondit quod non, sed pro veritate dumtaxat, et est sciendum quod predictus testis est litteratus, et intelligebat et loquebatur Latinum, et fuit sibi preceptum per dictos dominos commissarios in virtute prestiti juramenti per eum ne revelaret dictam deposicionem suam quousque attestaciones fuerint publicate.

Acta fuerunt hec die et loco predictis, presentibus magistro Amisio et me Floriamonte Dondedei, Bernardo Filiholi, Bernardo Humbaldi, Guillelmo Radulphi et Hugone Nicolai notariis hujus processus.

Post hec, die Sabati sequenti que fuit XVIIII mensis Decembris, convenerunt in dicta domo abbatis de Fiscano dicti domini commissarii, et fuit adductus ad presenciam eorumdem frater Galterus de Buris presbiter, Lingonensis diocesis, etatis, ut dicebat, XL annorum vel circa, qui dicebat se fuisse in dicto ordine Templariorum per VIII annos ante capcionem eorum, et examinatum fuisse in facto Templariorum per ballivum Senonensem et postmodum per dominum archiepiscopum Senonensem qui tunc vivebat, et reconciliatum fuisse Senonis per dominum episcopum Aurelianensem, vacante tunc sede Senonensi, et in concilio Senonensi mantellum ordinis postmodum dimisisse. Lectis autem et diligenter expositis sibi omnibus et singulis articulis supradictis, respondit ad eos ut sequitur:

Et primo, ad primos quatuor articulos, de abnegacione, dixit se nescire quid servabatur in toto ordine de contentis in ipsis articulis, sed credebat super hoc servari quod servatum fuerat in recepcione sua facta in capella domus Templi de Buris Lingonensis diocesis, per fratrem P. de Scivreyo preceptorem tunc dicte domus, presentibus XIII vel XIIII fratribus dicti ordinis, quos omnes credebat esse mortuos, et de majori parte eorum dixit se esse certum, videlicet fratribus Johanne de Buris presbitero, Martino de Niciaco,

Stephano de Volenis, Guido de Niciaco, Roberto de Vianesio preceptore tunc de Spayaco, Johanne Grilhot et Radulpho Gandicho servientibus, quos omnes dixit obiisse post capcionem eorum Senonis, et fratribus Martino oriundo de terra de Auxeyo, Naucherio de Leyma et quibusdam aliis de quorum nominibus et eorum morte vel vita non est certus, ut dixit. In dicta autem sua recepcione, dixit servatum fuisse hunc modum, videlicet quia ipse testis primo peciit se admitti ad elemosinam dicti ordinis, et fuit sibi dictum per dictum fratrem P., qui eum recepit, quod diligenter adverteret quid petebat, quia nesciebat quales erant intus, et quia voluntatem suam haberet voluntati aliene submittere, si intraret. Instante vero dicto teste pro dicta recepcione, cum dictus receptor et alii fratres astantes ad invicem et ad partem collocuti fuissent, misserunt ad eum dictos fratres Johannem de Buris presbiterum, et Guidonem de Niciaco, qui eadem dixerunt sibi que dixerat preceptor predictus, et ipso teste respondente quod eos credebat esse tales interius quales apparebant exterius, et quod paratus erat subici oneribus ordinis et facere quod alii faciebant, convenerunt omnes, et dictus receptor tradidit sibi mantellum. Quo tradito, juravit idem testis super missale, posita manu in loco ubi erat canon misse, mandante dicto receptore, quod esset obediens preceptis superiorum suorum ordinis, sed nichil aliud juravit, ut dixit. Post dictum autem juramentum, dixit predictus preceptor eidem testi quod secundum puncta ordinis eorum debebat abnegare Christum. De quo idem testis fuit valde stupefactus, ut dixit, sed mandante eodem receptore, abnegavit ore tantum, non corde, ut dixit. Quo facto, idem receptor dixit quod adhuc eciam secundum puncta ordinis debebat spuere super crucem, et ablata per dictum presbiterum de altari quadam magna cruce metallina in qua erat sculpta ymago Crucifixi, et tradita dicto receptori, dictus testis, mandante dicto receptore quod spueret super eam, spuit non super sed prope eam, quam idem preceptor tenebat inter duas manus suas super terram. Post predicta vero, dixit supradictus frater Martinus dicto receptori quod adhuc obmittebat unum de punctis ordinis, videlicet de osculo posteriori, et tunc dictus receptor surgens et levare incipiens pannos suos retro dixit eidem testi quod surgeret et oscularetur eum retro in ano, et cum idem testis surrexisset obedire volens propter juramentum prestitum per eundem, dictus receptor dixit ei quod remittebat sibi dictum osculum quia erat sacerdos. Requisitus si sciebat ex qua causa fiebant supradicta nefanda, dixit quod non, et quod preceptum fuit ei per dictum receptorem quod non revellaret predicta, quia si faceret, in districto carcere poneretur. Nichilominus tamen idem testis, ut dixit, fuit confessus predicta infra octo dies a tempore recepcionis sue domino Johanni tunc episcopo Lingonensi, et absolvit eum, injuncta sibi penitencia quod per septem annos jejunaret sextas ferias in pane et aqua. Fuit tamen dictus episcopus multum stupefactus audita dicta confessione, ut dixit, eum multum reprehendens quia fecerat suprapredicta, et stetit dictus episcopus per magnam pausam antequam absolveret eum et imponeret sibi penitenciam predictam. Requisitus in quo loco dictus episcopus audiverat ejus confessionem et quibus presentibus, respondit quod in capella episcopalis domus vocate de Burgo fuit confessus eidem episcopo, videntibus Hugueto de Bures fratre ejusdem testis, nunc defuncto, camerlingo tunc dicti episcopi, qui ipsum introduxit in capella predicta. Requisitus de hora recepcionis sue, respondit se fuisse receptum parum ante horam prime; adiciens requisitus se nunquam interfuisse recepcioni alicujus alterius fratris dicti ordinis, nec capitulis eorumdem.

Item, ad v-viii articulos, de dogmatizacione, etc., respondit se nichil scire, nec alias audivisse, nec sibi dictum fuisse.

Item, ad viiii-xiii articulos respondit de spuicione super crucem sicut supra dixit; de aliis autem contentis in ipsis articulis dixit se nichil scire.

Item, ad xiiii et xv articulos, de cato, dixit se nichil scire.

Item, ad xvi-xxiii articulos respondit se nescire si credebant sacramentum altaris, dixit tamen prefatum preceptorem suum precepisse eidem in recepcione sua, presentibus supradictis fratribus qui astabant, quod quando missa celebraret, obmitteret quatuor verba secreta canonis, sed non specificavit verba illa, quia laycus erat. Sed supradictus frater Johannes presbiter dixit sibi quod ista verba debebat obmittere : *hoc est enim corpus meum.* Ipse tamen testis non celebravit, ut dixit, quousque fuit confessus dicto episcopo, sed post dictam confessionem celebravit pluries et dicta verba non obmisit, ut dixit, nec sciebat quod alii presbiteri dicti ordinis obmitterent dicta verba.

Item, ad xxiiii-xxviiii articulos respondit se nichil scire, asserens Magistrum et alios laycos non habere potestatem absolvendi a peccatis.

Item, ad xxx-xxxiii articulos respondit se nichil scire nisi quod supra deposuit de osculo precepto eidem.

Item, ad xxxiiii et xxxv respondit sibi dictum fuisse in recepcione sua per dictum receptorem quod pro professo habebatur, et quod incarceraretur si extunc exiret, non tamen juravit hoc, nec scit quod in aliis servaretur.

Item, ad xxxvi-xxxviiii articulos respondit se credere vera esse contenta in ipsis articulis, quia in recepcione sua non fuerunt nisi fratres ipsius ordinis, et porte fuerunt clause, et quia quidam presbiter, curatus, ut credebat, ecclesie de Noylh Lingonensis diocesis, qui, ut sibi videtur, vocabatur Hugo Jurade, inproperavit ipsi testi post recepcionem suam, dum biberet ipse testis in domo ejusdem presbiteri, quod mala suspicio erat contra ordinem, quia faciebant clamdestinas recepciones et capitula eorum. Nulli tamen alii aderant, ut dicit, quando inproperavit sibi predicta.

Item, ad xl-xlv, de crimine sodomitico, respondit se nichil scire, nec audivisse dici aliquid.

Item, ad xlvi-lvii, de ydolis, respondit se nunquam aliquid audivisse dici quousque fuit captus, et se nichil scire de predictis.

Item, ad lviii-lxi, de cordulis, etc., respondit se nichil aliud scire nisi quod ei fuit dictum in recepcione sua quod debebat cingi quadam cordula supra camisiam suam, non tamen fuit sibi tunc nec alias tradita dicta cordula, sed habuit eam a quadam sorore sua, ut dixit, et eam portavit per triduum tantum, ut dixit.

Item, ad LXII-IIII respondit se nescire qualiter alii fratres in dicto ordine recipiebantur, sed credit quod reciperentur sicut ipse fuit receptus.

Item, ad LXV-VII respondit se nichil scire, credit tamen quod si ipse non fecisset illa que fuerunt injuncta sibi in recepcione sua, quod fuisset incarceratus, et quod idem fuisset factum de aliis.

Item, ad LXVIII-LXXII articulos respondit per sacramentum fuisse sibi impositum quod non revellaret modum recepcionis sue. Et fuit sibi comminatum quod incarceraretur, si revellaret vel si loqueretur super hoc aliis, et idem credit quod servaretur in aliis fratribus ordinis memorati.

Item, ad LXXIII articulum respondit se credere quod non auderent confiteri nisi fratribus presbiteris ejusdem ordinis, non tamen fuit inhibitum, ut dixit.

Item, ad LXXIIII-VI respondit se credere contenta in ipsis articulis vera esse.

Item, ad LXXVII et alios sequentes usque ad XCVII, item quod elemosine, etc., respondit se nescire nisi quod supra deposuit de se ipso.

Item, ad XCVII respondit quod ellemosine non fiebant in domibus de Buris et de Fontanetis Lingonensis diocesis, in quibus fuit moratus, non sufficienter; advenientes tamen bene accipiebantur ibidem secundum quod ministrabatur eis subtrahebatur fratribus in locis commorantibus memoratis.

Item, ad XCVIII-C respondit se nichil scire nisi quod ei fuit preceptum quod servaret jura ordinis.

Item, ad CI-VI articulos, de clamdestinacione, respondit se audivisse dici quod clam de nocte, clausis januis et custode in ultima parte posito, exclusis omnibus qui non erant de ordine, dicta capitula tenebantur Parisius.

Item, ad CVII-CXI respondit se nichil scire, nec audivisse dici, nec credere contenta in ipsis articulis esse vera.

Item, ad cxii et cxiii respondit se audivisse dici contenta in ipsis articulis esse vera.

Item, ad cxiiii-cxvii respondit se nescire nisi a tempore quo fuit in ordine, credit tamen quod antea dicti errores vigebant in ipso ordine, sed nescit a quo tempore fuerunt introducti. De negligencia autem dixit prout supra deposuit.

Item, ad cxviii respondit se nescire quod aliqui propter predictas feditates exiverunt ordinem memoratum.

Item, ad cxviiii respondit se credere contenta in eo.

Item, ad cxx-xxiii respondit se credere quod illa de quibus supra deposuit essent nota inter fratres dicti ordinis, et quod esset de predictis communis opinio inter eos. De extraneis ab ordine nichil scit, sicut dixit.

Item, ad cxxiiii-vii respondit se nichil scire.

Item, requisitus si sic deposuit prece, etc., ut supra.

Post hec, die Lune ante festum Natale Domini, que fuit xxi dies mensis Decembris, convenerunt in dicta domo dicti domini commissarii, excepto domino archiepiscopo, et fuit adductus ad presenciam eorumdem frater Stephanus de Divione presbiter, Lingonensis diocesis, preceptor de Divione, testis supra juratus, etatis, ut dixit, septuaginta duorum annorum vel circa, non defferens mantellum ordinis, quia, sicut dixit, gentes ducis Burgundie abstullerunt ei per xv dies post capcionem ejusdem. Lectis autem et diligenter sibi expositis omnibus et singulis articulis, respondit ad eos ut sequitur.

Et primo, ad iiii$^{or}$ primos articulos dixit se nescire quod servabatur in ordine, verumptamen in recepcione sua facta per fratrem Petrum de Sivreyo preceptorem de Buris, Lingonensis diocesis, in capella domus Templi de Taverniaco dicte diocesis Lingonensis, in festo Ascensionis Domini proximo preterito, fuerunt decem et octo anni elapsi vel circa, petitis pane et aqua et vestitu ordinis per dictum testem a prefato preceptore, et responso per ipsum preceptorem quod adverteret quid petebat, quia consuerat in seculo bene et laute comedere et dormire et vestire, et in ordine oporteret eum sustinere multa; et ipse testis respondisset se paratum omnia sustinere, dictus receptor fecit eum jurare super quemdam missale per ipsum testem tactum quod obediret omnibus et singulis preceptis suis et aliis superiorum dicti ordinis, et quod non exiret dictam religionem pro aliqua alia religione; postque, allata quadam cruce enea in qua erat ymago Crucifixi sculpta, nescit per quem ex dictis fratribus, et posita ipsa cruce super terra in hora mantelli dicti preceptoris, item preceptor precepit eidem testi in virtute juramenti prestiti per eundem quod spueret super dictam crucem, de quo idem testis multum turbatus extitit, sicut dixit, sed finaliter metu ipsius preceptoris et aliorum, cum cordis dolore, ut dixit, spuit non super ipsam crucem sed juxta eam. Quo facto, idem preceptor dixit et precepit eidem testi quod abnegaret Deum, quo respondente : « Sancta Maria, quomodo hoc facerem, » preceptor respondit ei quod oportebat eum abnegare, quia juraverat obedire preceptis suis, et testis abnegavit ore, sicut dixit, et non corde; et hoc fecit cum magno dolore, et voluisset, sicut dixit, tunc fuisse extra in libertate sua cum uno solo brachio, quia faciebat contra conscienciam suam.

Item, dixit quod, predictis peractis, dictus preceptor dixit ei quod secundum observancias ordinis eorum recepti debebant osculari in ano receptores, quia tamen idem testis erat presbiter, parcebat ei et remittebat sibi dictum osculum. Non recordatur quod alia tunc sibi fuerint dicta, nisi quod viveret in castitate et sub obediencia, et absque proprio nisi ipsum proprium voluntate superiorum suorum haberet. Requisitus de hora recepcionis sue et de presentibus, respondit se fuisse receptum post missam, inter horam prime et tercie, presentibus fratribus Diderio de Buris, Guillelmo de Belna, Benigno de Divione, Martino de Niciaco, Stephano de Volenis et Johanne de Divione servientibus dicti ordinis, jam defunctis. De plurium aliorum qui adfuerunt nominibus dixit se non recordari. Requisitus si unquam interfuerat recepcioni alicujus alterius fratris dicti ordinis, respondit non, nec capitulis in quibus fierent recepciones. Requisitus si fuerat alias examinatus in facto Templariorum, respondit quod sic per dominum archiepiscopum Senonensem qui nunc est, et fuerat reconciliatus et absolutus per eum. Et dixit se credere, licet hoc nesciret certitudinaliter, ut dixit, quod communiter fratres ipsius ordinis reciperentur per eundem modum per quem ipse fuit receptus.

Item, ad v-xv articulos respondit nichil scire, vel ut supra.

Item, ad xvi-xxiii respondit quod in recepcione sua fuit sibi dictum per predictum receptorem quod, quando celebraret missam, obmitteret iiii$^{or}$ verba canonis; et frater Guillelmus de Belna predictus, qui sciebat aliquantulum de litteris, dixit ipsi testi quod ista erant illa verba que debebat obmittere, videlicet que incipiunt *hoc est,* et ipse testis respondit quod ea obmitteret, verumptamen nunquam obmisit ea celebrando, ut dixit. De aliis autem contentis in ipsis articulis, dixit se nichil scire, adiciens quod ipse bene credebat sacramentum altaris et omnia alia ecclesiastica sacramenta. Requisitus si fuerat locutus cum fratre Galtero de Buris presbitero, teste proximo precedenti, cum cujus deposicione videbatur concordari, respondit quod sic tenebantur in eadem domo, verumptamen nichil dixerat ei de deposicione sua, quia in virtute juramenti prestiti per eum fuerat inhibitum ipsi fratri Galtero ne revellaret eam, ut sibi dixit. Requisitus si fuerat ante capcionem suam confessus de predictis, respondit quod sic in crastinum recepcionis sue in ecclesia fratrum Minorum de Divione, distante per duas leuchas a loco in quo fuerat receptus, cuidam fratri Minori habens potestatem episcopi Lingonensis, confessoris ducisse Burgundie, qui vocabatur, ut videtur ipsi testi, frater Nicolaus, et dictus frater absolvit eum, posita penitencia quod per annum portaret super carnem nudam unam cordam cum quinque nodis qua cingeretur; et quod diceret qualibet die ter psalmum Miserere mei, et quod in qualibet sexta feria Quadragessime tunc sequentis legeret ex integro unum psalterium. De presentibus in loco in quo fuit confessus, dixit se non recordari nec scire si dictus frater adhuc vivebat. Erat tamen vivus quando ipse testis fuit captus.

Item, ad xxiiii-viii respondit se non credere quod aliqui layci possent absolvere a peccatis, verumptamen dixit se audivisse apud Divionem in domo Templi ter vel quater a quibusdam ex fratribus dicti ordinis, de quorum nominibus dixit se non recordari, quod magnus Magister eorum poterat absolvere a peccatis.

Item, ad xxx-xxxiii, de osculis, respondit se nichil scire nisi quod supra deposuit.

Item, ad xxxiiii-v respondit se credere vera esse contenta in ipsis articulis, quia ipse juraverat non exire dictum ordinem, et fuerat sibi dictum in recepcione sua quod pro professo habebatur.

Item, ad xxxvi-xxxviiii respondit se credere contenta in eis vera esse, scilicet quod clandestine fierent recepciones, quia ita factum fuerat quando ipse fuit receptus, credens quod ex hoc suspicio contra dictum ordinem haberetur.

Item, ad xl-xlv, de crimine sodomitico, respondit se nichil scire, et quod non credebat contenta in ipsis articulis esse vera.

Item, ad xlvi-lvii, de ydolis, dixit se nichil scire nec ante capcionem eorum audivisse, et quod non credebat contenta in ipsis articulis esse vera.

Item, ad lviii-lxi respondit quod in recepcione sua fuit sibi preceptum quod super camisiam suam cingeret unam zonam de filo, et eam portavit per annum, ut dixit, credens quod idem facerent alii, ut dixit; nunquam tamen, ut dixit, de ydolorum capita dictis cordulis cingeretur [sic], nec scit aliquid aliud de predictis.

Item, ad lxii-iiii, de modo recepcionis, respondit se nescire nisi quod supra deposuit.

Item, ad lxv-vii respondit se nescire si fuissent interfecti vel carceri mancipati nolentes predicta facere, nec audivit, ut dixit, quod aliquis propter premissa fuerit captus vel interfectus.

Item, ad lxviii-lxxii respondit se jurasse quod non revellaret secreta ordinis et capitulorum nec modum recepcionis sue, et credit quod idem facerent alii, dicens se audivisse quod si aliqui revellassent, fuissent incarcerati.

Item, ad LXXIII respondit se nichil scire, et quod non fuerat sibi injunctum quod non confiteretur nisi sacerdotibus dicti ordinis, audivit tamen dici quod injungebatur fratribus laycis ipsius ordinis quod non confiterentur nisi presbyteris ejusdem ordinis sine licencia superiorum suorum, et hoc ferebatur communiter et publice in ipso ordine, nescit tamen ubi nec a quibus audivit.

Item, ad LXXIIII-VI respondit se credere vera esse quod negligentes fuerunt, ut in articulis continetur.

Item, ad LXXVII et alios sequentes usque ad XCVII respondit se nescire si ultra mare et in aliis locis dicti ordinis servabantur contenta in ipsis articulis et si erant vera, credit tamen quod servaretur in aliorum recepcionibus quod fuit servatum in sua.

Item, ad XCVII respondit quod in locis in quibus ipse fuerat in ordine, elemosine restringebantur, quia consueverant fieri ter in ebdomada, et modo non fiebant nisi semel, pauperes autem non recipiebantur ad hospitalitatem et ad jacendum, sed divites, et hoc ipse testis dixit se servasse quando erat preceptor de Divione.

Item, ad XCVIII-C respondit quod precipiebatur sub debito juramenti quod conservarent jura et bona ordinis; de aliis contentis in ipsis articulis dixit se nichil scire.

Item, ad CI-VI respondit quod capitula tenebantur januis clausis, nec intrabant nisi fratres dicti ordinis, et audivit dici quod capitula que tenebantur Parisius quandoque incipiebant in media nocte, alia super hiis dixit se nescire.

Item, ad CVII-XI respondit se nescire quod Magister et alii layci possent absolvere a peccatis, nec credit contenta in ipsis articulis esse vera nisi in quantum supra deposuit.

Item, ad CXII-XIII respondit verum esse quod quidquid magnus Magister et conventus ordinabat servabatur in toto ordine; et dicebatur inter eos quando aliqua precepta veniebant quod Magister et conventus mitebat ea et oportebat servari.

Item, ad CXIIII-XVII respondit se nescire quando dicti errores inceperunt, sed credit quod diu duraverunt, et quod negligentes fuerunt in corigendo.

Item, ad cxviii respondit se nescire quod propter feditates predictas exiverunt aliqui ordinem, sed propter alias causas multi.

Item, ad cxviiii respondit quod post capcionem eorum grandia scandala sunt exorta contra ordinem, sed ante capcionem eorum nichil audivit de scandalis predictis.

Item, ad cxx-xxiii respondit se credere quod illa que supra confessus est esse vera, essent publica et notoria inter fratres ordinis, et quod communis opinio esset inter eos sed non inter seculares.

Item, ad cxxiiii et ultimum respondit se audivisse dici quod magnus Magister et multi alii fuerunt confessi multos errores.

Item, requisitus si prece, precepto, amore, odio, timore, temporali comodo habito vel habendo, sic deposuerat, respondit quod non, sed pro veritate dicenda. Cui fuit preceptum per dictos dominos commissarios quod non revellaret dictam suam deposicionem quousque attestaciones fuerint publicate.

Acta fuerunt hec predictis die et loco, presentibus magistro Amisio et me Floriamonte Dondedei et aliis notariis supra proximo scriptis.

Post hec, die Martis sequenti, que fuit xxii dicti mensis Decembris, convenerunt in dicta domo dicti domini commissarii, et fuit adductus ad presenciam eorumdem frater Odo de Dona Petra presbiter, Eduensis diocesis, testis suprajuratus, etatis quinquaginta septem annorum vel circa, ut dixit, non defferens mantellum ordinis, quia in concilio Senonensi dimisit ipsum una cum multis aliis et fuerat examinatus et reconciliatus et absolutus per eum. Lectis autem et diligenter sibi expositis omnibus et singulis articulis, respondit ad eos ut sequitur:

Et primo, ad iiii primos dixit se fuisse receptum in ordine Templi in capella domus Templi de Maynilio sancti Lupi Trecensis diocesis, die Dominica post octabas instantis festi Purificationis beate Marie, erant xx anni vel circa, per fratrem Anricum de Supino, preceptorem tunc baylive Templi de Coloribus, post missam, inter horam prime et tercie, presentibus fratribus Michaele presbitero, curato tunc ecclesie de Turniaco, Thoma de Veneysi, Johanne dicto le Ganheur, Johanne Bergerio, jam deffunctis, ut dixit, et Thomas de Funis, servientibus, de cujus Thoma vita vel morte dixit se nichil scire. In sua autem recepcione dixit fuisse servatum hunc modum. Nam tradito sibi per dictum receptorem mantello et birreto, fecit eum jurare super quodam missali, aperto in loco in quo erat canon misse, quod obediret preceptis superiorum suorum dicti ordinis, et vovit castitatem, obedienciam et vivere sine proprio. Post que precepit sibi idem receptor quod spueret super ymaginem Crucifixi que erat in dicto missali, et ipse testis spuit non super ipsam ymaginem Crucifixi nec super librum, sed prope ipsum. Adiciens se cum magna cordis amaritudine hoc fecisse, et quod tunc magis voluisset habuisse crura fracta quod facere predicta, et fuit per aliquod spacium, sicut dixit, reluctatus priusquam hoc faceret. Sed dictus preceptor dixit quod oportebat hoc facere eundem. Item precepit eidem dictus receptor, ut dixit, quod ipse abnegaret Crucifixum cujus imago erat in dicto libro. Et tunc ipse testis fuit stupefactus, dicens eis quod hoc facere malum esset, et eis subicientibus quod hoc oportebat eum facere vellet nollet, abnegavit, ut dixit, ore sed non corde. Item, dixit ei idem preceptor quod secundum observaciones ordinis eorum ipse testis debebat ipsum receptorem osculari retro in ano, sed quia ipse testis erat presbiter, remittebat sibi osculum supradictum. Item, dixit predictum receptorem precepisse eidem quod quando celebraret missam, obmitteret iiii verba canonis per que fit consecracio, sed non nominavit sibi dicta verba. Et ipse testis nichil respondit dicto receptori, quia non intendebat ei in hoc obedire, sicut dixit. Item, dixit quod post triduum dominus Johannes de Nantolio, tunc episcopus Trecensis, visitasset in dicta domo Templi de Maynilio sancti Lupi, idem testis post missam fuit confessus de predictis eidem episcopo in camera quadam dicte domus in qua erat idem episcopus, et ipse episcopus stupefactus de predictis et dicens : « Istud est male factum, » noluit illa die absolvere eum. Sed dixit ipsi testi quod die sequenti sequeretur eum apud Treccas, et fuit eum secutus in crastinum, et denuo fuit sibi confessus predicta in capella domus sue episcopalis, et tunc absolvit eum, inposita sibi penitencia quod per annum non portaret pannos lineos sexta feria, et quod jejunaret in pane et aqua per tredecim dies Veneris post Pascha tunc instans. Requisitus si aliqui viderunt quomodo fuit confessus episcopo supradicto, respondit quod sic familiares ipsius episcopi quorum non habebat noticiam, qui de mandato ejusdem episcopi retraxerunt se ne possent eos audire. Et ante dictam confessionem et absolucionem non celebravit, ut dixit, sed post frequenter, verba predicta canonis non obmitendo, ut dixit.

Item, dixit quod credebat alios in ordine communiter ita receptos fuisse sicut ipse fuerat receptus, quia non credit quod fecissent talem singularitatem in eo; non tamen est certus si ita servabatur in aliis, quia nunquam interfuit, sicut dixit, recepcioni alicujus alterius fratris dicti ordinis nec capitulis eorumdem, nec unicuique revellavit dictum modum recepcionis sue alicui ex fratribus dicti ordinis, nec ab eis peciit nec audivit, ut dixit, qualiter fuerunt recepti, nec fuit per aliquem de ordine petitum ab eo qualiter fuerat receptus in ordine, sicut dixit.

Item, ad v-viii, de dogmatizacione, respondit quod nichil fuerat sibi dictum de contentis in ipsis articulis in recepcione sua, nec aliquid super hoc audivit nisi in quantum supra deposuit.

Item, ad viiii-xiii, de spuicione super crucem, respondit ut supra de aliis contentis in ipsis articulis nichil sciens, sicut dixit, nec credit quod alii facerent aliud quam se supra fecisse deposuit.

Item, ad xiiii-xv, de cato, dixit se nec scire, nec audivisse, nec credere.

Item, ad xvi-xxiii respondit se nichil scire de intencione aliorum si credebant sacramentum altaris et alia ecclesiastica sacramenta; ipse.

tamen testis credebat in eis, verumptamen non existimabat quod receptor suus, qui preceperat ei quod obmitteret iiii$^{or}$ verba canonis, crederet sacramentum altaris.

Item, ad xxiiii-viiii respondit se nichil scire, et quod bene sciebat Magistrum et alios laycos non posse absolvere a peccatis.

Item, ad xxx-xxxiii, de osculis, respondit se nichil scire nisi quod supra deposuit, dicentes quod eciam in ore non fuerunt osculati eum nec ipse eos in recepcione sua.

Item, ad xxxiiii-xxxv respondit se credere quod statim pro professis haberentur, quia fuit sibi dictum in recepcione sua et quod non poterat ex tunc exire ordinem memoratum et quod non exirent preceperunt ei in virtute juramenti prestiti per eundem.

Item, ad xxxvi-xxxviiii respondit quod januis clausis, nullis presentibus nisi fratribus ordinis, fiebant recepciones, et presumit quod seculares habuerunt ex hoc suspicionem contra ordinem memoratum.

Item, ad xl-xlv, de crimine sodomitico, respondit se nichil scire nec audivisse nisi post capcionem eorum, nec credit contenta in ipsis articulis esse vera.

Item, ad xlvi et xi sequentes, de capitibus ydolorum et aliis, respondit se nichil scire nec audivisse nisi post capcionem eorum, nec credit contenta in ipsis articulis esse vera.

Item, ad lviii-lxi respondit fuisse sibi preceptum in recepcione sua quod cingeret se super camisiam una cordula. Non tamen fuit sibi tradita, sed ipse procuravit eam habere et portavit eam longo tempore, et credit quod alii fratres ordinis eciam portarent; quod cum dictis cordulis tangerentur capita ydolorum nesciebat nec audiverat, sicut dixit.

Item, ad lxii-lxiiii respondit se credere quod communiter fiebant recepciones in toto ordine eo modo quo deposuit se fuisse receptum; aliter nesciebat, ut dixit.

Item, ad lxv-lxvii respondit se nescire si fuissent capti vel interfecti nolentes facere predicta; credit tamen quod si ipse non fecisset in recepcione sua illa que fuerunt sibi precepta, quod fecissent dampnum et villaniam ei, et idem credit de aliis.

Item, ad LXVIII-LXXII respondit se nichil scire nisi in quantum de se ipso deposuit, credens idem de aliis quod de se ipso; non tamen audivit quod aliquis revellaverit, nec quod ex hoc punitus fuerit.

Item, ad LXXIII respondit quod sibi non fuerat injunctum ne confiteretur nisi fratribus presbiteris dicti ordinis; audivit tamen dici in dicto ordine ab aliquibus dicti ordinis quod non debebant confiteri nisi fratribus presbyteris dicti ordinis absque licencia superiorum suorum, non tamen recordatur ubi, quando et a quibus audivit predicta.

Item, ad LXXIIII-LXXVI respondit quod male fecerant, quia errores non correxerant, et quod fuerant negligentes, si non dixerant superioribus suis, nec credit quod denunciassent.

Item, ad LXXVII-XVIIII sequentes, quod predicta fiebant ultra mare, etc., respondit se nichil scire nisi in quantum supra deposuit.

Item, ad XCVII respondit quod bone gentes recipiebantur bene ad hospitalitatem, sed ellemosine non fiebant ut consueverant, et audiverat dici quod in domo Templi de Salice supra Yonem Altisiodorensis diocesis consueverant fieri ellemosina ter in septimana, sed modo non fiebant nisi bis, et fuerat ordinatum hoc, ut dixit se audivisse, quia loco tercie dabatur omnibus transeuntibus helemosina.

Item, ad XCVIII et C respondit se nescire nec audivisse quod per nefas possent acquirere, nec quod hoc jurarent, nec quod non reputaretur peccatum propter hoc degerare.

Item, ad CI-VI, de clandestinacione, respondit se audivisse quod Parisius incipiebant tenere capitulum generale post mediam noctem, ipse autem non interfuerat capitulis, nec sciebat nisi in quantum supra deposuit de se ipso in cujus recepcione porte clause fuerunt.

Item, ad CVII-XI respondit se dixisse supra quod sciebat de contentis in ipsis articulis et aliud nesciebat, ut dixit, sed erat bene certus quod layci non poterant absolvere a peccatis.

Super CXII et XIII respondit se nescire certitudinaliter, credit tamen quod tenebantur observare illud quod magnus Magister ordinabat et mandabat servari.

Item, ad cxiiii-xvii respondit se nescire quando errores inceperunt; credit tamen quod ante recepcionem suam dicti errores inceperunt, et quod fuerunt negligentes, ut supra deposuit.

Item, ad cxviii respondit se nescire quod propter feditates illas aliquis ordinem predictum exiverit. Sed propter alia aliqui exiverunt.

Item, ad cxviiii respondit se credere quod grandia scandala sunt propter predicta exorta in cordibus fidelium.

Item, ad cxx et cxxiii respondit se credere quod inter fratres ordinis esset notus et manifestus predictus modus recepcionis eorum per eum confessatus, sed non inter extraneos.

Item, ad cxxiiii et ultimum respondit se audivisse dici quod magnus Magister et alii confessi fuerunt multos errores coram domino Papa, et credit quod confessi fuerunt errores illos quos hic confessus est.

Item, requisitus si testes supra proximo examinati cum quibus commorabatur in carcere revellarunt suas deposiciones, respondit quod non.

Item, requisitus si sic deposuit prece, precepto, amore, odio, timore, vel temporali comodo habito vel habendo, respondit quod non, sed pro veritate dicenda. Cui fuit preceptum per dictos dominos commissarios quod hanc suam deposicionem non revellaret quousque attestaciones fuerint publicate. In virtute prestiti juramenti per eundem.

Item, eisdem die et loco fuit adductus ad presenciam dictorum dominorum commissariorum frater Garnerius de Venesi serviens diocesis Senonensis, testis suprajuratus, etatis l annorum, ut credit, vel circa, cum quo fuerat inquisitum, ut dixit, super facto Templariorum per dominum episcopum Aurelianensem, Senonis sede archiepiscopali tunc vacante, et fuerat absolutus et reconciliatus per eum; mantellum autem ordinis, quem non ferebat, dixit se dimisisse in concilio Senonensi, quia non placebat sibi ulterius portare ipsum. Lectis autem et expositis sibi omnibus et singulis articulis, respondit ad eos ut sequitur : et primo, ad IIII primos respondit se fuisse receptum in capella domus templi de Turniaco diocesis Senonensis, post missam ante horam prime, a fratre Anrico de Supino preceptore ballive Templi de Coloribus, presentibus fratribus Michaele de Bria presbitero, Thoma de Veneysiaco, Roberto de Chananes, Symone de Bella Villa in Campania et Guidone de Supino servientibus, de quorum vita vel morte dixit se nichil scire nisi de presbitero quem scit esse mortuum. Et fuit facta dicta sua recepcio Dominica post festum beati Martini nuper lapsum, fuerunt XV, vel XVI anni, vel circa; per hunc modum, nam existentibus predictis preceptore et fratribus in capella quasi in consilio venit extra dictam capellam ad ipsum testem supradictus frater Symon, ut sibi videtur, instruens eum ut peteret panem et aquam ordinis, quibus petitis et ipso teste intra capellam introducto, dixerunt ei quod multa oporteret eum sustinere et subici voluntati aliene et aliquando peditare quando alii equitarent, et ipso respondente quod paratus erat omnia sustinere, dictus preceptor tradidit ei mantellum dicti ordinis. Quo tradito fecit eum jurare super quoddam missale apertum, in quo erat ymago Crucifixi, quod esset obediens preceptis superiorum suorum dicti ordinis, et vovit castitatem, obedienciam et vivere sine proprio. Post que dictus receptor precepit eidem testi quod spueret supra dictam ymaginem Crucifixi existentem in libro, de quo idem testis multum, sicut dixit, doluit; spuit tamen juxta ipsam ymaginem et non supra, quia dixerat sibi quod istud erat de punctis ordinis. Postmodum idem preceptor precepit eidem, ut dixit, quod abnegaret Deum, et cum ipse testis de hoc dolens quasi reluctaretur, dixit ei dictus receptor : « Ne timeas, oportet te facere, quia hoc est preceptum « ordinis. » Et tunc abnegavit ore, non tamen corde, ut dixit. Quibus peractis ad preceptum ipsius receptoris fuit eum osculatus in carne nuda dorsi sui inter zonam et bragale. Et discoperuit se dictus receptor quasi ex parte lateris clamide et corseto reversatis, et dixit idem receptor predictum osculum faciendum esse secundum statutum ordinis; alia inhonesta non fuerunt facta in sua recepcione quod recordetur. Requisitus si idem modus recepcionis, qui fuerat servatus in eo, servabatur communiter in toto ordine in recepcione aliorum fratrum, respondit se nescire pro certo, quia non interfuerat recepcioni aliorum fratrum dicti ordinis nec capitulis eorumdem; credebat tamen quod per eundem modum communiter alii reciperentur, et quod ipse non fuerit sic infelix quod talis recepcionis modus singularis incoatus fuerit in eodem.

Item, ad v-viii, de dogmatizacione, respondit se nichil scire nec audivisse.

Item, ad viiii et quatuor sequentes, de spuicione super crucem, respondit ut supra de se ipso, de aliis contentis in ipsis articulis nichil sciens. Item, dixit quod errores supra confessatos per eum fuerat circa v septimanas post recepcionem suam confessus in ecclesia fratrum Minorum de Trecis cuidam fratri Minorum qui vocabatur frater Johannes, cujus cognomen ignorat; fuerat tamen commoratus in Grecia, ut idem frater dixit eidem testi, et erat parve stature, nec loquebatur bene Galicum; qui frater, audita dicta confessione, fuit stupefactus, et arguit dictum testem de hiis que fecerat, et confortavit eum ad bene faciendum, et absolvit eum, imposita sibi penitencia quod faceret celebrari xiii missas de Sancto Spiritu ut illuminaret eum, et quod jejunaret per unum annum in sextis feriis, in pane et aqua si posset, et si non posset, quod daret unum denarium pro singulis sextis feriis quibus non jejunaret. De dicto autem fratre Minore non erat certus si vivit, vel non; viderat eum tamen fuerunt circiter quinque anni.

Item, ad xiiii-xv, de cato, respondit se nichil scire nec audivisse ante capcionem eorum.

Item, ad xvi et vii sequentes, de sacramento altaris, respondit se nichil scire; sed ipse credebat sacramento altaris et aliis ecclesiasticis sacramentis; non tamen credit quod ille qui recepit eum esset bonus Christianus, quia precipiebat ei quod faceret supradicta.

Item, ad xxiiii et v sequentes respondit se nichil scire, sed bene credebat quod magnus Magister et alii layci non poterant absolvere a peccatis.

Item, ad xxx et III sequentes, de osculis, respondit se nescire nisi quod supra deposuit.

Item, ad xxxIIII et v respondit se credere contenta in eis vera esse, quia juraverant non exire predictum ordinem, et fuerat ei dictum quod pro professo habebatur.

Item, ad xxxvI-vIIII respondit recepciones clamdestine januis clausis, exclusis omnibus, nisi fratribus ipsius ordinis, fieri, et quod ex hoc habebatur vehemens suspicio contra eundem ordinem, et ipse testis habebat eandem, ut dixit, postquam fuit receptus.

Item, ad xL et v sequentes, de crimine sodomitico, respondit se nichil scire nec audivisse.

Item, ad xLvI et xI sequentes, de capitibus ydolorum, respondit se nichil scire nec audivisse ante capcionem eorum.

Item, ad LvIII et III sequentes respondit preceptum fuisse eidem in sua recepcione quod jaceret cum pannis suis lineis, et quod cingeretur una cordula, que tamen non fuit ei tradita, sed habuit eam postmodum a quadam sorore sua, et eam portavit aliquantulum absque aliqua mala intencione. De aliis contentis in ipsis articulis dixit se nichil scire.

Item, ad LxII, III et IIII respondit se credere quod communiter servaretur in ordine modus recepcionis qui fuit servatus in eo.

Item, ad LxV, vI et vII respondit se nescire quod aliquis fuerit captus vel interfectus propter revellacionem predictorum.

Item, ad LxvIIII et quatuor sequentes respondit se credere quod per juramentum imponebatur eis ne inter se vel aliis revellarent modum sue recepcionis, quia ita fuerat impositum ipsi testi in sua recepcióne, et credit quod si revellassent, fuissent incarcerati.

Acta fuerunt hec die et loco predictis, coram dictis dominis commissariis, hoc salvo quod dictus dominus Matheus, antequam dictus frater Garnerius deponeret super v° articulo et aliis sequentibus, recessit propter indisposicionem sui corporis, presentibus dicto Magistro Amisio et me Floriamonte Dondedei et aliis notariis supra proximo nominatis.

Post hec, die Mercurii sequenti que fuit dies XXIII dicti mensis Decembris, rediit ad presenciam dictorum dominorum commissariorum, excepto domino archiepiscopo, in dicta domo prefatus testis ad perficiendum deposicionem suam; requisitus autem super LXXIII° articulo, respondit sibi fuisse injunctum in recepcione sua quod non confiteretur nisi fratribus sacerdotibus dicti ordinis, quos dicebant habere potestatem absolvendi a domino Papa, credens quod idem injungeretur aliis, sicut dixit.

Item, contenta in LXXIIII, V et VI articulis, de negligencia corectionis, dixit esse vera.

Item, ad LXXVII et XVIIII sequentes respondit quod non fuerat ultra mare, et ideo nesciebat quid fiebat ibi; credit tamen quod modus, per quem dixit se fuisse receptum, servaretur ubique in ordine in recepcione aliorum, et quod nolentes servare fuissent puniti; alia dixit se nescire de contentis in articulis memoratis.

Item, ad XCVII respondit quod quando primo intravit ordinem, fiebant ibi largiores elemosine quam ex tunc fuerint facte; boni tamen homines bene recipiebantur ad hospitalitatem ab eis.

Item, ad XCVIII et C respondit sibi fuisse preceptum in recepcione sua quod bene et districte custodiret bona ordinis, credens quod aliis injungeretur idem. Sed de aliis contentis in ipsis articulis aliud nesciebat, ut dixit.

Item, ad CI et V sequentes respondit se audivisse dici quod capitulia tenebantur interdum de nocte, firmatis portis et exclusis extraneis ab ordine; non tamen audivit quod ponerentur excubie; in recepcione autem sua porte fuerunt clause et exclusi extranei, sicut dixit.

Item, ad CVII et quatuor sequentes dixit se nichil scire nisi quod supra deposuit, sed non credit quod layci possint absolvere a peccatis.

Item, ad cxii et xiii respondit se audivisse dici et credere quod illud servabatur in ordine quod magnus Magister cum conventu statuebat.

Item, ad cxiiii et iii sequentes respondit se nescire si ordo potuerit renovari ex quo errores inceperunt in eo, sed credit quod sic, et quod in corrigendo fuerint negligentes.

Item, ad cxviii respondit se credere multos exivisse ordinem propter predictas feditates, et quod ipse eciam in crastinum sue recepcionis libenter exivisset, si ausus fuisset.

Item, ad cxviiii respondit se credere scandalum fuisse exortum ut in articulo continetur.

Item, ad cxx et iii sequentes respondit se credere quod modus recepcionis et alia de quibus supra deposuit essent publica et notoria inter fratres dicti ordinis, non inter extraneos.

Item, ad cxxiiii et omnes sequentes respondit se credere et audivisse dici quod magnus Magister et alii confessi fuerant errores de quibus ipse testis supra deposuit.

Item, requisitus si prece, precepto, timore, amore, odio vel comodo temporali habito vel habendo sic deposuerat, respondit quod non, sed pro veritate dicenda. Cui preceperunt dicti domini commissarii, in virtute juramenti prestiti per eundem, quod non revellaret hanc suam deposicionem quousque attestaciones fuerint publicate.

Post hec, eisdem die et loco, fuit adductus ad presenciam eorumdem dominorum commissariorum frater Aimericus de Buris presbiter Lingonensis diocesis, testis supra juratus, etatis sexaginta annorum, vel circa, ut dicebat, non deferens mantellum ordinis, quia abjecerat eum, sicut dixit, in concilio Senonensi, et fuerat, sicut dixit, examinatus in facto Templariorum Senonis per dominum archiepiscopum Senonensem premortuum, et postmodum in eodem loco absolutus et reconciliatus per dominum episcopum Aurelianensem, et denuo in Quadragesima proximo preterita examinatus per dominum archiepiscopum Senonensem qui nunc est. Lectis autem et diligenter sibi expositis omnibus et singulis articulis, respondit ad eos singulariter interrogatus ut sequitur :

Et primo, ad iiii primos dixit quod nesciebat si erant vera contenta in ipsis articulis, quia nusquam interfuerat capitulis nec recepcioni alicujus alterius fratris; dixit tamen quod ipse fuerat receptus in dicto ordine per unum annum et viginti dies ante capcionem eorum circa festum beati Nicolai hiemalis, apud Castellionem super Seccanam Lingonensis diocesis, per fratrem Robertum Lescolhe tunc preceptorem dicti loci, presentibus fratre Petro de Loernia presbitero, morante tunc apud Espalhi, et cum ipse peciisset a dicto preceptore panem et aquam ordinis, idem preceptor fecit eum vovere castitatem et vivere sine proprio et obedienciam, et predicta juravit supra quendam librum. Precepit insuper sibi quod non intraret domum in qua mulier jaceret de puerperio, et quod non esset compater, et quod non biberet in taberna cum secularibus. Item, dixit quod predictus receptor precepit ei quod abnegaret Dominum, et abnegavit; postmodum precepit ei quod spueret super ymaginem Crucifixi que erat in dicto libro, et ipse spuit non supra sed juxta, et predicta fecit, sicut dixit, ore non corde, et stupefactus propter illa que precipiebantur ei; et insuper fuit osculatus dictum receptorem primo in ore et postea super camisiam supra bracale, sed dictus receptor precepit ei quod oscularetur eum magis infra, et predicta dicebat esse dictus receptor de statutis ordinis, et ipse testis tunc ita credidit, sicut dixit. Precepit insuper ei, sicut dixit, quod si fratres milites vel servientes dicti ordinis, vel alii armigeri qui non erant de ordine, quando fiebant transitus ultramarini, vellent jacere cum eo, quod reciperet eos in lecto suo. Ipse tamen testis non intelligebat in hoc aliquod malum, sed quod hoc fieret propter penuriam lectorum. Adiciens quemdam militem ordinis transfretare volentem, cujus nomen ingnorat, bene et honeste quadam nocte jacuisse cum eo, et dixit ei dictus receptor quod hoc eciam erat de punctis ordinis.

Item, super contentis in v, vi, vii et viii articulis, de dogmatizacione, etc., respondit se nichil scire nisi quod supra dixit.

Item, super viiii et quatuor sequentibus respondit se nichil scire nisi quantum de spuicione crucis supra deposuit.

Item, super xiiii et xv, de cato, respondit se nichil scire.

Item, ad xvi et xvii sequentes, de sacramento altaris, respondit se nichil scire, sed ipse credebat in sacramentis, et credit quod alii multi crederent, quia communicabant bis in anno; non tamen vidit communicare illum qui receperat eum, nec credit quod esset bonus catholicus, nec fuit ei preceptum quod obmitteret verba canonis, ut dixit.

Item, ad xxiiii et v sequentes respondit se nichil audivisse de contentis in eis, et bene sciebat quod layci non poterant absolvere a peccatis.

Item, ad xxx et iii sequentes, de osculis, respondit se credere quod osculabantur se in ore et retro, sicut ipse osculatus fuerat receptorem suum.

Item, super contentis in xxxiiii et v articulis respondit sibi fuisse dictum in recepcione sua quod pro professo habebatur. Sed non juravit non exire ordinem, idem credens de aliis quod de se ipso.

Item, supra xxxvi et iii sequentibus respondit quod clandestine fiebant recepciones, januis clausis, illis qui non erant de ordine exclusis, sicut credit, quia ita factum fuit in recepcione sua, nesciens si ex his suspicio contra ordinem habebatur.

Item, super xl et v sequentibus, de crimine sodomitico, respondit se nichil scire, nec credit contenta in ipsis articulis esse vera.

Item, super xlvi et xi sequentibus, de ydolis, respondit se nichil scire.

Item, super contentis in xlviii et iii sequentibus respondit se nichil aliud scire nisi quod quedam cordula fuit sibi tradita a receptore in recepcione sua et preceptum quod super camisiam cingeret se dicta corda, et portavit eam quousque fuit rupta, et postea aliam non portavit.

Item, super contentis in lxii, iii et iiii respondit se credere quod ita communiter recipiebantur alii fratres in ordine sicut deposuit se fuisse receptum.

Item, super contentis in LXV, VI et VII articulis respondit se nichil scire.

Item, super contentis in LXVIII et quatuor sequentibus respondit se nichil scire, et quod non fuerat sibi injunctum quod non revellaret secreta ordinis, sed credit quod non deberent revellare, et si revellassent, quod punivissent eos.

Item, dixit quod infra XV dies post recepcionem suam fuit confessus de predictis erroribus per eum recognitis cuidam fratri Predicatori qui vocabatur frater Anricus Sortes, de quo nescit si vivat vel non, et erat penitenciarius episcopi Lingonensis, ut dicebatur, qui absolvit eum in certa domo Templi de Buris predicti diocesis Lingonensis, ad quem locum de Buris dictus frater Predicator venerat pro petendis elemosinis, et imposuit in penitenciam dicto testi quod jejunaret XIII diebus Veneris in pane et aqua, et quod legeret novies psalterium.

Item, super LXXIII respondit se nichil scire, et quod non fuerat sibi injunctum ne confiteretur nisi fratribus ordinis.

Item, super contentis in LXXIIII, V et VI respondit se credere quod male fecerant quod non correxerant dictos errores.

Item, super contentis LXXVII et XVIII sequentibus respondit se nichil scire nisi quod supra deposuit.

Item, super XCVII respondit quod ter faciebant in septimana elemosinam convenienter in domibus eorum, nisi in messibus, et hospitalitatem bene servabant.

Item, super contentis in XCVIII-C respondit se nichil audivisse.

Item, super contentis in CI, II, III, IIII et V respondit se nichil audivisse nisi quod supra deposuit; audiverat tamen dici quod in capitulis que tenebantur Parisius predicabat unus Predicator, vel frater de Valle scolarium.

Item, super contentis in CVII-XI respondit se nichil scire nisi in quantum supra deposuit.

Item, contentis in CXII et XIII respondit se credere vera esse.

Item, super contentis in CXIIII, XV, XVI et XVII respondit se nichil scire, nisi quod male fecerant, quia non correxerant dictos errores.

Item, super contentis in CXVIII respondit se nichil scire.

Item, contentis in CXVIIII dixit se credere esse vera.

Item, super contentis in CXX, XXI, II et III respondit se nescire si omnes fratres sciebant modum recepcionis eorum, credebat tamen quod multi senes de ordine scirent modum recepcionis per eum confessatum, sed non seculares. Super contentis in omnibus aliis articulis respondit se nichil scire.

Item, requisitus si prece, precepto, timore, amore, odio, vel commodo temporali habito vel habendo sic deposuerat, respondit quod non, sed pro veritate dicenda. Et fuit sibi preceptum per dictos dominos commissarios, in virtute juramenti prestiti per eundem, quod non revellaret hanc deposicionem suam quousque attestaciones essent publicate. Et est sciendum quod dictus testis dure audiebat, et simplex et rudis apparebat et parum sciens, nec intelligebat bene Latinum, ut dixit.

Acta fuerunt hec die et loco predictis, presente prefato magistro Amisio et me Floriamonte Dondedei et aliis notariis supra ultimo nominatis.

Anno Domini millesimo CCCXI, indictione nona, pontificatus domini Clementis Pape V anno VI.

Post hec, die Martis post festum Natalis Domini que fuit XXVIIII dicti mensis Decembris, fuit adductus ad presenciam dictorum dominorum episcoporum Mimatensis et Lemovicensis, Mathei de Neapoli et Archidiaconi Tridentini frater Arbertus de Columpnis Parisiensis diocesis, testis supra juratus, ad deponendum dictum suum, non defferens mantellum ordinis, quia prepositus Castri Nantonis qui cepit eum in domo de Dormellis Senonensis diocesis suasit ei quod eum dimitteret et raderet barbam, et fuerat, sicut dixit, examinatus in facto Templariorum per dominum episcopum

Aurelianensem Senonis et absolutus et reconciliatus per eum, et est etatis quadragenta annorum, vel circa, et illiteratus, sicut dixit. Lectis autem et diligenter expositis sibi omnibus et singulis articulis, respondit ad eos ut sequitur.

Et primo ad primos IIII respondit se fuisse receptum in dicto ordine per fratrem Johannem de Turno, condam thesaurarium Templi apud Dormeles, in capella dicte domus Templi de Dormelis, decem anni fuerunt prima die mensis Maii proximo preteriti vel circa, presentibus fratribus Johanne de Bondiez presbitero et Petro Gande, tunc preceptore de Bello Visu in Gastinesio, defunctis, in hunc modum : Nam cum peciisset panem et aquam, vestitum et societatem bonorum hominum dicti ordinis et concessissent eidem, fecerunt eum vovere castitatem, vivere sine proprio et obedire quibuscumque preceptis faciendis eidem, et juravit super quendam librum quod iret ultra mare quando preciperetur eidem pro defensione terre sancte, et quod teneret secreta ordinis, et modum recepcionis sue nemini revellaret. Et postmodum dictus receptor tradidit sibi mantellum ordinis, quo tradito precepit ei quod spueret super ymaginem Crucifixi depictam in ipso libro, et ipse testis ex hiis multum stupefactus existens, ut dixit, spuit non supra sed juxta ipsam ymaginem, fingens se spuere super eam, et dixit ei quod predicta debebant fieri secundum puncta ordinis. Item, precepit ei quod abnegaret Deum, et abnegavit eum ore et non corde, ut dixit, quia noluit dictus receptor, sicut dixit ipse testis, supportare eum ne faceret predicta, cum supplicaret ipse testis eidem quod parceret sibi ne faceret dictam abnegacionem, sed dictus receptor dixit ei quod diceret audacter, quia hoc oportebat eum facere secundum puncta ordinis. Item, dixit eundem receptorem precepisse eidem quod oscularetur eum retro in ano, et cum ipse testis instaret ne faceret osculacionem predictam, dictus receptor dixit quod secundum duncta ordinis debebat facere predicta nisi remitteretur ei. Verumptamen remisit ei osculacionem predictam. Alia non fuerunt facta in recepcione sua quod recolat, sicut dixit, nisi quod idem receptor precepit ei quod confiteretur fratribus sacerdotibus dicti ordinis, credens, ut dixit, quod similis modus recepcionis communiter in ordine servaretur; non tamen vidit aliquem recipi, sed semel videre voluit, dum frater Johannes de Barri miles reciperetur apud Dormellas per fratrem Geraldum de Villaribus tunc preceptorem Montis Suessionensis, sed ille receptor dixit sibi quod recederet, quia bene scirent facere sine eo, et optabat multum videre predicta, ut sciret si eodem modo recipiebantur alii sicut ipse fuit receptus, nec unquam interfuit capitulis eorum, ut dixit.

Item, super contentis in v articulo et x sequentibus, de dogmatizacione et de conculcacione crucis et cato et aliis, respondit se nichil scire nisi in quantum supra deposuit. Vidit tamen quod in die Veneris sancta adorabant crucem Domini reverenter nudis pedibus.

Item, super contentis in xvi articulo et vii sequentibus, de sacramento altaris et sacerdotibus, et in xxiiii-xxviiii°, quod magnus Magister et alii layci possent absolvere, respondit se nichil scire, adjiciens quod ipse bene credebat sacramento altaris et aliis sacramentis, et credit quod alii crederent idem. Requisitus si credebat quod ille qui recepit eum esset catholicus et bonus Christianus, respondit quod famam habebat de hoc, tamen non erant illa facta boni Christiani.

Item, super contentis in xxx-xxxiii, de osculis, dixit se nichil scire nisi quod supra deposuit, hoc excepto quod in recepcione sua osculati fuerunt eum in ore.

Item, contenta in xxxiiii et xxxv respondit esse vera, quia ipse juraverat non exire ordinem, et fuerat ei dictum quod pro professo habebatur.

Item, contenta in xxxvi-xxxviiii respondit se credere esse vera.

Item, contenta in xl-xlv, de crimine sodomitico, respondit se non credere vera esse.

Item, super contentis in xlvi, de ydolis, et in sequentibus xi, respondit se nichil scire nec audivisse dici

Item, super contentis in LVIII-LXI, de cordulis, respondit se nichil scire nisi quod ipse cingebatur una cordula super camisiam, que non fuit sibi in recepcione tradita, sed per eum aliunde habita.

Item, super contentis in LX-LXIIII respondit se credere eundem modum recepcionis communiter servari in ordine, quem deposuit servatum fuisse in recepcione sua.

Item, de contentis in LXV-LXVII respondit se nichil scire, quia in ejus recepcione nichil fuit comminatum eidem.

Item, contenta in LXVIII-LXXIII respondit se credere vera esse, quia ipse juraverat non revellare.

Item, super contentis in LXXIII respondit sibi non fuisse inhibitum quod non confiteretur aliis sacerdotibus qui non essent de ordine, nec scit quod aliis inhiberetur.

Item, super contentis in LXXIIII-LXXVI respondit se credere et scire quod fuerunt negligentes in correctione.

Item, super contentis in LXXVII et XVIIII sequentibus, de hiis que servabantur ultra mare et citra mare, etc., respondit se nichil scire nisi quod supra deposuit; nescit tamen si osculum remittebatur aliis sicut fuit sibi remissum.

Item, super contentis in XCVII respondit quod ellemosine bene et sufficienter fiebant ter in septimana in dicta domo de Dormellis in qua ipse fuit receptus et commoratus, et hospitalitas bene servabatur ibidem.

Item, de contentis in XCVIII-C respondit se nichil scire, adiciens sibi preceptum fuisse quod non esset in loco quo aliquis exeredaretur injuste.

Item, super contentis in CI-CVI respondit se nichil scire nisi quod audiverat dici quod stricte dicta capitula tenerentur, et quod capitulum eorum aliquando Parisius tenebatur de nocte.

Item, de contentis in CVII-CXI respondit se nichil scire nec audivisse, et quod non credit quod possent absolvere layci a peccatis.

Item, de contentis in CXII et CXIII respondit se credere vera esse, et audivisse dici quod in ordine servandum erat quod magnus Magister ordinabat.

Item, super contentis in cxiiii-cxvii respondit se nescire quando dicti errores inceperant; credebat tamen quod negligentes fuerant in corrigendo, quia multo tempore dicti errores inter eos servati fuerant, ut credebat.

Item, super contentis in cxviii respondit se nescire quod aliquis propter dictas feditates exiverit ordinem memoratum; ipse tamen libenter exivisset dictum ordinem, ut dixit, si ausus fuisset, et quod prima die recepcionis sue vellet pocius fuisse in loco in quo erit in fine mille annorum quam quod fecisset predicta.

Item, de contentis in cxviiii-cxxiii respondit se nescire nisi quod supra deposuit, et idem respondit de omnibus sequentibus.

Item, requisitus si sic deposuit prece, precepto, timore, amore, odio vel commodo temporali habito vel habendo, respondit quod non, sed pro veritate dicenda, et fuit ei inhibitum per eosdem dominos commissarios, in virtute juramenti prestiti per eundem, quod non revelaret suam presentem deposicionem quousque atestaciones fuerint publicate.

Acta fuerunt hec die et loco predictis, presente magistro Amisio et me Floriamonte Dondedei, Bernardo Filiholi, Bernardo Humbaldi et Hugone Nicolai notariis predictis.

Post hec, die Mercurii sequenti, que fuit penultima dies dicti mensis Decembris, fuit adductus ad presenciam dictorum dominorum commissariorum in predicta domo abbatis Fiscanensis frater Theobaldus de Taverniaco Parisiensis diocesis, serviens, testis supra juratus, ad deponendum dictum suum, et erat etatis, ut dixit, xl annorum vel circa, nec ferebat mantellum, quia quando fuit captus, prepositus regius Castri Landonis abstulit eum sibi, ut dixit, barbam autem sibi raserat, ut dixit, Senonis, postquam fuit absolutus et reconciliatus per dominum episcopum Aurelianensem, qui cum eo inquisiverat super facto Templariorum. Lectis autem et diligenter sibi expositis omnibus et singulis articulis, respondit ad eos ut sequitur. Et primo super IIII primis dixit se credere quod omnes communiter recipiebantur in ordine sicut ipse communiter fuit receptus. Ipse tamen fuerat receptus, ut dixit, in capella domus Templi vocata le Boys d'Escutz Belvacensis diocesis, in festo sanctorum Crispini et Crispiniani preterito, fuerunt decem anni vel circa, per fratrem Johannem Moet, preceptorem ballivie Belvacinii condam, presentibus solum fratribus Johanne de Langivilla presbitero et Petro de Cormeles servientibus ordinis defunctis, in hunc modum. Nam cum peciisset idem testis beneficium ordinis et concessissent eidem, fecit dictus receptor eum vovere castitatem, vivere sine proprio et obedire superioribus suis, et juravit super quendam librum servare bonos usus et bonas consuetudines ipsius ordinis et malos usus et malas consuetudines reprobare, juravit insuper quod teneret secreta ordinis. Et postmodum tradidit sibi mantellum ordinis, quo tradito dicti duo fratres Johannes et Petrus de mandato dicti receptoris traxerunt se ad partem, remanserunt tamen in capella, et testis iste de mandato dicti receptoris traxit se cum ipso receptore prope altare, et dictus receptor dixit ei, ostendendo sibi crucem existentem super altare in qua erat ymago Crucifixi depicta : Abnega illum qui representatur per effigiem illam existentem in cruce. Et ipse respondit : Quomodo possem abnegare creatorem meum? et receptor respondit ei quod abnegaret eum ore et non corde, quia hoc erat de punctis ordinis, et tunc abnegavit ore et non corde, ut dixit; postmodum de mandato ipsius receptoris osculatus fuit ipsum receptorem retro circa zonam super carnem nudam. Precepit ei insuper dictus receptor, ut dixit, quod spueret contra dictam crucem, et ipse spuit juxta eam. Et dixit ei dictus receptor quod omnia ista oportebat eum facere. Dixit insuper quod nunquam interfuerat recepcioni alicujus alterius fratris nec capitulis eorum.

Item, dixit quod de predictis iniquitatibus fuit confessus fratri Johanni predicto, et dictus frater Johannes dixit sibi quod malefactum erat, verumptamen hoc erat de punctis ordinis, et absolvit eum, injuncta sibi penitencia quod jejunaret sex diebus in pane et aqua.

Item, super contentis in v et x sequentibus, de dogmatizacione, conculcacione crucis et cato, respondit se nichil scire nisi quod supra deposuit de spuicione super crucem, adjiciens se vidisse quod in die Veneris sancta devote adorabant crucem.

Item, contenta in xvi° et xvii sequentibus dixit se credere non continere veritatem, et quod ipse bene credebat sacramentis ecclesiasticis, et bene fiebat officium ecclesiasticum in ordine supradicto.

Item, ad xxiiii et xxv sequentes respondit se nichil scire, et quod non credebat contenta in ipsis articulis esse vera.

Item, ad xxxi-xxxiii respondit quod osculabantur se primo in ore et postmodum retro, ut supra deposuit.

Item, ad xxxiiii et xxxv respondit se non recordari quod juraverit non exire ordinem, dictum tamen fuit sibi quod pro professo habebatur.

Item, ad xxxvi-xxxviii respondit quod recepciones fiebant clandestine, exclusis omnibus qui non erant de ordine; nescit tamen quod ex hoc suspicio contra ordinem haberetur.

Item, ad xl et v sequentes, de crimine sodomitico, respondit se nichil scire nec credere contenta in ipsis articulis esse vera, quia poterant habere mulieres pulcras et bene comptas, et frequenter eas habebant, cum essent divites et potentes, et ex hoc ipse et alii fratres ipsius ordinis frequenter amoti fuerant a suis domibus, ut dixit.

Item, ad xlvi et xv sequentes, de ydolis et cordulis, respondit se nichil scire nisi quod in recepcione sua fuit ei preceptum quod de nocte cingeret se super camisiam quadam cordula, ne ita libere posset cum manibus contractare carnes suas, et quod ex hoc eciam jacebant cum braccis.

Item, ad lxii, iii et iiii respondit, ut supra, se credere quod ita reciperentur alii fratres communiter in ordine sicut deposuit se fuisse receptum.

Item, ad lxv et vii sequentes respondit per sacramentum sibi fuisse injunctum in recepcione sua ne revellaret secreta ordinis nec modum recepcionis, et si revellassent, credit quod fuissent puniti, sed nescit si ad carcerem vel ad mortem; alia dixit se nescire de contentis in ipsis articulis.

Item, ad LXXIII respondit se nescire quod injungeretur fratribus quod non confiterentur nisi fratribus sacerdotibus ordinis.

Item, ad LXXIIII, V et VI respondit se credere contenta in eis esse vera.

Item, ad LXXVII et XVIIII sequentes respondit se nescire nisi quod supra deposuit.

Item, ad XCVII respondit se non fuisse in aliqua domo ordinis in qua non fierent convenienter elemosine, et hospitalitas convenienter servabatur ibidem.

Item, ad XCVIII, VIIII et C respondit quod precipiebatur fratribus quod licite acquirerent ordini; de aliis contentis in ipsis articulis dixit se nichil scire.

Item, ad CI-VI respondit, ut supra, quod clam tenebantur capitula exclusis omnibus qui non erant de ordine, et aliquando Parisius de nocte vel circa principium diei, ut audivit dici.

Item, ad CVII-XI respondit se non credere contenta in eis esse vera.

Item, contenta in CXII et XIII respondit se credere vera esse.

Item, super contentis in CXIIII et sequentibus omnibus respondit se credere quod dicti errores confessati per eum incepissent antequam ipse intraret ordinem, sed nescit quando inceperunt dicti errores, nec quod aliquis propter feditates predictas ordinem exiverit, nec quod scandala sint exorta; credit tamen quod illa que deposuit servata fuisse in recepcione sua essent nota inter fratres dicti ordinis, sed non inter extraneos, et audivit dici Magistrum et plures alios multos errores contra ordinem fuisse confessos; alia de contentis in ipsis articulis dixit se nescire.

Item, requisitus si sic deposuit prece, precepto, timore, amore, odio, commodo temporali habito vel habendo, respondit quod non, sed pro veritate dicenda. Cui injunxerunt dicti domini commissarii, in virtute juramenti prestiti per eumdem, quod non revellaret hanc suam deposicionem quousque atestaciones fuerint publicate.

Eisdem die et loco fuit adductus ad presenciam eorundem dominorum commissariorum frater Petrus de Loyson, serviens diocesis Morinensis, testis supra juratus, ut deponeret dictum suum, et non portabat mantellum ordinis, quia fecerat inde tunicam propter vestitus inopiam, sicut dixit, dum esset incarceratus apud Montem Argi. Et fuerat cum eo alias inquisitum, sicut dixit, per dictum episcopum Aurelianensem, et absolutus et reconciliatus per eum Aurelianis, et post reconciliacionem fecerat sibi radi barbam, et erat sexagenarius vel circa, sicut dixit. Lectis autem et diligenter expositis sibi omnibus et singulis articulis, respondit ad eos ut sequitur.

Et primo ad IIII primos dixit se fuisse receptum in capella domus Templi de Bello Vissu Ambianensis diocesis, in Quadragesima instanti erunt xx anni vel circa, per fratrem Johannem Moet, tunc preceptorem ballivie de Pontivo, presentibus fratribus Galtero d'Oysemont serviente et Petro dicto lo Minhot presbitero dicte ordinis, deffunctis, in hunc modum. Peciit enim ipse testis, ut dixit, se admitti ad beneficia ordinis, et fuit admissus. Postmodum dictus receptor fecit eum vovere castitatem, vivere absque proprio, obedienciam, et jurare super quendam librum quod teneret secreta ordinis, et quod bene et fideliter conservaret bona ipsius ordinis, et quod transfretaret si esset necesse et injungeretur ei. Precepit insuper sibi dictus receptor quod leta facie reciperet venientes ad domum eorum, et quod non ferret falsum testimonium, nec interesset loco in quo aliquis exheredaretur injuste, nec [*vel?*] opprimeretur indebite. Post que tradidit ei mantellum dicti ordinis, et ipse et astantes superius nominati osculati fuerunt eum in ore. Quibus peractis recesserunt dicti duo fratres astantes de capella, et ipse remansit cum receptore prope altare, in quo erat quedam crux lignea erecta cum ymagine Crucifixi depicta, et precepit ei dictus receptor quod abnegaret dictam crucem, et ipse testis rogavit eum quod non placeret sibi quod hoc faceret, et receptor respondit sibi quod hoc oportebat eum facere, et ita abnegavit ore non corde, ut dixit. Postea precepit ei quod spueret super dictam crucem, et spuit juxta eam. Deinde precepit ei quod oscularetur eum retro supra braccale, quia oportebat sic eum facere, et osculatus fuit eum in dicto loco supra camisiam ut levius potuit, nec scit si tetigit eum ore, quia volebat se expedire, cum displicerent sibi predicta et voluisset tunc magis esse remotus per centum leuchas quam ibi, sicut dixit. Non tamen dixit ei quod predicta essent de punctis ordinis. Item, dixit se credere quod communiter alii reciperentur in ordine per eundem modum. Sed nescit certitudinaliter si ita fieret, quia non interfuerat capitulis eorum nec recepcioni alicujus alterius fratris ipsius ordinis nisi semel, quando frater Jacobus de Villa Parisia serviens fuit receptus apud Chambucle Senonensis diocesis, per fratrem Johannem de Tara, testem supra receptum et examinatum, et in recepcione dicti fratris Jacobi fuerunt servata omnia que supra deposuit de se ipso usque ad tradicionem mantelli. Post quam quidem tradicionem idem testis recessit inde, quia habebat curam furni in quo debebat statim panis poni, et non vidit quid fuit extunc ibi actum, ut dixit.

Item, super v et x sequentibus, de dogmatizacione, spuicione crucis et cato, respondit se nichil scire nisi quod supra deposuit de spuicione crucis.

Item, ad xvi et vii sequentes respondit se non credere contenta in ipsis articulis esse vera, et quod ipse credebat sacramenta Ecclesie.

Item, super contentis in xxiiii et v sequentibus respondit se nichil scire.

Item, super xxx, xxxi, ii et iii, de osculis, respondit se nichil scire nisi quod supra deposuit.

Item, super xxxiiii et v respondit quod statim pro professis habebantur, sed non jurabant quod non exirent ordinem.

Item, contenta in xxxvi-ix respondit se credere vera esse.

Item, super contentis in xx et xxi sequentibus, de crimine sodomitico, ydolis et cordulis, respondit se nichil scire nisi dumtaxat de cordula, quod fuit sibi tradita et preceptum quod ea cingeretur super camisiam de nocte.

Item, super contentis in LXXII et XI sequentibus respondit se nichil aliud scire nisi in quantum supra deposuit se credere quod ita reciperentur alii sicut deposuit se fuisse receptum, et quod precipiebatur eis per juramentum quod non revellarent predicta; sed si revellassent, nescit que pena fuisset eis imposita, nec inhibebatur eis quod non confiterentur nisi fratribus sacerdotibus ordinis.

Item, super contentis in LXX-IIII et XII sequentibus respondit se nichil scire nisi quod supra deposuit de modo recepcionis, sed credit quod fuerunt negligentes in corrigendo.

Item, super contentis in XCVII, VIII, VIIII et C respondit non esse vera contenta in eis, quia ellemosine ex precepto superiorum convenienter fiebant omnibus transeuntibus, et eciam ter generaliter in septimana, et hospitalitas convenienter servabatur in domibus in quibus moratus fuit, videlicet apud Oysemont et Chambugle, et inhibebatur quod non acquirerent aliquid indebite ordini.

Item, ad CI-VI respondit quod clam fiebant capitula exclusis omnibus qui non erant de ordine, et aliquando incipiebantur de nocte, ut fratres possent de die intendere operibus suis, ut audivit dici; alia dixit se nescire de contentis in ipsis articulis.

Item, super contentis in CVII-XI respondit se non credere esse vera, et quod non reputasset se absolutum si absolvissent eum.

Item, contenta in CXII et XIII respondit se credere vera esse, nisi Magister voluisset aliqua ordinare que fuissent contra substanciam ordinis, quia illa non potuisset, ut credit, ordinasse absque auctoritate apostolice Sedis.

Item, super CXIIII et omnibus sequentibus respondit se credere quod longo tempore, sed nescit quando, dicti errores duraverunt in ordine, et quod fuerunt negligentes in corrigendo et denunciando eosdem, et quod predicta essent nota inter fratres ordinis, non tamen inter extraneos, et quod ex hiis grandia scandala sint exorta, et audivit dici per Magistrum majorem et plures alios fratres ordinis aliquos errores, nescit quos, fuisse confessos. Plura de contentis in ipsis articulis dixit se nescire.

Item, requisitus si prece, precepto, timore, amore, odio, vel comodo temporali habito vel habendo sic deposuerat, respondit quod non, sed pro veritate dicenda, et fuit ei preceptum per dictos dominos commissarios, in virtute juramenti prestiti per eum, ne revellaret hanc suam deposicionem quousque attestaciones fuerint publicate.

Acta fuerunt hec loco et die predictis, coram eisdem dominis commissariis et archiepiscopo Narbonensi, presentibus predicto magistro Amisio, me Floriamonte Dondedei, Bernardo Filiholi, Guillelmo Radulfi, Bernardo Humbaldi et Hugone Nicolai notariis supradictis.

Post hec, die Jovis sequenti, que fuit ultima dies dicti mensis Decembris, fuit adductus ad presenciam dictorum dominorum commissariorum in domo predicta abbatis Fiscanensis frater Petrus de Bello Monte Belvacensis diocesis, serviens, testis supra juratus, ut deponeret dictum suum, non deferens mantellum ordinis, quia dicebat sibi ablatum fuisse tempore capcionis sue per prepositum regium Castri Landonis et inductum fuisse ut radderet sibi barbam, et erat etatis, ut dixit, XL annorum vel circa, et fuerat examinatus, ut dixit, in facto Templariorum et absolutus et reconciliatus per dominum episcopum Aurelianensem Senonis, sede Senonensi vacante. Lectis autem et diligenter expositis sibi omnibus et singulis articulis, respondit ad eos,

Et primo ad IIII primos ut sequitur : videlicet se nescire an vera sint contenta in ipsis articulis. Verumptamen quando ipse fuit receptus in ordine, in capella domus Templi de Latigniaco Sico Meldensis diocesis, per fratrem Nicolaum Flamingi, preceptorem tunc dicti loci, in festo beate Marie de Augusto proximo lapso fuerunt circiter decem anni, presentibus fratribus Raynaudo presbitero, Arnulpho clavigero et Johanne de Garrufis servientibus dicti loci, fuit servatus iste modus. Nam cum peciisset panem et aquam et bonam societatem proborum ordinis et ipsi traxissent se ad partem et concessissent, eidem fecerunt eum vovere castitatem, obedienciam et vivere sine proprio, et jurare super quemdam librum quod servaret secretum ordinis, et quod servaret bene et fideliter bona ordinis, et quod ea bene dispensaret transeuntibus si peteretur. Quibus peractis dedit sibi dictus receptor mantellum ordinis. Quo dato, et aportata per dictum presbiterum quadam cruce lignea in qua erat ymago Crucifixi depicta, dixit ei predictus receptor quod non crederet in illum qui representabatur per dictam ymaginem, sed in Deum qui erat in paradiso, et quod negaret dictum Crucifixum et quod spueret contra eum, et ipse dolens, ut dixit, et magis tunc volens esse subtus terram per centum alnas quam ibi, negavit orre, sed non corde, et spuit non supra sed prope dictam crucem, et postmodum de mandato dicti receptoris osculatus fuit ipsum in carne nuda retro subtus zonam et supra braccale. Alia non fuerunt ibi facta inonesta quod recollat, sicut dixit, credens quod ita communiter reciperentur alii in ordine sicut deposuit se fuisse receptum. Non tamen hoc scit, quia non interfuit capitulis eorum nec recepcionibus aliorum. Requisitus si dictum fuit sibi in dicta sua recepcione quod predicta deberent fieri ex punctis ordinis vel ex statutis, respondit quod non.

Item, ad v et x sequentes, de dogmatizacione, conculcacione crucis et cato, respondit se nichil scire nisi quantum supra deposuit.

Item, ad xvi et vii sequentes, de sacramentis et sacerdotibus, respondit se nichil scire, sed ipse bene credebat sacramentis ecclesiasticis.

Item, ad xxiiii et v sequentes respondit se non credere contenta in eis esse vera.

Item, ad xxx et iii sequentes, de osculis, respondit quod post osculum factum in dorso receptoris fuit eum osculatus et fratres astantes in ore.

Item, ad xxxiiii et v respondit dictum sibi fuisse in recepcione sua quod adeo erat astrictus religioni prima die ac si fuisset ibi per multos annos; non tamen juravit se non exire; credens quod idem servaretur in aliis.

Item, ad xxxvi et iii sequentes respondit quod recepcio sua facta fuerat exclusis omnibus secularibus, et credit quod eodem modo fierent recepciones aliorum. Nescit tamen quod ex hoc suspicio contra ordinem haberetur.

Item, super contentis in xl et xxi sequentibus, de crimine sodomitico, ydolis et cordulis, respondit se nichil scire, nisi hoc duntaxat, quod propter inopiam lectorum quandoque jacebant bini, honesto modo, et quod ipse cingebatur quadam cordula super camisiam suam, quia videbat sic alios facientes.

Item, ad lxii et v sequentes respondit de modo recepcionis ut supra, et quod credebat quod facta fuisset vilania sibi et aliis qui recipiebantur, nisi fecissent illa que precipiebantur eisdem.

Item, ad lxviii et v sequentes respondit quod per sacramentum fuit ei inhibitum, ut supra deposuit, ne revellaret secretum ordinis, nec audebant loqui inter se de predictis; et credit quod si revelassent, fuissent puniti, sed nescit qualiter; nec fuit ei injunctum quod non confiteretur nisi fratribus ordinis; et credit quod in corigendo et denunciando fuerint negligentes, et quod idem modus recepcionis servaretur in aliis, qui fuit servatus in ipso; alia nesciens de dictis articulis, nec de hiis que in lxxii sequentibus continentur.

Item, ad xcvii-c respondit ellemosinas et hospitalitatem convenienter factas fuisse in domibus de Latigniaco Sicco et de Bello Vissu in Gastinesio, in quibus extitit commoratus: alia contenta in ipsis articulis negans.

Item, ad ci et omnes sequentes respondit se nescire quid agebatur in capitulis, quia eis non interfuerat; sed audivit quod secrete tenebantur, et quod nulli seculares intererant: nec audivit, nec credit quod magnus Magister, vel alii layci, possent absolvere a peccatis; et credit quod tenerentur servare illud quod magnus Magister cum capitulio ordinabat, nec scit quanto tempore dicti errores duraverunt, sed fuerunt negligentes in corigendo et denunciando, nec audivit quod propter dictas feditates aliquis dictum ordinem exiverit; nec scit quod inde scandala sint exorta : credit tamen quod illa, que supra deposuit de modo recepcionis sue, essent nota inter fratres dicti ordinis, sed non inter extraneos; et audivit dici magnum Magistrum et alios fratres multos errores fuisse confessos, nescit quos, nec alia de contentis in xxvi ultimis articulis memoratis.

Item, requisitus si prece, precepto, timore, amore, odio, comodo temporali habito vel habendo sic deposuerat, respondit quod non, sed pro veritate dicenda, et fuit sibi inhibitum per dictos dominos commissarios, in virtute juramenti prestiti per eundem, quod non revellaret hanc suam deposicionem, quousque atestaciones fuerint publicate.

Eisdem die et loco fuit adductus ad presenciam eorumdem dominorum commissariorum frater Johannes Quentini serviens, Eduensis diocesis, testis supra juratus, ut deponeret dictum suum; et non defferebat mantellum ordinis, quia servientes qui ceperunt eum in abbacia de Povomaco, induxerunt eum ad dimittendum dictum mantellum : et fuit absolutus et reconciliatus per dominum episcopum Aurelianensem, qui cum eo inquisivit Senonis, sede vacante, et denuo fuit cum eo inquisitum in Quadragesima proximo lapsa, per dominum archiepiscopum Senonensem, et postmodum rasit sibi barbam motu proprio; et erat etatis xxxvi annorum vel circa, ut dixit. Lectis autem et diligenter expositis sibi omnibus et singulis articulis, respondit ad eos ut sequitur :

Et primo ad iiii primos, ut sequitur, videlicet se nescire qualiter fiebant recepciones in ordine, quia non interfuerat capitulis eorum nec recepcioni alicujus alterius fratris, nec fuerat in ordine nisi tresdecim mensibus ante capcionem suam. Credit tamen quod ita communiter reciperentur alii, sicut ipse fuerat receptus per fratrem Johannem de Angicuria, tunc preceptorem domus Templi de Salice super Yonem, Altisiodorensis diocesis, in capella dicte domus de Salice, circa horam tercie ante missam, presentibus fratribus Johanne Pancon, Stephano de Divione et Johanne de Belna servientibus, deffunctis. Nam cum peciisset a dicto receptore panem et aquam et bonam societatem ordinis, et receptor respondisset quod bene cogitaret quid petebat, quia oporteret eum multum jejunare et multas austeritates sustinere, et ipse respondisset quod paratus erat omnia sustinere, traxit se ad partem dictus receptor cum aliis fratribus predictis, et locutus fuit cum eis si reciperent ipsum testem : et cum concordassent, recepit eum et fecit eum vovere castitatem, vivere sine proprio et obedienciam, et tradidit sibi mantellum. Quo tradito, fecit eum jurare quod servaret secreta ordinis, et quod obediret quibuscumque mandatis sibi faciendis per superiores suos dicti ordinis : post quod quidem juramentum, dictus receptor dixit ei quod secundum consuetudinem ordinis, oportebat eum negare Deum, et precepit ei quod negaret; et dictus testis respondit quomodo hoc posset facere, et fuit magis turbatus et iratus quam fuerit alias in tota vita sua, et magis doluit, ut dixit, quam si ductus fuisset ad patibulum. Verumptamen negavit, quia juraverat obedire quibuscumque preceptis superiorum suorum. Postmodum dictus receptor, accepta quadam cruce enea, ut sibi videtur, de altari in qua erat ymago Crucifixi, precepit eidem testi quod spueret super eam, et, cum ipse testis diceret quod hoc erat nimis durum, respondit receptor quod ita oportebat eum facere, quia sic erat in ordine consuetum; et ideo dictus testis spuit non super sed juxta eam. Alia inhonesta non fuerunt facta in dicta recepcione sua, ut dixit : et credit quod per ea que audivit postea dici ab illis qui interfuerant recepcioni sue, quod fuerat sibi facta gracia, quia non fuit osculatus receptorem retro, sed dumtaxat in ore, quia erat amicus suus.

Item, ad v et x sequentes, de dogmatizacione, conculcacione crucis et cato, respondit se nichil scire nisi quantum supra deposuit.

Item, ad xvi et vii sequentes respondit se nichil scire; sed quod ipse bene credebat sacramentis Ecclesie, et credit quod alii fratres eodem modo crederent, sed quod facerent abhominaciones de quibus supra deposuit, propter consuetudinem ordinis.

Item, super contentis in xxiiii et v sequentibus respondit se nichil scire, nec credebat contenta in ipsis articulis esse vera.

Item, super contentis in xxx-iii respondit se nichil scire, nisi in quantum supra deposuit de osculo oris.

Item, ad xxxiiii et v sequentes respondit se credere vera esse; et quod ipse juraverat non exire dictum ordinem, et ei dictum fuerat quod pro professo habebatur, et quod ipse idem, antequam intraret ordinem, habebat suspicionem contra ordinem, quia clamdestine fiebant recepciones, sed non poterat credere quod aliquid inhonestum ageretur ibidem.

Item, super contentis in xl et xxi sequentibus, de crimine sodomitico et ydolis et cordulis, respondit se nichil scire; dixit tamen quod quando transitus vel alie necessitates imminebant, jacebant bini honeste, et quod eciam cingebantur una cordula super camisias, propter honestatem et penitenciam secundum consuetudinem ordinis.

Item, super contentis in lxii et x sequentibus respondit de modo recepcionis, ut supra, et quod nesciebat si fuissent incarcerati vel interfecti, si noluissent facere ea que in recepcione precipiebantur eisdem. Ex sacramento tamen tenebantur non revellare predicta, eciam illis fratribus qui non interfuerant capitulis in quibus fuerant recepti.

Item, dixit quod infra mensem a recepcione sua, fuit ipse testis confessus illa que fecerat in dicta sua recepcione, cuidam fratri Minori qui dicebatur habere potestatem episcopi Altisiodorensis, in ecclesia fratrum Minorum de Altisiodoro, qui, ejus confessione audita, stupefactus signavit se, et interrogavit si voluntarie fecerat supradicta; et cum respondisset quod non, absolvit eum, imposita sibi penitencia quod jejunaret per unum annum in pane et aqua, diebus Veneris, quod et fecit.

Item, contenta in lxxiii-vi respondit se credere vera esse.

Item, super contentis in lxxvii et xviii sequentibus, de modo recepcionis, respondit se credere, ut supra deposuit, quod ubique reciperentur fratres in ordine, sicut deposuit se fuisse receptum.

Item, ad xcvii respondit quod in domibus de Salice et de Marrin, in quibus fuerat commoratus, vidit fieri convenienter ellemosinas, et hospitalitatem servari, et credit quod idem fieret in aliis domibus ordinis.

Item, super contentis in xcviii, viiii et c respondit se nichil scire, et quod non credebat quod per nephas possent acquirere, et bene sciebat quod hoc fuisset peccatum, et eciam propter hoc degerare.

Item, super contentis in ci et v sequentibus respondit quod clam tenebantur capitula, et hoc vidit antequam esset frater Parisius; de excubiis nichil sciens.

Item, contenta in cvii et iiii sequentibus respondit ut supra se non credere esse vera.

Item, contenta in cxii et xiii respondit se credere vera esse.

Item, ad cxiiii et iii sequentes respondit quod negligentes fuerant, sed nescit quando errores inceperunt.

Item, ad cxviii et xviiii respondit quod multi exiverant ordinem; nescit tamen quod propter feditates, et credit quod scandala inde essent exorta.

Item, ad cxx, xxi, ii et iii respondit se credere quod modus recepcionis confessatus per eum esset notus fratribus ordinis, sed non extraneis.

Item, contenta in cxxiiii, v, vi et ultimo respondit se credere vera esse, quantum ad errores confessatos per eum. Item, requisitus si sic deposuerat prece, precepto, amore, timore, odio, comodo temporali habito vel habendo, respondit quod non, sed pro veritate dicenda; et fuit ei per dictos dominos commissarios inhibitum, in virtute juramenti prestiti per eum, quod non revellaret hanc suam deposicionem, quousque attestaciones fuerint publicate.

Eisdem die et loco fuerunt adducti ad presenciam eorumdem dominorum commissariorum, ad ferendum testimonium in negocio isto, fratres Johannes de Branlis presbiter Senonensis, Bartholomeus de Glevon Nivernensis, Reginaldus de la Lopiera Nivernensis, Symon de Corbon Lingonensis, Gaubertus de Silli Meldensis, Johannes de Vivariis Lingonensis, Matheus de Tille Ambianensis, et Symon de Lions Ambianensis diocessium, qui, tactis sacrosanctis Evangeliis, juraverunt dicere totam, plenam et meram veritatem, secundum formam juramenti aliorum testium superius registratam, expositam et vulgarizatam eisdem.

Acta fuerunt hec die et loco predictis, presentibus magistro Amisio, me Floriamonte Dondedei, et aliis notariis supra proximo nominatis.

Post hec, die Sabati sequenti, in crastinum videlicet circumcisionis Domini, fuit adductus ad presenciam dictorum dominorum episcoporum Mimatensis et Lemovicensis, Mathei de Neapoli, et archidiaconi Tridentini, in domo predicta, frater Johannes de sancto Questo Belvacensis diocesis, serviens, testis suprajuratus, ut deponeret dictum suum, non deferens mantellum ordinis, quia voluntarie ipsum dimiserat, sicut dixit, in concilio Senonensi, et rasit sibi barbam; et fuerat cum eo inquisitum alias, per dominum episcopum Aurelianensem Senonis, sede vacante, et absolutus et reconciliatus per eum: et erat xxx annorum, vel circa, nec fuerat in ordine Templariorum, sicut dixit, nisi a festo Purificacionis beate Marie usque ad subsequens festum beati Dyonisii : lectis autem et diligenter sibi expositis omnibus et singulis articulis, respondit ad eos, et primo ad primos IIII, ut sequitur. Videlicet se nunquam interfuisse recepcioni alicujus alterius fratris, nec capitulis dicti ordinis, unde nesciebat certitudinaliter si vera erant contenta in dictis articulis; credebat tamen quod communiter reciperentur in ordine sicut ipse fuerat receptus. In cujus quidem recepcione, facta per fratrem Johannem de Ingecuria, preceptorem tunc domus Templi de Salice super Yonem, in capella dicte domus, presentibus fratribus Nicolao, cujus cognomen ignorat, presbitero, Johanne Pascon et Johanne de Belna et Johanne de Mouestal, Johanne de Sellin et Guillelmo Lenffant servientibus, de quorum vita vel morte non habet certitudinem, fuit servatus hic modus. Nam eo existente extra capellam predictam, venerunt ad eum duo ex dictis fratribus, videlicet Johanne Pancon et Johanne Monestal, dicentes ei quod bene cogitaret si volebat eorum religionem ingredi, quia oporteret eum multa dura sustinere, et vigillare quando vellet dormire, et dormire quando vellet vigillare, et essurire quando vellet comedere, et multa similia; et si bene faceret, haberet bonum premium, et si male, durum supplicium. Quo respondente paratum omnia sustinere et instante pro recepcione predicta, cum dicti fratres et receptor deliberassent ad invicem, dictus preceptor recepit eum, et inposuit sibi mantellum, osculans eum in ore. Et postmodum fecit eum vovere castitatem, obedienciam, et vivere sine proprio, et jurare super quemdam librum, qui erat missale, ut credit, quod servaret bonos usus et bonas consuetudines ordinis, et quod teneret secreta capitulorum. Post que dictus receptor habens in manu sua quamdam crucem ligneam, in qua erat depicta ymago Crucifixi, precepit ei quod abnegaret Deum et spueret supra dictam crucem. Et cum idem testis esset multum stupefactus et turbatus, ut dixit, et preceptor diceret quod oportebat eum facere predicta, idem testis dolens et tristis, ut dixit, negavit eum ore, non corde, et spuit non supra sed juxta dictam crucem. Non tamen recolit, ut dixit requisitus, si prius negaverit quam spuerit, vel eccontra, quia erat ex predictis multum perterritus, nec postea fuit bene letus, ut dixit. Item, dixit quod post premissa dictus receptor precepit ei quod oscularetur eum in ano, et levavit vestes suas; non tamen deposuit braccas, et ipse testis fuit eum osculatus in carne nuda inter braccale et zonam, nec interrogavit qua de causa fieret dictum osculum, sicut dixit, adiciens quod antea post osculum recepcionis in ore, fuit osculatus omnes fratres astantes in ore. Item, dixit quod circa tres septimanas post recepcionem ejusdem, idem testis fuit confessus de predictis omnibus fratri Gerardo lectori fratrum Minorum de Altisiodoro, in capella dicte domus de Salice, ad quam venerat dictus lector. Qui, audita ejus confessione, fuit multum stupefactus, et absolvit eum inposita ei penitencia quod

43.

jejunaret in pane et aqua sedecim vel decem et octo sextis feriis, ut sibi videtur, et credit eum adhuc vivere.

Item, super contentis in v et x sequentibus, de dogmatizacione, conculcacione et cato, respondit se nichil scire nisi in quantum supra deposuit.

Item, de contentis in xvi et xvii sequentibus, de sacramento altaris, absolucione Magistri et osculo, respondit se nichil scire nisi quod supra deposuit, adiciens se credere sacramentis Ecclesie, et quod aliqui crederent ex fratribus dicti ordinis : non tamen videtur quod ille qui recepit eum esset bonus Christianus, in quantum hec fieri faciebat; sciebat autem, ut dixit, quod layci non poterant absolvere a peccatis.

Item, ad xxxiiii et v respondit se nichil audivisse ante capcionem eorum.

Item, contenta in xxxvi et viii respondit se credere vera esse.

Item, de contentis in xl et xxi sequentibus, de crimine sodomitico, ydolis et cordulis, respondit se nil scire; nec credebat contenta in ipsis articulis esse vera, nisi solummodo quod cingebantur, ut ei fuit dictum in recepcione sua, una cordula super camisias suas, quia jacebant cum eis : dicta tamen cordula non fuit sibi tradita, sed ipse emit eam.

Item, contenta in lxii-iiii, de modo recepcionis confessato per eum, respondit se credere vera esse.

Item, de contentis in lxv et viii sequentibus respondit se nescire qualiter fuissent puniti si non fecissent illa que precipiebantur eis, vel si revellassent; credit tamen quod puniti fuissent, nec fuerat sibi inhibitum quod non confiteretur nisi fratribus ordinis, sicut dixit.

Item, contenta in lxxiiii, v et vi respondit se credere vera esse.

Item, super contentis in lxxxvii et xviiii sequentibus respondit se nescire nisi quod supra deposuit de modo recepcionis sue, et quod credebat eumdem modum ubique servari in ordine in aliis.

Item, contenta in xcvii-c respondit se nichil scire, quia Parisius fuerat in ordine; vidit tamen in dicta domo, in qua fuit receptus, fieri ter ellemosinam in ebdomada, et hospitalitas convenienter servabatur ibidem.

Item, ad CI-VI respondit se nichil scire, quia non interfuerat capitulis, sed ejus recepcio facta fuerat clam, clausis januis et nullis presentibus, nisi fratribus ordinis.

Item, contenta in CVII-XI respondit se non credere vera esse, quia layci non poterant absolvere a peccatis.

Item, contenta in CXII et XIII respondit se credere vera esse.

Item, de contentis in CXIIII et omnibus sequentibus respondit se nichil scire, nisi hoc duntaxat quod fuerant negligentes in correctione, et quod credebat propter predicta scandala contra ordinem esse exorta, et quod modus recepcionis sue fuerat manifestus fratribus qui adfuerant, et credit quod recepciones aliorum essent manifeste aliis fratribus ordinis, sed non extraneis : et audiverat dici magnum Magistrum et alios ordinis multos errores fuisse confessatos, nescit quos, sed credit quod istos.

Item, requisitus si sic deposuerat prece, precepto, timore, odio, amore, vel temporali comodo habito vel habendo, respondit quod non, sed pro veritate dicenda, et fuit ei inhibitum per dictos dominos commissarios, in virtute juramenti prestiti per eundem, quod non revellaret hanc suam deposicionem, quousque attestaciones essent publicate.

Eisdem die et loco fuit adductus ad presenciam eorumdem dominorum commissariorum frater Johannes de Branlis presbiter Senonensis diocesis, testis suprajuratus, ut deponeret dictum suum; et non defferebat mantellum, quia ipsum dimiserat in concilio Senonensi, ut dixit; et erat etatis, ut dixit, XXXVI annorum vel circa, et fuerat examinatus, absolutus et reconciliatus per dominum episcopum Aurelianensem Senonis, sede vacante. Lectis autem et diligenter sibi expositis omnibus et singulis articulis, et primo ad IIII primos respondit ut sequitur, videlicet se nescire si contenta in ipsis articulis essent vera, quia non interfuerat recepcionibus aliorum, nec capitulis ordinis; credebat tamen quod communiter omnes reciperentur in ordine, sicut ipse fuit receptus per fratrem Maurellum de Belna, tunc preceptorem domus Templi de Salice super Yonem, in capella dicte domus, Dominica post festum beati Dionisii, fuerant ante capcionem eorum IIII anni, presentibus fratribus Johanne de Vallon, Johanne de Monestal, Johanne Pascon et Guillelmo Gaucher, Vincencio, cujus cognomen ingnorat, et Johanne de Sellin servientibus, jam defunctis, in cujus recepcione dixit fuisse servatum hunc modum. Nam cum peciisset panem et aquam, et instasset, et receptor et dicti fratres essent intra dictam capellam adinvicem collocuti, venit ad eum predictus frater Johannes de Monestal, ut sibi videtur, et introduxit eum in capella. Et dictus preceptor, auctoritate visitatoris Francie, recepit eum, et inposuit sibi mantellum et birretum, quia erat presbiter; sed non fuit eum osculatus. Postmodum fecit eum vovere castitatem, et vivere sine proprio, et jurare super quoddam missale quod esset obediens preceptis domus Templi, et quod non revellaret secreta eorum. Postmodum peciit ab eo dictus receptor si credebat in Deum, et ipse respondit quod sic, et quod bene sciebat quod Dominus noster Jhesus Christus fuerat mortuus pro nobis; et aperto dicto missali et hostensa ymagine Crucifixi que erat in dicto missali, predictus preceptor dixit ei quod abnegaret Deum, et quod spueret super dictam ymaginem; et ipse testis fuit ex hiis multum turbatus et stupefactus, ut dixit; sed finaliter, quia precepit ei quod hoc faceret in virtute juramenti prestiti per eum, abnegavit ore non corde, et spuit non supra dictam ymaginem sed juxta. Dixit ei insuper dictus receptor quod, secundum observanciam ordinis, debebat eum osculari in dorso super carnem nudam, sed, quia erat presbiter, remittebat ei osculum supradictum. Item, precepit dictus receptor quod, quando celebraret, non diceret verba per que fit consecracio et confectio sacramenti, sed non declaravit que erant illa verba. Et ex hoc eciam fuit ipse testis plurimum stupefactus, ut dixit, et abstinuit a celebrando per duos dies sequentes, post quos fuit de predictis omnibus confessus fratri Gerardo de Pruino, lectori tunc, ut credit, fratrum Minorum de Altisiodoro, potestatem habenti domini P. de Marayo, tunc episcopi Altisiodorensis, in ecclesia fratrum Minorum de Altisiodoro, et absolutus per eum, inposita ei penitencia quod legeret sexcies psalterium, cantaret duodecim missas de Sancto Spiritu, et jejunaret xii sextis feriis in pane et aqua, quod et fecit. Dictus autem lector, qui obiit, fuit multum stupefactus audita dicta confessione sua, ut dixit, et adjecit quod libencius fuisset predicta confessus dicto domino Altisiodorensi episcopo, si ejus tunc copiam habuisset. De presentibus autem, quando fuit confessus, dixit se non recordari.

Item, ad contenta in v et x sequentibus respondit se nichil scire nisi quod supra deposuit.

Item, ad xvi et vii sequentes, de sacramento altaris, respondit ut supra, et quod ipse credebat sacramenta altaris, et credit quod alii crederent, sed non ille qui recepit eum.

Item, ad xxiiii et v sequentes respondit se nichil scire, nec credebat contenta in ipsis articulis esse vera.

Item, ad xxx et viiii sequentes respondit de osculis ut supra, et quod statim pro professis habebantur, nesciens si jurabant non exire ordinem, quia ipse non juravit, nec scit si suspicio fuerat contra ordinem, quia recepciones clandestine fiebant.

Item, de contentis in xl et xvi sequentibus respondit se nichil scire, nisi hoc duntaxat quod in ejus recepcione fuit ei dictum quod cingeretur una cordula supra camisiam, et credit quod ita preciperetur aliis.

Item, ad lvii et xi sequentes respondit quod credebat eundem modum servari in recepcione aliorum qui fuerat servatus in sua, nesciens qualiter fuissent puniti qui predicta facere noluissent. Per juramentum tamen injungebatur eis quod predicta non revellarent, sed non injungebatur quod non confiterentur nisi fratribus ejusdem ordinis.

Item, contenta in lxxiiii, v et vi respondit se credere vera esse.

Item, contenta in lxxvii et xviiii sequentibus, quantum ad modum recepcionis, respondit se credere vera esse quantum ad observacionem modi quem deposuit in sua recepcione fuisse servatum.

Item, contenta in xcvii respondit se credere vera esse.

Item, de contentis in xcviii, viiii et c respondit se nichil scire, sed bene sciebat quod peccatum esset facere que in illis continentur.

Item, ad ci-vi respondit quod non interfuerat capitulis, sed credebat quod clam, exclusis illis qui non erant de ordine, tenerentur.

Item, ad contenta in cvii-xi respondit quod non credebat esse vera.

Item, contenta in cxii et xiii respondit se credere vera esse.

Item, de contentis in cxiiii et omnibus sequentibus respondit se nichil scire, nisi quod bene apparebat eos fuisse negligentes in corrigendo errores et in denunciando Ecclesie, et quod Ecandala inde fuerant exorta, et quod credebat predicta confessata per eum esse nota inter fratres ordinis, sed non inter extraneos, et audivit dici magnum Magistrum et alios contentos in articulis fuisse confessos multos errores, nescit quos, sed credit quod illos quos ipse confessus est.

Item, requisitus si sic deposuerat prece, precepto, timore, amore, odio, vel temporali comodo habito vel habendo, respondit quod non, sed pro veritate dicenda. Et fuit ei preceptum per dictos dominos commissarios, in virtute juramenti prestiti per eumdem, quod non revellaret hanc suam deposicionem quousque attestaciones fuerint publicate.

Acta fuerunt hec die et loco predictis, presentibus magistro Amisio, me Floriamonte Dondedei et aliis notariis supra ultimo nominatis, hoc salvo quod dictus Guillelmus non interfuit examinacioni dicti fratris Johannis de sancto Questo.

Post hec, die Lune sequenti, que fuit iiii dies mensis Januarii, fuit adductus ad presenciam dictorum dominorum commissariorum, excepto domino Narbonensi, in domo predicta, frater Bartholomeus de Glano diocesis Nivernensis, serviens, testis suprajuratus, ut deponeret dictum suum; et non deferebat mantellum ordinis, quia, sicut dixit, vendiderat ipsum, ut posset inde habere vestes, et voluntarie fecerat sibi radi barbam, cum quo fuerat alias inquisitum per dominum episcopum Aurelianensem Senonis, sede vacante, de facto suo, et fuerat absolutus et reconciliatus per eum; et erat etatis circiter xxxiiii annorum, ut dixit. Lectis autem et diligenter expositis sibi omnibus et singulis articulis, respondit ad eos, et primo ad primos iiii, ut sequitur : videlicet se credere quod communiter reciperentur in ordine sicut ipse fuerat receptus; non tamen erat de hoc certus, quia non interfuerat recepcioni alicujus alterius fratris ordinis, nec capitulis eorum. Ipse autem fuerat receptus, ut dixit, per fratrem Johannem de sancto Clero, condam tunc preceptorem domus Templi de Salice super Yonem Altisiodorensis diocesis, in capella dicte domus, circa mediam Quadragessimam instantem erunt vii anni vel circa, presentibus fratribus Guillelmo Lenfant, Johanne Parre et Johanne de Monestal et Vincencio, cujus cognomen ignorat, et Johanne lo Petit, servientibus deffunctis, in hunc modum. Nam cum peciisset panem et aquam ordinis, dictus receptor dixit ei quod grandem rem petebat, et quod bene adverteret ad hoc, quia tunc erat liber et francus, et supponeret se servituti, et multa dura oporteret subire eundem. Quo respondente se voluntatem habere ad bene faciendum, et ad supportandum onera ordinis, fecit eum vovere castitatem, obedienciam, et vivere sine proprio; et tradidit sibi mantellum ordinis, et osculatus fuit eum in ore, et omnes fratres astantes osculati fuerunt ipsum testem in ore, et fecit eum jurare super quendam librum, in quo erat ymago Crucifixi depicta, ut sibi videtur, quod servaret secreta ordinis, et quod esset obediens superioribus suis. Post que precepit ei quod abnegaret Deum et quod spueret super ymaginem predictam, quia hoc debebat facere, ut dixit, secundum puncta ordinis, et ipse testis cum dolore cordis, ut dixit, negavit ore non corde, et spuit non supra sed juxta ipsam ymaginem, in terra; et magis voluisset, ut dixit, habuisse illa die tibiam fractam et eciam brachium, quam quia fecit predicta. Dixit insuper predictum preceptorem dixisse ei quod, si fratres indigerent lecto, acomodaret eis suum, et quod permiteret eos jacere cum eo. Non tamen intellexit ipse testis in hoc aliquod malum, ut dixit, nullum aliud inhonestum quoad oscula vel aliqua alia recolens in dicta sua recepcione intervenisse, ut dixit, nec se de alio illicito requisitum fuisse, ut dixit. Requisitus quare non exierat dictum ordinem, ex quo habuerat tantam displicenciam, respondit quod pro eo quia juraverat servare consuetudines ordinis.

Item, ad v et xviii sequentes, de dogmatizacione, conculcacione crucis, cato et sacramento altaris et sacerdotibus, respondit se nichil scire nisi quod supra deposuit, et credebat, ut dixit, bene in ecclesiasticis sacramentis, et credit quod alii fratres crederent; tamen ille qui recepit eum non erat bonus Christianus in quantum faciebat fieri predicta, licet alias esset laudatus, ut dixit.

Item, ad xxiiii et v sequentes respondit se nichil scire.

Item, ad xxx et iii sequentes respondit se nichil scire, nisi quod supra deposuit de osculo oris; verumptamen audivit dici a fratre Johanne de Foresta diocesis Lingonensis, defuncto, dum erant capti in Turri Senonensi, quod ille qui receperat ipsum Johannem (nescit tamen quis esset, quia non petivit a dicto Johanne), preceperat dicto Johanni in sua recepcione quod oscularetur eum in ano, sed ipse noluerat eum osculari.

Item, contenta in xxxiiii et v sequentibus respondit se credere vera esse.

Item, de contentis in xl et v sequentibus respondit se nichil scire, nisi quod supra deposuit de lectis.

Item, de contentis in xlvi et xv sequentibus, de ydolis et cordulis, respondit se nichil scire, nisi hoc duntaxat quod communiter cingebantur super camisias suas cordulis quas accipiebant unde volebant; non tamen fuit ei preceptum quod dictam cordulam portaret.

Item, de contentis in lxii et xi sequentibus respondit se nichil scire, nisi quod supra deposuit de modo recepcionis quem credebat uniformiter, et quod fuerat ei preceptum ne revellaret secreta ordinis, et fuerat sibi dictum quod si revellaret, amitteret mantellum;

dixit insuper quod ipse confessus fuerat omnia peccata sua, in festo Pasche subsequente post ejus recepcionem, domino Johanni de sancto Bricio, presbitero seculari ejusdem ville diocesis Altisiodorensis quondam, et dixerat ei in confessione quod multociens juraverat de Deo et negaverat Deum et quod spuerat contra eum ira motus; non tamen specificavit sibi quod in recepcione sua predicta acta fuissent propter juramentum per eum prestitum de non revelandis secretis ordinis, et quia putabat predictam confessionem generaliter sufficere ei.

Item, contenta in LXXIIII, V et VI respondit se credere vera esse.

Item, de contentis in LXXVII et XVIIII sequentibus respondit se nichil scire, nisi quod supra deposuit de modo recepcionis sue, quem credebat ubique in ordine observari.

Item, ad contenta in XCVII respondit quod in domibus principalibus ballivarum ordinis debebat fieri ter in ebdomada elemosina generalis, sed in aliis parvis domibus dependentibus non; et dixit se vidisse predicta servari in domo in qua fuit receptus, in qua fiebat dicta elemosina ter in ebdomada, et in domo parva dicte ville sancti Bricii in qua non fiebat elemosina ordinaria per annum cum dimidio quo fuerat in dicta domo commoratus.

Item, contenta in XCVIII, VIIII et C respondit se non credere vera esse.

Item, de contentis in CI et omnibus sequentibus respondit se nichil scire, nisi quod supra deposuit, hoc excepto quod ejus recepcio fuit facta clam, januis clausis, nec adfuerunt nisi fratres ordinis, et quod credebat precepta Magistri in ordine observari, et quod credebat scandalum esse contra ordinem exortum propter predicta; et credit quod modus recepcionis confessatus per eum esset notus fratribus ordinis, sed non extraneis, et quod audiverat dici quod magnus Magister et alii fuerant confessi multos errores.

Item, requisitus si sic deposuerat prece, precepto, timore, amore, odio, comodo temporali habito vel habendo, respondit quod non, sed pro veritate dicenda; et fuit ei injunctum per dictos dominos

44.

commissarios, in virtute juramenti prestiti per eundem, quod non revellaret hanc suam deposicionem quousque attestaciones fuerint publicate.

Eisdem die et loco fuit adductus ad presenciam eorumdem dominorum commissariorum frater Raynandus de Villa Mostrue Altisiodorensis diocesis, serviens, testis supra juratus, ut deponeret dictum suum; et non defferebat mantellum ordinis, quia dimiserat ipsum in concilio Senonensi, et radi fecerat sibi barbam, suasione Johannis de Yemvilla, ut dixit, et fuerat cum eo inquisitum alias per dominum episcopum Aurelianensem, Senonis, sede vacante, et absolutus et reconciliatus per eum : et erat etatis circiter xxx annorum, ut dixit; lectis autem et diligenter sibi expositis omnibus et singulis articulis, respondit ad eos, et primo ad primos IIII, ut sequitur :

Videlicet se credere quod alii reciperentur communiter sicut ipse fuerat receptus, sed nesciebat hoc, quia non fuerat in ordine, nisi XI septimanis ante eorum capcionem, ut dixit, nec interfuerat recepcionibus aliorum nec capitulis eorum. Ipse autem fuerat receptus in modum infrascriptum, per fratrem Guillelmum de Lans, tunc preceptorem de Villa Mostrue, in capella dicte domus, die Dominica ante festum Magdalene, presentibus fratribus Anrico de Anisiaco, Guillelmo Botton, Guillelmo le Gagneor, Johannes de sancto Romano servientibus; cum enim ipse testis, flexis genibus, peciisset a dicto receptore panem et aquam, et vestitum ordinis, et dictus receptor dixisset ei quod adverteret quod petebat, nam res magna erat abdicare a se propriam voluntatem, et se voluntati subicere aliene, et oporteret eum in ordine multa onera sustinere, et ipse respondisset se paratum omnia supportare, traxit se ad partem dictus receptor cum aliis fratribus, et cum fuissent adinvicem collocuti, vocavit dictus receptor ipsum testem, petens ab eo si habebat ita bonam voluntatem, ut prius, ad ingrediendum religionem predictam, et eo respondente quod sic, fecit eum vovere castitatem, obedienciam, et vivere sine proprio et jurare super quendam librum apertum, in quo erat crux depicta, quod obediret omnibus preceptis superiorum suorum dicti ordinis, et quod non revelaret secreta ordinis. Postmodum tradidit sibi mantellum ordinis, et ipse et omnes fratres astantes fuerunt osculati eum in ore. Post que precepit eidem testi quod spueret super dictam crucem, et quod negaret Deum; et ipse spuit non supra dictam crucem, sed juxta in terra, et negavit Deum ore et non corde, quia dictus receptor dixit ei quod hoc debebat fieri secundum puncta ordinis, et non fuit ausus contradicere, quia timebat, et magis voluisset tunc fuisse alibi quam ibi, ut dixit.

Item, de contentis in v et xxviii sequentibus, de dogmatizacione, conculcacione crucis, sacramento altaris, cato, et quod Magister posset absolvere a peccatis, et osculis, respondit se nichil scire nisi quod supra deposuit, adjiciens se credere sacramentis Ecclesie; et credebat quod alii fratres crederent, non tamen putat quod ille qui recepit eum esset bonus Christianus, nec credit quod layci possint absolvere a peccatis.

Item, contenta in xxxiiii et v sequentibus respondit se credere vera esse, excepto quod non juraverat ordinem non exire.

Item, de contentis in xl et xxxiii sequentibus respondit se nichil scire, nisi quod supra deposuit, hoc excepto quod fuit ei preceptum quod cingeretur una cordula super camisiam, que cordula non fuit ei tradita; et credit quod illi qui non fecissent illa que precipiebantur eisdem in recepcione sua, vel ea revelassent, quod fuissent perpetuo incarcerati.

Item, contenta in lxxiiii, v et vi respondit se credere vera esse.

Item, de contentis in lxxvii et xviiii sequentibus dixit se nescire, nisi quod supra deposuit de modo recepcionis sue, quem credebat in aliis communiter observari.

Item, contenta in xcvii respondit se credere esse vera, et contenta in xcviii, viiii et c esse falsa.

Item, de contentis in ci et omnibus sequentibus respondit se nichil scire, nisi in quantum supra deposuit, hoc excepto quod credebat in ordine servari hoc quod magnus Magister ordinabat, et quod negligentes fuerant in corrigendo errores, et in denunciando Ecclesie; et quod nunc erant scandala propter predicta contra ordinem exorta, et credebat modum recepcionis sue et aliorum fratrum ordinis manifestum fuisse fratribus ejusdem ordinis, sed non extraneis.

Item, requisitus si sic deposuerat prece, precepto, timore, amore, odio, vel temporali comodo habito vel habendo, respondit quod non, sed pro veritate dicenda; cui fuit injunctum per eosdem dominos commissarios, in virtute juramenti prestiti per eum, quod non revellaret hanc suam deposicionem, quousque attestaciones fuerint publicate.

Acta fuerunt hec die et loco predictis, presente magistro Amisio, me Floriamonte Dondedei, et aliis notariis supra ultimo nominatis.

Post hec, die Martis sequenti, scilicet in vigilia Epiphanie Domini, fuit adductus ad presenciam eorumdem dominorum commissariorum in predicta domo, frater Symon de Corbone diocesis Lingonensis, serviens, testis suprajuratus, ut deponeret dictum suum; non deferens mantellum ordinis, quia post capcionem suam; custos carceris Senonensis abstulit sibi; cum quo fuerat, ut dixit, inquisitum per dominum episcopum Aurelianensem Senonis, sede vacante, et absolutus et reconciliatus per eum, et post concilium Senonense, in quo affuerat, raddi fecerat sibi barbam, et erat etatis, ut dixit, circiter XL annorum. Lectis autem et diligenter sibi expositis omnibus et singulis articulis, respondit ad eos, et primo ad primos quatuor, ut sequitur: videlicet se credere quod fratres ordinis communiter reciperentur sicut ipse fuerat receptus, sed hoc nesciebat, quia non interfuerat recepcionibus aliorum, nec capitulis eorum; ipse autem receptus fuerat, ut dixit, a fratre Hugone de Villaribus, preceptore condam de Espulhi Lingonensis diocesis, elemosinario tunc ducis Burgundie, in capella dicte domus de Espulhi, circa festum Nativitatis beate Marie proximo lapsum, fuerunt circiter decem et octo anni, fratribus Huberto, cujus cognomen ignorat, Roberto Lescolhe, Bernardo de Biceyo et Hogo de Buris servientibus defunctis, presentibus, in hunc modum. Nam, cum introductus in dictam capellam peciisset ab eis panem et aquam et pauperem vestitum ordinis, et ipsi respondissent quod rem grandem petebat, et quod bene deliberaret super hoc, et traxissent se ad partem, et locuti fuissent adinvicem, et iterum venisset coram eis, et flexis genibus peciisset quod supra, et respondissent quod idem, finaliter dictus preceptor tradidit sibi mantellum ordinis, et juravit super quemdam librum obedire suis superioribus, servare secreta ordinis et facere elemosinas debitas de bonis ordinis. Post que idem receptor attulit quamdam crucem ligneam de altari in qua erat depicta ymago Crucifixi, et precepit ei quod spueret super dictam crucem, et ipse testis, licet inde turbatus, spuit non super sed juxta dictam crucem, et postmodum, de mandato ipsius receptoris, fuit eum osculatus in dorso, super omnes pannos, non tamen dixit ei quod hoc deberet fieri secundum puncta ordinis, nec ipse peciit, nec de negacione, nec de aliis contentis in v° et decem articulis sequentibus, aliquid sibi dixit, nec plus scit quam deposuerit de contentis in ipsis articulis, sicut dixit, nec de contentis in xvi et xvii sequentibus. Dixit tamen quod in recepcione sua receptor et alii astantes fuerunt osculati eum in ore, et quod ipse credebat sacramentis altaris, et credebat quod multi ex aliis crederent communiter; sed dictum receptorem non reputat fuisse bonum, in hoc quod precepit sibi predicta. Item, dixit eumdem receptorem dixisse ei quod si fratres venirent et indigerent lecto, quod recolligeret eos in lecto suo, sed non intellexit propter hoc aliquod malum.

Item, contenta in xxxiiii et v sequentibus respondit se credere vera esse, verumptamen non jurabant de novo se non exire dictum ordinem, sed in virtute juramenti primo prestiti per eum, preceperunt ei quod non dimitteret dictum ordinem, pro meliori vel pejori.

Item, de contentis in xl et xxiiii sequentibus respondit se nichil scire, nisi quod supra deposuit de lecto et de modo recepcionis, hoc excepto quod fratres cingebantur quadam cordula super camisias cum quibus jacebant, sed dicta cordula non fuit sibi tradita, sed habuit eam a quadam sorore sua.

Item, ad contenta in LXV et XXXI sequentibus respondit se nichil aliud scire quam supra deposuit, hoc excepto quod per sacramentum inhibebatur eis ne revellarent secreta ordinis, et si revelassent, credit quod perdidissent mantellum, et quod fuissent expulsi ignominiose ab ordine, et audiverat dici a fratre P. de Beyse capellano dicti ordinis, tunc curato ecclesie de Volenis, cui ipse testis confitebatur, quod non debebat confiteri, nisi fratribus ordinis, absque licencia superiorum suorum, quia seculares sine licencia non poterant eos absolvere, ut dixit, et credebat quod negligentes fuerint in corrigendis erroribus, et denunciando eos Ecclesie.

Item, ad XCVII respondit quod ellemosine et hospitalitas bene servabantur in ordine, in locis in quibus ipse fuit, scilicet in loco in quo fuit receptus, et in domo de Salice d'Ellant Eduensis diocesis, in qua fuerat commoratus.

Item, contenta in XCVIII, VIIII et C dixit se non credere vera esse.

Item, de contentis in CI et omnibus aliis sequentibus respondit se ultra quam deposuit nichil scire, nisi quod audivit a quibusdam famulis fratrum venientibus de capitulis, quod capitula eorum clam tenebantur, et credit quod illud quod magnus Magister ordinabat servaretur communiter in ordine, et quod negligentes fuerint in corrigendo et denunciando, et quod inde contra ordinem scandala sunt exorta, et quod modus recepcionis confessatus per eum esset manifestus inter fratres ordinis, sed non inter extraneos; et audivit dici magnum Magistrum et alios fratres errores, nescit quos, confessatos fuisse.

Item, requisitus si sic deposuerat prece, precepto, timore, amore, odio, temporali comodo habito vel habendo, respondit quod non, sed pro veritate dicenda; cui fuit injunctum per dictos dominos commissarios, in virtute juramenti prestiti per eum, quod non revelaret hanc suam deposicionem, quousque attestaciones fuerint publicate; et est sciendum quod dictus testis erat laborator in ordine, sicut dixit, et videbatur esse homo satis simplex, et fuerat confessus, sicut dixit, de predictis erroribus fratri Petro Sotean deffuncto de ordine fratrum Minorum, potestatem tunc habenti domini episcopi Lingonensis in ecclesia ville de Curtis ejusdem diocesis Lingonensis, circa dimedium annum post ejus recepcionem, et increpavit eum multum, et absolvit eum imposita sibi penitencia quod jejunaret in pane et aqua XII diebus Veneris.

Eisdem die et loco fuit adductus ad presenciam eorumdem dominorum commissariorum frater Gaubertus de Silhi Meldensis diocesis, serviens, testis suprajuratus, ut deponeret dictum suum, et erat etatis, ut dixit, circiter xxx annorum, cum quo fuerat inquisitum, ut dixit, per dominum episcopum Aurelianensem, Senonis sede vacante, et absolutus et reconciliatus per eum, et non deferebat mantellum ordinis, quia custos carceris Senonensis abstullerat ei post capcionem suam, ut dixit; barbam autem voluntarie fecerat sibi radi. Lectis autem et diligenter sibi expositis omnibus et singulis articulis, respondit ad eos, et primo ad primos IIII$^{or}$, ut sequitur : videlicet se nescire si contenta in articulis erant vera, quia non interfuerat recepcionibus fratrum ordinis nec capitulis eorum; sed credebat quod communiter reciperentur sicut ipse fuerat receptus Parisius, in parva capella domus Templi, prope turrem, a fratre Johanne de Turno, quondam thesaurario tunc Templi Parisiensis, presente dumtaxat fratre Nicolao presbitero dicti ordinis, cujus cognomen ignorat, die Veneris, ut sibi videtur, ante festum beati Martini estivalis, fuerunt circiter novem anni, hora prandii, mensis jam positis, in modum infrascriptum. Nam cum peciisset ter flexis genibus panem et aquam ordinis, fecerunt eum jurare quod servaret bonos usus et bonas consuetudines ordinis et quod obediret preceptis superiorum suorum ordinis. Et pecierunt ab eo si erat liber, conjugatus vel ordinatus; quod si talis esset, non reciperent eum et receptum dicerent. Postmodum tradidit sibi mantellum, ut sibi videtur, postque precepit ei quod spueret super quamdam crucem veterem, ligneam, parvam, pictam, que erat super quoddam scamnum ante eos, nescit per quem allatam, et ipse spuit non super sed juxta eam, quia dixit thesaurarius quod oportebat obedire eum. Postmodum precepit ei quod abnegaret Deum, et negavit ore, non corde, quia est et semper fuit bonus Christianus, ut dixit, et valde doluit de predictis, et magis voluisset eadem die habuisse tibiam fractam quam quia fecerat supra dicta, et noluisset tunc unquam vidisse nec cognovisse aliquem de Templariis, et adhuc vellet idem. Dixit eciam quod dicti thesaurarius et presbiter fuerunt eum osculati post recepcionem in ore, et dixit ei dictus thesaurarius quod debebat super camisiam suam portare quamdam cordulam; alia que possent esse inhonesta non recolit intervenisse in sua recepcione, ut dixit.

Item, de contentis in v$^{to}$ et xxviii sequentibus respondit ultra illa que supra dixit se nichil scire, hoc excepto quod ipse bene credebat sacramentis altaris, et credit quod alii crederent, eciam ille qui recepit eum, nec credit quod Magister et alii layci possent absolvere a peccatis.

Item, contenta in xxxiiii et quinque sequentibus respondit se credere vera esse, sed nesciebat si suspicio mala erat contra ordinem propter predicta.

Item, super contentis in xl et xxiiii$^{or}$ sequentibus respondit se ultra que deposuit nichil scire, hoc excepto quod in recepcione ejus fuit dictum per receptorem quod quando probi homines ordinis venirent et carerent lectis, quod reciperet eos bene et curialiter in lecto suo.

Item, super contentis in lxv et xxxi sequentibus respondit se nichil scire ultra illa que supra deposuit, sed per sacramentum injungebatur eis quod non revelarent secreta ordinis; nescit tamen qualiter puniti fuissent si revelassent, nec confitebantur sine licencia, nisi fratribus ordinis, et prudenter egissent si predicta correxissent et Ecclesie denunciassent.

Item, ad xcvii respondit quod ellemosine generales fiebant ter in ebdomada, in domo de Salice supra Yonem Altisiodorensis diocesis; et hospitalitas convenienter servabatur ibidem, nec audivit quod fuerint restricte elemosine et hospitalitas in ordine.

Item, de contentis in cxviii et omnibus sequentibus respondit se nichil scire plus quam supra deposuerit, hoc excepto quod audivit dici quod capitulia clam tenebantur exclusis omnibus qui non erant de ordine, et credit quod si Magister aliqua bene ordinasset, quod illa fuissent in toto ordine observata, et credit quod fratres ordinis, sed non seculares, bene scirent modum recepcionis eorum, et quod scandalum esset exortum contra ordinem propter predicta, sicut bene apparet ex facto; et audivit dici, dum erat captus in turri Senonensi, quod magnus Magister confessus fuerat errores confessatos per eum.

Item, requisitus si sic deposuerat prece, precepto, timore, amore, odio, temporali comodo habito vel habendo, respondit quod non, sed pro veritate dicenda; et fuit eidem inhibitum per dictos dominos commissarios, in virtute prestiti juramenti per eum, quod non revelaret hanc suam deposicionem quousque attestaciones fuerint publicate.

Acta fuerunt hec die et loco predictis, presentibus magistro Amisio, me Floriamonte Dondedei et aliis notariis supra proximo nominatis.

Post hec, die Jovis, in crastinum Epiphanie Domini, vii videlicet die dicti mensis, fuit adductus in predicta domo, ad dictos dominos commissarios, frater Johannes de Viveriis serviens, Lingonensis diocesis, testis suprajuratus, ut deponeret dictum suum, non deferens mantellum ordinis, quare in concilio Senonensi una cum pluribus aliis dimiserat ipsum, et postmodum radi fecerat sibi barbam et fuerat inquisitum alias cum eo per dominum Aurelianensem episcopum Senonis, sede Senonensi vacante, et absolutus et reconciliatus per eum, et erat etatis circiter xl annorum. Lectis autem et diligenter sibi expositis omnibus et singulis articulis, respondit ad eos, et primo ad primos iiii$^{or}$, ut sequitur : scilicet se nunquam interfuisse recepcioni alicujus alterius fratris nec capitulis eorum; ipse tamen receptus fuerat in hunc modum : nam cum requisivisset panem et aquam a fratre Naniello de Belna, quondam preceptore, tunc domus Templi de Fontenayo diocesis Lingonensis, flexis genibus, et ille respondisset quod magnam rem petebat, quia poneret voluntatem suam in alienam, et quando crederet dormire, vigilaret, et quando crederet vigilare, dormiret, et ipse instaret pro dicta sua recepcione et iterum dixisset quod bene deliberaret, finaliter cum essent in capella dicte domus, dictus preceptor recepit eum et tradidit sibi mantellum ordinis, et fuit eum osculatus in ore, et fratres astantes, scilicet Hymbertus Picardi, Johannes de Divione et Stephanus de Chambleis, qui Johannes et Stephanus sunt mortui; postque vovit et juravit super quemdam librum castitatem et obedienciam suis superioribus, vivere sine proprio et servare secreta ordinis; postque dictus frater Johannes apportavit quamdam crucem ligneam in qua erat depicta imago Crucifixi, quam posuit super terram, et dictus receptor precepit ei quod spueret super dictam crucem, de quo fuit turbatus et finxit se spuere super eam, sed non spuit supra sed juxta eam; precepit eciam ei quod oscularetur ipsum in ano, et ipse levavit eidem receptori vestes et finxit se osculari eum versus braccale; postea precepit ei quod abnegaret Deum, et negavit ore, non corde, quia dixit ei receptor quod predicta erant de preceptis ordinis, de quibus fuit ipse testis valde turbatus, ut dixit, et maluisset tunc esse longe per XL leucas quam ibi, et libenter extunc exivisset inde in crastinum, si ausus fuisset, et fuerat receptus ante missam, in festo Annunciacionis beate Marie, erunt circiter iiii anni.

Item, de contentis in v et x sequentibus, de dogmatizacione, conculcacione crucis et cato, respondit se nichil scire nisi quod supra deposuit.

Item, ad XVI et XVII sequentes, de sacramentis, potestate Magistri et osculis, respondit se bene credere ecclesiasticis sacramentis, nesciens si alii credebant, nec credebat quod layci possent absolvere a peccatis, nec reputabat illum qui eum recepit in hoc quod fecit predicta fieri bonum Christianum, nec de osculis sciebat nisi quod supra deposuit.

Item, contenta in xxxiiii et v sequentibus, quod pro professis haberentur et quod clamdestine fierent recepciones, et quod ex hoc suspicio contra ordinem haberetur, credebat vera esse, non tamen quod jurarent non exire ordinem.

Item, de contentis in xl et xxi sequentibus, de crimine sodomitico, ydolis et cordulis, respondit se nichil scire, nisi hoc solum quod ei fuit dictum in recepcione sua, quod jaceret in camisia et braccis et caligis, et quod cingeretur una cordula.

Item, ad lxii et xi sequentes respondit se credere quod omnes fratres ordinis reciperentur communiter, sicut deposuit se fuisse receptum, et quod capti et male tractati fuissent qui noluissent illa que in recepcione precipiebantur eisdem vel qui ea revelassent, et fuerat ei dictum per fratrem Egidium de Campania ejusdem ordinis, quod absque licencia superiorum non poterat confiteri nisi fratribus ordinis. Item, dixit quod in eodem anno quo fuit receptus, infra mensem post Pascha, fuit confessus de predictis omnibus erroribus fratri Gerardo, cujus cognomen ignorat, de ordine fratrum Minorum conventus Altisiodorensis, qui dicebatur habere potestatem episcopi Altisiodorensis, qui absolvit eum juxta quoddam altare in ecclesia dictorum fratrum Altisiodorensium, imposita sibi penitencia quod jejunaret in pane et aqua diebus Veneris, per totum unum annum, et quod pasceret, si posset bono modo, sine sciencia superiorum suorum, sex pauperes semel.

Item, ad lxxiiii, v et vi respondit se credere vera esse, quod fuerint negligentes in corigendo et in denunciando Ecclesie.

Item, de contentis in lxxvii et viiii sequentibus, de modo recepcionis, respondit ut supra.

Item, ad xcvii respondit quod ellemosine fuerant retracte in ordine, et viderat in domo de Salice super Yonem Altisiodorensis diocesis, elemosinam duntaxat bis in septimana dari, que consueverat dari ter, hospitalitas tamen bene servabatur in recipiendo bonos homines.

Item, de contentis in xcviii, viiii et c, quod per nefas acquirere possent et ex hoc degerare, respondit se nichil scire.

Item, de contentis in ci et omnibus sequentibus respondit se nichil scire plus quam deposuerit, quia non interfuerat capitulis, hoc excepto quod credebat in ordine servari quod magnus Magister statuebat, et credebat quod modus recepcionis eorum esset notus fratribus ordinis, sed non extraneis, et audiverat dici quod magnus Magister et multi alii fratres confessi fuerant aliquos errores, sed nescit quos; credit tamen quod illos quos ipse confessus est.

Item, requisitus si sic deposuerat prece, precepto, timore, amore, odio, comodo temporali habito vel habendo, respondit quod non, sed pro veritate dicenda; cui fuit inhibitum per dictos dominos commissarios, in virtute juramenti prestiti per eum, quod non revelaret hanc suam deposicionem quousque attestaciones fuerint publicate.

Eisdem die et loco fuit adductus ad presenciam eorumdem dominorum commissariorum frater Matheus de Tilleyo serviens, Ambianensis diocesis, testis supra juratus, ut deponeret dictum suum, etatis lxx annorum vel circa, non deferens mantellum ordinis, quia per servientes qui eum habuerunt in custodia fuerat sibi bis ablatus; barbam autem fecerat sibi radi propter incomoditatem quam eam portandi habebat, et fuerat cum eo inquisitum Aurelianis per dominum episcopum Aurelianensem, et absolutus et reconciliatus per eum. Lectis autem et diligenter expositis sibi omnibus et singulis articulis, respondit ad eos, et primo ad primos iiii, ut sequitur, scilicet : quod ipse fuerat receptus in dicto ordine a fratre Arveo de villa Petrosa, quondam preceptore, tunc baillive de Pontivo Ambianensis diocesis, in capella domus Templi d'Oysemont ejusdem diocesis, post missam die Mercurii, post Quasimodo geniti proxima erunt circiter xxxIIII anni, presentibus fratribus Johanne de Renanvilla, Arnulpho de Guisa preceptore dicte domus d'Oysemont servientibus, et Anrico de Gamaches presbitero, jam dudum deffunctis, in hunc modum; nam cum instetisset per bienium per se et amicos suos quod reciperetur in dicto ordine, finaliter fuit in dicta capella, et, flexis genibus, peciit pluribus vicibus et instanter quod pro Deo concederent sibi panem et aquam, societatem proborum virorum et pauperem vestitum domus. Cui fuit responsum quod bene deliberaret quod petebat; nam magnam rem petebat, quia, dum erat in seculo, poterat ire quo volebat, dormire et vigilare quando volebat, et, si esset inter eos, non haberet dictam libertatem, immo oporteret ipsum ire quando vellet remanere, vigilare quando vellet dormire, et exterius videbat magnas cappas et pulcrum habitum eorum, et ipsos equitantes magnos equos, et quando ipse esset in religione ipsorum forte non haberet, prout vellet, vestitum et equos et hujusmodi talia; eo autem respondente quod, Deo dante, bene compleret omnia predicta, voluerunt quod bis traheret se ad partem, et venit ad eum dictus frater Johannes de Renanvilla, et instruxit eum quod ad illa que peterentur ab eo per dictum preceptorem responderet quod omnia bene compleret Deo dante, et quod peteret adhuc illa que supra pecierat; cum autem testis peciisset et fuisset flexis genibus coram receptore, astantibus dictis fratribus, dixit ei dictus receptor quod ex quo tantum instabat et affectabat esse frater eorum, quod ipse reciperet eum in fratrem dicti ordinis, in nomine Patris et Filii et Spiritus Sancti, sed ante mantelli tradicionem fecit eum jurare supra quoddam missale quod servaret castitatem, viveret sine proprio, et obediret mandatis superioris sui dicti ordinis, qui preficeretur eidem, et servaret bonos usus et bonas consuetudines ordinis et secreta ordinis, et si Deus faceret sibi graciam in ordine quod haberet aliquam administracionem, quod ipse teneret ecclesias in statu debito et luminaria faceret teneri et elemosinas statutas fieri et hospitalitatem servari debito modo et consueto secundum exigenciam personarum. Quibus

peractis imposuit sibi mantellum et affublavit dicendo : In nomine
Patris et Filii et Spiritus Sancti, amen. Nos recipimus te, et asso-
ciamus te, et patrem et matrem et parentes tuos, beneficiis que fiunt
in ordine citra mare et ultra mare. Et precepit ei quod oscularc-
tur ipsum et fratres astantes in ore, et fuit eos osculatus; tradidit
eciam sibi birretum; post hec precepit sibi quod sederet et instrueret eum de his que acturus esset, et inter alia dixit ei quod
ubicumque esset in ordine, inquireret ab illis qui erant antiquiores et
qui diu fuerant in ordine modum et observancias ordinis, et illa
que facturus erat; dixit eciam ei quod omnia vota quecumque antea
emiserat erant sibi remissa per ingressum religionis eorum, excepto
Jerosolimitano, quod votum debebat adimplere pro posse suo in re-
cuperacionem sancti regni Jerosolimitani ad mandatum superiorum
suorum; dixit eciam ei quod caveret sibi ne rixaretur cum fratribus
ordinis, quia si hoc faceret et impelleret eum in tantum, quod cogeretur movere duos pedes, vel si rumperet sibi laqueum mantelli, esset
in misericordia fratrum ordinis; si autem exiret per muros alicujus
domus eorum, et non per ostium, perderet mantellum, si vero per
dictos muros ejiceret aliqua de bonis dicte domus, puniretur ut latro,
et si inveniretur in aliquo loco suspecto cum muliere, esset in misericordia fratrum, dum tamen hoc probaretur per duos fratres ordinis, et quedam alia honesta dixit ei; et cum predicta dixisset, sur-
rexit dictus receptor dicens : Amodo possimus recedere. Quo dicto,
statim recesserunt predicti tres fratres qui aderant, et exeuntes traxerunt post se portam capelle, remanentibus ipsis receptore et teste ;
postque dictus receptor vocavit testem, et dixit ei : Venite vos, promisistis obedire mihi et estis meus subjectus; et accepit unam crucem
ligneam de altari veterem, de qua medietas picture, ut sibi videtur, erat
devastata, et dixit ei quod abnegaret figuram illam, et ipse testis stupefactus, junctis manibus, dixit ista verba : *Ha! sire, pour Dieu merci!* quo
modo hoc facerem? Et receptor respondit quod oportebat eum facere
predicta, quia erat subjectus suus; et tunc negavit dictam figuram
ore, non corde; postquam abnegacionem precepit quod spueret super

eam, et ipse finxit se spuere, sed sputum non emisit; postmodum precepit quod oscularetur eum in carne nuda, et discoperuit se circa femur, et ipse fuit osculatus eum in anca circa illum; postmodum dixit ei ista verba : *Et devant,* aliquantulum levando sibi vestes; per quod intellexit ipse testis, quod injungeret quod deberet eum osculari ante circa femoralia; verumtamen non curavit dictus receptor quod fieret dictum osculum, nec amplius si et qualiter dictum osculum debebat fieri declaravit, nec dixit sibi quod predicta essent de punctis ordinis, nec aliqua alia inhonesta quod recolat. Dixit insuper quod quando fiebant predicta inhonesta, dictus receptor frequenter respicebat circumquaque et potissime versus ostium capelle predicte, ne aliquis predicta videret, ut credit; dixit eciam quod de predictis fuit ipse testis, ut dixit, ita tristis et dolens quod libenter interfecisset dictum receptorem, si ausus fuisset et potuisset, et quod ex tunc fuit cum dolore cordis, nec fuit letus de uno mense. Item, dixit quod eadem die antequam comederet, ipse testis reintravit dictam capellam, et adoravit et devote osculatus fuit dictam crucem applicando eam ad os et ad oculos suos, et videtur eidem, ut dixit, quod dictus receptor, dum reposuit crucem predictam in altari, osculatus fuerit eam reverenter. Requisitus si sciebat ex qua causa predicti errores fuerant sibi precepti, respondit se credere quod ad hoc ut esset eis magis subjectus, et in majorem confusionem suam si vellet erigere se contra superiorem suum. Item, dixit se fuisse confessum predictos errores fratri Hugoni Germont de ordine fratrum Minorum, consanguineo quondam suo, conventuali Ambianis, qui ibat cum custode provincie; et dictus frater peciit ab eo si predicta fecerat voluntarie, et cum respondisset quod non et quod libenter exiret dictum ordinem si posset, confortavit eum quod speraret in Deo qui remitteret sibi illa peccata et alia, et suasit ei quod non exiret quanquam diceret religionem esse duram, et absolvit eum, injuncta ei penitencia quod jejunaret in pane et aqua quatuor sextis feriis magne Quadragessime, ut sibi videtur, et dictam confessionem dixit se fecisse in quadam grangia Templi vocata Asens ejusdem diocesis, anno vel quasi a recepcione sua elapso, ut dixit; post predicta dixit se revelasse fratri Anrico de Gamaches presbitero ordinis quod confessus fuerat dicto fratri Minori, sed non expressit illa que dixerat ei, et dictus presbiter respondit eum male fecisse, quia non habuerat licenciam confitendi, sed ex quo factum erat placebat sibi, dum tamen haberet ille cui confessus fuerat potestatem absolvendi eum.

Acta fuerunt hec die et loco predictis, presentibus magistro Amisio, me Floriamonte Dondedei, et aliis notariis supra proximo nominatis.

Post hec, die Veneris sequenti, VIII videlicet dicti mensis Januarii, rediit dictus testis in domo predicta ad presenciam eorumdem dominorum commissariorum, ut perficeret deposicionem suam, que die esterna propter hore tarditatem perfici non potuerat, et fuit requisitus si sciebat vel credebat quod errores contenti in primis IIII articulis communiter in ordine servarentur, et respondit se nescire, quia non viderat alias fieri, nec audiverat dici quod fierent, nec audiverat alicui imperari, nec viderat aliquod signum super hoc, nec sciebat quid super hoc crederet in anima et in juramento suo; et si predicta fiebant, non credit quod servarentur in decima parte eorum qui recipiebantur, sed vix posset credere quod ipse fuerit solus in faciendo abhominaciones predictas. Requisitus quorum recepcionibus ubi et quando et quibus presentibus interfuerat, respondit quod interfuerat recepcioni Roberti Valvassoris servientis in domo Templi Bossi in Veromandia diocesis Noviomensis, facte, ut ei videtur, licet non bene recolat, per fratrem Robertum de Sernoy, quondam, presentibus ipso teste, et fratre P. de Latigniaco, qui affugit quando alii Templarii fuerunt capti, et sunt circiter xv anni quod dicta recepcio fuit facta, et interfuerat recepcioni fratris Galterii, cujus cognomen ignorat, sed dicebatur attinere fratri Gerardo de Villaribus in domo Templi vocata Aymont diocesis Ambianensis, qui fuit receptus a fratre Petro de Latigniaco supradicto; de presentibus non recordatur, sunt circiter tresdecim anni, et interfuerat recepcioni fratris Radulphi de Freynoy combusti Parisius, qui fuit receptus per fratrem Philippum de Axiis militem, in domo predicta de Oysemont, sunt circiter viginti sex anni., de presentibus non recordatur. Requisitus quis modus fuerat servatus in recepcione dictorum trium, respondit quod talis qualis fuit servatus in eo, exceptis hiis que supra dixit de se ipso quantum ad abnegacionem et spuicionem et osculum inhonestum quod non vidit ibi fieri.

Requisitus si receptores et recepti predicti post dictas recepciones remanserant soli in locis in quibus fuerant recepti, ipso teste et aliis fratribus qui adfuerant recedentibus, respondit quod non, inmo omnes recedebant simul.

Item, requisitus super contentis in v° articulo et x sequentibus, de dogmatizacione, conculcacione crucis et cato, respondit se nichil scire nisi quod supra deposuit de se ipso.

Item, ad xvi et xiii sequentes, de sacramentis et potestate Magistri, respondit se nichil scire, adjiciens quod ipse credebat sacramentis Ecclesie, et credit quod alii fratres crederent, et per signa ostendebant se credere, nec audivit, nec credit quod layci possent absolvere a peccatis.

Item, de contentis in xxx-iii respondit se nichil scire, nisi quod supra deposuit de osculo per eum facto.

Item, contenta in xxxiiii-viiii respondit se credere vera esse; sed de contentis in xxxviii, si esset suspicio, respondit se nichil scire.

Item, de contentis in xl et xxi sequentibus, de crimine sodomitico et ydolis et cordulis, respondit se nichil scire, hoc excepto quod in ejus recepcione fuit ei dictum quod cingeretur uno cingulo super camisiam suam de nocte.

Item, ad lxii, iii et iiii, de modo recepcionis, respondit ut supra.

Item, ad lxv et vii sequentes respondit se nescire si fuissent interfecti vel incarcerati illi qui in eorum recepcione noluissent facere illa que deposuit se fecisse, vel qui ea revelassent fuissent male tractati.

Item, ad lxxiii, iiii, v et vi respondit quod absque licencia non poterant confiteri nisi fratribus sacerdotibus ordinis, et si qui erant errores qui scirent in ordine fuerant negligentes in corrigendo et denonciando Ecclesie.

Item, de contentis in LXXVII et XVIII sequentibus, de modo recepcionis, si citra mare et ultra mare servaretur, respondit se nichil scire nisi quod supra deposuit.

Item, contenta in XCVII et C respondit quod non credebat esse vera, quia sibi preceptum fuerat quod faceret bene elemosinas et servaret hospitalitatem, et quod nichil acquireret injuste, quia si acquireret et de hoc eciam confiteretur in morte, non fieret restitucio postquam fuisset ordini acquisitum, et vidit religiosos cujuscumque status bene recipi in ordine supradicto, et precipiebatur eis quod in die Jovis sancta recolligerent in domibus suis XIII pauperes, et lavarent, et oscularentur eorum pedes.

Item, ad CI et omnes alios sequentes respondit se audivisse quod clam tenebantur capitula exclusis omnibus secularibus aliquando multum tempestive vel de nocte, ut fratres qui conveniebant cicius recedere possent, et credebat quod in ordine servarent quod magnus Magister cum conventu suo ordinabat, et quod scandala essent propter predicta contra ordinem exorta, et audiverat dici quod magnus Magister confessus fuerat quod abnegabant Deum et aliqua alia de aliis contentis in dictis articulis. Respondit se nichil scire ultra illa que supra deposuit.

Item, requisitus si sic deposuerat prece, precepto, timore, amore, odio, comodo temporali habito vel habendo, respondit quod non, sed pro veritate dicenda; cui fuit impositum per dictos dominos commissarios, in virtute juramenti prestiti per eum, quod non revelaret hanc suam deposicionem quousque attestaciones fuerint publicate.

Eisdem die et loco fuit adductus ad presenciam eorumdem dominorum commissariorum frater Symon de Lechuno in Sanguine Terso Ambianensis diocesis, testis supra juratus, ut deponeret dictum suum, non deferens mantellum ordinis, quia custos carceris

Senonensis abstulit ei, et fuerat cum eo inquisitum per dominum episcopum Aurelianensem, Senonis sede vacante, et absolutus et reconciliatus per eum, et post concilium Senonense fecerat sibi radi barbam, et erat etatis XL annorum vel circa, ut dixit. Lectis autem et diligenter expositis sibi omnibus et singulis articulis, respondit ad eos, et primo ad primos IIII$^{or}$, se credere quod in ordine servaretur iste error quod receptor precipiebat recepto quod spueret contra crucem in despectum Dei, quia ita fuerat ei preceptum, sed non interfuerat recepcioni alicujus alterius fratris, nec capitulis eorum. Fuit autem receptus, ut dixit, in capella domus Templi vocata Aveynes les Secches Cameracensis diocesis, per fratrem Johannem de Manhbersi militem quondam, in die Brandonum proximo erunt XVIIII anni vel circa, presentibus fratribus Johanne Normani presbitero, Gerardo de Argentolio milite, Petro de Latigniaco, Petro de Caemi, et Roberto de Grandi Villarii, et Johanne de Nigra Curia, ante horam primam, de quorum astantium vita vel morte non habebat certitudinem, in hunc modum: nam, cum requisiisset panem et aquam, et societatem proborum ordinis, et fuisset ei responsum quod rem grandem petebat, et quod deliberaret super hoc, preceperunt ei quod traheret se et rogaret Deum et beatam Mariam quod dirigerent eum; et cum rediisset, et iterum peciisset idem et fuisset sibi consimile responsum, et quod liber erat, et si intraret religionem, efficeretur servus, et oporteret eum vigilare quando vellet dormire, et multa dura pati, et quod videbat eos exterius, et nesciebat quales essent interius; finaliter post multa verba consimilia dixit ei dictus receptor quod ex quo tantum appetebat esse frater eorum, reciperet ipsum, et fecit eum jurare super quemdam librum quod servaret castitatem, viveret sine proprio, et obediret superioribus suis, et quod servaret secreta ordinis, et quod suo posse juvaret ad acquirendum regnum Jerosolomitanum, et quod esset servus esclavus ordinis; postmodum tradidit ei mantellum, et ipse receptor et alii fratres fuerunt osculati ipsum receptum in ore; deinde instruxit eum quot *Pater Noster* debebat dici in die, et aliquas alias observaciones dicti ordinis licitas et honestas retulit ei; postque recesserunt dicti fratres qui aderant, nescit si de mandato receptoris, quia ipse testis, sicut dixit, posuerat se coram quadam ymagine beate Marie existente in altari ad dicendum *Pater Noster;* postque dictus receptor vocavit eum juxta quamdam archam, in qua tenebantur ornamenta altaris supra quam erat quedam crux lignea, et precepit ei quod in despectum Dei spueret supra eam : et ipse fuit stupefactus, et incepit flere, et receptor dixit ei quod non turbaretur, quia ita debebat facere secundum observanciam religionis eorum, et tunc ipse testis finxit se spuere super eam, non tamen spuit; dixit ei insuper dictus receptor quod negaret Deum, et ipse testis nichil respondit nec negavit, ut dixit; postmodum precepit ei quod oscularetur eum in ano, et ipse testis levavit aliquantulum solum mantellum ipsius receptoris fingens se osculari eum, sed non fuit osculatus.

Item, ad quintum et xxviii sequentes, de dogmatizacione, conculcacione crucis, cato, sacramentis, quod layci absolverent a peccatis, et osculis, respondit se nichil scire nisi quod supra deposuit, adiciens quod in die Veneris sancta devote adorabant crucem, et quod ipse bene credebat sacramentis Ecclesie, et credit quod alii fratres crederent; sed minus fuit appreciatus illum qui recepit eum, propter illa que precepit ei, nescit tamen si credebat sacramentis Ecclesie.

Item, contenta in xxxiii-viii, de juramento, professione, clamdestinacione et suspicione, respondit se credere vera esse.

Item, de contentis in xl et xxi sequentibus, de crimine sodomitico, ydolis et cordulis, respondit se nichil scire, hoc excepto quod fuit ei dictum, in recepcione sua, quod de nocte jaceret cum pannis suis lineis et cingeretur desuper uno cingulo.

Item, ad lxii et xxxiiii sequentes respondit quod citra mare et ultra mare, ubique in ordine, servabatur, sicut credit, idem modus recepcionis qui fuit servatus in eo, nec scit qualiter fuissent puniti qui noluissent facere predicta, nec qui ea revelassent; sed ex juramento tenebantur non revelare, nec poterant sine licencia confiteri nisi sacerdotibus ejusdem ordinis; licencia tamen bene dabatur eis sine dificultate, et credit quod fuerint negligentes, quia non correxerunt dictos errores nec denunciaverunt Ecclesie.

Item, ad xcvii, viii, viiii et c respondit quod in aliquibus locis ordinis aliquando restringebantur elemosine et hospitalitas, propter carestiam et multitudinem pauperum, et in aliquibus laxabantur ex mandato superiorum, nec scit quod per nefas possent acquirere vel ex hoc degerare, et quod non reputaretur peccatum, nec quod hoc injungeretur eis.

Item, ad ci et omnes alios sequentes respondit se audivisse dici quod clam, exclusis omnibus qui non erant de ordine, tenebantur capitula, nec credebat quod layci possent absolvere a peccatis; credebat tamen quod totus ordo servaret quod magnus Magister cum conventu ordinabat, et quod modus recepcionis fratrum esset notus fratribus ordinis, sed non extraneis, et audiverat dici quod magnus Magister et alii superiores confessi fuerant abnegacionem et alios errores. De aliis contentis in dictis articulis respondit se nichil scire ultra quod supra deposuit.

Item, requisitus si sic deposuerat prece, precepto, timore, amore, odio vel temporali comodo habito vel habendo, respondit quod non, sed pro veritate dicenda; cui fuit injunctum per eosdem dominos commissarios, in virtute juramenti prestiti per eumdem, quod non revelaret hanc suam deposicionem quousque attestaciones fuerint publicate.

Acta fuerunt hec die et loco predictis, presentibus magistro Amisio, me Floriamonte Dondedei et aliis notariis supra ultimo nominatis.

Post hec, die Sabati sequenti, que fuit viii dicti mensis Januarii, convenerunt dicti domini commissarii in domo predicta, et fuerunt adducti ad presenciam eorumdem pro testibus infrascripti fratres dicti ordinis, videlicet fratres Johannes de Boilhencort, et Petrus de Bolhencourt Noviomensis, et Petrus Boucheures Ambianensis diocesium; servientes, qui juraverunt, tactis sacrosanctis Evangeliis, dicere in negocio isto totam, plenam et meram veritatem, secundum formam juramenti aliorum testium superius registratam, eis vulgarizatam et expositam.

Frater Johannes de Pollencourt predictus, existens in presencia dictorum dominorum commissariorum, non deferens mantellum ordinis quia consumptus fuerat, sicut dixit, et barbam habens rasam quia, sicut dixit, aliqui prelati et prepositus Pictavensis dixerant sibi et aliis fratribus quod poterant sibi radere eam, etatis xxx annorum et ultra, qui dicebat se fuisse alias examinatum per dominum episcopum Ambianensem qui nunc est, et absolutum et reconciliatum per eum, lectis et diligenter expositis sibi omnibus et singulis articulis, respondit ad eos, et primo ad primos IIII$^{or}$, ut sequitur, videlicet quod nunquam interfuisset recepcioni alicujus alterius fratris nisi unius, scilicet Philippi de Menin, recepti a fratre Johanne de Serneyo quondam apud Oysemont, et cujus mandato indicti [?] per alium scilicet fratrem Nicolaum de Cella, in cujus recepcione nulla inhonesta facta fuerunt vel injuncta, nec interfuerat capitulis eorum, unde nesciebat si vera erant contenta in articulis predictis, nec credebat, quia non viderat. Requisitus qualiter ipse fuerat receptus in ordine, ubi et quando, et si credebat quod alii reciperentur sicut ipse fuit receptus, respondit se credere quod alii reciperentur sicut ipse fuit receptus : ipse autem fuerat receptus in hunc modum per fratrem Garinum de Grandi Villarii quondam preceptorem, tunc ballive de Pontivo diocesis Ambianensis, in aula domus Templi vocata la Ronsiera ejusdem diocesis, ante missam, in die Brandonum proxima erunt x anni, vel circa, presentibus fratribus Egidio de Rontangis presbitero, Hugo de Gamaches, Roberto de Goyhi servientibus, adhuc viventibus, ut credit. Cum autem peciisset panem et aquam et societatem fratrum ordinis, habuit consilium idem receptor cum dictis astantibus, et ter dixit ei quod deliberaret bene, quia oporteret eum esse servum esclavum ordinis et dimittere propriam voluntatem et ire ultra mare, et multa consimilia; et cum respondiisset quod bene compleret omnia Domino concedente, fecerunt eum vovere et jurare castitatem, vivere sine proprio, et quod bene conservaret bona ordinis, et quod servaret secreta ordinis, et quod esset sclavus et servus ordinis, et quod iret ad quecumque loca citra mare et ultra mare ad que mitteretur per superiores suos; et dixit et protestatus fuit pluries quod volebat stare confessioni primo facte per eum coram dicto domino Ambianensi et ejus predecessore, et quod tunc confessus fuerat se abnegasse Deum in recepcione sua. Cum autem dictus testis multum esset perterritus et quasi pallidus, et dicti domini commissarii persuasissent quod attenderet ad veritatem dicendam et ad salvandam animam suam, non ad confessionem predictam, nisi esset vera, et asseruissent ei quod nullum periculum ei poterat inminere si diceret veritatem coram eis, quia ipsi nullo modo revelarent nec notarii astantes, dixit post aliquod intervallum, in periculo anime sue et sub juramento prestito per eum, quod in ejus recepcione non abnegaverat Deum nec Jhesu nec Crucifixum, nec osculatus fuerat receptorem suum, nec alios astantes, nisi in ore, nec fuit requisitus; nec spuerat supra crucem, nec de dictis abnegacione, spuicione et osculo aliquo inhonesto fuerat requisitus, licet contrarium confessus fuerit coram inquisitoribus metu mortis, ut dixit, et quia frater Egidius de Rontangi supradictus dixit cum lacrimis eidem testi et pluribus aliis cum eodem existentibus in carcere de Monsterrolio diocesis Ambianensis, quod perderent corpora sua nisi juvarent ad destructionem ordinis, confitendo quod abnegassent Deum et quod spuissent super crucem; dixit insuper quod post dictam confessionem factam per eum coram dicto domino Ambianensi et coram inquisitoribus fuit confessus de dicta falsa confessione quam asserit se fecisse cuidam fratri Minori sibi deputato per dominum Robertum, nunc Ambianensem episcopum, cui episcopo idem testis voluerat confiteri; sed idem episcopus respondit quod non poterat audire eundem propter fratres alios occupatus, et dictus frater Minor absolvit eum, et injunxit eidem quod deinceps non faceret falsam confessionem in negocio predicto.

Item, de omnibus aliis et singulis articulis contra ordinem loquentibus, respondit se nichil scire, et asseruit quod bene credebat sacramentis altaris et credebat quod alii fratres bene crederent; dicebatur tamen eis quod statim pro professis habebantur, et quod eorum recepciones fiebant januis clausis, nec erant presentes nisi fratres ordinis, et in recepcione sua dixit ei receptor quod in signum castitatis debebat signi [*cingi ?*] una cordula super pannos lineos cum quibus jacebant, et quod illa que fiebant in capitulis non audebant revelare secularibus, nec eciam illis fratribus qui non interfuerant capitulis; et si fecissent, fuissent puniti, et poterant confiteri quibus volebant; sed ter confitebantur in anno capellanis eorum; ellemosine autem fiebant ter in ebdomada generaliter in locis in quibus fuit commoratus, et credit quod illa que magnus Magister ordinasset ultra mare cum conventu suo, fuissent servata citra mare, et audiverat dici quod magnus Magister et alii magni ordinis fuerant confessi aliquos errores. Requisitus si sciebat aliquos errores fuisse in dicto ordine, respondit in perriculum et dampnacionem anime sue quod non, nec aliquid audiverat de predictis erroribus ante capcionem eorum.

Item, requisitus si sic deposuerat prece, precepto, timore, amore, odio, vel comodo temporali habito vel habendo, respondit quod non, sed pro veritate dicenda : cui fuit injunctum per dictos dominos commissarios, in virtute juramenti prestiti per eum, quod non revelaret hanc suam deposicionem quousque attestaciones fuerint publicate. In qua quidem attestacione dixit se velle persistere, quidquid contingat, magis anime quam corpori in hoc volens prospicere, sicut dixit.

Acta fuerunt hec die et loco predictis, presentibus magistro Amisio et Floriamonte Dondedei et aliis notariis supra ultimo nominatis, hoc salvo quod dictus Bertrandus Humbaldi post recepcionem juramentorum a dictis testibus, non expectata dicti Johannis examinacione, recessit.

Post hec, die Lune sequenti que fuit xi dies dicti mensis Januarii, convenerunt predicti domini archiepiscopus et alii commissarii in prefato domo Fiscanensi, et fuit adductus ad presenciam eorumdem dominorum commissariorum frater Petrus de Poignencort serviens, Noviomensis diocesis, testis supra juratus, ut deponeret dictum suum, non defferens mantellum ordinis quem proprio motu suo dimiserat quia consumptus erat, et radi fecerat sibi barbam propria voluntate, et erat etatis xxxvi annorum vel circa, ut dixit, et fuerat alias examinatus Ambianis in facto Templariorum, per dominum episcopum Ambianensem, qui nunc est, et absolutus et reconciliatus per eum. Lectis autem et diligenter sibi expositis omnibus et singulis articulis, respondit ad eos, et primo ad primos quatuor, ut sequitur : scilicet se nescire si contenta in ipsis articulis essent vera vel non, quia non interfuerat recepcioni alicujus alterius fratris, nec capitulis eorum, nec bene sciebat quod crederet de predictis; ipse tamen receptus fuerat per fratrem Robertum de Belvaco, presbiterum quondam, preceptorem tunc de Pontivo, per duos annos vel circa ante capcionem eorum, in capella domus Templi de Mont Cucourt Noviomensis diocesis, circa ortum solis, presentibus fratribus Roberto de Sernoy, Radulpho de Grandi Villarii, Johannes de Ningrancuria servientibus, de quorum vita vel morte non habebat certitudinem, in hunc modum. Nam dictus receptor dixit ei ex quo volebat esse frater ordinis Templi, debebat recipere panem et aquam Templi et dicere quod volebat esse servus et sclavus ordinis; et cum hoc dixisset et peciisset ter, ultima vice dictus receptor dixit ei quod reciperet eum, et fecit eum jurare super quemdam librum quod obediret omnibus preceptis superiorum suorum et omnibus superioribus sui ordinis, et quod servaret castitatem et viveret sine proprio; postque precepit ei quod abnegaret Deum, et ipse testis fuit valde stupefactus, et dixit dicto receptori bis vel ter quomodo posset hoc facere, et dictus receptor respondit ei quod hoc oportebat eum facere, quia hoc erat de punctis ordinis; et tunc abnegavit ore non corde, ut dixit; postmodum precepit ei quod spueret super quamdam crucem metallinam in qua erat ymago Crucifixi, ablatam a quodam ex dictis fratribus, nescit tamen a quo, et finxit se spuere super eam et non spuit, et dixit dictus receptor eidem testi quod hoc erat eciam de punctis ordinis, et ultra hoc erat alius punctus, scilicet si aliquis ex fratribus ordinis requirebat eum quod commisceretur cum eo, debebat hoc pati, nunquam tamen hoc fecit, ut dixit, nec fuit requisitus: interrogatus si predicta fuerunt facta ante tradicionem mantelli vel post, respondit quia post dictum juramentum tradidit sibi mantellum, et ipse receptor et alii fratres astantes fuerunt eum osculati in ore. Item, cum post deposicionem predictorum dictus testis multum fleret, de causa dicti fletus interrogatus, respondit quod pro eo quia multum erat tristis et dolens quia fecerat predicta, licet corde non fecerat. Item, dixit quod de predictis fuerat confessus, quasi post duos menses a recepcione sua, domino Johanni presbitero seculari qui morabatur in civitate Morinensi, cujus cognomen ignorat, et dictam confessionem fecit in domo Templi de Gomerimonte diocesis Morinensis, ante horam prandii, ut sibi videtur, in capella dicte domus, et absolvit eum imposita ei penitencia quod non portaret pannos lineos de toto uno anno et quod rediret ad bonam viam, et ipse testis respondit ei quod nunquam ex corde recesserat a bona via, licet predicta ore dixisset : de vita autem vel morte dicti presbiteri dixit se certitudinem non habere.

Item, requisitus super v et xxviii sequentibus, de dogmatizacione, conculcacione crucis, cato, sacramentis, potestate Magistri et osculis, respondit se nichil scire ultra quam supra deposuit; sed ipse bene credebat sacramentis altaris, et credit quod alii fratres crederent. Ille tamen qui eum recepit, in quantum fecit predicta fieri, non erat bonus homo.

Item, ad xxxiii et v sequentes respondit se credere quod pro professis habebantur, et ita fuerat ei dictum in recepcione sua, sed non juraverat non exire, et fuerat receptus in ordine clamdestine, nullis presentibus, nisi fratribus ordinis, et credit quod recepciones aliorum fierent eciam clamdestine, sed nescit si propter hoc suspicio contra ordinem habebatur.

Item, xl et xxxii sequentes, de crimine sodomitico, ydolis, capitibus, cordulis, modo recepcionis et pena nolencium facere vel revellancium supradicta; respondit se nichil scire, nisi quod supra deposuit sibi dictum fuisse quod pateretur fratres sibi commisceri carnaliter, et quod pro penitencia cingebatur una cordula super pannos lineos cum quibus jacebat, et hoc fuerat sibi preceptum a dicto receptore. De modo recepcionis aliorum respondit se nichil scire ut supra deposuit, nec sciebat qualis pena fuisset inposita illis qui noluissent facere vel qui revellassent predicta : fuit tamen ei injunctum per sacramentum quod non revellaret modum recepcionis sue nec secreta alia.

Item, ad lxxiii et xxiii sequentes respondit quod non fuerat sibi inhibitum quod non confiteretur nisi fratribus ordinis, nec scit si aliis inhibebatur, et credit quod si aliqui erant qui scirent dictos errores esse in ordine, fuerunt negligentes quia non correxerunt nec denunciaverunt Ecclesie, nec scit aliquid de modo recepcionis aliorum nec de aliis contentis in articulis supradictis.

Item, ad xcvii et xxx sequentes respondit quod, ut sibi videbatur, elemosine et hospitalitas convenienter servabantur in locis ordinis in quibus ipse fuerat commoratus, videlicet in dicta domo in qua fuerat receptus et in domo de Bosco in Viromandia Noviomensis, et d'Eymont, et de Magna Sopana Ambianensis, et de Gormerimonte Morinensis diocesium, quarum domorum ipse testis ferebat claves, et fuerat ei inhibitum in recepcione sua, ut dixit, quod per nefas nichil acquireret ordini, capitulis autem non interfuerat, nec sciebat si clamdestine vel qualiter tenerentur; audiverat tamen dici quod clamdestine tenebantur et quandoque post Matutinas, nec audiverat dici quod magnus Magister vel alii layci possent absolvere a peccatis. Credit autem quod ordo servasset illud quod magnus Magister cum conventu suo ordinasset, nec scit quando dicti errores inceperunt; sed si qui sciebant, fuerunt negligentes in corrigendo et denunciando Ecclesie; nec scit propter feditates aliquem ordinem exivisse, nec scit scandalum contra ordinem esse exortum propter predicta. Alia de contentis in dictis articulis dixit se nescire, modum autem sue recepcionis credit manifestum fuisse.

Item, requisitus si sic deposuerat prece, precepto, timore, amore, odio, vel temporali comodo habito vel habendo, respondit quod non, sed pro veritate dicenda; cui fuit injunctum per dictos dominos commissarios, in virtute juramenti prestiti per eumdem, quod non revelaret hanc suam deposicionem quousque attestaciones fuerint publicate.

Eisdem die et loco fuit adductus ad presenciam eorumdum dominorum commissariorum frater Petrus de Boucheures serviens Ambianensis diocesis, testis supra juratus, ut deponeret dictum suum, non defferens mantellum ordinis, quia consumptus erat, et socii sui suaserunt sibi quod dimitteret eum et raderet sibi barbam, et quia eciam non placebat sibi amplius ea portare, et erat etatis circiter triginta annorum, et fuerat inquisitum cum eo per dictum episcopum Ambianensem qui nunc est, et absolutus et reconciliatus per eum. Lectis autem et diligenter sibi expositis omnibus et singulis articulis, respondit ad eos, et primo ad primos quatuor, ut sequitur: scilicet se credere quod alii reciperentur in ordine communiter, sicut ipse fuit receptus; sed tamen nesciebat hoc, quia non interfuerat recepcioni alicujus alterius fratris nec capitulis eorum; ipse autem receptus fuerat per fratrem Robertum de Belvaco, presbiterum quondam, preceptorem tunc de Pontivo, in capella domus Templi de Loyson Ambianensis diocesis, die Dominica ante proximum festum Ascencionis Domini erunt VIII anni, circa horam prime, presentibus fratribus Gattero de Villa Sapiencie, Enrico de Bloffiers, Johanne d'Anserra, Guillelmo de Platea et Martino de Marsilia servientibus, quorum aliquos credit esse mortuos, sed dictos fratres Guillelmum de Platea et Martinum credit esse vivos, in hunc modum : nam, cum peciisset pro Deo sibi concedi panem et aquam et societatem proborum ordinis, et concessissent ei, dictus receptor fecit eum vovere et jurare super quemdam librum castitatem, obedienciam, vivere sine proprio, servare et custodire secreta ordinis, et obedire omnibus preceptoribus qui ponerentur super eum; postmodum imposuit sibi mantellum, et ipse et dicti fratres astantes fuerunt eum osculati in ore; postmodum dictus receptor ostendit ei ymaginem Crucifixi depictam in dicto libro, et precepit ei quod abnegaret dictum Crucifixum, et ipse abnegavit ore non corde, ut dixit. Postea precepit ei quod spueret supra dictam ymaginem Crucifixi, et cum ipse testis stupefactus esset de predictis, dixit ei receptor quod oportebat eum predicta facere, quia erant de punctis ordinis, et tunc ipse testis spuit non supra dictam ymaginem, sed juxta eam; postea precepit ei dictus receptor quod oscularetur eum in umbilico et retro in spina dorsi, desuper braccale, in carne nuda, quia oportebat eum facere predicta secundum puncta ordinis, et tunc fuit osculatus eum in dictis locis super carnem nudam, ut dixit. Item, dixit ei quod secundum posse suum servaret elemosinas ordinis, et insuper, quod de punctis ordinis erat quod si aliquis ex fratribus ordinis vellet cum eo commisceri carnaliter et requireret eum, hoc pateretur; ipse tamen testis respondit quod hoc non faceret, et dixit quod nunquam fecerat nec fuerat requisitus.

Item, super contentis in v et xxviii sequentibus, de dogmatizacione, conculcacione, cato, sacramentis, potestate Magistri et osculis, respondit se nichil scire ultra illa que supra deposuit : ipse tamen bene credebat ecclesiasticis sacramentis, et credit quod alii fratres ordinis crederent; sed non putat quod ille qui recepit eum esset bonus Christianus, nec audivit nec credit quod layci possent absolvere a peccatis.

Item, ad xxxiiii et xi sequentes respondit quod pro professis statim habebantur, sed non jurabant quod non exirent ordinem, sed clamdestine recipiebantur; nec scit si suspicio ex hoc contra ordinem habebatur nec si commiscebantur fratres carnaliter, sed de dicta commixcione fuit ei preceptum quod supra deposuit.

Item, de contentis in XLVI et XXVI sequentibus, de ydolis et capitibus ydolorum et cordulis, respondit se nichil scire, nisi hoc duntaxat quod ei fuerat dictum per fratres post recepcionem suam quod cingeretur una cordula super pannos suos lineos de nocte; modum autem recepcionis aliorum ordinis credebat talem esse qualis fuerat suus, sed nesciebat qualiter fuissent puniti qui predicta facere noluissent, vel qui ea revelassent; jurabant tamen non revelare predicta, nec fuissent ausi revelare secularibus.

Item, ad LXXIII et omnes sequentes respondit non fuisse sibi inhibitum quod non confiteretur nisi fratribus ordinis, et credebat quod fuissent negligentes quia non correxerant errores nec denunciaverant Ecclesie, et credit quod uniformiter reciperentur ubique in ordine sicut deposuit se fuisse receptum, et audiverat dici quod elemosine fuerant diminute in ordine, licet restringi non viderit nec ipse unquam restrinxerit, sed bone gentes bene recipiebantur ad hospitalitatem. Audiverat eciam dici quod capitula clam tenebantur, sed non credebat quod layci possent absolvere a peccatis, et credebat quod in toto ordine servaretur quod magnus Magister statuebat cum conventu suo, et quod scandalum propter predicta contra ordinem sit exortum. De omnibus aliis contentis in dictis articulis respondit se amplius nescire quam supra scriptum sit. Item, dixit quod ipse predictos errores confessus fuerat post VIII dies a recepcione sua capellano curato dicti loci de Loyson, cujus nomen et cognomen ignorat et quem credit esse mortuum; qui in capella dicte domus ante horam prandii absolvit eum, et consuluit ei quod nunquam interesset recepcioni alicujus fratris ordinis, et quod non teneret dictos errores, et quod exiret ordinem, et quod jejunaret IIII diebus Veneris in pane et aqua propter illa que fecerat.

Requisitus si sic deposuerat prece, precepto, timore, amore, odio, vel temporali comodo habito vel habendo, respondit quod non, sed pro veritate dicenda; et fuit ei injunctum per dictos dominos commissarios, in virtute juramenti prestiti per eum, quod non revelaret hanc suam deposicionem quousque attestaciones fuerint publicate.

Eisdem die et loco, post examinacionem dicti fratris P. de Boscherres, fuerunt adducti ad presenciam eorumdem dominorum commissariorum, pro testibus in isto negocio, fratres Guido Delphini miles Claramontensis, Addam de Valamanut olim preceptor de Hancuria, Humbertus de sancto Jorre preceptor ballive Garch., Gerardus de Causo miles Ruthenensis, preceptor ballive du Bastre, Petrus de Boneli miles Noviomensis, Hugo de Gamone miles Ruthenensis diocesium, Radulphus de Enesi quondam receptor Campanie, et preceptor balliarum de Latigniaco Sicco et de Somorens, et antequam jurarent, fuerunt protestati coram dictis dominis commissariis quod per ea que deponerent coram eis, vel dicerent, seu facerent, nullo modo intendebant recedere a confessionibus factis per eos coram ordinariis suis, sed in ipsis confessionibus perseverare intendebant, et si contingeret eos per simplicitatem vel aliter aliquid per eos dici vel fieri contra dictas confessiones, quod pro nullo haberetur, et ex nunc revocabant. Qua quidem protestacione premissa, juraverunt tactis sacrosanctis Evangeliis per eosdem dicere totam, plenam et meram veritatem in negocio isto de quo inquiretur, secundum formam juramenti aliorum testium superius registratam vulgarizatam eisdem.

Acta fuerunt hec dictis die et loco, presentibus dictis dominis commissariis, excepto domino Matheo, qui ex causa recessit post examinacionem primi testis et recepcionem juramentorum predictorum et examinacionem dicti fratris P. super primis IIII articulis, et presentibus magistro Amisio, me Floriamonte Dondedei, et aliis notariis supra ultimo nominatis.

Post hec, die Martis sequenti, que fuit XII dicti mensis Januarii, et rediit ad dictos dominos commissarios in domo predicta frater Johannes de Polheicourt, testis supra juratus et examinatus, et rogavit eosdem dominos commissarios quod audirent eundem, et data audiencia dixit se fuisse mentitum in deposicione sua die Sabati proximo preterita facta coram eis, et se degerasse petens flexis genibus et complosis manibus veniam ab eisdem: cum autem dicti domini commissarii haberent eundem testem quodam modo suspectum de aliqua subornacione, receperunt ab eo juramentum tactis sacrosanctis Evangeliis de dicenda veritate eisdem. Requisitus per dictum juramentum si revelaverat dictam suam confessionem alicui persone, et si ab aliquo inductus fuerat ad revocandum eandem, respondit quod non; sed quia cogitavit se male fecisse, quia mentitus fuerat et degeraverat coram dictis dominis commissariis, rogaverat custodes carceris, et Johannem de Janvila, quod reducerent eum ad presenciam eorumdem dominorum commissariorum, ut posset dicere coram eis aliqua que obmiserat in deposicione predicta, post que dixit per juramentum suum quod in recepcione sua abnegaverat Deum et spuerat juxta crucem quandam albam argenteam, de mandato receptoris sui, qui dixit ei quod predicta abnegacio et spuicio supra crucem erat de punctis ordinis, et fecit hoc ipse testis, ut dixit, ore non corde.

Item, dixit predictum receptorem tunc dixisse eidem quod si aliquis ex fratribus ordinis eorum vellet cum eo commisceri carnaliter, et eum requireret, debebat hoc pati secundum puncta dicti ordinis.

Item, dixit predictum receptorem dixisse eidem quod, secundum puncta ordinis, debebat eum osculari retro subtus zonam in squina; sed non fuit eum osculatus, quia remisit ei dictum osculum. Item, dixit quod predictos errores omnes nunc per eos confessatos credebat esse in ordine, et servari communiter in recepcionibus aliorum fratrum, et vidit eciam servari in recepcione fratris Philippi de Menin, cui supra deposuit se interfuisse; verumptamen in recepcione ipsius testis non interfuerat frater Egidius presbiter, prout supra deposuerat, credens tunc ita fuisse; sed postmodum avisaverat se et cogitaverat, et sciebat eum non affuisse. Item, dixit se audivisse dici quod quidam catus veniebat in congregacionibus Templariorum, et predicta audiverat dici post capcionem Templariorum. Item, dixit quod si eciam religio Templariorum non destrueretur, quod ipse nolet remanere in ea, quia erat mala.

Acta fuerunt hec die et loco predictis, absente dicto domino Narbonensi, presentibus magistro Amisio, me Floriamonte Dondedei, et aliis notariis supra ultimo nominatis.

Post hec, eisdem die et loco, fuit adductus ad presenciam dicti domini archiepiscopi supervenientis, et aliorum dictorum dominorum commissariorum, frater Geraldus de Causso miles, Ruthenensis diocesis, testis supra juratus, ut deponeret dictum suum, et non defferebat mantellum ordinis, quia dimisit eum, ut dixit, in concilio Senonensi, una cum pluribus aliis fratribus ejusdem ordinis, et eadem die qua deposuit mantellum, fecerat sibi raddi barbam, et est etatis circiter quadraginta octo annorum, ut dixit; et fuit alias inquisitum cum eo per dictum dominum episcopum Parisiensem, et absolutus et reconciliatus per eum. Lectis autem omnibus et singulis articulis, et circumspectis per eum, qui litteratus est et in jure peritus, respondit ad eos, et primo ad primos IIII, ut sequitur: scilicet se credere quod aliqui mali fratres dicti ordinis faciebant recepciones secundum quod ipse fuerat receptus, et aliqui alii boni fratres ordinis non servabant dictam formam. Ipse autem receptus fuerat in dicto ordine circa instans festum sanctorum apostolorum Petri et Pauli, erunt XII vel XIII anni, in camera domus Templi Caturcensis, in mane, post magnam missam, per fratrem Guigonem Ademari, quondam militem, tunc preceptorem provincie, presentibus fratribus Raymondo de la Costa presbitero, Raymondo Roberti tunc preceptore deu Basoez, Petro tunc preceptore dicte domus Caturcensis, cujus cognomen ignorat, et quondam milite socio dicti fratris Guigonis, et quibusdam servientibus assistentibus dicto fratri Guigoni, quorum nomina et cognomina dixit se non habere in memoria, et Ger. Barasci et Bertrando de Longa Valle militibus, qui eadem die et eadem hora, et eisdem astantibus, fuerunt recepti cum eo in hunc modum; nam, ipso et dictis Ger. Barosa et Bertrando de Longa

Valle, qui per quinque dies ante et ipse testis ipsa die fuerant facti novi milites, existentibus in quadam camera juxta capellam dicte domus, venerunt ad eos dictus frater Raymondus Roberti et quidam alius miles, ut ei videtur, cujus non habebat noticiam, et dixerunt eis infrascripta verba: Requiritis vos societatem ordinis Templi et participacionem bonorum spiritualium et temporalium que fiunt in eo; et ipsis respondentibus quod sic, dixerunt dicti duo qui ad eos venerant : Vos requiritis maximum quod, et nescitis forcia precepta que sunt in dicto ordine; videtis enim nos exterius bene vestitos, bene equitatos, et in magna apparencia, sed non potestis scire austeritates ordinis, et forcia puncta que sunt in eo ; nam quando volueritis esse citra mare, eritis ultra et e converso, et quando volueritis dormire, oportebit vos vigilare, et esurire quando volueritis comedere. Poteritis sustinere hec omnia pro honore Dei, et salute animarum vestrarum? Et ipsis respondentibus quod sic, si Deo placeret, subjunxerunt : Nos volumus scire a vobis si estis liberi a quibusdam que volumus pettere a vobis. Primo enim : volumus scire si bene creditis fidei catholice secundum fidem Ecclesie Romane, si estis infra sacros ordinis constituti vel matrimoniali vinculo alligati, si voto estis astricti ad aliquam aliam religionem, si estis de genere militari et de legittimo matrimonio procreati, si estis excommunicati propter culpam vestram vel alterius, si promisistis aliquid vel dedistis alicui ex fratribus ordinis Templi vel aliis ut recipere- mini in ista religione, si habetis infirmitatem aliquam latentem propter quam essetis inabiles ad servicium domus et exercicium armorum, si estis debitis obligati pro vobis vel pro aliis, ad quorum solucionem non sufficeretis per vos vel amicos vestros absque bonis Templi. Ad que fuit responsum per ipsos recipiendos quod bene credebant in fide, et quod erant liberi, nobiles, abiles et de legittimo matrimonio, nec in eis erat aliquid de impedimentis predictis. Post que dixerunt dicti duo predictis recipiendis quod verterent se versus dictam capellam, et rogarent Deum, beatam Virginem et omnes sanctos Dei, quod si ingressus eorum cederet ad salutem animarum suarum, et honorem personarum suarum et amicorum suorum, quod Deus perficeret peticionem et intencionem eorum; et cum convertissent se ad dictam oracionem faciendam, dicti duo fratres recesserunt ab eis euntes, ut credit ipse testis, ad faciendum relacionem dicto fratri Guigoni de responsione et intencione eorum. Post modicam moram, dicti duo fratres redeuntes ad eos in eodem loco pecierunt si bene cogitaverant super predictis, et si persistebant in eadem intencione ut prius; quibus respondentibus quod sic, recesserunt ab eis redeuntes, ut credit, ad dictum fratrem Guigonem ad referenda predicta, et post paululum redierunt ad eos, dicentes quod amoverent de capitibus eorum capucia et cofas, et junctis manibus venirent coram dicto fratre Guigone, et quod flexis genibus requirerent ab eo, et dicerent infrascripta: Domine, nos venimus hic ad vos et ad istos dominos fratres qui vobiscum sunt, et requirimus societatem ordinis et participacionem bonorum spiritualium et temporalium que fiunt in eo, et volumus perpetuo esse servi esclavi dicti ordinis et voluntatem nostram propter alienam dimittere; et dictus frater Guigo respondit quod petebant grandem rem, repetendo verba suscripta a predictis duobus fratribus dicta eisdem, et ipsis respondentibus, ut suprascriptum est, per juramentum quod prestiterunt flexis genibus, super quemdam librum, coram eo, et quod non erant in eis impedimenta supra nominata, dixit eis : Intelligatis bene que dicimus vobis; vos juratis et promititis Deo et beate Marie quod semper eritis obedientes Magistro Templi, et cuicumque fratri dicti ordinis qui preficiatur vobis, et quod servabitis castitatem, bonos usus et bonas consuetudines ordinis, et vivetis sine proprio, nisi vobis a superiore vestro concedatur, et quod semper juxta posse vestrum juvabitis ad conservandum quod acquisitum est de regno Jerosolimitano, et ad acquirendum quod nondum est acquisitum, et quod nunquam eritis in aliquo loco in quo ex studio vel ingenio vestro aliquis Christianus vel Christiana occidatur, vel exheredetur injuste, et si bona Templi committerentur vobis, quod de eis reddetis bonum et legale computum pro terra sancta, et hanc religionem non dimitetis pro meliori vel pejori sine licencia superioris vestri. Quibus juratis, dixit eis : Vos recipimus, patres et matres vestros, et duos vel tres ex amicis vestris quos duxeritis eligendos ad participacionem bonorum spiritualium factorum et faciendorum in ordine a principio usque ad finem. Et hiis dictis induit eos mantellos, et affublavit eis, et affublando dictus frater Raymondus la Costa presbiter dicebat psalmum : « Ecce quam bonum et quam jocundum habitare « fratres in unum, » et versiculos : « Mitte eis auxilium de sancto, et « nichil proficiat inimicus in eis, » cum oracione Sancti Spiritus : « Deus, qui corda fidelium, etc. » Et tunc magister elevans eos, per manus sursum osculatus fuit eos in ore, et videtur ei quod dictus presbiter et milites astantes fuerunt similiter osculati eos in ore.

Post que dictus magister, ponens se ad sedendum, fecit eos sedere juxta pedes suos, et consedentibus dictis fratribus qui astabant, dixit eis quod multum debebant letari, quia Dominus perduxerat eos ad tam nobilem religionem sicut erat milicia Templi, et quod debebant sibi multum precavere quod non facerent aliquid propter quod perderent dictam religionem, et quod hoc non placeret Deo, adjiciens quod aliqui casus erant propter quos possent perdere dictum ordinem, et aliqui propter quos possent perdere habitum dicti ordinis, et aliqui propter quos subjicerentur aliis penis de quibus explicaret eis illos de quibus recordaretur, et alios inquirerent diligenter a fratribus dicti ordinis; et inter alia dixit eis quod domum perderent, si simoniacum habuissent ingressum ad dictam religionem, si revelarent secreta capitulorum quibus interessent quibuscumque fratribus ordinis, vel aliis qui non adfuissent in eis, et si essent convicti dolose interfecisse Christianum vel Christianam; et ex hoc eciam in carcere perpetuo ponerentur, si essent convicti de latrocinio, per quod eciam intelligebant quod non exirent nisi per portas consuetas, quod non facerent contraclaves; si essent convicti de crimine sodomitico, pro quo eciam in carcere perpetuo tenerentur; si duo, vel tres, vel plures ex ipsis, communi consilio et factione falso defferent aliquem ex fratribus dicti ordinis, et de hiis essent convicti per eorum confessiones, vel per duos vel plures fratres ipsius ordinis, vel donatos eorum ; si declinarent ad Saracenos cum devocione remanendi cum eis, esto quod postmodum redirent et peniterent, et si convicti essent non bene credere in fidem catholicam, si fugerent in armis existentes contra inimicos fidei, dimisso vexillo vel capitaneo eorum, et si absque superiorum licencia facerent se ad sacros ordines promoveri. Item, dixit eis predictus frater Guigo quod habitum debebant perdere, si contempnerent obedire superioribus suis, et eis essent rebelles, et nichilominus si perseverarent in rebellione, ponerentur in compedibus, si inpingerent maliciose, vel percuterent fratrem, adeo quod cogeretur mutare duos pedes, et si sanguinis effusio interveniret, poterant incarcerari; si percutebant Christianum vel Christianam cum lapide, baculo vel ferro, ex quo posset uno ictu mutilari vel graviter ledi; si commiscerentur carnaliter, cognovisse mulierem, vel fuisse in loco suspecto cum ea; si accusarent fratres alios de aliquo casu propter quem deberent perdere habitum, et deficerent in probacione, si sibi ipsis fraudulenter imponerent aliqua qui non essent vera quibus veris existentibus fuissent de ordine expellendi, si dicerent presentibus aliis fratribus, eciam calore iracondie, quod transferrent se ad Sarracenos, esto eciam quod non facerent, si portantes in facto armorum baneriam sine precepto superiorum suorum pugnarent cum ea, vel alii sequerentur, vel deponerent eam, et si damnum ex predictis sequeretur, poterant ex hoc incarcerari; si existentes in exercitu sine precepto capitanei irent ad invadendum hostes, nisi hoc facerent pro succursu alicujus Christiani vel Christiane; si merces alienas reciperent tanquam suas; ut domini temporales perderent pedagia sua que essent ad habitum [?]; si committerentur maliciose negare alicui domino temporali censum, vel certum servicium, ad quorum prestacionem tenerentur ; si recusarent aliquem fratrem ordinis viatorem recipere in domibus ordinis quas tenerent, et reficere; si reciperent aliquem in fratrem ordinis sine auctoritate, presencia capitulorum vel superiorum suorum, vel aliter quam deberent, si innobilem reciperent ad dictum ordinem; si aperirent litteras que per

Magistrum mitterentur aliis, et frangerent ejus sigillum maliciose; si frangerent alienam seraturam vel firmaturam saccorum in quibus portaretur argentum, vel consimilia, vel alia, et si ex dicta fraccione sequeretur dampnum, tenerentur sicut de latrocinio; si darent bona domorum ordinis que non erant commissa eisdem, vel si bona domorum eis concessarum dissiparent, vel prestarent talibus quod prestando, vel acomodando eis, veresimiliter perdi possent, vel si darent aliquod animal ordinis preter canem, vel catum, quod non esset in eorum potestate; si venando et venacionem prosequendo perderent vel destruerent aliquam equitaturam, vel aliquod aliud vocabulo dampnum ex hoc darent ordini; si volentes probare arma sine auctoritate superiorum ea rumperent; si dampnificarent domum eorum ultra valorem IIII denariorum. Si tamen intencione dimittendi ordinem jacerent per unam noctem extra domos ordinis, sed si per duas noctes vel plures jacerent extra domum, non possent de uno anno recuperare habitum; si in presencia aliorum fratrum commoti iracondia despicerent habitum suum, et immediate ad admonicionem, preces vel requisicionem astancium non ressumerent, vel si alicui fratri sic mantellum abjicienti, et eum ressumere nolenti, ad admonicionem, preces vel requisicionem assistencium ipsum mantellum ejus collo imponeret, nec in dictis tribus ultimis casibus poterat recuperare mantellum, nisi post annum, sed in aliis casibus relinquebatur arbitrio Magistri et fratrum quando dictum mantellum redderent quando propter casus predictos perdebatur.

Item, post premissa dixit eis predictus receptor quod ex quo venerant ad religionem doceret eos qualiter deberent venire ad ecclesiam et ad mensam, et dixit eis quod quando pulsaretur ad matutinum surgerent et in tranquilitate intrantes ecclesiam dicerent XXVIII *Pater Noster*, XIV pro horis diei et XIV pro horis beate Marie, et debebant tenere silencium ex quo surgebant usque post primam, et pro qualibet hora diei debebant dicere XIIII *Pater Noster*, silicet VII pro horis diei et VII pro horis beate Marie, et debebant audire quando erant in loco in quo hoc facere possent dici vel cantari in ecclesia matutinum, primam, terciam, meridiem et missam; postmodum ad pulsacionem campane debebant convenire ad mensam et comestionem, etsi in domo erat frater presbiter antequam sederent in mensa, debebant eum exspectare pro benedictione in mensa facienda, et quilibet fratrum dicere saltem semel *Pater Noster;* ante eciam quam sederent, debebant videre si in mensa erat panis et sal, vinum et aqua, ubi non habebant vinum, et in mensa debebant parum loqui; refectione sumpta, debebant redire ad ecclesiam, si propinqua erat, pro referendis graciis, et presbiter reddebat gracias dicendo oraciones et *Miserere mei,* et fratres dicebant semel *Pater Noster;* et si ecclesia deerat vel erat remota, hoc faciebant in refectorio vel in domo in qua erant, stando et non sedendo. Postmodum ad pulsacionem none debebant reintrare ecclesiam, et pro eadem dicere xiv *Pater Noster,* et in vesperis xviii; verumptamen non tenebantur ad dicendum dictum numerum de *Pater Noster* pro singulis horis, quando eas audiebant in ecclesia dici vel cantari, nisi vellent, et in omnibus horis incohabant primo dicere *Pater Noster* pro horis beate Marie; sed in completorio dicebant dictos *Pater Noster* pro horis beate Marie, ultimo ad significandum, ut dixit eis dictus receptor, quod ordo eorum erat inchoatus ad honorem beate Marie et ad ejus honorem finiretur quando Deo placeret. Et ultra predicta precepit eis quod omni die ante comestionem dicerent lx *Pater Noster,* xxx scilicet pro vivis, ut Deus eos ad bonum finem perduceret et servaret, et xxx pro deffunctis; et ita, ut dixit, precipiebatur ex generali precepto ordinis aliis fratribus quando recipiebantur. Item, dixit eis dictus receptor quod, in cena quam debebant sumere ante completorium, debebant illa facere que supradicta sunt de prandio et post completorium parum loqui, et quod visitarent equos suos, et quando essent in expedicione armorum, viderent arnesia sua, et postmodum intrarent lectos suos et jacerent cum pannis et caligis lineis; et quod cingerent se aliquibus cordulis, in signum quod caste vivere debebant et restringere carnes suas; et quod tenerent lumen de nocte in loco in quo jacerent, ne hostis inimicus daret eis occasionem delinquendi, et eciam in stabulo, si habere possent. Item, dixit eis dictus receptor quod non debebant esse compatres, nec intrare domum in qua jaceret mulier de puerperio, nec permittere quod mulieres personaliter servirent eis, nisi in casu infirmitatis, ubi alii servitores deessent, et tunc cum auctoritate superioris; nec osculari aliquam mulierem eciam de genere eorum. Nec debebant dicere aliquibus aliqua inpropria, nec aliqua turpiloquia referre, nec jurare de Deo, quia omnes curialitates erant eis permisse et omnes incurialitates prohibite. Et tunc dixit eis dictus receptor : Eatis, Deus faciat vos probos homines; et tunc recessit dictus receptor, remanentibus ibidem dictis receptis. Et quatuor vel quinque fratres servientes ordinis remanentes cum eis fermaverunt ostium camere cum barra vel necte, et dicti servientes, quos idem testis prius non viderat, quod recolat nec postmodum, extrahentes quamdam crucem ligneam, ut ei videtur, quasi longitudinis unius palmi cum dimedio, in qua non recolit se vidisse aliquam ymaginem Crucifixi, dixerunt ipsi testi et aliis duobus qui recepti fuerant cum eodem, ostendentes dictam crucem, quod abnegarent Deum; et cum ipsi responderent se non facturos et essent stupefacti et territi, dixerunt quod hoc oportebat eos facere, et evaginaverunt enses quos portabant; et tunc ipse testis et predicti duo recepti cum eo exterriti et inermes abnegaverunt Deum; et hoc fecit ipse testis, ut dixit, ore non corde, idem credens de aliis duobus; postmodum dicti servientes preceperunt eis quod spuerent super dictam crucem, et cum nollent spuere, dicti servientes dixerunt eis quod facerent eis graciam ne facerent dictam spuicionem, sed caverent sibi quod tenerent secretum et quod non accusarent eos. Postea unus predictorum servientium dixit eis quod, si haberent calorem et motus carnales, poterant adinvicem carnaliter commisceri, si volebant, quia melius erat quod hoc facerent inter se, ne ordo vituperaretur, quam si accederent ad mulieres. Verumptamen, sicut ipse testis asserit, nunquam fecit nec cogitavit hoc nec fuit requisitus, nec fecit, nec audivit dici quod aliquis de ordine perpetraverit dictum flagicium, exceptis tribus duntaxat quorum nomina ignorat, quos audivit fuisse propter hoc incarceratos in castro Peregriori, tempore quo frater Thomas Berardi erat Magister Templi. Et hoc eciam dixit se legisse in quibusdam scripturis. Post predicta, illis servientibus recedentibus, induerunt se dictus testis et alii cum eo recepti, et iverunt ad prandium, et eadem die fuerunt per loca diversa dispersi. Requisitus si alia inhonesta fuerunt facta in recepcione sua predicta, dixit quod non. Requisitus si scit vel credit quod predicti servientes preciperent eis predicta scienter vel mandante dicto receptore, respondit se credere quod sic et quod predicti servientes non fuissent ausi attemptasse talia ex se ipsis. Item, dixit quod, post dictam suam recepcionem circa unum mensem, ipse testis dolens de premissis accessit ad dominum Sicardum tunc episcopum Caturcensem, in castro suo de Mercorio, et fuit eidem confessus crimina predicta inhonesta confessata per eum; et dictus episcopus fuit ex hoc multum stupefactus et absolvit eum, imposita ei penitencia quod super camisiam portaret, usque ad certum tempus, loricam ferream, et quod jejunaret, certis diebus, in pane et aqua, et quod omnia bona que faceret essent ei in remissionem peccatorum, et ut prius posset transfretaret; que omnia adinplevit, ut dixit. Requisitus quare ante capcionem eorum non revelaverat predicta, et quare post capcionem se torqueri permiserat priusquam revelaret, respondit quod propter timorem mortis, quia non videbat qualiter posset effugere manus Templariorum, et quando fuerunt capti, et inquisitum fuit cum eo, adhuc non poterat credere quod remanerent capti tanto tempore et quod negocium ad talem et tantam indaginem et statum hujusmodi deveniret. Si eciam ante capcionem revelasset, non fuisset habita [*fides?*] nec ab amicis, nec ab aliis, et fuisset habita mala suspicio magis contra eum quam contra ordinem; nec habuisset, ad mundum revertens, honorabiliter victum suum, quia frater ejus primogenitus de ejus voluntate habuerat omnia bona paterna et materna. Item, dixit quod quedam erant et servabantur in ordine Templi que, ut ei videtur, erant juri scripto contraria sicut est, quia prima die habebantur pro professis, et ex juramento astringebantur ad dictam professionem, et amplius ordinem non exire; et videtur ei quod hoc eciam esset contra primum vel secundum capitulum regule eorum, in quo, inter cetera, continebatur quod volentibus intrare dictum ordinem legerentur ante omnia capitula regule eorum, et quod probarentur, juxta doctrinam apostoli dicentis probare spiritus, si ex Deo sunt; que non fuerunt servata in recepcione ipsius testis, nec vidit, nec audivit dici, nec credit quod servarentur in recepcionibus aliorum. Fiebat insuper dicta recepcio et professio in ordine contra quoddam privilegium apostolicum, quod incipit : « Omne datum opti- « mum, » in quo, inter cetera, concessum fuit eis quod haberent fratres presbyteros et clericos qui animum pro bonis haberent; quod non servabatur in ordine, quia eodem modo recipiebantur presbyteri et clerici, et statim pro professis habebantur sicut et alii. Item, erant in dicto ordine eorum aliqua prejudicialia Ecclesie Romane, ut ei videtur, quod ex nullo gravamine in ordine eis illato ad eam poterant recurere vel appellare; nec Magister major confirmabatur per Sedem apostolicam, sed ex eleccione plenum jus assequebatur administrandi. Item, quedam servabantur in ordine que erant, ut sibi videtur, contra regulam eorum, quia correctio fratrum ultra mare existencium, secundum regulam eorum, debebat fieri de consilio patriarche Jerosolimitane, ut secundum qualitatem culparum moderaretur qualitas penarum; quod tamen non fiebat nec servabatur in ordine supradicto, sed potius contrarium. Item, dixit quod Magister et preceptores provinciales non sustinebant quod aliqui fratres ordinis haberent in scriptis et penes se retinerent regulam eorum, vel statuta facta post dictam regulam, nec aliqua alia continencia statum et puncta ordinis sine licencia ipsorum; et videtur ipsi testi quod hoc esset malefactum et quod ex hoc esset suspicio contra eos, et dixit se vidisse ultra mare semel vel bis quod Magister dicti ordinis, qui nunc est, precepit quod omnes fratres dicti ordinis habentes se aliquos libros tangentes regulam, statuta et puncta ordinis, apportarent ei; et cum fuissent apportati, audivit idem testis dici, et credit quod dictus Magister faciebat aliquos comburi, et aliquos reddi aliquibus ex antiquioribus ordinis, et aliquos penes se retinebat. Et idem testis dixit se tradidisse eidem Magistro quedam scripta beati Bernardi, in quibus confortabat illos de ordine, que statim reddidit eidem testi; et audivit dici a quibusdam antiquis ordinis quod fratres Guillelmus de Bellojoco et Thomas Berardi Magistri quondam ordinis consimilia fecerant; et erat vox communis in ordine, inter antiquos ordinis, quod ex quo litterati fuerant inter eos, ordo non fecerat profectum suum.

Item, dixit se interfuisse Tholose, quando dictus frater Guigo in aula domus Templi recepit unum presbyterum in fratrem ordinis, cujus nomen ignorat, et fecit exhortaciones quales facte fuerant in recepcione ipsius testis, et dixit consimilia hiis que dicta fuerant ipsi testi ante abnegacionem; quibus peractis, aliqui ex fratribus astantibus, quorum noticiam non habebat, traxerunt dictum receptum in angulo dicte aule, et verterunt dorsa sua aliis, et videtur ei quod fecerunt eum abnegare Deum, sed non vidit ibi crucem, et credit quod fecerit illa que ipse fecerat, et alii recepti cum eo, et quod consimilia dicta fuerint ei. De tempore recepcionis illius dixit se non recordari.

Item, dixit quod ipse testis recepit fratrem Raymondum Bornarelli servientem, de Gordonio Caturcensis diocesis, per annum cum dimedio ante capcionem eorum, in quadam camera domus Templi del Bastre dicte diocesis, cujus domus erat ipse testis preceptor, presentibus fratribus Guillelmo Fabri presbitero, et Gaucelino de sancto Jorio milite, et Guillelmo Abbati tunc camerario dicte domus, et quibusdam aliis fratribus de quibus non recolit, in cujus recepcione nichil egit, nec per alium fieri fecit, nec factum fuit illicitum vel inhonestum, servans modum qui servatus fuerat in recepcione sua, exceptis abnegacione, et illis illicitis que dicti servientes fecerant et preceperant, quod nullo modo fecisset fieri nec servari, pro eo quod sunt abbominabilia et contra Deum et contra debitum nature.

Item, dixit quod, per dimidium annum vel quasi ante capcionem eorum, fuit receptus per fratrem Hugonem de Peraldo, visitatore Francie, frater Johannes de Pronay miles Parisius, in domo Templi in quadam camera, juxta cimiterium, domino rege Francie illustri in domo eorum existente; et in dicta recepcione nichil fuit actum illicitum; et ipse testis, et frater Olivarius de Penna miles, cubicularius tunc domini Pape, et Guillelmus de Arbleyo, ellemosinarius domini regis, Terricus de Remis serviens, et plures alii de quorum nominibus non recordatur, fuerunt presentes; dicta tamen recepcio fuit facta januis clausis, nec adfuerunt nisi illi de ordine. Requisitus si tempore dicte recepcionis habebat aliquam suspicionem de inquisicione facienda contra eos, respondit se nichil scire de aliis, sed ipse tunc non habebat aliquam suspicionem.

Item, ad IV et X sequentes, de dogmatizacione, conculcacione crucis et cato, respondit se nichil scire nisi quantum supra deposuit, nec credebat alia quam supra deposuerat de contentis in articulis predictis, quia non audiverat dici, adiciens quod in die Veneris sancta, sine cofis et capuciis, et sine secularibus devote adorabant crucem.

Item, ad XVI et XVII sequentes, de sacramentis, potestate Magistri et osculis, respondit se credere quod sacerdotes ordinis debite confiterent, et quod communiter fratres ordinis crederent ecclesiasticis sacramentis, et ipse semper credidit et credit, nec audivit, nec scit quod layci possent absolvere a peccatis; immo scit contrarium, quia non habent claves; verumptamen quando recedebant a capitulis eorum servabatur talis modus, nam ille magister vel frater qui tenuerat capitulum surgens et stans pedes una cum presbitero sibi assistente, reliquis fratribus genua sua flectentibus, et complosis manibus stantibus in oracione, et absolucionem presbiteri expectantibus, dicebat ista verba: Fratres, nos bene possumus amodo recedere; nostra indulgencia capituli talis est, quod quicumque frater teneret bona dicte domus vel elemosinas aliter quam deberet, vel expediret prodigaliter, non reciperet partem de bonis factis in dicto capitulo, nec in aliis locis ordinis; attamen de omnibus illis que obmitteretis nobis dicere, ob verecundiam carnis vel ob metum justicie ordinis, nos facimus vobis indulgenciam quam possimus et debemus. Postmodum idem magister faciebat preces pro pace, pro domino Papa, cardinalibus et aliis prelatis, pro statu Ecclesie, pro Terra Sancta, pro navigantibus, pro omnibus religiosis, pro dominis regibus Francie et Anglie nominatim, et generaliter pro omnibus aliis regibus Christianis, ut Deus daret eis pacem et concordiam, et bonam voluntatem succurrendi breviter Terre Sancte; pro peregrinantibus benefactoribus eorum, pro patribus et matribus et confratribus dicti ordinis vivis et mortuis, et pro omnibus aliis fidelibus deffunctis, et precipiebat quod quilibet ex fratribus qui aderant dicerent semel *Pater Noster*; et hiis dictis, dicebat eis quod frater presbiter qui aderat faceret absolucionem, ut Deus absolveret ipsum presbiterum et eos omnes; et tunc ipse magister vel tenens capitulum, qui dixerat eciam verba, flectebat genua et ponebat se in oracione sicut et alii fecerant, et frater presbiter dicebat eis : Dicatis ista verba que ego dicam : Confiteor omnipotenti Deo, etc., sicut confessio generaliter fit in ecclesia; et ipsi in secreto dicebant et faciebant dictam confessionem tundendo pectora sua; et facta confessione, dictus presbiter, secundum quod fit in ecclesia, dicebat : Misereatur vestri, etc., et absolucionem et remissionem omnium peccatorum vestrorum tribuat vobis omnipotens et misericors Deus, et recedebant. Requisitus si sciebat vel credebat quod illi qui aderant capitulis crederent absoluti esse a peccatis carnalibus vel aliis generibus de quibus non confitebantur, propter verba predicta que dicebantur eis ab illo qui tenebat capitulum, qui laicus erat, respondit se credere quod aliqui fratres ydiote et simplices dicti ordinis crederent propter hoc esse absoluti a dictis peccatis ; sed ipse testis erat certus de contrariis, nec credebat eciam quod per dictam generalem absolucionem factam dicto presbitero, et generaliter confessionem factam eidem essent absoluti a peccatis mortalibus. De osculis autem inhonestis, dixit se nichil scire.

Item, contenta in xxxiiii et v sequentibus respondit se credere vera esse.

Item, ad XL et v sequentes, de crimine sodomitico, respondit se nichil scire nisi quod supra deposuit.

Item, ad XLVI et XXX sequentes, de ydolis et cordulis, modo recepcionis, penis illorum qui nolebant facere vel revelabant predicta, respondit se nichil scire nisi quod supra deposuit.

Item, ad LXXIII et omnes sequentes respondit quod ultra quam supra deposuerit nesciebat, nisi ista que sequuntur, nam absque licencia non poterant confiteri, nisi fratribus presbiteris ordinis. Negligentes fuerant superiores eorum, quia non corexerant dictos errores, nec denunciaverant Ecclesie, sed inferiores ordinis non audebant denunciare propter periculum mortis quod eis imminuisset. In aliquibus locis ordinis bene fiebant ellemosine, et hospitalitas servabatur, et in aliis non, ut credit, et precipiebatur eis quod nichil illicite acquirerent. Clam eorum capitulia tenebantur, celebrata prius in generalibus capitulis missa de Sancto Spiritu, et facto sermone per aliquem religiossum in loco in quo debebat capitulum teneri, et perquerebantur camere, et providebatur quod nullus qui non esset de ordine posset audire ea que agebantur in capitulis; et quodquod per magnum Magistrum cum conventu ordinabatur ultra mare servabatur citra mare in ordine, nec credit aliquem vivere qui dictos errores introduxerit in ordine, et credit grandia scandala propter predicta contra ordinem esse exorta. Et ea inhonesta, de quibus supra deposuit, credit quod essent nota in ordine aliquibus ex majoribus, sed non omnibus nec illis qui non erant de ordine, et credit quod magnus Magister et alii confessi fuerunt illa que in litteris apostolicis continetur eos confessos fuisse. Requisitus si sic deposuerat prece, precepto, timore, amore, odio, vel temporali comodo habito vel habendo, respondit quod non, sed pro veritate dicenda. Cui fuit inhibitum per dictos dominos commissarios, in virtute juramenti prestiti per eundem, quod non revelaret hanc suam deposicionem quousque attestaciones fuerint publicate. Sane sciendum est quod deposicio dicti testis fuit facta verbaliter per dictum testem, die Martis predicta, presente dicto domino Narbonensi, qui tunc erat profecturus ad dominum regem, sed propter ejus prolixitatem non potuit dicta die redigi in scriptis, sed fuit redacta in duobus diebus sequentibus, et ipso teste semper presente et audiente quando dictabatur dicta deposicio. Cum autem fuit relecta ipsi testi, dixit quod secundum ejus intencionem non fuerat scriptum illud quod supra scriptum est in responcione ad xvi articulum et xvii sequentes, videlicet quod, quando recessuri erant a capitulo, ille qui tenuerat capitulum dicebat ista verba : De omnibus illis que obmitteretis nobis dicere ob verecundiam carnis vel ob metum justicie ordinis, nos facimus vobis illam indulgenciam quam possumus et debemus; et dixit ipse testis quod dicta verba in vulgari dicebantur in hunc modum : « Et de tot ayço que vos nos lays- « satz a dire per onta de la charn o per paor de la justiza de la meyso, « aytal pardo vos en fam quom podem ni devem; » et intelligebat dictus testis per predicta verba, ut dixit, quod esset intencio illius qui tenebat capitulum et dicebat predicta verba, quod faceret dictam indulgenciam quam poterat et debebat, fratribus in capitulio existentibus, de illis que non obmisisset dicere in dicto capitulio, propter verecundiam carnis vel ob metum penarum ordinis, quantum ad penam temporalem. Quidam tamen ex dictis dominis commissariis intelligebant quod predicta verba haberent sensum, quod tenens capitulum faceret indulgenciam quam poterat et debebat de peccatis que obmitterent dicere in capitulis propter verecundiam carnis vel ob metum penarum ordinis. Requisitus si audivit vel vidit quod aliquis confiteretur in capitulis eorum peccata carnalia, vel aliqua alia ex quibus potuisset perdere ordinem vel mantellum, respondit quod nunquam viderat nec audiverat hoc de peccatis carnalibus, sed de aliquibus aliis culpis notoriis.

Item, requisitus quomodo intelligebat illa que suprascripta sunt in interrogatorio facto post responsionem ad xvi articulum, videlicet si sciebat vel credebat quod illi qui adherant capitulis crederent esse absoluti a peccatis carnalibus vel aliis gravibus de quibus non confitebantur; ad que responderat se credere quod aliqui fratres simplices et ydeote crederent esse absoluti propter predicta a dictis peccatis : dixit ipse testis et interpretatus fuit predicta, quod dicti fratres simplices et ydeote credebant quod illa que confitebantur tenendo capitulum generale non tenerentur amplius alicui presbytero confiteri, et quod crederent esse ab omni pena spirituali et temporali absoluti. Scripta et completa fuit hec deposicio, diebus Mercurii et Jovis sequentibus, in domo predicta, absente dicto domino archiepiscopo, aliis dominis commissariis presentibus, et magistro Amisio, me Floriamonte Dondedei, et aliis notariis supra ultimo nominatis.

Post hec, die Veneris sequenti post octabas Epiphanie Domini, que fuit xv dies dicti mensis Januarii, [convenerunt] in predicta domo dicti domini commissarii, excepto dicto domino Narbonensi, et fuit adductus ad presenciam eorumdem frater Radulphus de Gisi serviens, preceptor domus Templi de Latinihaco Sico et de Somorens Belvacensis diocesis, et receptor Campanie pro domino rege Francorum, testis suprajuratus, ut deponeret dictum suum, non deferens mantellum, quia ipsum dimiserat in concilio Senonensi cum multis aliis, et postmodum radi fecerat sibi barbam, et fuerat inquisitum cum eo per dominum episcopum Parisiensem, et absolutus et reconciliatus per eum; et erat etatis circiter L annorum, ut dixit. Lectis autem et diligenter expositis sibi omnibus et singulis articulis, respondit ad eos et primo ad primos IIII$^{or}$, ut sequitur. Protestatus tamen fuit ante omnia quod non intendebat recedere a confessione per eum facta coram dicto domino Parisiensi episcopo, videlicet quod religio Templi bene et sancte ab inicio fuerat instituta, et confirmata Trecis auctoritate apostolica, beato Bernardo et multis prelatis et baronibus astantibus; et quamdiu fuit servata regula eis tradita, ordo bene profecit. Postmodum nescit a quo nec quando fuerunt introducti errores in ordine contenti in articulis, unde in recepcionibus fratris ordinis apportabatur unum missale in quo erat ymago Crucifixi, vel alia crux, et precipiebatur illis qui recipiebantur a receptoribus quod negarent Deum vel Jhesum Christum, et quod spuerent super ymaginem vel supra crucem; et recepti abnegabant, sed aliquando dicebant quod abnegabant ore et non corde, et spuebant vel supra vel juxta crucem. Dicebatur eciam eisdem receptis in recepcionibus eorum, quod si haberent calorem naturalem, quod poterant carnaliter commisceri cum fratribus eorum; et recepti osculabantur receptorem inter umbilicum et pectus in carne nuda. Et audivit dici, licet non viderit, quod aliquando recepti osculabantur recipientes in ano. Requisitus quomodo sciebat predicta, respondit quod quando ipse fuit receptus per fratrem Hugonem de Peraldo, tunc preceptorem d'Espalhi, in aula domus Templi de Valleia Trecensis diocesis, quadam die Dominica post festum beati Remigii, proximo preteritum fuerunt xxvi anni vel circa, presentibus fratribus Petro de Vaucellis, Guaufredo de Trechi, Matheo de Pullencourt, Hugone Burgondi, Philippo de Manchiaco, et quodam vocato Emaliando servientibus deffunctis. Cum ipse testis peciisset panem et aquam et societatem proborum ordinis, et dictus receptor respondisset quod rem grandem petebat, et quod bene deliberaret, quia renunciaret proprie voluntati, et quando vellet esse citra mare oporteret eum esse ultra, et vigillare quando vellet dormire, et esurire quando vellet comedere, et multa similia, finaliter cum instaret dictus testis pro recepcione sua, et dictus receptor deliberasset cum fratribus astantibus, dixit quod reciperet eum, et fecit eum vovere et jurare super quemdam librum servare castitatem, vivere sine proprio, et obedire superioribus suis, et servare bonos usus et bonas consuetudines ordinis, que tunc erant et que inponerentur in posterum per superiores ordinis, et omnia puncta ordinis; et quod juvaret, pro posse suo, sive esset citra mare sive ultra mare, ad acquirendum regnum Jerosolimitanum; et quod non esset in aliquo loco in quo nobilis homo vel mulier exheredaretur injuste, et quod non dimitteret dictam religionem pro meliori vel pejori, absque licencia superiorum suorum. Post quod quidem juramentum dictus receptor precepit ei quod abnegaret Deum et quod spueret super ymaginem in dicto libro existentem; et dixit ei quod predicta debebant fieri secundum puncta ordinis. Cum ipse testis diceret ei quomodo posset facere predicta, quia religio dicebatur esse valde sancta, et dictus receptor dixit: Non cures; et tunc abnegavit ore non corde, et spuit non supra dictam ymaginem sed juxta, ita dolens et tristis, ut dixit, de predictis, quod tunc magis voluisset esse in medio maris vel aliter mortuus; et quando exivit de dicto loco, in conspectu omnium flevit amare; et quanquam videntes eum flere requirerent quod habuerat, noluit revelare. Post dictas abnegacionem et spuicionem, precipit ei dictus receptor quod oscularetur eum in carne nuda inter umbilicum et pectus, quod et fecit; et dixit ei quod, secundum puncta ordinis, debebat eum osculari in ano; quod tamen noluit facere, nec receptor coegit eum. Dixit ei insuper quod, si calor naturalis requireret, poterat se refrigerare cum fratribus suis, quod nunquam fecit, nec scivit quod fieret per alios in ordine. Post que tradidit ei mantellum ordinis, et ipse et alii fratres astantes fuerunt osculati eumdem testem in ore.

Item, dixit quod ipse testis, secundum modum predictum, recepit multos, de quibus nominavit fratres Johannem de Leniambe servientem, receptum per eum in dicta domo de Valleya, inter festum Candelose et Quadragessimam instantes erunt XVI anni vel circa, presentibus fratribus Gaufredo de Trechi, Humberto de Valeyre, Martino de Burivilla, Petro de Vaucellis, et quibusdam aliis de quibus non recordatur.

Item, fratrem Johannem de Sanci, quem recepit in domo Templi de Sanci Trecensis diocesis, circa festum beati Martini hiemalis proximo preteritum fuerunt XII anni vel circa, presentibus fratribus Fulcone de Trecis, Jacobo de Sanci et Stephano de Villaribus servientibus, de quorum vita vel morte non est certus.

Item, recepit predictum Fulconem de Trecis, in dicta domo de Sanci, circa festum beati Martini proximo preteritum fuerunt XIIII$^{or}$ anni vel circa, presentibus fratribus Humberto de Valoyre,

Stephano de Villaribus, Gaufredo de Trachi, de quorum vita vel morte non habet certitudinem.

Item, recepit fratrem dictum Tossanez, in domo de Langivilla Belvacensis diocesis, vii anni erunt inter instans festum Pentecostes et Nativitatem beati Johannis Baptiste, presentibus fratribus Johanne de Noylhaco presbytero, Petro de Langivilla, Parisio de Buris, de quorum vita vel morte non habet certitudinem.

Item, dixit [quod] predictum modum recepcionis servabat, quia sic debebat servari secundum puncta ordinis, sed multum displicebat eidem; sed post recepcionem dicebat receptis ad partem quod non commiscerentur carnaliter, quanquam in eorum recepcione dixisset eis quod hoc poterant facere.

Item, dixit quod, per eundem modum vidit iiii$^{or}$ vel quinque, de quorum nominibus non recordatur, fieri fratres dicti ordinis et recipi a predicto fratre Hugone de Peraldo et a fratre Ger. de Villaribus preceptore Francie; nec unquam vidit alium modum servari in recepcionibus fratrum dicti ordinis quam illum secundum quem deposuit se fuisse receptum, et se alios recepisse; et credit quod uniformiter et secundum modum predictum reciperentur omnes fratres in ordine.

Item, dixit se frequenter dixisse eisdem fratribus Hugoni et Ger. de Villaribus quod malum erat, quia predictus abusus servabatur in ordine, et quia recepciones non fiebant in publico; et ipsi responderunt quod oportebat eos predicta servare, quia erant de punctis ordinis qui non poterant inmutari sine magno Magistro et conventu suo ultramarino.

Item, de contentis in v et xxviii sequentibus, de dogmatizacione, conculcacione, cato, sacramentis, et potestate Magistri et osculis, dixit se nichil scire ultra illa que supra deposuit; sed credit quod bene crederent sacramentis ecclesiasticis, et ipse bene credebat. Quando autem terminabatur eorum capitulum, ille qui tenuerat capitulum faciebat multas preces pro domino Papa, pro Ecclesia et pro aliis justis, sicut fiunt communiter in Ecclesia, et postmodum, fratribus ponentibus se ad veniam et in oracione, dicebat ista verba in vulgari, stando capucio deposito, et fratribus inclinatis ad terram : « Beaus segnurs freres, toutes les choses que vous leysseez à diere « pour la honte de la char ou por la justice de la mayson, tel pardon « comme je vous fayit je vous ens fais de boun cuor et de bone vo- « lenté; et Dieu, qui pardona la Maria Magdalene ses pechiez, les « vos pardoint, et vos pri que vous priez à Dieu qu'il me pardon les « miens; et nostre frere chepelans se levera et fara la solucion que « Dieus absolle lui et nous. » Et tunc predictis verbis dictis, dictus frater presbyter surgebat, si adherat, et retractabat confessionem generalem que fit in Ecclesia communiter dicendo : Confiteor, etc., et faciebat absolucionem : Misereatur vestri, etc., sicut fit in Eclesia. Si vero non aderat frater presbyter, tenens capitulum dicebat : Si hic fuisset frater presbyter, fecisset absolucionem. Requisitus si fratres dicti ordinis credebant esse absoluti ab aliquibus peccatis carnalibus vel aliis non confessatis, propter absolucionem et indulgenciam quam faciebat laycus tenens capitulum supradictum, respondit quod non sicut credit, nec ipse reputasset se absolutum a peccatis non confessatis, eciam per absolucionem generalem subsecutam a presbytero, et credit quod omnes fratres ordinis bene confiterentur de peccatis eorum; et dixit quod ter in anno confitebantur fratribus sacerdotibus eorum vel de eorum licencia aliis, quia aliter si poterant habere fratres sacerdotes ordinis, non poterant aliis sacerdotibus ordinis confiteri, et ter eciam communicabant in anno. Requisitus quare tenens capitulum faciebat dictam absolucionem et dicebat verba predicta, respondit se credere quod pro eo, quia multi erant qui habebant proprium et commitebant aliqua que non audebant dicere, propter metum penarum ordinis vel propter verecundiam carnis; quia discipline dabantur eis in dicto capitulio per presbyterum, pannis omnibus eorum qui disciplinas recipiebant reversatis super brachia eorum, et quia eorum carnes nude videbantur a braccis supra, multi verecundabantur de hoc, et propter hoc nolebant revelare culpas suas in capitulis supradictis.

Item, contenta in xxxiiii et v sequentibus, respondit se credere vera esse, quia jurabant non exire, et statim pro professis habebantur, et clamdestine recipiebantur; nescit tamen si ex hoc erat suspicio contra eos.

Item, de contentis in xl et v sequentibus, respondit ut supra, sed tamen nescit nec credit quod carnaliter commiscerentur.

Item, ad xlvi et xi sequentes de capitibus ydolorum, respondit se interfuisse Parisius in quodam capitulio generali, quod tenuit ibi frater Gerardus de Villaribus predictus, in septimana post instans festum apostolorum Petri et Pauli erunt viiii vel x anni; et dum dictum capitulum terminaretur et fratres flexissent genua, unus frater serviens ordinis, qui morabatur cum dicto fratre Gerardo, tunc preceptore Francie, et credit quod dictus frater serviens fuerit frater Hugo de Bisuncio, apportavit quoddam capud ydolorum, et collocavit ipsum in quodam banco juxta dictum fratrem Gerardum; et ipse testis, viso dicto capite, fuit adeo perterritus quod quasi nesciret ubi esset, et inclinato capite immediate exivit dictum capitulum, absolucione non expectata, nec scit nec vidit quod extunc actum fuit in dicto capitulio. Requisitus de dicto capite qualis esset figure, respondit se nescire, quia adeo fuit exterritus viso dicto capite, quod ejus figuram et de quo esset non fuit ymaginatus. Requisitus si antea audiverat fieri mencionem de dicto capite in ordine, respondit quod non. Requisitus si credit quod dictum capud esset bonum quid vel malum, respondit se credere quod malum. Requisitus si non fuerat reprehensus ab aliis quia exiverat dictum capitulum, respondit quod non, quia gerebat tunc vices magni receptoris, et poterat exire et intrare capitulum cum volebat. Requisitus si non pecierat, ab illis qui remanserant in dicto capitulio, quod factum fuerat de dicto capite vel cum eo, respondit quod non. Requisitus de nominibus illorum fratrum qui adfuerant dicto capitulio, respondit se non recordari, nisi de dictis fratribus Gerardo de Villaribus et Hugone serviente suo.

Item, dixit quod in anno precedenti vel subsequenti dictum capitulum, vidit idem capud apportari in alio capitulio eorum, quod tenebat Parisius dictus frater Gerardus vel frater Hugo de Peraldo; sed magis credit quod teneretur a dicto fratre Gerardo; sed nescit quis apportavit dictum capud, et immediate, cum ipse testis vidisset dictum capud, recessit de dicto capitulio prepropere, nec scit nec audivit quod fuit ibi factum de capite predicto, nec recordatur de hiis qui adfuerunt capitulio supradicto. Requisitus si dictus magister qui tenebat capitulum, et fratres qui aderant, assurrexerunt vel fecerunt reverenciam dicto capiti, quando apportatum fuit ad dicta capitulia, respondit quod non. Requisitus in quo fuit dictum capud aportatum, respondit quod non bene recordabatur, sed videtur ei quod apportatum fuit in quodam sacculo, nec recolit si erat magnum sicut capud hominis, et si erat metallinum vel ligneum, vel hominis mortui, quia non impressit ymaginacioni sue. De aliis contentis in dictis articulis dixit se aliud nescire.

Item, ad LVIII et III sequentes respondit quod in eorum recepcione precipiebatur eis quod jacerent cum pannis lineis, et quod cingerentur una cordula, sed nescit quod dicta cordula tangeret capud ydolorum, et scit quod ille quas ipse portavit, non tetigerunt aliquod capud ydoli, et portabat eam in signum castitatis, ut sibi videtur.

Item, ad LXII et XXXVIII sequentes respondit, ut supra dixerat, se credere quod uniformiter reciperentur fratres ubique in dicto ordine, et secundum modum per quem dixit se fuisse receptum et alios recepisse, et ex juramento tenebantur non revellare dictum modum; sed nescit qualiter fuissent puniti, si revellassent extraneis, vel si ea facere noluissent; inter se tamen loquebantur frequenter de modo recepcionis predicte, et fuerunt negligentes, quia non correxerunt dictos errores, nec denunciaverunt Ecclesie; nec vidit in ordine quin ellemosine ordinate debito modo communiter fierent, et hospitalitas teneretur; et in anno quo fuit magna caristia bladorum, fecit idem testis augmentari elemosinam consuetam fieri in dicta domo de Latigniaco Sicco, quanquam fratres suaderent sibi quod faceret diminui; sed scivit quod dictus frater Gerardus de Villaribus, in ballivis de Briva, de Monte Suessionensi, et de Barbona quas tenebat, fecit diminui elemosinas supradictas. De aliis contentis in dictis articulis dixit se aliud nescire.

Item, ad ci et omnes sequentes respondit quod capitulia tenebantur clam, nec aderant nisi fratres ordinis, et communiter tenebantur de die, et sermone facto per aliquem religiossum, et missa de Sancto Spiritu celebrata; sed aliquando tenebantur tempestive, quando aliqua necessitas requirebat hoc, vel quia habebant equitare contra inimicos fidei, et credit quod servaretur ubique in ordine quod magnus Magister cum conventu ordinabat, et grandia scandala contra ordinem propter predicta exorta, et quod modus recepcionis confessatus per eum esset notorius fratribus ordinis, sed non extraneis, et audiverat quod multi ex fratribus ordinis sunt aliquos errores contra ordinem confessi. Alia de contentis in ipsis articulis dixit se nescire ultra illa que supra deposuit.

Item, dixit quod ipse fuerat confessus omnes predictos errores supra confessatos per eum, ante capcionem eorum et antequam de ea aliquid intellexisset, Lugduni fratri Johanni de Divione [qui dicitur esse in curia Romana, et posset de hoc interrogari], de ordine fratrum Minorum, generali penitenciario domini Pape, qui nunc est, [cum?] fuit ibi coronatus, et dictus frater incepit se signare et obtupescere, sed finaliter absolvit eum, imposita penitencia quod frequenter acciperet disciplinas fortes et duras secrete, ne alii fratres audirent, et quando non posset hoc facere, jejunaret et faceret alia bona; quod deinceps non reciperet aliquem per illum modum, et procuraret toto suo posse quod dicti errores amoverentur ab ordine, et ipse promisit se facturum; et postmodum dictus testis induxit fratrem Hugonem de Peraldo, qui erat tunc prope Lugdunum, quod adhiberent remedium, quod dicti errores amoverentur ab ordine, et dictus frater Hugo respondit ei quod expectaret adventum Magistri majoris, qui debebat venire de ultra mare, et juravit, manu posita super crucem quam ferebat in mantello suo, quod, si dictus

Magister nollet amovere dictos errores, quod ipse amoveret eos, quia bene sciebat quod omnes fratres ordinis in hoc sequerentur eundem, et erant tunc in domo Templi de Vallibus, ultra Lugdunum per VI leuchas; nulli tamen fuerunt presentes in dictis verbis habitis inter eos.

Requisitus si sic deposuit prece, precepto, timore, amore, odio vel temporali comodo habito vel habendo, respondit quod non, sed pro veritate dicenda; cui fuit injunctum, per dictos dominos commissarios, in virtute juramenti prestiti per eundem, quod non revelaret hanc suam deposicionem quousque attestaciones fuerint publicate.

Acta fuerunt hec dictis die et loco, presentibus magistro Amisio, me Floriamonte Dondedei, et aliis notariis supra ultimo nominatis.

Post hec, die Sabati sequenti, que fuit XVI dies dicti mensis Januarii, fuit adductus ad presenciam dictorum dominorum commissariorum, in domo predicta, frater Hugo de Calmonte miles diocesis Ruthenensis, testis supra juratus, ut deponeret dictum suum, non deferens mantellum ordinis, quia nuper, circa festum Omnium Sanctorum, dimiserat ipsum, cum fuisset inquisitum cum eo per dominum episcopum Parisiensem, et absolutus et reconciliatus per eum; barbam autem deferebat, quia, ut dixit, pecierat a dicto domino episcopo et aliis si faceret eam sibi radi, et noluerunt sibi dicere quod raderet vel non raderet, sed sue voluntati relinquerunt eum, et portabat eam cum intencione quod nusquam esset de aliqua religione, non ad approbandum dictum ordinem Templi vel reprobandum, et erat etatis circiter L annorum. Lectis autem et diligenter sibi expositis omnibus et singulis articulis, respondit ad eos, et primo ad primos IIII$^{or}$, ut sequitur : videlicet se nescire si contenta in dictis articulis erant vera vel non, quia non interfuerat recepcioni alicujus alterius fratris in ordine, nec capitulis eorum, nec fuerat longo tempore in ordine; credebat tamen quod communiter reciperentur fratres in ordine sicut fuit ipse receptus, circa festum nativitatis beati Johannis Baptiste preteritum fuerunt XVI anni, per fratrem Poncium de Broet, quondam militem, tunc preceptorem sive magistrum Provincie, in aula domus Templi Tholosse, presentibus fratribus Guillelmo de Folhaquerio, Senebruno de Puni militibus, Guillelmo de Castro Veteri familiari dicti magistri, et Bernardo Lavanderii preceptore domus Templi Tholosse servientibus, de quorum vita vel morte non habet certitudinem, et quibusdam aliis de quorum non habet memoriam nec noticiam. In qua recepcione fuit servatus iste modus : nam dictus magister fuit in dicta aula cum dictis fratribus et ipse testis extra, et venit ad ipsum dictus frater Guillelmus de Folhaquerio, et dixit si volebat esse frater Templi; quo respondente quod sic, subjunxit quod intraret dictam aulam, et peteret a dicto magistro et fratribus quod facerent eum fratrem ordinis, et diceret eis quod volebat esse servus esclavus ordinis et dimittere propriam voluntatem propter alienam; et cum hoc fecisset et dixisset idem testis, predictus magister dixit quod grandem rem petebat, et exiret et bene deliberaret et rogaret Deum; quod si hoc erat pro bono anime sue perficeretur peticio sua, et hoc fecit bis vel ter de mandato dicti magistri; ultima vice, ipso redeunte coram dicto magistro, et instante ut prius pro recepcione sua, magister surgens cum fratribus astantibus precepit dicto testi quod flecteret genua et quod poneret manus suas super quendam librum apertum quem ibi fecerat aportari, quod et fecit. Postmodum dictus magister dixit ei : Illa que precesserunt inter nos fuerunt verba, sed nunc volumus quod juretis dicere veritatem super hiis que petemus a vobis. Et juravit. Et peciit primo si erat bonus Christianus et si servabat fidem Ecclesie Romane, si erat excommunicatus, voto alteri religioni obligatus, matrimoniali vinculo alligatus, servus vel esclavus alicujus, si debitis obligatus que de suo solvere non posset, si habebat lattentem infirmitatem, quia, si aliquid de impedimentis erat in eo, non reciperetur in ordine et receptus expelleretur; quo respondente se esse bonum Christianum, liberum et nullum habere de impedimentis predictis, fecit eum vovere, ipso teste tenente manus supra librum, castitatem, obedienciam et vivere sine proprio, bonos usus et bonas consuetudines ordinis que tunc erant et in posterum essent servare, et secreta ordinis et capitulorum non revelare, et Romane Ecclesie obedire. Postmodum imposuit et affublavit sibi mantellum, et ipse et omnes fratres qui aderant osculati fuerunt ipsum testem in ore. Postmodum sederunt omnes et ipse testis ad pedes magistri, et dixit ei multa puncta propter que, secundum statuta ordinis, poterat perdere ordinem vel mantellum, et instruxit eum quot *Pater noster* debebat dicere pro singulis horis; et hoc facto, recessit dictus magister, et predicti IIII$^{or}$ fratres qui aderant recepcioni introduxerunt ipsum testem in quamdam cameram propinquam dicte aule, obscuram, et clauserunt eam, et dictus frater Guillelmus de Folhaquerio dixit ei quod, ex quo factus erat frater miles Templi, oportebat quod abnegaret Deum; et ipse respondit quod hoc nullo modo faceret, immo clamaret, quia in seculo existens ludendo frequenter abnegaverat Deum, ira commotus quando perdebat, non tamen animo ipsum abnegandi, et de consilio confessoris sui ludum dimiserat ne abnegaret Deum, nec venerat ad dictum ordinem ut Deum abnegaret. Cum autem exterius essent dictus archiepiscopus Auxitanensis, qui nunc est, et seneschallus et Vigerius Tholosanus et dominus Hugo de Arpajone, qui fecerat ipsum testem militem, duo fratres ipsius testis et alii nobiles multi, preceptor dicte domus dixit aliis : Dimitamus eum; et ita timentes, credit, quod ipse clamaret et audiretur, non compulerunt eum ad abnegandum, sed fecerunt eum jurare super dictum librum quod, si peteretur ab eo a fratribus ordinis an abnegasset Deum, responderet quod sic. Post que dictus preceptor domus extraxit quamdam crucem ligneam, in qua non recordatur se vidisse aliquam picturam, quam portabat subtus vestes suas, et precepit ei quod spueret super eam, et ipse spuit non super sed juxta; et dixerunt quod hec erant secreta ordinis. Aliud illicitum quoad oscula, crimen sodomiticum vel alia quecumque, respondit non interfuisse in recepcione sua predicta. Item, dixit quod, tribus annis vel circa elapsis post recepcionem suam, fuit confessus de predictis fratri Raymondo Rigaldi de ordine fratrum Minorum, magistro in theologia, de parentella sua, et dixit ei dictus frater quod ipse, in articulo mortis et aliter, audiverat confessiones multorum fratrum dicti ordinis et nunquam intellexerat predicta, sed credebat quod hoc fecissent ad temptandum, si contingeret eum capi ultra mare a Saracenis, an abnegaret Deum. Item, dixit quod ipse erat in proposito, illo anno quo capti fuerunt, ingrediendi ordinem Cistersiensem, petita licencia a Magistro suo, quia, propter predicta puncta, displicebat sibi ordo Templi, et quia pater et mater et fratres sui erant sepulti in domo dictorum Cistersiensium.

Item, de contentis in v et omnibus aliis sequentibus dixit se nichil scire ultra que supra deposuit, hoc excepto quod, in die Veneris sancta, vidit reverenter nudis pedibus per fratres ordinis adorari crucem, et quod bene credebat ecclesiasticis sacramentis, et credebat quod alii fratres ordinis crederent; sed illi qui preceperunt eidem predicta nefanda non erant in hoc boni Christiani. Pro professis statim habebantur et jurabant non exire ordinem; clamdestine recipiebantur, ex quo suspicio contra ordinem habebatur; cordulis cingebantur super camisias cum quibus jacebant in signum castitatis, nec scit quam penam habuissent qui secreta revelassent vel qui noluissent facere illa que in recepcione precipiebantur eisdem; scientes errores predictos male fecerunt, quia non corexerunt nec denunciaverunt Ecclesie. Elemosinas in domo de Brolio, in quo moratus fuit in diocesi Agenensi, vidit convenienter fieri et hospitalitatem servari; in aliis domibus Templi non fuerat, nisi transeundo, nec fuerat ei dictum quod per nefas acquireret ordini vel quod ex hoc degeraret; immo fuit ei dictum in recepcione sua quod non reciperet res alienas in commenda sua, ne domini temporales pedagiis defraudarentur, nec credit quod aliquis laicus, nisi in articulo mortis, possit absolvere a peccatis. Quod magnus Magister cum conventu ordinabat servabatur in ordine, contra quem grandia scandala propter predicta sunt exorta, et credit quod modus recepcionis confessatus per eum esset notus fratribus ordinis, sed non extraneis.

Item, requisitus si sic deposuit prece, precepto, timore, amore, odio, vel temporali comodo habito vel habendo, respondit quod non, sed pro veritate dicenda, et ut sibi imponatur penitencia et pena, et ut Deus parceat sibi. Cui fuit injunctum, in virtute juramenti prestiti per eundem, quod non revelaret hanc suam deposicionem quousque attestaciones fuerint publicate.

Eisdem die et loco, fuit adductus ad presenciam eorumdem dominorum commissariorum frater Humbertus de sancto Jorio miles, preceptor baillive Cathelanensis, testis suprajuratus, ut deponeret dictum suum, etatis circiter L annorum; non deferens mantellum ordinis, quia dimissit ipsum in concilio Senonensi cum pluribus aliis, et postea fecit sibi radi barbam, et fuit inquisitum cum eo per dominum episcopum Parisiensem et absolutus et reconciliatus ab eo. Lectis autem et diligenter sibi expositis omnibus et singulis articulis, respondit ad eos, et primo ad primos IIII$^{or}$, ut sequitur, videlicet, se non vidisse servari in ordine contenta in dictis articulis, nisi in recepcione sua, et interfuerat capitulis et recepcionibus aliorum. Ipse autem receptus fuerat in domo Templi de Nova Villa juxta Cathelanum, per fratrem Johannem Ademari, quondam militem, tunc preceptorem ballive vocate de Paganis, in festo Nativitatis beati Johannis Baptiste proximo preterito fuerunt XVIIII vel XX$^{ti}$ anni, in capella dicte domus, inter primam et terciam, presentibus fratribus Andrea de Rocha, presbitero quondam, Hugone de Gabilone milite, quem credit esse vivum, Johanne de Aubon serviente et aliquibus aliis de quorum non recordatur nominibus, in hunc modum; nam receperunt eum ad participacionem bonorum ordinis et panem et aquam et pauperem vestitum ordinis; et fecerunt eum vovere et jurare castitatem, obedienciam, vivere sine proprio, servare secreta capituliorum; et dictus receptor tradidit ei mantellum, et ipsi astantes fuerunt eum osculati in ore; postmodum instruxit eum de multis bonis punctis ordinis et qualiter deberet dicere *Pater noster* et consimilia; postmodum dixit ei dictus receptor quod ipsi habebant aliquas observancias quas ipse diceret ei et non curaret, quia non erant contra animam suam, et ea poterat facere et dicere ore non corde et aliqua verba consimilia inductiva; et tunc precepit ei quod abnegaret Deum, et dictus testis fuit de hoc admiratus et causabatur; sed finaliter quia dixit quod talis modus servabatur in recepcionibus aliquorum aliorum fratrum, abnegavit ore non corde. Postmodum precepit ei quod verteret se ad circumspiciendum quamdam crucem metalinam que erat in altari erecta, et spueret contra eam, et ipse spuit ad terram juxta se; alia inhonesta quoad oscula, crimen sodomiticum, vel aliquid aliud illicitum, non fuit dictum vel factum in dicta recepcione sua, ut dixit. Requisitus quorum recepcionibus et quibus capitulis interfuerat, respondit quod ipse receperat fratrem Gerardum de Alto Villari servientem in dicta domo de Novo Villa, sunt circiter x anni sicut credit, presentibus dictis fratribus Andrea presbitero, et Johanne de Aubon, et Roberto Molendinario dicte domus; receperat eciam fratrem Petrum de Domo Vivaria servientem in domo Templi vocata Possessa Cathalaunensis diocesis, sunt circiter novem vel x anni, presentibus fratribus Goberto de Laudefey, Johanne de Villaribus et Petro Rogerio servientibus, et aliis de quibus non recordatur; vidit autem recipi in dicto ordine, per fratrem Hugonem de Peraldo, in capella domus Templi Parisius, sunt circiter xii anni, fratrem Raynaudum de Cugneres militem, in capitulio generali, in quo erant circiter ducenti fratres, inter quos erant fratres Aymo d'Oyselaers miles, Johannes Ademari et Hugo de Cabilone milites; vidit eciam recipi per dictum fratrem Hugonem de Peraldo, in alio capitulio, Parisius, fratrem P. de Bocli militem, testem supra juratum sed nondum examinatum, presentibus eisdem militibus supra proximo nominatis, et Ricardo de Betencourt, militibus; vidit eciam recipi per fratrem Galterum de Biencuria militem, preceptorem Remensem, fratrem Aymonem de Claromonte nepotem ipsius testis, militem, sunt circiter vii anni, in dicta domo de Nova Villa, presentibus dictis fratribus Andrea presbitero, et Johanne d'Aubon, et Gauberto preceptore domus de Mellans, et Roberto Molendinario; vidit eciam a dicto fratre Aymone d'Oysilieres recipi, in eadem domo de Nova Villa, fratrem Petrum de Toluo militem, nepotem ipsius testis, sunt circiter VIII anni, presentibus dictis presbitero Johanne d'Aubon et R. Molendinario, qui morabantur in dicta domo; vidit eciam in eadem domo recipi per fratrem Gerardum de Villaribus militem, tunc preceptorem Francie, fratrem dictum Motardi militem, sunt circiter VIII anni, presentibus fratribus proximo nominatis, in quibus quidem recepcionibus et capitulis nichil fuit factum vel dictum inhonestum vel illicitum quod ipse testis viderit vel audiverit vel sciverit, sed dicte recepciones fuerunt facte per illum modum per quem deposuit se fuisse receptum, exceptis abnegacione et spuicione predictis. Requisitus si credebat quod aliquis alius fuerit receptus in ordine qui abnegaverit Deum et spuerit supra crucem, respondit quod magis credebat omnes bene fuisse receptos quam contrarium.

Item, de contentis in v° et omnibus aliis articulis respondit se nescire plus quam supra deposuerit, hoc excepto quod ipse bene credebat sacramentis Ecclesie, et credit quod alii fratres ordinis bene crederent et quod sacerdotes ordinis bene celebrarent, et sciebat quod layci non poterant absolvere a peccatis nec eos excommunicare. Pro professis habebantur, et jurabant non exire pro meliori vel pejori sine licencia superiorum. Clamdestine fiebant recepciones et capitulia, nullis presentibus nisi fratribus ordinis, nec credit quod ex hoc suspicio haberetur contra ordinem, quia multi religiosi exclusis secularibus tenebant capitulia eorum. Cordulis super camisias cingebantur; nescit quod aliquis punitus fuerit qui revellaverit secreta capituli, quia non audivit ea revelari; precipiebatur eis quod non confiterentur nisi fratribus ordinis sine licencia eorum, quia dicebatur quod fratres eorum habebant majorem potestatem super eos propter privilegia eorum quam alii. Si aliqui erant scientes errores in ordine, fuerunt negligentes quia non correxerunt eos nec denunciaverunt Ecclesie. Elemosine et hospitalitas in ordine communiter servabantur, et precipiebantur eis quod illicite non acquirerent ordini nec aliquem exheredarent nec interessent exheredacioni injuste, et si contrarium fecissent perdidissent mantellum, ut dicebatur eis. Ubique servari debebat in ordine quod magnus Magister cum conventu statuebat; scandala grandia videt propter predicta contra ordinem esse exorta. Audivit dici magnum Magistrum et alios preceptores aliquos errores, nescit quos, contra ordinem fuisse confessos.

Item, requisitus si sic deposuerat prece, precepto, timore, amore vel odio, temporali comodo habito vel habendo, respondit quod non, sed pro veritate dicenda; cui fuit injunctum per dictos dominos commissarios, in virtute juramenti prestiti per eundem, quod non revelaret hanc suam deposicionem, quousque attestaciones fuerint publicate.

Acta fuerunt hec dictis die et loco, presentibus Magistro Amisio, me Floriamonte Dondedei, et aliis notariis supra ultimo nominatis.

Post hec, die Lune sequenti, que fuit xviii dicti mensis Januarii, fuit adductus ad presenciam dictorum dominorum commissariorum, in domo predicta, frater Addam de Vollencourt preceptor de Anricuria Cameracensis diocesis, miles, testis suprajuratus, ut deponeret dictum suum, non defferens mantellum ordinis, quia dimiserat eum ante capcionem suam, cum audivisset alios esse captos, et fecerat sibi radi barbam, existens in Imperio, ut liberius et secrecius ire posset quo vellet, et erat etatis XL annorum et ultra, ut dixit, et fuit inquisitum cum eo per dominum episcopum Parisiensem, et absolutus et reconciliatus per eum; lectis autem et diligenter expositis sibi omnibus et singulis articulis, respondit ad eos, protestacione supra cum juravit facta per eum de non recedendo a prima confessione sua repetita; et primo ad primos iiii$^{or}$ in hunc modum, videlicet se recepisse unum in fratrem dicti ordinis, et vidit aliquos alios recipi, et nunquam vidit nec scivit quod fierent vel dicerentur contenta in articulis supradictis; verumptamen quando ipse fuit receptus per fratrem Petrum Normani, quondam militem, tunc preceptorem de Laudinesio, in capella sancti Blasii domus Templi Parisius, in proximo instanti Quadragessima erunt circiter xxiii[or] anni, presentibus fratre Galtero d'Esta, quondam milite, et quibusdam aliis fratribus, de quorum nominibus non recordatur; fuit adductus ad presenciam dicti receptoris, multis nobilibus de parentela sua extra remanentibus, et peciit panem et aquam et societatem ordinis, et dixit quod volebat esse servus, esclavus ordinis, et dictus receptor dixit quod grandem rem petebat et quod bene deliberaret, quia oporteret eum dimittere propriam voluntatem propter alienam, et esurire quando vellet comedere, et multa aspera pati; et cum ipse respondisset quod omnia supportaret, dixit ei dictus receptor quod exiret extra et deliberaret bene, et ipse exivit, et dictus receptor fuit locutus cum aliis fratribus, et post paululum fecit iterum vocari eundem testem, et interrogavit si persistebat in eadem intencione; et eo respondente quod sic et petente quod prius, et dicto receptore respondente id quod supra, finaliter fecit eum jurare, super quoddam missale apertum, quod servaret castitatem, viveret sine proprio, obediret superioribus suis, servaret bonos usus et bonas consuetudines ordinis, que tunc erant et in posterum per Magistrum et bonos homines ordinis inponerentur; quod non revelaret secreta capitulorum, et quod, pro posse suo, juvaret ad acquirendum regnum Jerosolimitanum, et absque licencia superiorum suorum non exiret dictum ordinem pro duriori religione vel pro magis laxa, et quod non interesset in loco in quo aliquis exheredaretur injuste; post que inposuit sibi mantellum, quodam presbitero, qui aderat, dicente psalmum: Ecce quam bonum et quam jocundum, etc., et quasdam preces et oracionem, et infundente aquam benedictam super eum; et tunc dictus receptor et fratres astantes osculati fuerunt ipsum testem in ore. Post que precipit idem receptor quod sederet ad pedes suos, et instruxit eum qualiter debebat se gerere in domo et in exercicio armorum, et multa consilia licita et honesta; post que surrexerunt, et dictus frater Galterus, ceteris remanentibus in dicta capella vel recedentibus, duxit ipsum testem ad capellam majorem dicte domus, in qua nulli alii erant nisi ipsi duo, et cum fuissent retro magnum altare prope quoddam parvum altare, precipit dictus frater Galterus eidem testi quod diceret Jhesum Christum esse falsum prophetam, et ipse testis hoc dixit, non cum intencione, non cum corde, quod crederet Jhesum esse falsum prophetam, sed dixit ore; non tamen precipit quod aliter abnegaret, sed dixit ei, quod spueret super quamdam crucem ligneam per ipsum fratrem Galterum de dicto parvo altari assumptam et super quodam sedile collocatam, et ipse testis spuit non super sed juxta eam; de aliquo autem osculo inhonesto, crimine sodomitico, vel aliqua alia re illicita non fuit sibi factum verbum in recepcione sua predicta. Requisitus si credit quod communiter fratres reciperentur ubique in ordine sicut ipse fuit receptus, quantum ad illa illicita, respondit se magis credere quod non quam quod sic, quia non vidit hoc fieri nisi in recepcione sua, nec audivit dici quod fieret aliis. Requisitus de nomine recepti per eum, respondit quod vocabatur Ernulphus de Mondeville, quondam serviens, quem recipit, sunt circiter quindecim anni, in capella domus Templi de Sanceyo diocesis Senonensis, presentibus fratribus Guidone de Dordano, quondam preceptore, tunc dicte domus de Sanceyo, et aliis de quibus non recordatur, in cujus recepcione servavit modum qui fuit servatus in sua, exceptis illis illicitis quod Jeshum diceret esse falsum prophetam, et de spuicione crucis; vidit eciam alios recipi, sicut dixit, per eundem modum, in quorum recepcione nichil agebatur illicitum quod videret vel sciret, sed de nominibus receptorum et recipiencium et presencium dixit se non recordari, nec aliquid aliud scire de omnibus et singulis aliis articulis, nisi hoc quod credebat bene sacramentis ecclesiasticis, et credebat quod alii fratres ordinis crederent; et bene sciebat quod layci non poterant absolvere a peccatis, et quando capitulia tenebantur, presbiter absolvebat eos in fine capituliorum, et per illum qui tenebat capitulum inponebatur eis pena temporalis pro excessibus eorum in capitulio manifestatis, secundum disciplinam ordinis; jurabant non exire ordinem. Statim pro professis habebantur, clamdestine recipiebantur; credit quod ex hoc esset suspicio contra eos; propter honestatem, super pannos lineos cum quibus jacebant cordulis quas recipiebant unde volebant cingebantur. Nescit qualiter fuissent puniti nolentes facere turpitudines predictas in recepcione, si fiebant, vel secreta capituliorum revelassent; fratribus presbiteris eorum confitebantur propter potestatem quam habebant ex privilegiis super eos, et multi confitebantur secularibus, nec vidit inhiberi quin possent confiteri secularibus. Si erant aliqui scientes aliquod malum esse in ordine, male fecerunt quia non correxerunt nec denunciaverunt Ecclesie. Elemosine et hospitalitas convenienter servabantur in ordine in aliquibus domibus, et in aliquibus non. Per nefas non poterant acquirere ordini, nec ex hoc degerare; de die, missa de Sancto Spiritu celebrata, clam vidit teneri eorum capitulia, nullis existentibus nisi fratribus ordinis. Quod magnus Magister cum conventu suo ordinabat, servabatur in toto ordine. Grandia scandala contra ordinem sunt exorta propter illa que dicuntur contra eum. Audivit magnum Magistrum et aliquos alios preceptores contra ordinem aliquos errores, nescit quos, fuisse confessos.

Item, requisitus si sic deposuerat prece, precepto, timore, amore, odio, vel temporali comodo habito vel habendo, respondit quod non, sed pro veritate dicenda. Cui fuit inpositum per dominos commissarios, in virtute juramenti prestiti per eundem, quod non revelaret hanc suam deposicionem quousque attestaciones fuerint publicate.

Eisdem die et loco, fuit adductus ad presenciam eorumdem commissariorum frater Petrus de Bocli miles, Noviomensis diocesis, socius fratris Hugonis de Peraldo visitatoris, testis supra juratus, ut deponeret dictum suum, non deferens mantellum ordinis, quia dimiserat ipsum ante capcionem suam, post capcionem aliorum, et fecerat sibi radi barbam suam, ne cognosceretur; et fuerat examinatus per dominum episcopum Noviomensem, et absolutus et reconciliatus per dominum archiepiscopum Remensem, et erat etatis XXVI annorum vel circa, ut dixit; lectis autem et diligenter expositis sibi omnibus et singulis articulis, respondit ad eos, et primo ad primos IIII$^{or}$, ut sequitur, protestacione prius facta cum juraverat repetita, videlicet se nescire si contenta in ipsis articulis erant vera, quia non viderat nisi unum alium fratrem recipi in ordine, de cujus nomine non recordatur, qui fuit receptus per dictum fratrem Hugonem de Peraldo, Parisius, in festo Nativitatis beati Johannis Baptiste proximo preterito fuerunt VII anni vel circa, presentibus fratribus Adam de Vollencourt et Humberto de sancto Jorio, proximo examinatis, et pluribus aliis tunc in generali capitulo existentibus; in cujus recepcione nichil vidit fieri nec audivit dici inhonestum; ipse autem testis receptus fuerat per dictum fratrem Hugonem de Peraldo, in magna capella domus Templi Parisiensis, in presencia tocius capituli, in festo Nativitatis sancti Johannis Baptiste proximo preterito fuerunt XI vel XII anni, presentibus predictis fratribus Adam et Humberto militibus, in hunc modum; nam fecerunt eum vovere castitatem, obedienciam, et vivere sine proprio, et hoc jurare, et quod servaret statuta et consuetudines ordinis que tunc erant et fierent in posterum per magnum Magistrum et conventum; quod non revelaret secreta capitulorum, eciam sociis propriis qui non interfuissent in eis; quod, pro posse suo, juvaret ad acquirendum regnum Jerosolimitanum, quod non exiret ordinem sine licencia superioris sui pro aliquo alio ordine, quod non interesset in loco in quo aliquis studio suo exheredaretur injuste; postmodum tradidit ei mantellum, et ipse receptor et quidam presbiter ordinis, qui aderat, et tres vel quatuor de antiquioribus, qui erant juxta receptorem, fuerunt eum osculati in ore; post que dictus receptor instruxit eum qualiter debent se gerere quoad oraciones, mensam et alia licita et honesta; nec aliquid illicitum illa die fuit dictum vel factum in dicta sua recepcione; die vero Jovis sequenti, post recepcionem suam que fuerat facta die Martis precedenti, duo fratres servientes ordinis, quorum non habebat noticiam et de quorum nominibus non recordatur, vocaverunt ipsum testem ad quandam cameram dicte domus Templi, et firmatis per eos hostiis, preceperunt ei quod abnegaret Deum, et ipse dixit quomodo posset abnegare Deum qui creaverat eum et pro eo passus fuerat, et in quem credebat; et dicti servientes dixerunt quod oportebat hoc eum facere, et tunc abnegavit ore non corde; dixerunt eciam ei quod alias oporteret eum spuere super crucem, sed tamen nec tunc nec alias spuit, nec fuit requisitus, nec de osculo inhonesto, nec de crimine sodomitico, nec de aliqua alia re ilicita fuerunt sibi locuti, et credit pocius, quod illis qui recipiebantur in ordine preciperetur quod abnegarent Deum, sicut fuit sibi preceptum, quam contrarium. De omnibus et singulis contentis in omnibus aliis et singulis articulis, respondit se nichil scire ultra quam supra deposuerit, hoc excepto quod ipse bene credebat ecclesiasticis sacramentis, et credebat quod alii fratres idem crederent, et sciebat quod laici non poterant absolvere a peccatis. Jurabant non exire ordinem; statim pro professis habebantur, clamdestine recipiebantur, ex quo suspicio contra ordinem habebatur; non credit quod carnaliter commiscerentur; cordulis quas assumebant unde volebant cingebantur, in penitenciam, super camisias suas cum quibus jacebant; nescit qualiter fuissent puniti qui noluissent abnegare vel facere alia illicita, vel qui ea revelassent; sine licencia non poterant nisi fratribus sacerdotibus dicti ordinis confiteri. Negligentes fuerunt, illi qui sciebant quia non correxerunt errores nec denunciaverunt Ecclesie. Elemosine et hospitalitas ex precepto superiorum convenienter fiebant; clam capitulia tenebantur, nullis presentibus nisi fratribus ordinis; quod magnus Magister cum conventu ordinabat servabatur in ordine; grandia scandala propter predicta contra ordinem sunt exorta; modum recepcionis sue manifestavit aliquibus fratribus ordinis, sed nescit si omnes fratres ordinis sciebant recepciones illicite fieri. Audivit dici magnum Magistrum et alios preceptores aliquos errores, nescit quos, contra ordinem fuisse confessos.

Item, requisitus si sic deposuerat prece, precepto, timore, amore, odio, vel temporali comodo habito vel habendo, respondit quod non, sed pro veritate dicenda; cui fuit injunctum per dictos dominos commissarios, in virtute juramenti prestiti per eundem, quod non revelaret hanc suam deposicionem quousque attestaciones fuerint publicate.

Acta fuerunt hec, die et loco predictis, presentibus magistro Amisio, me Floriamonte Dondedei, et aliis notariis supra proximo nominatis.

Post hec, die Martis sequenti, que fuit xviiii dicti mensis Januarii, fuit adductus ad presenciam eorumdem dominorum commissariorum, in domo predicta, frater Guido Delphini miles, diocesis Claramontensis, testis supra juratus, ut deponeret dictum suum, non deferens mantellum ordinis, quia dimiserat ipsum, suadentibus, ut dixit, prelatis congregatis in concilio Senonensi, et radi fecerat sibi barbam post dictum concilium, pro eo quod dimiserat ipsum mantellum, cum quo fuerat inquisitum per dominum episcopum Parisiensem, et absolutus et reconciliatus per eum, et est etatis quadraginta [et] unius anni vel circa; per quem fuit repetita protestacio per ipsum et alios qui cum eo supra juraverunt facta in juramento eorumdem. Et insuper fuit protestatus quod per ea que diceret vel faceret non fieret prejudicium sibi; lectis autem et diligenter sibi expositis omnibus et singulis articulis, respondit ad eos, et primo ad primos iiii$^{or}$, ut sequitur, videlicet se nescire si vera erant contenta in dictis articulis vel non. Ipse tamen interfuerat aliquorum fratrum ordinis recepcionibus, et iiii$^{or}$ recepit, et non vidit nec audivit quod in eis vel in aliis recepcionibus fratrum ordinis, preterquam in sua, fieret aliquid de contentis in quatuor articulis supradictis; in sua autem recepcione fuit servatus iste modus: nam ipse testis, qui tunc erat circiter undecim annorum circa festum beati Jacobi, ut audivit dici, fuit adductus ad domum Templi de Ranseria Claramontensis diocesis, sunt circiter xxx anni, et missa finita, fuit ductus extra capellam in quadam camera, in qua venerunt ad eum duo fratres ordinis milites, quorum non habet noticiam, et pecierunt ab eo quod petebat, ut sibi videtur; et cum ipse nesciret respondere propter teneritudinem etatis, dicti milites dixerunt : Vos vultis esse frater Templi? Quo respondente quod sic, pecierunt ab eo quare hoc volebat, cum esset nobilis et dives et haberet terram sufficientem, et forte credebat quod in ordine Templi esset sibi melius et quod posset bene equitare quando vellet et habere illa que sibi placerent; sed non esset sic : nam si intraret, oporteret eum multa aspera et dura sustinere, et esse ultra mare quando vellet esse citra, vigilare quando vellet dormire, esurire quando vellet comedere et similia; quo respondente quod omnia bene sustineret et quod volebat esse frater, ex quo pater et mater ejus volebant, intraverunt dicti duo fratres capellam et locuti fuerunt super premissis, ut arbitratur, fratri Franconi de Bort, quondam milite, tunc preceptori Alvernie, ut sibi videtur, qui debebat recipere eum. Postmodum redierunt ad eundem testem qui solus erat in dicta camera, et introduxerunt eum coram dicto fratre Francono, et fuerunt eciam introducti duo presbiteri qui fuerunt recepti cum eo, quorum non habet noticiam, coram quo pecierunt illa que suprascripta sunt, et ipse dixit eis talia verba qualia dixerant dicti duo fratres eidem testi, et ut deliberarent super predictis fecit eos exire dictam cameram, et iterum redierunt petentes id quod suprascriptum est; finaliter dictus preceptor fecit eos jurare super quemdam librum, quem tenebat apertum in gremio suo, obedienciam, et vovere castitatem, vivere sine proprio, servare bonos usus et bonas consuetudines ordinis que tunc erant et que in posterum inponerentur per Magistrum secundum statuta ordinis; servare secreta capituliorum et ea non revellare, eciam fratribus qui non interfuissent in eis; non exire dictum ordinem pro meliori vel pejori absque licencia superioris sui qui posset eam dare; juvare pro posse suo ad acquirendum regnum Jherosolimitanum et ad deffendendum quod de eo erat acquisitum; non interesse loco in quo aliquis ex studio suo exheredaretur vel dampnaretur injuste, et quod non percuterent Christianum taliter quod ex eorum percussione posset mutillari vel interfici.

Post que dictus receptor inposuit eis mantellos, et ipse receptor et fratres astantes, de quorum nominibus non recordatur, fuerunt eos osculati in ore, et quidam frater presbiter ordinis, qui aderat, dicebat quasdam oraciones, nescit quas, et habebat aquam benedictam; postmodum dictus receptor instruxit eum quot *Pater noster* debebat dicere pro horis suis, et qualiter debebat se regere in ecclesia, et in domo, et extra, et multa alia bona et honesta dixit ei et aliis duobus. Post que quidam de militibus ordinis astantibus, cujus non habet noticiam, traxit ipsum testem retro altare, predicto receptore et aliis qui aderant remanentibus in loco in quo erant, et dictus miles precepit ei quod abnegaret Deum; quo respondente se nullo modo facturum, precepit ei quod abnegaret la propheta [sic], et ipse respondit quod nesciebat quid hoc erat, sed si erat diabolus abnegabat eum et omnia opera ejus; postmodum precepit ei quod spueret super quandam crucem, nescit si ligneam vel metallinam, que erat juxta dictum altare, et ipse respondit quod nullo modo hoc faceret, et cum alter diceret quod immo oportebat eum spuere, respondit ipse testis quod, nisi dimitteret eum, ipse clamaret in tantum quod pater suus et dominus de Mercorio, qui dicta die ante missam eum fecerat militem, et multi alii nobiles, qui erant extra dictam capellam, audirent et intrarent; et tunc dictus miles dixit ei quod saltim spueret super terram juxta dictam crucem, et ipse spuit; postmodum dixit ei dictus miles quod si haberet calorem naturalem, poterat commisceri carnaliter cum fratribus ordinis, quod tamen non fecit, nec fuit requisitus, nec audivit dici quod in ordine fieret ab aliquibus fratribus ordinis. De osculo inhonesto vel de aliqua alia re illicita non fuit dictus miles vel aliquis alius, in dicta recepcione sua, locutus eidem, nec vidit, nec scivit si dicti duo presbiteri abnegaverunt vel fecerunt aliqua illicita. Requisitus si credit quod in recepcionibus aliorum de ordine servaretur communiter ille modus qui fuerat servatus in sua quoad illa illicita, respondit quod magis credit quod non quam quod sic, quia interfuit pluribus capitulis, et nescivit nec audivit dici quod predicta illicita injungerentur fieri nec fierent, nec vidit fieri in recepcionibus quibus adfuit. Requisitus quos receperit ipse in ordine, respondit quod primo recepit fratres Petrum dictum Lovier et Petrum lo Bergier servientes, diocesis Bituricensis, in domo Templi de Jussiaco le Chandier ejusdem diocesis, cujus domus ipse testis tunc erat preceptor, sunt circiter XIII anni, presentibus fratribus Johanne de Manaco vel de Aqua Sparsa presbitero, Raynaldo de Bordis subpreceptore dicte domus, Stephano de la Losa Bergerio, Stephano Vessardi, Johanne lo Bergier, qui vivebant tempore quo dictus testis captus fuit, et aliis deffunctis; recepit eciam fratrem Stephanum Brolii diocesis Claramontensis, in capella domus Templi de Chamat ejusdem diocesis, die Jovis ante carnisprivium instans erunt octo anni vel circa, de mandato preceptoris Francie, presentibus fratribus Golferio presbitero, Petro Brolii preceptore dicte domus, et Bonaforso, de quorum vita vel morte non habet certitudinem; recepit eciam fratrem Guillelmum Arnaldi servientem diocesis Claramontensis, in domo Templi de Sellis Claramontensis diocesis, in ecclesia, in instante Quadragesima erunt VII vel VIII anni, presentibus fratribus Guillelmo, tunc curato dicte domus, Guillelmo Abri, Guillelmo de l'Espinatz servientibus, et audivit dici quod dictus frater Guillelmus Aynardi obierat, de aliorum vita vel morte certitudinem non habens. Requisitus quos viderat recipi, dixit quod ultra mare in Acon, in loco in quo tenebatur capitulum eorum, vidit quadam die Dominica, sunt ut extimat vigenti sex anni vel circa, recipi in fratrem ordinis fratrem Roncelinum militem, de provincia Provincie, per fratrem Guillelmum de Bello Joco, tunc magnum Magistrum ordinis, presentibus fratribus Theobaldo Gandi preceptore terre ultramarine et magistro Templi qui nunc est, Petro de Severi draperio, Petro de Montade preceptore Aconensi, Florencio de Villa socio tunc dicti magistri, et pluribus aliis quos nominavit; in quibus quidem recepcionibus non fuit factum aliquid de contentis in dictis IIII$^{or}$ articulis, nec aliquid aliud illicitum quod ipse sciverit vel audiverit dici.

Item, requisitus super v articulo et omnibus aliis sequentibus, respondit se nichil scire plus quam supra deposuit, hoc excepto quod ipse bene credebat sacramentum, et credit quod alii fratres ordinis crederent, et quod sacerdotes eorum non omitterent verba canonis. Quando capitulia tenebantur et fratres confitebantur excessus perpetratos per eos, et petebant veniam ab illo qui tenebat capitulum, exibant extra qui petebant veniam, et ille qui tenebat capitulum deliberabat cum fratribus qualis pena imponeretur eis; postmodum illi qui confitebantur excessus suos vel convincebantur reintrabant capitulum, et ille qui tenebat capitulum dicebat eis qualiter penam debebant sustinere, secundum statuta ordinis et secundum arbitrium fratrum qui aderant in capitulio, et aliquando inmediate recipiebant disciplinam et portabant penam eis inpositam, et aliquando differebatur usque ad aliam diem, et dicebatur eis quod irent ad presbiterum ordinis eorum, et absolveret eos. Dixit eciam quod, terminatis capitulis, frater presbiter qui aderat absolvebat eos et dicebat in vulgari : Confiteor Deo, etc., et faciebat absolucionem, sicut post generalem confessionem fit in Ecclesia; nec credebat quod laycus posset absolvere a peccatis, nec ipse reputaret se ex tali absolucione generali presbiteri absolutum a peccatis mortalibus non confessatis; frequenter fuit inproperatum sibi quod se osculabantur in ano, et quia plures confessi sunt dictum osculum, nescit quod credat de eo; jurabant non exire ordinem. Statim pro professis habebantur; si exivissent, excommunicati reputabantur, et essent graviter puniti, si capti fuissent; clamdestine recipiebantur, quod displicebat eidem testi et fratri Hugoni de Peraldo et aliquibus aliis fratribus ordinis, et credit quod hoc suspicio contra ordinem haberetur; cordulis cingebant se super camisias cum quibus jacebant in signum castitatis et humilitatis, et cordule cum quibus ipse testis cingebatur tetigerant quoddam pilare existens in Nazare, in loco in quo fuit facta Anunciacio per angelum beate Marie, et aliquas reliquias quas habebant in ordine ultramare, scilicet beatorum Policarpii et Eufemie. Non vidit aliquos interfici vel incarcerari quia noluissent facere illa que in recepcionibus precipiebantur eis. Ex sacramento tenebantur non revelare modum recepcionis eorum eciam fratribus qui non afuerant et secreta capituliorum; secundum statuta ordinis non debebant, nisi presbiteris ordinis, absque licencia, et aliis presbiteris confiteri. Si fratres sciebant errores in ordine, et maxime superiores, male fecerunt quia non correxerunt nec denunciaverunt Ecclesie. In capituliis eorum vidit omnes curialitates concedi, et omnes incurialitates reprobari, et precipiebatur eis quod facerent bene serviri in ecclesiis eorum, et bene elemosinas fieri, et hospitalitatem servari. In aliquibus tamen locis fuerunt retractate elemosine, nec fiebant ter in septimana, ut debebant, sed ultra mare dabant, amore Dei, decimam partem victualium eorum et omnia cibaria que levabantur de mensis eorum; per nefas non debebant acquirere, nec ex hoc degerare, nec recipere mercimonia aliena in custodia sua, ut temporales domini suis pedagiis fraudarentur. Missa de Sancto Spiritu antequam tenerentur generalia capitulia celebrabatur, postmodum intrabant capitulum, et predicabatur eis per aliquem religiossum, quo recedente, firmabantur porte capituli, et custodiebantur intus ab aliquo ex fratribus ne aliquis intraret, et providebatur ne aliquis qui esset extra capitulum posset audire eosdem; quod magnus Magister cum conventu suo ordinabat, servabatur in ordine; nescit propter feditates ordinis aliquem ordinem exivisse, adiciens quod maxima pena imponebatur illis qui exiverant, et postmodum revertebantur; grandia scandala videt contra ordinem esse exorta propter illa que ordini imponuntur: credit Magistrum et alios confessos fuisse illa que in litteris apostolicis super hoc continentur.

Requisitus si sic deposuerat prece, precepto, timore, amore, odio, vel temporali comodo habito vel habendo, respondit quod non, sed pro veritate dicenda; cui fuit injunctum per dictos dominos commissarios, in virtute juramenti prestiti per eundem, quod non revelaret hanc suam deposicionem quousque attestaciones fuerint publicate.

Eisdem die et loco fuerunt adducti ad presenciam eorumdem

dominorum commissariorum fratres Raynardus de Tremplaio presbiter Parisiensis, Albertus de Canellis miles, diocesis Aquensis provincie Mediolanensis, Philippus Agate Rothomagensis, Johannes de sancto Lupo Parisiensis, Bartholomeus de Trecis, Otho de Ayrone Lingonensis, Robertus de Cormelhes Parisiensis diocesium, servientes, ut essent testes in negocio isto, secundum formam juramenti aliorum testium superius registratam, expositam et vulgarizatam eisdem.

Acta fuerunt hec die et loco predictis, presentibus magistro Amisio, me Floriamonte Dondedei, et aliis notariis supra ultimo nominatis.

Post hec, die Mercurii sequenti, que fuit xx dicti mensis Januarii, fuit adductus ad presenciam dictorum dominorum commissariorum, in domo predicta, frater Raynaudus de Tremplaio Parisiensis diocesis, curatus ecclesie Templi Parisiensis, testis supra juratus, ut deponeret dictum suum; qui fuit ante omnia protestatus quod non intendebat recedere a confessione et deposicione per ipsum factis coram domino episcopo Parisiensi, per quem fuerat absolutus et reconciliatus, et est etatis lx annorum vel circa, et non defferebat mantellum ordinis, quia dimiserat eum in concilio Senonensi cum pluribus aliis, sicut dixit. Lectis autem et diligenter expositis sibi omnibus et singulis articulis, respondit ad eos, et primo ad quatuor primos, ut sequitur, videlicet quod quanquam corpus suum haberet sustinere ex hoc penam corporalem, non discederet a veritate, et multum deliberavit intra se priusquam responderet; cum autem dicti domini commissarii offerebant se daturos ei dilacionem, si volebat, ad plene deliberandum, et copiam articulorum ut eos legeret, dixit quod non curabat habere dilacionem nec copiam supradictas, et respondit ad dictos quatuor articulos quod non erat consuetum in ordine fieri, nec ipse viderat fieri que in dictis articulis continentur.

Requisitus si ipse interfuerat recepcionibus aliorum et quorum, respondit quod sic multorum, quorum nomina ignorat, qui recipiebantur in domo Templi Parisius, et postmodum incontinenti recedebant, et vidit ibidem recipi fratrem Stephanum de Turno presbiterum, Parisiensis diocesis, vivum, per fratrem Hugonem de Peraldo, ut sibi videtur, sunt circiter VII anni, de presentibus non recordatur; et fratrem Johannem de Folhayo juris peritum, sunt VII. anni vel circa, per fratrem Johannem de Turno thesaurarium Templi Parisiensis, vivum, presentibus fratribus Petro preceptore domus Templi Parisiensis, et aliis de quibus non recolit, in quibus quidem recepcionibus non vidit aliquid illicitum vel inhonestum fieri; post recepciones autem predictas ducebantur recepti ad cameras per fratres ordinis, in quibus quidem cameris tradebantur eis vestes ordinis, et dimittebant vestes seculares, et nescit si in dictis cameris tunc abnegarent vel spuerent supra crucem, vel facerent oscula inhonesta, vel carnaliter commiscerentur, vel aliquid aliud illicitum facerent, nec scit nec credit quod ibi male agerent vel non, ut respondit requisitus.

Interrogatus ubi, per quem, qualiter et quando receptus fuerat, respondit se in magna capella Parisiensis domus Templi fuisse receptum, in vigilia Pasche, erunt viginti anni et ultra, ut sibi videtur, per fratrem Johannem de Turno, quondam thesaurarium tunc Templi Parisiensis, presentibus fratribus P. de Torta Villa levatore redituum et censuum dicte domus Templi, Nicolao Flamengi tunc preceptore de Latigniaco Sico, et aliis de quorum nominibus non recordatur, per hunc modum. Nam primo vovit et juravit castitatem, obedienciam, vivere sine proprio, non revelare secreta capituliorum, non dimittere dictum ordinem pro meliori vel pejori; postmodum tradidit ei mantellum, et ipse receptor et frater Odo de sancto Quintino, tunc curatus dicte domus Templi, qui aderat, fuerunt eum osculati in ore, et dictus presbyter dicebat psalmum Ecclesie : Quam bonum, et Pater noster, et versiculos : Mitte ei auxilium de sancto, nichil proficiat inimicus in eo : Esto ei turris fortitudinis, et oracionem : Pretende famulo tuo, Domine, dexteram celestis auxilii, etc.; et aspersit aquam benedictam super ipsum testem; et eosdem psalmum, versiculos et oracionem dicebat ipse testis quando aderat recepcionibus fratrum ordinis, et aquam benedictam aspergebat super eos.

Post predicta dictus receptor dixit ei quod debebat jacere cum caligis et pannis lineis, et quod debebat cingi super dictos pannos una cordula propter honestatem, quam cordulam poterant accipere unde volebant; post que precepit ei immediate quod abnegaret Deum et spueret super crucem mantelli, et ipse abnegavit Deum ore non corde, et spuit ad terram, non super crucem mantelli; sed nichil precepit de osculo inhonesto nec de crimine sodomitico, nec quod obmitteret verba canonis, nec unquam obmisit, nec scit quod alii presbyteri obmitterent, et audivit frequenter in domo Templi presbyteros ordinis celebrantes dicentes verba canonis, et alii audiverunt de ipso, et credit quod sacerdotes et alii crederent ecclesiasticis sacramentis.

Item, de contentis in quinto et omnibus sequentibus articulis respondit se nichil scire ultra quod supra deposuit, hoc excepto quod, in die Veneris sancta, devote et reverenter in conspectu totius populi adorabant crucem in capitulo; ille qui tenebat capitulum imponebat penas temporales, secundum statuta ordinis, pro culpis manifestatis in capitulo, et cum capitulum debebat separari, fiebant multe preces sicut fiunt in Ecclesia, et postmodum ille qui tenebat capitulum, qui erat laicus, dicebat ista verba: De hiis que obmisistis dicere, propter verecundiam carnis vel propter timorem penarum et justicie ordinis, nos facimus vobis illam indulgenciam quam possumus, et frater noster presbyter, qui est hic, faciet absolucionem; et tunc frater presbyter dicebat Confiteor in vulgari et Misereatur nostri, sicut fit in Ecclesia, et dictus testis habebat pro magna derisione, in corde suo, ut dixit, quia laici tenentes capitulia dicebant ista verba, quod facerent indulgenciam qualiter poterant.

Requisitus si fratres dicti ordinis credebant, propter dictam indulgenciam quam faciebant layci, esse absoluti a peccatis suis, respondit quod non, quia sibi postmodum confitebantur; jurabant non exire ordinem, et statim pro professis habebantur, quod erat contra jus, ut sibi videtur, et contra quoddam privilegium eorum, quod incipit : Omne datum optimum; et cum dictus frater Johannes de Felheyo et ipse testis loquerentur aliquibus fratribus, ante capcionem eorum, quod malum erat quia statim pro professis habebantur, et contra dictum privilegium, habuerunt valde pro malo et fere irruerunt in eos, et specialiter frater Johannes Ducis Parisiensis diocesis. Clandestine recipiebantur, ex quo suspicio contra ordinem habebatur; per sacramentum tenebantur non revelare secreta capitulorum, et si revelassent, fuissent puniti, sed nescit qualiter; injungebatur eis quod non confiterentur nisi fratribus sacerdotibus ordinis, sed aliqui non servabant. Negligentes fuerunt si sciebant errores et non correxerunt. Parisius, et in aliis domibus in quibus fuit ipse testis, elemosine et hospitalitas convenienter servabantur, sed semel propter carestiam fuit restricta elemosina apud Scesiacum Meldensis diocesis, fere per medium annum. Capitulia, firmatis januis, missa, tercia, et meridie dictis, et sermone per aliquem religiosum facto, de die tenebantur; ordinata per Magistrum et conventum ordo servabat; grandia scandala contra ordinem sunt exorta propter errores qui in eo esse dicuntur, de quibus erroribus si erant ipse testis et alii inferiores ordinis [*certiores facti?*], non fuissent ausi reprehendere superiores suos.

Requisitus si sic deposuerat prece, precepto, timore, amore, odio, vel temporali comodo habito vel habendo, respondit quod non, sed pro veritate dicenda; cui fuit injunctum per dictos dominos commissarios, in virtute juramenti prestiti per eundem, quod non revelaret hanc suam deposicionem quousque attestaciones fuerint publicate.

Eisdem die et loco fuit adductus ad presenciam eorumdem dominorum commissariorum frater Albertus de Canellis miles, Aquensis diocesis, provincie Mediolanensis, preceptor bailivie insule Sicilie, qui fuerat magister ostiarius domini Benedicti pape XI, testis supra juratus, ut deponeret dictum suum, non deferens mantellum ordinis, quia voluntarie dimisit eum coram domino Parisiensi episcopo, cum hac intencione ut sicut dictum mantellum habuerat et tenebat ab Ecclesia, sic dimitteret Ecclesie; et fecerat voluntarie radi sibi barbam, et est etatis triginta duorum annorum vel circa; qui fuit protestatus quod per aliqua que diceret vel faceret, non intelligebat contrariari nec derogare confessioni et deposicioni per eum factis apud Someyre diocesis Nemausensis, coram dominis Aniciensi, Magalonensi et Nivernensi episcopis, per quos fuerat absolutus et reconciliatus, et habebant potestatem, ut videtur dicto testi, domini episcopi Nemausensis. Lectis autem et diligenter sibi expositis omnibus et singulis articulis, respondit ad eos, et primo ad primos IIII$^{or}$, ut sequitur, videlicet se nescire si servarentur in ordine contenta in dictis articulis, quia non interfuerat recepcioni alicujus alterius fratris dicti ordinis; credit tamen quod taliter reciperentur unus sicut et alius, ipse autem receptus fuerat in una camera domus Templi civitatis Astensis, per fratrem Guillelmum de Canellis militem, quondam preceptorem, tunc Lombardie, in festo apostolorum Petri et Pauli, proximo preterito fuerunt circiter novem anni, presentibus fratribus Garino milite Provinciali, cujus cognomen ignorat, et Georgio preceptore dicte domus Astensis, et supervenit, ut sibi videtur, cum jam esset receptus, frater Yvanus de Canellis miles, in hunc modum : nam dicti duo fratres Garinus et Georgius venerunt ad eum in quadam alia camera ad quam eum duxerant, et pecierunt ab eo si volebat esse servus esclavus ordinis perpetuo, et respondit quod sic, et ipsi dixerunt quod bene deliberaret, quia forsitan cogitabat in ordine habere plus delectacionis quam haberet, et si esset frater, oporteret eum multa dura et aspera sustinere, et esse subditum aliene voluntati, nec haberet equos ut equitaret forsitan, nec esset indutus ut sperabat, et similia. Quo respondente quod omnia bene impleret, dicti duo fratres intraverunt cameram in qua primo fuerat introductus dictus testis, ad quam venerat dictus receptor, et postmodum redierunt ad eum, et instruxerunt ipsum quod peteret a dicto receptore ut reciperet eum, quia volebat esse servus esclavus ordinis, et duxerunt eum [ad] ipsum receptorem a quo peciit predicta, et cum respondisset quod bene deliberaret, et eadem verba dixisset in effectu que dicti duo fratres ei dixerant, finaliter fecit eum jurare super quemdam librum apertum quod esset obediens dicto receptori et omnibus preceptoribus qui proponerentur eidem, et quod viveret sine proprio in castitate et obediencia, quod secreta capituliorum non revelaret eciam illis fratribus qui non interfuissent in eis. Postmodum imposuit sibi mantellum, et ipse et astantes osculati fuerunt eum in ore, et dicti fratres dicebant psalmum : Ecce quam bonum. Postmodum preceptor instruxit eum qualiter debebat vivere, post que dictus receptor recessit, et dictus frater Yvanus, qui erat de parentella ipsius testis, recessit cum eo, et precepit eidem testi quod faceret illud, quod dicti fratres Garinus et Georgius dicerent ei. Post que dictus frater Garinus dixit eidem testi ostendendo crucem mantelli quod ille qui fuerat crucifixus in cruce erat falsus propheta, et quod non crederet in eum, nec haberet spem nec fidem in eum, et quod in despectum ejus spueret super crucem mantelli ipsius testis, et cum ipse testis responderet quod nullo modo hoc faceret, et incepisset flere, dictus frater Garinus posuit unam manum ad cultellum armorum quem portabat, et aliam manum posuit super spatulis dicti testis, et fuit comminatus quod jugularet et projiceret eum in latrinam que erat juxta dictam cameram, nisi faceret quod sibi injungebat, et tunc dictus testis, timore mortis, ut dixit, dixit : Consencio hiis que vultis, et ista dixit ore ut satisfaceret ei et non corde, et spuit non super crucem mantelli, sed ad terram juxta. Postmodum dixit ei quod oportebat quod oscularetur eum retro in spina dorsi et in umbilico, dicens quod hoc non fiebat pro malo, sed ita servabatur in ordine. Et cum ipse testis fleret et diceret quod hoc non faceret, dictus frater Georgius dixit prefato fratri Garino : Dimitatis eum, quia bene faciet quod ego voluero, et tunc traxit ipsum testem ad angulum camere predicte, et levavit idem frater Georgius aliquantullum mantellum et tunicam, et dixit eidem testi quod fingeret se osculari, et diceret se osculatum fuisse eum. Aliud illicitum, quoad crimen sodomiticum vel alia non fuit actum vel dictum in recepcione sua predicta, ut dixit.

Item, de contentis in v° articulo et omnibus sequentibus respondit se nichil scire ultra que supra deposuerit, hoc excepto quod ipse bene credebat ecclesiasticis sacramentis, et credit quod alii fratres ordinis crederent, et bene scit quod layci non poterant absolvere a peccatis, sed Magister et tenentes capitulia quandoque remitebant penas in ordine statutas pro excessibus eorum. Jurabant ordinem non exire pro meliori vel pejori; statim pro professis habebantur, clamdestine recipiebantur. Cordulis cingebantur super pannos lineos, in signum castitatis. Revelantes secreta fuissent puniti, nescit qualiter; non audivit inhiberi quod non confiterentur nisi fratribus ordinis, et ipse testis predictos errores confessus fuerat Rome, in ecclesia sancti Johannis de Latrano, cuidam fratri ordinis sancti Augustini, cujus nomen ignorat, generali penitenciario domini Pape, et absolvit eum, et dixit ei quod predicta revelaret dicto domino Benedicto pape, et ipse respondit quod non auderet, nec ei revelavit, et injunxit ei penitenciam quod diceret VII psalmos, Pater noster et multa alia talia. Elemosine et hospitalitas in aliquibus locis fiebant largius, et in aliquibus strictius, sed non audivit precipi quod restringerentur; si acquisivissent per nefas, fuissent puniti; clam tenebantur capitulia eorumdem; ordo servabat quod magnus Magister cum conventu statuebat.

Requisitus si sic deposuerat prece, precepto, timore, amore, odio, vel comodo temporali habito vel habendo, respondit quod non, sed quia adductus fuerat ut ferret testimonium veritati; cui fuit injunctum per dictos dominos commissarios, quod non revelaret hanc suam deposicionem, quousque attestaciones fuerint publicate.

Acta fuerunt hec dictis die et loco predictis, presentibus magistro

Amisio, me Floriamonte Dondedei, et aliis notariis supra ultimo nominatis.

Post hec, die Jovis sequenti, que fuit XXI dies dicti mensis Januarii, fuit adductus ad presenciam eorumdem dominorum commissariorum, in domo predicta, frater Philippus Agate serviens, Rothomagensis diocesis, preceptor domus sancte Ganburge ejusdem diocesis, testis suprajuratus, ut deponeret dictum suum, sexagenarius, non deferens mantellum ordinis, quia in concilio Senonensi fuit, nescit per quem, amotus ei a collo, et projectus de pulpito in quo tenebatur concilium ad terram cum mantellis aliquorum aliorum, post que fecit sibi radi barbam, et fuit examinatus, alias absolutus et reconciliatus per dominum episcopum Parisiensem. Qui fuit protestatus quod non intendebat recedere a deposicione per ipsum facta coram dicto domino Parisiensi episcopo. Lectis autem et diligenter expositis sibi omnibus et singulis articulis, respondit ad eos, et primo ad primos IIII$^{or}$, ut sequitur, videlicet se credere quod in recepcionibus fratrum ordinis faciebant eos abnegare Deum, quia ita audivit dici, et ipse abnegavit in recepcione sua, et recepit duos, et mandavit quod aliqui ex astantibus facerent eos abnegare Deum. Requisitus ubi, quando et qualiter et a quo receptus fuerat, respondit se fuisse receptum in capella domus Templi de Burgere, in Vugassino Normanno Rothomagensis diocesis, sunt circa xxx anni, [per] Alveretum servientem quondam, tunc preceptorem Normanie, presentibus fratribus Andrea de Rosayo preceptore de Ara Vallis Dionisii, Guidone de Brotone et Guillelmo de sancto Taurino servientibus, deffunctis, in hunc modum : nam requisivit panem et aquam, societatem et vestitum ordinis, amore Dei, et dictus receptor respondit quod grandem rem petebat et quod bene deliberaret, quia oporteret eum multa dura sustinere, esurire quando vellet comedere, vigilare quando vellet dormire et econtra, et consimilia. Post que fecit eum vovere et jurare super quoddam missale apertum castitatem, obedienciam, et vivere sine proprio, et pro posse suo juvaret ad acquirendum regnum Jerosolomitanum. Postmodum tradidit sibi mantellum, et ipse et astantes fratres fuerunt eum osculati in ore. Exinde instruxit eum qualiter deberet se gerere in ordine, et precepit ei quod non revelaret secreta capituliorum. Post que duxit eum ad quamdam cameram, in qua induit sibi vestes ordinis, et precepit ei presente dicto fratre Guillelmo quod abnegaret Deum, et ipse respondit : Quomodo hoc facerem? et predictus preceptor subjunxit : Oportet te hoc facere, et tunc ipse testis dixit, Abnegatus sit. De spuicione supra crucem, osculis inhonestis, de crimine sodomitico vel aliquo alio illicito vel inhonesto, non fuit sibi factum verbum in dicta sua recepcione, nec audivit dici quod fieret in recepcionibus aliorum, et illis quos ipse recepit, fecit eundem modum servari qui fuerat servatus in recepcione sua. Recepit autem fratrem Guillelmum Bocelli servientem, vivum, ut credit, sunt circiter xv vel xvi anni, in capella domus Templi de Ranevilla Ebroicensis diocesis, presentibus fratribus Guillelmo presbitero, cujus cognomen ignorat, Ricardo de Santanville serviente, mortuis, et in eodem loco recepit, sunt circiter xv anni, fratrem Jacobum de Prerveriaco servientem, Ebroicensis diocesis, vivum adhuc, ut credit, presentibus dictis fratribus Guillelmo et Ricardo de Saquenville, et aliis pluribus deffunctis. Vidit eciam plures recipi Parisius in capitulis generalibus, de quorum nominibus non recordatur, per fratrem Hugonem de Peraldo, et in publico servabatur ille modus quem deposuit fuisse servatum in recepcione sua, quoad licita et honesta. Postmodum ducebantur ad unam capellam vel alium locum, et credit quod ibi faciebant abnegare Deum.

Item, super v° et omnibus aliis sequentibus articulis, dixit se nichil scire plus quam supra deposuerit, hoc excepto quod bene credebat ecclesiasticis sacramentis, et credit quod alii fratres bene crederent, et quod eorum sacerdotes secundum formam Ecclesie celebrarent. Sciebat quod layci non poterant absolvere a peccatis, sed quando capitulia tenebantur, laicus qui tenebat capitulum, dicebat quod de hiis que obmittebant dicere propter verecundiam carnis, quam intelligebat ex hoc quia expoliati disciplinabantur in publico, vel propter metum penarum et discipline ordinis, faciebat eis illam indulgenciam quam poterat, sed ipse testis non credebat propter hoc esse absolutus a peccatis, nec credit quod alii fratres crederent. Jurabant non dimittere ordinem pro meliori vel pro pejori, statim pro professis habebantur, clamdestine fiebant recepciones et capitulia nullis presentibus nisi fratribus ordinis. Cordulis unde volebant assumptis stricte cingebantur in penitencia super pannos lineos, cum quibus jacebant, nec audivit quod capita ydolorum cum eis tangerentur; qui revelassent secreta et modum recepcionis, fuissent incarcerati et aliter puniti; sine licencia non poterant nisi fratribus sacerdotibus ordinis confiteri. Ipse autem testis confessus fuit de dicta abnegacione et de omnibus aliis peccatis suis, ut dixit, infra annum a recepcione sua, in capella sancti Stephani dicte Domus de Reneville, fratri Michaelli de Falesia, quondam capellano dicti loci de ordine eorum, qui absolvit eum, injunctis sibi in penitencia XIII *Pater noster*, omnibus diebus vite sue, preter alia que debebat dicere, et inter alia dixit sibi dictus capellanus, Si tu negasti, ego non possum aliud. Si fratres ordinis sciebant errores predictos, fuerunt negligentes, quia non correxerunt nec denunciaverunt Ecclesie, et credit quod aliqui ex superioribus dicti ordinis preciperent dictam abnegacionem fieri. Elemosine et hospitalitas bene servabantur in ordine, et tempore magne carastie ipse testis una die in dicto loco de Belleville fecit dari elemosinam undecim milibus quadringentis et XXIIII personis, et bladum, quod ipse dedit amore Dei, in dicto anno carastie, valebat bene IIII$^{or}$ milia libras Parisienses, ut dixit, et aliquando subtrahebatur vinum fratribus ut ministraretur advenientibus. Licite debebant acquirere ordini, sed non per nefas; credit quod in ordine servaretur quod magnus Magister cum conventu ordinabat. Grandia scandala contra ordinem sunt exorta propter illa que imponuntur eidem; credit quod modus recepcionis confessatus per eum esset notus multis fratribus ordinis, et audivit dici magnum

Magistrum et alios fratres aliquos errores, nescit quos, confessos fuisse contra ordinem.

Requisitus si sic deposuerat prece, precepto, timore, amore, odio, vel comodo temporali habito vel habendo, respondit quod non, sed pro veritate dicenda. Cui fuit injunctum per dictos dominos commissarios, in virtute juramenti prestiti per eundem, quod non revelaret hanc suam deposicionem, quousque attestaciones fuerint publicate.

Eisdem die et loco fuit adductus ad presenciam eorumdem dominorum commissariorum frater Johannes de sancto Lupo serviens, Parisiensis diocesis, testis suprajuratus, ut deponeret dictum suum, quinquagenarius et ultra, non defferens mantellum ordinis, quia in concilio Senonensi cum pluribus aliis dimisit ipsum; postmodum fecit sibi radi barbam, et fuit examinatus et absolutus per dominum episcopum Parisiensem, et fuit protestatus quod non intendebat recedere a deposicione per ipsum alias facta coram domino Parisiensi episcopo. Lectis autem et diligenter expositis sibi omnibus et singulis articulis, respondit ad eos, et primo ad primos iiii, se nescire si in ordine servabantur contenta in dictis iiii articulis, quia non interfuerat recepcionibus aliorum, nisi recepcioni fratris Johannis de Buffoymont, quondam Parisiensis diocesis, qui fuit receptus, cum ipso teste, in capella domus Templi de Latigniaco Sicco Meldensis diocesis, in carniprivio instanti erunt xx anni vel circa, per fratrem Nicolaum Flamengi locumtenentem thesaurarii Parisiensis, presentibus fratribus Reginaldo capellano ordinis in dicta domo, Deodato Radulfo de Ardivilier, et Nicolao de Puteolis servientibus, deffunctis, qui recepti fuerunt in hunc modum: nam pecierunt panem et aquam ordinis, et receptor concessit eis auctoritate Dei et superiorum suorum, qui dederant ei potestatem recipiendi eosdem; postmodum fecit eos vovere et jurare super quendam librum apertum castitatem, obedienciam, et vivere sine proprio, et servare bonos usus et bonas consuetudines ordinis. Postmodum imposuit eis mantellos, et ipse et fratres astantes fuerunt eos osculati in ore; exinde dictis quibusdam benediccionibus per dictum capellanum astantem, et aqua benedicta aspersa super eos, dictus receptor instruxit eos qualiter deberent dicere Pater noster, regere se in ordine; postmodum dicti fratres Deodatus et Radulphus de Ardevillari duxerunt ipsum testem ad quandam cameram propinquam capelle, in qua exuit vestes seculares, et induit vestes ordinis, et preceperunt ei quod abnegaret Deum, et ipse respondit, Quomodo posset hoc facere; et ipsi dixerunt quod hoc oportebat eum facere, et nisi hoc faceret, punirent eum in tali loco ubi haberet pati, et tunc ipse testis respondit : Ego faciam voluntatem vestram, sed non recollit quod abnegaverit, et predicta verba dixit ore non corde. Postmodum preceperunt ei quod spueret super crucem mantelli unius eorum sibi ostensam, sed nescit cujus eorum, et ipse spuit, non super crucem, sed juxta in terra. Alia inhonesta, quantum ad oscula, crimen sodomiticum, vel aliqua alia inhonesta non fuerunt facta vel dicta in recepcione sua, nec audivit quod fierent in recepcionibus aliorum, sed credit quod reciperentur alii communiter in ordine, secundum quod deposuit se fuisse receptum, et quod abnegarent Deum, et preciperetur quod spuerent super crucem. Dictus autem frater Johannes de Buffaymont, qui fuit receptus cum eo, fuit post recepcionem ductus ad aliam cameram, ut indueret se in ea, et credit quod sibi fuerunt precepta illa illicita de abnegacione et spuicione que fuerunt precepta ipsi testi.

Item, de contentis in v° et omnibus aliis articulis respondit se nichil scire ultra que supra deposuerit, hoc excepto quod ipse bene credebat ecclesiasticis sacramentis, et credit quod alii crederent; Magister poterat eis remittere, si aliqua subtraherent de bonis ordinis, sed non absolvere a peccatis. Statim pro professis habebantur, sed non jurabant ordinem non exire; clamdestine recipiebantur; cordulis unde volebant assumptis cingebantur super pannos lineos, cum quibus jacebant. Credit quod fuissent puniti qui noluissent abnegare Deum et spuere super crucem, vel juxta, vel qui extraneis hoc revelassent; sine licencia non poterant aliis quam sacerdotibus ordinis confiteri, et ipse testis fuit confessus predicta dicto fratri Raynaudo presbitero, qui dixit sibi quod male fecerat, et absolvit eum injuncta penitencia quod jejunaret in pane et aqua multis sextis feriis; male fecerunt scientes errores quia non correxerunt, nec denunciaverunt Ecclesie; elemosine et hospitalitas bene servabantur in ordine, et melius tempore caristie quam habundancie, et hoc dixit vidisse in domo de Soysiaco Meldensis diocesis; precipiebatur quod per nefas nichil acquirerent ordini; capitulis non interfuerat; pro absolucione peccatorum eorum ad capellanos ordinis remittebantur; servabatur in ordine quod magnus Magister cum conventu ordinabat. Multum loquitur mundus contra ordinem, propter illa de quibus agitur contra eum. Credit quod alii fratres ordinis scirent quod in recepcionibus fratrum servarentur illa de quibus supra deposuit, et audivit dici Parisius magnum Magistrum et alios aliquos errores contra ordinem fuisse confessos.

Requisitus si sic deposuerat prece, precepto, timore, amore, odio, vel temporali comodo habito vel habendo, respondit quod non, sed pro veritate dicenda. Cui fuit injunctum per dictos dominos commissarios, in virtute juramenti prestiti per eundem, quod non revelaret hanc suam deposicionem quousque attestaciones fuerint publicate.

Acta fuerunt hec dictis die et loco, presentibus magistro Amisio, me Floriamonte Dondedei, et aliis notariis supra ultimo nominatis.

Post hec, die Veneris sequenti, que fuit xxii dicti mensis Januarii, fuit adductus ad presenciam eorumdem dominorum commissariorum in domo predicta frater Bartholomeus de Trecis serviens, testis supra juratus, ut deponeret dictum suum, quadragenarius et ultra, ut dixit, non defferens mantellum ordinis, quia ipsum dimiserat una cum pluribus aliis in concilio Senonensi, et postmodum radi fecerat sibi barbam, et fuerat cum eo inquisitum per dominum episcopum Parisiensem, et absolutus et reconciliatus per eum. Qui fuit protestatus quod non intendebat recedere a deposicione et confessione per eum factis coram dicto domino episcopo Parisiensi. Lectis autem et diligenter expositis sibi omnibus et singulis articulis, respondit ad eos, et primo ad primos IIII$^{or}$, se nescire si communiter recipiebantur fratres ordinis sicut ipse fuit receptus per fratrem Hugonem de Peraldo, inter festa beatorum Remigii et Dyonisii erant xx anni vel circa, in aula domus Templi Trecensis, presentibus fratribus Humberto quondam preceptore tunc de Valoire Lingonensis diocesis, Nicolao de Serra, quondam preceptore dicte domus Trecensis, Stephano le Nain, quondam servientibus, a quo petitum fuit si volebat esse frater ordinis; quo respondente quod sic, dixerunt quod oporteret eum multa sustinere et dimittere propriam voluntatem, et quod oporteret eum abnegare Deum, et spuere super quamdam crucem, et quod hoc faceret ore non corde; et hoc dixit sibi dictus frater Nicolaus in una camera propinqua dicte aule, et erat presens dictus frater Humbertus, et ipse testis respondit quod nullo modo faceret hoc. Tamen nichilominus abnegavit ore non corde, et spuit non super sed juxta quamdam crucem ligneam, nescit per quem allatam; postmodum adduxerunt eum ad dictum fratrem Hugonem in aula predicta, qui peciit a dictis fratribus Nicolao et Humberto si bene indoctrinaverant eum; quibus respondentibus quod sic, fecit eum dictus frater Hugo vovere et jurare super quemdam librum apertum castitatem, obedienciam, et vivere sine proprio, et quod bene conservaret bona et elemosinas ordinis, et dixit ei quod si furaretur bona domus, puniretur tanquam latro, et si inveniretur cum muliere suspecta, perderet habitum; post que imposuit ei mantellum, et fratres astantes, non tamen dictus frater Hugo, fuerunt eum osculati in ore. Sed dictus frater Hugo dixit ei quod bene faceret facta sua; postmodum intraverunt ad prandium. De osculis inhonestis, crimine sodomitico, conculcacione crucis, vel aliis inhonestis non fuerunt locuti sibi, nec de cato, nec scit, nec audivit quod dicerentur aliis in recepcione eorum, nec quod in ordine servarentur; nec aliud illicitum fuit actum vel dictum in recepcione ejusdem. Requisitus si viderat aliquos alios recipi in dicto ordine, respondit quod sic, fratrem Johannem de Annonia servientem per fratrem Johannem Bruart preceptorem ballivie Trecensis, in capella domus Templi de Vilaribus, presentibus dictis fratribus Stephano le Nain, Galtero lo Bergier, Radulpho de Annonia fratre ejusdem Johannis, servientibus, sunt decem et octo anni, vel circa. Vidit eciam recipi, sunt circiter octo anni, fratrem Petrum de Relanpont servientem, in capella domus Templi de Mormant Lingonensis diocesis, per fratrem Laurencium preceptorem dicte domus, presentibus fratribus Johanne et Jacobo agricolis, dicte domus servientibus, quorum cognomina ignorat; in quorum recepcionibus non vidit nec audivit quod facerent eos abnegare vel spuere supra crucem, vel quod aliud inhonestum vel illicitum fieret vel diceretur ibidem ; nec credit quod predicti duo predicta facerent illicita, nec scit quod credat si alii facerent dicta illicita vel non, quia non vidit fieri nisi in recepcione sua; sed antequam intrasset dictum ordinem, audivit dici a quibusdam secularibus, nescit quibus, quod in recepcionibus fratrum fiebant aliqua inhonesta, quod tamen non credidit, quia si credidisset, ordinem non intrasset; nec postmodum vidit in dicto ordine in recepcionibus aliqua illicita fieri, nec audivit dici quod fierent preterquam in sua.

Item, de contentis in v et omnibus sequentibus respondit se nichil scire ultra que supra deposuerit, hoc excepto quod ipse bene credebat ecclesiasticis sacramentis, et credit quod alii crederent, quia videbat eos venire ad ecclesiam et confiteri; et credit quod sacerdotes eorum bene celebrarent, et audivit dici quod Magister poterat remittere penas fratribus ordinis et absolvere eos a penis, sed non credit a peccatis. Audivit dici quod jurabant non exire ordinem, et ipse juravit, et statim pro professis habebantur; januis clausis, nullis presentibus nisi fratribus ordinis, recipiebantur. Post capcionem suam audivit a secularibus quod ydola habebantur in ordine: cordulis de filo cingebantur super pannos lineos cum quibus jacebant. In recepcione sua fuit ei inhibitum per sacramentum quod non revelaret secreta capitulorum, et dixit ei dictus frater Hugo quod si revelaret, perderet habitum. Confessus fuit presbiteris secularibus et ordinis de abnegacione et spuicione predictis; et unus cui fuit confessus intra annum a recepcione sua, vocabatur Galterus, et serviebat in capella eorum de Villaribus, et erat secularis, et dixit ei quod male fecerat, et absolvit eum imposita penitencia quod diceret vii *Pater noster* qualibet die unius septimane. Male fecerunt scientes errores, quia eos non correxerunt nec denunciaverunt Ecclesie. Non fuit ultra mare, nec scit quod servabatur ibi vel in aliis locis in recepcione fratrum. Elemosinas et hospitalitatem vidit convenienter fieri in domo de Barbona Trecensis diocesis, in qua moratus fuit per septem annos; sed audivit dici quod in aliquibus aliis locis non fiebant ita bene; capitulis non interfuerat, nec sciebat quod faciebant in eis; ivisset quo Magister magnus precipisset ei, et credit eciam quod alii fratres obedivissent ei in hiis que mandasset; credit quod modo sit suspicio contra ordinem.

Requisitus si sic deposuerat prece, precepto, timore, amore, odio, vel temporali comodo habito vel habendo, respondit quod non, sed pro veritate dicenda. Cui fuit injunctum per dictos dominos commissarios, in virtute juramenti prestiti per eumdem, quod non revelaret hanc suam deposicionem, quousque attestaciones fuerint publicate.

Eisdem die et loco fuit adductus ad presenciam eorumdem dominorum commissariorum frater Otho de Anone Lingonensis diocesis, serviens, testis supra juratus, ut deponeret dictum suum, quinquagenarius, non defferens mantellum ordinis, quia in concilio Senonensi unus serviens amovit sibi dictum mantellum, et projecit eum ad terram, et de mandato ejus fecit sibi radi barbam, et fuerat inquisitum cum eo per dominum episcopum Parisiensem, et postmodum absolutus et reconciliatus in concilio Senonensi. Lectis autem et diligenter expositis sibi omnibus et singulis articulis, respondit ad eos, protestacione facta, quod non recedebat a confessione et deposicione alias factis per eum coram dicto domino Parisiensi episcopo.

Et primo ad primos xv articulos : quod ipse fuerat receptus in capella domus Templi de Vinziaco Eduensis diocesis, in instanti festo Purificacionis beate Marie erant xxv anni vel circa, per fratrem Anricum de Dola servientem, quondam preceptorem, tunc ballivie de Buris Lingonensis diocesis, presentibus fratribus Baudrico de Vollenis, Guillelmo le Gambaeur, Reginaldo de Tossiaco preceptore dicte domus, et Petro Baveron servientibus, deffunctis, in hunc modum : nam existens in dicta capella peciit ab eis amore Dei panem et aquam et pauperem vestitum ordinis; et concesserunt eidem; postmodum fecerunt eum vovere et jurare super quendam librum castitatem, obedienciam, vivere sine proprio, servare fideliter elemosinas et bona ordinis, et bonos usus et bonas consuetudines ordinis; et quod si esset claviger vel administrator alicujus domus, reciperet bene bonas gentes venientes; postmodum imposuit sibi mantellum, et ipse receptor et alii fratres astantes fuerunt eum osculati in ore. Exinde dictus receptor instruxit eum qualiter diceret Pater noster, et aliqua alia honesta; sed antequam traderet sibi mantellum, ut sibi videtur, precipit quod abnegaret Deum et quod spueret supra quamdam crucem, que erat lignea, ut sibi videtur, nescit per quem allatam; et ipse fuit reluctatus, sed finaliter timore ductus, abnegavit Deum ore non corde, et spuit non supra sed juxta dictam crucem. De osculis inhonestis, crimine sodomitico, conculcacione crucis, et cato vel aliquo alio illicito non fuit sibi factum verbum in recepcione predicta, nec audivit quod aliis fieret vel diceretur, nec credit quod alii fratres ordinis abnegarent vel facerent alia contenta in dictis articulis.

Requisitus si interfuerat recepcionibus aliorum in ordine, respondit quod viderat recipi fratrem Guillelmum de Belna quondam Eduensis diocesis, per fratrem Raynaldum quondam preceptorem, tunc de Vinciaco, in capella dicte domus, sunt viginti duo anni vel circa, presente, ut sibi videtur, dicto fratre Baudrico. Sed recessit dictus testis, priusquam tradidisset ei mantellum, ut ponerent mensas, et eadem die ante prandium, cum ponerentur mense, dictus frater

Guillelmus dixit ei qualiter receperant eum et quomodo fuerant eum osculati in ore, et preceperant ei quod abnegaret Deum, et spueret supra crucem, et quod ipse Guillelmus abnegaverat Deum et spuerat non supra sed juxta crucem, et dolebat multum de hiis que fecerat dictus Guillelmus, ut dicebat; et predictus testis dixit ei quod ipse fecerat idem. Ab aliquo alio de ordine non audiverat dici quod abnegasset in recepcione sua Deum, vel spuisset contra crucem.

Item, super XVI et omnibus sequentibus respondit se nichil scire ultra illa que supra deposuit, hoc excepto quod ipse juraverat, et credebat quod alii jurarent non exire ordinem, et statim pro professis habebantur; nec erant seculares in recepcionibus eorum, quas faciebant januis clausis; cingebantur de mandato superiorum suorum cordulis supra camisias cum quibus jacebant. Inhibitum fuit ei quod non revelaret secreta capitulorum nec modum recepcionis, sed nescit si revelassent an fuissent puniti, sed tamen fuissent increpati. Precipiebatur quod non confiterentur nisi presbiteris ordinis sine eorum licencia. In dicta domo de Buris, in qua ipse morabatur, convenienter elemosine et hospitalitas servabantur; aliquando post matutinum de nocte tenebant capitulia, ut audivit dici, quando habebant equitare vel alia facere, et tenebantur clam nullis presentibus nisi fratribus ordinis. Si magnus Magister aliqua bona precepisset et ordinasset, credit quod fuissent servata in toto ordine, sed mala non. Grandia scandala contra ordinem sunt exorta. Postquam fuit captus, audivit dici quod magnus Magister et alii confessi fuerant aliquos errores, nescit quos, contra ordinem.

Requisitus si sic deposuerat prece, precepto, timore, amore, odio, vel temporali comodo habito vel habendo, respondit quod non, sed pro veritate dicenda. Cui fuit injunctum per dictos dominos commissarios, in virtute juramenti prestiti per eumdem, quod non revelaret hanc suam deposicionem, quousque attestaciones fuerint publicate.

Acta fuerunt hec die et loco predictis, presentibus magistro Amisio, me Floriamonte Dondedei, et aliis notariis supra ultimo nominatis.

Post hec, die Sabati sequenti, que fuit xxiii dies dicti mensis Januarii, fuit adductus ad presenciam eorumdem dominorum commissariorum, in domo predicta, frater Lambertus de Cormellis serviens, Parisiensis diocesis, testis supra juratus, ut deponeret dictum suum, quinquagenarius vel circa, non deferens mantellum ordinis quia dimiserat eum una cum multis aliis in concilio Senonensi, et postmodum radi fecerat sibi barbam. Cum quo fuerat inquisitum per dominum episcopum Aurelianensem Senonis, sede vacante, et absolutus et reconciliatus per eum. Lectis autem et diligenter expositis sibi omnibus et singulis articulis, respondit ad eos, et primo ad primos xv, quod non steterat in ordine Templi, nisi a festo Nativitatis beati Johannis Baptiste, usque ad festum Beati Remigii tunc sequens, in quo fuit captus una cum aliis, nec interfuerat recepcioni alicujus alterius fratris in ordine nec capitulis eorum, et ideo nesciebat quis modus servaretur in recepcionibus aliorum. Ipse tamen fuit receptus in capella domus Templi de Sancey Senonensis diocesis, de mandato thesaurarii Parisiensis, per fratrem Arnulphum de Champcuelh servientem, preceptorem tunc de Stampis, presentibus fratribus Johanne de Cormellis preceptore tunc de Bandeliis, diocesis Senonensis, ut credit, Petro et Guillelmo Carpentario servientibus, quorum cognomina ignorat. A quo receptore requisivit flexis genibus in dicta capella existens panem et aquam, et pauperem vestitum ordinis, amore Dei; et ipse respondit ei quod bene deliberaret, quia ipse testis erat bonus operarius ad preparandum tonellos et vineas, et in ordine haberet multa sustinere, et videbat eos bene indutos et bene equitatos, et forte ipse non haberet talia in ordine; et precepit ei quod intraret quamdam cameram ad deliberandum, et postmodum rediret ad eum, quod et fecit; et postmodum rediens in capella, institit pro ejus recepcione, et dictus receptor dixit ei quod ex quo tantum appetebat reciperet eum, et fecit eum vovere et jurare super quemdam librum castitatem, obedienciam, vivere sine proprio, servare bonos usus et bonas consuetudines, elemosinas et bona et secreta ordinis, et quod esset obediens cuicumque preceptori qui preponeretur eidem; postmodum tradidit ei mantellum, et ipse et fratres astantes fuerunt osculati eum in ore. Deinde precepit ei quod abnegaret Deum vel Jhesum, sed non recolit bene si dixit Deum vel Jhesum; certus tamen est quod de altero eorum precepit ei, et ipse testis fuit valde dolens et stupefactus, si hoc faceret vel non, quia multum desiderabat esse in ordine, et multum institerat; finaliter abnegavit Deum vel Jhesum ore non corde; postmodum precepit ei quod spueret super quamdam crucem ligneam, nescit a quo allatam, positam super quandam sedem de palea, et ipse spuit non super sed juxta. Postmodum de mandato ejusdem receptoris osculatus fuit eum in spatulis super pannos. Requisitus si dixit ei quod ista essent de punctis ordinis, respondit quod non, sed quod predicta oportebat eum facere; de aliis contentis in dictis xv articulis et omnibus aliis sequentibus, dixit se nichil scire ultra quod supra deposuit, hoc excepto quod bene credebat ecclesiasticis sacramentis, et sciebat quod laici non poterant absolvere a peccatis; non credit quod jurarent non exire ordinem, et quod pro professis statim habebantur, et in recepcione sua non fuerunt nisi fratres ordinis, et porte fuerunt clause; et credit quod suspicio habebatur contra ordinem, quia amici receptorum non intererant recepcionibus. Una cordula fuit sibi tradita in recepcione, qua cingeretur ad tenendum pannos lineos cum quibus jacebat magis clausos; juravit non revelare secreta capitulorum, et credit quod alii jurarent; non fuit sibi injunctum quod non confiteretur nisi fratribus presbiteris ordinis; de abnegacione et spuicione predictis dixit se fuisse confessum circa unum mensem sue recepcionis fratri Roberto capellano ordinis, tunc moranti in domo Templi de Vervans Senonensis diocesis, qui capellanus venerat apud domum eorum de Bandeliis, in qua fuit ei confessus, et dixit ei quod male fecerat, et quod Dominus indulgeret ei; et absolvit eum injuncta penitencia quod jejunaret decem vel duodecim diebus in pane et aqua. Scientes errores esse in ordine, malefecerunt, si in eo erant, quia non correxerunt eos, nec denunciaverunt Ecclesie. Audivit dici quod tempore caristie elemosine fuerunt restricte in ordine; postquam fuit captus, audivit dici quod magnus Magister et alii confessi fuerunt aliquos errores, nescit quos, contra ordinem.

Requisitus si sic deposuerat prece, precepto, timore, amore, odio, vel comodo temporali habito vel habendo, respondit quod non, sed pro veritate dicenda. Cui fuit injunctum per dictos dominos commissarios, in virtute juramenti prestiti per eumdem, quod non revelaret hanc suam deposicionem, quousque attestaciones fuerint publicate.

Eisdem die et loco fuit adductus ad presenciam eorumdem dominorum commissariorum frater Robertus de Cormeliis Parisiensis diocesis, testis supra juratus, ut deponeret dictum suum, quadraginta quinque annorum vel circa, non deferens mantellum ordinis, quia ipsum dimiserat in concilio Senonensi, et postmodum fecerat sibi radi barbam, et fuerat cum eo inquisitum Senonis, sede vacante, per dominum episcopum Aurelianensem, et absolutus et reconciliatus per eum. Lectis autem et diligenter sibi expositis omnibus et singulis articulis, respondit ad eos, et primo ad primos xv, quod non interfuerat recepcioni alicujus alterius fratris, nec capitulis eorum, nec sciebat si servabantur in ordine contenta in dictis xv articulis, et pocius credit quod in recepcionibus non abnegarent nec facerent talia contenta in articulis quam contrarium. Ipse tamen qui receptus fuerat per fratrem Johannem de Turno, thesaurarium quondam Templi Parisiensis, erunt xv anni vel circa inter Pascha et Pentecosten, in capella domus Templi de Soysiaco Meldensis diocesis, presentibus Matheo de Angicuria, Johanne de Crezciaco, Bernerio de Croy servientibus, deffunctis, cum requisivisset panem et aquam et pauperem vestitum ordinis, et societatem bonorum ordinis in dicta capella, et dictus receptor respondisset quod bene deliberaret, quia grandem rem petebat, nam si esset frater, oporteret eum multa dura sustinere que ipsi sustinebant, nec haberet forsitan vestitum, equos et alia que videbat eos exterius habere, et ipse testis respondisset quod bene sustineret omnia predicta, dixit ei dictus receptor quod traheret se versus quamdam ymaginem beate Marie que erat in dicta capella, et rogaret Deum et beatam Mariam quod dirigerent eum et quod adimpleretur sua peticio, si erat utilis anime sue, et cum hoc fecisset et iterum introisset pro recepcione sua, dictus receptor finaliter dixit quod reciperet eum ex quo tantum affectabat, et predicti fratres Matheus et Umbertus duxerunt eum ad dormitorium ad exuendum vestes seculares, et induendum vestes ordinis; postmodum reduxerunt eum in dictam capellam ad ipsum receptorem, qui fecit eum vovere et jurare super quendam librum in quo erat ymago Crucifixi, castitatem, obedienciam, vivere sine proprio, servare elemosinas, bona et secreta ordinis; postmodum imposuit sibi mantellum et biretum : non tamen fuit eum osculatus, nec astantes in ore, sed precepit ei quod abnegaret Deum et quod spueret super dictam ymaginem Crucifixi, et quod oscularetur eum retro in spina dorsi, quia hoc erat de preceptis, sed non expresse de quibus preceptis scilicet ordinis, vel alicujus alterius superioris, et tunc ipse testis abnegavit Deum ore non corde, et spuit non super sed juxta dictam ymaginem, et finxit se osculari eum circa braccale, sed non fuit osculatus, tetigit tamen digito ; alia inhonesta non fuerunt dicta vel facta in recepcione sua predicta, nec aliud scit de contentis in xv articulis supra dictis, nec eciam in aliis articulis sequentibus, hoc excepto quod bene credebat ecclesiasticis sacramentis, et credit quod alii fratres ordinis bene crederent, et quod sacerdotes eorum debite celebrarent, nec credit quod layci possent absolvere a peccatis, nec quod illi qui erant in ordine possent exire sine licencia : clamdestine recipiebantur, cordulis cingebantur super camisias, et bene scit quod sua non tetigit capita ydolorum, quia ipse emit eam; jurabant non revelare secreta capituliorum. Non fuit ei inhibitum quod non confiteretur nisi sacerdotibus ordinis. Si sciebant errores, male fecerunt quia non correxerunt nec denunciaverunt Ecclesie; nescit qualiter ultra mare vel citra mare fratres ordinis reciperentur; elemosinas et hospitalitatem vidit convenienter servari in ordine, specialiter in dicta domo de Soyciaco, in qua ter in hebdomada dabant elemosinas frequentes tribus milibus personarum vel circa; clam tenebantur capitulia, ut audivit dici, credit quod in ordine fuisset servatum quod magnus Magister cum conventu ordinasset, et quod scandala contra ordinem sint exorta propter illa de quibus agitur contra eum; audivit dici, sed nescit aliter, magnum Magistrum et alios aliquos errores, nescit quos, contra ordinem fuisse confessos.

Requisitus si sic deposuerat prece, precepto, timore, amore, odio, vel temporali comodo habito vel habendo, respondit quod non, sed pro veritate dicenda; cui fuit injunctum per eosdem dominos commissarios, in virtute prestiti juramenti per eundem, quod non revelaret hanc suam deposicionem, quousque attestaciones fuerint publicate.

Acta fuerunt hec die et loco predictis, presentibus magistro Amisio, me Floriamonte Dondedei, et aliis notariis supra ultimo nominatis.

Post hec, die Martis sequenti, in crastinum festi conversionis sancti Pauli, que fuit xxvi dies dicti mensis Januarii, convenerunt dicti domini archiepiscopus et alii domini commissarii in domo abbatis monasterii Molinensis sita Parisius juxta ecclesiam sanctorum Cosme et Damiani, et fuerunt adducti ad presenciam eorumdem pro testibus fratres subscripti, videlicet fratres Egidius d'Oysimont presbiter Ambianensis, Guillelmus de Platea Belvacensis serviens, Thomas de Jemville presbiter Ambianensis, Robertus de Brioys Senonensis, Johannes de Bolencourt Belvacensis, Johannes de sancto Justo Belvacensis diocesium servientes, qui juraverunt tactis sacrosanctis Evangeliis dicere plenam et meram veritatem in negocio isto secundum formam juramenti aliorum testium superius registratam, expositam et vulgarizatam eisdem; quo quidem juramento recepto, recessit dictus dominus Narbonensis, et coram aliis dominis commissariis remanentibus,

Dictus frater Thomas de Jamvalle presbiter existens, requisitus quare non deferebat mantellum ordinis, respondit quod ipsum dimiserat post concilium Remense, in quo fuerat absolutus et reconciliatus per dominum archiepiscopum Remensem, per dominum G. quondam Ambianensem episcopum fuerat cum eo inquisitum, et est quinquagenarius vel circa. Lectis autem et diligenter sibi expositis omnibus et singulis articulis, respondit ad eos, et primo ad primos xv, se nescire si communiter fratres abnegabant Deum in recepcionibus suis, vel post, nec si spuebant super crucem; credit tamen quod communiter reciperentur sicut ipse fuit receptus in capella domus Templi de BelloVissu Ambianensis diocesis, in instanti festo beati Benedicti erunt xx anni vel circa, per fratrem Johannem de Villanova quondam servientem, preceptorem tunc ballive de Pontivo, presentibus fratribus Gastero de Morivalle preceptore dicte domus, Theobaldo de Mofleriis servientibus, deffunctis. Qui receptus fuerat per hunc modum : nam cum requisivisset, flexis genibus, a dicto receptore bis in dicta capella panem et aquam ordinis, et fuisset ei responsum quod bene deliberaret, quia grandem rem petebat, et oporteret eum multa sustinere et dimittere propriam voluntatem, et cum ipse respondisset quod omnia bene supportaret, et bis fecissent eum exire dictam capellam ut deliberarent, tercio reintravit dictam capellam, et peciit instanter ut supra recipi; tunc dictus receptor dixit ei quod converteret se ad quoddam altare beate Marie, et rogaret Deum et eam quod juvarent eum; postmodum finaliter fecit eum jurare super quendam librum quod ipse procuraret suo posse profectum et utilitatem ordinis, vovere continenciam, vivere sine proprio, et quod obediret superioribus sui ordinis. Postmodum imposuit sibi mantellum, et ipse receptor et fratres astantes fuerunt eum osculati in ore. Postmodum recesserunt, et dicta die de nulla re illicita vel inhonesta fuerunt locuti eidem, et hoc fecerunt in quadam die Mercurii. Postmodum vero, in die Martis subsequenti, venit ad domum Templi vocata Foresta, dicte Ambianensis diocesis, cujus claves tradite fuerant ipsi testi per dictum receptorem, frater Galterus supradictus circa horam prime in dicta capella ipsius domus in qua erant ambo soli, et dixit sibi quod abnegaret Deum et quod spueret super quandam crucem metallinam quam dictus frater Galterus acceperat de altare, et dictus testis respondit : Quomodo possem hoc facere? Dictus vero frater Galterus subjunxit : Oportet vos hoc facere, quia hoc est de punctis ordinis; et tunc ipse testis abnegavit Deum ore non corde, et spuit non super sed juxta dictam crucem. Postmodum dixit ei quod secundum puncta ordinis poterat cum fratribus carnaliter commisceri, et ipsi cum eo ; dixit ipsi testi quod hoc debebat pati, et ipse respondit quod nullo modo hoc faceret, nec hoc fecit nec fuit requisitus; de osculis inhonestis, vel de aliquibus aliis contentis in dictis xv articulis, non fuit locutus eidem, nec scit aliud quam supra deposuerit. Requisitus si viderat aliquos alios recipi in dicto ordine, respondit quod sic, sunt xii anni vel circa, fratrem Johannem de Juviniaco servientem, Ambianensis diocesis, in capella domus Templi d'Oysimont ejusdem diocesis, per fratrem Garinum de Grandi Villarii, quondam servientem, tunc preceptorem de Pontivo, presentibus fratribus Petro de Legni preceptore dicte domus, et aliis de quorum nominibus non recordatur, et fuit receptus sicut ipse testis deposuit se fuisse receptum, nec aliquid illicitum vel inhonestum fuit dictum vel factum in recepcione predicta nec eciam in receptione fratris Petri de sancto Maxencio servientis, qui eidem die, loco et hora, et per eundem fuit eodem modo receptus, et credit tamen quod in aliqua die subsequenti fuerint eis dicta illicita que dictus frater Galterus dixerat ei, et quod ea fecissent, et quod consimilia injungebantur, et fiebant post recepcionem aliorum.

Item, requisitus super xvi et omnibus sequentibus, respondit se nichil scire ultra que supra deposuerit, hoc excepto quod ipse testis bene credebat ecclesiasticis sacramentis, et secundum formam Ecclesie celebrabat et conficiebat, et credit quod idem facerent alii sacerdotes ordinis, et quod alii fratres bene crederent ecclesiasticis sacramentis, et articulis fidei, licet ex quadam consuetudine facerent abnegare Deum, et preciperent quod spuerent super crucem, nec audivit dici quod magistri vel laici ordinis absolverent a peccatis, sed aliquando remitebant penas ordinis, nec audivit quod carnaliter commiscerentur; statim pro professis habebantur, sed non jurabant ordinem non exire, clamdestine recipiebantur, cordulis cingebantur in signum castitatis, super camisias cum quibus jacebant; non jurabant quod non revelarent secreta capituliorum ordinis, sed alias injungebatur districte quod non revelarent, et si revelassent vel noluissent abnegare et facere alia illicita de quibus supra deposuit, nescit qualiter fuissent puniti; non audivit inhiberi quod non confiterentur, nisi sacerdotibus ordinis; negligentes fuerunt quia non correxerunt errores, nec denunciaverunt Ecclesie; credit quod elemosine et hospitalitas in dicto ordine et in toto mundo sint restricte, quia refrigescit caritas hominum; credit quod in ordine servaretur quod magnus Magister cum conventu statuebat, non credit quod omnes fratres ordinis scirent illicita fieri vel precipi supradicta; grandia scandala contra ordinem sunt exorta propter illa de quibus agitur contra eum; audivit dici magnum Magistrum et alios quosdam errores, nescit quos, contra ordinem fuisse confessos. Requisitus si confessus fuerat de abnegacione et spuicione predictis, respondit quod non, quia non faciebat sibi conscienciam pro eo, quia ore non corde fecerat supradicta.

Requisitus si sic deposuerat prece, precepto, timore, amore, odio, vel comodo temporali habito vel habendo, respondit quod non, sed pro veritate dicenda; cui fuit injunctum per dictos dominos commissarios, in virtute juramenti prestiti per eundem, quod non revelaret hanc suam deposicionem quousque attestaciones fuerint publicate.

Eisdem die et loco fuerunt adducti ad presenciam eorumdem commissariorum, pro testibus, fratres Johannes le Gambier de Grandi Villarii, Thomas de Bonnencourt, Allemanus de Ligneriis, Nicolaus de Meanvoy, Hugo d'Oysemont Ambianensis, Petrus de sancto Justo, Johannes de Gressibus, et Fulco de Nulliaco Belvacensis diocesium, servientes, qui juraverunt, tactis sacrosanctis Evangeliis, dicere plenam et meram veritatem in negocio isto, secundum formam juramenti aliorum testium superius registratam, expositam et vulgarizatam eisdem.

Post que frater Robertus le Brioys Senonensis diocesis, serviens, preceptor domus Templi de Somerens Ambianensis diocesis, testis supra juratus, existens coram eisdem dominis commissariis, requisitus quare non deferebat mantellum, respondit quod vetustate consumptus fuerat, et, post concilium Remense, dimiserat ipsum voluntarie, et radi fecerat sibi barbam, et in eodem concilio fuerat inquisitum cum eo, et absolutus et reconciliatus per dominum archiepiscopum Remensem, et est etatis xxxv annorum vel circa. Lectis autem et diligenter expositis sibi omnibus et singulis articulis, respondit ad eos, et primo ad primos xv, quod non interfuerat capitulis nec recepcionibus aliorum, et ideo nesciebat qualiter recipiebantur, sed credebat quod reciperentur sicut ipse fuit receptus, quia hoc dixerat ei in recepcione sua frater Johannes de Turno thesaurarius Templi Parisiensis, in mense octobri, proximo preterito fuerunt xiii anni vel circa, in capella sancti Blasii domus Templi Parisiensis, in qua recepit eum presentibus fratribus Raynerio de Larchant Senonensis diocesis, et Renardo presbitero curato ecclesie tunc dicte domus, vivis ut credit, Guillelmo dicto Gloria, et Guillelmo Molendinario servientibus, deffunctis, in hunc modum : nam cum requisivisset panem et aquam, et societatem ordinis, concessit, sed dixit ei quod bene deliberaret, quia oporteret eum multa sustinere in ordine, et quod exiret capellam. Postmodum reintravit capellam predictam, et peciit id quod supra; et cum fuisset responsum idem, et iterum exiisset et rediisset, finaliter fecit eum jurare super quendam librum in quo erat ymago Crucifixi, quod non revelaret secreta capituliorum, et quod servaret castitatem, obedienciam, et viveret sine proprio; postmodum imposuit sibi mantellum, sed non fuit eum osculatus in ore, nec eciam astantes; post que precepit ei quod abnegaret Deum, et cum ipse testis responderet quod hoc nullo modo faceret, dictus frater Johannes dixit ei quod, nisi hoc faceret, malum gaudium haberet de corpore suo, et tunc ipse testis dolens et flens, ut dixit, abnegavit ore non corde; post que precepit ei quod oscularetur eum in carne nuda, inter spatulas et collum, quia predicta debebant fieri secundum puncta ordinis, et ipse fuit eum osculatus; dixit eciam ei quod secundum dicta puncta ordinis poterat carnaliter commisceri cum fratribus ordinis, et hoc debebat pati, quod tamen non fecit nec fuit requisitus, nec scit quod in ordine servaretur, nec audivit dici; alia de contentis in dictis xv articulis dixit se nescire.

Item, requisitus super xvi, et omnibus aliis sequentibus, respondit se nichil scire ultra que supra deposuerit, hoc excepto quod bene credebat ecclesiasticis sacramentis, et credit quod alii fratres bene crederent, et quod eorum sacerdotes debite celebrarent, et audiverat dici a dicto thesaurario, et a fratre Hugo de Peraldo, et fratre Roberto de sancto Pantaleone, quondam qui erat magnus homo in ordine, et ab aliis pluribus fratribus ordinis, et specialiter a fratre Geraldo de Villaribus, quondam visitatore Francie, milite, quod magnus Magister et alii preceptores ordinis laici, ex forma privilegiorum papalium, poterant absolvere fratres ordinis a peccatis que confitebantur eis in capitulis, et dictus frater Gerardus, sunt x anni elapsi, dixit fratri Johanni de Calmota, presbitero presente, ipso testi, et aliis de quibus non recordatur, in quodam porticu domus Templi de Boys Destruz Belvacensis diocesis, quod male faciebant ipse presbiter, et alii presbiteri ordinis, quia audiebant confessiones fratrum ordinis et absolvebant eos, pro eo quod preceptores eorum laici poterant eos absolvere in capitulis a peccatis eorum, secundum privilegia sua, et si illud servaretur in ordine, fratres caverent sibi plus a subtrahendis bonis ordinis, et aliis malefeciis perpetrandis; sed dicti presbiteri absolvebant eos, ut dixit dictus frater Gerardus, propter emolumentum quod exinde consequebatur, participando in subtractis per eos de bonis Templi; ipse tamen testis non credit, ut dixit, quod laici possent absolvere a peccatis, sed credit quod multi ex fratribus ordinis crederent quod dicti laici absolvere possent. Requisitus ubi et quando audiverat predicta a dicto fratre Hugo de Peraldo, respondit quod sunt quinque vel sex anni apud Belvacum, in domo eorum, de presentibus non recordatur; statim pro professis habebantur; sed non juravit non exire ordinem; clamdestine recipiebantur, ex quo erat suspicio contra ordinem; in recepcione sua precepit ei dictus thesaurarius quod pro penitencia cingeretur una cordula super camisiam, cum qua jacere debebat; credit quod qui noluisset facere dicta illicita, vel ea revelasset, fuisset male tractatus, et hoc eciam dixit ei dictus thesaurarius in sua recepcione, scilicet quod si revelaret, esset perditus; quamdiu poterant habere sacerdotes ordinis, non poterant aliis confiteri. Post recepcionem suam, infra octo dies fuit confessus predictos errores Parisius, apud sanctum Germanum de Pratis, fratri Johanni, cujus cognomen ignorat, de ordine fratrum Minorum, penitenciario tunc domini Symonis, quondam archiepiscopi Bituricensis tunc cardinalis, qui cardinal institerat pro recepcione ipsius testis, et dictus frater Johannes suasit ei quod exiret ordinem, et absolvit eum imposita penitencia quod non portaret pannos lineos de bienio, et quod in dicto bienio jejunaret propter periculum quod ei poterat inminere. Negligentes fuerunt quia non correxerunt dictos errores, nec denunciaverunt Ecclesie. Sufficienter fiebant elemosine et hospitalitas in multis locis ordinis, in aliis insufficienter; et audivit dici quod dictus frater Gerardus de Villaribus, tunc visitator Francie, volebat quod elemosine restringerentur in ordine. Audivit dici quod capitulia clam et aliquando post mediam noctem tenebantur, et quod in ordine debebat servari quod magnus Magister cum conventu statuebat. Grandia scandala contra ordinem sunt exorta propter illa de quibus agitur contra ipsum. Audivit dici magnum Magistrum et alios multos errores, nescit quos, contra ordinem fuisse confessos.

Requisitus si sic deposuerat prece, precepto, timore, amore, odio, vel temporali comodo habito vel habendo, respondit quod non, sed pro veritate dicenda; cui fuit injunctum per dictos dominos commissarios, in virtute juramenti prestiti per eundem, quod non revelaret hanc suam deposicionem quousque attestaciones fuerint publicate.

Acta fuerunt hec dictis die et loco, presentibus magistro Amisio, me Floriamonte Dondedei, et aliis notariis supra ultimo nominatis.

Post hec, die Mercurii sequenti, que fuit dies xxvii dicti mensis Januarii, fuit adductus ad presenciam eorumdem dominorum commissariorum, in domo predicta, frater Guillelmus de Platea Belvacensis diocesis, serviens, preceptor domus d'Oysemont Ambianensis diocesis, testis supra juratus, ut deponeret dictum suum, non defferens mantellum ordinis, quia ipsum dimiserat voluntarie post concilium Remense, et postmodum fecerat sibi radi barbam, et fuerat cum eo inquisitum et absolutus et reconciliatus per dominum archiepiscopum Remensem, et erat quadragenarius vel circa. Lectis autem et diligenter sibi expositis omnibus et singulis articulis, respondit ad eos, et primo ad primos xiii, se nescire si vera sint contenta in dictis articulis, credit tamen quod aliqui reciperentur sicut ipse fuit receptus, circiter xx anni fuerunt in festo Magdaleneæ proximo preterito, per fratrem Galterum de Ote, militem quondam, tunc preceptorem de Somerens Ambianensis diocesis, in capella domus Templi Belvacensis, presentibus fratribus Roberto de sancto Pantaleone, presbitero quondam, tunc curato dicte domus Belvacensis, Petro Gande, tunc preceptore deu Boys Destruz Belvacensis diocesis, Roberto Anglico, quondam residente in dicta domo, Ricardo preceptore domus de Messelant. In cujus recepcione fuit servatus talis modus: nam requisivit panem et aquam, societatem et pauperem vestitum ordinis, sibi concedi amore Dei a dicto receptore, coram quo stabat flexis genibus in dicta capella, et obtulit se velle fieri servum esclavum ordinis ad acquisicionem et defensionem Terre Sancte pro posse suo; et dictus receptor respondit quod grandem rem petebat, quia oporteret eum dimittere propriam voluntatem propter alienam, et obedire omnibus preceptis illorum qui preponerentur eidem, et multa onera sustinere, et quod bene consideraret si erat fortis et potens ad sustinenda predicta. Quo respondente quod fortis erat et voluntarius ad sustinenda dicta onera ordinis, dixerunt quod exiret in quodam cimiterio et deliberaret; postmodum vocaverunt eum intra dictam ecclesiam, et pecierunt si erat in eodem proposito. Quo respondente quod sic, fecerunt vovere et jurare super quendam librum castitatem, obedienciam, vivere sine proprio et servare secreta ordinis; post que imposuit sibi mantellum, dicto presbitero dicente psalmum Ecclesie: Quam bonum, et quasdam oraciones, et aspergente aquam benedictam super eum, et dictus receptor et fratres astantes fuerunt osculati eum in ore. Quo facto, recesserunt de dicta capella, et ipse testis fuit ductus ad dormitorium, ut indueret se vestes ordinis. Postmodum dictus frater P. Gande, scientibus, ut presumit, aliis fratribus, duxit eum ad quamdam cameram, et eam firmavit interius, et dixit ei quod ex quo erat alligatus ordini, et ordo sibi, oportebat quod ipse sciret statum eorum, et faceret que ipse preciperet ei. Et ipse testis non presumens in hoc aliquid mali, respondit quod libenter hoc faceret; et tunc dictus frater P. precepit ei quod abnegaret Deum, et cum ipse testis stuperet de dicto precepto et incepisset flere, dictus P. dixit ei quod oportebat eum hoc facere, quia ita faciebant omnes qui recipiebantur in dicto ordine. Dixit eciam, ut videtur ipsi testi, quod hoc debebat fieri secundum puncta ordinis, et nisi hoc vellet facere, haberet satis pati. Cum autem dictus testis diceret ei quare non dixerat sibi predicta in presencia aliorum fratrum, respondit quod non placuerat ei; et tunc ipse testis, valde dolens et tristis, racione juramenti per eum prestiti de obediendo et timore ductus, abnegavit Deum ore non corde. Postmodum precepit ei dictus frater P. quod spueret super quandam crucem metallinam in qua erat ymago Crucifixi, quam idem frater P. extraxit desubtus supertunicale suum, quia hoc debebat facere secundum dicta puncta ordinis; sed ipse testis noluit spuere super eam, sed prope ipsam in terra. Postmodum dixit ei quod, secundum dicta puncta ordinis, poterat carnaliter commisceri fratribus ipsius ordinis, et debebat pati quod alii commiscerentur eidem; tamen hoc non fecit, nec fuit requisitus, nec scit, nec credit quod dictum flagicium servaretur seu perpetraretur inter fratres dicti ordinis. De osculis inhonestis vel de aliquibus aliis illicitis non fuit locutus eidem; nec scit plus de contentis in XIII articulis supradictis. Immo dixit quod in die Veneris sancta devote adorabant crucem.

Requisitus si interfuerat aliorum recepcionibus, respondit se interfuisse recepcioni fratris Michaelis Mosteti servientis, quem recepit frater Baudoynus de sancto Justo, preceptor tunc dicti domus d'Oysemont, in dicta domo d'Oysemont, in camera sua, presentibus fratribus Egidio de Rontengi curato dicte domus, Thomas de Janvalle presbitero, teste eri examinato, et Radulpho agricultore dicte domus, deffuncto. In cujus recepcione fuit servatus quoad licita ille modus qui fuerat servatus in recepcione ipsius testis. Postmodum recessit ipse testis et alii, et nescit, si post eorum recessum, fuerunt facta et dicta illa illicita que fuerunt facta et dicta post recepcionem suam in camera supradicta. Credit tamen pocius quod sic quam quod non. Aliorum recepcionibus et capitulis generalibus dixit se non interfuisse. Recepcio autem dicti Michaelis fuerat facta, sicut credit, in vigillia Nativitatis Domini, ante capcionem eorum fuerat unus annus vel circa.

Item, dixit quod, in crastinum recepcionis sue, fuit confessus de predictis erroribus prefato fratri Roberto curato dicte domus, qui dixit ei quod bene estimabat quod eum fecissent facere illicita supradicta, et rogavit Deum quod parceret ei, et non interesset loco in quo predicta fierent; et absolvit eum, injuncta penitencia quod jejunaret per tres dies Veneris.

Item, requisitus super XIII et aliis omnibus sequentibus, respondit se nichil scire ultra que supra deposuerit, hoc excepto quod bene credebat ecclesiasticis sacramentis, et credit quod alii fratres bene crederent, et quod eorum sacerdotes debite celebrarent; non tamen putat quod ille frater Petrus, qui precepit sibi dicta illicita, erat bonus Christianus. Item dixit se frequenter audivisse a preceptoribus suis quod si fratres subtrahebant aliqua de bonis ordinis, vel perpetrabant aliquos excessus contra fratres, et in eorum capitulis puniebantur de dictis excessibus, vel remitebant eis, non oportebat quod confiterentur ulterius; ipse tamen testis non reputasset se propter hoc a peccatis absolutum; statim pro professis habebantur; clamdestine recipiebantur, ex quo audivit aliquos murmurantes contra ordinem post recepcionem suam, sed non ante. Cordulis, quas accipiebant unde volebant, cingebantur super camisias, cum quibus jacebant in signum castitatis. Per sacramentum precipiebatur eis quod non revelarent modum recepcionis eorum nec secreta capitulorum, nescit tamen qualiter fuissent puniti si revelassent, vel si noluissent facere illicita supradicta. Non inhibebatur eis quod non confiterentur nisi fratribus ordinis; tamen eis debebant confiteri. Fuerunt negligentes quia non correxerunt dictos errores nec denunciaverunt Ecclesie. Audivit dici quod decima pars panis quem comedebant, debebat dari amore Dei, et in dicta domo d'Oysemont, in qua fuit moratus ipse testis et erat preceptor, dabatur et ultra, et bene hospitalitas servabatur ibidem. Sed audivit dici quod in aliquibus aliis locis restringebantur; audivit dici quod capitulia clam, januis clausis, tenebantur, et credit quod totus ordo servasset quod magnus Magister cum conventu statuisset. Grandia scandala contra ordinem sunt exorta propter predicta. Credit quod multis ex fratribus essent nota illicita de quibus supra deposuit, et quod Magister et alii confessi sint illa que in litteris apostolicis continentur eos confessos fuisse.

Requisitus si sic deposuerat prece, precepto, timore, amore, odio, vel temporali comodo habito vel habendo, respondit quod non, sed pro veritate dicenda; cui fuit injunctum per dictos dominos commissarios, in virtute juramenti prestiti per eumdem, quod non revelaret hanc suam deposicionem quousque attestaciones fuerint publicate.

Eisdem die et loco venit ad presenciam dictorum dominorum commissariorum religiosus vir frater Stephanus de Nereaco Lugdunensis diocesis, de ordine fratrum Minorum, gardianus quondam Lugdunensis, qui dicebatur aliqua scire de contentis in articulis super quibus inquirunt domini commissarii antedicti, et juravit tactis sacrosanctis Evangeliis plenam et meram dicere veritatem in negocio isto de quo agitur, secundum formam juramenti aliorum testium superius registratam lectam eidem. Lectis autem sibi omnibus et singulis articulis, respondit quod sunt elapsi viginti anni, vel circa, cum frater Ancelinus Gara miles ordinis Templi, de parentella ipsius testis, esset dictum ordinem ingressurus, et ipse testis, et frater Poncius prior de Mantula diocesis Vienensis, ordinis Cluniacensis, frater ejusdem, et Stephanus frater dicti Ancelini, ac alii nobiles de eorum parentela trufando et ridendo dicerent eidem Ancelino, die precedenti recepcionem suam, Lugduni existenti, quod in crastinum oscularetur in ano illum qui reciperet eum, et dictus Ancelinus responderet quod hoc non faceret, et si diceretur ei, quod cum gladio perforaret anum dicti receptoris, fecerunt ei jurare quod post recepcionem suam revelaret eis modum dicte sue recepcionis et professionis. Cum autem in crastinum dictus Ancelinus fuisset factus miles per dominum Anricum de Villariis, quondam archiepiscopum Lugdunensem, in capella domus templi Lugdunensis, et missa celebrata, induissent eum vestes ordinis, mantello nondum tradito, et essent in una camera dicte domus, duo milites ordinis Templi, quorum nomina ignorat, duxerunt ipsum Ancelinum, presente ipso teste, ad quendam alium locum dicte domus secretum, et nullus de amicis ipsius fratris Ancelini secutus est eum nec intrare potuit, quia firmaverunt portas. Cum autem fecissent per magnum spacium, et ipse testis et alii exterius existentes admirarentur de tanta mora, dicti duo milites, apertis januis, redierunt cum bono vultu ad locum unde receperant dictum fratrem Ancelinum, et ipse frater Ancelinus, nunc habens mantellum eidem [sic], subsequebatur eos adeo alteratus et inmutatus in vultu et turbatus et intristissimus corde, ut videbatur, habens occulos tumidos et lacrimosos, quod ejus aspectus fuit ipsi testi et aliis amicis eorum assistentibus quasi horibilis et terribilis. Cum tamen antequam dicti duo milites introduxissent eum in dictum locum secretum, esset idem frater Ancelinus letus et jocundus et boni et placidi aspectus, de quo ipse testis et alii amici eorum quam plurimum admirati, dixerunt inter se quod aliquis eorum requireret eum, per sacramentum eis factum ante recepcionem, quod revelaret eis qualiter fuerat receptus; sed finaliter distulerunt hoc petere usque post prandium. Quo assumpto, ipse testis ad eundem Ancelinum rediens et eundem multipliciter consolans de recepcione sua predicta, et ipso Ancelino nichil respondente, sed semper, ut videbatur, in dicta turbacione cordis manente, finaliter ipse testis requisivit eum sub debito juramenti ei et aliis prestiti quod revelaret eis modum recepcionis sue predicte; et dictus Ancelinus torvo oculo respiciens ipsum testem, dixit ei quod nec ipse nec alius loquerentur sibi deinceps de hoc, quia non habebat aliquod amicum vel parentem, si loqueretur sibi de hoc, quem nollet esse exoculatum; et tunc ipse testis dixit sibi quod non loqueretur ei ulterius de predictis. Post hec vero die sequente, vel paulo post, cum quidam fratres vellent transfretare facientes transitum per Lugdunum, dictus frater Ancelinus qui prius transfretandi intencionem habebat, propter voluntatem amicorum qui hoc desiderabant, asociavit se eis, et fuit in armis et equis et aliis necessariis convenienter per amicos munitus. Cum autem ivisset usque ad Marssiliam, ut idem testis audivit, dictus frater Ancelinus, relictis equis et armaturis, reversus est ad domum fratris sui, et cum ejus amici de regressu suo essent quam plurimum admirati et turbati, et cum reprehenderent de regressu, ipse respondit eis quod dimitterent eum, quia non curabat esse in societate Templariorum, prout predictus Poncius frater testis loquentis, et frater Jacobus prior sancti Petri in Alaverdo Gratapolitane diocesis, et Stephanus supradictus fratres ipsius Ancelini, ipsi testi postea retulerunt, et dicebant eciam quod dictus frater Ancelinus aliquando eis dixerat quod Templarii erant pejores homines de mundo, quare non curabat redire ad societatem eorum; audivit eciam dictus testis, quod cum fratres et amici dicti Ancelini requisivissent et rogassent frequenter eundem quod rediret ad fratrum ordinis consorcium, ipse fuit reversus semel vel bis ad instanciam amicorum, sed parum ibi moratus fuit; immo paulo post revertebatur ad domum fratris sui. Postmodum autem cum Templarii fuissent capti in regno Francie et rumor processisset, dominus Artaudus Carati miles, consanguineus dicti fratris Ancelini, monuit eum quod diceret veritatem de hiis que dicebantur contra Templarios ad salutem anime sue, et quod presentaret se coram inquisitoribus deputatis per dominum Papam, et diceret veritatem. Qui dixit quod nunquam iret, nec faceret se capi; dixit tamen quod ipse diceret veritatem dicto domino Artaudo, qui dominus Artaudus vocavit quemdam publicum notarium curie Vienensis, cujus nomen ingnorat, sed morabatur in sancto Theodoro. In quorum presencia idem frater Ancelinus confessus fuit quod Templarii in ejus recepcione fecerunt abnegare eum Christum, et dixerant ei quod Christus erat falsus propheta, et preter hoc fecerant eum spuere super crucem et cum pedibus conculcare. Item eciam confessus fuit quod illa orenda oscula intervenerant in sua recepcione, et hanc confessionem ipsius Ancelini retulerunt eidem testi dicti dominus Artaudus et frater Jacobus se audivisse ab eodem Ancelino. Quibus auditis, idem testis consuluit fratri Jacobo predicto quod faceret eum capi et duci ad dominum archiepiscopum Vienensem, cum istud negocium tangeret fidem, et non sufficiebat predicta confessio nisi fieret coram prelatis Ecclesie habentibus auctoritatem super istis; quo facto dictus prior fecit eum capi et reddi domino archiepiscopo Vienensi.

Item, dixit idem testis quod in retencia capcionis Templariorum ipse testis et Hugo Achoti domicellus, nunc inhabitans Lugdunum, loquebantur adinvicem de erroribus predictis, et dictus testis dixerat predicto Hugoni factum et casum predicti Ancelini. Quo audito dictus Hugo dixit ipsi testi, quod cum ipse fuisset familiaris domini de Illino Vienensis diocesis, et gessisset curam aliquo tempore liberorum ejusdem, tandem post mortem ipsius domini fuit ordinatum per amicos, quod secundus natus dicti domini de Illino, Berlio nomine, esset Templarius, dicens idem Hugo quod ipse una cum pluribus aliis amicis dicti Berlionis ivit ad quandam domum Templi in Alvernia, nescit qualiter vocatur, sed est juxta Aligerim prope quoddam nemus, vel quasi in ipso nemore, ut dixit dictus Hugo eidem testi, subjungens quod cum idem Berlio fuisset receptus in quodam loco secreto dicte domus in quo amici ejus non adfuerunt, et post exisset indutus habitum ordinis, prefatus Berlio fuit totus mutatus et alteratus; statim post intravit nemus, et cum amici ejus mirarentur de ejus absencia et quereret ubi esset, dictus Hugo fuit eum secutus, et invenit eum in nemore solum et amarissime flentem et gementem; et cum dictus Hugo consolaretur eum et diceret quid hoc erat? idem Berlio respondit quod mallet quod parentes ejus sumersissent eum in aqua que erat ibi proxima quam quod fecissent eum Templarium; et cum dictus Hugo conaretur eum iterum verbis dulcibus consolari, idem Berlio dixit ei : Vade, non loquaris michi amplius de hoc, sed vade ad fratrem meum, et dicas ei quod extrahat me de ista religione; quod si non faciat, offendam totum genus meum, vel interficiam me. Dictus autem Hugo rediens ad amicos prefati Berlionis, qui tunc erant ibi presentes, aperuit eis desolacionem et tristiciam dicti Berlionis; ad quorum amicorum presenciam idem Berlio veniens, non potuit consolacionem recipere, nec eciam ad Templariorum qui ibi adherant instanciam, volebat aliquam consolacionem recipere secundum eandem. Quidam senex Templarius, nobilis, dives et potens, qui aderat, dixit amicis dicti Berlionis : Dimitatis eum michi, ego bene consolabor eum; et dirigens verba sua dicto Berlioni, dixit ei : Ego recipio te in socium meum, et de vestibus meis, et providebo tibi bene de equitaturis et de aliis necessariis; et sic tunc remansit cum eo, et alii recesserunt. Postea vero, circa dimidium annum, prefatus Hugo, qui cito post recepcionem dicti Berlionis renunciaverat desolacionem ejusdem Gerardo de Illino fratri ipsius Berlionis, visitavit dictum Berlionem, de mandato ipsius Gerardi, qui dixerat ei quod si frater suus nolebat remanere in religione, quod ipse partiretur ei hereditatem suam, nec dimitteret eum in tanta desolacione. Et cum dictus Hugo venisset ad eum, invenit et vidit eum bene consolatum, et remansit in ordine usque ad mortem suam, prout predicta prefatum Berlionem tangencia supranominatus Hugo retulit ipsi testi. Decessit autem dictus Berlio antequam ista de ipso et de aliis Templariis dicerentur.

Dixit eciam idem testis, quod in capcione Templariorum qui erant Lugduni, Bartholamus Caprarii civis Lugduni, et scancio, id est custos vini pro persona regia domini regis Francie, habens potestatem et mandatum a domino rege capiendi Templarios, vocavit ipsum testem ipsa die capcionis, et inter alios qui capti fuerunt, fuit captus quidam clericus secularis, cujus nomen ignorat, qui portabat duo paria litterarum clausarum, quarum erat substancia quod quidam frater, qui tunc erat magister passagii, cujus nomen ignorat, existens Marsillie, significabat Magistro magno ordinis, qui tunc venerat ad partes Francie, quod ordo et fratres Templi erant accusati graviter erga dominum Papam et Regem, et quod dictus Magister provideret sibi et retineret dominum Regem sibi propicium et favorabilem, quia ipse bene habebat industriam et potenciam ad retinendum dominum Regem. Idem dixit idem testis, quod in altera litterarum erat quedam alia in qua significabat dictus magister passagii dicto magno Magistro, quod ipse intellexerat quod milites Vasconie, qui fuerant capti, accusaverant ordinem et fratres Templi. Item, et quod in alia littera erat quedam alia, in qua idem magister passagii significaverat memorato Magistro ordinis, quod illa statuta ordinis, que facta fuerant apud Castrum peregrini, jam erant revelata. Predictas autem litteras idem testis dixit se aperuisse, et eas et alias predictas vidisse et legisse interius; quale erat sigillum dictarum litterarum, et qualem caracterem habebat, dixit se non recordari, nec advertit ad hoc : sed predictus clericus qui eas portabat, ipso teste audiente, asserebat se eas portare ex parte dicti magistri passagii magno Magistro, et consuluit ipse testis dicto Bartholomeo quod litteras et alias predictas mitteret dicto domino Regi.

Interrogatus si super articulis sibi lectis sciebat aliqua alia, dixit quod non, hoc salvo quod multi sunt anni, cum ipse erat juvenis, audivit dici quod in recepcionibus fratrum Templi fiebant aliqua inhonesta et illicita, et propter hoc eciam ipse et alii, ut premissum est, dixerant memorato Ancelino, ante recepcionem ipsius, illa verba de quibus supra deposuit, non tamen tunc credebat esse vera, modo tamen habet suspectas recepcionem et professionem eorum. Interrogatus si fama laborabat contra ordinem de erroribus contentis in dictis articulis, dixit quod sic de presenti, sed ante eorum capcionem audiverat et credebat quod domini Papa et rex Francie scirent modum recepcionis eorum. Item dixit se audivisse a duobus Templariis captis apud Lugdunum, quorum examinacioni interfuerat, quod si superiores eorum precepissent eis quod jacuissent cum aliqua muliere, obedivissent, et adduxissent eis, si precepissent, sed non commisissent ex precepto eorum peccatum sodomiticum, ut dicebant.

Requisitus si prece, precepto, timore, amore, odio, vel comodo temporali habito vel habendo sic deposuerat, respondit quod non, sed pro veritate dicenda; cui fuit injunctum per dictos dominos commissarios, in virtute juramenti prestiti per eundem, quod non revelaret hanc suam deposicionem quousque attestationes fuerint publicate.

Eisdem die et loco fuerunt adducti ad presenciam eorumdem dominorum commissariorum et archiepiscopi, pro testibus, fratres Guillelmus de Aramblay elemosinarius domini Regis, Johannes de Turno thesaurarius Templi Parisius, Petrus de Reblay Parisiensis, Renerius de Larchant Senonensis, Jacobus de Vernis Meldensis, Johannes Ruffemont Claramontensis, Johannes de Rompre Lingonensis diocesium, qui juraverunt tactis sacrosanctis Evangeliis dicere plenam et meram veritatem in negocio isto, secundum formam juramenti aliorum testium superius registratam, expositam et vulgarizatam eisdem; qui quidem testes ante juramentum eorum fuerunt protestati in presencia eorumdem dominorum commissariorum, quod si aliquid dicerent propter simplicitatem eorum quod esset contra deposiciones per eos alias factas, quod non prejudicaret personis eorum, cum in predicta sua deposicione eorum quilibet stare et perseverare se velle diceret et non recedere ab eadem.

Acta fuerunt hec predictis die et loco, presentibus magistro Amisio, me Floriamonte Dondedei, et aliis notariis supra ultimo nominatis.

Post hec die Jovis sequenti, que fuit xxviii dies mensis Januarii, predicti domini commissarii, excepto domino Narbonensi, fecerunt redire ad presenciam ipsorum fratrem Thomam de Janvalle presbiterum, testem supra examinatum, pro eo quod frater Guillelmus de Platea, testis eri examinatus, deposuerat ipsum Thomam una cum dicto Guillelmo et aliis quibusdam interfuisse recepcioni fratris Michaelis Moseti. Requisitus autem dictus Thomas an interfuisset dicte recepcioni et aliquorum aliorum, quod in ejus deposicione non expresserit, quando, ubi et quibus presentibus, respondit se interfuisse recepcioni dicti Michaelis, circa festum Nativitatis Domini fuerat unus annus ante capcionem eorum, et dictus Michael receptus in camera receptoris domus d'Oysimont Ambianensis diocesis, per fratrem Baudoynum de sancto Justo, de mandato fratris Roberti de Belvaco, qui in isto processu ab aliquibus testibus nominatus est frater Robertus de sancto Pantaleone, et ab aliis frater Robertus de sancto Justo, pro eo quia fuit ortus de sancto Justo et tenuit domum Templi de sancto Pantaleone et de Belvaco, et dicta recepcio fuit facta presentibus fratribus Egidio d'Oysemont, teste suprajurato sed nondum examinato, Guillelmo de Platea predicto et Radulpho de Carrucis servientibus. Item, dixit se interfuisse recepcioni fratris Roberti Verrerii servientis, circa mensem Augusti proximo preteritum fuerunt sex anni vel circa, in capella domus Templi de Belvaco, quem recepit dictus frater Robertus de Belvaco, presentibus ipso teste et quodam alio de cujus nomine non recordatur. Requisitus si in dictorum recepcionibus vel post fuerat factum vel dictum aliquid illicitum de contentis in articulis, respondit quod non quod ipse sciverit vel audiverit dici. Credit tamen quod post recepcionem fecerint illa illicita que deposuit intervenisse in recepcione ipsius testis. Requisitus quare non exposuerat de dictis duabus recepcionibus in deposicione sua, respondit per juramentum suum quod non recordabatur tunc.

Eisdem die et loco fuit adductus ad presenciam eorumdem dominorum commissariorum frater Johannes de Bollencourt serviens, Belvacensis diocesis, testis supra juratus, ut deponeret dictum suum, non defferens mantellum ordinis, quia cum fuisset absolutus et reconciliatus in consilio Remensi per dominum archiepiscopum Remensem, et prius fuisset cum eo inquisitum per dominum episcopum Ambianensem qui nunc est, dimisit dictum mantellum vetustate consumptum, et fecit sibi radi barbam, et est etatis xxxviii annorum vel circa, qui fuit protestatus quod non intendebat recedere a deposicione et confessione per ipsum alias factis coram dicto domino archiepiscopo Remensi. Lectis autem et diligenter sibi expositis omnibus et singulis articulis, respondit ad eos, et primo ad primos xiii, quod non interfuerat aliorum recepcionibus nec capitulis, et ideo nesciebat si dicti errores contenti in articulis servabantur in ordine; pocius tamen credebat quod alii reciperentur sicut ipse fuit receptus quam contrarium. Ipse autem fuerat receptus in capella domus Templi de Juriaco Rothomagensis diocesis, per fratrem Johannem de Turno thesaurarium Templi Parisiensis, in octavis Pasche erunt vii anni, presentibus fratribus Reynaudo de Tremblay presbitero, de cujus vita vel morte non est certus, et Nicolao de Rulhiaco et Johanne de Mernorvale, deffunctis, in hunc modum : nam cum peciisset panem et aquam ordinis, dixerunt ei quod bene deliberaret et exiret capellam, et postmodum cum deliberasset, rediret. Cum autem rediisset et peciisset iterum panem et aquam, concessit ei dictus receptor, de quo fuit multum gavissus ipse testis, quia sperabat salvare animam suam in dicto ordine et habere honorabilem victum suum; post que dictus receptor fecit eum vovere et jurare super quendam librum clausum, quod bene servaret elemosinas ordinis, bonos usus et bonas consuetudines ordinis, castitatem, obedienciam et vivere sine proprio, et injunxit sibi sub dicto juramento quod non revelaret secreta ordinis; postmodum tradidit sibi mantellum, et ipse et fratres astantes fuerunt eum osculati in ore; postmodum dicto receptore et aliis in eadem capella remanentibus, dictus frater Johannes de Merrouville, deffunctus, traxit ipsum testem ad partem intra dictam capellam in quodam porticu, et precepit ei quod abnegaret Deum, et ipse testis respondit quod hoc nullo modo faceret, et tunc dictus frater Johannes dixit ei quod hoc oportebat ·um facere, quia erat de punctis religionis eorum, et quod diceret hoc ore, licet non corde, et tunc ipse testis abnegavit ore non corde. Postea precepit ei quod spueret supra quandam crucem depictam in pargameno quod idem Johannes tenebat in manu sua, quia hoc debebat facere secundum dicta puncta ordinis; et ipse testis spuit non supra sed juxta dictam crucem in terra; deinde dixit ei quod, secundum puncta dicti ordinis, debebat eum osculari in umbilico, et quod poterat licite commisceri fratribus ordinis et pati quod ipsi commiscerentur cum eo; ipse tamen non fuit eum osculatus nisi in ore, nec fuit unquam requisitus de dicto peccato sodomitico, nec aliquem requisivit, nec scit nec credit quod alii fratres ordinis committerent dictum peccatum. Plura de contentis in dictis XIII articulis dixit se nescire, et flebat dictus testis multum in deposicione sua, propter asperitates quas, ut dicebat, sustinuerat stando tanto tempore captus quanto fuerat in ordine commoratus.

Item, super XIIII et omnibus sequentibus respondit se nichil scire ultra que supra deposuerat, hoc excepto, quod ipse bene credebat ecclesiasticis sacramentis, et credit quod alii fratres crederent, et quod sacerdotes eorum debite celebrarent; nec audivit dici in ordine nec credebat quod Magister vel alii laici de ordine possent eos absolvere a peccatis; cingebantur cordulis quibus volebant super camisias eorum cum quibus jacebant; credit quod fuissent puniti qui noluissent facere illa illicita in recepcionibus eorum, vel qui ea revelassent, sed nescit qualiter; sine licencia non poterant nisi sacerdotibus ordinis confiteri; negligentes fuerunt quia non correxerunt errores nec denunciaverunt Ecclesie; elemosinas et hospitalitatem vidit convenienter fieri in ordine in locis in quibus fuit conversatus. Credit quod in ordine servaretur quod magnus Magister cum conventu ordinabat. Si aliqui fratres, propter dictas feditates, exiverint ordinem, bene fecerunt. Credit quod illicita que fiebant in recepcionibus, essent nota multis fratribus ordinis, et audivit dici quod magnus Magister et alii fuerunt confessi aliquos errores, nescit quos. Scandala contra ordinem sunt exorta.

Requisitus si sic deposuerat prece, precepto, timore, amore, odio, vel temporali comodo habito vel habendo, respondit quod non, sed pro veritate dicenda; cui fuit injunctum per dictos dominos commissarios, in virtute juramenti prestiti, quod non revelaret hanc suam deposicionem quousque attestaciones fuerint publicate.

Eisdem die et loco fuit adductus ad presenciam eorumdem dominorum commissariorum frater Egidius de Rotangi presbiter curatus ecclesie d'Oysemont Ambianensis diocesis, testis suprajuratus, ut deponeret dictum suum, et fuit protestatus quod non intendebat recedere a deposicione et confessione per ipsum factis in concilio Remensi, ubi fuit absolutus et reconciliatus a sentencia excommunicacionis et condempnatus ad carcerem, sed non degradatus; dixit tamen dictus testes quod predicta condempnacio fuit in dicto concilio remissa, moderanda arbitrio prepositi Pictavensis et Johannis de Jamvile propter aliquas causas, et defferebat mantellum ordinis, et est sexagenarius et ultra, et paciebatur quartanam duplicem, sicut dixit, et ob hoc aliquando dum paciebatur, dicebat aliqua verba, ut dixit, nesciebat que, hodierna tamen die non paciebatur. Lectis autem et diligenter expositis sibi omnibus et singulis articulis, respondit ad eos, et primo ad primos XIII, quod in aliquorum recepcionibus vidit quod abnegabant Jhesum Christum, et in aliquibus non. Ipse autem receptus fuit in capella domus Templi de Somorens Ambianensis diocesis, per fratrem Galterum de Esta quondam, tunc preceptorem dicte domus, instanti festo Purificacionis beate Marie erunt XXVI anni vel circa, presentibus fratribus Symone presbitero, commorante in domo eorum de Fontanis subtus Montem Desiderii dicte diocesis, Johanne de Menbresi preceptore de Veromandia, et Raynaudo de Codun et quibusdam aliis deffunctis, in hunc modum : nam cum requisivisset instanter panem et aquam ordinis, et societatem fratrum ordinis, peciit ab eo dictus receptor, si erat servus alicujus, debitis obligatus que solvere non posset, si alteri religioni obligatus, si excommunicatus, si habebat infirmitatem latentem; quo respondente quod non, dixerunt quod converteret se ad quoddam altare, et rogaret Deum quod dirigeret eum, et cum hoc fecisset, fecit eum super quoddam missale jurare et vovere quod si esset in aliquo loco in quo haberent pugnare pro fide, quod ipse in predictis bene se haberet, quod servaret castitatem, obedienciam, et viveret sine proprio; postmodum tradidit ei mantellum et biretum, et ipse et fratres astantes fuerunt eum osculati in ore, et instruxerunt eum quod jaceret cum pannis lineis, cinctus una cordula, et qualiter bene diceret mensam, et ageret gracias post prandium et alia licita. Deinde dictus frater Galterus precepit ei ibidem, aliis presentibus, ut sibi videtur, quod abnegaret Jhesum Christum; et cum ipse testis diceret quod nullo modo faceret, quia erat bonus Christianus et esse volebat, dictus frater Galterus respondit : Talem vos reputamus, et esse volumus, sed oportet vos abnegare, quia hoc est de punctis nostri ordinis. Tunc ipse testis abnegavit ore non corde; deinde precepit ei quod spueret super ymaginem Crucifixi depictam in dicto missali, et ipse spuit aliquantulum juxta, dixit eciam ei quod oscularetur eum in umbilico, sed tamen non fuit eum osculatus, et credit quod dixit receptor quod fratres ordinis poterant cum eo carnaliter commisceri, et ipse cum eis, secundum puncta ordinis. Ipse tamen testis respondit quod hec nullo modo faceret, nec scit nec audivit quod fratres ordinis committerent ad invicem peccatum predictum. Alia illicita non intervenerunt in recepcione sua predicta. Requisitus si quos et quos receperat in ordine, respondit quod sic, fratrem Petrum Escarpa servientem, sunt xx anni vel circa, de mandato fratris Johannis de Villanova quondam preceptoris, tunc ballivie de Pontivo, in capella domus Templi de Bello Vissu Ambianensis diocesis, presentibus fratribus Galtero de Morivalle preceptore dicte domus quondam, et quibusdam aliis deffunctis. Receperat eciam fratrem Michaelem Moseti servientem quondam camerario domus Templi d'Oysemont, in vigilia, vel in die Nativitatis Domini fuerunt quinque vel sex anni, presentibus fratribus Baudoyno de sancto Justo, tunc preceptore dicte domus, Thoma de Janvalle presbitero, et Guillelmo de Platea, testibus hodie, eri et anteeri examinatis, et Radulpho de Carrucis et aliis quibusdam deffunctis, de mandato fratris Roberti de Belvaco. Requisitus si bene recolebat quod ipse recepisset dictum Michaelem, vel aliquis alius de astantibus nominatis per eum, respondit se credere pocius quod ipse receperit eum, quam aliquis ex predictis, et dicta interrogacio fuit facta per dictos dominos commissarios, quia supradicti Thomas et Guillelmus deposuerant dictum Michaelem fuisse receptum a predicto fratre Baudoyno. Item dixit se recepisse fratrem Nicolaum de Bornel servientem, diocesis Belvacensis, de mandato dicti fratris Roberti, in capella vel camera domus Templi de Mofleriis Ambianensis diocesis, sunt v vel sex anni, de presentibus non recolens, in quorum trium recepcionibus non fuit servatus idem modus; nam in recepcione dicti Michaelis nichil fuit factum vel dictum illicitum, sed predictis Petro l'Escarpa et Nicolao de Bonter precepit quod abnegarent Jhesum Christum et quod spuerent super crucem, quia hoc debebant facere secundum puncta ordinis, et ipse abnegaverunt et spuerunt juxta crucem; et bene credit quod hoc fecerunt ore et non corde. Requisitus quare non precepit dicta illicita dicto Michaeli, respondit quod propter dileccionem specialem quam habebat ad eum. Requisitus quare in recepcione aliorum preceperat dicta illicita fieri, respondit quod pro eo quia dictus frater Robertus preceperat ei quod secundum modum debitum ordinis reciperet eos. Requisitus si fuisset punitus per superiores suos, si scivissent quod predictus Michael non fecisset predicta illicita, respondit se credere quod non, quia dictus frater Robertus, quia erat superior suus, erat presbiter et supportasset ipsum testem in hoc quod non supportassent laici. Requisitus quod intelligebat per dictum modum debitum, respondit quod fierent illa licita et illicita que fuerant facta in recepcione ipsius testis. Requisitus si viderat aliquos alios recipi in dicto ordine, respondit quod sic fratrem Albertum, quondam curatum de Somerens Ambianensis diocesis, sunt fere xx anni, per dictum fratrem Robertum de Belvaco, in capella domus Templi de Belvaco, ante horam prandii, presentibus fratribus Radulpho de Sernoy serviente quondam, et quibusdam aliis, de quibus non recolit; in cujus recepcione nichil fuit actum illicitum illa die, et festinaverunt multum, quia dictus frater Albertus erat tunc infirmus, sed nescit si in sequentibus diebus preceperunt ei aliquid illicitum. Plurium recepcionibus non recolit se adfuisse, nec scit alia de contentis in dictis XIII articulis, hoc excepto quod in die Veneris sancta devote et reverenter adorabant crucem.

Item, de contentis in XIIII et omnibus sequentibus respondit se nichil scire ultra que supra deposuerit, hoc excepto quod ipse bene credebat sacramentis ecclesiasticis, et celebrabat et conficiebat secundum formam Ecclesie, et credit quod fratres ordinis bene crederent et quod sacerdotes debite celebrarent, nec scit quod laici eorum possent absolvere a peccatis, sed quando terminabantur capitulia eorum, laicus qui tenebat capitulum dicebat: De hiis que obmisistis dicere propter verecondiam carnis, vel penas ordinis, facimus vobis eam indulgenciam quam possimus, et Deus faciat vobis et nobis illam indulgenciam quam fecit Magdalene. Requisitus si credit quod fratres ordinis crederent ex hoc esse absoluti a peccatis eorum, respondit quod forte aliqui ignorantes et ydiote credebant, sed ipse testis et alii intelligentes hoc non credebant. Fuit autem dictum eidem testi, a dicto fratre Galtero de Esta, ut sibi videtur, quod de predictis peccatis publicis et notoriis non debebat absolvere fratres, quia sic evitabant penas statutas in ordine. Jurabant ordinem pro meliori vel pejori non dimittere; statim pro professis habebantur. Clandestine recipiebantur, nullis presentibus nisi fratribus ordinis; cordulis in signum penitencie cingebantur supra camisias cum quibus jacebant; jurabant non revelare secreta capitulorum et ordinis, et si revelassent, fuissent condempnati ad panem et aquam aliquo tempore, et si noluissent facere dicta illicita in recepcionibus eorum, nescit quod fuisset factum de eis. Non inhibebatur quod non confiterentur, nisi sacerdotibus ordinis; negligentes fuerunt quia non correxerunt errores nec denunciaverunt Ecclesie. Elemosine et hospitalitas bene servabantur in ordine; capitulia de die clam, exclusis secularibus, tenebantur; servatum fuisset in ordine quod magnus Magister cum conventu statuisset. Credit quod, longo tempore antequam ipse intrasset ordinem, essent errores per eum confessati in ordine; grandia scandala sunt exorta contra ordinem propter dictos errores, et credit quod errores confessati per eum essent manifesti fratribus ordinis, et quod in paucioribus recepcionibus quam in pluribus servarentur illicita confessata per eum. Audivit dici magnum Magistrum et alios de ordine aliquos errores, nescit quos, contra ordinem fuisse confessos. Item, dixit quod de predictis erroribus, de quibus supra deposuit, fuit confessus infra octo dies a recepcione sua, ut ei videtur, fratri Bartholomeo, quondam de ordine fratrum Minorum conventus Ambianensis, in ecclesia de Somorens, qui absolvit eum, imposita penitencia quod quinque diebus sabativis jejunaret in pane et aqua. Postea fuit confessus hoc idem fratri Guillelmo de Malegard, quondam ordinis fratrum Minorum, conventualis Meldensis, in capella domus Templi de Latigniaco Sico, qui similiter absolvit eum, imposita penitencia quod jejunaret tribus diebus Veneris in pane et aqua; postmodum fuit confessus de predictis domino G., quondam episcopo Ambianensi, ante eorum capcionem, per duos annos vel quasi, in capella sua Ambianensi, qui similiter absolvit, imposita sibi penitencia quod per unum annum portaret ter in ebdomada cilicia, et nunquam faceret fieri predicta illicita, nec esset in loco in quo fierent.

Requisitus si sic deposuerat prece, precepto, timore, amore, odio, vel temporali comodo habito vel habendo, respondit quod non, sed pro veritate dicenda, et salute anime sue; cui fuit injunctum per dictos dominos commissarios, in virtute juramenti prestiti per eumdem, quod non revelaret hanc suam deposicionem, quousque attestaciones fuerint publicate.

Acta fuerunt hec die et loco predictis, presente magistro Amisio, me Floriamonte Dondedei, et aliis notariis supra ultimo nominatis.

Post hec, die Veneris sequenti, que fuit xxvIIII dies dicti mensis Januarii, fuit adductus ad presenciam eorumdem dominorum commissariorum, in domo fratrum Minorum, quam juxta eorum ecclesiam consuevit inhabitare dominus episcopus Laudunensis, frater Johannes de sancto Justo serviens, Belvacensis diocesis, testis supra juratus, ut deponeret dictum suum, mantellum ordinis et barbam defferens, etatis xxvi annorum vel circa, cum quo fuerat inquisitum per dominum archiepiscopum Remensem, et absolutus et reconciliatus per eum in concilio Remensi. Lectis autem et diligenter expositis sibi omnibus et singulis articulis, respondit ad eos, et primo ad primos xIII, protestacione premissa, quod non intendebat recedere a deposicione et confessione per eum factis coram dicto domino archiepiscopo Remensi, quod nesciebat si contenta in dictis articulis erant vera vel non, quia non interfuerat recepcioni alicujus alterius, nec capitulis eorum, nec sciebat bene quod crederet de contentis in ipsis articulis, quia non steterat in ordine, nisi per annum cum dimidio, vel circa, ante capcionem eorum; fuerat tamen receptus in quadam die Dominica circa festum Nativitatis beate Marie fuerant IIII anni, vel circa, per fratrem Baudoynum de sancto Justo preceptorem de Pontivo, avunculum suum, in capella domus Templi, vocate Foresta, diocesis Ambianensis, presentibus fratribus Bernardo Gaffel, Andrea Meditario servientibus, et Michaele de Villa Regia presbitero, de quorum vita vel morte non habet certitudinem, in hunc modum : nam cum requisivisset panem et aquam ordinis, flexis genibus, in dicta capella, et receptor respondisset quod grandem rem petebat, et videbat eos bene indutos, bene calciatos et bene equitatos, sed nesciebat illa que erant intrinsecus inter eos, nec onera que oportebat subire eundem, et quod bene deliberaret super premissis, et ipse testis respondisset se paratum omnia sustinere, finaliter receptor fecit eum jurare super quoddam missale, quod diceret ei veritatem de hiis que peteret ab eo, et peciit ab eo si erat conjugatus, vel servus, vel alteri religioni vel debitis obligatus, vel corpore viciatus; quo respondente quod non, fecit eum vovere castitatem, obedienciam, et vivere sine proprio, et imposuit sibi mantellum, et ipse et fratres astantes osculati fuerunt eum in ore. Deinde dictus testis ivit ad dormitorium, ad extrahendum sibi vestes seculares, et ad induendum vestes ordinis; postmodum iverunt ad prandium; quo sumpto, frater Bernardus Burgondus nacione, cujus cognomen ignorat, qui interfuerat ejus recepcioni, duxit eum ad quamdam cameram, qua firmata, precepit ei quod abnegaret Jhesum Christum, et cum ipse testis responderet se hoc nullo modo facturum, dictus frater Bernardus dixit ei quod oportebat eum facere predicta, quia ipse ita fecerat in recepcione sua, et tunc ipse testis abnegavit Jhesum Christum ore non corde. Deinde dictus frater Bernardus precepit ei quod spueret supra quamdam crucem metallinam, quam idem Bernardus tenebat in manu sua, et ipse testis spuit non supra sed juxta dictam crucem in terram. Postea precepit ei quod oscularetur eum in ano; sed ipse testis noluit hoc facere; deinde dixit ei quod poterat carnaliter commisceri cum fratribus ordinis, et pati quod ipsi commiscerentur cum eo; hoc tamen non fecit, nec fuit requisitus, nec scit, nec audivit quod fratres ordinis committerent peccatum predictum. Post que immediate recessit de dicta domo in qua receptus fuerat, et extunc non fuit in ea, nec vidit fratrem Bernardum predictum, et in crastinum hora matutinali, faciens transitum per villam de Abbatis Villa dicte diocesis, confessus fuit de dictis erroribus cuidam fratri Minori, cujus nomen et cognomen ignorat, in ecclesia fratrum Minorum dicti loci, qui fuit valde stupefactus de predictis, et absolvit eum, imposita ei penitencia quod ter in aliquo loco secreto verberaret se fortiter cum virgis, dicendo psalmum : Miserere mei Deus, et quod nunquam esset in loco in quo talia perpetrassent; et dictam penitenciam egit cum corrigia sua se verberando, non tamen cum virgis. Alia inhonesta non fuerunt facta vel dicta in recepcione sua predicta, nec scit aliud de contentis in XIII articulis supradictis.

Item, requisitus super XIIII et omnibus sequentibus, respondit se nichil scire ultra illa que supra deposuit, hoc excepto quod ipse bene credebat ecclesiasticis sacramentis, et credit quod alii fratres crederent et quod sacerdotes eorum debite celebrarent; non credit quod ipse vel alii laici possent absolvere a peccatis; juravit non exire ordinem. Statim pro professis habebantur; clandestine recipiebantur, nescit si ex hoc esset suspicio contra ordinem. Cordulis cingebantur supra pannos lineos cum quibus jacebant, quas assumebant unde volebant. Non credit quod fuissent interfecti qui recusassent facere illicita que intervenerant in recepcione ipsius testis. Injungebatur eis per sacramentum quod non revelarent secreta ordinis, et precipiebatur quod confiterentur sacerdotibus ordinis, quia majorem potestatem habebant super eos quam alii. Male fecerunt quia non correxerunt errores nec denunciaverunt Ecclesie illi qui eos sciebant, et quod ipse testis et alii qui predicta illicita fecerant, male fecerunt quia non exiverunt ordinem. Elemosinas et hospitalitatem vidit convenienter fieri et servari in domibus ordinis in quibus fuit conversatus. Credit quod totus ordo servasset hoc quod magnus Magister cum conventu ordinasset; grandia scandala contra ordinem propter predicta sunt exorta. Audivit dici magnum Magistrum et alios quosdam errores, nescit quos, contra ordinem fuisse confessos.

Requisitus si sic deposuerat prece, precepto, timore, amore, odio, vel comodo temporali habito vel habendo, respondit quod non, sed pro veritate dicenda; cui fuit injunctum per dictos dominos commissarios, in virtute juramenti prestiti per eundem, quod non revelaret hanc suam deposicionem, quousque attestaciones fuerint publicate.

Eisdem die et loco fuit adductus ad presenciam eorumdem dominorum commissariorum, frater Johannes le Gambier de Grandi Villarii serviens, Ambianensis diocesis, testis suprajuratus, ut deponeret dictum suum, deferens mantellum ordinis et barbam, etatis xxvi annorum vel circa, cum quo fuerat inquisitum per dominum archiepiscopum Remensem in concilio Remensi, et ibidem absolutus et reconciliatus per eum. Lectis autem et diligenter expositis sibi omnibus et singulis articulis, respondit ad eos, et primo ad primos xiii, protestacione premissa, quod non intendebat recedere a deposicione et confessione per eum factis coram dicto domino archiepiscopo Remensi, se nescire si contenta in dictis xiii articulis erant vera vel non, quia non interfuerat recepcioni alicujus alterius nisi fratris Johannis de Mofleriis, infrascripti, nec capitulis eorum, nec in ordine steterat nisi per trienium vel circa, ante capcionem eorum, credit tamen quod communiter alii reciperentur in ordine sicut ipse receptus fuerat per fratrem Robertum de Belvaco, quondam preceptorem, tunc de Pontivo, in ecclesia parochiali de Somorens Ambianensis diocesis, ante altare, circa festum Omnium Sanctorum proximo precedenti fuerunt sex anni vel circa, presentibus fratribus Alberto curato dicte domus quondam, cujus cognomen ignorat, et dicto Johanne de Mofleriis, presbitero quondam, in eisdem hora et loco et per eundem recepto, Johanne de la Voe et Philippo de Manin et Johanne de Furno servientibus, de quorum vita vel morte non est certus. In sua autem recepcione et dicti Johannis de Mofleriis fuit servatus talis modus: nam cum requisivisset panem et aquam ordinis, et fuisset eis responsum quod bene deliberarent, quia oporteret eos dimittere proprias voluntates, levare ad matutinum et multa aspera sustinere, et ipsi respondissent quod omnia sustinerent, fecit ipsum testem jurare quod diceret ei veritatem si erat servus, conjugatus, vel corpore viciatus, et cum respondisset quod non, finaliter recepit eos, et fecit eos vovere castitatem, obedienciam, et vivere sine proprio, et fecit jurare ipsum testem quod esset perpetuo servus esclavus Dei et ordinis, et juraret ad deffendendum et acquirendum, pro posse suo, Terram Sanctam; et dictus receptor dixit eis et quod servarent secreta capituliorum, et inposuit eis mantellos, et receptor et astantes fuerunt eos osculati in ore; postmodum dictus receptor dixit eis quod secundum puncta ordinis eorum debebant abnegare Deum. Cum autem ipse testis et dictus frater Johannes de Mofleriis aliquantulum repugnassent, finaliter instigacione diaboli et timore ducti, abnegaverunt Deum; postea precepit eis quod spuerent super quandam crucem, et spuit non super sed juxta; postea precepit eis quod oscularentur eum in ano, dicens quod omnia ista erant de punctis ordinis; non tamen fuerunt eum osculati, nisi in ore, ut supra dixit, et dictas abnegacionem et spuicionem fecit idem testis, ore non corde, et credit quod idem fecerit dictus Johannes, nam ex vultu ostendebat predicta sibi plurimum displicere; de crimine autem sodomitico vel de alio illicito non fuit aliud actum vel dictum in recepcionibus supradictis, nec scit plura de contentis in xiii articulis memoratis. Item, dixit se fuisse confessum predictos errores infra annum a recepcione sua cuidam fratri de Valle Scolarium, cujus nomen et cognomen ignorat, in capella domus Templi de Grandi Silva dicte diocesis, qui absolvit eum, et inposuit sibi in penitencia quod xiiii diebus Veneris incederet sine pannis lineis, et faceret certa jejunia, et nunquam esset in loco in quo talia fierent, et fuit multum stupefactus dictus frater, auditis erroribus supradictis.

Item, de contentis in xiiii et omnibus sequentibus articulis respondit se nichil scire ultra illa que supra deposuit, hoc excepto quod ipse bene credebat ecclesiasticis sacramentis, et credit quod alii fratres ordinis crederent, et quod eorum sacerdotes debite celebrarent. Dixit eciam se vidisse quoddam transcriptum statutorum ordinis, in quo inter cetera continebatur, sicut videtur eidem testi, in fine cujusdam capituli, quod ille qui tenebat capitulum dicebat in ejus deffinicione talia verba: De hiis que obmisistis dicere ob verecundiam carnis, nos ex parte Dei, potestate nobis tradita a domino Papa, absolvimus vos, vel damus vobis indulgenciam; sed non recolit bene si dicebatur Absolvimus, vel alia verba predicta; non tamen credit quod laicus posset absolvere a peccatis. Juravit vel vovit non exire ordinem, et fuit ei dictum quod statim pro professo habebatur. Clamdestine recipiebantur, nullis presentibus nisi fratribus ordinis; preceptum fuit ei quod super pannos lineos, cum quibus jacere debebat, cingeretur una cordula, sed nescit quod dicta cordula tangeret capita ydolorum. Per sacramentum fuit sibi injunctum quod non revelaret secreta capituliorum, et idem intelligebant, ut credit, de modo recepcionis, et fuit ei dictum quod si revelaret, incarceraretur vel in compedibus poneretur; in transcripto predicto vidit contineri quod modum recepcionis et secreta capituliorum non debebant revelare illis fratribus qui non adfuerant. Injunctum fuit ei quod non confiteretur nisi sacerdotibus ordinis, sed ipse fuit confessus dicto fratri de Valle Scolarium quia dubitabat quod sacerdotes ordinis fecissent illa que ipse fecerat in sua recepcione, et quod debite non absolvissent eundem; negligentes fuerunt quia non correxerunt nec denunciaverunt Ecclesie. Elemosinas vidit convenienter fieri, ter in ebdomada, omnibus petentibus in domibus Templi in quibus fuit moratus, et aliquando recipiebantur bene advenientes et aliquando non, et audivit dici quod antiquitus fiebant majores elemosine in ordine quam quando ipse fuit receptus, et quod eorum capitulia clam post missam et sermonem tenebantur, et credit quod in ordine fuisset servatum quod magnus Magister cum conventu statuisset; grandia scandala contra ordinem sunt exorta propter predicta. Credit Magistrum et alios confessos fuisse illa que in litteris apostolicis continentur eos confessos fuisse.

Requisitus si sic deposuerat prece, precepto, timore, amore, odio, vel temporali comodo habito vel habendo, respondit quod non, sed pro veritate dicenda; cui fuit injunctum per eosdem dominos commissarios, in virtute juramenti prestiti per eundem, quod non revelaret hanc suam deposicionem quousque attestaciones fuerint publicate, et intelligebat Latinum.

Item, requisitus quare, ab inicio, obtulerat se deffensioni ordinis ex quo predictos errores sciebat esse in ordine, respondit quod ob verecundiam et confusionem suam et generis sui vitandam, et quia peccatum et dyabolus retrahebant eum, de quo multum dolet, quia eciam tanto tempore stetit in ordine; et ibidem dictus testis motu proprio cum esset licenciatus a dictis dominis commissariis ut recederet, projecit coram eis mantellum ordinis quem portabat, dicens quod ipsum ab Ecclesia receperat, et ipsum Ecclesie dimittebat; dicti vero domini commissarii dixerunt ei quod ipsi non habebant potestatem recipiendi dictum mantellum, nec recipiebant ipsum, nec suaserant ei quod dimitteret, nec dissuadebant quod non dimitteret, faceret de hoc quod volebat; sed et ipse testis respondit quod deinceps ipsum non portaret, et rogavit quod daretur amore Dei.

Acta fuerunt hec die et loco predictis, presentibus magistro Amisio, me Floriamonte Dondedei, et aliis notariis supra ultimo nominatis.

Post hec, die Sabbati sequenti, que fuit penultima dies dicti mensis Januarii, fuit adductus ad presenciam eorumdem dominorum commissariorum, in dicta domo fratrum Minorum, frater P. de sancto Justo serviens, Belvacensis diocesis, preceptor domus Templi de Correans Ambianensis diocesis, testis suprajuratus, ut deponeret dictum suum, mantellum ordinis et barbam defferens, etatis quadraginta annorum vel circa, et fuerat examinatus per dominum archiepiscopum Remensem in consilio Remensi, et absolutus et reconciliatus ibidem per eum; lectis autem et diligenter expositis sibi omnibus et singulis articulis, respondit ad eos, et primo ad primos xiii, protestacione premissa, quod non intendebat recedere a deposicione et confessione predictis, quod nunquam interfuerat recepcioni alicujus alterius fratris, unde nesciebat si contenta in dictis articulis erant vera vel non; ipse autem per magnum Magistrum, qui nunc est, fuit receptus in capella domus Templi Parisiensis, in festo Nativitatis beati Johannis Baptiste proximo preterito fuerunt decem anni ante capcionem suam et aliorum, et presentibus fratribus Hugo de Peraldo visitatore, Radulpho de Gisi receptore Campanie pro domino Rege, et Roberto de sancto Pantaleone presbitero, et pluribus aliis, in hunc modum : nam cum requisivisset, flexis genibus, panem et aquam et societatem proborum ordinis, dictus Magister dixit ei quod bene deliberaret, quia oporteret eum dimittere propriam voluntatem propter alienam, et multa erant dura sustinere, et rogaret Deum et beatam Mariam quod dirigerent eum. Cum autem hoc fecisset, dictus Magister dixit quod ex hoc tantum affectabat recipere eum, et fecit eum vovere et jurare super quendam librum castitatem, obedienciam, vivere sine proprio, servare bonos usus et bonas consuetudines et secreta ordinis; postmodum inposuit ei mantellum, et ipse et fratres astantes fuerunt eum osculati in ore, et exinde instruxit eum qualiter debebat conversari in ordine, et quot *Pater noster* dicere pro horis suis, et consimilia bona. Postea dictus Magister precepit ei quod abnegaret illum qui erat in quadam cruce que erat juxta eos, sed nescit qualis erat dicta crux, scilicet de argento vel de cupro, magis tamen credit quod esset de cupro, in qua erat ymago Crucifixi; et cum ipse testis respondisset quod hoc non faceret, dictus Magister dixit ei quod hoc oportebat eum facere secundum puncta ordinis eorum, et tunc ipse testis abnegavit, ore non corde; postea precepit ei quod spueret super crucem predictam, et ipse non spuit super sed juxta; postea dixit ei quod secundum puncta dicti ordinis debebat eum osculari in ano et in umbilico et in pectore, sed tamen non fuit eum osculatus, quia remissit ei dictum osculum; deinde dixit ei quod secundum puncta predicta poterat commisceri fratribus ordinis, et pati quod ipsi commiscerentur cum eo; hoc tamen non fecit, nec fuit requisitus, nec scit nec credit quod fratres ordinis committerent dictum peccatum. Quando vero dictus Magister dixit ei predicta illicita, non fuerunt aliqui presentes nisi ipsi duo soli. Requisitus si credit quod alii fratres ordinis communiter reciperentur sicut ipse fuit receptus, respondit quod sic; plura nesciebat de contentis in dictis XIII articulis.

Item, requisitus super XIIII et omnibus sequentibus, respondit se nichil scire ultra que supra deposuerit, hoc excepto quod bene credebat ecclesiasticis sacramentis, et credit quod alii fratres ordinis bene crederent, et quod sacerdotes eorum debite celebrarent; non credit quod laici possent absolvere a peccatis, sed audivit dici quod magistri et preceptores remittebant penas, et presbiteri absolvebant a peccatis. Jurabant non exire ordinem, et statim pro professis habebantur; clamdestine recipiebantur; cordulis cingebantur supra camisias, in signum castitatis, sed nescit nec audivit quod tangerent capita ydolorum. Non audivit quod aliquis revelaverit secreta capituliorum nec modum recepcionis, vel qui noluerit facere illicita que in recepcionibus precipiebantur, nec scit qualiter fuissent puniti contrarium facientes. Non poterant, nisi sacerdotibus ordinis, sine licencia confiteri. Negligentes fuerunt quia non correxerunt errores, nec denunciaverunt Ecclesie. Elemosine et hospitalitas convenienter in ordine servabantur. Clam tenebantur capitulia, et ponebatur custos in porta capituli, ne illi qui non erant in capitulio possent audire illa que fiebant in capitulio. Credit quod in toto ordine fuisset servatum quod magnus Magister cum conventu ordinasset, et quod grandia scandala contra ordinem sunt exorta, et quod illicita que, ut credit, fiebant in recepcionibus essent manifesta fratribus ordinis, non extraneis, et audivit dici quod magnus Magister et alii sunt confessi multos errores contra ordinem, nescit quos. Requisitus quare hoc anno obtulerat se deffensioni ordinis cum pluribus aliis ex quo sciebat vel credebat esse in ordine predictos errores confessatos per eum, respondit quod pro eo quia peccatum tenebat eum ligatum et ex fatuitate sua.

Requisitus si sic deposuerat prece, precepto, timore, amore, odio, vel comodo temporali habito vel habendo, respondit quod non, sed pro veritate dicenda; cui fuit injunctum per dictos dominos commissarios, in virtute juramenti prestiti per eundem, quod non revelaret hanc suam deposicionem quousque attestaciones fuerint publicate.

Eisdem die et loco fuit adductus ad eorumdem dominorum commissariorum presenciam frater Fulco de Nulliaco serviens, Belvacensis diocesis, preceptor domus de Serier Ambianensis diocesis, sexagenarius, testis suprajuratus, ut deponeret dictum suum, non defferens mantellum ordinis, quia dimisit ipsum ad aliquorum persuasum in concilio Remensi; postmodum fecit sibi radi barbam, cum quo fuit inquisitum per dominum episcopum Ambianensem qui nunc est, et absolutus et reconciliatus per eum; lectis autem et diligenter expositis sibi omnibus et singulis articulis, respondit ad eos, et primo ad primos XIII, se nescire si contenta in dictis articulis erant vera vel non, quia non interfuerat recepcioni alicujus alterius nec capitulis eorum. Ipse autem receptus fuerat in capella domus Templi Belvacensis, in instanti festo Purificationis beate Marie erunt septem anni, per fratrem Robertum de Belvaco, quondam presbiterum, presentibus fratribus Roberto de Gorreflor presbitero, Philippo de Leurechires serviente, vivis, ut credit, et Rogerrio de Marsilia serviente, deffuncto, in hunc modum : nam cum peciisset panem et aquam et societatem fratrum ordinis, et ei concessisset, fecit eum vovere et jurare castitatem, et vivere sine proprio, et obedire cuicumque preceptori qui preponeretur sibi; postmodum tradidit sibi mantellum, postea dixit ei dictus receptor quod oportebat eum spuere super quandam crucem de panno rubeo posita super quoddam pulpitum, et erat talis quales sunt cruces quas portabant in mantellis, et ipse testis spuit non super sed juxta eam; postea precepit ei quod abnegaret Deum, et ipse testis rogavit eum instanter quod non cojeretur facere hoc, dictus vero receptor respondit quod oportebat eum hoc facere, quia talis erat ordo suus, et tunc abnegavit ore non corde; de osculis inhonestis, de crimine sodomitico vel aliquo alio illicito non fuit sibi locutus eidem; requisitus si credit quod alii communiter reciperentur in ordine sicut ipse fuit receptus, respondit quod sic, sed non audivit dici ab aliquo, nec modum recepcionis sue revelavit alicui de ordine, quia non audebant loqui inter se de modo recepcionis eorum. Item, dixit quod [cum?] dictus receptor precepit eidem dicta illicita, fratres predicti qui adherant secesserunt ad partem intra dictam capellam, sed cum bene poterant eos videre si volebant, non tamen audire que dicebant; et cum predicta illicita facta fuissent, redierunt dicti fratres et receptor, et ipsi fuerunt eum osculati in ore. Item, dixit quod infra octo dies a recepcione sua fuit confessus de predictis erroribus in ecclesia fratrum Predicatorum de Belvaco, cuidam fratri Predicatori, cujus nomen et cognomen ignorat, qui fuit multum stupefactus de predictis, et reprehendit eum quia fecerat predicta, et ipse testis respondit quod quia receptus erat antequam ei preciperentur predicta illicita, oportuit quod ea faceret; et absolvit eum, imposita penitencia quod non biberet vinum de uno anno in sextis feriis; et cum iste testis responderet quod hoc facere non auderet, forte scientibus superioribus suis, dictus frater dixit quod faceret quando posset; et ipse testis complevit penam predictam. Plura de contentis in dictis XIII articulis dixit se nescire.

Item, requisitus super XIIII et omnibus aliis sequentibus, respondit se nichil scire ultra que supra deposuerit, hoc excepto quod ipse bene credebat ecclesiasticis sacramentis, et credit quod alii fratres crederent, et quod eorum sacerdotes debite celebrarent; nec credit quod laici possent absolvere a peccatis. Non poterant exire ordinem, quia statim pro professis habebantur. Clamdestine recipiebantur, et scit quod ex hoc erat suspicio contra eos. Cordulam quam portabat super camisiam suam, in signum castitatis, accepit unde voluit, et alii faciebant idem; jurabant non revelare secreta capituliorum et modum recepcionis, et si revelassent, perdidissent mantellum, vel fuissent aliter male tractati; non poterant absque licencia nisi sacerdotibus ordinis confiteri; inferiores non fuissent ausi revelare Ecclesie errores ordinis, sed superiores fuerunt negligentes quia non denunciaverunt Ecclesie nec eos correxerunt. Credit, quia audivit dici, quod elemosine non fierent in ordine sicut debebant, sed hospitalitas bene servabatur. Quod magnus Magister ordinasset cum conventu, fuisset servatum in ordine. Credit quod errores predicti fuissent longo tempore in ordine observati. Postquam fuit captus, audivit dici a quodam fratre qui aposthaverat a dicto ordine, qui vocatur, ut ei videtur, Jaquetus vel Bertaldus, oriundus de Somerens Ambianensis diocesis, quia propter pravitates ordinis exiverat dictum ordinem, sed non expressit ei que essent dicte pravitates; credit quod scandala grandia contra ordinem sunt exorta, et quod illicita que deposuit in recepcione sua intervenisse, essent manifesta aliis fratribus ordinis.

Requisitus si sic deposuerat prece, precepto, timore, amore, odio, vel comodo temporali habito vel habendo, respondit quod non, sed pro veritate dicenda; cui fuit injunctum per dictos dominos commissarios, in virtute juramenti prestiti per eundem, quod non revelaret hanc suam deposicionem quousque attestationes fuerint publicate.

Acta fuerunt hec die et loco predictis, presentibus magistro Amisio, me Floriamonte Dondedei, et aliis notariis supra proximo nominatis.

Post hec, die Lune sequenti, in vigilia Purificacionis beate Marie, que fuit prima dies mensis Februarii, fuit adductus ad presenciam eorumdem dominorum commissariorum, in domo predicta, frater Alelinus de Lineriis serviens, Ambianensis diocesis, quadragenarius vel circa, testis suprajuratus, ut deponeret dictum suum, quinquagenarius [sic] vel circa, non defferens mantellum ordinis, quia vetustate consumptum dimiserat in concilio Remensi; postmodum radi fecerat sibi barbam, et fuerat inquisitum cum eo per dominum episcopum Ambianensem qui nunc est, et absolutus et reconciliatus per eum; lectis autem et diligenter expositis sibi omnibus et singulis articulis, respondit ad eos, et primo ad primos XIII, se nescire si contenta in dictis articulis erant vera vel non, nec bene sciebat quod crederet super hoc; ipse autem receptus fuerat in festo Nativitatis beati Johannis proximo preterito fuerunt decem et octo anni vel circa, in capella domus Templi de Oysemont Ambianensis diocesis, per fratrem Philippum de Ayhiis militem quondam, preceptorem tunc ballive de Pontivo, presentibus in capitulio fratribus Adam de Sanhciale et Adam de Noviomo servientibus, et Anrico de Cararache presbitero, et quibusdam aliis deffunctis, in hunc modum : nam cum requisivisset ab eo panem et aquam ordinis, et ei concessisset, tradidit ei mantellum, et fuit eum osculatus in ore, sed non fratres astantes; postmodum fecit eum jurare super quendam librum apertum continenciam, vivere sine proprio, et obedire superioribus suis; deinde precepit ei quod abnegaret Deum, et cum ipse testis respondisset se hoc non facturum, dictus receptor dixit quod hoc oportebat eum facere, quia hoc erat de punctis ordinis; et tunc idem testis dixit : Ex quo oportet me abnegare Deum, ego abnego hoc, tamen facio ore non corde; deinde precepit ei quod spueret super quandam crucem factam de quodam panno mixto inter colorem album et rubeum, positum in terra; et cum bis contradixisset, et dictus receptor dixisset quod hoc debebat facere secundum puncta ordinis, ipse testis cum amaritudine spuit non super sed juxta. Postea dixit ei quod secundum puncta dicti ordinis debebat eum osculari in ano, et cum ipse testis diceret se nullo modo facturum, non conpulit eum ad hoc. Postea dixit ei quod secundum puncta dicti ordinis poterat carnaliter commisceri fratribus dicti ordinis, et pati quod ipsi commiscerentur cum eo; hoc tamen non fecit, nec fuit requisitus, nec credit quod inter fratres ordinis servaretur. Aliqua alia licita vel nlicita non intervenerunt in recepcione sua predicta. Requisitus si credebat quod predicta illicita servarentur in recepcionibus aliorum, respondit quod pocius hoc credebat quam contrarium; requisitus si dicti fratres qui adfuerunt tradicioni mantelli viderunt et audiverunt quando predicta illicita fuerunt precepta et dicta eidem, respondit quod a remotis erant, nec credit quod audire potuerunt supradicta. Requisitus si interfuerat recepcioni alicujus alterius in ordine, respondit quod sic, sunt x vel xii anni, in capella domus Templi vocate Leyscin, Morinensis diocesis, in qua frater Johanne de Villa Nova quondam serviens, preceptor tunc ballivie de Pontivo, recepit fratrem Robertum de Raembaudi Villa servientem, de cujus vita vel morte non habet certitudinem, presentibus fratre Parisio, quondam senescallo dicte domus, et ipso teste et nullis aliis; sed ipse testis, concessa eidem Roberto domo, ante tradicionem mantelli, recessit, quia habebat superintendere cure quadrigarum domus, et nescit si dicta illicita servata fuerunt in dicta recepcione vel non, nec interfuit aliorum recepcionibus nec in capitulis, nec plura scit de contentis in dictis xiii articulis.

Item, requisitus super xiiii et omnibus aliis sequentibus, respondit se nichil scire ultra que supra deposuerit, hoc excepto quod bene credit ecclesiasticis sacramentis, et credit quod alii fratres ordinis crederent, et quod eorum sacerdotes debite celebrarent; nec credit quod laici possent absolvere a peccatis. Non jurabant ordinem non exire, sed statim pro professis habebantur, et clamdestine recipiebantur; cordulis cingebantur super camisias cum quibus jacebant; credit quod uniformiter recipiebantur in ordine secundum modum per quem confessus est se receptum fuisse; injungebatur eis quod non revelarent secreta capituliorum; si revelassent, vel noluissent facere illicita predicta in recepcionibus, nescit si et qualiter fuissent puniti; non inhibebatur eis quod non confiterentur nisi sacerdotibus ordinis, et in crastinum recepcionis sue ipse testis confessus fuit de predictis erroribus, ante horam prandii, in ecclesia predicta de Oysemont, cuidam fratri Carmeliste, cujus nomen et cognomen ignorat, qui absolvit eum, inposita penitencia quod jejunaret diebus Venerinis, et quod dictis diebus non portaret camisiam, et quedam alia que complevit. Male fecerunt scientes errores quia non correxerunt eos nec denunciaverunt Ecclesie. Elemosine et hospitalitas convenienter fiebant et servabantur in ordine; audivit quod in capitulis non aderant nisi fratres ordinis. Credit quod in ordine fuisset servatum quod magnus Magister cum conventu ordinasset. Grandia scandala contra ordinem sunt exorta propter predicta. Credit quod illicita que interveniebant in recepcionibus essent manifesta fratribus ordinis, sed non extraneis.

Requisitus si sic deposuerat prece, precepto, timore, amore, odio, vel temporali commodo habito vel habendo, respondit quod non, sed pro veritate dicenda; cui fuit injunctum per dictos dominos commissarios, in virtute juramenti prestiti per eundem, quod non revelaret hanc suam deposicionem quousque attestationes fuerint publicate.

Eisdem die et loco fuit adductus ad presenciam eorumdem dominorum commissariorum frater Nicolaus de Meannay serviens, Ambianensis diocesis, testis suprajuratus, ut deponeret dictum suum; non defferens mantellum ordinis, quia ipsum dimisit in concilio Remensi; postmodum fecit radi sibi barbam, et fuit inquisitum cum eo per dominum episcopum Ambianensem, qui nunc est, et fuit absolutus et reconciliatus per eum, et est sexagenarius et ultra. Qui fuit protestatus quod non intendebat recedere a confessione et deposicione per eum factis coram dicto domino episcopo Ambianensi. Lectis autem et diligenter expositis sibi omnibus et singulis articulis, respondit ad eos, et primo ad primos XIII, se nescire si contenta in dictis articulis erant vera vel non, quia non interfuerat capitulis nec recepcionibus alicujus alterius. Credit tamen pocius quod alii reciperentur sicut ipse fuit receptus, quam contrarium. Ipse autem receptus fuerat in principio instantis Quadragessime erunt XI anni, per fratrem Garinum de Grandi Villarii, quondam preceptorem ballivie de Pontivo, in quadam camera domus Templi de Rosseria Ambianensis diocesis, presentibus fratribus Johanne de Mofleriis presbitero, Ber. Gaffelli et Petro de Ligni servientibus, deffunctis, in hunc modum: nam cum requisivisset panem et aquam et societatem ordinis ter, et ipse deliberasset cum fratribus astantibus, et per juramentum voluisset scire ab ipso teste si erat excommunicatus, matrimonio vel alteri religioni obligatus, si habebat infirmitatem latentem, et eidem teste respondente quod non, consuluerunt fratres astantes quod reciperent eum; tunc fuerunt apportate vestes religionis, et ipse induit eas in quodam porticu. Postea rediit ad eum, et tradidit sibi mantellum, et fuit eum osculatus in ore, sed non astantes, et dixit ei quod secundum puncta ordinis debebat vovere et jurare, et hoc vovit et juravit, castitatem, obedienciam, vivere sine proprio, et non revelare secreta ordinis, dicens quod si revelaret, amitteret mantellum et domum; postea dixit ei quod alia puncta erant in ordine eorum que oportebat eum servare; primo dixit quod oportebat eum spuere super quamdam crucem de panno rubeo allatam per ipsum receptorem, in terra positam, et precepit quod spueret super eam, et ipse testis noluit spuere super sed juxta. Secundo precepit quod abnegaret Deum, et cum ipse testis diceret quod hoc non erat fas, receptor dixit ei quod hoc oportebat eum facere, et tunc ipse testis turbatus dixit : Si ego faciam, ego faciam ore et non corde, et tunc abnegavit ore non corde. Postea dixit quod secundum dicta puncta debebat eum osculari in ano; sed ipse non fuit eum osculatus, quia dixit receptor quod parceret sibi. Deinde dixit ei quod secundum puncta predicta poterat carnaliter commisceri fratribus ordinis, et pati quod ipsi commiscerentur cum eo. Hoc tamen non fecit, nec fuit requisitus, nec scit nec credit quod fratres ordinis committerent dictum peccatum; plura nesciens de contentis in xiii articulis supradictis.

Item, requisitus super xiii et omnibus aliis sequentibus, respondit se nichil scire ultra quod supra deposuit, hoc excepto quod ipse bene credebat ecclesiasticis sacramentis; credens quod alii fratres ordinis bene crederent, et quod sacerdotes eorum debite celebrarent. Non credit, nec audivit dici in ordine, quod laici possent eos absolvere a peccatis. Non jurabant ordinem non exire, sed statim pro professis habebantur, et clandestine recipiebantur; credit quod ex hoc suspicio contra ordinem haberetur. Cordulis cingebantur supra ca-

61.

misias, quas assumebant unde volebant; de modo recepcionis non audebant loqui inter se, et qui revellassent, vel secreta capituliorum, credit quod amisissent habitum. Receptor suus precepit ei quod non confiteretur nisi sacerdotibus ordinis, in recepcione sua, quod non servavit, nam quarta die post recepcionem suam fuit confessus de predictis erroribus fratri Andree de Bella Petrica gardiano fratrum Minorum de Abbatis Villa, quondam in capella domus Templi de Bello Vissu Ambianensis diocesis, qui dixit ei quod in grande peccatum incurerat, et absolvit eum, imposita sibi penitencia quod jejunaret per unum annum in pane et aqua, sextis feriis, quod et fecit. Negligentes fuerunt quia non correxerunt errores, nec denunciaverunt Ecclesie; elemosine restringebantur, hospitalitas convenienter servabatur quoad recepcionem bonorum virorum; capitulis non intererant nisi fratres ordinis, et porte capituli firmabantur; quod magnus Magister cum conventu ordinabat, fuisset servatum, ut credit, in ordine; et commoti sunt contra ordinem magni viri propter errores que ordini imponuntur; et credit quod illicita de quibus deposuit essent nota fratribus ordinis, sed non extraneis; credit quod Magister et alii confessi fuerint multos errores contra ordinem, nescit quos.

Requisitus si sic deposuerat prece, precepto, timore, amore, odio, vel temporali comodo habito vel habendo, respondit quod non, sed pro veritate dicenda; cui fuit injunctum per dictos dominos commissarios, in virtute juramenti prestiti per eundem, quod non revelaret hanc suam deposicionem quousque attestaciones fuerint publicate.

Acta fuerunt hec die et loco predictis, presentibus Floriamonte et aliis notariis supra ultimo nominatis; prefatus vero magister Amisius interfuit examinacioni dicti fratris Alelini, quo examinato recessit.

Post hec, die Mercurii, in crastinum Purificacionis beate Marie, III videlicet die mensis Februarii, convenerunt in dicta domo fratrum Minorum predicti domini Lemovicensis et Mimatensis episcopi et archidiaconus Tridentinus, dominis archiepiscopo Narbonensi, propter negocia regia occupato et excusato ut supra, et Matheo de Neapoli infirmitate detento, propter quam eciam se excusavit per magistrum Rolandum nuncium suum, ex hoc ad dictos dominos commissarios specialiter destinatum. Et fuit adductus ibidem ad presenciam eorumdem dominorum commissariorum frater Thomas de Boncourt Ambianensis diocesis, serviens, testis suprajuratus, ut deponeret dictum suum, non defferens mantellum ordinis, quia ipsum dimiserat una cum aliis in concilio Remensi, et postea radi fecerat barbam, etatis quinquaginta quinque annorum vel circa, cum quo fuerat inquisitum per dominum episcopum Ambianensem, qui nunc est, et absolutus et reconciliatus per eum; qui fuit protestatus quod non intendebat recedere a deposicione et confessione per eum factis coram dicto domino episcopo Ambianensi. Lectis autem et diligenter expositis sibi omnibus et singulis articulis, respondit ad eos, et primo ad primos XIII, se credere quod alii fratres ordinis communiter reciperentur sicut ipse fuit receptus, in festo Assumpcionis beate Marie nuper lapso fuerunt XXXII anni vel circa, in capella domus Templi de Sours Carnotensis diocesis, per fratrem Petrum de Maysonseles quondam presbiterum, de mandato fratris Radulphi de Bonecourt quondam avunculum dicti testis, preceptoris tunc Carnotensis, presentibus fratribus Radulpho preceptore domus Templi Parisiensis quondam, cujus cognomen ignorat, et quodam alio qui fuerat submarescallus ultra mare, et quibusdam aliis quorum nomina et cognomina ignorat; in cujus recepcione fuit servatus talis modus : nam cum peciisset ab eo panem et aquam ordinis, et ei concessisset, fecit eum vovere et jurare super quendam librum apertum castitatem, vivere sine proprio, obedienciam et obedire omnibus preceptoribus qui preponerentur eidem; et dixit ei quod servaret secreta capituliorum et ordinis, sed ante hec vota et juramenta imposuerat sibi mantellum, et ipse et fratres astantes fuerunt eum osculati in ore. Post vota vero et juramenta predicta dixit ei dictus receptor quod secundum puncta ordinis debebat abnegare

Deum, et cum ipse testis respondisset quod non placeret Deo quod ipse faceret, dictus receptor subjunxit quod quidquid ipse testis gereret in corde, oportebat eum quod abnegaret ore, et tunc ipse testis dixit : Si oportet me abnegare, abnegabo ore non corde. Post que de mandato dicti receptoris abnegavit Deum, dictam abnegacionem faciens ore non corde; deinde precepit ei quod spueret super quandam parvam crucem de panno rubeo minorem quam essent cruces quas portabant in mantellis, positam per ipsum receptorem super quoddam parvum scannum; et cum ipse testis respondisset quod nullo modo hoc faceret, dixit ei quod hoc oportebat eum facere, quia erat de punctis dicti ordinis; et tunc ipse testis ita turbatus quod in vita sua nunquam fuerat ita perturbatus, ut dixit, spuit non super dictam crucem, sed juxta. Deinde dixit ei quod secundum dicta puncta debebat eum osculari in ano, et precepit quod eum oscularetur, sed noluit eum osculari in dicto loco nec alibi quam in ore. Cum mantellum tradidisset eidem, subsequenter dixit ei quod secundum dicta puncta poterat carnaliter commisceri fratribus ordinis, et pati quod ipsi commiscerentur cum eo, ipse tamen testis dixit quod nullo modo hoc faceret, nec fecit, nec fuit requisitus, nec scit si fratres dicti ordinis committebant peccatum predictum. Item, dixit quod eisdem die, loco, hora, presentibus et per eundem fuit receptus, una cum ipso teste, frater Humbertus cujus cognomen ignorat, de partibus dicti receptoris qui fuerat natus apud Maysoncelos, nescit cujus diocesis oriundus, in cujus recepcione fuerunt in omnibus et per omnia jurata, facta et dicta, licita et illicita, que deposuit fuisse facta in recepcione sua; et primo fuit receptus dictus Humbertus quam ipse testis; et dixit se credere quod displicuissent illicita dicto fratri Humberto sicut et ipsi testi, prout vultus ejusdem Humberti et verba indicabantur, et quod abnegaverit ore non corde. Plurium recepcionibus et capitulis non adfuerat, nec plura sciebat de contentis in dictis XIII articulis, sicut dixit.

Item, requisitus super XIIII et omnibus sequentibus, respondit se nichil scire ultra que supra deposuerit, hoc excepto quod ipse bene credebat ecclesiasticis sacramentis, et credit quod alii fratres ordinis bene crederent, et quod eorum sacerdotes debite celebrarent, nec credit quod laici possent absolvere a peccatis. Non jurabant ordinem non exire, sed dicebatur eis quod statim pro professis habebantur; clamdestine recipiebantur, ex quo credit quod suspicio contra ordinem haberetur. Cordulis cingebantur super pannos lineos cum quibus jacebant, ad hoc, ut sibi videtur, ne ita libere palparent carnes suas, et eas assumebant unde volebant; injungebatur ne revelarent secreta capituliorum nec modum recepcionis, eciam inter se ipsos; si revelassent, perdidissent domum; quando habebant facultatem confitendi sacerdotibus ordinis, non poterant aliis confiteri; non audebant, propter timorem vel verecondiam mundi, revelare errores predictos, de quo male faciebant, et quia eos non corigebant nec Ecclesie nunciabant; elemosine et hospitalitas fiebant melius quando fuit ipse testis receptus quod quando fuerunt capti, nichilominus tamen bene recipiebantur omnes religiosi et boni viri; audivit dici quod aliquando propter negligencia occurrencia [*sic*], tenebantur Parisius capitulia valde mane et secrete; credit quod totus ordo servasset quod magnus Magister cum conventu ordinasset; grandia scandala contra ordinem sunt exorta, nec credit propter predicta illicita que prius non erant nota extraneis, sed fratribus ordinis; si Magister et alii recognoverunt aliqua, credit quod recognoverunt illa que ipse confessus est, nec obtulerat se ad defensionem ordinis.

Requisitus si sic deposuerat prece, precepto, timore, amore, odio, vel temporali comodo habito vel habendo, respondit quod non, sed pro veritate dicenda; cui fuit injunctum per dictos dominos commissarios quod non revelaret hanc suam deposicionem quousque attestaciones fuerint publicate.

Eisdem die et loco fuit adductus ad presenciam eorumdem dominorum commissariorum frater Johannes de Gressibus serviens,

Belvacensis diocesis, preceptor domus templi de Bello Vissu Ambianensis diocesis, testis suprajuratus, ut deponeret dictum suum, non defferens mantellum ordinis, quia ipsum dimiserat in concilio Remensi una cum pluribus aliis, et postea radi fecerat sibi barbam, etatis septuaginta duorum annorum vel circa, cum quo fuerat inquisitum per dominum episcopum Ambianensem, qui nunc est, et absolutus et reconciliatus per eum; lectis autem et diligenter expositis sibi omnibus et singulis articulis, respondit ad eos, et primo ad primos XIII, se credere quod alii fratres reciperentur communiter in ordine, sicut ipse fuit receptus, Dominica post medium Augustum proximo lapsum fuerunt XXX anni vel circa, in capella domus Templi de Mofleriis Ambianensis diocesis, per fratrem Arneum de Villeprous militem quondam, preceptorem tunc ballivie Pontivi, presentibus fratribus Anrico de Gamaches presbitero quondam, curato tunc d'Oysemont, Arnulpho de Guise tunc preceptore dicte domus, Hugone de Frahenvile servientibus, deffunctis; a quo receptore peciit panem et aquam, societatem et pauperem vestitum ordinis, pluries antequam ei concedere vellet, et deliberavit eciam pluries cum dictis fratribus si eum reciperet, et dixit ei quod oporteret eum esse servum esclavum ordinis, propriam voluntatem propter alienam dimittere, et multa dura et aspera sustinere, et cum respondisset ipse testis quod omnia sustineret, fecit eum jurare super quendam librum et vovere castitatem, vivere sine proprio, et obedire omnibus preceptis que fierent sibi, servare bonos usus et bonas consuetudines ordinis; postmodum inposuit sibi mantellum, et ipse et fratres astantes fuerunt eum osculati in ore; postmodum instruxit eum quot *Paster noster* debebat dicere pro horis suis, et qualiter se regeret; deinde precepit ei quod spueret super quandam crucem de panno rubeo, positam per dictum receptorem super quoddam scannum; et cum ipse testis respondisset quod hoc nullo modo faceret, dixit ei quod oportebat eum hoc facere, quia eorum religio erat talis; et tunc ipse testis multum turbatus et dolens spuit non super sed juxta dictam crucem; subsequenter precepit ei quod abnegaret Deum, et cum ipse testis diceret se hoc nullo modo facturum, dixit ei quod hoc oportebat eum facere, quia talis erat religio eorum; et tunc abnegavit ore non corde multum turbatus et dolens, ut dixit; post que dixit ei quod, secundum dictam religionem eorum, poterat carnaliter commisceri fratribus ordinis, et pati quod ipsi commiscerentur cum eo; hoc tamen non fecit nec fuit requisitus, nec credit quod alii fratres dicti ordinis committerent dictum peccatum; deinde dixit ei quod, secundum dictam religionem, debebat eum osculari in ano, quod tamen non fecit, quia supportavit eum; alia inhonesta non intervenerunt in recepcione sua predicta. Item, dixit se, infra tres septimanas ab ejus recepcione, fuisse confessum de dictis erroribus fratri Andree de Bella Pertica, quondam tunc commoranti in conventu fratrum Minorum de Abbatisvilla ejusdem diocesis, in ecclesia dictorum fratrum Templi d'Oysemont, qui fuit ex hoc multum stupefactus; absolvit tamen eum inposita penitencia quod jejunaret in pane et aqua per unum annum, sextis feriis, quod complevit juxta posse suum. Requisitus si interfuerat aliorum recepcionibus, respondit quod sic, sunt viginti anni et plus, vidit recipi fratrem Stephanum scutiferum dicti fratris Arnulphi, cujus cognomen ignorat, in dicta capella de Mofleriis, per dictum fratrem Arnulphum, pluribus presentibus de quorum nominibus non recolit, et cum venisset et injunxisset illa que ipse testis voverat et juraverat, et dictus frater Arnulphus tradidisset eidem Stephano mantellum, dictus testis habens negociari, quia erat senescallus dicte domus, recessit, et nescit si ex tunc predicta illicita intervenerunt, credit tamen quod sic. Item, dixit quod circa idem tempus vidit duos, quorum nomina et cognomina ignorat, recipi in capella domus Templi d'Oysemont Ambianensis diocesis per fratrem Johannem de Villa Nova, quondam tunc preceptorem de Pontivo, pluribus presentibus de quorum nominibus non recolit, et, tradito eis mantello, ipse testis retraxit se et ivit per monasterium, et nescit si dicta illicita intervenerunt, credit tamen quod sic; aliorum recepcionibus et capitulis non interfuerat, nec plura sciebat de contentis in dictis xiii articulis, sicut dixit.

Item, requisitus super XIIII et omnibus sequentibus, respondit se nichil scire ultra que supra deposuit, hoc excepto quod ipse bene credebat omnibus ecclesiasticis sacramentis, credens quod alii fratres bene crederent, et quod eorum sacerdotes debite celebrarent, et quod laici non possent absolvere a peccatis; non jurabant ordinem non exire, sed statim pro professis habebantur, et clamdestine recipiebantur, nullis presentibus nisi fratribus ordinis; cingebantur cordulis super camisias cum quibus jacebant, quas accipiebant unde volebant, sed nescit nec audivit quod cingerentur capita ydolorum; secreta capituliorum et modum recepcionis eciam inter se non audebant revelare; si revellassent, nescit si vel qualiter puniti fuissent; debuissent correxisse dictos errores et Ecclesie nunciasse; elemosinas vidit bene fieri et hospitalitatem convenienter servari in domibus ordinis in quibus fuit commoratus, sed potest esse quod in aliis domibus non fierent ita bene; audivit dici quod capitulis non intererant nisi fratres ordinis; credit quod totus ordo servasset quod magnus Magister cum conventu ordinasset; credit quod propter predicta que imponuntur ordini, sunt multe sublimes persone turbate contra ordinem; credit quod illicita confessata per eum essent nota fratribus ordinis, sed non extraneis; non obtulerat se alias deffensioni ordinis.

Requisitus si sic deposuerat prece, precepto, timore, amore, odio, vel temporali comodo habito vel habendo, respondit quod non, sed pro veritate dicenda; cui fuit injunctum per dictos dominos commissarios quod non revelaret hanc suam deposicionem quousque attestaciones fuerint publicate.

Acta fuerunt hec dictis die et loco, presentibus me Floriamonte Dondedei, et aliis notariis supra ultimo nominatis.

Post hec, die Jovis sequenti, que fuit IIII dies dicti mensis Februarii, fuit adductus ad presenciam eorumdem dominorum episcoporum et archidiaconi Tridentini, in domo predicta, frater Hugo d'Oysimont serviens, Ambianensis diocesis, testis supra juratus, ut de poneret dictum suum, non deferens mantellum ordinis, quia voluntarie ipsum dimiserat diu post concilium Remense, et radi fecerat sibi barbam, etatis viginti octo annorum vel circa, cum quo inquisitum fuerat, absolutus et reconciliatus per dominum episcopum Ambianensem, qui nunc est, diu ante concilium Remense. Lectis autem et diligenter expositis sibi omnibus et singulis articulis, respondit ad eos, et primo ad primos XIII, se nescire si contenta in dictis articulis erant vera, quia non adfuerat capitulis, nec viderat recipi in ordine, nisi fratrem Johannem de Latre servientem, Morinensis diocesis, de cujus vita vel morte non habet certitudinem, quem recepit frater Johannes de Gevisei serviens, tunc preceptor domus de Loyson diocesis Morinensis, circa festum Omnium Sanctorum proximo lapsum fuerunt decem anni vel circa, in capella domus Templi de Corbermont diocesis Morinensis, presente fratre Roberto de Bus servienti, diocesis Ambianensis, quem credit vivere, et pluribus aliis de quorum nominibus non recordatur; in cujus recepcione nichil fuit factum illicitum vel dictum quod ipse testis sciverit vel audiverit dici. Vidit autem et audivit ipse testis quod predictus Johannes de Latre peciit panem et aquam ordinis, et concesso ei, vovit et juravit, tradito sibi prius mantello, castitatem, obedienciam et vivere sine proprio; et fuit informatus qualiter se regeret, et inter alia fuit ei dictum quod non portaret litteras vel scripturam alicujus qui non esset de ordine eorum, nisi sciret quod contineretur in eis. Post que recesserunt simul de dicta capella, nec credit nec audivit dici quod post dictum recessum, eadem die vel sequentibus, intervenerunt aliqua illicita vel inhonesta. Ipse autem testis receptus fuit in capella domus Templi de Loyson Morinensis diocesis, circa festum Nativitatis Domini proximo preteritum fuerunt XI anni vel circa, per fratrem Garinum de Grandi Villarii quondam preceptorem tunc ballivie de Pontivo, presentibus fratribus Thoma Anglico presbytero quondam, Alelino de Lineriis, teste supra examinato, Petro Prepositi preceptore Campanie, quem credit vivere, et Laurencio Blangi quondam in hunc modum : nam cum peciisset flexis genibus a dicto receptore panem et aquam et pauperem vestitum ordinis bis, et dictus receptor dixisset ei quod bene deliberaret, nam ex quo esset religiossus abdicaret a se propriam voluntatem, et multa dura pati haberet, et ipse testis respondisset quod, propter honorem Dei et salvacionem anime sue, omnia sustineret, finaliter recepit eum et imposuit sibi mantellum, et ipse et fratres astantes fuerunt eum osculati in ore. Post que fecit eum vovere et jurare castitatem, obedienciam et vivere sine proprio, et instruxit eum quot *Pater noster* diceret pro horis suis, quod bene se regeret in ordine, et quod litteras alicujus qui non esset de ordine, quarum tenorem ignoraret, non portaret. Postea, recedentibus aliis fratribus et portam capelle versus se trahentibus, traxit ipsum testem circa latus altaris, et dixit ei quod, ex quo obligatus erat eorum religioni, oportebat ipsum abnegare Deum; et cum ipse testis diceret se nullo modo abnegaturum, dixit ei dictus receptor quod hoc oportebat eum facere, quia erat de punctis religionis eorum; et tunc ipse testis abnegavit ore non corde, ut dixit. Post que precepit ei quod spueret super quamdam parvam crucem, nescit si ligneam vel metallinam, quam idem receptor receperat, ut videtur ipsi testi, de retro altare, et posuerat eam in quadam sedili; et cum ipse testis spuere nollet, dixit ei quod hoc oportebat eum facere, quia erat de punctis ordinis, et tunc spuit non super sed juxta eam. Postea dixit ei quod, secundum puncta dicti ordinis, non poterat nec debebat negare corpus suum fratribus ordinis cum eo volentibus carnaliter commisceri, nec ipsi se ei; hoc tamen non fecit, nec fuit requisitus, nec scit, nec credit quod fratres ordinis committerent inter se peccatum predictum. Postea dixit ei quod, secundum dicta puncta, debebat eum osculari in ano : hoc tamen non fecit, nec dictus receptor compulit eum. Alia inhonesta non intervenerunt in recepcione sua predicta, et pocius credit quod alii reciperentur faciendo illa illicita, quam contrarium, quia dictus receptor dixit ei quod erant de punctis ordinis : plura nesciens de contentis in dictis XIII articulis.

Item, requisitus super xiiii et omnibus sequentibus, respondit se nichil scire ultra quam supra deposuit, hoc excepto quod ipse bene credit, et credit quod alii fratres ordinis crederent ecclesiasticis sacramentis, et quod eorum sacerdotes debite celebrarent, nec credit quod eorum laici et alii quam sacerdotes possent absolvere a peccatis. Dicebatur eis quod statim pro professis habebantur; januis clausis, nullis presentibus nisi fratribus ordinis, recipiebantur; cordulis cingebantur, in signum castitatis, supra camisias suas, quas assumebant unde volebant, nec scit, nec audivit quod tangerent capita ydolorum. Injungebatur eis quod non revelarent secreta capitulorum, et si revelassent, fuissent puniti, nescit qualiter; et sub secreto capitulorum, credit quod esset secretum recepcionis. Non fuit ei inhibitum quod non confiteretur, nisi sacerdotibus ordinis; et infra octo dies a die recepcionis sue, ante prandium, ipse testis confessus fuit de predictis erroribus, in ecclesia in qua receptus fuerat, cuidam fratri Carmeliste, qui cognominabatur de Ambianis, cujus nomen ignorat, qui fuit multum stupefactus de dicta confessione, et signavit se, et peciit si recesserat a fide, et si predicta fecerat ex corde : quo respondente quod non, absolvit eum, imposita penitencia quod jejunaret per annum sextis feriis, quod et fecit; credit quod negligentes fuerunt, quia non correxerunt errores, nec denunciaverunt Ecclesie. Elemosinas ter in ebdomada vidit sufficienter fieri, in domibus ordinis in quibus fuit moratus, et hospitalitatem convenienter servari. Clausis januis, nullis presentibus nisi fratribus ordinis, capitula tenebantur. Servabatur citra mare, in ordine, quod magnus Magister ultra cum conventu ordinabat : credit quod scandala contra ordinem sunt exorta propter predicta illicita, et quod essent fratribus ordinis, sed non extraneis, nota, et quod Magister et alii sint aliquos errores, nescit quos, contra ordinem confessi, et non obtulerat se alias deffensioni ordinis.

Requisitus si sic deposuit prece, precepto, timore, amore, odio, vel temporali comodo habito vel habendo, respondit quod non, sed pro veritate dicenda. Cui fuit injunctum per dictos dominos commissarios, quod non revelaret hanc suam deposicionem, quousque attestaciones fuerint publicate.

Eisdem die et loco fuit adductus ad presenciam eorumdem dominorum commissariorum frater Raynerius de Larchant serviens, Senonensis diocesis, testis supra juratus, ut deponeret dictum suum, non deferens mantellum ordinis, quia ipsum dimiserat cum pluribus aliis, in concilio Senonensi. Postmodum radi fecerat sibi barbam, et fuerat cum eo inquisitum per dominum episcopum Parisiensem, et absolutus et reconciliatus per eum; et est etatis L annorum, vel circa. Lectis autem et diligenter expositis sibi omnibus et singulis articulis, respondit ad eos, et primo ad primos XIII, quod nesciebat nec credebat quod contenta in dictis XIII articulis essent vera, quia in recepcione sua non intervenerant, nec in recepcionibus aliorum quibus affuerat. Ipse autem receptus fuerat in capella domus Templi de Bello Visu Senonensis diocesis, in festo beati Andree proximo preterito fuerunt XXXIIII anni vel circa, per fratrem Johannem de Turno, quondam thesaurario tunc Parisiensi, presentibus fratribus Theobaldo de sancto Questo preceptore dicte domus, Radulpho de Grandivillari servientibus, deffunctis, et quondam fratre clavigero dicte domus, cujus nomen et cognomen ignorat, in hunc modum : nam cum peciisset panem et aquam ordinis, et finaliter ei concessisset, et peciisset ab eo si erat servilis condicionis, religioni vel conjugio alligatus, et multa alia honesta, et ipse testis respondisset se nullum impedimentum habere, imposuit ei mantellum, et ipse et fratres astantes fuerunt eum osculati in ore, et fecit eum vovere et jurare castitatem, obedienciam et vivere sine proprio, servare bonos usus et bonas consuetudines et secreta ordinis; sed de abnegacione et spuicione, crimine sodomitico, osculis inhonestis vel aliquo alio illicito non fuit ei aliquid dictum vel factum, nec in recepcione fratris Johannis de Langivile, in Belvacino quondam, quem vidit recipi secundum modum predictum licium, circa festum Nativitatis Domini, fuerunt circiter XVIII anni, per dictum fratrem Theobaldum de sancto Questo, in capella dicte domus de Bello Visu, non recolit quibus presentibus : vidit eciam recipi fratrem Droy le Monnier, quondam in capella domus Templi de Salice super Yonem, Altisiodorensis diocesis, per fratrem Galterum de Colay, quondam preceptorem tunc dicte domus de Salice, presente dicto fratre de Lingivile, et Berterio Umhario dicte domus, deffunctis. Nec in dictis recepcionibus fuit aliquid factum vel dictum illicitum, nec post, quod ipse testis sciverit vel audiverit; plura nesciens de contentis in dictis XIII articulis, nec in omnibus aliis, hoc excepto quod ipse bene credit ecclesiasticis sacramentis, et credit quod alii fratres ordinis crederent, et quod eorum sacerdotes debite celebrarent; nec credit quod eorum preceptores laici possent absolvere a peccatis; poterant tamen remittere penas et disciplinas ordinis : jurabant ordinem non exire; statim pro professis habebantur; clausis januis, et nullis presentibus, nisi fratribus ordinis, recipiebantur, ex quo credit quod esset suspicio contra eos. Non credit quod carnaliter commiscerentur, nec quod haberent ydola; cordulis cingebantur super camisias, cum quibus jacebant ad restringendam carnem, et eas assumebant unde volebant. Injungebatur per sacramentum quod non revelarent secreta capitulorum, et inter se loquebantur de modo recepcionis eorum. Absque necessitate non poterant confiteri, nisi sacerdotibus ordinis. Non credit quod essent errores in ordine, nec quod fuerint negligentes in eis corrigendis nec denunciandis Ecclesie, et credit quod citra mare et ultra mare reciperentur sicut deposuit se fuisse receptum. Elemosine et hospitalitas bene servabantur in ordine, et precipiebatur quod ecclesias et senes venerarentur. Omnes seculares excludebantur quando tenebantur capitula, et porte firmabantur; totus ordo servasset quod magnus Magister cum conventu ordinasset; postquam capti fuerunt, multi sunt contra ordinem oblocuti. Credit quod bonus modus recepcionis confessatus per eum esset notus fratribus ordinis. Requisitus si alias obtulerat se deffensioni ordinis, respondit quod non; sed fuerat super hoc requisitus, et respondit quod non erat potens et sufficiens ad defendendum, ut dixit. Requisitus si fuit confessus aliquos errores coram dicto domino episcopo Parisiensi, respondit se non recordari, adjiciens quod, antequam dictus dominus episcopus Parisiensis inquireret cum eo, fuerat questionatus. Requisitus si sic deposuerat prece, precepto, timore, amore, odio, vel temporali comodo habito vel habendo, respondit quod non, sed pro veritate dicenda. Cui fuit injunctum quod non revelaret hanc suam deposicionem quousque attestaciones fuerint publicate.

Eisdem die et loco fuit adductus ad presenciam eorumdem dominorum commissariorum frater Petrus de Arbleyo serviens, Parisiensis diocesis, testis supra juratus, ut deponeret dictum suum, non defferens mantellum ordinis, quia ipsum dimiserat in concilio Senonensi, et postmodum fecerat sibi radi barbam, et fuit inquisitum cum eo, et absolutus et reconciliatus per dominum episcopum Parisiensem, et est quadragenarius vel circa. Lectis autem et diligenter expositis sibi omnibus et singulis articulis, respondit ad eos, et primo ad primos XIII, protestacione premissa, quod non intendebat recedere a deposicione per eum facta coram dicto domino episcopo Parisiensi; se nescire si contenta in dictis articulis erant vera vel non, quia non interfuerat capitulis nec aliorum recepcionibus, nec audivit dici; nec fuerat in ordine nisi sedecim mensibus vel circa ante capcionem eorum. Fuerat autem receptus, circa festum beati Barnabe, per fratrem Johannem de Turno thesaurarium Templi Parisiensis, testem supra juratum, in capella domus Templi de Soysiaco Meldensis diocesis, presentibus fratribus Petro de Montenhi presbytero, P. de Torta Villa preceptore Parisiensi, Petro de Fontanis grangerio dicte domus, et Matheo de Cayneyo servientibus, deffunctis, in hunc modum. Nam cum peciisset panem et aquam, societatem et pauperem vestitum ordinis, et deliberassent inter se et eum fecissent retrahere, rediit et iterum peciit predicta, et pecierunt ab eo si erat servilis condicionis, religioni vel conjugio vel debitis obligatus, quo respondente quod non, et quod erat de legitimo matrimonio natus, deliberaverunt iterum eo sedente ad partem. Post que dictus receptor, vocato eo, imposuit sibi mantellum, et dictus presbyter primo, postmodum receptor et exinde alii fratres astantes fuerunt eum osculati in ore, et dictus presbyter dixit quasdam oraciones, et aspersit aquam benedictam super eum. Post que fecerunt eum vovere et jurare castitatem, obedienciam, vivere sine proprio, servare bonos usus et bonas consuetudines, malas reprobare, et non revelare secreta capituliorum. Postea, ceteris fratribus recedentibus, dictus frater Matheus trahens eum retro altare, dixit ei quod abnegaret Deum, et cum ipse testis responderet quod hoc nullo modo faceret, dixit ei quod hoc oportebat cum facere, alioquin esset incarceratus et perditus; et tunc ipse testis abnegavit ore non corde, ut dixit. Deinde precepit ei quod spueret super quamdam crucem ligneam, in qua erat ymago Crucifixi, acceptam per dictum fratrem Matheum in dicta capella, quam tenebat in manu sua; et dictus testis noluit spuere super eam, sed spuit juxta. Deinde precepit ei quod oscularetur eum in umbilico; et cum ipse testis nollet hoc facere, dixit ei: Ergo osculeris me in ano. Et tunc ipse testis elegit eum osculari in umbilico, et osculatus fuit; de crimine sodomitico vel de aliqua alia re illicita non fuit locutus eidem, nec credit quod dictum crimen sodomiticum committeretur per fratres ordinis.

Requisitus si dixerat ei quod predicte abnegacio, spuicio et deosculacio umbilici essent de punctis ordinis, respondit quod non.

Item, requisitus super xiv et omnibus aliis sequentibus, respondit se nichil scire ultra quod supra deposuit, excepto quod ipse bene credebat ecclesiasticis sacramentis, credens quod alii fratres ordinis bene crederent, et quod eorum sacerdotes debite celebrarent; sed non credit quod ille qui precepit sibi dicta illicita esset bonus Christianus, nec quod preceptores laici possent absolvere a peccatis. Clandestine recipiebantur, ex quo credit quod suspicio contra ordinem haberetur; cordulis assumptis unde volebant cingebantur super camisias cum quibus jacebant. Si revelassent secreta capituliorum, puniti fuissent ad carcerem vel aliter. Non inhibebatur quod non confiterentur nisi sacerdotibus ordinis; et infra quatuor dies a recepcione sua ipse testis fuit confessus de predictis erroribus, in capella in qua fuerat receptus, fratri Stephano de Pontissara ordinis fratrum Minorum, tunc commoranti in conventu eorum Meldensi, qui fuit valde stupefactus de predictis, et interrogavit eum si fecerat predicta ex corde; quo respondente quod non, absolvit eum, imposita sibi penitencia quod jejunaret per annum sextis feriis in pane et aqua, quod et fecit. Credit quod negligentes fuerunt, si sciebant errores et non correxerunt nec denunciaverunt Ecclesie; sed magis credit quod errores per eum confessati non intervenirent in aliorum recepcionibus quam contrarium. In locis in quibus fuit moratus in ordine, vidit elemosinas et hospitalitatem convenienter servari, sed audivit dici quod in aliquibus locis restringebantur, et quod capitulia clam tenebantur, credens in ordine fuisse servatum quod magnus Magister cum conventu statuisset, et quod grandia scandala exorta sint contra ordinem propter illa que imponuntur eidem; et audivit dici quod magnus Magister et alii confessi sunt aliquos errores contra ordinem. Ad cujus deffensionem se alias non obtulerat, nec sic deposuit prece, precepto, timore, amore, odio, vel temporali comodo habito vel habendo, sed pro dicenda veritate, ut dixit; cui fuit injunctum quod non revelaret hanc suam deposicionem quousque attestaciones fuerint publicate.

Acta fuerunt hec dictis die et loco, presentibus magistro Amisio, me Floriamonte Dondedei, et aliis notariis supra ultimo nominatis.

Post hec, die Veneris sequenti, que fuit quinta dies dicti mensis Februarii, convenerunt in dicta domo dicti domini episcopi Matheus et archidiaconus Tridentinus, et fuit adductus ad presenciam eorumdem frater Guillelmus de Arreblayo elemosinarius regius, Parisiensis diocesis, preceptor domus Templi de Soysiaco Meldensis diocesis, serviens, testis supra juratus, ut deponeret dictum suum; non defferens mantellum ordinis, quia, cum alii fratres ordinis abjecerint mantellos suos in concilio Senonensi, aliqui, qui recipiebant mantellos aliorum, receperunt absque ejus connivencia dictum mantellum. Postmodum radi fecerat sibi barbam, et ante dictum concilium per xiii menses fuerat inquisitum cum eo, et absolutus et reconciliatus per dominum episcopum Parisiensem; et est etatis quadraginta quinque annorum vel circa; qui fuit ante omnia protestatus quod, per aliqua que dicat vel faciat, non intendit recedere a deposicione per eum facta coram dicto domino episcopo Parisiensi. Lectis autem et diligenter expositis sibi omnibus et singulis articulis, respondit ad eos, et primo ad primos xiii, quod non multa sciebat de secretis ordinis, quia non habuerat longo tempore preceptorias, et quia, post recepcionem suam, fuit confessus fratri Johanni de Meldis gardiano fratrum Minorum Meldensium quondam, quasi post dimidium annum; et ille imposuit sibi penitenciam, auditis erroribus qui intervenerant in recepcione sua, quod precaveret sibi ne ex tunc interesset in aliquo loco in quo fierent predicta illicita, et quod jejunaret toto tempore vite sue diebus sabativis, quod et fecit; et dictam confessionem fecit in quadam camera dicte domus de Soysiaco, que vocatur Cordelariorum; propter que retraxit se, ne interesset loco in quo fierent predicta illicita; et si intererat votis et tradicionibus mantellorum, postmodum recedebat, pretendens se occupatum racione officii sui quod habebat; et ideo non vidit in aliorum recepcionibus fieri predicta illicita; audivit tamen dici quod in recepcionibus aliquorum faciebant eos abnegare Deum et illa illicita que ipse fecit in recepcione sua; et credit quod propter confessiones aliorum et propter illa que audivit dici a fratribus ordinis, quod communiter reciperentur alii sicut ipse fuit receptus per fratrem Johannem de Turno quondam thesaurarium Parisiensem, in quadam die Veneris intra tempus messium et vindemiarum erunt xxvii anni vel circa, in capella domus Templi de Furchis Senonensis diocesis, presentibus fratribus Raynaldo de Latigniaco Sicco presbytero, Petro de Cormeliis, Guillelmo Lotoringi preceptore de Bello Visu, et Roberto Picardi preceptore dicte domus de Furchis servientibus, deffunctis; in cujus autem recepcione fuit servatus iste modus. Nam dicti fratres P. de Cormeliis et Guillelmus Lotoringi venerunt ad ipsum testem existentem in quadam camera, ex parte receptoris, petentes ab eo si volebat esse frater ordinis; quo respondente quod sic, dixerunt quod bene cogitaret, quia oporteret eum abdigare propriam voluntatem et eam subjicere alieno arbitrio, vigillare quando vellet dormire, esurire quando vellet comedere, esse in uno loco quando vellet esse in alio, et multa dura et aspera sustinere; et quod bene deliberaret si predicta poterat sustinere. Et cum respondisset quod bene omnia sustineret, pecierunt ab eo si habebat infirmitatem latentem ex qua esset impotens ad servicium ordinis; si erat excommunicatus, matrimonio vel alteri religioni obligatus, si servilis conditionis, et si habebat aliquod aliud impedimentum propter quod non posset esse frater dicti ordinis, et si aliquid dederat vel promiserat ut in dicto ordine reciperetur; nam si, post ejus recepcionem, reperiretur aliquid de predictis, repelleretur cum ignominia ab ordine eorumdem, et ille eciam qui recepisset aliquid ab eo puniretur. Quo respondente nullum se habere impedimentum de predictis, instruxit eum ut, capellam predictam ingrediens, peteret a dicto thesaurario, flexis genibus, panem et aquam, societatem et pauperem vestitum ordinis amore Dei concedi eidem. Et cum hoc fecisset, et dictus thesaurarius respondisset ei quod grandem rem petebat et quod bene deliberaret, quia oporteret eum multa dura et aspera sustinere, et ipse respondisset quod omnia sustineret cum divino adjutorio, finaliter voluit scire ab eo per sacramentum si in ipso erat aliquid ex impedimentis predictis, per dictos fratres P. et Guillelmum expositis eisdem, et eo respondente sub dicto juramento quod non, fecit cum vovere et jurare super quemdam librum apertum servare castitatem, obedienciam, vivere sine proprio, [*servare*] bonos usus et bonas consuetudines et secreta ordinis, et quod pro posse suo juvaret ad acquirendum Terram sanctam. Postmodum imposuit sibi mantellum et birretum, dicto presbytero dicente psalmum : *Ecce quam bonum et quam jocundum,* et aspergente aquam benedictam super eum, et dicti presbyter et thesaurarius fuerunt eum osculati in ore; deinde instruxit eum quot *Pater noster* debebat dicere pro horis suis, qualiter debebat se regere in ecclesia, et in mensa, et in ordine; et exposuit sibi casus propter quos poterat perdere ordinem et mantellum. Deinde recedens dictus thesaurarius precepit ipsi testi quod faceret illa que dicti fratres Petrus et Guillelmus preciperent ei; et presbyter recessit cum dicto thesaurario, qui habebat equitare ante prandium per tres leuchas. Postea dictus frater Guillelmus accepit unam crucem de altari argentatam, in qua erat ymago Crucifixi, et firmatis ostiis capelle predicte, precepit ei quod abnegaret Jhesum Christum; et cum ipse testis resisteret, dixit ei : Oportet quod hoc facias : quia promisisti obedienciam, et thesaurarius precepit tibi quod tu faceres illa que nos diceremus tibi, et nisi velles facere, tu esses mortuus et perditus, nam ita est consuetum fieri. Tunc ipse testis abnegavit Jhesum Christum ore non corde. Deinde precepit quod spueret supra dictam crucem, et ipse spuit non supra sed juxta. Deinde dixit ei quod poterat secundum consuetudinem ordinis carnaliter commisceri fratribus ordinis; non tamen hoc fecit nec fuit requisitus, nec scit nec credit quod inter fratres dicti ordinis committeretur dictum peccatum. Post que dixit ei quod, secundum consuetudinem ordinis, debebat osculari receptorem vel ejus locum tenentem in ano, sed ipsi remittebant ei dictum osculum, volebant tamen quod si requireretur a fratribus ordinis an dictum osculum fecisset, responderet quod sic. Alia inhonesta non intervenerunt in recepcione sua predicta, nec scit alia de contentis in xiii articulis supradictis. Requisitus quorum recepcionibus interfuerit, respondit quod recepcioni fratris Adam de Benovalle, qui vivit ultra mare, et credit eum vivere, quem recepit frater Hugo de Peraldo in capitulio generali Parisius quod celebrabatur in festo nativitatis beati Johannis Baptiste, et credit quod sint elapsi viii anni, et fuit presens frater Adam de Vollencourt, testis supra examinatus, et Galterus de Liencourt miles, propinquus dicti Ade, et alii plures. Interfuit eciam recepcioni Johannis de Parisius servientis, filii Hisabellis de Aurelianis, quem recepit dictus frater

Hugo de Peraldo Parisius in capitulio generali; de tempore recepcionis non recordatur, sed credit quod sint decem anni elapsi. Interfuit eciam plurium aliorum recepcionibus, de quorum nominibus et presentibus non recordatur; in quibus quidem recepcionibus nichil vidit fieri illicitum, quia recedebat ex causis supradictis, mantellis traditis eisdem.

Item, requisitus super XIV et omnibus sequentibus articulis, respondit se nichil scire ultra quod supra deposuit, hoc excepto quod ipse bene credebat et credit quod alii fratres crederent ecclesiasticis sacramentis, et quod eorum sacerdotes secundum sacra Ecclesie debite celebrarent; nec credit quod eorum preceptores laici vel Magister possint absolvere a peccatis; jurabant ordinem non exire sine licencia superiorum suorum qui eam dare possent. Statim pro professis habebantur. Clandestine recipiebantur, firmatis januis, in capitulis generalibus, quibus interfuit Parisius. Vidit super altare frequenter quoddam capud argenteum, quod vidit adorari a majoribus qui tenebant capitulum, et audivit dici quod erat capud unius ex undecim milibus virginum, et hoc credebat ante capcionem eorum; sed nunc, propter illa que audivit de ydolis et de capitibus ydolorum de quibus articuli faciunt mencionem, suspicatur quod esset capud ydoli, quia videtur sibi quod haberet duas facies, et quod esset terribilis aspectu, et quod haberet barbam argenteam. Requisitus si dictum capud ostendebatur populo in sollempnitatibus, respondit se credere pocius quod sic, quando ostendebantur alie reliquie, quam contrarium. Requisitus si cognosceret dictum capud, si ostenderetur eidem, respondit se credere quod sic, ex quo dicti domini commissarii deliberaverunt mittere ad domum Templi Parisiensis, ad sciendum si ibi erat dictum capud. Item, dixit quod cordulis cingebantur, pro restrinctione carnis, supra camisias, quas recipiebant unde volebant; nec unquam audivit quod dictis cordulis aliqua ydola tangerentur. Credit pocius quod alii communiter reciperentur in ordine, eo modo quo deposuit se receptum fuisse, quam contrarium, aliter nescit. Si revelassent secreta capituli, vel modum recepcionis, habuissent satis pati, eciam si revelassent fratribus ordinis qui non interfuissent. Non audivit injungi quod non confiterentur nisi sacerdotibus ordinis; imo, bene confitebantur aliis. Fratres qui sciebant dictos errores negligentes fuerunt, quia non correxerunt, nec denunciaverunt Ecclesie. In locis in quibus fuit moratus, vidit elemosinas fieri et hospitalitatem teneri sufficienter. Audivit tamen dici quod frater Ger. de Villaribus, tunc preceptor Brie et Montis Suessionensis, fecit restringi et quasi anichilari aliquo tempore elemosinas, in domo de Colomeris Meldensis diocesis. Clam tenebantur capitulia, januis clausis, nullis presentibus nisi fratribus, de die tamen, et post missam et sermonem. Servatum fuisset quod magnus Magister cum conventu ordinasset, si fuisset bonum et male; sed semel ordinavit, in Monte Pessulano, quod non comederent nisi unum ferculum de carnibus, et non fuit servatum. Credit quod grandia scandala sint contra ordinem exorta, propter confessiones per fratres ordinis factas, et quod errores confessati per eum essent noti fratribus ordinis ante eorum capcionem, sed non extraneis; et quod magnus Magister et alii confessi fuerunt abnegacionem et aliquos alios errores contra ordinem, ad cujus defensionem se non obtulerat ipse testis, ut dixit. Requisitus si sic deposuerat precepto, timore, amore, odio, vel comodo temporali habito vel habendo, respondit quod non, sed pro veritate dicenda. Cui fuit impositum quod non revelaret hanc suam deposicionem, quousque attestationes fuerint publicate. Et est sciendum quod ipse testis fuit in dicto concilio Senonensi condempnatus ad carcerem perpetuum, reservata potestate mitigandi, secundum portamentum ejusdem, ut dixit.

Eisdem die et loco fuit adductus ad presenciam eorumdem dominorum commissariorum frater Jacobus le Verjus serviens, Meldensis diocesis, testis supra juratus, ut deponeret dictum suum, non deferens mantellum ordinis, quia ipsum dimiserat cum pluribus aliis in concilio Senonensi. Postmodum radi fecerat sibi barbam, cum quo fuerat inquisitum, absolutus et reconciliatus per dominum episcopum Parisiensem; et est septuagenarius vel circa. Lectis autem et diligenter expositis sibi omnibus et singulis articulis, respondit ad eos, et primo ad primos XIII, se nescire si contenta in dictis articulis erant vera, quia non viderat predicta fieri. Quando tamen ipse fuit receptus in ordine, Dominica proxima ante Pentecosten proximo preteritum fuerunt quadraginta anni vel circa, in capella domus Templi de Colomeriis Meldensis diocesis, per fratrem Johannem de Moncellis quondam militem, preceptorem tunc de Bria, presentibus fratribus Gerardo preceptore Priminensi presbytero, Roberto Frisonre preceptore dicte domus de Colomeriis, Gerardo la Vinhie et Lamberto le Ganheur servientibus, deffunctis, dictus testis, flexis genibus, peciit a dicto receptore sibi concedi panem et aquam et societatem et vestitum ordinis. Quo respondente quod grandem rem petebat et quod bene deliberaret, quia oporteret eum multa dura et aspera sustinere, ipse testis respondit quod omnia predicta bene sustineret. Post que dictus receptor deliberavit pluries cum fratribus astantibus si reciperet eum, et precepit ei quod rogaret Deum ut dirigeret eum, et oraret coram quodam altari; et cum hoc fecisset, finaliter fecit eum vovere et jurare castitatem, obedienciam, vivere sine proprio, et quod non interesset loco in quo aliquis nobilis homo vel nobilis mulier suo studio exheredaretur injuste. Postmodum imposuit ei mantellum, et ipse et fratres astantes fuerunt eum osculati in ore, et instruxit eum quot *Pater noster* debebat dicere pro horis suis, et qualiter se regeret in ordine. Et postmodum iverunt ad prandium; quo assumpto, receptor predictus vocavit eum solum ad dictam capellam, et precepit ei existenti juxta altare quod abnegaret Deum; et dictus testis credidit quod trufando diceret dicta verba, et respondit quod hoc non faceret; et dictus receptor dixit ei quod hoc oportebat eum facere; quo audito, abnegavit Deum ore non corde. Deinde precepit ei quod spueret supra quamdam crucem ligneam, in qua non erat imago Crucifixi, quam idem receptor receperat de altari et tenebat in manu, et ipse spuit non super sed juxta eam. Sed de osculis inhonestis vel crimine sodomitico vel aliquo alio illicito non fuit locutus eidem, nec credit quod predicta oscula illicita fierent, nec quod dictum sodomiticum peccatum committeretur in ordine; nec alia scit de contentis in xiii articulis supradictis. Requisitus si credit quod alii reciperentur communiter in ordine, sicut ipse fuit receptus, quoad dicta illicita, respondit quod non, quia non viderat fieri nec audiverat dici quod fierent; et tamen viderat recipi fratrem Anricum, cujus cognomen ignorat, clavigerum tunc domus Templi Remensis, in capella dicte domus, per fratrem Johannem le Verjus, fratrem quondam ejusdem testis, sunt xx anni vel circa, presente fratre Richardo de Remis presbytero dicte domus, mortuo. Viderat eciam recipi fratrem Johannem Agricolam, cujus cognomen ignorat, quondam per fratrem Godofredum, tunc preceptorem Brie, in capella dicte domus de Colomeriis, sunt vigenti anni, vel circa, presentibus dicto fratre Roberto Frisone et Lamberto Agricola, deffunctis. In quorum recepcionibus nichil fuit factum illicitum nec post, quod ipse sciat vel credat.

Item, requisitus super xiiii et omnibus aliis sequentibus, respondit se nichil scire ultra quod supra deposuit, hoc excepto quod ipse bene credebat et credit, quod alii fratres crederent ecclesiasticis sacramentis, et quod eorum sacerdotes debite celebrarent; nec credit quod laici possent absolvere a peccatis. Preceptores tamen eorum imponebant eis penas ordinis; statim pro professis habebantur, et clandestine recipiebantur. Cingebantur cordulis, assumptis unde volebant, supra pannos lineos cum quibus jacebant. Injungebatur eis per sacramentum quod non revellarent secreta capitulorum; si revelassent, nescit qualiter puniti fuissent. Non fuit ei inhibitum quod non confiterentur nisi sacerdotibus ordinis; et infra octo dies a recepcione sua, fuit confessus de predictis erroribus, in capella domus eorum de Privino, cuidam fratri Minori, cujus nomen et cognomen ignorat, qui venerat ad dictum locum, et absolvit eum, imposita penitencia quod jejunaret per unum annum, in diebus venerinis. Tempore quo fuit in ordine, vidit in eo hospitalitatem et elemosinas convenienter fieri et teneri; in capitulis particularibus, in quibus tantum adfuit, claudebantur porte, et servabatur in ordine quod magnus Magister cum conventu ordinabat. Nunc grandia scandala contra ordinem sunt exorta, propter illa de quibus agitur contra eum. Requisitus si alias obtulerat se deffensioni ordinis, respondit quod bene venerat cum aliis pluribus, sed in speciali non obtulerat. Requisitus si sic deposuerat prece, precepto, timore, amore, odio, vel temporali comodo habito vel habendo, respondit quod non, sed pro veritate dicenda. Cui fuit injunctum quod non revellaret hanc suam deposicionem quousque attestaciones fuerint publicate. Et est sciendum quod, ante deposicionem suam predictam, fuit protestatus quod non intendebat recedere a confessione per eum facta coram dicto domino episcopo Parisiensi.

Acta fuerunt hec dictis die et loco, presentibus magistro Amisio, me Floriamonte Dondedei, et aliis notariis supra ultimo nominatis.

Post hec, die Sabati sequenti, que fuit VI dies dicti mensis Februarii, fuit adductus ad presenciam eorum dominorum commissariorum, in domo predicta, frater Johannes de Rumpreyo serviens, diocesis Lingonensis, testis supra juratus, ut deponeret dictum suum, non deferens mantellum ordinis, quia in concilio Senonensi quidam (nescit qui) amoverunt a collo suo et projecerunt in terram; postmodum fecit sibi radi barbam; cum quo fuit inquisitum per dominum episcopum Aurelianensem, Senonis sede vacante, et absolutus et reconciliatus; et est etatis quadraginta annorum vel circa. Lectis autem et diligenter expositis sibi omnibus et singulis articulis, respondit ad eos, et primo ad primos XIII, se non vidisse nec audivisse dici contenta in dictis articulis; nec ipse fecit, licet recognoverit alias se fecisse abnegacionem, quia fuerat ter questionatus; nec vidit aliquem recipi, nam erat agricola; nec interfuit capitulis eorum. Ipse autem fuit receptus in capella domus Templi de Volenis Lingonensis diocesis, in proxima septimana Paschali erunt xvi anni vel circa, per fratrem P. de Buris, quondam tunc preceptorem de Buris, presentibus fratribus Radulpho de Buris avunculo ipsius testis, Petro de Castellioneto servientibus, et Petro de Seneto Castro presbytero, deffunctis, ut credit, in hunc modum : nam cum peciisset, flexis genibus, panem et aquam ordinis et societatem fratrum, dictus receptor dixit ei quod grandem rem petebat, et quod multas asperitates oporteret eum sustinere, dimittendo suam propriam voluntatem, et obedire mandatis et preceptis aliorum quos forte non crederet tantum valere, quantum ipse valebat, et quod exiret extra capellam, bene deliberaret; et cum exivisset, et deliberacione habita vocatus rediens eadem peciisset, dixit ei receptor quod secundum eorum statuta statim esset professus, postquam eum recepisset, nec extunc liceret ei egredi dictum ordinem, et ideo plene deliberaret ante ingressum; ipso autem teste respondente quod bene deliberaverat et pro recepcione sua instante, requisivit per juramentum prestitum ab ipso teste tangendo quemdam librum, si erat servilis condicionis, matrimonio, religioni vel debitis obligatus vel excommunicatus, et si habebat infirmitatem latentem ex qua esset impotens et inhabilis ad serviendum ordini; et cum respondisset per juramentum suum quod non, precepit quod iterum exiret capellam, et deliberaret; et ipse receptor locutus fuit cum fratribus. Post que rediens ipse testis peciit id quod supra; et tunc dictus receptor dixit quod oporteret eum multum jejunare, et jacere cum caligis et cum camisia, et cingi una cordula; et dixit ei quod non debebat interesse loco in quo ejus studio daretur falsum judicium, vel nobilis homo vel nobilis mulier exheredaretur injuste; et quod servaret bonos usus et bonas consuetudines ordinis, et malos suo posse reprobaret; quod non devastaret elemosinas et bona ordinis, et quod religiosos et bonos homines declinantes ad domos ordinis, in quibus ipse esset, bene recolligeret secundum posse suum, et bona ordinis eis distribueret convenienter; et quod servaret castitatem, obedienciam, et viveret sine proprio, et si intereret [sic] aliquis de fratribus ordinis defficiens, quod bis vel ter secrete correperet eum, et si sic nollet corrigi, denunciaret superiori suo; et multos casus exposuit sibi propter quos poterat perdere ordinem vel mantellum, ut si subtraheret bona ordinis et aliqua consimilia. Post que dixit ei quod adhuc deliberaret iterum si volebat esse frater eorum, et quod exiret extra; cum autem exivisset et postmodum rediisset et peciisset id quod supra, dictus receptor dixit fratribus astantibus quod si sciebant in eo aliquid impedimentum, dicerent tunc, quia melius esset quam quando esset receptus; et cum dicerent quod nullum sciebant impedimentum in eo, et quod bonum erat recipere eum, dictus receptor fecit eum jurare supradicta, de quibus premonuerat eum, et tradidit ei mantellum; et ipse et fratres astantes fuerunt eum osculati in ore; deinde instruxit eum quot *Pater noster* diceret pro horis suis et pro vivis et deffunctis, et quod inciperet dicere Pater noster in honorem beate Marie, et finiret, quod ter confiteretur et communicaret in anno, et perageret penitencias quas sacerdotes imponerent ei; sed de abnegacione, spuicione, osculis inhonestis, crimine sodomitico vel aliquibus aliis inhonestis non fuit locutus eidem; nec plus scit de contentis in XIII articulis supradictis.

Item, requisitus super XIV et omnibus sequentibus, respondit se nichil scire ultra quod supra deposuit, hoc excepto quod ipse bene credit ecclesiasticis sacramentis, et credit quod alii bene crederent, et quod eorum sacerdotes debite celebrarent, nec credit quod laici possent absolvere a peccatis. Clandestine recipiebantur, nullis presentibus nisi fratribus ordinis, et forte ex hoc habebatur suspicio contra eos; sed ipse nescit hoc, nec scit nec credit quod committeretur peccatum sodomiticum in ordine, nec quod cordula qua cingebatur tetigerit ydolum. Credit quod omnes reciperentur in ordine sicut deposuit se fuisse receptum. Precipiebatur quod non revelarent secreta capitulorum; nec fuit sibi inhibitum, nec scit quod inhiberetur aliis quod non confiterentur nisi fratribus ordinis. Si sciebant errores in ordine, fratres ordinis fuerunt negligentes quia non correxerunt eos nec denunciaverunt Ecclesie. Audivit dici quod clam capitula tenebantur. Si Magister ordinis male faceret, alii reprehenderent eum; grandia scandala sunt exorta contra ordinem propter illa que imponuntur ei, audivit quod magnus Magister et alii sunt confessi aliquos errores contra ordinem, sed nescit quos.

Requisitus si sic deposuit prece, precepto, timore, amore, odio, vel comodo temporali habito vel habendo, respondit quod non, sed pro veritate dicenda; cui fuit injunctum quod non revelaret hanc suam deposicionem, quousque attestationes fuerint publicate.

Eisdem die et loco fuit adductus ad presenciam eorumdem dominorum commissariorum frater Johannes de Buffavent serviens, Claramontensis diocesis, testis supra juratus, ut deponeret dictum suum, non deferens mantellum ordinis, quia in concilio Senonensi quondam servientes amoverunt eum sibi, et postmodum radi fecerat sibi barbam; cum quo inquisitum fuerat, absolutus et reconciliatus per dominum episcopum Parisiensem, et est etatis triginta quinque annorum, vel circa. Lectis autem et diligenter expositis sibi omnibus et singulis articulis, respondit ad eos, et primo ad primos XIII, se nescire nec credere quod contenta in dictis XIII articulis servarentur in recepcionibus fratrum ordinis, quia vidit recipi fratrem Anricum de Anglesi militem, quondam combustum Parisius, per fratrem Guillelmum de Liris militem, qui auffugit quando alii capti fuerunt, in capella domus Templi de Biciis Nivernensis diocesis, in die Brandonum proxima erunt quinque vel sex anni, presentibus fratribus Guillelmo Gatz milite, qui affugit, Anrico Donarcan serviente quondam, Galtero dispensatore dicte domus; in cujus recepcione nichil fuit factum vel dictum illicitum. Plures non vidit recipi, nec interfuit capitulis eorum; ipse autem testis receptus fuit in capella domus Templi de Campo Alamani Nivernensis diocesis, per fratrem Anricum Dornarcan, quondam preceptorem dicte domus, in quindena festi Omnium Sanctorum proximo venturi erunt XII anni, presentibus fratribus Laurencio de Villa Moson et Raynaudo de Brinone servientibus, deffunctis, in hunc modum : nam peciit ter interpolate panem et aquam et societatem ordinis amore Dei, et ter ei fuit responsum quod bene deliberaret, quia multa dura oporteret eum pati, et non haberet forsitan equos et vestes quos videbat eos habere, et quod rogaret Deum ut eum dirigeret; et cum hoc fecisset, et ipsi deliberassent ad invicem recipere eum, voluerunt scire ab eo per juramentum si erat servilis condicionis, excommunicatus, alteri religioni, matrimonio vel debitis obligatus, et si habebat infirmitatem latentem; quo respondente quod non, fecit eum vovere et jurare castitatem, obedienciam, vivere sine proprio, servare bonos usus et bonas consuetudines ordinis. Postmodum imposuit sibi mantellum, et ipse et fratres astantes osculati fuerunt eum in ore, et instruxerunt eum quot *Pater noster* deberet pro horis suis dicere, et qualiter deberet se in ordine regere. Cum autem recederent, et essent quasi in medio ecclesie, dictus receptor dixit ei quod adhuc habebat ei aliquid dicere, et ipso teste respondente que, dixit receptor quod oportebat eum abnegare Deum et spuere super crucem; et cum ipse testis diceret quod hoc nullo modo faceret, dictus frater Raynaudus dixit eidem ridendo : Non cures, quia hoc non est nisi quedam truffa. Post que, ad preceptum dicti receptoris, cum aliquantulum repugnasset, finaliter abnegavit Deum ore, non corde. Postea precepit ei quod spueret supra quamdam crucem ligneam, in qua nulla erat pictura nec ymago, existentem in quadam fenestra dicte capelle, et ipse testis noluit spuere super, sed juxta. Cum autem exivisset dictam capellam idem testis, peciit a dicto fratre Raynaudo, si predicte abnegacio et spuicio debebant fieri secundum religionem eorum, et dictus Raynaudus dixit quod non, sed quod receptor dixerat ei pro trufa; et si dixisset ei quod secundum religionem eorum debebant predicta fieri, habebat ipse testis tunc propositum, ut dixit, ab eo recedendi et statim habitum abjiciendi; nichilominus tamen petiit a dicto fratre Laurencio, eadem die ac nocte, qui respondit ei quod truffatorie erant sibi dicta, et quod non curaret, quia dictus receptor erat quidam truffator, qui sic truffabatur de gentibus. Alia inhonesta vel illicita non intervenerunt in recepcione sua predicta; nec scit plus de contentis in xiii articulis supradictis, nec in aliis, hoc excepto quod bene credit ecclesiasticis sacramentis, et credit quod alii fratres ordinis bene crederent, et quod eorum sacerdotes debite celebrarent, nec credit quod laici eorum possent absolvere a peccatis, nec quod fierent inter eos oscula inhonesta. Juravit ordinem non exire pro meliori vel pejori. Clandestine recipiebantur, ex quo credit quod esset suspicio contra eos; nec audivit dici quod carnaliter commiscerentur, nec quod haberent ydola; nec quod cordula sibi tradita tetigerit capita ydolorum. Non fuit ei inhibitum quod non confiteretur nisi fratribus ordinis. Non audivit quod elemosine et hospitalitas fuerint retracte in ordine, nec quod excubie ponerentur in capitulis que secrete tenebantur; et credit quod in ordine fuisset servatum quod magnus Magister cum conventu ordinasset; non credit quod errores contenti in articulis essent in ordine, sed propter eos contra ordinem grandia scandala sunt exorta.

Requisitus si sic deposuerat prece, precepto, timore, amore, odio, vel temporali comodo habito vel habendo, respondit quod non, sed pro veritate dicenda; cui fuit injunctum quod non revellaret hanc suam deposicionem quousque attestaciones fuerint publicate.

Acta fuerunt hec dictis die et loco, presentibus magistro Amisio, me Floriamonte Dondedei, et aliis notariis supra ultimo nominatis.

Post hec, die Lune sequenti, que fuit viii[a] dies dicti mensis Februarii, fuerunt adducti pro testibus, ad presenciam dictorum dominorum episcoporum Mathei de Neapoli et archidiaconi Tridentini, in predicta domo fratrum Minorum, fratres Petrus de Blesis presbyter Carnotensis, Robertus Vigerii Carnotensis, Christianus de Biceyo, Petrus Picardi de Buris et Poncius de Bono Opere Lingonensis, Symon de Cormesci Remensis, Helias de Jotro Meldensis, Johannes de Conriucle Suessionensis, Matheus de Gresson-Essart Belvacensis, et Petrus de Chevruto Senonensis civitatum et diocessum, qui premissa protestacione quod non intendebant in aliquo recedere a confessionibus et deposicionibus alias factis per eos coram suis ordinariis, et quod si aliquid contradicerent coram ipsis dominis commissariis, per simplicitatem, vel alias, quod non facerent eis prejudicium, juraverunt, tactis sacrosanctis Evangeliis, dicere in hujusmodi negocio veritatem plenam et meram, secundum formam juramenti aliorum precedencium testium superius registratam, expositam et vulgarizatam eisdem.

Quibus actis, dictus frater Robertus Vigerii de Claramonte serviens, testis supra juratus, non defferens mantellum ordinis, quia ipsum dimiserat in concilio Senonensi, et postmodum radi fecerat sibi barbam, cum quo inquisitum fuerat, absolutus et reconciliatus per dominum episcopum Parisiensem, sexagenarius vel circa, premissa et repetita protestacione predicta, lectis et diligenter sibi expositis omnibus et singulis articulis, respondit ad eos, et primo ad primos XIII, quod non viderat et sciverat, nec audiverat dici nec credebat quod in ordine servarentur contenta in dictis XIII articulis; nec in receptione sua fuit aliquid factum vel dictum illicitum, nec in recepcionibus infrascriptorum quos vidit recipi, videlicet Roberti Cortesia de Claromonte et Bonafos Temple de Talende Claramontensis diocesis, quos credit esse mortuos, qui fuerunt recepti in capella domus Templi Montis Ferrandi dicte diocesis, sunt viginti anni elapsi, per fratrem Guillelmum de Monte Gastonis dicte diocesis, militem, quondam preceptorem tunc de Turreta, presentibus fratribus Durando Albuini de Talende preceptore Montis Ferrandi, Durando Malias presbytero, deffunctis. Vidit eciam recipi quemdam presbyterum, cujus nomen ignorat, per fratrem Humbertum Blanc militem, sunt anni X elapsi, in capella domus Templi de Turreta, presentibus fratribus Durando Pinhola et Boneto, cujus cognomen ignorat, presbyteris, Hugone de Borneto serviente, de quorum vita vel morte non habet certitudinem. Vidit eciam recipi Johannem Sarraceni servientem, Bituricensis diocesis, in dicto loco de Turreta, per dictum fratrem Himbertum, sunt X anni elapsi, presentibus Durando et Boneto presbyteris, et Hugone, predictis, et Johannem de Arcona servientem, Claramontensis diocesis, in eodem loco, et predictum fratrem Himbertum, et eisdem fratribus presentibus qui omnes morabantur, et ipse testis cum eis, in dicto loco de Turreta; plura nesciens de contentis in dictis xiii articulis. Ipse autem receptus fuit in capella domus Templi Montis Ferrandi, fuerunt in festo Epiphanie Domini proximo preterito triginta quinque anni vel circa, per fratrem Franconem de Borto militem, quondam preceptorem tunc Alvernie, qui dicebatur recepisse circa centum viginti fratres in ordine, presentibus fratribus Durando Malias, Petro Rosa et Geraldo, cujus cognomen ignorat, presbyteris, Petro de Madit milite, et aliis pluribus, deffunctis.

Item, requisitus super xiv et omnibus sequentibus, respondit se nichil scire ultra quod supra deposuit, hoc excepto quod ipse bene credebat ecclesiasticis sacramentis, et credit quod alii fratres ordinis crederent, et quod eorum sacerdotes debite celebrarent; nec audivit quod eorum laici possent absolvere a peccatis, nec credit; sed terminatis capitulis remittebant eos ad sacerdotes ordinis absolvendos. In ore se osculabantur in recepcionibus eorum, et jurabant ordinem non exire. Statim pro professis habebantur. Clandestine recipiebantur, ex quo credit quod suspicio fuerit contra eos. Cordulis cingebantur, in signum castitatis supra camisias cum quibus jacebant. Jurabant secreta capitulorum non revelare, eciam fratribus qui non adfuissent in eis, et credit quod fuerit causa quia ab inicio non habebant sacerdotes; et multe culpe manifestabantur in capitulis, quas non decebat revelari illis qui non adfuerant in capitulis. Hospitalitas convenienter servabatur in ordine, sed credit quod elemosine fuerint restricte a tempore quo ipse fuit receptus in ordine; audivit dici quod capitulia clam tenebantur aliquando valde tempestive propter negocia que eis occurrebant, missa tamen dicta. Credit quod totus ordo servasset quod magnus Magister cum conventu ordinasset, nec credit quod, si errores qui imponuntur ordini fuissent veri, potuissent tanto tempore esse celati; sed propter hoc sunt grandia scandala contra ordinem exorta, et fuit idem ordo de predictis diffamatus post capcionem eorum.

Requisitus si alias confessus fuerat aliquid contra presentem deposicionem, respondit quod sic propter vehemenciam tormentorum, que fuerunt sibi illata Parisius, quando dominus Nivernensis episcopus fecit inquiri ibi contra eum, et quia tres ex ejus sociis fuerunt ibi mortui propter dicta tormenta, ut audivit dici. Requisitus de nominibus illorum qui dicebantur obiisse propter dicta tormenta, dixit quod unus vocabatur frater Galterus Bituricensis diocesis, alter Chantalop et alter Anricus; cognomina tamen ignorat, et credit quod Magister et alii qui dicuntur fuisse confessi aliquos errores contra ordinem fuerunt mentiti, et quod ad hoc tormentis vel promissionibus fuerunt inducti.

Requisitus si sic deposuerat prece, precepto, timore, amore, odio, vel temporali comodo habito vel habendo, respondit quod non, sed pro veritate dicenda. Cui fuit injunctum quod non revelaret hanc suam deposicionem quousque attestaciones fuerint publicate.

Eisdem die et loco dictus frater Petrus de Blesis Claramontensis diocesis, presbyter, testis supra juratus, non defferens mantellum ordinis, quia ipsum dimiserat una cum pluribus aliis in concilio Senonensi, quadragenarius, cum quo fuit inquisitum per Predicatores, et absolutus et reconciliatus per dominum archiepiscopum Senonensem. Lectis et diligenter expositis sibi omnibus et singulis articulis, respondit ad eos, et primo ad primos XIII, se nescire si contenta in dictis articulis erant vera vel non, et pocius credebat quod non quam quod sic, quia viderat, per fratrem Hugonem de Penrado visitatorem Francie, recipi simul et semel duos presbyteros, duos milites et duos servientes, quorum unus ex servientibus vocabatur Ricardus Scortus, aliorum vero nomina ignorat, in quodam capitulio generali celebrato Parisius, fuerunt decem anni vel circa in festo nativitatis beati Johannis Baptiste, presentibus fratribus Gerardo de Villaribus et Guaufredo de Gonavala milite, preceptore Pictavie et Aquitanie, et magistris Provincie et Alamanie, quorum nomina et cognomina ignorat, et pluribus aliis, in quorum recepcione nichil fuit actum vel dictum illicitum; et post recepcionem, intraverunt immediate ecclesiam ad audiendum missam. Postmodum comederunt, et post comestionem recepti recesserunt. Plures non vidit recipi, nec interfuit aliis capitulis eorumdem. Ipse autem fuit receptus in capella domus de Saranhaco Templi Senonensis diocesis, per fratrem Johannem de Turno, quondam thesaurarium tunc Templi Parisiensis, die Sabati post festum Assumptionis beate Marie erunt duodecim anni vel circa, presentibus fratribus Renando de Tremplaio presbytero, vivo, ut credit, Petro Gaude, Johanne de Corbolio preceptore tunc Corbolii, et Johanne de Verrenis agricola servientibus, deffunctis, in hunc modum : nam peciit flexis genibus panem et aquam societatem et pauperem vestitum ordinis ter interpolate, et ter ei responderunt quod rogaret Deum et beatam Mariam, convertens se ad quoddam altare ut dirigerent eum, et quod bene deliberaret, quia oporteret eum abdicare propriam voluntatem, et se subjicere aliene, vigillare quando vellet dormire, esurire quando vellet comedere, et econtra, et multa dura et aspera sustinere; et cum respondisset quod omnia sustineret, voluerunt scire per sacramentum ab ipso si erat in eo aliquid impedimentum propter quod non posset esse frater dicti ordinis. Quo respondente quod non, fecerunt eum vovere et jurare, supra quoddam missale apertum, castitatem, obedienciam, vivere sine proprio, et servare bonos usus et bonas consuetudines ordinis. Postmodum dictus receptor imposuit sibi mantellum, et ipse et dictus presbyter fuerunt eum osculati in ore, et dictus presbyter dicebat psalmum : Ecce quam bonum et quam jocundum, et aspergebat aquam benedictam supra eum. Post que dixit ei dictus receptor, quod ipse instrueret eum de aliquibus punctis ordinis, sed non poterat eum instruere de omnibus, quia ante prandium habebat ire apud Corbolium; et instruxit eum qualiter gereret se in mensa, et quod jaceret cum pannis lineis, et cingeretur una cordula, et exposuit sibi casus propter quos poterat perdere habitum et ordinem, et penas alias incurere. Post que recessit dictus thesaurarius et omnes fratres superius nominati, et quidam frater ordinis, cujus nomen et cognomen ignorat, qui erat tunc, ut ipse testis credit, preceptor de Bello Visu diocesis Senonensis, ducens ipsum testem ad quamdam cameram, extraxit quamdam crucem ligneam de subtus vestes suas, petens ab ipso teste si credebat in illum qui representabatur per ymaginem in dicta cruce existentem; quo respondente quod sic, precepit ei quod abnegaret eum et spueret super dictam crucem; eo vero respondente quod hoc non faceret, dixit quod hoc oportebat eum facere, ex quo promiserat et juraverat obedienciam religioni eorum; et tunc ipse testis abnegavit ore non corde, et spuit non supra sed juxta dictam crucem, ut dixit. Postea precepit ei quod oscularetur eum in umbilico, in quo fuit eum osculatus intermediis pannis. Requisitus si dixerat ei quod predicta essent de punctis religionis eorum, et si aliqua alia inhonesta intervenerant in recepcione sua predicta, respondit quod non, et plura nesciebat de contentis in XIII articulis supradictis. Item, requisitus super XIV et omnibus sequentibus, respondit se nichil scire ultra quod supra deposuit, hoc excepto quod ipse bene credebat ecclesiasticis sacramentis, et credit quod fratres ordinis bene crederent, et quod eorum sacerdotes debite et secundum formam Ecclesie celebrarent, et ipse testis eodem modo celebravit existens in ordine, et dixit illa verba : Hoc est enim corpus meum, sicut ante, nec fuit sibi inhibitum quod non diceret dicta verba, nec aliis inhibebatur quod ipse sciat. Quando capitulia terminabantur factis precibus pro Ecclesia, regibus, Terra Sancta, et aliis, per laicum qui tenebat capitulum, dicebat : De hiis que obmisistis dicere, propter verecundiam carnis vel disciplina ordinis, nos facimus vobis talem indulgenciam qualem possimus, et qualem Deus fecit Magdalene, et ibitis ad fratrem sacerdotem qui absolvet vos. Pro professis statim habebantur. In recepcionibus eorum non aderant nisi fratres ordinis; de crimine sodomitico et de ydolis, et quod cordule tangerent capita ydolorum, vel quod interficerentur nolentes facere predicta, non audivit aliquid dici, sed per sacramentum injungebatur quod non revelarent secreta capituliorum, et si revelassent, fuissent in carcere perpetuo positi; nec poterant, absque licencia, nisi sacerdotibus ordinis confiteri. Ipse autem confessus fuit de predictis erroribus infra octo dies a recepcione sua, antequam celebraret in capella domus Templi de Soysiaco Meldensis diocesis, Johanni de Monte Acuto presbytero, quondam seculari, qui absolvit eum, imposita penitencia quod cingeretur una cordula supra carnem nudam per unum annum. Precipiebatur quod hospitalitatem et elemosinas debite facerent et servarent, et inhibebatur quod illicite nichil ordini acquirerent. Servabatur in ordine quod magnus Magister cum conventu statuebat. Grandia scandala contra ordinem sunt exorta, propter illa de quibus agitur contra eum. Audivit dici magnum Magistrum et alios aliquos errores, nescit quos, fuisse confessos contra ordinem, ad cujus defensionem se alias non obtulerat, sicut credit.

Requisitus si sic deposuerat prece, precepto, timore, amore, odio, vel temporali comodo habito vel habendo, respondit quod non, sed pro veritate dicenda. Cui fuit injunctum quod non revelaret hanc suam deposicionem quousque attestaciones fuerint publicate.

Acta fuerunt hec die et loco predictis, presentibus magistro Amisio, me Floriamonte Dondedei, et aliis notariis supra ultimo nominatis.

Post hec, die Martis sequenti, que fuit viiii dies dicti mensis Februarii, fuit adductus ad presenciam eorumdem dominorum commissariorum, in domo predicta, frater Symon de Cormessi serviens, Remensis diocesis, testis supra juratus, ut deponeret dictum suum, non defferens mantellum ordinis, quia in concilio Senonensi quidam servientes amoverunt sibi; postmodum radi fecerat sibi barbam; cum quo fuerat inquisitum, absolutus et reconciliatus per dominum archiepiscopum Senonensem, et est etatis quinquaginta quinque annorum vel circa. Lectis autem et diligenter sibi expositis omnibus et singulis articulis, respondit ad eos, et primo ad primos XIII, repetita protestacione superius quando juravit facta per eum et alias, quod nesciebat si contenta in dictis capitulis erant vera. Nec hoc credebat, quia viderat recipi in capella domus Templi de Mellans Remensis diocesis, per fratrem Terricum de Boscis quondam magistrum Boscorum Templi, sunt XI anni vel circa, fratrem Godardum de Alto Vivari servientem, dicte diocesis Remensis, qui fuit captus una cum aliis, de cujus vita vel morte nunc non habet certitudinem, presentibus fratribus Johanne de Anesio Laudunensis, et Manesserio de Cormerssi Remensis diocessum, deffunctis. In cujus recepcione nichil vidit fieri illicitum vel inhonestum, nec scit nec credit quod factum fuerit post dictam recepcionem. Ipse vero testis receptus fuerat Dominica post festum Magdalene proximo preteritum fuerunt XII anni vel circa, in quadam camera domus Templi Remensis, per fratrem Galcherum de Liencuria militem, preceptorem Remensem et Laudunensem, presentibus fratribus Johanne Linache presbytero, Johanne de Anesi predicto, et Odone de Luchiaco servientibus, de quorum vita vel morte non habet certitudinem, in hunc modum. Nam cum peciisset panem et aquam, et societatem et participationem bonorum ordinis, et finaliter concessissent ei, voluerunt scire per sacramentum ab ipso si erat servilis condicionis, excommunicatus, matrimonio, religioni vel debitis obligatus, et si habebat infirmitatem latentem. Quo respondente quod non, fecit eum vovere et jurare castitatem, obedienciam, et vivere sine proprio. Postmodum imposuit sibi mantellum, et ipse et fratres astantes fuerunt eum osculati in ore. Deinde dictus Johannes de Anesio traxit ipsum testem ad unum angulum camere, dicto receptore et aliis remanentibus in loco predicto, et dixit ei, ostendens sibi quamdam crucem ligneam in qua erat ymago Crucifixi, nescit unde acceptam, quod abnegaret illum prophetam qui representabatur per dictam ymaginem, qui fuerat positus in cruce; et cum ipse testis diceret quod hoc nullo modo faceret, dixit ei quod oportebat eum facere, quia ita faciebant alii, et tunc abnegavit ore non corde, ut dixit. Postea precepit ei quod spueret supra dictam crucem, et ipse finxit se spuere, sed non spuit, et dictus Johannes respondit quod sufficiebat, de quo fuit in crastinum confessus, in loco capituli domus Vallis Scolarium ejusdem loci, fratri Bonomi de Valle Scolarium, qui vivebat tempore quo ipse testis fuit captus, qui absolvit eum, imposita sibi penitencia quod abstineret a vino multis sextis feriis, nescit quot, et quod non interesset loco in quo predicta fierent, quod complevit. Alia inhonesta non intervenerunt in recepcione sua predicta, nec scit plus de contentis in XIII articulis supradictis.

Item, requisitus super XIV et omnibus sequentibus, respondit se nichil scire ultra quod supra deposuerit, quod non interfuerat capitulis, hoc excepto quod ipse bene credebat ecclesiasticis sacramentis, credens quod alii fratres dicti ordinis bene crederent, et quod eorum sacerdotes debite celebrarent, nec credit quod eorum laici possent absolvere a peccatis. Jurabant absque licencia ordinem non exire; statim pro professis habebantur, clandestine recipiebantur; non credit quod carnaliter commiscerentur, nec quod haberent ydola, nec quod cordule, quibus cingebantur supra camisias cum quibus jacebant, tangerent capita ydolorum. Per sacramentum injungebatur eis quod non revelarent secreta capitulorum. Si revelassent, credit quod fuissent incarcerati; absque licencia non debebant nisi sacerdotibus ordinis confiteri. Illi qui sciebant errores fuerunt negligentes, quia non correxerunt nec denunciaverunt Ecclesie. Elemosinas et hospitalitatem vidit in ordine convenienter servari et fieri; januis clausis, nullis presentibus nisi fratribus ordinis, eorum capitula tenebantur. Quod magnus Magister cum conventu statuisset in ordine servatum [*fuisset*]. Grandia scandala propter predicta contra ordinem sunt exorta. Audivit dici a pluribus fratribus, post capcionem, in concilio Senonensi et alibi, quod ipsi abnegaverant Deum in recepcione sua, et quod Magister magnus et aliqui alii hoc fuerant confessi. Requisitus si obtulerat se deffensioni ordinis, respondit quod sic, propter malum consilium quod tunc habebat.

Requisitus si sic deposuerat prece, precepto, timore, amore, odio, vel comodo temporali habito vel habendo, respondit quod non, sed pro veritate dicenda. Cui fuit injunctum quod non revelaret hanc suam deposicionem quousque attestaciones fuerint publicate.

Eisdem die et loco fuit adductus ad presenciam eorumdem dominorum commissariorum frater Johannes de Cormele serviens, Suessionensis diocesis, preceptor de Moysiaco Meldensis diocesis, testis supra juratus, ut deponeret dictum suum, non defferens mantellum ordinis, quia dimiserat ipsum una cum aliis, in concilio Senonensi, postmodum radi fecerat sibi barbam, etatis quadraginta unius annorum vel circa, cum quo fuit inquisitum, absolutus et reconciliatus Carnoti per dominum episcopum Carnotensem qui nunc est. Lectis autem et diligenter expositis sibi omnibus et singulis articulis, respondit ad eos, et primo ad primos tresdecim, protestacione per ipsum et alios facta quando juraverunt repetita, quia nesciebat nec credebat contenta in dictis XIII articulis esse vera, quia viderat in dicto ordine recipi aliquos, in quorum recepcionibus nichil fuerat factum vel dictum illicitum vel inhonestum quod ipse testis sciverit vel audiverit dici, videlicet fratrem Milonem de sancto Fiacro presbyterum, de cujus vita vel morte non habet certitudinem, in capella domus Templi de Moysiaco supradicte, per fratrem Radulphum de Gisiaco preceptorem Campanie, testem supra examinatum, sunt octo anni vel circa, presentibus fratribus Alberto de Reyans presbytero, et Guidone de Oratorio, deffunctis, et fratrem Addam de Pontivo natum, cujus cognomen ignorat, deffunctum, quem recepit, sunt VII anni elapsi, in capella domus Templi de Sabloneriis Suessionensis diocesis; frater Johannes de Sernayo preceptor ballivie de Moysiaco, deffunctus; presentibus fratribus Guidone de Oratorio, deffuncto, et aliis de quibus non recordatur. Vidit eciam recipi per fratrem Hugonem de Penrando, sunt sex anni vel circa, in capella dicte domus Templi de Sabloneriis, fratrem Motonetum de Pruvino, qui aposthataverat a dicto ordine, ante eorum capcionem, presentibus fratribus Radulpho de Gisi et Guidone de Oratorio predictis; plures non vidit recipi, nec interfuit aliis magnis capitulis eorum. Ipse autem testis receptus fuerat per dictum fratrem Radulphum de Gisi, in capella domus Templi de Cherruto Senonensis diocesis, die Martis post festum beati Barnabe proximo preteritum fuerunt xii anni vel circa, presentibus fratribus Ponsardo de Gisi, deffuncto, Remigio nato de Plasiaco, cujus cognomen ignorat, et quodam Flamingo, cujus nomen et cognomen ignorat, deffunctis, in hunc modum: nam cum peciisset ter panem et aquam ordinis, et finaliter concessisset, fecit eum vovere et jurare supra quemdam librum apertum, in quo erat ymago Crucifixi, castitatem, obedienciam, vivere sine proprio, et servare secreta ordinis. Postmodum imposuit sibi mantellum, et ipse et fratres astantes osculati fuerunt eum in ore. Postmodum precepit ei quod servaret bonos usus et bonas consuetudines ordinis, et quod jaceret cum camisia, et qualiter diceret *Pater noster* pro horis suis, et qualiter gereret se in ordine. Requisitus si in dicta recepcione sua intervenerat aliquid inhonestum vel illicitum, et specialiter de contentis in dictis xiii articulis, noluit respondere, sed peciit quod dicti domini commissarii separatim loquerentur cum eo ad partem, quod concedere noluerunt; et cum videret [ur] multum timere propter tormenta que dicebat se hactenus perpessum fuisse Parisius, post eorum capcionem, in quibus quidem tormentis dicebat se quatuor dentes perdidisse, et diceret quod forte non recordabatur plene de hiis que fecerat in sua recepcione, et peteret terminum ad plenius deliberandum, concesserunt ei, precipientes ei quod die crastina rediret ad eos ad perficiendam deposicionem predictam, et preceperunt ei, in virtute juramenti prestiti per eundem, quod non revelaret hanc suam deposicionem, et quod non peteret ab aliquo consilium qualiter deponeret et qualiter responderet ad dictam interrogacionem factam eidem, et ad alia que peterentur ab eo; qui respondit quod cum solo Deo volebat consulere de predictis.

Eisdem die et loco fuit adductus ad presenciam eorumdem dominorum commissariorum frater Petrus Picardi diocesis Lingonensis, serviens, preceptor domus Templi de Loages Trecensis diocesis, testis supra juratus, ut deponeret dictum suum, sexagenarius vel circa, non defferens mantellum ordinis, quia ipsum dimiserat in concilio Senonensi. Postmodum radi fecerat sibi barbam, cum quo fuerat Carnoti inquisitum, absolutus et reconciliatus per dominum episcopum Carnotensem, qui nunc est; et fuit protestatus quod non intendebat recedere a deposicione per eum facta coram domino episcopo supradicto. Lectis autem et diligenter sibi expositis omnibus et singulis articulis, respondit ad eos, et primo ad primos XIII, se nescire si contenta in eis erant vera, quia non interfuerat capitulis nec recepcionibus aliorum. Ipse autem receptus fuerat per fratrem Humbertum, quondam preceptorem tunc de Valeure Trecensis diocesis, citra festum Omnium Sanctorum fuerunt XXX anni vel circa, in capella domus Templi de Bono Loco ejusdem diocesis, presentibus fratribus Petro Valence et Humberto, cujus cognomen ignorat, servientibus, deffunctis, in hunc modum : nam cum peciisset, flexis genibus, panem et aquam, societatem et pauperem vestitum ordinis, et obtulisset se velle fieri servum esclavum ordinis, et paratum mori pro Deo ter, et ter ei responsum fuisset quod grandem rem petebat, et quod bene deliberaret, quia oporteret eum abdicare a se propriam voluntatem et subjicere aliene, esse ultra mare quando vellet esse citra, et multa dura et aspera sustinere, et ipse respondisset quod omnia sustineret, fecit eum vovere et jurare, super quemdam librum, castitatem, obedienciam, et vivere sine proprio, et servare bonos usus et bonas consuetudines ordinis qui tunc erant et qui in posterum inponerentur. Postmodum imposuit sibi mantellum, et ipse et fratres astantes fuerunt eum osculati in ore; postmodum recesserunt fratres astantes, et dictus receptor, clauso ostio capelle, traxit ipsum testem prope altare, et, ostensa quadam cruce lignea, in qua nulla erat ymago Crucifixi, precepit quod spueret super eam; et cum ipse testis respondisset quod hoc nullo modo faceret, dixit quod ita debebat facere et eciam abnegare Deum; ista tamen nulli ex fratribus revelaret, sed confiteretur de predictis alicui; et tunc ipse testis spuit non supra sed juxta dictam crucem, et abnegavit ore non corde; et infra triduum fuit de predictis confessus in ecclesia fratrum Predicatorum de Trecis, fratri Petro de ordine dictorum fratrum Predicatorum, tunc confessori episcopi Trecensis, qui absolvit eum, imposita penitencia quod jejunaret sextis feriis, quod et fecit per annum; et inter alia dixit sibi dictus frater quod forsitan predicta illicita fuerant ei precepta ad probandum eum, si contigisset eum mitti ultra mare et capi ab infidelibus, si abnegasset Deum vel non, quia si non negasset, forsitan cicius misissent eum ultra mare. Alia inhonesta quoad oscula, crimen sodomiticum vel alia non interfuerunt in recepcione sua predicta, nec scit plura de contentis in ipsis articulis nec in aliis, hoc excepto quod bene credit ecclesiasticis sacramentis, credens quod alii fratres eodem modo crederent, et quod eorum sacerdotes debite celebrarent, nec credit quod laici eorum absolverent a peccatis; statim pro professis habebantur, ut possent mitti incontinenti ultra mare; clandestine recipiebantur, ex quo erat suspicio contra eos. Non credit quod carnaliter commiscerentur, nec quod haberent ydola, nec quod cordule cum quibus cingebantur supra camisias, assumpte unde volebant, tangerent capita; per sacramentum injungebatur quod non revelarent secreta capitulorum nec modum recepcionis; si revelassent, credit quod puniti fuissent, nescit quantum, et quod uniformiter reciperentur in ordine secundum quod deposuit se fuisse receptum. Quod eciam negligentes fuerunt illi qui sciebant errores, quia non correxerunt eos, nec denunciaverunt Ecclesie. Elemosynas et hospitalitatem vidit convenienter servari in ordine. Clam eorum capitulia, ut audivit dici, tenebantur. Credit quod totus ordo servasset quod magnus Magister cum conventu statuisset, et quod nunc grandia scandala contra ordinem sunt exorta propter predicta. Audivit dici magnum Magistrum et alios aliquos errores, nescit quos, contra ordinem fuisse confessos. Requisitus si alias obtulerat se defensioni ordinis, respondit quod venerat cum aliis ad dictam defensionem se offerentibus, quia sperabat liberari, sed nichil dixerat.

Requisitus si sic deposuerat prece, precepto, timore, amore, odio, vel temporali comodo habito vel habendo, respondit quod non, sed pro veritate dicenda; cui fuit injunctum quod non revelaret hanc suam deposicionem quousque attestaciones fuerint publicate.

Acta fuerunt hec dictis die et loco, presentibus magistro Amisio, me Floriamonte Dondedei, et aliis notariis supra ultimo nominatis

Post hec, die Mercurii sequenti, que fuit decima dies dicti mensis Februarii, fuit adductus ad presenciam eorumdem dominorum commissariorum, in domo predicta, frater Christianus de Biceyo serviens, Lingonensis diocesis, testis supra juratus, ut deponeret dictum suum, non deferens mantellum ordinis, quia quidam servientes amoverunt sibi in concilio Senonensi, postmodum sibi fecerat radi barbam, cum quo inquisitum fuerat per dominum archiepiscopum Senonensem, et absolutus et reconciliatus ab eo, et est quadragenarius vel circa. Lectis autem et diligenter expositis sibi omnibus et singulis articulis, respondit ad eos, et primo ad primos XIII, se nescire si contenta in dictis articulis erant vera, quia erat molendinarius, et non interfuerat capitulo in quo fierent fratres, nec credit, quia non audivit dici, nec remansisset in ordine si credidisset quod predicta contenta fierent in ordine. Ipse autem receptus fuerat per fratrem Humbertum de Monchelhi preceptorem domus de Monchelhi, quondam in capella domus Templi de Valeure Lingonensis diocesis, in festo Purificacionis beate Marie proximo elapso fuerunt decem et octo anni vel circa, presentibus fratribus Geraldo laboratore, Dominico de Corbeone et Guillelmo pastore porcorum dicte domus, servientibus, quorum cognomina ignorat, et si vivi sunt an mortui, in hunc modum : nam cum peciisset flexis genibus panem et aquam, et societatem et pauperem vestitum ordinis, et obtulisset se paratum quod esset servus esclavus ordinis, et quod moreretur pro Deo, et fuisset sibi responsum quod grandem rem petebat, et plene deliberaret, quia oporteret eum renunciare proprie voluntati et subjici aliene, et multa dura et aspera sustinere, et ipse respondisset quod paratus erat omnia sustinere, voluerunt quod deliberaret et quod converteret se versus altare, rogans Deum ut dirigeret eum, et cum hoc fecisset et eadem ut supra peciisset, et idem ei responsum fuisset, finaliter voluerunt scire per juramentum prestitum ab eo tangendo quemdam librum, si erat matrimonio, vel alteri religioni, vel debitis obligatus, si servilis condicionis, si habebat infirmitatem latentem; quo respondente quod non, fecit eum vovere et jurare castitatem, obedienciam, vivere sine proprio, et servare bonos usus et bonas consuetudines ordinis qui tunc erant, et qui in posterum imponerentur per probos homines ordinis, et secreta capitulorum. Postmodum imposuit sibi mantellum, aspergendo aquam benedictam super eum, et ipse et fratres astantes fuerunt eum osculati in ore. Postmodum instruxit eum quod jaceret cum pannis lineis, et quod cingeretur una cordula, quali et unde vellet assumpta, ne ita libere contingeret carnes suas; quot *Pater noster* diceret pro horis suis; qualiter se regeret, exponendo casus propter quos poterat perdere habitum et incurrere alias penas. Deinde fuit ductus retro altare, ubi assumeret vestes ordinis; quibus assumptis, cum fratres astantes recessissent clauso ostio, dictus frater Humbertus, ostensa eidem testi quadam cruce lignea retro altare, in qua non erat ymago Crucifixi, dixit ei quod abnegaret Deum; et cum ipse testis nollet hoc facere, dixit ei quod hoc oportebat eum facere; sed postmodum, si vellet, poterat de hoc confiteri, et tunc ipse testis abnegavit Deum ore non corde, postea precepit ei quod spueret supra dictam crucem, et ipse noluit spuere supra sed juxta. De osculis inhonestis, crimine sodomitico et aliis illicitis non fuit locutus eidem; nec plura scit de contentis in articulis supradictis. Item, dixit, eadem die post prandium fuit confessus retro dictum altare de dictis erroribus Petro de Valeure presbytero seculari, deservienti in dicta capella, cui prius confitebatur existens in servicio fratrum, qui absolvit eum, imposita penitencia quod jejunaret tribus annis, vigiliis beate Marie, in pane et aqua, et amplius si posset, et quod nunquam interesset in loco in quo predicta fierent; quod et fecit, de vita vel morte dicti presbyteri certitudinem non habens.

Item, requisitus super XIV et omnibus sequentibus, respondit se nichil scire ultra quod supra deposuit, hoc excepto quod bene credebat et credit quod alii fratres crederent ecclesiasticis sacramentis, et quod eorum sacerdotes debite celebrarent, quia videbat frequenter presbyteros seculares juvare eos ad celebrandum, et econtra. Non credit quod eorum laici possent absolvere a peccatis, sed superiores poterant remittere penas; nec credit quod oscula inhonesta facerent, nec quod crimen sodomiticum committerent, nec quod ydola haberent. Promittebatur non exire ordinem; clandestine recipiebantur, ex quo erat suspicio contra eos; ex sacramento tenebantur non revelare secreta capitulorum, et dicebatur eis quod si revelarent, perderent habitum. Elemosine et hospitalitas convenienter servabantur in ordine in domibus in quibus ipse fuit moratus, et prohibebatur quod illicite non acquirerent, nec interessent loco in quo aliquis exheredaretur injuste. Servabatur in ordine quod magnus Magister cum conventu ordinasset; magna scandala contra ordinem sunt exorta, propter illa que imponuntur eidem, et que magnus Magister et alii dicuntur fuisse confessi; deffensioni ordinis obtulerat se, quia non credebat nec sciebat quod dicti errores essent in ordine.

Requisitus si sic deposuerat prece, precepto, timore, amore, odio, vel comodo temporali habito vel habendo, respondit quod non, sed pro veritate dicenda. Cui fuit injunctum quod non revelaret hanc suam deposicionem quousque attestaciones fuerint publicate.

Eisdem die et loco rediit ad presenciam eorumdem dominorum commissariorum predictus frater Johannes de Cormele, ut perficeret deposicionem suam. Requisitus si plène deliberaverat super interrogatorio facto eidem, an aliqua illicita de contentis in primis xiii articulis vel in aliis intervenissent in recepcione sua, respondit quod dictus receptor suus, post mantelli tradicionem, precepit ei, presentibus eciam aliis qui adfuerunt tradicioni mantelli, quod abnegaret Deum; et cum ipse testis respondisset quod hoc mandatum non erat decens, dixit ei dictus receptor quod hoc oportebat eum facere, et tunc abnegavit Deum ore non corde. Postea precepit ei quod spueret supra quamdam crucem ligneam quam tenebat in manu sua, et ipse spuit non supra sed juxta. Postea dixit ei quod poterat carnaliter commisceri cum fratribus ordinis, et pati quod ipsi commiscerentur cum eo. Ipse tamen respondit quod hoc nullo modo faceret, nec unquam fecit, nec fuit requisitus, et magis credit quod non fieret in ordine quam contrarium. Deinde precepit ei quod oscularetur eum in ano; quo respondente quod non faceret, dimisit eum; tamen osculatus fuit eum supra vestes circa crus; alia inhonesta non intervenerunt in recepcione sua predicta, nec scit plus de contentis in xiii articulis predictis. Requisitus si dictus receptor dixerat ei quod predicta illicita essent de punctis ordinis, respondit quod non. Requisitus, cum ita esset eri certus de facto suo sicut nunc, quare eri non fuerat confessus predicta, respondit quod propter turpitudinem et horribilitatem abhorrebat dicere supra dicta. Requisitus si habuerat consilium cum aliquo ab eri citra qualiter responderet dictis articulis, respondit quod non; sed rogaverat Robertum presbyterum deservientem in Templo Parisius, quod diceret unam missam de Sancto Spiritu ut Deus dirigeret eum, et credit quod eam dixit. Requisitus si deposicio quam fecerat heri coram dictis dominis commissariis erat vera, respondit quod sic, nec aliquid in hoc immutare volebat. Item, dixit quod de predictis erroribus confessus fuerat, in eadem septimana quam fuerat receptus, fratri Alberto de Cooperto Puteo Lotoringo, quondam presbytero ordinis eorum, in capella domus de Moysiaco, qui absolvit eum, imposita penitencia quod jejunaret septem sextis feriis; et postmodum, post capcionem tamen eorum, fuit confessus eciam de predictis fratri Johanni Pedis Leporis canonico regulari, commoranti cum domino episcopo Carnotensi, de cujus vita vel morte non habet certitudinem; plura dixit se nescire de contentis in dictis XIII articulis.

Item, requisitus super contentis in XIV et omnibus sequentibus, respondit se nichil scire ultra quod supra deposuit, hoc excepto quod bene credebat ecclesiasticis sacramentis, et credit quod alii eodem modo crederent, et quod eorum sacerdotes debite celebrarent, quia presbyteri seculares frequenter juvabant eos, nec credit quod eorum laici possent absolvere a peccatis. Statim pro professis habebantur, ut statim possent mitti ultra mare; clandestine recipiebantur, ex quo credit quod esset suspicio contra eos; cordulis cingebantur, sed nescit quod tangerent capita ydolorum. Injungebatur quod non revelarent secreta capitulorum; si revelassent, fuissent reprehensi, sed nescit qualiter puniti; absque licencia non poterant nisi sacerdotibus ordinis confiteri. Illi qui sciebant errores fuerunt negligentes, quod non correxerunt eos, nec denunciaverunt Ecclesie, sed credit quod propter timorem omitterent. In domibus ordinis in quibus fuit commoratus, vidit elemosinas et hospitalitatem convenienter servari et elemosinam fieri ter in ebdomada generalem, et eciam omnibus transeuntibus omni die; tempore tamen carastie restringebantur elemosine propter multitudinem pauperum concurrencium. Clam capitulia tenebantur. Totus ordo servasset quod magnus Magister cum conventu statuisset. Grandia scandala contra ordinem sunt exorta, propter illa de quibus agitur contra eum, et audivit dici quod magnus Magister et alii sunt aliquos errores confessi contra ordinem, ad cujus defensionem se obtulerat, quia vidit quod alii se offerebant.

Requisitus si sic deposuerat prece, precepto, timore, amore, odio, vel temporali comodo habito vel habendo, respondit quod non, sed pro veritate dicenda. Cui fuit injunctum quod non revelaret hanc suam deposicionem quousque attestaciones fuerint publicate.

Acta fuerunt hec die et loco predictis, presentibus magistro Amisio, me Floriamonte Dondedei, et aliis notariis supra ultimo nominatis.

Post hec, die Jovis sequenti, que fuit XI dies mensis Februarii, fuit adductus ad presenciam eorumdem dominorum commissariorum, in domo predicta fratrum Minorum, frater Petrus de Cherruto Senonensis diocesis, serviens, quinquagenarius vel circa, testis supra juratus, ut deponeret dictum suum, non defferens mantellum ordinis, quia vidit quod alii non portabant. Postmodum radi fecit sibi barbam, cum quo fuit inquisitum, absolutus et reconciliatus per dominum episcopum Parisiensem, et fuit protestatus quod non intendebat recedere a deposicione facta coram episcopo. Lectis autem et diligenter expositis ei omnibus et singulis articulis, respondit ad eos, et primo ad primos XIII, se nescire si contenta in dictis articulis erant vera vel non; vidit tamen recipi fratrem Johannem Monachi servientem quondam in capella domus Templi de Cherruto Senonensis diocesis, sunt circiter XII anni, per fratrem Hugonem Picardi preceptorem tunc de Bria, defunctum, presentibus fratribus Odone Piccardi Arthangero, cujus cognomen ignorat, deffunctis; et in eodem loco et per eundem vidit, sunt XI anni vel circa, recipi fratrem Gales Piccardi quondam, presentibus fratribus Ger. de Viveriis presbytero, et Remigio de Suessionis, Odone Piccardi et Johanne Monachi, predictis deffunctis, in quorum recepcione nichil fuit dictum vel actum illicitum. Plures autem non vidit recipi, nec interfuit capitulis eorum; ipse autem receptus fuit in capella dicte domus de Cheruto, in proximo festo Ramis palmarum erunt XVIII anni vel circa, per fratrem Godofredum Picardi, quondam tunc preceptorem Brie, presentibus dictis fratribus Gerardo presbytero, et Odone, Petro Rosselli, et Humberto Bergerio, deffunctis, in hunc modum : nam prius quam intrasset dictam capellam, venerunt ad eum duo ex dictis fratribus, permonentes ipsum ut diligenter deliberaret si volebat esse de ordine eorum, quia oporteret eum dimittere propriam voluntatem propter alienam, et multa dura et aspera sustinere; et cum respondisset quod bene omnia sustineret, pecierunt ab eo si habebat infirmitatem latentem, si erat servilis condicionis, matrimonio, religioni alteri vel debitis obligatus. Quo respondente quod non, dixerunt quod rogaret Deum ut dirigeret eum, et intraverunt dictam capellam ad receptorem, et postmodum redierunt ad ipsum testem, qui remanserat extra, instruentes eum ut; si volebat esse de ordine eorum et perseverabat in eadem voluntate, intraret dictam capellam et peteret a dicto receptore, flexis genibus, panem et aquam ordinis. Et cum hoc fecisset, et dictus receptor respondisset quod grandem rem petebat, et quod bene deliberaret, finaliter, prestito per juramentum ab ipso teste quod in eo non erant predicta impedimenta, fecit eum vovere et jurare supra quemdam librum quod esset obediens omnibus preceptoribus qui proponerentur eidem, et quod servaret castitatem, et quod viveret sine proprio, et quod non esset in loco in quo fieret prodicio vel sedicio populi, vel aliquis exhederaretur injuste, et quod pro posse suo juvaret ad acquirendum Terram sanctam, que erat amissa propter peccata nostra. Postmodum imposuit sibi mantellum, dicto presbytero dicente quasdam oraciones et aquam benedictam supra eum aspergente; et receptor et alii fratres astantes fuerunt eum osculati in ore. Deinde instruxit eum quot *Pater noster* diceret pro horis, et qualiter se regeret in ordine. Postmodum fuit ductus ad dormitorium ad induendum vestes ordinis. Quibus assumptis, paulo post predictus frater Odo duxit eum ad quemdam pratellum prope ecclesiam, et ostendens ei quamdam crucem ligneam in qua nulla erat ymago, interea nescit per quem positam, precepit ei quod spueret supra eam, et ipso teste respondente quod hoc nullo modo faceret, quia hoc non esset bonum nec decens, dictus Odo respondit quod hoc oportebat eum facere, et tunc dictus testis spuit non supra sed juxta eam. Deinde dixit ei quod abnegaret Deum; et cum ipse testis respondisset quod hoc nullo modo faceret, dictus Odo dixit ei quod hoc oportebat eum facere, et tunc abnegavit ore et non corde. Quibus sic factis, dictus Odo incepit subridere quasi dispiciendo ipsum testem, ut sibi visum fuit. De osculis inhonestis, crimine sodomitico vel aliis illicitis non fuit locutus eidem; nec plura scit de contentis in XIII articulis supradictis.

Item, requisitus super XIV et omnibus sequentibus, respondit se nichil scire ultra quod deposuit, hoc excepto quod ipse bene credit, et credit quod alii fratres ordinis bene crederent ecclesiasticis sacramentis, et quod eorum sacerdotes debite celebrarent; nec credit quod eorum laici possent absolvere a peccatis. Dicebatur eis, et jurabant quod ordinem non dimitterent pro meliori vel pejori. Clausis januis, recipiebantur nullis presentibus nisi fratribus ordinis; nec credit quod carnaliter commiscerentur, nec quod haberent ydola, nec quod cordule quibus cingebantur supra camisias cum quibus jacebant tangerent capita ydolorum, nec quod illicita que intervenerant in recepcione sua intervenirent in recepcionibus aliorum, nec post; per sacramentum injungebatur eis quod non revelarent secreta capitulorum, nec inhibebatur quod non confiterentur nisi sacerdotibus ordinis. Si qui sciebant errores in ordine, male fecerunt quia non correxerunt eos nec denunciaverunt Ecclesie. Elemosinas et hospitalitatem viderat melius servari in ordine ab inicio quam quando fuerunt capti servarentur. Servatum fuisset in ordine quod magnus Magister cum conventu statuisset, si fuisset bonum, ut credit. Grandia scandala contra ordinem sunt exorta, propter illa de quibus agitur contra eum. Audivit dici quod magnus Magister et alii sunt confessi aliquos errores contra ordinem, sed hoc nescit. Cum aliis se obtulerat ad defensionem dicti ordinis. Requisitus si sic deposuerat prece, precepto, timore, amore, odio, vel temporali comodo habito vel habendo, respondit quod non, sed pro veritate dicenda. Cui fuit injunctum quod non revelaret hanc suam deposicionem quousque attestaciones fuerint publicate.

Eisdem die et loco fuit adductus ad presenciam eorumdem dominorum commissariorum frater Helias de Jotro serviens, Meldensis diocesis, preceptor de Lanhivilla diocesis Belvacensis, testis supra juratus, ut deponeret dictum suum, triginta annorum vel circa, non defferens mantellum ordinis, quia erat vetustate consumptus, nec volebat portare mantellum nec barbam nisi Ecclesia vellet aliud ordinare, et non portaverat adhuc barbam, quia juvenis erat, cum quo fuit inquisitum, absolutus et reconciliatus per dominum archiepiscopum Remensem. Lectis autem et diligenter expositis sibi omnibus et singulis articulis, respondit ad eos, et primo ad primos XIII, protestacione premissa, quod non intendebat recedere a deposicione per eum facta coram dicto domino archiepiscopo Remensi, se nescire si contenta in dictis articulis erant vera vel non. Frater tamen Gerardus de Villaribus miles quondam, preceptor tunc Francie, qui in instanti die Cinerum erunt IX anni vel circa, recepit ipsum testem in capella domus Templi de Feritate Gaucherii Meldensis diocesis, presentibus fratribus Johanne Monachi et Parisio Burgundo, dixit eidem testi in recepcione sua quod de punctis ordinis erat quod ipse debebat abnegare Deum et spuere supra crucem. Requisitus qualis modus fuerat servatus in recepcione sua predicta, respondit quod [ cum ] ipse requisisset ab ipso receptore panem et aquam, societatem et pauperem vestitum ordinis, et respondisset ei quod grandem rem petebat, et quod bene deliberaret, quia oporteret eum multa dura et aspera sustinere, et abdicare a se propriam voluntatem, servare castitatem, vivere sine proprio, et obedire superioribus suis, et ipse respondisset quod omnia sustineret, dictus receptor, prestito ab ipso teste per juramentum quod non erat servilis condicionis, matrimonio, alteri religioni vel debitis obligatus, nec habebat infirmitatem latentem, fecit eum vovere et jurare super quemdam librum castitatem, obedienciam, et vivere sine proprio, et quod servaret bonos usus et bonas consuetudines que erant in ordine, et que in posterum imponerentur per probos viros ordinis, et quod iret ultra mare quando preciperetur sibi, et quod juvaret pro posse suo ad acquirendum Terram sanctam. Post que imposuit ei mantellum, et ipse et fratres astantes fuerunt eum osculati in ore, et instruxit eum quot *Pater noster* diceret pro horis suis, et qualiter regeret se in ordine, et exposuit ei causas propter quas poterat perdere habitum, et vitare penas secundum regulam eorum. Post que duxit ipsum testem ad quamdam cameram, et precepit ei quod abnegaret Deum, et quod spueret supra quamdam crucem ligneam quam idem preceptor tenebat in manu; et cum ipse testis respondisset quod hoc nullo modo faceret, et quod prius dimitteret mantellum ordinis, dictus receptor dixit ei quod non poterat dimittere dictum mantellum ex quo ipsum assumpserat, nec exire ordinem eorum, et quod oportebat eum predicta facere, quia erant de punctis ordinis, et quod non exiret dictam cameram quousque predicta fecisset, et cum ipse testis responderet se nullo modo predicta facturum, inclusit ipsum in dicta camera recedens ab eo, et in dicta die non fecit sibi ministrari nisi panem et aquam. Mane vero sequenti, rediens ad ipsum in dicta camera, precepit ei denuo quod faceret abnegacionem et spuicionem predictas, comminans ei quod nisi hoc faceret, esset perditus; et tunc ipse testis timore ductus, ut dixit, abnegavit Deum ore non corde, et spuit non supra sed juxta dictam crucem. De osculis inhonestis, crimine sodomitico vel aliis illicitis non fuit locutus eidem, nec ipse, nec alius, nec vidit alium recipi. Precepit autem ei dictus receptor quod de predictis illicitis nemini loqueretur, quia si hoc faceret, esset perditus. Nichilominus tamen infra triduum dictus testis fuit confessus de predictis erroribus in dicta domo domino Johanni de Grangia, quondam tunc archidiacono Meldensi, qui venerat ad dictam domum, et absolvit eum stupefactus multum cum audivisset predicta, et imposuit sibi in penitencia quod predicta revelaret, et cum ipse testis respondisset quod hoc nullo modo posset facere sine periculo corporis sui, dixit quod nolebat quod se poneret in periculo, et injunxit sibi quod jejunaret xl diebus in pane et aqua infra xx septimanas, et quod non portaret camisiam de duobus annis, quam penitenciam complevit, ut dixit. Requisitus si credit quod predicta illicita confessata per eum intervenerunt in recepcionibus aliorum vel post, respondit quod nesciebat quod crederet super hoc, quia nesciebat nec audiverat ante capcionem eorum nisi quod supra deposuit. Sed post capcionem audivit dici ab aliquibus fratribus ordinis cum eo carceri mancipatis, de quorum non recordatur nominibus, quod predicta illicita erant de punctis ordinis; plura nesciens de contentis in XIII articulis supradictis, nec in aliis, hoc excepto quod bene credebat ecclesiasticis sacramentis, et credit quod alii fratres crederent, et quod eorum sacerdotes debite celebrarent. Non credit quod eorum laici possent absolvere a peccatis, nec quod fierent hoscula inhonesta, nec quod committerent crimen sodomiticum, nec quod haberent ydola, nec quod cordule unde volebant assumpte, quibus cingebantur supra camisias cum quibus jacebant, tangerent capita ydolorum. Jurabant ordinem non exire; statim pro professis habebantur. Clandestine recipiebantur, ex quo credit quod esset suspicio contra eos; per sacramentum injungebatur quod non revelarent secreta capitulorum nec modum recepcionis; si revelassent, fuissent puniti. Illi qui sciebant errores fuerunt negligentes, quia non correxerunt eos nec denunciaverunt Ecclesie. Credit quod ante recepcionem suam elemosine et hospitalitas melius servarentur in ordine quam post. Clam tenebantur capitulia, sed excubie non ponebantur. Totus ordo servasset quod magnus Magister cum conventu statuisset. Grandia scandala propter predicta contra ordinem sunt exorta. Credit quod multi ex fratribus ordinis scirent errores confessatos per eum, et audivit quod magnus Magister et alii multos errores, nescit quos, sunt confessi. Defensioni ordinis obtulit se propter malum consilium quod habebat, quia dubitabat revelare predicta pro eo quod dictus receptor dixerat ei quod esset perditus si ea revelaret. Requisitus si sic deposuerat prece, precepto, timore, amore, odio, vel temporali comodo habito vel habendo, respondit quod non, sed pro veritate dicenda. Cui fuit injunctum quod non revelaret hanc suam deposicionem quousque attestaciones fuerint publicate.

Acta fuerunt hec dictis die et loco, presentibus magistro Amisio, me Floriamonte Dondedei, et aliis notariis supra ultimo nominatis.

Post hec, die Veneris sequenti, que fuit XII dies dicti mensis Februarii, fuit adductus ad presenciam eorumdem dominorum commissariorum, in domo predicta fratrum Minorum, frater Matheus de Cresson Essart serviens, Belvacensis diocesis, preceptor domus de Belleyvial Ambianensis diocesis, testis supra juratus, ut deponeret dictum suum, triginta sex annorum vel circa, non deferens mantellum ordinis, quia ipsum dimiserat voluntarie vetustate consumptum, nec curabat ulterius ipsum portare. Postmodum radi fecerat sibi barbam, cum quo fuerat inquisitum, absolutus et reconciliatus in concilio Remensi, per dominum archiepiscopum Remensem. Lectis autem et diligenter expositis sibi omnibus et singulis articulis, respondit ad eos, et primo ad primos XIII, se nescire si contenta in dictis articulis erant vera vel non, quia non interfuerat capitulis generalibus, nec viderat recipi aliquem alium fratrem, nisi fratrem Galterum infra scriptum. Ipse autem receptus fuerat, per fratrem Hugonem de Penrando visitatorem Francie, in majori capella domus Templi Parisiensis, die Martis post festum apostolorum Petri et Pauli erunt XVII anni vel circa, post capitulum generale, presentibus fratribus Roberto de Belvaco presbytero, tunc procuratore generali ordinis in Francia, Garino de Grandi Villarii preceptore baillivie Viromendensis, Baudoyno de Cheli milite, et aliis circiter septuaginta, in hunc modum : nam ipse testis et predictus frater Galterus de Bullens Ambianensis miles, qui fuit combustus Parisius, et receptus cum eo, pecierunt panem et aquam flexis genibus, a dicto fratre Hugone, et vestitum ordinis, et obtulerunt se velle fieri servos esclavos Dei et beate Marie, et Terre sancte ultra marine; et dictus receptor dixit quod traherent se ad partem, et ipse deliberaret cum fratribus; et cum deliberassent et ipsi rediissent coram eo, et iterum peterent ut supra, dixit quod grandem rem petebant, quia oporteret eos abdicare a se propriam voluntatem et subjici aliene, et multa dura et aspera sustinere, et ideo bene deliberarent; cum autem respondissent se bene deliberasse, finaliter voluit scire per sacramentum ab eis si erant servilis condicionis, matrimonio, alteri religioni vel debitis obligati, si habebant infirmitates latentes; quibus respondentibus quod non, fecit eum vovere et jurare castitatem, vivere sine proprio, et obedire omnibus preceptoribus qui proponerentur eisdem, servare bonos usus et bonas consuetudines ordinis, secreta capitulorum, et quod non dimitterent dictum ordinem pro meliori vel pejori, absque licencia ejus qui dare eis posset. Postmodum imposuit eis mantellos, et primo dicto fratri Galtero, et ipse et omnes fratres astantes fuerunt eos osculati in ore, et dicebat quod eos recipiebat ad honorem Dei et beate Marie et beati Petri apostoli, ad beneficia ordinis, et patres et matres eorum. Deinde instruxit eos quot *Pater noster* dicerent pro horis suis, et qualiter se regerent. Quo facto recesserunt omnes, et quidam frater serviens vocatus, ut videtur ipsi testi, Malins, filius vel nepos fratris Arnulphi de Vysomale, duxit ipsum testem ad quamdam cameram, in qua consueverunt scindi vestes; et in eadem camera erat quidam alius frater, cujus nomen ignorat, et cum essent ibi, dictus frater Malin dixit eidem testi quod abnegaret Deum. Quo respondente quod hoc nullo modo faceret, dixit quod hoc oportebat eum facere, quia ita faciebant alii, et tunc ipse testis abnegavit Deum ore non corde. Postmodum precepit ei quod spueret supra quamdam crucem metallinam, in qua erat ymago Crucifixi, ut sibi videtur, quam tenebat alter frater in manu sua; et cum ipse testis respondisset quod hoc nullo modo faceret, dimisit eum; ille eciam qui tenebat dictam crucem in manu dixit eidem testi quod eum debebat osculari in ano, et ipse testis habuit pro trufa, et noluit in dicto loco osculari eum. De aliis illicitis non fuerunt locuti eidem, nec alia inhonesta intervenerunt in recepcione sua, nec post. Requisitus quod factum fuerat de dicto milite recepto cum eo, respondit quod fratres Garnerius de Esta et Baudoynus de Cheli predictus milites, et Johannes de Villanova serviens, tunc preceptor ballivie de Pontivo, duxerunt predictum fratrem Galterum ad quamdam aliam cameram, et nescit quod fecerunt in ea; credit tamen pocius quod fuerunt facta dicta illicita quam contrarium, et quod eciam fierent in recepcionibus aliorum vel post; plura de contentis in dictis XIII articulis dixit se nescire.

Item, requisitus super XIV et omnibus sequentibus, respondit se nichil scire ultra quod supra deponitur, hoc excepto quod bene credebat ecclesiasticis sacramentis, et credit quod alii fratres ordinis bene crederent, et quod eorum sacerdotes debite celebrarent. Preceptores laici aliquando remittebant penas et disciplinas ordinis, sed non absolvebant, nec credit quod possent absolvere a peccatis. Statim pro professis habebantur. Clandestine recipiebantur, ex quo credit quod esset suspicio contra eos; non credit quod carnaliter commiscerentur, nec quod haberent ydola, nec quod cordule cum quibus cingebantur supra camisias tangerent capita ydolorum; credit quod graviter puniti fuissent qui revelassent secreta capitulorum, vel qui noluissent facere illicita supradicta. Sacerdotibus ordinis debebant confiteri, et poterant confiteri eciam fratribus Carmelitis. Illi qui sciebant errores fuerunt negligentes, quia non correxerunt eos nec denunciaverunt Ecclesie. Elemosinas et hospitalitatem vidit convenienter fieri et servari in domibus ordinis in quibus fuit conversatus, et, ex precepto superiorum et statutis ordinis, debebant dare, amore Dei, decimam partem panis. Clam capitulia tenebantur, de die tamen. Quod magnus Magister cum conventu ordinasset, fuisset servatum in ordine, contra quem nunc grandia scandala sunt exorta, et credit quod illicita confessata per eum essent nota fratribus ordinis, sed non extraneis. Et quod magnus Magister et alii aliquos errores confessi fuerunt contra ordinem, ad cujus defensionem ipse testis se obtulerat, quia non erat tunc ita bene instructus de predictis erroribus sicut est nunc, et quia habebat aliud consilium quam habet in presenti.

Requisitus si sic deposuerat prece, precepto, timore, amore, odio, vel temporali comodo habito vel habendo, respondit quod non, sed pro veritate dicenda. Cui fuit injunctum quod non revelaret hanc suam deposicionem quousque attestaciones fuerint publicate; et intelligebat Latinum, et renovavit protestacionem per ipsum et alios factam quando juraverunt.

Eisdem die et loco, fuit adductus ad presenciam eorumdem dominorum commissariorum frater Poncius de Bono Opere serviens, Lingonensis diocesis, testis supra juratus, ut deponeret dictum suum, non defferens mantellum ordinis, quia ipsum dimiserat in concilio Senonensi cum pluribus aliis, postmodum radi fecerat sibi barbam, cum quo fuerat inquisitum, absolutus et reconciliatus per dominum episcopum Parisiensem, etatis xxxv annorum vel circa, ut credit, qui fuit protestatus quod non intendebat recedere a deposicione per eum facta coram dicto domino Parisiensi, et si aliud diceret, quod non obesset ei, et fuerat custos magne camere magni Magistri ultra mare, per dimedium annum vel circa, antequam dictus Magister veniret citra mare. Lectis autem et diligenter expositis sibi omnibus et singulis articulis, respondit ad eos, et primo ad primos XIII, se nescire si contenta in dictis articulis erant vera vel non, quia non viderat aliquem alium fratrem in ordinem recipi; ipse autem receptus fuerat in quadam camera domus Templi de Buris Lingonensis diocesis, prima Dominica Adventus proxime preterita fuerunt sex anni vel circa, ante diem, per fratrem Hugonem de Penrando, presentibus fratribus Gancerando curato dicte domus de Buris, Guidone de Nici et Martino de Nici, combustis Parisius, et Petro de Sivreyo preceptore tunc de Buris servientibus, in hunc modum : nam cum requisivisset, amore Dei, societatem ordinis, et obtulisset se velle fieri servum esclavum ordinis, dixit ei quod bene deliberaret, quia oporteret eum voluntatem propriam dimittere, et multa dura et aspera sustinere, et non haberet forsitan equos et vestes et alia que videbat eos exterius habere; et cum responderet quod omnia sustineret, et dictus receptor deliberasset cum fratribus, et dictus testis instaret pro recepcione sua, finaliter, prestito ab ipso teste per juramentum quod non erat matrimonio, alteri religioni vel debitis obligatus, nec infra sacros constitutus, nec promiserat aliquid ut reciperetur in dicto ordine, nec habebat infirmitatem latentem, fecit eum vovere et jurare super quemdam librum castitatem, vivere sine proprio, et obedire omnibus preceptoribus qui preponerentur eidem, servare bonos usus et bonas consuetudines et secreta ordinis, et quod non interesset loco in quo aliquis Christianus exheredaretur injuste; quod eciam non dimitteret dictum ordinem pro meliori vel pejori, absque licencia superioris sui qui dare eam posset. Post que imposuit ei mantellum, et ipse et fratres astantes fuerunt osculati eum in ore. Deinde instruxit eum quot *Pater noster* diceret pro horis suis, et quod jaceret cum camisia et braccis et caligis lineis, una cordula cinctus quod assumeret unde vellet, et qualiter regeret se in ecclesia et extra, exponens casus aliquos propter quos poterat perdere habitum vel incurrere alias penas; et dixit quod alia puncta ordinis perquireret a senioribus, et instruerent eum. Postmodum idem receptor remansit in dicta camera cum aliis fratribus, et predictus preceptor de Buris duxit ipsum testem ad quamdam gardarobam propinquam dicte camere, dicens quod expectaret eum in dicta gardarroba, et statim post idem preceptor vel alius frater ordinis portans capucium ante faciem, propter quod non potuit discernere si erat dictus preceptor vel alius, et lanternam cum lumine, quia nondum erat dies, habens in manibus, posuit quamdam crucem ligneam in qua non erat ymago Crucifixi in manu ipsius testis, petens ab eo si credebat in dictam crucem; et ipso teste respondente quod sic, dixit ei : Deinceps non credas, et spue supra ipsam. Et ipse testis tunc spuit non supra sed juxta, per hoc, ut dixit, non recedens nec intendens recedere a fide. De aliis illicitis non fuit locutus eidem, nec aliud scit de contentis in XIII articulis predictis. Requisitus si credebat quod idem facerent alii, respondit quod non credebat nec discredebat.

Item, requisitus super XIV et omnibus sequentibus, respondit se nichil scire, hoc excepto quod bene credebat ecclesiasticis sacramentis, et credit quod alii fratres crederent, et quod eorum sacerdotes debite celebrarent; non credit quod eorum laici possent absolvere a peccatis. Clandestine recipiebantur, ex quo erat suspicio contra eos; non credit quod carnaliter commiscerentur, nec quod hoc preciperetur, nec quod haberent ydola, nec quod cordule cum quibus jacebant tangerent capita ydolorum; puniti fuissent qui revelassent secreta capitulorum, nescit qualiter; nec fuit ei inhibitum nec audivit aliis inhiberi quod non confiterentur nisi sacerdotibus ordinis, et vidit quod confiterentur fratribus Carmelitis et aliis. Si aliqui sciebant errores in ordine, fuerunt negligentes, quia non correxerunt eos nec denunciaverunt Ecclesie. Elemosinas et hospitalitatem vidit convenienter servari in locis in quibus fuit commoratus; audivit tamen dici quod antiquitus melius fiebant. Clandestine capitulia tenebantur, non tamen audivit quod excubie ponerentur. Totus ordo servasset quod magnus Magister cum conventu statuisset. Grandia scandala contra ordinem sunt exorta propter predicta, et obtulerat se deffensioni ordinis, sed postmodum renunciaverat.

Requisitus si sic deposuerat prece, precepto, timore, amore, odio, vel temporali comodo habito vel habendo, respondit quod non, sed pro veritate dicenda. Cui fuit injunctum quod non revelaret hanc suam deposicionem quousque attestaciones fuerint publicate.

Eisdem die et loco fuerunt adducti pro testibus ad presenciam dictorum dominorum commissariorum fratres Jacobus Cormele, Johannes de Valbellant, Johannes de Besu sancti Germani Suessionensis, Odo de Castroduni, Theobaldus de Basimont Carnotensis, Stephanus d'Omont Parisiensis, Guillelmus de Gi Bisuntini, Johannes de Barleta Leodiensis, Albertus de Grevilla Cathalonensis, et Thomas Gancin Bajocensis diocessium. Qui, premissa protestacione quod non intendunt recedere a deposicionibus per eos factis alias coram ordinariis, et quod si aliquid per simplicitatem vel alias dicerent contra eorum deposiciones, vel plus vel minus, quod eis non prejudicet nec noceat in aliquo. Juraverunt, tactis sacrosanctis

Evangeliis, dicere plenam et meram veritatem in hujusmodi negocio, secundum formam juramenti aliorum testium superius registratam, expositam et vulgarizatam eisdem.

Quibus actis, dictus frater Johannes de Bessu sancti Germani Suessionensis diocesis, serviens, non deferens mantellum ordinis, quia ipsum dimiserat in concilio Senonensi, postmodum radi fecerat sibi barbam, cum quo fuit inquisitum, absolutus et reconciliatus per dominum episcopum Parisiensem, etatis triginta duorum annorum vel circa; repetita predicta protestacione, lectis et diligenter expositis sibi omnibus articulis, respondit ad eos se nescire de eis nisi quod sequitur. Dixit enim quod ipse fuerat receptus in dicto ordine in instanti festo resurrectionis Domini erunt sex anni vel circa, in capella domus Templi de Cherruto Senonensis diocesis, per fratrem Adam de Calmis militem, de cujus vita vel morte non habet certitudinem, de mandato visitatoris Francie, presentibus fratribus Matheo de Atrabato, Jacobo Chamarot, et alio de cujus nomine non recordatur, et de quorum vita vel morte non habet certitudinem, in hunc modum : nam cum requisisset frequenter panem et aquam ordinis, et ei responsum fuisset quod bene deliberaret, quia oporteret eum a se abdicare propriam voluntatem, et multa dura et aspera sustinere; finaliter, eo instante pro recepcione sua, respondit quod reciperet eum, et fecit eum vovere et jurare castitatem, obedienciam, et vivere sine proprio, servare bonos usus et bonas consuetudines ordinis. Postmodum imposuit sibi mantellum, et fuerunt eum osculati in ore. Quo facto recesserunt omnes, preter dictos receptorem et Matheum, et preceperunt ei quod abnegaret ymaginem Crucifixi depictam in libro supra quem juraverat, et quod spueret supra eam; et cum ipse testis nollet hoc facere, dixerunt quod hoc oportebat eum facere, quia inclusus erat in dicta capella, et consuetum erat ita fieri; et tunc ipse testis abnegavit ore non corde, et spuit non supra sed juxta dictam ymaginem. Postmodum dictus receptor fuit amplexatus ipsum testem et osculatus in ventre supra vestes; alia illicita non intervenerunt, nec tunc nec post. Credit quod alii reciperentur per eumdem modum, et quod crederent ecclesiasticis sacramentis, et quod eorum sacerdotes debite celebrarent, et ipse bene credebat dictis sacramentis. Audivit dici quod preceptores laici absolvebant a penis. Juravit ordinem non exire, et credit quod alii jurarent; sed non vidit alium recipi. Clandestine recipiebantur, ex quo credit quod esset suspicio contra eos. Non credit quod carnaliter commiscerentur, nec quod hoc diceretur eisdem, nec quod haberent capita ydolorum, nec quod cordule, cum quibus cingebantur supra camisias cum quibus jacebant, tangerent dicta capita. Per sacramentum injungebatur quod non revelarent secreta capitulorum nec modum recepcionis; si revelassent, credit quod puniti fuissent; absque licencia non poterant nisi fratribus ordinis confiteri. Negligentes fuerunt, quia non correxerunt errores nec denunciaverunt Ecclesie. Audivit dici quod eleemosine et hospitalitas in ordine fuerant restricte, et quod eorum capitulia clam tenebantur. Credit quod totus ordo servasset quod magnus Magister cum conventu statuisset, et quod grandia scandala contra ordinem sunt exorta, quod errores confessati per eum essent noti fratribus ordinis sed non aliis, et quod magnus Magister et alii aliquos errores confessi sint contra ordinem, ad cujus deffensionem se obtulerat, sed postmodum incontinenti se retraxerat.

Requisitus si sic deposuerat prece, precepto, timore, vel amore, vel odio, vel comodo temporali habito vel habendo, respondit quod non, sed pro veritate dicenda. Cui fuit injunctum quod non revelaret hanc suam deposicionem quousque attestaciones fuerint publicate. Item, dixit quod de predictis erroribus fuit, eadem septimana, confessus fratri Radulpho Lotoringo presbytero dicte domus, et absolutus per eum, injuncta ei penitencia quod jejunaret certis diebus, non recolit quot.

Acta fuerunt hec dictis die et loco, presentibus magistro Amisio, me Floriamonte Dondedei, et aliis notariis supra ultimo nominatis.

Post hec, die Sabati sequenti, que fuit XIII dies dicti mensis Februarii, fuit adductus ad presenciam eorumdem dominorum commissariorum, in domo fratrum predicta Minorum, frater Theobaldus de Basimonte serviens, Carnotensis diocesis, testis supra juratus, ut deponeret dictum suum, non defferens mantellum ordinis, quia ipsum dimiserat una cum pluribus aliis in concilio Senonensi. Postmodum radi fecerat sibi barbam, etatis triginta sex annorum vel circa. Qui fuit protestatus quod non intendit recedere a deposicione per eum facta coram domino episcopo Parisiensi, qui absolvit et reconciliavit eum. Lectis autem et diligenter expositis sibi omnibus et singulis articulis, respondit se nichil scire de contentis in eis nisi quod sequitur, quia non interfuerat recepcioni alicujus alterius fratris nec capitulis eorum. Ipse tamen receptus fuerat per fratrem Guidonem de Maynillio Albrici servientem, de cujus vita vel morte non habet certitudinem, tunc preceptorem ballivie Carnotensis, de mandato fratris Johannis de Turno tunc thesaurarii Parisiensis, presentis ibidem, una cum fratribus Petro Ucherii, Renardo le Ganheur servientibus, et Johanne de Bondis presbytero quondam in capella domus Templi de Malorepastu dicte diocesis, in festo beate Catherine proxime preterito fuerunt novem anni vel circa, in hunc modum : nam cum peciisset ter interpolate panem et aquam ordinis, et ter fuisset ei responsum per dictum fratrem Guidonem quod grandem rem petebat, et quod bene deliberaret, rogans Deum ut dirigeret eum, et ipse receptor et fratres astantes deliberassent recipere eum, prestito per juramentum ab ipso teste quod non erat servilis condicionis, matrimonio, alteri religioni vel debitis obligatus, nec habebat infirmitatem latentem, ex qua esset impotens ad servicium ordinis, fecit eum vovere et jurare supra quemdam librum castitatem, obedienciam, vivere sine proprio, servare bonos usus et bonas consuetudines, et secreta ordinis. Postmodum imposuit sibi mantellum, et ipse et astantes fuerunt osculati eum in ore. Deinde instruxit eum quot *Pater noster* diceret pro horis suis, et quod jaceret cum pannis lineis, cinctus die ac nocte super eos una cordula quam assumere poterant unde volebant, et qualiter regeret se in ordine, exponens multa puncta ordinis ex quibus poterat incurrere diversas penas. Post que recesserunt omnes. Postmodum dictus frater Raynardus duxit ipsum testem ad quamdam logiam, in qua fiebant aliquando dolia, et aportavit quamdam crucem ligneam depictam, quam ibidem ostendit ipsi testi, precipiens ei quod abnegaret Deum; et cum ipse testis respondisset quod hoc nullo modo faceret, dixit ei quod hoc oportebat ipsum facere, et tunc abnegavit ore non corde. Postea precepit ei quod spueret supra dictam crucem, et ipse noluit spuere supra, sed spuit juxta; deinde dixit ei quod poterat, si volebat, cum fratribus ordinis carnaliter commisceri, et ipse testis respondit quod hoc nullo modo faceret, nec unquam fecit, nec credit quod fiat in ordine, sicut dixit. Postmodum precepit ei quod oscularetur eum in ano, sed ipse testis noluit eum osculari, nec credit quod predicta oscula inhonesta, nec abnegacio et spuicio supradicte fierent in ordine in recepcionibus aliorum, nec post, quia nec vidit nec audivit dici nisi de se ipso. Requisitus si predictus frater Raynardus dixit ei quod predicta illicita essent de punctis ordinis, respondit quod non. Item dixit se credere ecclesiasticis sacramentis, et credebat quod alii fratres ordinis crederent, et quod eorum sacerdotes debite celebrarent; non credit nec audivit dici quod eorum laici possent absolvere vel absolverent a peccatis; juravit ordinem non exire, credens quod alii idem jurarent. Clandestine recipiebantur; non credit quod haberent ydola; cordula qua cingebatur non tetigerat capita ydolorum, quia ipsam emerat, nec credit quod cordule aliorum tangerent. Per sacramentum injungebatur eis quod non revelarent secreta capitulorum; si revelassent, fuissent puniti secundum disciplinam ordinis, nescit qualiter; absque licencia non poterant nisi sacerdotibus ordinis confiteri; si qui erant scientes errores, fuerunt negligentes, quia non correxerunt eos nec denunciaverunt Ecclesie. Elemosinas et hospitalitatem vidit in ordine convenienter servari; inhibebatur quod non acquirerent illicite ordini; clausis januis, nullis presentibus nisi fratribus ordinis, capitulia tenebantur. Totus ordo servasset quod magnus Magister cum conventu statuisset. Grandia scandala exorta sunt contra ordinem apud aliquos, propter contenta in articulis et alia. Audivit dici magnum Magistrum et alios multos errores fuisse confessos contra ordinem, ad cujus deffensionem se obtulerat dum tamen liberaretur a carceribus et ministrarentur expense; sed postmodum voluntarie recessit a dicta deffensione. Item, dixit quod, in die recepcionis sue, antequam comederint, fuit confessus de predictis erroribus confessatis per eum Johanni Normanni presbytero seculari, in dicta domo Templi deservienti, qui reprehendit eum de predictis, et absolvit eum, imposita penitencia quod jejunaret sextis feriis per septem annos, quod et fecit; nescit tamen si dictus presbyter sit vivus vel mortuus.

Requisitus si sic deposuit prece, precepto, timore, amore, odio, vel comodo temporali habito vel habendo, respondit quod non, sed pro veritate dicenda; cui fuit injunctum quod non revelaret hanc suam deposicionem quousque attestaciones fuerint publicate.

Frater Jacobus de Cormele serviens, Suessionensis diocesis, testis supra juratus, mantellum et barbam defferens, etatis quadraginta octo annorum vel circa, protestacione premissa quod non intendit recedere a deposicione per ipsum facta coram domino episcopo Parisiensi, qui absolvit et reconciliavit eumdem, lectis et diligenter expositis sibi omnibus et singulis articulis, respondit se nescire de contentis in eis nisi quod sequitur : videlicet quia credit quod alii communiter reciperentur in ordine sicut frater Johannes de Sernay quondam serviens, tunc preceptor domus Templi Montis Suessionensis, receperat eum, in festo beati Bartholomei proxime preterito erunt XI anni vel circa, in capella dicte domus, presentibus fratribus Roberto curato dicte domus, Geraldo de Argentolio milite, et Matheo de Atrabato, et Johanne de Cernoy, et Remigio de Ploysiaco servientibus, deffunctis, a quo receptore requisivit ter interpolate panem et aquam, societatem et pauperem vestitum ordinis; et cum ei concessisset predictus miles, de voluntate dicti fratris Johannis, defferentis in hoc nobilitati dicti militis, imposuit sibi mantellum. Postmodum fecerunt eum vovere et jurare supra quemdam librum castitatem, vivere sine proprio, servare bonos usus et bonas consuetudines qui tunc erant in ordine, et qui imponerentur in posterum per probos homines ordinis, obedire omnibus preceptoribus qui preponerentur eidem, fideliter facere elemosinas consuetas, et luminaria ecclesiarum et capellarum eorum servare, et quod non interesset loco in quo nobilis homo vel nobilis mulier exheredaretur injuste; et precepit ei quod jaceret cum pannis et caligis lineis, cinctus super eos una cordula; et instruxit eum quot *Pater noster* diceret pro horis suis, et quod bene conservaret et deffenderet, pro posse suo, bona et jura ordinis, et quando non posset hoc facere, quod denunciaret hoc superioribus suis; et quod faceret jejunia in ordine consueta; et alia puncta ordinis requireret a senioribus ordinis, et informarent eum. Postmodum fuerunt eum osculati in ore, et recesserunt omnes, preter dictum fratrem Johannem de Sernoy, qui ducens ipsum testem retro altare, et ostendens ei quamdam crucem ligneam in qua erat depicta ymago Crucifici, precepit ei ter, in virtute juramenti prestiti per eum de obediendo preceptoribus suis, quod abnegaret illum qui erat in dicta cruce; et tunc ipse testis, tenore juramenti per eum prestiti, abnegavit ore non corde. Postmodum precepit ei quod spueret supra dictam crucem, et spuit ipse juxta non supra. Deinde dixit ei quod ipse testis spoliaret se, vel, si volebat, ipse Johannes se spoliaret; et cum ipse testis preelegisset se spoliare, et spoliasset se nudum exceptis braccis, dictus frater Johannes dixit ei quod oscularetur ipsum testem inter umbilicum et pectus, vel quod ipse testis, si magis volebat, oscularetur eum in dicto loco; et tunc de voluntate ipsius testis, dictus Johannes fuit eum osculatus in dicto loco, precipiens, in virtute juramenti prestiti per eum, quod nemini revelaret predicta; alia illicita non intervenerunt in dicta recepcione sua, nec post. Requisitus si dixerat ei quod predicta essent de punctis ordinis, respondit quod non. Item, dixit quod ipse credebat ecclesiasticis sacramentis, credens quod alii fratres bene crederent, et quod eorum sacerdotes debite celebrarent; nec credit quod eorum laici absolverent nec possent absolvere a peccatis. Juravit ordinem non exire absque licencia superioris qui eam dare posset, et credit quod alii idem jurarent. Clandestine recipiebantur ; non credit quod carnaliter commiscerentur, nec quod hoc diceretur eisdem, nec quod haberent ydola, nec quod cordule tangerent capita ydolorum. Credit quod qui revelassent secreta, fuissent graviter puniti. Non fuit sibi inhibitum quod non confiterentur nisi sacerdotibus ordinis, et infra quindecim dies a recepcione sua, fuit de predictis confessus fratri Arnulpho tunc gardiano fratrum Minorum Suessionensium, defuncto; et absolvit eum, imposita sibi penitencia quod portaret cilicium ad carnem per unam Quadragessimam, et quod jejunaret per unum annum sextis feriis, quarum medietatem faceret in pane et aqua. Scientes errores fuerunt negligentes, quia non correxerunt nec denunciaverunt Ecclesie. Non audivit inhiberi quod elemosine et hospitalitas non fierent sicut erat consuetum; immo fuit preceptum et vidit fieri contrarium, et prohibebatur eis quod non gravarentur vicinis eorum, nec injuste acquirerent. Non interfuit capitulis. Totus ordo servasset, ut credit, quod magnus Magister cum conventu statuisset. Nunc grandia scandala et suspicio contra ordinem sunt exorta, credens quod errores confessati per eum essent noti fratribus ordinis; et audivit dici quod magnus Magister et alii confessi sunt aliquos errores contra ordinem, ad cujus deffensionem se obtulerat cum aliis, quos in hoc sequebatur; sed postmodum retraxit se a dicta deffensione, meliori consilio ductus. Requisitus si viderat aliquem alium recipi in ordine, respondit quod sic, fratres Bertrandum de Crotoy quondam, et Guillelmum de Roy servientes, in dicta capella, per dictum fratrem Johannem de Sernoy, in festo Omnium Sanctorum proxime preterito fuerunt xi anni vel circa, presentibus fratribus qui interfuerant recepcioni ipsius testis. In quorum recepcionibus nichil vidit fieri illicitum; remanserunt tamen post recepcionem cum receptore in capella, ipso teste et aliis qui adfuerant recedentibus, et nescit si postmodum fuerunt facta illicita supradicta confessata per eum.

69.

Requisitus si sic deposuit prece, precepto, timore, amore, odio, vel temporali comodo habito vel habendo, respondit quod non, sed pro veritate dicenda. Cui fuit injunctum quod non revelaret hanc suam deposicionem quousque attestaciones fuerint publicate.

Acta fuerunt hec die et loco predictis, presentibus magistro Amisio, me Floriamonte Dondedei, et aliis notariis supra ultimo nominatis.

Post hec, die Lune sequenti, que fuit xv dies mensis Februarii, fuit adductus ad presenciam eorumdem dominorum commissariorum, in domo predicta fratrum Minorum, frater Johannes de Nivella serviens, Leodiensis diocesis, preceptor de Barleta Travensis diocesis, testis supra juratus, ut deponeret dictum suum, mantellum et barbam defferens, etatis triginta annorum vel circa; et fuit inquisitum cum eo, absolutus et reconciliatus per dominum episcopum Parisiensem. Lectis autem et diligenter expositis sibi omnibus et singulis articulis, respondit ad eos, protestacione premissa quod non intendit recedere a deposicione per eum facta coram dicto domino episcopo Parisiensi, se nichil scire de contentis in eis nisi quod sequitur, videlicet quod ipse receptus fuerat in quadam aula domus Templi de Capua, in festo Nativitatis Domini proximo preterito fuerunt IV anni, per fratrem Symonem de Brondisio tunc preceptorem Capuanum, de cujus vita vel morte non habet certitudinem, presente fratre Johanne de Alvernia oriundo, presbytero, a quo receptore requisivit ter interpolate panem et aquam ordinis; et cum ter respondisset ei quod bene deliberaret, quia grandem rem petebat, et oporteret eum multa dura et aspera sustinere, et abdicare a se propriam voluntatem; et quod diceret Pater noster et Ave Maria, rogans Deum quod ipsum dirigeret, finaliter, prestito ab eo per juramentum quod non erat servilis condicionis, matrimonio, alteri religioni nec debitis obligatus, nec infra sacros ordines constitutus, tradidit ei mantellum. Postmodum fecit eum vovere et jurare castitatem, obedienciam, et vivere sine proprio, et osculari crucem mantelli sibi traditi. Postmodum ipse et dictus presbyter fuerunt eum osculati in ore, instruentes eum quot *Pater noster* diceret pro horis suis, et quod jaceret cum pannis et caligis lineis, cinctus una cordula, quam non tradidit ei, sed ipse emit eam post prandium, et qualiter regeret se in ordine. Post que, recedente dicto presbytero, prefatus receptor, solus existens in dicta aula, cujus porta tunc non erat clausa, cum ipso teste, precepit ei quod abnegaret Deum; et ipse testis respondit quod hoc nullo modo faceret; et tunc dictus receptor dixit ei quod hoc oportebat eum facere, et quod abnegaret ore non corde; et tunc ipse testis abnegavit Deum ore non corde, ut dixit. Postmodum ostendens ipsi testi quamdam crucem ligneam, nescit unde allatam, in qua non erat ymago Crucifixi nec pictura aliqua apparebat, peciit ab ipso teste si credebat quod in dicta cruce esset propheta, quo respondente quod non, quia non erat ibi ejus ymago, precepit ei quod spueret supra dictam crucem, et ipse spuit non supra sed juxta. Postea precepit ei quod oscularetur eum in ano, et ipse testis noluit eum oscular. De alia re illicita non fuit locutus eidem. Requisitus si dixerat quod predicta essent de punctis ordinis vel consueta fieri in ordine, et si ipse testis scit vel credit vel audivit hoc dici, respondit quod non. Requisitus si viderat aliquem alium recipi in ordine, respondit quod sic fratrem Guillelmum Manpartit servientem, de Burgundia, quem credit vivere, per fratrem Odonem de Focharen quondam militem de Borgondia, in Brandonibus erunt quatuor anni, in capella domus Templi de Berleta, presentibus fratribus Guillelmo de Melfia presbytero, et Symone de Ancona et Guillelmo Anglico viatore dicte domus, servientibus, quos credit vivere, in cujus recepcione fuit servatus talis modus qualem deposuit fuisse servatum in recepcione sua, exceptis illicitis quod non intervenerunt tunc nec post recepcionem, quod ipse testis sciverit vel audiverit vel credat; plurium recepcionibus non adfuit, nec capitulis eorumdem. Item, dixit quod bene credebat ecclesiasticis sacramentis, et credit quod alii fratres crederent, et quod eorum sacerdotes debite celebrarent, nec credit quod eorum laici possent absolvere a peccatis, nec quod carnaliter miscerentur, nec quod haberent ydola, nec quod cordule tangerent capita ydolorum. Jurabant ordinem non exire; statim pro professis habebantur; clandestine recipiebantur, ex quo erat suspicio contra eos. Per sacramentum imponebatur quod non revelarent secreta capitulorum; si revelassent, credit quod puniti fuissent, nescit qualiter. Non fuit sibi inhibitum quod non confiteretur nisi sacerdotibus ordinis, nec audivit aliis inhiberi; et ipse testis fuit confessus de predictis erroribus fratri Johanni de Capua tunc gardiano fratrum Minorum de Capua, quem credit [.....?] infra duos dies a recepcione sua in fratrum Minorum domo de Capua, qui fuit multum stupefactus, et fecit ipsum testem spoliari in camisia et braccis, et data ei disciplina cum virgis, absolvit eum, imposita penitencia quod per triduum jejunaret sextis feriis in pane et aqua, et quod non portaret camisiam; quam penitenciam dixit se complevisse eciam in carceribus existendo. Si qui fratres sciebant errores predictos, fuerunt negligentes, quia non correxerunt eos nec denunciaverunt Ecclesie. Elemosinas et hospitalitatem vidit convenienter servari in domibus ordinis in quibus fuit conversatus; et hec precipiebantur eisdem; et vidit apud Barletam quater dari, ter in ebdomada, elemosinam mille quingentis personis. Totus ordo servasset quod magnus Magister cum conventu statuisset. Grandia scandala contra ordinem sunt exorta. Credit magnum Magistrum et alios confessos fuisse aliquos errores, quia littere apostolice hoc dicunt. Ad deffensionem ordinis obtulerat se cum aliis; postmodum fuit infirmus, et retraxit se.

Requisitus si sic deposuerat prece, precepto, timore, amore, odio, vel temporali comodo habito vel habendo, respondit quod non, sed pro veritate dicenda. Cui fuit injunctum quod non revelaret hanc suam deposicionem quousque attestaciones fuerint publicate.

Frater Johannes de Vanbellant serviens, Suessionensis diocesis, testis supra juratus, etatis quadraginta annorum duorum vel circa, mantellum et barbam defferens, cum quo fuit inquisitum, absolutus et reconciliatus per dictum episcopum Parisiensem, lectis et diligenter expositis sibi omnibus et singulis articulis, repetita protestacione per eum et alios facta quando juravit, respondit ad eos se nescire de contentis in ipsis articulis nisi quod sequitur, videlicet quod ipse fuit receptus, Dominica ante Nativitatem proximo preteritum fuerunt XIX anni vel circa, per fratrem Nicolaum de sancto Albano quondam preceptorem, tunc Montis Suessionensis, in capella domus Templi predicte, presentibus fratribus Michaele de Ballaynvilier milite quondam, Joanne de Vallibus serviente quondam, in hunc modum : nam cum flexis genibus peciisset panem et aquam, societatem et pauperem vestitum ordinis amore Dei sibi concedi, et responsum fuisset quod grandem rem petebat, quia oporteret eum abdicare a se propriam voluntatem, et multa dura et aspera sustinere, et ipse respondisset quod omnia sustineret, voluerunt scire ab eo si erat servilis condicionis, matrimonio vel alteri religioni vel debitis quod non posset solvere obligatus, et si habebat aliquid impedimentum infirmitatis latentis vel aliud; quo respondente quod non, dixerunt ei quod rogaret Deum et beatam Virginem quod dirigerent eum, et diceret Pater noster et Ave Maria, et cum hoc fecisset, et ter idem quod supra peciisset, et idem responsum fuisset et dictum per receptorem, fratribus astantibus, quod si scirent impedimentum in eo, revelarent ante recepcionem, quia postmodum hoc non possent, finaliter, prestito per juramentum quod non erant in eo predicta impedimenta, fecerunt eum vovere et jurare super quemdam librum apertum, in quo erat ymago Crucifixi, castitatem, vivere sine proprio, et obedire superioribus suis et mandatis eorum, et servare bonos usus et bonas consuetudines que tunc erant in ordine, et que in posterum imponerentur per probos homines ordinis, et quod non interesset loco in quo nobilis homo vel nobilis mulier, orfani, vidue vel miserabiles persone exheredarentur injuste; postmodum imposuit sibi mantellum et birretum, et ipse et fratres astantes fuerunt eum osculati in ore. Deinde instruxit eum quot *Pater noster* diceret pro horis suis; quod jaceret cum pannis et caligis lineis, cinctus una cordula quam emit ipse testis dicta die post prandium; qualiter regeret se in ordine, exponens diversos casus propter quos posset incurrere diversas penas. Post que, aliis recedentibus, dictus receptor, capella post eorum recessum aperta remanente, traxit ipsum testem retro altare, et, ostensa sibi quadam cruce lignea, quam tenebat idem receptor in manu, in qua erat ymago Crucifixi, peciit ab ipso teste si credebat in illum, ostendendo dictam ymaginem Crucifixi. Quo respondente quod sic, dixit ei quod non crederet in eum, qui fuerat falsus propheta, et quod negaret eum; et cum ipse testis diceret quod hoc non debebat facere, cum fuisset mortuus et crucifixus pro peccatis nostris, preceptore predicto dicente quod oportebat ipsum testem predicta facere, abnegavit ipse testis ore non corde, ut dixit. Post que precepit ei quod spueret supra dictam crucem, sed noluit spuere supra sed juxta. Deinde fecit ipsum testem spoliari in camisia et braccis, et fuit supra braccas osculatus ipsum testem prope anum. Postmodum dixit ei quod poterat fratribus ordinis carnaliter commisceri, si volebat, et id ipsum pati debebat; hoc tamen non fecit, et respondit sibi quod nunquam faceret; nec scit nec audivit dici, nec credit quod predicta quatuor illicita fierent vel servarentur in ordine; et vidit recipi, in quadam camera dicte domus Montis Suessionensis, fratrem Adam de Villa Ademari servientem quondam, in proximo festo Nativitatis beati Johannis Baptiste erunt novem anni vel circa, per fratrem Johannem de Sernay, quondam preceptorem, tunc dicte domus, presentibus fratribus Matheo de Atrabato et Remigio de Cormellis, deffunctis, in cujus recepcione vel post non fuit aliquid actum vel dictum de predictis illicitis quod ipse testis sciverit vel audiverit dici vel credat. Requisitus si dictus receptor vel alii dixerant sibi, vel ipse sciebat vel audiverat dici, quod predicta illicita vel aliqua ex eis essent de punctis ordinis, respondit quod non. Item, dixit quod ipse bene credebat ecclesiasticis sacramentis, et credebat quod alii fratres ordinis bene crederent, et quod eorum sacerdotes debite celebrarent; nescit quod eorum laici possent absolvere a peccatis vel absolverent. Juravit et credit quod alii jurarent ordinem non exire. Statim pro professis habebantur; clandestine recipiebantur. Non credit quod haberent ydola, nec quod cordule cum quibus cingebantur tangerent capita ydolorum. Jurabant non revelare secreta capitulorum; si revelassent, fuissent puniti, sed nescit qualiter. Non fuit sibi inhibitum, nec scit quod aliis inhiberetur quod non confiterentur nisi sacerdotibus ordinis, et infra octo dies a recepcione sua, ipse testis fuit, in capella dicte domus eorum Montis Suessionensis, confessus de predictis erroribus fratri Johanni de Collegi conventuali fratrum Minorum Suessionensium quondam, qui absolvit eum, imposita penitencia quod jejunaret per dimidium annum sextis feriis, in pane et aqua, et quod non interesset loco in quo predicta illicita fierent; quod complevit. Si aliqui erant scientes errores, fuerunt negligentes, quia non correxerunt eos nec denunciaverunt Ecclesie. Elemosinas et hospitalitatem vidit convenienter servari in domibus ordinis in quibus fuit conversatus; tempore tamen caristie, propter multitudinem populi concurrentis, vidit elemosinas, ut pluribus dari possent, distribui in plures peczias quam prius fierent. Clam eorum capitulia tenebantur. Totus ordo servasset quod magnus Magister cum conventu statuisset. Grandia scandala contra ordinem sunt exorta, propter illa de quibus agitur contra ipsum. Una cum aliis obtulerat se deffensioni ordinis. Ab ordine aposthaverat per bienium vel circa, ante capcionem eorum, et in apostasia existens ante capcionem aliorum et suam deposuerat supra predictis, coram inquisitore, apud Pissiacum, gratis, et non captus. Sed postmodum, ante capcionem suam et aliorum, resumpsit habitum, quia dicebatur ei quod erat excommunicatus, et venit ad magnum Magistrum, Parisius, in capitulio generali, in festo Nativitatis beati Johannis Baptiste fuerunt tres anni, et in dicto capitulio fuit reconciliatus, et mantellus ei redditus, et impositum ei quod comederet in terra, super mantellum suum per annum, et quod tribus diebus in septimana comederet panem et aquam; quod et fecit in dicta domo Montis Suessionensis, usque ad festum beati Remigii, circa quod fuerunt capti. Requisitus sub juramento suo si revelaverat aliquibus de ordine, ante capcionem eorum, illa de quibus prius inquisitum fuerat, respondit quod non, nec sciebat capcionem, nec audiverat nisi per tres dies ante capcionem eorum. Requisitus quare exiverat dictum ordinem; respondit quod propter levitatem suam, quia erat in nimia edua [*inedia?*] in religione.

Requisitus si sic deposuerat prece, precepto, timore, amore, odio, vel temporali comodo habito vel habendo, respondit quod non, sed pro veritate dicenda. Cui fuit injunctum quod non revelaret hanc suam deposicionem quousque attestaciones fuerint publicate. Acta fuerunt hec die et loco predictis, presentibus magistro Amisio, me Floriamonte Dondedei, et aliis notariis supra proximo nominatis.

Post hec, die Martis sequenti, que fuit XVI dies dicti mensis Februarii, fuit adductus ad presenciam eorumdem dominorum commissariorum, in domo predicta fratrum Minorum, frater Thomas Quintini serviens, Bajocensis diocesis, testis supra juratus, ut deponeret dictum suum, quadragenarius vel circa, non defferens mantellum ordinis, quia ipsum dimiserat in concilio Senonensi; postmodum radi fecerat sibi barbam. Qui fuit protestatus quod non intendit recedere a deposicione per eum facta coram domino episcopo Parisiensi, qui absolvit et reconciliavit eumdem. Lectis autem et diligenter expositis sibi omnibus et singulis articulis, respondit ad eos se nescire de contentis in eis nisi quod sequitur. Scilicet quod ipse receptus fuerat in capella domus Templi de Brectiville le Rebel dicte diocesis Bajocensis, circa instans festum beati Johannis erunt X anni vel circa, per Philippum Agate servientem, tunc preceptorem ballivie Normannie, quem credit vivere, presentibus fratribus Guillelmo Picardi presbytero, Guillelmo de Boysset milite, et Matheo Raynandi servientibus, deffunctis, in hunc modum: nam cum requisivisset, flexis genibus ter interpolate, concedi sibi, amore Dei, panem et aquam et pauperem vestitum ordinis, et responsum fuisset ei quod grandem rem petebat, et quod bene deliberaret, rogans Deum ut dirigeret eum, et hoc fecisset, finaliter prestito per juramentum quod non habebat infirmitatem latentem, nec erat servilis condicionis, matrimonio vel alteri religioni, aut debitis que non posset solvere obligatus, fecit eum vovere et jurare supra quemdam librum castitatem, obedienciam, vivere sine proprio, et servare bonos usus et bonas consuetudines ordinis. Postmodum imposuit sibi mantellum, et ipse et astantes fuerunt eum osculati in ore. Deinde instruxit eum quot *Pater noster* diceret pro horis suis, et quod jaceret cum pannis et caligis lineis una cordula cinctus, et qualiter regeret se in ordine. Post que, recedentibus aliis, porta capelle aperta remanente, dictus receptor dixit eidem testi satis prope altare existenti quod abnegaret ter Deum; et cum ipse testis responderet quod hoc nullo modo faceret, et fleret, dixit ei quod non curaret, quia oportebat eum hoc facere, et de hoc posset postmodum confiteri, et Deus bene indulgeret ei; tunc ipse testis abnegavit Deum ter ore non corde. Post que precepit ei quod ter spueret supra quamdam crucem ligneam nescit unde ablatam, quam tenebat in manu, in qua non recolit se picturam vel ymaginem aliquam vidisse, et ipse testis spuit ter non supra sed juxta eam. De osculis inhonestis et crimine sodomitico non fuit ei locutus dictus receptor nec alius, nec quod predicta essent de punctis ordinis, nec scit nec audivit dici nec credit quod dicta illicita fierent in recepcionibus aliorum; nec aliquem alium vidit recipi in ordine, nec interfuit capitulis eorum; et pauca scit, ut dixit, de factis ordinis, quia erat agricola. Precepit ei dictus receptor quod non revelaret predicta. Item, dixit se fuisse confessum de predictis erroribus in crastinum, in eadem capella, dicto presbytero, qui absolvit eum, imposita penitencia quod jejunaret XIII diebus Veneris in pane et aqua, quod et fecit.

Item, dixit quod crucem sanctam devote adorabant die Veneris sancta, et quod bene credit ecclesiasticis sacramentis, et credit quod alii fratres eodem modo crederent, et quod eorum sacerdotes debite celebrarent; non credit quod eorum laici possent absolvere nec absolverent a peccatis. Juravit ordinem non exire, credens quod alii idem jurarent. Statim pro professis habebantur. Clandestine recipiebantur. Non credit quod haberent ydola, nec quod cordule cum quibus cingebantur (assumebant unde volebant), tangerent capita ydolorum. Non fuit ei inhibitum quod non confiteretur nisi sacerdotibus ordinis, nec audivit aliis inhiberi. Elemosinas et hospitalitatem vidit in domibus ordinis in quibus conversatus fuit convenienter fieri et servari, et decimas bene reddi de terris eorum quas ipse testis excolebat. Credit quod totus ordo servasset quod magnus Magister cum conventu ordinasset. Nunc grandia scandala sunt exorta contra ordinem, propter illa de quibus agitur contra eum. Audivit dici magnum Magistrum et alios aliquos errores, nescit quos, fuisse confessos contra ordinem, ad cujus deffensionem se obtulerat cum aliis, et postea se retraxit.

Requisitus si sic deposuerat prece, precepto, timore, amore, odio, vel temporali comodo habito vel habendo, respondit quod non, sed pro veritate dicenda. Cui fuit injunctum quod non revelaret hanc suam deposicionem quousque attestationes fuerint publicate.

Frater Stephanus de Domont serviens, Parisiensis diocesis, testis supra juratus, habitum et barbam defferens, quinquagenarius vel circa, absolutus et reconciliatus per dominum episcopum Parisiensem, protestacione premissa quod non intendit recedere a deposicione per eum facta coram eo, lectis et diligenter expositis sibi omnibus et singulis articulis, respondit se nescire de eis nisi quod sequitur, scilicet: se nescire si in recepcionibus aliorum interveniebant illicita, quia nullos viderat recipi, nec interfuerat capitulis eorum. Ipse tamen receptus fuerat, in principio Augusti proximo preteriti fuerunt triginta anni vel circa, per fratrem Johannem de Manbressi militem quondam, preceptorem tunc Viromandie, in capella domus Templi de Castellario in Veromandia Noviomensis diocesis, presentibus fratribus Garino de Grandi Villarii, Johanne de Sano Pucto servientibus, et aliis deffunctis, in hunc modum: nam cum peciisset panem et aquam ordinis, et respondisset quod grandem rem repetebat, quia oporteret eum a se abdicare propriam voluntatem, et multa dura et aspera sustinere, et cum respondisset quod omnia sustineret, finaliter prestito ab eo quod non habebat infirmitatem nec aliud impedimentum, fecit eum vovere et jurare castitatem, obedienciam, vivere sine proprio, et postmodum imposuit sibi mantellum, et fuerunt osculati eum in ore. Requisitus si sciebat vel credebat vel audiverat dici quod aliqui errores essent in ordine, respondit quod non. Requisitus si in recepcione sua intervenerant aliqua illicita, respondit quod non, quod ipse recordetur, quia sunt multi anni elapsi, et non habebat, ut dixit, propter hoc magnam memoriam. Postmodum, specificatis sibi illis que continentur in primis XIII articulis, dixit quod de mandato dicti receptoris spuerat juxta crucem et abnegaverat Deum. Predicta tamen dixit per talem modum, et tanta simplicitate videbatur dictus testis, sicut per multas circumlocuciones apparuit, sicut est quia requisitus si receptor ejus contrarium ejus quod ipse deposuit diceret an dementiret eum, respondit quod non; et quia eciam dixit quod predicta non reputabat illicita, quia si fecit, fecisset ore non corde; quod ejus deposicioni non fuit visum dictis dominis commissariis magnam fidem esse adhibendam; cum multum timere videretur propter deposicionem coram domino episcopo Parisiensi factam per eum, quia fuerat questionatus Parisius duobus annis et ultra ante deposicionem suam, ut dixit. Item, dixit quod ipse bene credebat ecclesiasticis sacramentis, credens quod alii fratres eodem modo crederent, et quod eorum sacerdotes debite celebrarent; nec scit si eorum Magister et laici poterant absolvere a peccatis. Clandestine recipiebantur. Non credit quod carnaliter commiscerentur, nec quod haberent ydola, nec quod cordule quibus cingebantur tangerent capita ydolorum. Injunctum fuit ei quod non revelaret secreta capitulorum. Item, requisitus si confessus fuerat de predictis erroribus, respondit quod sic cuidam presbytero ordinis, de cujus nomine non recordabatur, infra triduum, qui injunxit ei quod deinceps non faceret, et quod jejunaret tribus diebus. Postmodum dixit quod non bene recordabat, propter diuturnitatem temporis. Si qui erant scientes errores, negligentes fuerunt, quia non correxerunt nec denunciaverunt Ecclesie. Audivit quod elemosine fuerant restricte in ordine de mandato superiorum in aliquibus locis, et quod eorum capitulia clam tenebantur. Credit quod totus ordo servasset quod magnus Magister cum conventu statuisset. Nunc grandia scandala et suspicio contra ordinem sunt exorta, propter illa de quibus agitur contra eum. Obtulit se deffensioni ordinis cum aliis; postmodum se retraxit.

Requisitus si sic deposuit prece, precepto, timore, odio, vel temporali comodo habito vel habendo, respondit quod non, sed pro veritate dicenda, et hoc dixit multum trepide. Cui fuit injunctum quod non revelaret hanc suam deposicionem quousque attestaciones fuerint publicate.

Frater Odo de Castroduni serviens, Carnotensis diocesis, testis supra juratus, non defferens mantellum ordinis, quia ipsum dimiserat Aurelianis, cum dominus episcopus Aurelianensis, qui nunc est, absolvisset et reconciliasset eum. Postmodum radi fecerat sibi barbam, et est quadraginta sex annorum vel circa; et fuit protestatus quod non intendit recedere a deposicione per eum facta coram domino episcopo, et si aliquid contrarium diceret, quod non prejudicet sibi. Lectis autem et diligenter expositis sibi omnibus et singulis articulis, respondit se nescire de eis, nisi quod sequitur. Videlicet quod ipse receptus fuerat in capella domus Templi de Buxeria Carnotensis' diocesis, per fratrem Guillelmum Gaudini militem quondam, preceptorem tunc ballivie Carnotensis, circa instans festum nativitatis beati Johannis Baptiste erunt XXVI anni vel circa, presentibus fratribus Petro de Merevilla milite, Guillelmo de Nicochet serviente, et pluribus aliis deffunctis, in hunc modum: nam obtulit se velle esse servum esclavum ordinis et Beate Marie toto tempore vite sue, petens panem et aquam ordinis sibi concedi pluries interpolate; et cum reponsum fuisset eidem pluries quod bene deliberaret, et quod grandem rem petebat, quia oporteret eum abdicare a se propriam voluntatem, et multa dura et aspera sustinere, et quod rogaret Deum ut dirigeret eum, et hoc fecisset, finaliter prestito ab eo per juramentum quod non habebat infirmitatem latentem, nec erat servilis condicionis, matrimonio vel alteri religioni obligatus, fecit eum vovere et jurare supra quemdam librum castitatem, obedienciam, vivere sine proprio. Postmodum imposuit sibi mantellum, et ipse et astantes fuerunt eum osculati in ore. Deinde instruxit eum quot *Pater noster* diceret pro horis suis, quod inclinaret capud quando Gloria Patri diceretur, jaceret cum pannis et caligis lineis cinctus una cordula, et precepit ei quod conservaret bona ordinis; et alia inhonesta tunc non intervenerunt in sua recepcione predicta. Elapsis vero tribus septimanis vel circa, dictus receptor vocavit ipsum testem solum in quadam camera dicte domus, in qua jacebat dictus receptor, et firmata porta precepit ei quod abnegaret Jhesum Christum; et cum ipse testis respondisset quod hoc nullo modo faceret, dixit quod hoc oportebat eum facere, alioquin moreretur; et tunc ipse testis, timore ductus, abnegavit Jesum Christum cum dolore cordis, ore non corde; et ostendit ei quamdam crucem ligneam, nescit a quo allatam, in qua erat ymago Crucifixi. Non tamen de sputo illicito, nec de osculo inhonesto, nec de aliqua alia re illicita fuit sibi locutus, nisi de hoc tantum quod per fas vel nefas secure acquireret ordini, quia hoc poterat secure facere sine peccato. Non tamen hoc fecit, nec credit quod predicta illicita fierent in ordine, nec vidit nec scivit, nec audivit dici quod intervenerunt in recepcionibus infrascriptorum, scilicet fratris Guillelmi Dicure Aurelianensis diocesis, servientis quondam, quem vidit recipi per dictum fratrem Guillelmum Gaudini, in dicta capella, sunt xviii annis vel circa, non recolit de presentibus; nec in recepcione fratris Dionisii de Samneriaco, in Carnotensis diocesis, presbyteri vivi quem vidit recipi, non recolit si Aureliani vel in dicta domo Castriduni, per dictum fratrem Guillelmum Gaudini, sunt xviii anni vel circa, non recolit de presentibus. Item, dixit se credere quod eorum sacerdotes debite celebrarent, et quod fratres ordinis bene crederent ecclesiasticis sacramentis, quia communicabant ter in anno; et ipse bene credebat. Non credit quod eorum laici possent absolvere a peccatis, nec quod fierent oscula inhonesta, nec quod perpetrarent crimen sodomiticum, nec quod haberent ydola, nec quod cordule quibus cingebantur tangerent capita ydolorum. Juravit ordinem non exire; credit quod alii idem jurarent. Clandestine recipiebantur; quibus volebant confitebantur. Jurabant non revelare secreta capitulorum, et qui revelassent, secundum statuta ordinis perdidissent mantellum et ordinem. Si qui sciebant errores, fuerunt negligentes, quia non correxerunt eos nec denunciaverunt Ecclesie. In domibus ordinis in quibus fuit, vidit elemosinam ter in ebdomada bene fieri et hospitalitatem convenienter servari. Clam tenebantur eorum capitulia. Totus ordo servasset quod magnus Magister cum conventu statuisset. Nunc grandia scandala sunt exorta contra ordinem, propter illa de quibus agitur contra eum. Non obtulerat se deffensioni ordinis; intelligebat Latinum.

Requisitus si sic deposuerat prece, precepto, timore, amore, odio, vel temporali comodo habito vel habendo, respondit quod non, sed pro veritate dicenda. Cui fuit injunctum quod non revelaret hanc suam deposicionem quousque attestaciones fuerint publicate.

Acta fuerunt hec dictis die et loco, coram eisdem dominis commissariis, hoc salvo quod, cum dictus frater Odo deposuit de abnegacione Jhesu Christi, dictus dominus Matheus ex causa recessit; presentibus magistro Amisio, me Floriamonte Dondedei, et aliis notariis supra ultimo nominatis.

Post hec, die Mercurii sequenti, que fuit XVII dies mensis Februarii, fuit adductus ad presenciam eorumdem dominorum commissariorum, in domo predicta fratrum Minorum, frater Humbertus de Germilla serviens, Carnotensis diocesis, testis supra juratus, ut deponeret dictum suum, viginti septem annorum vel circa, qui in concilio Senonensi mantellum dimiserat, absolutus et reconciliatus fuerat per dominum episcopum Parisiensem, postmodum radi fecerat sibi barbam. Lectis autem et diligenter expositis sibi omnibus et singulis articulis, premissa protestacione quod non intendebat recedere a deposicione facta coram dicto domino episcopo, respondit se nescire de contentis in eis nisi quod sequitur. Videlicet quod ipse receptus fuerat per fratrem Gerardum de Villaribus preceptorem tunc Francie, circa festum beati Andree proximo preteritum fuerunt septem anni, in camera quadam domus Templi de Gelboe Lingonensis diocesis, presentibus fratribus Alberto de Van de Tors presbytero, Jacobo de Botencort milite, Lamberto de Toysi serviente, quos credit vivere, in hunc modum : nam cum requisivisset panem et aquam societatis et pauperem vestitum ordinis, et obtulisset se perpetuo velle esse servum esclavum Terre sancte, dixerunt ei quod bene deliberaret, quia juvenis erat, et videbat eos cum magno apparatu equorum et vestium, et ipse forsitan talia non haberet, et oporteret ipsum a se abdicare propriam voluntatem, esurire quando vellet comedere, vigillare quando vellet dormire, et multa dura et aspera sustinere; et cum respondisset quod omnia bene sustineret propter honorem Dei, preceperunt quod exiret dictam cameram, et ipsi deliberarent; et cum deliberassent, et reintrasset et peciisset que supra ter interpolate, et idem sibi responsum fuisset, prestito ab eo per juramentum quod non erat servilis condicionis, matrimonio vel alteri religioni vel debitis obligatus, nec habebat aliquid impedimentum, fecerunt vovere et jurare supra quemdam librum apertum, in quo erat ymago Crucifixi, castitatem, obedienciam, vivere sine proprio, et servare bonos usus et bonas consuetudines ordinis. Postmodum imposuit sibi mantellum, et precepit quod oscularetur dictam ymaginem, et deinde ipse et fratres astantes fuerunt osculati eum in ore. Postmodum fecit eum osculari crucem mantelli, et presbyter predictus dixit quasdam oraciones, et aspersit aquam benedictam supra eum; et instruxit eum receptor quot *Pater noster* diceret, et qualiter regeret se in ordine; et dicta die nichil fuit dictum vel actum illicitum; et dictus preceptor recessit cum predictis fratribus de loco predicto, ipso teste remanente ibidem. Elapsis vero octo diebus, frater Humbertus de Valeure et Martinus de Espalhi servientes, qui morabantur in dicta domo, cujus tamen recepcioni non adfuerant, de quorum vita vel morte non habet certitudinem, duxerunt ipsum testem, circa crepusculum noctis, ad quamdam aliam cameram dicte domus, et ostio firmato, preceperunt ei quod abnegaret Deum; et cum ipse testis stupefactus de predictis respondisset quod nullo modo faceret, dixerunt ei quod hoc oportebat eum facere, quia alii ita faciebant, adjicientes quod hoc poterat facere ore non corde; et tunc ipse testis timore ductus propter horam, et quia ipsi fratres erant fortes et robusti et ipse erat juvenis, abnegavit Deum ore non corde. Postmodum dictus Humbertus, qui erat antiquior, extraxit de subtus vestes suas quamdam crucem ligneam in qua erat ymago Crucifixi depicta, et precepit ei quod spueret super eam, et ipse testis noluit spuere supra sed juxta; et dixit eis quod de predictis conquereretur dicto receptori, et ipsi dixerunt quod si ipse hoc faceret, vel revelaret cuiquam predicta, interficerent eum; de alio illicito non fuerunt locuti eidem. Requisitus si scit vel credit quod predicta illicita vel alia contenta in articulis intervenerunt in recepcionibus aliorum vel post, respondit se nescire; vidit tamen ultra mare recipi per Magistrum qui nunc est, in capella domus Templi civitatis de Limasso, intra Pascha et Pentecosten instantes erunt VII anni vel circa, fratres Antonium nepotem fratris Hugucionis de Vercellis cubicularii quondam domini Pape, militem, et Jacobum de Rupella servientem, tunc existentem in servicio dicti Magistri, quos credit vivere; et fuerunt presentes ultra cxx fratres, inter quos erant fratres Racinbandus de Caron preceptor tunc Cypri, Richardus de Monte Claro, Guillemus de Chambonent, qui obtulit se ad deffensionem ordinis, milites in istis partibus existentes, et multi alii quos nominavit in partibus ultramarinis existentes, in quorum recepcione vel post nichil vidit nec scivit interfuisse illicitum. Alios non vidit recipi, et pocius credit, propter predicta et propter alia bona que vidit in ordine fieri ultra mare, quod illicita non intervenirent in recepcionibus aliorum vel post, quam contrarium. Item, dixit quod de predictis illicitis confessus fuerat, infra mensem tunc sequentem, capellano seculari, curato de Baro super Secanam Lingonensis diocesis, tunc penitenciario domini episcopi Cathalanensis qui nunc est, cujus nomen ignorat, de cujus vita vel morte non habet certitudinem, apud Terajussa Cathalaunensis diocesis, qui fuit valde stupefactus, audita confessione predicta, et absolvit eum dando ei disciplinam, imposita ei penitencia quod jejunaret diebus sabbatinis in pane et aqua, et non portaret camisiam per dimedium annum, et quod ultra mare, ubi tunc de proximo profecturus erat, investigaret diligenter si predicti errores servabantur in ordine, et si hoc comperiret, revelaret in confessione eidem; quam penitenciam complevit; et de predictis nichil potuit scire nec audivit dici aliud ante capcionem eorum. Item, dixit se credere ecclesiasticis sacramentis, credens quod alii fratres ordinis eodem modo crederent, et quod eorum sacerdotes debite celebrarent; preceptores eorum laici inponebant eis disciplinas, et sacerdotes absolvebant eos a peccatis. Juravit ordinem non exire, et credit quod alii idem jurarent. Clandestine recipiebantur, ex quo erat suspicio contra eos. Non credit quod fierent oscula inhonesta, nec quod committerent crimen sodomiticum, nec quod haberent ydola, nec quod cordule quibus cingebantur, supra pannos lineos cum quibus jacebant, tangerent capita ydolorum. Precipiebatur quod non revelarent secreta capitulorum nec modum recepcionis, et si revelassent, perdidissent domum et ordinem; absque licencia non poterant nisi sacerdotibus ordinis confiteri; si qui erant scientes errores, fuerunt negligentes quia non correxerunt eos nec denunciaverunt Ecclesie; ultra mare vidit dari decimam partem omnium victualium amore Dei, et hospitalitatem convenienter servari. Capitulia tenebantur januis clausis, nullis presentibus nisi fratribus ordinis, ostiario posito ne audiretur exterius illa que fiebant in capitulis. Totus ordo servasset quod magnus Magister cum conventu statuisset; nunc grandia scandala contra ordinem sunt exorta. Audivit dici magnum Magistrum et alios aliquos errores fuisse confessos contra ordinem, ad cujus deffensionem se obtulerat, et postmodum retraxerat.

Requisitus si sic deposuerat prece, precepto, timore, odio, vel temporali comodo habito vel habendo, respondit quod non, sed pro veritate dicenda. Cui fuit injunctum quod non revelaret hanc suam deposicionem quousque attestaciones fuerint publicate.

Frater Guillelmus de Gii serviens, Bisuntini diocesis, testis supra juratus, non defferens mantellum ordinis, quia ipsum dimiserat in concilio Senonensi, postmodum fecerat sibi radi barbam, absolutus et reconciliatus per dominum episcopum Parisiensem, triginta annorum vel circa, lectis et diligenter expositis sibi omnibus et singulis articulis, respondit quod nunquam viderat aliquem alium in ordine recipi, nec sciebat de contentis in ipsis articulis nisi quod sequitur. Ipse autem receptus fuerat, in instanti festo nativitatis beati Johannis Baptiste erunt VIII anni, per fratrem Symonem de Quinciaco militem quondam, presidentem tunc fratribus transeuntibus ultra mare, in quadam camera domus Templi de Marssilia, presentibus fratribus Jacobo de Coblans, Richardo et Johanne de Monte Claro, fratribus carnalibus, militibus, et aliis pluribus, qui tunc transfretaverunt in hunc modum: nam cum requisivisset panem et aquam, societatem et pauperem vestitum ordinis ter interpolate, et fuisset eidem ter responsum quod exiret cameram et bene deliberaret, quia grandem rem petebat, et videbat eos in magno apparatu equorum et vestituum, et ipse forsitan talia non haberet, et oporteret eum multa dura et aspera sustinere, et ipse respondisset quod omnia sustineret, finaliter concessit ei dictus panem et aquam, et societatem et participacionem bonorum ordinis; et associaverunt tres ex amicis suis, quos ipse duceret eligendos, dicte participacioni bonorum spiritualium, et voluerunt quod ipse eciam associaret eos in bonis que faceret; et fecerunt eum vovere et jurare castitatem, obedienciam, et vivere sine proprio, et servare bonos usus et bonas consuetudines ordinis. Postmodum dictus receptor imposuit ei mantellum, et fuit eum osculatus in ore, et eciam frater Egidius presbyter, cujus cognomen ignorat, qui aderat et transfretaverat cum eis, et obiit ultra mare. Postea instruxit eum quot *Pater noster* diceret pro horis suis, et qualiter regeret se in ordine. Post que frater Galterus nacione Picardus, serviens, cujus cognomen ignorat, qui adfuerat dicte recepcioni sue, duxit eum ad quamdam cameram, et clauso ostio, dixit ei quod abnegaret Deum, et cum ipse testis respondisset quod hoc nullo modo faceret, dictus Galterus dixit ei quod hoc oportebat eum facere; tunc ipse testis abnegavit ore non corde; deinde precepit ei quod spueret super quamdam crucem ligneam depictam, que erat in dicta camera, nescit per quem allatam, et ipse noluit spuere supra sed juxta; dixit eciam ei quod, si volebat, poterat carnaliter commisceri fratribus ordinis, et id ipsum pati debebat; et ipse respondit quod hoc nullo modo faceret, nec fecit, nec scit, nec credit, quia non vidit nec audivit quod predicta illicita intervenirent in recepcionibus aliorum vel post, ut dixit ei quod predicta essent de punctis ordinis. Item, dixit quod ipse bene credebat ecclesiasticis sacramentis, credens quod alii fratres eodem modo crederent, et quod eorum sacerdotes debite celebrarent, nec credit quod eorum laici possent absolvere a peccatis, nec quod fierent inter eos oscula inhonesta, nec quod committerent crimen sodomiticum, nec quod haberent ydola, nec quod cordule, quibus cingebantur supra camisias cum quibus jacebant, quas cordulas sumebant unde volebant, tangerent capita ydolorum. Jurabant ordinem non exire; clandestine recipiebantur, ex quo erat suspicio contra eos. Precipiebatur quod non revelarent secreta capitulorum et modum recepcionis; si revelassent, puniti essent, sed nescit qualiter; absque licencia non poterant, ut audivit dici, nisi sacerdotibus ordinis confiteri; si qui sciebant errores, fuerunt negligentes quia non correxerunt eos nec denunciaverunt Ecclesie. Audivit dici quod elemosine erant retracte in ordine, et quod eorum capitulia clam tenebantur, ostiario posito ne exterius audiretur quod interius dicebatur. Totus ordo servasset quod magnus Magister cum conventu statuisset. Grandia scandala et suspicio contra ordinem sunt exorta, propter illa de quibus agitur contra eum; contra quem audivit Magistrum et alios aliquos errores, nescit quos, fuisse confessos. Obtulerat se ad deffensionem ordinis, et postea retraxit.

Requisitus si sic deposuerat prece, precepto, timore, amore, odio, vel commodo temporali habito vel habendo, respondit quod non, sed pro veritate dicenda. Cui fuit injunctum quod non revelaret hanc suam deposicionem quousque attestaciones fuerint publicate, et fuit ante deposicionem suam protestatus quod non intendebat recedere a deposicione per eum facta coram dicto domino episcopo Parisiensi.

Frater Johannes de Gisi presbyter, et Radulphus de Salicibus Laudunensis, Petrus de sancto Mamerto Vienensis, Reginaldus le Bergerot et Johannes de Niciaco Lingonensis, Gilo de Cheruto Senonensis, Nicolaus de Trecis, Petrus de Cercellis et Johannes de Elemosina Parisiensis diocesium, adducti pro testibus coram eisdem dominis commissariis, premissa protestacione quod non intendebant recedere a deposicionibus alias per eos factis coram ordinariis, et si quid contra vel magis aut minus dicerent coram eisdem dominis commissariis, quod eis non prejudicet nec noceat in aliquo. Juraverunt, tactis sacrosanctis Evangeliis, dicere plenam et meram veritatem in hujus modi negocio, secundum formam juramenti aliorum testium superius registratam, expositam et vulgarizatam eisdem.

Acta fuerunt hec dictis die et loco, presentibus magistro Amisio, me Floriamonte Dondedei, et aliis notariis supra ultimo nominatis.

Post hec, die Jovis sequenti, que fuit XVIII dies mensis Februarii, fuit adductus ad presenciam eorumdem dominorum commissariorum, in domo predicta fratrum Minorum, frater Johannes de Gisi presbyter, Laudunensis diocesis, testis supra juratus, ut deponeret dictum suum, triginta annorum vel circa, mantellum defferens, cum quo inquisitum fuerat, absolutus et reconciliatus per dominum episcopum Parisiensem. Lectis autem et diligenter expositis sibi omnibus et singulis articulis, protestacione premissa quod non intendit recedere a deposicione per eum facta coram dicto domino episcopo, respondit se nescire de eis nisi quod sequitur. Scilicet quod ipse receptus fuerat, una cum fratre Tossanez de Lanhivilla Belvacensis diocesis, serviente, in capella domus Templi dicti loci de Lanhivilla, per fratrem Radulphum de Gisi, testem supra examinatum, receptorem tunc Campanie, circa instans festum nativitatis beati Johannis Baptiste erunt VII anni vel circa, presentibus fratribus Johanne de Lanhivilla presbytero, tunc preceptore dicte domus, Guidone de Bellavilla clavigero dicte domus, Bertrando de Vienesio milite, et Johanne de Furno, et Guillelmo de Puteolis servientibus, et Petro de Grimenilio presbytero, et Radulpho Godandi serviente, de quorum vita vel morte non habet certitudinem, in hunc modum : nam cum peciissent panem et aquam, societatem et pauperem vestitum ordinis, et obtulissent se velle esse servos esclavos dicti ordinis pluries, et pluries eis responsum fuisset quod bene deliberarent, capellam exeuntes, quia grandem rem petebant; nam oporteret eos abdicare a se propriam voluntatem, et subjici aliene, esse in uno loco quando vellent esse in alio, esurire quando vellent comedere, vigilare quando vellent dormire, et multa dura et aspera sustinere; et ipsi respondissent ter quod omnia sustinerent, finaliter, habito consilio cum dictis fratribus et prestito per juramentum quod non habebant infirmitatem latentem, nec erant excommunicati, nec debitis quod solvere non possent vel alteri religioni obligati, et quod dictus Tossanez non erat servilis condicionis nec matrimonio obligatus, fecit eum vovere et jurare super quemdam librum castitatem, obedienciam, vivere sine proprio, et quod juvarent pro posse suo ad acquirendum Terram sanctam, et quod non essent in loco in quo aliquis exheredaretur injuste; et imposuit eis mantellos, dictis receptore et presbyteris dicentibus psalmum : Ecce quam bonum, precepit eis quod oscularentur unus crucem mantelli alterius, quod fecerunt. Postmodum fuerunt osculati dictum receptorem et omnes fratres astantes in ore et cruces mantellorum eorum. Deinde instruxit eos quod jacerent cum pannis lineis, una cordula cincti, et qualiter regerent se in ordine, exponens dicto Toussanez quot *Pater noster* diceret pro horis suis, et utrique casus plures propter quos, secundum statuta ordinis, poterant incurrere diversas penas. Post que, recedentibus aliquibus ex dictis fratribus, non recolit quibus, et aliis nescit quibus eciam remanentibus, precepit dicto Toussanez primo, et secundo ipsi testi, quod abnegaret Deum; et cum ipsi respondissent quod hoc nullo modo facerent, dixit eis quod hoc oportebat eos facere, quia hoc erat de punctis ordinis; et flevit dictus receptor, et dixit quod hoc multum displicebat sibi, quia toportebat fieri supradicta, et quod abnegarent ore non corde; et unc dictus Tossanez primo, et postmodum ipse testis, dolentes et flentes, abnegaverunt Deum ore non corde. Deinde precepit eis quod spuerent contra ymaginem Crucifixi depictam in dicto libro super quem juraverat, quod hoc erat eciam de punctis ordinis, et tunc ipsi spuerunt in terram. Postea dixit eidem testi et eciam dicto Toussanez quod si essent in loco in quo haberent penuriam lectorum, quod recolligerent alios fratres in lectis suis; sed non intellexerunt ipse testis et dictus Toussanez aliquid malum vel inhonestum ex dicto precepto. Postea precepit eidem testi quod oscularetur eum sub pectore supra vestes, et fuit eum osculatus, sed nescit si dictus Toussanez osculatus fuit eum in dicto loco. Alia inhonesta non intervenerunt in recepcionibus supradictis. Requisitus si scit vel credit quod predicta illicita intervenirent in recepcionibus aliorum, respondit se credere quod sic, quia vidit predicta illicita fieri, et modum qui servatus fuerat in recepcione sua et dicti Toussanez servari in recepcionibus fratrum Guillelmi presbyteri quondam curati de Lati Silvanectensis diocesis, et Anrici fratris carnalis ejusdem Guillemi, qui simul recepti fuerunt in dicta capella, per dictum fratrem Radulphum, diu post recepcionem ipsius testis, non recolit tamen de tempore; et fuerunt presentes fratres Robertus le Brioys, testis supra examinatus, tunc preceptor dicte domus, et alii de quorum nominibus non recordatur. Vidit eciam recipi, per dictum fratrem Radulphum, fratrem Johannem de Domenecuria servientem, Ambianensis diocesis, in capella domus Templi de Nulhiaco Belvacensis diocesis, non recolit de tempore, presentibus fratribus Johanne de Nans presbytero, Ambianensis diocesis, preceptore tunc dicte domus de Nulhiaco, et Roberto le Brioys predicto, ut credit, et fuit servatus idem modus quoad licita et illicita, quem deposuit fuisse servatum in recepcione sua et dicti Tossanez et in predictis omnibus recepcionibus. Pretendebat idem frater Radulphus, per signa exteriora, sibi predicta illicita plurimum displicere; de vita autem vel morte dictorum receptorum et astancium dixit se certitudinem non habere, et quod plures non vidit recipi, nec interfuit capitulis generalibus eorumdem. Item, dixit quod nunquam fuerat sibi inhibitum quin celebraret secundum formam Ecclesie, nec audivit dici quod aliis inhiberetur; et credit quod fratres ordinis bene crederent ecclesiasticis sacramentis, et ipse bene credebat. Item, dixit quod, post recepcionem suam, peciit a dicto receptore quare fiebant dicta illicita, et ipse respondit quod nesciebat, nisi quia ita erat consuetum fieri. Et tunc ipse testis maledixit illum qui introduxerat dictos errores, et predictus fratres Radulphus respondit quod ita esset. Item, dixit quod bene terminabantur capitulia eorum; illi qui tenebant dicta capitulia quanquam essent laici, dicebant ista verba : De peccatis que obmisistis dicere propter verecundiam carnis, absolvo vos ex tali potestate qualem habeo a Deo et a Papa, et frater presbyter, qui est hic, faciet absolucionem generalem, secundum formam Ecclesie. Et predicta dixit se vidisse et audivisse in capellis in quibus fiebant recepciones predicte, et legisse in regula eorum quod predicta debebant fieri; non tamen habet nunc dictam regulam secum. Ante mantelli tradicionem, dicebatur eis quod non possent egredi dictum ordinem absque licencia ex quo ipsum ingressi fuissent. Clandestine recipiebantur, ex quo erat suspicio contra eos. Non credit quod fierent alia oscula, quam ea de quibus supra deposuit, inhonesta, nec quod perpetrarent crimen sodomiticum, nec quod haberent ydola, nec quod cordule, quibus cingebantur, tangerent capita ydolorum. Dicebatur eis quod non poterant revelare secreta capitulorum; si revelassent, credit quod perdidissent mantellum per annum, et quod per dictum annum comedissent panem et aquam. Non audivit inhiberi quod non confiterentur nisi sacerdotibus ordinis; et infra octo dies a recepcione sua, priusquam celebraret, ipse testis fuerat confessus de predictis erroribus, in capella domus Templi de Bosdestruz Belvacensis diocesis, ad quam domum pro commorando fuerat destinatus fratri Johanni de ordine fratrum Minorum, cujus cognomen ignorat, conventus, ut credit, Ambianensis, de cujus vita vel morte non habet certitudinem, qui absolvit eum, imposita penitencia quod cantaret tres missas, unam de Sancto Spiritu, aliam de beata Virgine et aliam de mortuis, legeret semel psalterium, jejunaret diebus tribus in pane et aqua, et non interesset loco in quo predicta fierent. Ultimum tamen non servavit, quia non audebat contradicere, ut dixit, et nichilominus postea confitebatur de hoc. Fratres scientes errores fuerunt negligentes, quia non correxerunt eos, nec denunciaverunt Ecclesie. Credit quod ubique reciperentur, secundum eumdem modum confessatum per eum. Elemosinas ter in ebdomada vidit dari in domibus ordinis in quibus fuit moratus, et hospitalitatem convenienter servari; nec audivit dici quod predicta essent restricta. Audivit dici quod generalia capitulia clam tenebantur. Credit quod totus ordo servasset quod magnus Magister cum conventu ordinasset. Nunc grandia scandala sunt exorta contra ordinem; credit quod dicti errores confessati per eum essent noti fratribus ordinis. Audivit dici magnum Magistrum et alios confessos fuisse aliquos errores, nescit quos, contra ordinem, credit tamen quod illos quos ipse confessus est. Requisitus si obtulerat se deffensioni dicti ordinis ex quo sciebat in eo dictos esse errores, respondit quod intendebat deffendere ordinem ab aliis erroribus sibi impositis, quos non credit esse veros, sed non de confessatis per eum.

Requisitus si sic deposuerat prece, precepto, timore, amore, odio, vel temporali comodo habito vel habendo, respondit quod non, sed pro veritate dicenda. Cui fuit injunctum quod non revelaret hanc suam deposicionem quousque attestaciones fuerint publicate.

Frater Nicolaus de Trecis serviens, testis supra juratus, non deferens mantellum ordinis, quia in concilio Senonensi quondam servientes amoverant sibi, postmodum radi fecerat sibi barbam, quadraginta annorum vel circa, repetita protestacione per eum et alios, quando juraverunt facta, quod non intendit recedere a deposicione per eum facta coram domino episcopo Parisiensi, qui absolvit et reconciliavit eumdem. Lectis et diligenter expositis sibi omnibus et singulis articulis, respondit se nescire de eis nisi quod sequitur. Dixit enim se vidisse recipi fratrem Johannem de Pruino servientem, quem credit vivere, in capella domus Templi de Payans Trecensis diocesis, in instanti festo Pasche erunt VIII vel IX anni, per fratrem Radulphum de Gisi tunc receptorem Campanie, presentibus fratribus Oymont de Jez presbytero, Christiano de Bici, teste supra examinato, et aliis de quibus non recolit, et fratrem Nicolaum de Serra servientem, Trecensis, ut credit, diocesis, quem dictus frater Radulphus receperat per sex septimanas vel circa ante capcionem eorum, in quadam camera domus Templi de Sanci Trecensis diocesis, presentibus fratribus Petro de Cercellis, teste supra jurato, nondum examinato, tunc preceptore domus Templi Trecensis, Stephano de Verreriis serviente, in dicta domo commorante, in quorum recepcionibus vel post non vidit nec audivit aliquid illicitum fieri, nec credit quod factum fuerit in dictis recepcionibus nec in receptionibus aliorum qui hoc non recognoverunt; sed in recepcionibus illorum qui recognoverunt, credit intervenisse illicita recognita per eos. Ipse autem receptus fuerat per fratrem Gerardum de Villaribus militem, tunc preceptorem Francie, in vigilia festi apostolorum Symonis et Jude nuper preterita fuerunt IX anni, in camera domus Templi de Cherruto Senonensis diocesis, presentibus dicto fratre Radulpho et fratre Guillelmo presbytero, capellano dicti receptoris, cujus cognomen ignorat, Petro serviente dicti receptoris, cujus eciam cognomen ignorat, in hunc modum : nam cum peciisset a dicto receptore panem et aquam ordinis, sicut instructus fuerat antequam cameram intraret, a dictis fratribus Radulpho et serviente, et responsum fuisset eidem per dictum receptorem quod bene deliberaret, quia grandem rem petebat, nam oporteret eum abdicare a se propriam voluntatem, et subjici aliene, et multa dura et aspera sustinere, et ipse respondisset quod omnia sustineret, voluit quod exiret cameram bis ad deliberandum, et cum tercia vice rediisset, et idem quod supra peciisset flexis genibus, et dictus receptor habuisset consilium cum fratribus astantibus de recipiendo eumdem, prestito ab eo per juramentum quod non erat excommunicatus, servilis condicionis, matrimonio vel alteri religioni vel debitis que non posset solvere obligatus, nec habebat infirmitatem latentem, nec aliquid dederat vel promiserat, quod reciperetur in dicto ordine, fecit eum promittere et vovere Deo, beate Marie et omnibus sanctis Dei, castitatem, obedienciam, vivere sine proprio. Postmodum dictus receptor dixit ei quod ad honorem Dei et beate Marie et omnium Sanctorum et Sanctarum Dei et ex parte domini Pape, patris eorum, et magni Magistri eorum, qui dederat ei potestatem recipiendi, concedebat sibi panem et aquam et pauperem vestitum ordinis, et recipiebat eum ad societatem fratrum et ad participacionem bonorum et ad penas eciam et labores ordinis, et imposuit ei mantellum, et ipse et omnes alii fratres astantes fuerunt osculati eum in ore. Postmodum instruxit eum quot *Pater noster* diceret pro horis suis, quod jaceret cum pannis et caligis lineis, una cordula cinctus, et qualiter regeret se in ordine. Postmodum aliquibus ex astantibus recedentibus, dictus Petrus serviens trahens ipsum testem ad partem in dicta camera, dixit ei quod aliqua fuerant obmissa que oportebat eum facere. Videlicet quia oportebat eum abnegare Deum; et cum ipse testis respondisset quod hoc nullo modo faceret, quia esset contra Deum et sanctam Ecclesiam, dixit ei : Saltim dicas hoc ore et non corde; et tunc ipse testis abnegavit Deum ore non corde. Deinde extrahens idem Petrus, desubtus raubam suam, quamdam parvam crucem ligneam, in qua nulla apparebat ymago Crucifixi, et ipsi testi ostendens, precepit quod spueret super eam, et ipse testis versa facia finxit se spuisse, sed non spuit supra nec juxta, sed de aliis inhonestis non fuit locutus eidem. Requisitus si dictus receptor et alii fratres, qui remanserant in dicta camera, viderunt et audiverunt predicta, respondit quod submissa voce dictus Petrus dicebat ei predicta, et nescit si viderunt vel sciverunt predicta. Dictus autem receptor, tunc et eciam quando recepit eum, sedebat super lectum suum, quadam infirmitate gravatus. Item, dixit quod non credebat quod eis dogmatizarentur contenta in v, vi, vii et viii articulis, nec quod conculcarent crucem, nec quod adorarent catum, nec quod eorum sacerdotes obmitterent verba canonis; et credit quod bene crederent ecclesiasticis sacramentis, et ipse bene credebat; nec audivit, nec credit, quod eorum laici absolverent, nec possent absolvere a peccatis, nec quod fierent oscula inhonesta, nec quod perpetrarent crimen sodomiticum, nec quod haberent ydola, nec quod cordule, cum quibus cingebantur, tangerent capita ydolorum. Dicebatur eis quod statim pro professis habebantur. Clandestine recipiebantur, nullis presentibus nisi fratribus ordinis, ex quo credit quod esset suspicio contra eos. Dicebatur eis quod non revelarent secreta capitulorum, sed de modo recepcionis non audivit inhiberi. Dicebatur eis quod non debebant confiteri nisi sacerdotibus ordinis, quando poterant eos habere. In die autem recepcionis sue, ante prandium, fuit confessus de predictis erroribus Egidio capellano seculari, curato dicte ville de Cheruto, quem credit obiisse, qui dixit ei quod non credebat predicta illicita fuisse ei dicta certitudinaliter, sed ad probandum, si contingeret eum mitti ultra mare et capi infidelibus, an negaret Deum vel non; et absolvit eum, imposita ei penitencia quod predicta revelaret Ecclesie, si inveniret quod in ordine servarentur. Fratres scientes errores et ordinem regentes fuerunt negligentes, quia non correxerunt eos, nec denunciaverunt Ecclesie. Satis sufficienter vidit ellemosinas fieri et hospitalitatem servari in domibus ordinis in quibus fuit commoratus; et inhibebatur eis quod illicite acquirerent ordini, et quod non interessent loco in quo aliquis exheredaretur injuste. Clam eorum capitulia tenebantur. Credit quod totus ordo servasset bona que magnus Magister cum conventu statuisset, sed non mala. Nunc grandia scandala contra ordinem sunt exorta; credit quod illi fratres, qui recognoverunt errores intervenisse in recepcionibus eorum, scirent dictos errores, et quod essent eis noti et manifesti; et quod nunc ordo sit penes multos diffamatus de erroribus qui imponuntur eidem. Audivit dici magnum Magistrum et alios confessos fuisse aliquos errores, nescit quos. Requisitus quare obtulerat se deffensioni ordinis, respondit quod intendebat eum deffendere non de confessatis per ipsum, sed de aliis qui ipsi ordini imponuntur, quia non credit esse vera.

Requisitus si sic deposuit prece, precepto, timore, amore, odio, vel temporali comodo habito vel habendo, respondit quod non, sed pro veritate dicenda. Cui fuit injunctum quod non revelaret hanc suam deposicionem quousque attestaciones fuerint publicate.

Acta fuerunt hec die et loco predictis, presentibus magistro Amisio, me Floriamonte Dondedei, et aliis notariis supra ultimo nominatis.

Post hec, die Veneris sequenti, que fuit xviiii dies dicti mensis Februarii, fuit adductus ad presenciam eorumdem dominorum commissariorum, in domo predicta fratrum Minorum, frater Petrus de Cercellis serviens, Parisiensis diocesis, testis supra juratus, ut deponeret dictum suum, xxviii annorum vel circa, non defferens mantellum ordinis, quia quondam servientes amoverant eum sibi in concilio Senonensi, cum quo inquisitum fuerat Carnoti, absolutus et reconciliatus per dominum episcopum Carnotensem. Lectis autem et diligenter expositis sibi omnibus et singulis articulis, protestacione premissa quod non intendit venire contra deposicionem per eum factam coram dicto domino episcopo Carnotensi, respondit se nescire de eis nisi quod sequitur, videlicet se vidisse recipi Nicolaum de Serra servientem, Trecensis diocesis, de cujus vita vel morte non habet certitudinem, per duos menses ante capcionem eorum, in quadam camera domus Templi de Sanci Trecensis diocesis, per fratrem Radulphum de Gisi tunc receptorem Campanie, testem supra examinatum, presentibus fratribus Radulpho de Salicibus et Christiano de Biceyo, teste examinato, et Nicolao de Trecis, eri exaudito, Baudoyno de Gisi et Stephano de Sanci servientibus. Vidit eciam recipi per eundem fratrem Radulphum, in eodem anno quo capti fuerunt, ante recepcionem precedentem, fratrem Jacobum de Sanci servientem quondam, quem audivit combustum fuisse Parisius, cum aliis Templariis, in capella domus Templi Trecensis, presentibus omnibus supradictis fratribus qui interfuerant recepcioni dicti Nicolai de Serra, excepto Baudoyno. Vidit eciam recipi fratrem Guillelmum de Gonessa Parisiensis diocesis, servientem, qui fuit missus tunc ultra mare, per fratrem Gerardum de Villaribus militem, tunc preceptorem Francie, circa instans festum nativitatis beati Joannis Baptiste erunt septem anni vel circa, in capella domus Templi de Latinhiaco Sicco Meldensis diocesis, presentibus fratribus Daniele de Parisius presbytero, Radulpho de Taverni tunc preceptore dicte domus, et Humberto de Gayneio Belvacensis diocesis, quos credit vivere, in quorum recepcionibus, vel post, nichil vidit nec scivit fieri illicitum. Ipse autem receptus fuerat in capella domus Templi de Clichi Parisiensis diocesis, per fratrem Hugonem de Penrando, in festo Conversionis sancti Pauli proximo preterito fuerunt VII anni, presentibus fratribus Johanne de Turno tunc thesaurario Templi Parisiensis, Adam de Cercellis tunc preceptore Templi de Lathiniaco super Maternam, avunculo ipsius testis, deffunctis, et Johanne de Menovile custode tunc dicte domus de Clichi, servientibus, et Johanne Bocelli presbytero, capellano dicti thesaurarii, et duobus aliis quorum nomina et cognomina ignorat, in hunc modum : nam instructus a dicto thesaurario, peciit junctis manibus et flexis genibus absque capucio sibi concedi amore Dei panem et aquam, societatem et pauperem vestitum ordinis; et dictus frater Hugo respondit ei quod bene deliberaret, quia juvenis erat, et oporteret eum abjicere a se propriam voluntatem, et subjici aliene, esse in uno loco, quando vellet esse in alio, et multa alia dura et aspera sustinere. Et cum respondisset quod omnia sustineret, precepit ei quod exiret et deliberaret; cum autem exiisset capellam et deliberasset, venerunt ad eum dicti thesaurarius et avunculus suus, et pecierunt ab eo si erat excommunicatus, servilis condicionis, matrimonio vel alteri religioni, vel debitis que non posset solvere, obligatus, si habebat infirmitatem latentem, et si aliquid dederat vel promiserat quod reciperetur in dicto ordine; quo respondente quod non, dixerunt quod per sacramentum oporteret eum respondere de predictis, coram predicto fratre Hugone, a quo reintrans capellam, iterum peteret id quod supra, et cum hoc peciisset, et dictus frater Hugo per sacramentum scivisset quod nullum habebat de impedimentis predictis, fecit eum vovere et jurare castitatem, obedienciam, vivere sine proprio, et quod, pro posse suo, juvaret ad acquirendum Terram sanctam. Postmodum imposuit sibi mantellum, et ipse et fratres astantes fuerunt eum osculati in ore. Deinde instruxit eum quot *Pater noster* diceret pro horis suis, quod jaceret cum caligis, femoralibus et camisia lineis, una cordula cinctus, et qualiter regeret se in ordine, exponens ei multos casus propter quos poterat perdere habitum et incurrere diversas alias penas. Postmodum dicti duo fratres qui aderant recepcioni, quorum nomina et cognomina ignorat, duxerunt ipsum testem ad quamdam cameram, ut assumeret vestes religionis, et clauso ostio, unus eorum precepit ei quod abnegaret Deum; et cum ipse testis peteret ab eo si ipse truffabatur de ipso, respondit quod non, imo oportebat quod abnegaret Deum; et tunc ipse testis timore ductus, quia erat juvenis et ipsi erant robustiores et forciores ipso, et camera erat firmata, abnegavit Deum ore non corde, ut dixit. Postea extraxit dictus frater quamdam crucem ligneam, in qua nulla erat ymago Crucifixi, desubtus mantellum, et precepit ei quod spueret super eam, et cum ipse testis nollet spuere, alter frater astans dixit: Sufficit, dimitatis eum. Et ita fuit dimissus, et non spuit; nec de alio illicito fuerunt locuti eidem, nec si predicta erant de punctis ordinis, nec si faciebant predicta de voluntate vel mandato predicti fratris Hugonis. Requisitus si revelaverat predicta dicto avunculo suo, et si inquisiverat an predicta essent de punctis ordinis, respondit quod non. Requisitus si dictus frater Hugo et alii supra nominati, qui adfuerunt recepcioni sue, audire potuissent eum, si clamasset quando sibi precepta fuerunt dicta illicita, respondit se credere quod non, quia recesserant. Requisitus si credit quod in recepcionibus aliorum vel post intervenirent aliqua illicita, respondit se credere quod sic de illis qui confessi fuerunt hoc de se ipsis, de aliis vero non. Item dixit quod confessus fuit de predictis illicitis, infra octo dies a recepcione sua, fratri Johanni tunc curato et preceptori domus Templi de Lanhivilla, qui absolvit eum apud Latignhiacum Sicum, ubi dictus testis pro clavigero fuerat destinatus, et maledixit illum qui fecerat fieri predicta, imponens ei penitenciam quod remaneret novem diebus in pane et aqua, quod et fecit. Item dixit se credere quod non fierent oscula inhonesta nec dogmatizaciones, nec quod conculcarent crucem, et quod catum adorarent, nec quod crimen sodomiticum perpetrarent, nec quod haberent ydola, nec quod cordule tangerent capita ydolorum, nec quod eos laici absolverent vel possent absolvere a peccatis, nec quod eorum sacerdotes obmitterent verba canonis. Credit ecclesiasticis sacramentis, credens quod alii fratres eodem modo crederent. Statim pro professis habebantur, ut ei fuit dictum in recepcione sua; clandestine recipiebantur, nullis presentibus nisi fratribus ordinis. Injungebatur eis quod non revelarent secreta capitulorum, sed non juravit hec; et fuit ei dictum quod si revelaret, perderet habitum; sed non fuit sibi inhibitum in speciali quod non revelaret modum recepcionis, nec quod non confiteretur nisi sacerdotibus ordinis. Illi qui sciebant errores, fuerunt negligentes, quia non correxerunt eos, nec denunciaverunt. Credit quod elemosine potuissent et debuissent fieri majores in ordine, secundum facultates eorum; solitas tamen elemosinas non audivit fuisse restrictas, nisi de mandato fratris Gerardi de Villaribus in Bria. Stephanus thesaurarius Parisiensis precepit eidem testi quod eas augmentaret, apud Latinhiacum Siccum, tempore carestie. Audivit dici quod clam eorum capitulia tenebantur; et credit quod totus ordo servasset quod magnus Magister cum conventu statuisset, et quod nunc grandia scandala contra ordinem sunt exorta, et quod dictus ordo sit diffamatus propter illa que magnus Magister et alii fratres ordinis confessi sunt contra ipsum, et quod fratres ordinis scirent errores esse in ordine confessatos per eum. Requisitus si obtulerat se ad defensionem ordinis, respondit quod sic una cum pluribus aliis, non quod intenderet ipsum deffendere ab erroribus confessatis per eum, sed de aliis.

Requisitus si sic deposuit prece, precepto, timore, amore, odio, vel temporali comodo habito vel habendo, respondit quod non, sed pro veritate dicenda. Cui fuit injunctum quod non revelaret hanc suam deposicionem quousque attestaciones fuerint publicate.

Frater Egidius de Cheuruto serviens, Senonensis diocesis, testis supra juratus, non defferens mantellum ordinis, quia quondam servientes amoverant sibi in concilio Senonensi, et dixerant ei quod raderet barbam, quinquagenarius vel circa. Qui fuit protestatus quod non intendebat recedere a deposicione per eum facta coram domino episcopo Parisiensi, per quem fuerat absolutus et reconciliatus. Lectis autem et diligenter expositis sibi omnibus et singulis articulis, respondit se nescire de contentis in eis nisi quod sequitur, videlicet quod ipse testis et frater Jacobus de Parvo Parisius Meldensis diocesis, quem credit vivere, fuerunt recepti simul, in capella domus Templi de Cheuruto, in festo Omnium Sanctorum proximo preterito fuerunt xv anni vel circa, per fratrem Radulphum de Gisi, testem supra examinatum, presentibus fratribus Johanne nacione Burgondo, presbytero, Stephano Burgondo, et Gerardo le Vinhier dicte domus servientibus, quos credit obiisse, in hunc modum : nam cum instructi ab aliis fratribus peciissent ab eodem preceptore, ter interpolate, sibi concedi panem et aquam, societatem et pauperem vestitum ordinis, et obtulissent se paratos ad servandum bonos usus et bonas consuetudines ordinis, et ter eis responsum fuisset quod bene deliberarent, quia oporteret eos multa dura et aspera sustinere, finaliter prestito per juramentum ab eis prestitum quod non erant servilis condicionis, excommunicati, debitis que non possent solvere, matrimonio vel alteri religioni obligati, nec habebant infirmitatem latentem, nec aliquid dederant vel obtulerant pro recepcione eorum, fecit eos vovere et jurare castitatem, obedienciam, vivere sine proprio, servare bonos usus et bonas consuetudines ordinis, et non revelare secreta capitulorum. Postmodum imposuit mantellum dictus receptor predicto Jacobo, et frater Odo Picardi serviens quondam, qui eciam adfuit dicte recepcioni, imposuit mantellum ipsi testi. Postmodum omnes fratres astantes fuerunt eum osculati in ore, et Epistola et Evangelium fuerunt lecta per presbyterum supradictum, ut sibi videtur, qui tamen non intelligit Latinum. Postmodum instruxit eos dictus receptor quot *Pater noster* dicerent pro horis suis, et quod jacerent cum caligis femoralibus et camisia lineis, una cordula cincti, et qualiter regerent se in ordine, exponens casus diversos propter quos poterant perdere habitum et incurrere alias penas. Postmodum duxit eos retro altare, ceteris fratribus remanentibus in capella predicta, et precepit eis quod abnegarent Deum; et quod spuerent super quamdam crucem ligneam in qua nulla apparebat ymago Crucifixi, que consueverat portari super mortuos, et ipsi noluerunt abnegare Deum, nec spuere super dictam crucem, spuerunt tamen juxta. Postea precepit eis quod eum oscularentur in ano, dicens quod predicta illicita erant de punctis ordinis. Ipsi tamen noluerunt hoc facere, nec ipse compulit eos, nec videbatur facere magnam vim. Nec de aliis illicitis fuit locutus eisdem, de quibus idem testis fuit confessus fratri Johanni conventuali fratrum Predicatorum de

Pruino, cujus cognomen ignorat, quem credit esse mortuum infra dimedium annum a recepcione sua, in capella domus Templi de Frenexo Trecensis diocesis, qui absolvit eum, et precepit quod confiteretur de predictis alicui episcopo vel archiepiscopo, quod non fecit, quia non habuit copiam eorum. Injunxit eciam ei quod jejunaret per unum annum, sextis feriis, in pane et aqua, incedens sine camisia; quod et fecit. Et postmodum fuit confessus eciam cuidam fratri Minori et aliis, quos omnes dixit esse mortuos. Requisitus si scit vel credit quod predicta illicita vel alia fierent in recepcionibus aliorum, respondit quod non. Nec credit quod predicta sint de punctis ordinis, nec vidit alios recipi in ordine, nec interfuit capitulis eorum. Item, dixit quod bene credebat ecclesiasticis sacramentis, credens quod alii fratres ordinis eodem modo crederent, et quod eorum sacerdotes debite celebrarent; nec credit nec audivit quod eorum laici absolverent vel possent absolvere a peccatis, nec quod perpetrarent crimen sodomiticum, nec quod haberent ydola, nec quod cordule quibus cingebantur tangerent capita ydolorum. Jurabant ordinem non exire, ut credit, quia ipse et dictus frater Jacobus hoc juraverunt. Clandestine recipiebantur, ex quo credit quod esset suspicio contra eos. Inhibebatur eis, sed non per juramentum, quod non revelarent secreta capitulorum nec modum recepcionis. Si revelassent, vel illicita facere noluissent, nescit qualiter puniti fuissent. Non fuit sibi inhibitum quod non confiteretur nisi sacerdotibus ordinis, nec audivit aliis inhiberi. Si qui erant scientes errores in ordine, fuerunt negligentes, quia non correxerunt eos nec denunciaverunt Ecclesie. Elemosinas et hospitalitatem vidit aliquando restringi in domibus in quibus fuit commoratus, sed postmodum convenienter servari. Clam, clauso ostio, eorum capitula tenebantur. Totus ordo servasset quod magnus Magister cum conventu statuisset. Nunc grandia scandala, suspicio et infamia sunt contra ordinem, propter illa que Magister et alii contra ipsum dicuntur fuisse confessi, ad cujus deffensionem una cum aliis se obtulerat, sed postmodum se retraxerat.

Requisitus si sic deposuit prece, precepto, timore, amore, odio, vel temporali comodo habito vel habendo, respondit quod non. Cui fuit injunctum quod non revelaret hanc suam deposicionem quousque attestaciones fuerint publicate.

Frater Johannes de Nici Lingonensis diocesis, serviens, testis supra juratus, non defferens mantellum ordinis, quia ipsum dimiserat in concilio Senonensi; postmodum radi fecerat sibi barbam, triginta annorum vel circa, bergerius, protestacione premissa quod non intendebat recedere a deposicione per ipsum facta Senonis, coram domino episcopo Aurelianensi, qui absolvit et reconciliavit eumdem. Lectis et diligenter expositis sibi omnibus et singulis articulis, respondit quod nunquam viderat alium fratrem in ordine recipi, nec capitulis interfuerat eorumdem; nec sciebat de contentis in ipsis articulis nisi quod sequitur. Nam credebat quod alii communiter reciperentur in ordine, non tamen hoc sciebat, sicut ipse fuerat receptus, in instanti Quadragesima erunt VII anni vel circa, per fratrem Petrum de Vienesio tunc preceptorem de Buris, quondam in capella domus Templi de Fontanetis Lingonensis diocesis, presentibus fratribus Guillelmo de Buris presbytero, Martino de Buxiaco, Stephano de Volenis, Johanne Avenot et Guidone de Nici servientibus, deffunctis; a quo receptore instructus, ab aliis fratribus peciit pluries sibi concedi amore Dei panem et aquam, societatem et pauperem vestitum ordinis, et cum ei respondisset quod fortem rem petebat, quia volebat abdicare a se propriam voluntatem, et subjicere aliene, et quod bene deliberaret capellam exiens, quia ipsum oportebat multa dura et aspera sustinere, et ipse deliberaret cum fratribus, finaliter fecit eum vovere et jurare castitatem, obedienciam, vivere sine proprio, et imposuit sibi mantellum, et fuit eum osculatus in ore et fratres astantes. Postmodum instruxit eum quot *Pater noster* diceret pro horis suis, et quod jaceret cum caligis femoralibus et camisia lineis, cinctus una cordula, et qualiter regeret se in ordine, exponens diversos casus propter quos poterat incurrere multas penas et perdere habitum. Postmodum, presentibus dictis fratribus, precepit ei dictus preceptor quod abnegaret Deum; et cum iste testis diceret quod hoc non faceret, dixit ei quod oportebat hoc eum facere, quia hoc erat de punctis ordinis. Et tunc ipse testis non in despectum Dei, ut dixit, abnegavit Deum ore non corde. Deinde precepit ei quod spueret super quamdam crucem ligneam, in qua non erat ymago Crucifixi, quam dictus presbyter aportaverat et posuerat super terram; sed ipse testis noluit spuere supra, sed spuit juxta, non in despectum crucis. Deinde dixit ei quod, si volebat, poterat carnaliter commisceri fratribus ordinis, et id ipsum pati de eis. Hoc tamen non fecit, nec fuit requisitus, nec scit quod alii fratres facerent. Deinde precepit ei quod oscularetur eum in ano; sed hoc noluit facere. Alia illicita non intervenerunt in recepcione sua predicta. Item, dixit quod bene credebat ecclesiasticis sacramentis; et credit quod alii fratres eodem modo crederent, et quod eorum sacerdotes debite celebrarent. Non credit quod eorum laici possent absolvere nec absolverent a peccatis. Dictum fuit ei quod non poterat exire ordinem. Clandestine recipiebantur. Credit quod qui noluissent facere predicta illicita, vel ea revelassent, quod fuissent incarcerati vel interfecti; et hoc fuit sibi comminatum in recepcione sua. Non fuit sibi inhibitum quod non confiteretur nisi sacerdotibus ordinis. Fratres qui sciebant errores fuerunt negligentes, quia non correxerunt eos nec denunciaverunt Ecclesie. Elemosinas et hospitalitatem vidit convenienter servari in domibus ordinis in quibus fuit moratus. Audivit dici quod clam eorum capitula tenebantur. Credit quod totus ordo servasset quod magnus Magister cum conventu statuisset, et quod grandia scandala, suspicio et infamia sunt exorta contra ordinem, propter illa que Magister et alii contra ipsum dicuntur fuisse confessi. Non obtulerat se ad defensionem ordinis.

Requisitus si sic deposuit prece, precepto, timore, amore, odio, vel temporali comodo habito vel habendo, respondit quod non, sed pro veritate dicenda. Cui fuit injunctum quod non revelaret hanc suam deposicionem quousque attestaciones fuerint publicate.

Acta fuerunt hec dictis die et loco, presentibus magistro Amisio, me Floriamonte Dondedei, et aliis notariis supra ultimo nominatis.

Post hec, die Sabati sequenti, que fuit xx dies dicti mensis Februarii, fuit adductus ad presenciam eorumdem dominorum commissariorum, in domo predicta fratrum Minorum, frater Radulphus de Salicibus Laudunensis diocesis, serviens, testis supra juratus, ut deponeret dictum suum, quadragenarius vel circa, non defferens mantellum ordinis, quia ipsum dimiserat in concilio Senonensi; postmodum radi fecerat sibi barbam. Cum quo inquisitum fuerat, absolutus et reconciliatus per dominum episcopum Parisiensem. Lectis autem et diligenter expositis sibi omnibus et singulis articulis, respondit protestacione, quando juravit facta, repetita, se nescire de eis nisi quod sequitur : videlicet se recipi vidisse in capella Visitatoris Templi Parisiensis, in proximo die Cinerum erunt quatuor anni, per fratrem Hugonem de Penrando, fratres Petrum de Sivri et Gerardum de Castro Novo milites juvenes, presentibus fratribus Radulpho de Gisi receptore Campanie, teste supra examinato, Johanne de Tortavilla et Petro de Tortavilla tunc preceptore domus Templi Parisiensis, et Nicolaum de Sara servientem, Trecensis diocesis, in camera domus Templi de Sanciaco ejusdem diocesis, per dictum fratrem Radulphum de Gisi, per duas septimanas vel circa ante capcionem eorum, presentibus fratribus Symone de Jez presbytero, Stephano de Sanci, Petro de Sercellis preceptore tunc domus Trecensis, teste supra examinato, servientibus; in quorum recepcionibus, vel post, nichil vidit nec scivit illicitum fieri vel injungi, nec plus vidit recipi, nec adfuit generalibus capitulis eorum. Ipse autem receptus fuit in capella domus Templi de Cheruto Senonensis diocesis, per dictum fratrem Radulphum de Gisi, in instanti festo Pentecostes erunt VIII vel IX anni, presentibus fratribus Morello de Belna et Remigio preceptore de Colomeriis, servientibus, in hunc modum: nam instructus a dictis duobus fratribus, capellam ingressus, peciit a dicto receptore panem et aquam, societatem et pauperem vestitum ordinis; qui respondit ei quod bene deliberaret, quia grandem rem petebat, et abdicaret a se propriam voluntatem, et quando vellet esse in uno loco, esset in alio; et multa dura et aspera oporteret sustinere, eumdem servare et castitatem; et quum respondisset quod omnia sustineret, fecerunt eum exire et reintrare ter, et petere id quod supra, finaliter prestito ab eo per juramentum quod non erat servilis condicionis, excommunicatus, debitis que solvere non posset, alteri religioni vel matrimonio obligatus, quod non habebat infirmitatem latentem, fecerunt eum jurare et vovere Deo et beate Marie castitatem, obedienciam, vivere sine proprio, servare bonos usus et bonas consuetudines ordinis. Postmodum ad honorem Dei et beate Marie et omnium Sanctorum, et ex parte Pape et potestate sibi concessa a Magistro et de voluntate dictorum fratrum, dictus receptor dixit quod recipiebat eum et associabat ad participacionem bonorum ordinis, et imposuit sibi mantellum, et ipse et astantes fuerunt osculati eum in ore. Postmodum instruxit eum quod jaceret cum caligis femoralibus et camisia lineis, una cordula cinctus, quot *Pater noster* diceret pro horis suis, qualiter regeret se in ordine; et exposuit ei casus propter quos poterat perdere habitum vel incurrere alias penas. Post que recesserunt fratres astantes et dictus receptor, qui erat iturus Trecas; post que immediate, antequam idem testis exivisset capellam, dictus Morellus trahens ipsum testem ad partem in dicta capella, dixit ei quod oportebat ipsum abnegare Deum; de quo fuit idem testis multum stupefactus, respondens quod hoc nullo modo faceret. Instante tamen dicto Maurello et dicente quod hoc faceret saltem ore non corde, dictus testis abnegavit ore non corde. Postea precepit ei quod spueret super quamdam parvam crucem ligneam, in qua nulla erat ymago Crucifixi, quam extraxit de subtus mantellum; sed ipse testis noluit spuere supra, sed spuit extra. De aliis illicitis non fuit locutus eidem, et eadem die ante prandium fuit confessus de predictis Martino presbytero seculari, commoranti in dicta domo, cujus cognomen ignorat, qui dixit ei quod forsan pro truffa facta fuerant supradicta. Nichilominus tamen absolvit eum, imposita penitencia quod deinceps non esset in loco in quo fierent talia, et si fierent, quod revelaret ea.

Requisitus si credit quod predicta illicita intervenirent in recepcionibus aliorum vel post, respondit quod non, nec de vita vel morte dicti presbyteri, nec illorum qui interfuerunt recepcioni sue haberet certitudinem.

Item, dixit quod, non obstantibus hiis que fecit, est bonus Christianus, nec unquam propter premissa perdidit fidem, et confitebatur et communicabat ter in anno. Non credit quod fierent dogmatizaciones illicite nec conculcacio crucis, nec quod adorarent catum, nec quod eorum sacerdotes obmitterent verba canonis, nec quod eorum laici absolverent vel absolvere possent a peccatis, nec quod fierent oscula inhonesta, nec quod perpetrarent crimen sodomiticum, nec quod haberent ydola, nec quod cordule quibus cingebantur tangerent capita ydolorum.

Item, dixit quod bene credebat ecclesiasticis sacramentis, et credit quod alii fratres eodem modo crederent. Juravit, absque licencia superioris qui eam dare posset, ordinem non exire, credens quod alii idem jurarent. Clandestine recipiebantur, ex quo credit quod esset suspicio contra eos. Juravit non revelare secreta capituliorum, et credit quod alii idem jurarent; sed de modo recepcionis non revelando non prestitit juramentum. Qui revelasset secreta capituliorum, fuisset incarceratus. Sacerdotes eorum dicebant quod non poterant nec debebant aliis absque eorum licencia confiteri.

Si qui erant fratres scientes errores, fuerunt negligentes quia non correxerunt eos nec denunciaverunt Ecclesie. Eleemosinam et hospitalitatem vidit convenienter fieri in domibus ordinis in quibus fuit commoratus. Audivit dici quod, clauso hostio, nullis presentibus nisi fratribus ordinis, eorum capitulia tenebantur. Credit quod totus ordo servasset id quod magnus Magister cum conventu ordinasset. Nunc grandia scandala, suspicio et infamia exorta sunt contra ordinem propter illa que dicuntur Magister et alii fuisse confessi. Ad ordinis deffensionem se obtulerat cum aliis; quia volebat deffendere, non super hiis que confessus est, sed super aliis que negavit.

Requisitus si sic deposuerat prece, precepto, timore, amore, odio, vel commodo temporali habito vel habendo, respondit quod non, sed pro veritate dicenda. Cui fuit injunctum quod non revelaret hanc suam deposicionem quousque attestaciones fuerint publicate.

Frater Petrus de sancto Mamerto serviens, Vienensis diocesis, testis supra juratus, non defferens mantellum ordinis, quia quidam miles qui cepit eum in capcione abstulit eum sibi; postmodum radi fecerat sibi barbam; triginta quinque annorum vel circa; absolutus et reconciliatus Senonis, per dominum episcopum Aurelianensem, qui inquisiverat cum eodem, repetita protestacione per eum et alios facta quando juravit. Lectis et diligenter expositis sibi omnibus et singulis articulis, respondit quod nunquam vidit alium recipi in ordine, nec interfuerat capitulis eorum, nec sciebat de contentis in ipsis articulis nisi quod sequitur, scilicet : quod ipse receptus fuerat in capella domus Templi de Marmant Lingonensis diocesis ante diem, die Jovis post instans festum Resurrectionis Domini erunt sex anni vel circa, per fratrem Guillermum de Lotoringia militem, de cujus vita vel morte non habet certitudinem, presentibus duobus fratribus, quorum nomina et cognomina ignorat, qui soli adfuerunt in dicta recepcione; in domo tamen erant ultra viginti fratres. A quo receptore, instructus per unum ex dictis duobus fratribus, peciit ter flexis genibus interpolate sibi concedi panem et aquam, societatem et pauperem vestitum ordinis, et obtulit se velle esse servum esclavum ordinis et servare bonos usus et bonas consuetudines ordinis; et cum ter ei respondisset quod bene deliberaret, quia grandem rem petebat, et oporteret eum a se abdicare propriam voluntatem, et multa dura et aspera sustinere, finaliter, eodem teste instante, prestito prius per juramentum ab eo quod non erat servilis condicionis, excommunicatus, debitis que solvere non posset, alteri religioni vel matrimonio obligatus, nec habebat infirmitatem latentem, fecit eum vovere, et jurare castitatem, vivere sine proprio, et quod obediret omnibus mandatis suis et superiorum que preponerentur eidem; postmodum imposuit sibi mantellum. Postea duxit eum, absentibus dictis duobus fratribus qui adfuerant, ad cameram, ut indueret vestes ordinis, et clauso ostio, precepit ei quod abnegaret Deum; et cum ipse respondisset quod hoc non faceret aliquo modo, precepit eidem quod spueret super quamdam parvam crucem ligneam ablatam de ecclesia, in qua nullam vidit imaginem Crucifixi; et ipso teste respondente quod non faceret, precepit ei quod eum oscularetur in ano; quo respondente quod hoc non faceret, dixit ei quod hoc oportebat eum facere aliquid ex predictis; et tunc ipse testis spuit non supra sed juxta dictam crucem. Item, dixit ei, inter alias instructiones quas faciebat de punctis ordinis, quod non accederet ad mulieres suspectas, quia si committeretur per fratres perderet habitum; sed si contingeret eum ire, iret ita caute quod nescirent, quia in religiosis erat turpius quod irent palam ad dictas mulieres quam in aliis. De aliis inhonestis non fuit locutus eidem, nec scit nec audivit quod dicta illicita vel alia intervenirent in recepcionibus aliorum vel post, nec scit quod super hoc credebat, ut dixit.

Item, dixit quod bene credebat ecclesiasticis sacramentis, credens quod alii fratres eodem modo crederent, et quod eorum sacerdotes debite celebrarent; nec scit, nec credit, nec audivit dici quod eorum laici absolverent vel possent absolvere a peccatis; nec quod fierent oscula inhonesta, nec quod perpetrarent crimen sodomiticum, nec quod haberent ydola, nec quod cordule cum quibus cingebantur tangerent capita ydolorum. Dictum est ei quod statim pro professo habebatur. Clandestine recipiebantur, ex quo credit quod esset suspicio inter eos. In recepcione sua fuit ei dictum per dictum receptorem quod, nisi faceret aliquid de dictis illicitis, male veniret ei, et prohibuit sibi quod non revelaret secreta capituliorum nec modum sue recepcionis, et si contrarium faceret, in compedibus poneretur. Non fuit ei inhibitum quod non confiteretur nisi sacerdotibus ordinis. Fratres qui sciebant errores fuerunt negligentes, quia non correxerunt eos nec denunciaverunt Ecclesie. Aliqui dabant eleemosinas et servabant hospitalitatem in ordine largius quam alii. Audivit dici quod clam eorum capitulia tenebantur. Credit quod totus ordo servasset quod magnus Magister cum conventu statuisset. Credit quod aliqui exierunt ordinem propter eorum levitates, et forsitan propter predicta; et ipse exivisset, si potuisset recuperare ea que amici sui dederant pro recepcione sua. Nunc grandia scandala, suspicio et infamia sunt exorta contra ordinem, ad cujus deffensionem se non obtulerat.

Requisitus si sic deposuerat prece, precepto, timore, amore, vel commodo temporali habito vel habendo, respondit quod non, sed pro veritate dicenda. Cui fuit injunctum quod non revelaret hanc suam deposicionem quousque attestaciones fuerint publicate.

Frater Johannes de Elemosina serviens, Parisiensis diocesis, testis supra juratus, non defferens mantellum ordinis, quia ipsum dimiserat in concilio Senonensi, postmodum radi fecerat sibi barbam, triginta duorum annorum vel circa, premissa protestacione quod non intendit recedere a deposicione per eum facta Carnoti, coram domino episcopo Carnotensi, qui absolvit et reconciliavit eumdem. Lectis et diligenter expositis sibi omnibus et singulis articulis, respondit quod nunquam vidit alium fratrem recipi in ordine, nec unquam interfuerat generalibus capitulis eorumdem, nec sciebat de contentis in ipsis articulis nisi quod sequitur, videlicet : se interfuisse aliquibus capitulis singularibus, in quibus ipse et alii fratres qui in jacendo sine pannis lineis vel alias transgressi fuerant observancias religionis, vel violassent castitatem vel obedienciam, vel habuissent proprium, vel vendidissent aliqua de bonis domus, manifestabant hoc fratri qui tenebat capitulum et aliis in capitulo existentibus, et petebant veniam; et ille qui tenebat capitulum, habito consilio cum fratribus, aliquando remittebat eis penas ordinis, et presbyter absolvebat eos.

Item, dixit quod ipse fuerat receptus, die Veneris ante festum nativitatis beati Johannis Baptiste proximo preterito fuerunt viii anni vel circa, per fratrem Johannem de Turno tunc thesaurarium Parisiensem, in quadam parva capella domus Templi Parisiensis, presentibus fratribus Johanne Bocelli presbytero, et Guillelmo de Arbleyo olim elemosinario regio, teste supra examinato ; a quo receptore, instructus per dictum fratrem Guillelmum, peciit panem et aquam, et pauperem vestitum, et societatem ordinis pluries interpolate ; et cum pluries ei responsum fuisset quod deliberaret, quia grandem rem petebat, et oporteret eum a se abdicare propriam voluntatem, et ipse testis respondisset quod bene erat avisatus, et instaret pro sua recepcione, et diceret quod volebat esse serviens esclavus ordinis et mori pro Deo, prestito ab eo per juramentum quod non erat servilis condicionis, excommunicatus, infirmus, debitis que solvere non posset, matrimonio vel alteri religioni obligatus, et quod nichil dederat nec promiserat quod reciperetur in dicto ordine, fecit eum vovere et jurare super quemdam librum quod pro posse suo servaret castitatem, obedienciam, viveret sine proprio, et bonos usus et bonas consuetudines qui tunc erant in ordine, et qui in posterum imponerentur per probos homines dicti ordinis. Postmodum imposuit sibi mantellum, et ipse et fratres astantes fuerunt eum osculati in ore. Deinde instruxit eum quot *Pater noster* diceret pro horis suis, quod jaceret cum pannis lineis una cordula cinctus, et qualiter regeret se in ordine. Postmodum, ceteris recedentibus, clausa porta dicte capelle per dictum receptorem, vocato ipso teste prope altare, dictus receptor, tenens in manu sua quamdam crucem eream de altari, ut credit, acceptam, dixit ei quod spueret per eam ; et cum ipse testis diceret quod hoc, salva sua gracia, non faceret, dixit ei quod imo faceret; et tunc ipse testis, qui erat juvenis et verebatur eum, ut dixit, spuit non supra eam sed juxta. Quo facto, dictus receptor dixit ei : Vade, fatue, confitearis. De alio illicito non fuit locutus eidem, nec quod predicta essent de punctis ordinis; et infra octo dies ex tunc, fuit idem testis de hoc confessus fratri Garnerio de Pontisara, de ordine fratrum Minorum quondam, in capella domus Templi de Soysiaco Meldensis diocesis, qui absolvit eum, et dixit quod causa temptandi an abnegaret Deum si caperetur ab infidelibus ultra mare, forsitan predicta facta fuerunt, imponens ei quod jejunaret tribus diebus Veneris in pane et aqua. Requisitus si scit, vel audivit, vel credit quod predicta illicita vel alia intervenirent in recepcionibus aliorum fratrum vel post, respondit quod non, nisi in recepcionibus illorum qui hoc confessi sunt.

Item, dixit quod bene credebat ecclesiasticis sacramentis, credens quod alii fratres eodem modo crederent, et quod eorum sacerdotes debite celebrarent; nec credit quod eorum laici absolverent vel possent absolvere a peccatis, nec quod fierent oscula inhonesta, nec quod perpetrarent crimen sodomiticum, nec quod haberent ydola, nec quod cordule quibus cingebantur tangerent capita ydolorum. Promittebant non exire ordinem pro meliori vel pejori. Clandestine recipiebantur, ex quo credit quod esset suspicio inter eos.

Injunctum fuit ei per sacramentum quod non revelaret secreta capitulorum; et credit quod idem inhiberetur aliis; si revelassent, credit quod puniti fuissent, sed nescit qualiter. Non fuit inhibitum in speciali quod non revellaret modum recepcionis, nec quod confiteretur nisi sacerdotibus ordinis. Si qui erant fratres scientes errores, fuerunt negligentes quia non correxerunt eos, nec denunciaverunt Ecclesie. In domibus ordinis in quibus fuit, vidit elemosinas et hospitalitatem convenienter servari. Audivit dici quod, facto sermone, clam eorum capitulia tenebantur. Credit quod totus ordo servasset quod magnus Magister cum conventu statuisset, et quod nunc grandia scandala, suspicio et infamia sint exorta contra ordinem, ad cujus deffensionem se obtulerat.

Requisitus si sic deposuerat prece, precepto, timore, amore, odio, vel comodo temporali habito vel habendo, respondit quod non, sed pro veritate dicenda. Cui fuit injunctum quod non revelaret hanc suam deposicionem quousque attestaciones fuerint publicate.

Acta fuerunt hec dictis die et loco, presentibus magistro Amisio, me Floriamonte Dondedei; et aliis notariis supra ultimo nominatis.

Post hec, die Martis sequenti, qui fuit XXIII dies dicti mensis Februarii, fuit adductus ad presenciam eorumdem dominorum commissariorum, in domo predicta fratrum Minorum, frater Raynandus Bergeron serviens, Lingonensis diocesis, testis supra juratus, ut deponeret dictum suum, non defferens mantellum ordinis, quia dimiserat eum motu proprio, quando fuit per dictum episcopum Parisiensem, qui inquisiverat cum eo, absolutus et reconciliatus, et postea radi fecerat sibi barbam, etatis quadraginta quinque annorum vel circa. Lectis autem et diligenter expositis sibi omnibus et singulis articulis, respondit se nescire de contentis in eis nisi quod sequitur. Dixit enim quod ipse fuit receptus per fratrem Laurencium de Belna preceptorem nunc de Mormant Lingonensis diocesis, qui fuit combustus Parisius, in capella domus Templi de Corgemin Lingonensis diocesis, circa festum sancti Martini hiemalis proximo preteritum fuerunt VII anni vel circa, presentibus fratribus Anrico de Maysons, Christiano de Bici, Egidio de Vollenis et Viardo de Bictes servientibus, Lingonensis diocesis, de quorum vita vel morte non habet certitudinem; et eisdem die et loco et presentibus, et per eundem, fuerunt recepti cum eo Johannes le Bicel Lingonensis diocesis, et Gerardus, qui fuit conversus de Morimacion, cujus cognomen ignorat, Miletus de Bici dicte Lingonensis diocesis, et alii quinque de quorum nominibus non recordatur, in modum qui sequitur : cum enim ipse testis esset uxoratus, et frater Hugo de Cabilone miles, tunc preceptor domus de Val Tors, suasisset ei quod una cum uxore sua intraret ordinem, dictus testis dixit quod non intraret nisi remaneret sibi uxor sua; et cum dictus miles hoc sibi permitteret, dictus testis venit in capella in quâ ipse et alii predicti recepti fuerunt, petens, sicut instructus fuerat, panem et aquam, societatem et pauperem vestitum ordinis; et cum dictus frater Laurencius tangeret ei quod oportebat eum vovere castitatem, idem testis dixit quod nunquam hoc faceret, nec intraret ordinem nisi remaneret sibi uxor sua, et ita erat sibi permissum; et recedens ab ejus presencia, exivit capellam. Dictus vero frater Laurencius et quidam alius, de cujus nomine non recolit, secuti fuerunt eumdem et reprehenderunt eum, dicentes quod erat fatuus quia recusabat talem et tantum honorem, suadentes eidem quod rediret, quia bene esset sibi, et ipse et uxor sua ponerentur et essent simul in una domo. Ipse vero, sic inductus per eos, reversus est cum eis ad dictam capellam. Tunc autem dictus frater Laurencius, cum dictus testis et alii qui fuerunt recepti cum eo peterent panem et aquam, societatem et pauperem vestitum ordinis, fecit eum jurare super quendam librum apertum castitatem, obedienciam, vivere sine proprio, et servare usus et consuetudines ordinis, et quod esset servus esclavus Dei et sancte Terre ultra marine, et specialiter, ut dixit dictus testis, quod non habitarent cum muliere nec oscularentur eam, et quod nunquam interessent in loco in quo aliquis puer baptizaretur, nec haberent secum pecuniam ultra iiii denarios, nec darent patri vel matri vel aliis de bonis ordinis ultra valorem unius denarii, et quod non dimitterent ordinem pro meliori vel pejori. Quo facto, imposuit eis mantellos, et testi loquenti ultimo; et postea dictus receptor et alii astantes fuerunt eos osculati in ore. Postmodum instruxit eos quot *Pater noster* dicerent pro horis suis, et qualiter jacerent cum caligis et pannis lineis cincti cordulis, exponens eis cercius plures propter quos poterant perdere ordinem. Postmodum vero dictus receptor duxit ipsum testem, et alios qui recepti fuerant cum eo, ad quamdam parvam cameram dicte capelle contiguam, ceteris qui adfuerant recedentibus vel in capella predicta remanentibus, et precepit dicto testi et aliis quod abnegaret Deum; et quum ipsi admirarentur et essent stupefacti, dictus receptor dixit quod oportebat eos facere, quia talia erant puncta ordinis; et tunc tam ipse quam alii abnegaverunt Deum ore non corde, ut dixit idem testis de se, idem credens de aliis. Postea precepit eis quod spuerent super quamdam crucem ligneam per ipsum allatam et in quodam sedili positam, in qua nulla erat ymago; et cum ipsi dicerent quod hoc esset grave facere, ipse dixit eis quod ita hoc oportebat eos facere, quia talia erant puncta ordinis; et tunc ipse testis et alii spuerunt non supra crucem sed juxta. Interrogatus quis eorum primo abnegavit et spuit, dixit se non recordari; tres tamen vel IIII ex ipsis receptis fecerunt predicta illicita antequam ipse. Postmodum vero dictus receptor dixit eis quod, si moverentur calore naturali, poterant ad invicem unus cum alio carnaliter commisceri, quod tamen ipse testis non fecit nec fuit requisitus. Deinde precepit eis quod oscularentur eum in ano; et cum ipsi dicerent quod hoc esset turpissimum facere, ipse dixit quod oportebat eos hoc facere, quia erat de punctis ordinis; et tunc ipse et alii fuerunt ipsum receptorem, levantem pannos, osculati in ano vel juxta, supra camisiam tamen et braccas. Requisitus si scit quod alii reciperentur in ordine per modum confessatum per eum, dixit se nescire, quia non interfuit recepcioni plurium nec capitulis eorum; credit tamen quod alii reciperentur eodem modo. Dixit eciam dictus testis quod ipse fuit confessus de predictis erroribus, in festo Pasche tunc sequenti, fratri Guillelmo dicto Menavel, ejusdem ordinis, moranti in domo Templi de Courgemi Lingonensis diocesis, qui absolvit eum, injuncta sibi penitencia quod jejunaret septem diebus Veneris, dicens sibi quod, ex quo illa erant de punctis ordinis et ipse fecerat hoc non corde sed ore tamen, non multum peccaverat, ideoque non imponebat ei penitenciam graviorem. Dixit eciam quod ipse fuit de predictis erroribus confessus cuidam fratri Minori conventuali Lingonensi, de cujus nomine non recordatur, in capella dicte domus de Courgemi; qui, audita confessione, noluit eum absolvere, sed dixit quod de tali facto adiret Papam. Dixit eciam dictus testis quod preceptor dicte domus de Vall de Tor habuit bona sua mobilia et immobilia usque ad vallorem quingentorum librarum Turonensium, et propter hoc induxerunt eum ut intraret religionem eorum.

Item, dixit quod ipse bene credebat sacramentis Ecclesie, credens quod alii crederent, et quod eorum sacerdotes debite celebrarent; credit tamen quod dictus receptor esset malus homo. Non credit quod Magister vel alii laici absolverent vel possent absolvere a peccatis, nec audivit dici nec fieri; de osculis inhonestis nescit plura quam supra deposuit. Recepciones fiebant clandestine, nullis presentibus nisi fratribus ordinis, et januis clausis, et credit quod propter hoc erat mala suspicio contra eos; de ydolis et capitibus ydolorum nichil scit nec audivit aliquid dici, nisi post capcionem eorum; sibi et aliis fuit injunctum quod jacerent cincti cordulis, ipse tamen nunquam portavit. Credit quod illi qui nollent facere predicta illicita in recepcione graviter puniti essent, et qui revelarent secreta capituliorum vel modum recepcionis perpetuo carceri traderentur; dicens quod in recepcione sua ipse et alii qui fuerunt cum eo recepti juraverunt quod non revelarent secreta capituliorum nec modum recepcionis eorum. Injunctum fuit ei et aliis cum eo quod non confiterentur nisi sacerdotibus ordinis; ipse tamen hoc non servavit. Fratres scientes errores dictos negligentes fuerunt, quia non correxerunt eos nec denunciaverunt Ecclesie. Dixit eciam quod, in domo de Val de Tor et de Courgemin, in quibus fuit moratus, fierent elemosine restricte vel pocius anullate per fratres Hugonem de Cabilone predictum et Albericum de Burrenville, qui fuerunt preceptores in dictis domibus. Non audivit injungi quod acquirerent per nefas; ipsi tamen bene faciebant hoc. Credit quod ordinacio que fieret per Magistrum cum conventu servaretur et teneretur in toto ordine. Nescit quando inceperunt dicti errores, sed credit quod multa sint tempora. Credit quod multi exierunt ordinem propter feditates predictas, et quod grandia scandala, suspicio et infamia contra ordinem sunt exorta. Credit bene quod predicta illicita confessata per eum nota sint et manifesta inter fratres ordinis, et multi seculares hoc credunt modo, sed non credebant ante capcionem. Credit quod magnus Magister et multi alii ex fratribus confessi fuerunt errores confessatos per eum vel majorem partem. Non obtulerat se deffensioni ordinis.

Requisitus si sic deposuerat prece, precepto, timore, amore, odio, vel commodo temporali habito vel habendo, respondit quod non, sed pro veritate dicenda. Cui fuit injunctum quod non revelaret hanc suam deposicionem quousque attestaciones fuerint publicate.

Acta fuerunt hec dictis die et loco, presentibus magistro Amisio, me Floriamonte Dondedei, et aliis notariis supra ultimo nominatis.

Post hec, die Jovis sequenti in crastinum sancti Mathie apostoli, que fuit xxv dies dicti mensis Februarii, fuit adductus ad presenciam dominorum commissariorum predictorum, in domo predicta fratrum Minorum, frater Johannes de Turno thesaurarius Templi Parisiensis, serviens, testis supra juratus, ut deponeret dictum suum, non defferens mantellum ordinis, quia quidam servientes suaserunt sibi in concilio Senonensi, quod ipsum abjiceret, et ipsum amoverunt ab eo, postmodum radi fecerat sibi barbam; sexagenarius vel circa; qui fuit protestatus quod non intendit recedere a deposicione per eum facta coram domino episcopo Parisiensi per quem fuit absolutus et reconciliatus. Lectis autem et diligenter expositis sibi omnibus et singulis articulis, respondit ad eos, et primo ad primos tresdecim, ut sequitur, videlicet : quod in dicto concilio Senonensi fuerunt aliqua dicta per eum de voluntate prelatorum. Postmodum confessus fuerat cuidam presbytero seculari, cujus nomen et cognomen ignorat, de omnibus peccatis suis, qui injunxit sibi inter cetera quod deinceps non loqueretur de peccatis de quibus fuerat confessus tunc, nec quod recidivaret in ea. Cum autem dicti domini commissarii dixissent eidem testi quod hoc non excludebatur potestas domini Pape, cujus vice fungebantur, nec judicium Ecclesie per forum penitenciale, et quod responderet, dixit se fuisse receptum, circa festum proximo preteritum Omnium Sanctorum fuerunt xxxiii anni vel circa, in capella domus Templi de Malo Repastu Carnotensis diocesis, per fratrem Johannem de Turno quondam, thesaurario tunc Templi Parisiensis, presentibus fratribus Johanne de Monte Morenciaco presbytero, Guillelmo Fabri servientibus, et quodam preceptore dicte domus, cujus nomen et cognomen ignorat, et pluribus aliis deffunctis, in hunc modum : nam cum requisivisset pluries panem et aquam et pauperem vestitum ordinis, et obtulisset se velle fieri servum esclavum ordinis et Terre Sancte, et ei responsum fuisset per dictum thesaurarium quod bene deliberaret, nam grandem rem petebat; et tunc erat liberi arbitrii, sed ex quo esset in ordine, oporteret eum voluntati subjici aliene, esurire quando vellet comedere, vigilare quando vellet dormire, pejori et inferiori forsitan se obedire, et multa dura et aspera sustinere, et ipse respondisset quod bene omnia sustineret; finaliter cum exivisset ter capellam ad deliberandum, et dictus thesaurarius deliberasset cum fratribus suis astantibus de recepcione ejusdem, fecit eum vovere et jurare, super quoddam missale apertum in quo erat ymago Crucifixi, castitatem, obedienciam et vivere sine proprio, servare bonos usus et bonas consuetudines et secreta ordinis, et acquirere pro posse suo Terram Sanctam. Post quem imposuit sibi mantellum, dicto presbytero dicente psalmum Ecclesie Quam bonum, et aspergente aquam benedictam super eum, et omnes fratres astantes fuerunt eum osculati in ore. Postmodum dictus Guillelmus Fabri duxit ipsum testem ad quamdam cameram, in qua exueret vestes seculares et indueret vestes ordinis; et cum induisset vestes dictas ordinis, precepit ei quod abnegaret Deum, et cum ipse testis respondisset quare hoc faceret, dixit ei dictus Guillelmus Fabri quod nichil ad eum requireret hoc, sed quod abnegaret; et tunc ipse testis dixit quod abnegaret ore non corde, et abnegavit Deum ore non corde, ut dixit. Deinde dixit ei dictus Guillelmus quod spueret super quamdam crucem, et ipse noluit spuere super sed juxta. Requisitus qualis erat dicta crux, respondit primo quod crux mantelli ipsius testis, ut sibi videbatur. Postmodum dixit quod sibi videbatur quod fuisset quedam parva crux lignea, sed non bene reco ebat. Postmodum precepit ei quod oscularetur ipsum Guillelmum, vestibus intermediis, super mamillam, sed non recolit si super dextram vel sinistram; et fuit eum osculatus in dicto loco. De aliis illicitis non fuit sibi locutus intra dictam cameram, nec erat ostium dicte camere, quando predicta dicta et facta fuerunt, clausum, nec erant presentes nisi ipsi duo.

Item, dixit quod, mantello sibi imposito, cum de dicta capella duceretur ad cameram supradictam, dictus Guillelmus ostendit ei quamdam tabulam pictam pendentem in dicta capella prope Crucifixi ymaginem, in qua tabula erat depicta ymago hominis, et precepit ei quod adoraret dictam ymaginem; et ipse testis respondit quod modo adoraret Christum creatorem suum, et adoravit Crucifixum et non ymaginem dicti hominis.

Requisitus si scit vel credit quod dicta ymago hominis esset representatura hominis mali vel boni, respondit se credere quod representaret aliquem sanctum; nescit tamen hoc, nec dictus Guillelmus declaravit sibi cujus erat ymago. Requisitus qualiter et cum quali habitu erat depicta dicta ymago, respondit se non recordari, veru ptamen non erat in habitu Templarii.

Requisitus si dicta ymago fuerat ei tunc posita de novo, et si post dictam recepcionem suam remansit ibi dicta tabula sequentibus diebus, respondit se nescire.

Requisitus si habuit aliquam malam suspicionem quando fuit ei dictum quod adoraret dictam ymaginem, respondit quod non.

Requisitus si sciebat vel credebat quod dictus Guillelmus Fabri preceperit sibi predicta illicita sciente vel mandante dicto thesaurario, respondit se nescire, sed pocius credebat quod dictus thesaurarius nesciverit nec mandaverit fieri predicta quam contrarium.

Requisitus de nominibus illorum quos ipse receperat in ordine et circunstanciis recepcionum eorum, dixit quod, fuerunt circiter XIIII anni, recepit in magna capella domus Templi Parisiensis, de mandato dicti fratris Johannis de Turno tunc thesaurarii, fratrem Johannem lo Vinhaeur servientem, Parisiensis diocesis, quem credit vivere, presentibus fratribus Petro, nato de Gastinesio, tunc collectore redituum Templi ville Parisiensis, Guillelmo, cognominato le Normant, ut sibi videtur, tunc preceptore dicte domus Parisiensis, deffunctis. Recepit eciam in capella domus Templi de Stampis, cujus ballivie erat tunc preceptor, fratrem Guillelmum de Chaloto Regine Carnotensis diocesis, servientem, de cujus vita vel morte non habet certitudinem, presentibus fratribus Arnulpho de Champenelhe preceptore dicte domus de Stampis, et Arnulpho de Domont Parisiensis diocesis servientibus, de quorum vita vel morte non habet certitudinem. Et elapsis octo diebus a dicta recepcione fratris Guillelmi de Chaloto, recepit, in capella domus Templi de Chaloto Regine, fratrem Johannem d'Anfergis servientem, de cujus vita vel morte non habet certitudinem, presente dicto preceptore et fratre Michaele de Cheynei gadrigario, deffuncto. Recepit eciam fratrem Johannem de Folheyo juris peritum, in capella parva superiori juxta thesaurariam Templi Parisius, per duos annos vel circa ante capcionem eorum, presentibus fratribus Petro collectore reddituum Templi Parisiensis, supra nominato, Johanne de Furno, de Gastinesio et Raynerio de Larchant servientibus, et Raynardo de Tremblayo presbytero, qui presbyter et Raynerius fuerunt supra examinati. Recepit eciam alios sex vel octo, de quorum nominibus et cognominibus, locis et presentibus dixit se non recordari.

Requisitus si servavit eumdem modum in recepcionibus omnium predictorum receptorum per eum, respondit quod sic.

Requisitus quem modum servaverat in recepcionibus predictorum, respondit quod illum modum quem deposuit servatum fuisse in recepcione sua, exceptis illicitis supradictis que deposuit intervenisse in recepcione sua; que quidem illicita non intervenerunt, eo sciente vel mandante, in recepcionibus predictorum nec post.

Requisitus si scit vel credit quod aliqui ex fratribus qui adfuerunt dictis recepcionibus vel alii fecerint, absente ipso teste, vel preceperint aliquid illicitum in recepcionibus predictorum vel post, respondit se nescire; potest tamen esse quod aliquibus ex dictis receptis preciperentur dicta illicita que fuerunt precepta ipsi testi per dictum fratrem Guillelmum, et quod ipsi facerent ea, et quod aliquibus aliis non preciperentur nec quod ea facerent.

Requisitus si vidit alios recipi in ordine per alios, respondit quod sic multos, inter quos fuit frater Guido de Maynilio preceptor baillivie Carnotensis, quem recepit dictus frater Johannes de Turno quondam, sunt xxii anni et ultra, in magna capella Templi Parisiensis, ut sibi videtur, non recolit quibus presentibus. Vidit eciam recipi, per fratrem Hugo de Penrando, in quodam capitulio generali Parisius, in magna capella Templi, sunt xvi anni vel circa, ut sibi videtur, fratres Adam de Valencourt militem, testem supra examinatum, et quemdam ejus fratrem carnalem, non recolit quibus presentibus. Vidit eciam recipi, per fratrem Gerardum de Villaribus tunc preceptorem Francie, in dicta magna capella Templi Parisiensis, sunt vii anni vel circa, ut ei videtur, fratrem P. de Dono Martino presbiterum, ut sibi videtur, non recolit quibus presentibus nec de aliis quos vidit recipi. Requisitus si vidit vel scivit vel credit quod, in recepcionibus predictorum vel aliorum quos vidit recepi vel post, intervenerunt illa illicita que deposuit intervenisse in recepcione sua vel alia inhonesta, respondit quod non vidit nec scivit; poterunt tamen esse quod intervenirent in recepcionibus aliquorum et non in recepcionibus aliorum, nec scit bene quid credat de predictis.

Item, dixit, de dogmatizacione et conculcacione crucis et aliis contentis in v° articulo et omnibus aliis sequentibus, se nichil scire ultra que supra deposuit, hoc excepto quod non credit quod fierent dicte dogmatizaciones, conculcaciones, nec quod catum adorarent, nec quod eorum sacerdotes verba canonis obmitterent, nec quod fratres ordinis essent increduli in ecclesiasticis sacramentis, quibus ipse bene credebat, ut dixit.

Item, dixit quod non credebat quod eorum laici absolverent nec possent absolvere a peccatis, sed presbyteri eorum absolvebant eos quando eis confitebantur; nec credit quod fratres alii ordinis crederent se posse absolvi a peccatis per dictos laicos eorum, sed a penis et disciplinis ordinis; erat tamen consuetum in ordine, sicut dixit, et scriptum in libris eorum, quod, quando terminabantur eorum capitulia, fratres laici qui tenebant dicta capitulia dicebant talia verba : De omnibus que obmisistis dicere, propter verecundiam carnis vel propter timorem justicie domus, nos facimus vobis talem indulgenciam qualem possumus et debemus, et rogatis Deum et beatam Mariam quod sicut Deus indulsit Magdalene et latroni peccata eorum, ita indulgeat vobis peccata vestra et nobis nostra.

Requisitus quid intelligebat per verba predicta : propter verecundiam carnis, dixit quod peccata fornicacionis et alia peccata que erubuissent manifestare in capitulis eorum.

Requisitus si per predicta verba et indulgenciam laici tenentis capitulum ipse testis credidisset esse absolutus ab aliquo peccato veniali vel mortali, respondit quod non, nec credit quod alii fratres ordinis aliud quam ipse testis crederent; nec quod fierent alia oscula quam illa de quibus supra deposuit, nec quod committerent crimen sodomiticum, nec quod diceretur eisdem quod hoc licite facere possent. Jurabant ordinem non exire absque licencia superioris qui posset eam dare. Clandestine recipiebantur, nec scit nec credit nec audivit dici, nisi post capcionem eorum, quod haberent ydola, nec quod cordule cum quibus cingebantur super camisias cum quibus jacebant, quas cordulas sumebant unde volebant, tangerent capita ydolorum; sed eas portabant in signum castitatis.

Item, dixit se credere quod ubique in ordine, qui erat unus, fierent uniformiter recepciones quoad illa licita quam deposuit intervenisse in sua; sed de illicitis, credit quod aliqui non facerent, et potest esse quod aliqui facerent; magis tamen credit quod communiter vel majori parte non fierent illicita quam contrarium. Deffendebatur eis per sacramentum quod non revelarent secreta capituliorum eciam fratribus qui non adfuerant in eis, sed non deffendebatur eis expresse et in speciali quod non revelarent modum sue recepcionis; nec audivit inhiberi quod non confiterentur nisi sacerdotibus ordinis. Illi qui committebant errores et qui eos sciebant, fuerunt negligentes, quia non correxerunt eos nec denunciaverunt Ecclesie. Eleemosinas et hospitalitatem vidit convenienter fieri in ordine et servari, et inhibebatur eis quod non acquirerent ordini per nefas. Missa celebrata et sermone facto per aliquem relligiosum, de die capitulia eorum generalia tenebantur, januis clausis. Credit quod totus ordo servasset que magnus Magister cum conventu statuisset, et quod nunc grandia scandala, suspicio et infamia sint propter predicta contra ordinem exorta, sed non ante capcionem eorum. Audivit dici magnum Magistrum et alios aliquos errores, nescit quos, confessos fuisse contra ordinem, ad cujus defensionem se non obtulerat.

Requisitus si sic deposuerat prece, precepto, timore, amore, odio, vel comodo temporali habito vel habendo, respondit quod non, sed pro veritate dicenda. Cui fuit injunctum quod non revelaret hanc suam deposicionem quousque attestaciones fuerint publicate. Et requisivit dictus testis a dictis dominis commissariis, cum instancia magna, liberacionem sue pene, asserens se esse bonum fidelem et catholicum Christianum.

Eisdem die et loco fuerunt adducti ad presenciam eorumdem dominorum commissariorum pro testibus fratres Gerardus de Rupe Amatoris presbytero, Stephanus de Gorsolas, Ahimericus de Premi Pictavensis, Petrus Maysorilier, Johannes Fabri et Hugo la Hugonia Lemovicensis diocesium. Qui juraverunt, tactis sacrosanctis Evangeliis, dicere plenam et meram veritatem in presenti negocio, secundum formam juramenti aliorum testium superius registratam, expositam et vulgarizatam eisdem.

Acta fuerunt hec die et loco predictis, presentibus magistro Amisio, me Floriamonte Dondedei, et aliis notariis supra ultimo nominatis.

Post hec, die Veneris sequenti, que fuit xxvi dies dicti mensis

Februarii, fuit adductus ad presenciam eorumdem dominorum commissariorum, in dicta domo fratrum Minorum, frater Gerardus de Rupe Amatoris presbyter, de Castro Lemovicensi, testis supra juratus, ut deponeret dictum suum, portans mantellum ordinis, etatis quadraginta duorum annorum vel circa, cum quo fuerat inquisitum per dominum episcopum Lemovicensem, qui nunc est, et absolutus et reconciliatus per eum. Lectis autem et diligenter expositis sibi omnibus et singulis articulis, respondit se nescire de contentis in eis nisi quod sequitur : quod nunquam viderat recipi alium fratrem in ordine, nec unquam interfuerat capitulis eorum. Ipse autem receptus fuerat, circa festum beati Michaelis proximo preteritum fuerunt xxv anni vel circa, in capella domus Templi de Bela Chassaula Lemovicensis diocesis, per fratrem Franconem de Bort militem quondam, tunc preceptorem dicte domus, presentibus fratribus Gerardo Buyssitgra presbytero, curato tunc domus Templi de Gencils, Boneto de Vossello et Hugone Chabanas servientibus, defunctis, in hunc modum : nam instructus per Bonetum et Hugonem predictos, peciit caritatem et elemosinam domus, et obtulit se velle fieri servum esclavum ordinis; et responso ei quod bene deliberaret, quia grandem rem petebat, quia oporteret eum multa dura et aspera sustinere, esurire quando vellet comedere, vigillare quando vellet dormire, ipse testis instans pro dicta sua recepcione et dicens quod omnia sustineret, finaliter, post terciam peticionem premissorum, fuit receptus; et juramento supra quoddam missale prius prestito per eum quod non erat servilis condicionis, nec excommunicatus, nec matrimonio, nec alteri religioni obligatus, et quod non habebat aliquod impedimentum propter quod non posset recipi in ordine supradicto, et quod non revelaret secreta eorum, quod servaret castitatem, obedienciam, et viveret sine proprio, tradidit sibi mantellum; et ipse testis fuit osculatus ipsum receptorem in ore, et postmodum supra vestes in pectore et in humero, et alii fratres astantes fuerunt ipsum testem osculati in ore. Post que dicti fratres Hugo et Bonetus duxerunt ipsum testem ad quemdam angulum dicte capelle obscurum juxta fontes, predi-.ctis receptore et presbytero remanentibus prope altare ubi prius erant, ut exueret vestes seculares, et indueret vestes religionis, et cum eas induisset, predicti duo fratres dixerunt ei quod abnegaret Dominum Jhesum, quia hoc erat de punctis ordinis; et cum ipse testis, qui tunc erat circiter xiiii annorum, aliquantulum restitisset, finaliter abnegavit Dominum Jhesum ore non corde, ut dixit. Postea dixerunt ei quod spueret ter supra terram, et ipse spuit. Requisitus si dixerunt ei quod spueret in despectum Jhesu, respondit quod non. Requisitus si scit vel credit quod dictus receptor sciverit vel mandaverit fieri predicta, respondit se credere quod sic. Requisitus si scit vel credit quod alii fratres ordinis reciperentur communiter in toto ordine sicut deposuit se fuisse receptum abnegando Jhesum, respondit se credere quod sic, et ita credidit ex quo fuit in dicto ordine.

Item, dixit quod non credebat fieri dogmatizaciones nec conculcaciones, nec audivit quod adorarent catum, nec quod preciperetur sacerdotibus eorum quod obmitterent verba canonis, nec quod eorum laici absolverent vel possent absolvere a peccatis, nec quod fierent alia oscula inhonesta, nec quod perpetrarent crimen sodomiticum, nec quod diceretur eis quod hoc esset licitum, nec quod haberent ydola, nec quod cordule quibus cingebantur in signum castitatis supra camisias cum quibus jacebant, que cordule ex instructione beati Bernardi portabantur, tangerent capita ydolorum, nec quod inhiberetur quod non confiterentur nisi sacerdotibus ordinis. Item, dixit quod ipse bene credebat ecclesiasticis sacramentis, et existens in ordine fuerat ad sacerdocium et alios sacros ordines promotus, et ideo celebraverat secundum formam Ecclesie, et credit quod alii fratres ordinis bene crederent. Item, dixit quod non jurabant ordinem non exire, sed statim pro professis habebantur; et quod clandestine recipiebantur, nullis presentibus nisi fratribus ordinis, ex quo credit quod esset suspicio contra eos; et quod illi qui noluissent facere predicta illicita, vel qui ea vel secreta capituliorum aut modum recepcionis revelassent, fuissent incarcerati vel aliter male tractati. Fratres scientes errores fuerunt negligentes, quia non correxerunt eos nec denunciaverunt Ecclesie. Elemosinas et hospitalitatem vidit in ordine convenienter fieri et servari, nec dicebatur eis quod per nefas acquirerent ordinem. Clam eorum capitulia tenebantur, sed non audivit quod excubie ponerentur. Credit quod totus ordo servasset quod magnus Magister cum conventu statuisset, et quod propter predicta sint nunc grandia scandala, suspicio et infamia contra ordinem exorta, et quod confessata per eum essent nota fratribus ordinis, sed non extraneis. Audivit dici magnum Magistrum et alios aliquos errores, nescit quos, confessos fuisse contra ordinem, ad cujus deffensionem se non obtulerat.

Requisitus si sic deposuerat prece, precepto, timore, amore, odio, vel comodo temporali habito vel habendo, respondit quod non, sed pro veritate dicenda. Cui fuit injunctum quod non revelaret hanc suam deposicionem quousque attestaciones fuerint publicate. Et dictus testis nunquam fuerat tortus nec questionibus positus, sed dictam abnegacionem coram dicto domino Lemovicensi episcopo post capcionem eorum sponte confessus.

Frater Stephanus las Gorsolas serviens, Lemovicensis diocesis, preceptor domus Templi de Pallatio, ejusdem diocesis, testis supra juratus, mantellum et barbam defferens, quadragenarius et ultra, cum quo inquisitus fuerat, absolutus et reconciliatus per dominum episcopum Lemovicensem, lectis et diligenter expositis omnibus et singulis articulis, respondit se nescire de eis nisi quod sequitur : quia non viderat recipi in ordine, nisi fratrem Hugonem la Hugonia, testem supra juratum sed nondum examinatum, in cujus recepcione supervenit, mantello ei tradito per fratrem Gaufredum de Gonavilla, tunc preceptorem Pictavensem, in capella domus Templi de Buxeria Raspit Lemovicensis diocesis, in vigilia instantis festi Pentecostes erunt VIIII anni vel circa; et fuerunt presentes fratres Guido de Malo Monte miles, P. Maliani, Guillelmus de Breveza serviens, qui vivunt, et P. Raynandi quondam avunculus ipsius testis; in cujus Hugonis recepcione vel post nichil scivit nec audivit fieri illicitum. Ipse autem receptus fuerat, in octabis instantis Resurrectionis Domini erunt XXVI anni vel circa, in capella domus Templi de Paulhac Lemovicensis diocesis, per fratrem Johannem las Chaussadas quondam, preceptorem tunc dicte domus de Paulhac, de mandato fratris Franconis de Bort tunc superioris in partibus illis, presentibus predicto fratre P. Raynandi, et fratribus Adeberto de Nalhac quondam preceptore de Blandes, Gerardo de sancto Marineto, et Bernardo Audierii servientibus, defunctis, in hunc modum : nam cum requisivisset bis vel ter interpolate caritatem et societatem ordinis, et responsum fuisset eidem quod bene deliberaret, quia oporteret eum abdicare a se propriam voluntatem, et multa dura et aspera sustinere, et ipse dixisset quod omnia sustineret, finaliter eo instante pro dicta recepcione, consilio inter se habito quod reciperent eum, fecerunt eum vovere et jurare super quemdam librum castitatem, obedienciam, vivere sine proprio, et servare bonos usus et bonas consuetudines qui tunc erant in ordine, et qui in posterum imponerentur cum consilio proborum ordinis. Post que dictus receptor imposuit ei mantellum, fratre Perrino presbitero, assistente, dicente psalmum : Ecce quam bonum. Post que idem testis fuit osculatus dictum receptorem in ore et super vestes in pectore, et omnes alios fratres in ore. Postmodum instruxit qualiter, quando surgeret, recommandaret se Deo et beate Marie, et qualiter oraret, et quot *Pater noster* diceret pro horis suis, et qualiter regeret se in ordine; et exposuit multos casus propter quos poterat amittere habitum vel domum, vel incurrere alias penas. Et vidit expelli a dicto ordine fratrem Garsiam Arnardi diaconum, Petragoricensis diocesis, per fratrem Franconem de Bort, quia dicebatur ante ingressum dicti ordinis obligatus fuisse alteri religioni. Post que predicti fratres Audebertus et Bernardus Audierii duxerunt ipsum prope fontes dicte capelle, et dixerunt ei quod abnegaret Jhesum; et ipse testis, qui juvenis erat tunc, videns quod erat eis astrictus, abnegavit Jhesum ore non corde ; non tamen dixerunt ei quod hoc deberet facere secundum puncta ordinis. Postea preceperunt ei quod spueret ter in terram, et ipse spuit. Requisitus si ibi erat aliqua crux, et si dixerunt quod spueret in despectum Jhesu, respondit quod non ; tamen non credit quod in hoc haberent bonam intencionem. Requisitus si alia illicita intervenerunt in dicta sua recepcione vel post, respondit quod non. Requisitus si scit vel credit quod communiter omnes fratres ordinis, in recepcionibus eorum vel post, abnegarent Jhesum, respondit se credere de illis qui fuerunt recepti post recepcionem ipsius testis, sed de illis qui prius recepti fuerant non credit. Requisitus per sacramentum suum si locutus fuerat, cum teste precedenti vel cum aliis qui juraverunt cum eo et cum ipso adducti fuerunt de Lemovicino, quod per unum modum deponerent, et si viderant articulos super quibus inquiritur nunc cum eo, respondit quod non. Item, dixit quod devote adorabant crucem in die Veneris sancta cum magna reverencia ; nec scit nec audivit quod fierent dogmatizaciones nec conculcaciones nec oscula inhonesta contenta in articulis, nec quod adorarent catum, nec quod fratres ordinis essent increduli in ecclesiasticis sacramentis, nec quod eorum sacerdotes obmitterent verba canonis, et milesies, ut dixit, juverat sacerdotes ordinis ad dicendum missas, et frequenter, cum celebrarent tempestive, tenebat candelas juxta missale, et audiebat quod sacerdotes celebrantes dicebant illa verba : Hoc est enim corpus meum. Et credit bene ecclesiasticis sacramentis, et est litteratus, ut dixit. Non credit quod eorum laici absolverent vel possent absolvere a peccatis ; verumptamen in terminacione capituliorum laici tenentes capitulia dicebant, factis precibus sicut fiunt in Ecclesia, talia verba in effectu : Illi ex vobis qui non dixistis culpas vestras in capitulio, male fecistis ; verumptamen de hiis que obmisistis dicere, propter verecundiam carnis vel propter timorem justicie ordinis, nos facimus vobis talem indulgenciam qualem possimus, et vos indulgeatis unus alteri ; et Deus, qui indulsit Magdalene, indulgeat vobis et nobis ; et postea dirigens verba sua capellano, si adherat, dicebat : Et vos, capellane, absolvetis eos; et tunc capellanus faciebat generalem confessionem et absolucionem secundum formam Ecclesie, aspergendo aquam benedictam super eos. Requisitus si, per dictam indulgenciam quam dicti laici faciebant, credebant fratres ordinis esse absoluti a peccatis venialibus vel mortalibus, respondit quod ipse non credebat, nec credit quod alii fratres ordinis hoc crederent; credit tamen quod per dictam generalem confessionem et absolucionem capellani, essent absoluti a peccatis venialibus. Requisitus quid intelligebat per dicta verba : verecundiam carnis, respondit quod in dicto ordine imponebantur eis multe pene ex quibus confundebantur et verecundabantur, et ideo credit quod diceretur eis quod si, ob dictam verecundiam vel propter penarum timorem, obmitebant dicere et publicare culpas suas, quod faciebat eis dictam indulgenciam. Item, dixit quod statim pro professis habebantur, ut possent immediate, si opus esset, mitti ultra mare, et jurabant ordinem non exire. Clandestine recipiebantur, ex quo credit quod esset suspicio contra eos. Non credit quod carnaliter commiscerentur, nec quod diceretur eis quod hoc possent facere, nec quod haberent ydola, nec quod cordule cum quibus in signum castitatis cingebantur super camisias cum quibus jacebant, quas cordulas sumebant unde volebant, tangerent capita ydolorum. Non audivit aliquem puniri quod noluisset facere illicita in recepcione sua, nec audivit quod aliquis ea revelaverit; sed si quis revelasset vel secreta capituliorum, credit quod perdidisset habitum per annum et diem. Non inhibebatur eis in speciali quod non revelarent modum recepcionis eorum, nec quod non confiterentur nisi sacerdotibus ordinis. Illi qui sciebant errores et poterant corrigere, fuerunt negligentes, quia non correxerunt eos nec denunciaverunt Ecclesie. Eleemosinas et hospitalitatem convenienter vidit fieri et servari in ordine. Non audivit precipi quod acquirerent per nefas; imo, dixit quod erat de statutis ordinis quod jus alienum non usurparent, licet hoc semper non observassent. Missa celebrata, clam capitulia tenebantur : sed non audivit quod excubie ponerentur, nec quod familia expelleretur de domo. Totus ordo servasset quod magnus Magister cum conventu statuisset. Grandia scandala, suspicio et infamia nunc sunt exorta contra ordinem Templi. Fratres qui aderant recepcionibus aliorum credit quod scirent modum recepcionis eorum, sed non extranei. Audivit ab aliquibus secularibus magnum Magistrum et alios confessos fuisse aliquos errores, nescit quos, contra ordinem, ad cujus deffensionem se non obtulerat; et dictam abnegacionem confessus fuerat post eorum capcionem, coram dicto domino episcopo Lemovicensi, nec unquam fuerat suppositus questionibus vel tormentis.

Requisitus si sic deposuerat prece, precepto, timore, amore, odio, vel temporali comodo habito vel habendo, respondit quod non, sed pro veritate dicenda. Cui fuit injunctum quod non revelaret hanc suam deposicionem quousque attestaciones fuerint publicate.

Frater Aymericus de Primi serviens, Pictavensis diocesis, testis supra juratus, mantellum et barbam defferens, quadragenarius vel circa, cum quo inquisitum fuerat, absolutus et reconciliatus per dictum dominum episcopum Lemovicensem, lectis et diligenter expositis sibi omnibus et singulis articulis, respondit quod nunquam viderat aliquem alium recipi in ordine, nec interfuerat capitulis eorum, nec sciebat de contentis in dictis articulis nisi quod sequitur. Dixit eciam quod fuerat receptus, circa festum Magdalene proximo preteritum fuerunt xx anni vel circa, in capella domus Templi de Font Lezentort Lemovicensis diocesis, per fratrem Johannem las Chausadas quondam preceptorem de Paulhaco, presentibus fratribus Gaufrido de Brevesa, Aymerico de Masualier, et Johanne de Vriaco servientibus, vivis, ut credit, et aliis de quorum nominibus non recordatur, in hunc modum : nam instructus a dictis fratribus Gaufredo et Johanne, requisivit caritatem et societatem ordinis pluries interpolate; et cum ei frequenter responsum fuisset quod bene deliberaret, quia grandem rem petebat, et oporteret eum multa dura et aspera sustinere, et ipse dixisset quod omnia sustineret, et institisset pro recepcione sua, finaliter fecerunt eum vovere et jurare supra quemdam librum castitatem, obedienciam, et vivere sine proprio, et servare bonos usus et bonas consuetudines ordinis, et quod esset servus esclavus Terre Sancte. Postmodum dictus receptor imposuit ei mantellum, et ipse testis fuit eumdem receptorem osculatus in ore et in humero super vestes, et alios fratres astantes in ore. Postea dictus receptor, in presencia aliorum fratrum, precepit eidem testi quod abnegaret Jhesum; et cum ipse testis respondisset quod nullo modo abnegaret Creatorem suum, dixit ei quod non curaret sed abnegaret; et tunc ipse testis ter abnegavit Jhesum, non intendens ex hoc abnegare Jhesum Christum, Creatorem suum, ut dixit. Postea precepit ei quod spueret ter supra terram, et ipse testis spuit semel vel bis. Requisitus si ibi erat aliqua crux, vel si dixit ei quod spueret in despectum Jhesu, respondit quod non. Requisitus si alia illicita intervenerunt in recepcione sua vel post, respondit quod non. Requisitus si scit vel credit quod omnes fratres ordinis abnegarent Jhesum in recepcionibus suis vel post, respondit se credere quod sic, et quod uniformiter in toto ordine predicto reciperentur. Item, dixit quod non credebat fieri in ordine dogmatizaciones illicitas nec conculcaciones; immo, in die Veneris sancta devote et reverenter confitebantur, et adorabant crucem. Non credit quod adorarent catum, nec quod fratres ordinis essent increduli ecclesiasticis sacramentis, quibus ipse bene credebat; et credit quod eorum sacerdotes debite celebrarent, quia vidit frequenter fratres Minores et Predicatores et alios religiossos juvare dictos presbiteros in missis celebrandis. Non credit nec audivit quod eorum laici absolverent vel possent absolvere a peccatis, quia non erant presbiteri, nec fierent inter eos alia oscula quam illa de quibus supra deposuit. Non jurabant ordinem non exire. Statim pro professis habebantur, et clandestine recipiebantur, ex quo credit quod esset suspicio contra eos. Non credit quod carnaliter commiscerentur, nec quod diceretur eis quod hoc facere licite possent, nec quod haberent ydola, nec quod cordule, quibus cingebantur in signum castitatis supra camisias cum quibus jacebant, tangerent capita ydolorum. Per sacramentum injungebatur eis quod non revelarent secreta capituliorum, et si ea revelassent, perdidissent habitum et domum, et eodem modo si commisissent crimen sodomiticum, non fuisset sibi inhibitum in speciali quod non revelarent modum recepcionis sue. Secundum statuta eorum, debebant confiteri sacerdotibus ipsorum, et quando eos non poterant habere, confitebantur Carmelitis vel aliis quibus volebant. Fratres scientes errores fuerunt negligentes, quia non correxerunt errores nec denunciaverunt Ecclesie. Elemosinas et hospitalitatem vidit convenienter fieri et servari in domibus ordinis in quibus fuit commoratus; nec audivit quod preciperetur eis ut per nefas acquirerent ordini. Clam eorum capitulia tenebantur, sed non audivit dici quod excubie ponerentur. Totus ordo servasset quod magnus Magister cum conventu statuisset. Non audivit quod propter feditates aliqui exiverint ordinem; audivit tamen a dicto ordine expelli aliquando aliquos propter maleficia eorum, et specialiter fratrem Hugonem de Monte Legali de Burgondia, qui rediit ad seculum, et audivit quod aliquando aliqui exiverunt dictum ordinem propter levitates eorum. Nunc grandia scandala, suspicio et infamia exorta sunt contra ordinem, contra quem Magister et alii dicuntur aliqua, nescit que, fuisse confessi; ad cujus deffensionem se non obtulerat. Et dictam abnegacionem sponte confessus fuerat coram dicto domino episcopo Lemovicensi, nec suppositus fuerat questionibus vel tormentis.

Requisitus si sic deposuerat prece, precepto, timore, amore, odio, vel comodo temporali habito vel habendo, respondit quod non, sed pro veritate dicenda. Cui fuit injunctum quod non revelaret hanc suam deposicionem quousque attestaciones fuerint publicate. Et fuit, circa principium deposicionis sue, protestatus quod non intendit recedere a deposicione per ipsum facta coram dicto domino episcopo Lemovicensi, et quod, si quid plus vel minus diceret, non prejudicet sibi.

Acta fuerunt hec dictis die et loco, presentibus magistro Amisio, me Floriamonte Dondedei, et aliis notariis supra ultimo nominatis.

Post hec, die Sabati sequenti, que fuit xxvii dies dicti mensis Februarii, fuit adductus ad presenciam eorumdem dominorum commissariorum, in domo predicta fratrum Minorum, frater Poncius de Masualier serviens, Lemovicensis diocesis, testis supra juratus, ut deponeret dictum suum, mantellum ordinis defferens, quadragenarius vel circa, cum quo inquisitum fuerat, absolutus et reconciliatus per dominum Lemovicensem episcopum, qui nunc est. Lectis autem et diligenter expositis sibi omnibus et singulis articulis, respondit se nescire de eis nisi quod sequitur, scilicet : quod ipse et frater Helias de Brigolio serviens, Lemovicensis diocesis, fuerunt simul recepti, circa festum beati Martini hiemalis preteritum fuerunt circiter xxx anni, per fratrem Johannem de las Chassadas quondam, preceptorem tunc de Paulhaco, de mandato fratris Franconis de Bort militis, quondam superioris in partibus illis, in capella domus Templi de Mansi Dei de Lobertz Lemovicensis diocesis, presentibus fratribus Seguino d'Estanhac, Johanne Arestan, in eadem domo commorantibus, deffunctis, et Aymerico Masualier patruo ipsius testis, preceptore tunc dicte domus servientibus, in hunc modum : nam quum requisivissent, instructi ab aliis fratribus, caritatem ordinis per plures vices interpolate, et eis responsum fuisset pluries quod bene deliberarent, quia grandem rem petebant, et quod oporteret eos multa dura et aspera sustinere, finaliter ipso teste et dicto Helia dicentibus quod omnia sustinerent et pro recepcione eorum instantibus, fecerunt eos vovere et jurare super quemdam librum castitatem, obedienciam, vivere sine proprio, et servare bonos usus et bonas consuetudines ordinis, et quod essent servi esclavi Terre Sancte. Postmodum dictus receptor imposuit, primo ipsi testi et secundo dicto Helie, mantellos, et ipsi recepti fuerunt osculati preceptorem in ore et in pectore et humero super vestes, et omnes fratres astantes in ore. Postmodum instruxit eos qualiter se haberent in ordine, et quot *Pater noster* dicerent pro horis suis. Post que dicti fratres Seguinus et Johannes Arestan duxerunt ipsum testem versus cornu altaris in quodam loco obscuro, et dictus Seguinus precepit ei quod abnegaret Jhesum; et ipse testis, qui erat tunc x vel xii annorum, abnegavit Jhesum, sed non credebat quod preciperet ei quod abnegaret Jhesum Christum, nec quod ibi faceret aliquid in prejudicium anime sue. Post que precepit ei quod spueret in terram ter, et ipse spuit. Requisitus si ibi erat aliqua crux, vel si ei dixit quod spueret in despectum Jhesu, respondit quod non, quod ipse recolat, et quod alia inhonesta vel illicita non intervenerunt in recepcione sua predicta nec post. Item, dixit quod predicti fratres Seguinus et Johannes, post premissa, duxerunt dictum Helyam ad predictum locum obscurum ad quem duxerant ipsum testem, et credit quod eodem modo fecerunt eum abnegare Jhesum et spuere super terram, sicut fecerat ipse testis, et idem credit quod fecerunt omnes alii qui recipiebantur in ordine; hoc tamen non vidit fieri, quia non interfuit in aliis recepcionibus; nam fugiebat industriose dictas recepciones ne eis adesset, quia habebat suspicionem, postquam pervenit ad xv annum, quod predicta illicita in dictis recepcionibus fierent, et quia injunctum fuerat ei in penitencia quod non interesset loco in quo predicta illicita fierent, per Johannem la Fanria, presbyterum secularem donatum Templi, tunc commorantem in domo de Paulhac, quondam cui confessus fuit de predictis erroribus, xv anno etatis sue vel circa, in capella dicte domus de Paulhaco; qui absolvit eum, imposita eciam penitencia quod jejunaret tribus annis sextis feriis in pane et aqua, et in eisdem anno et loco fuit confessus de predictis erroribus fratri Hugoni de Cavalicis quondam, tunc conventuali fratrum Minorum Lemovicensium, qui, audito quod dicto presbytero confessus fuerat et quod predictam penitenciam sibi injunxerat, nullam aliam penitenciam injunxit eidem. Item, dixit quod non credebat fieri in ordine dogmatizaciones illicitas, nec quod conculcarent crucem, quam in die Veneris sancta devote et reverenter adorabant, nec quod adorarent catum, nec quod eorum sacerdotes omitterent verba canonis, nec quod alii fratres essent increduli in ecclesiasticis sacramentis, quibus ipse testis bene credebat, nec quod eorum laici absolverent vel possent absolvere a peccatis, nec quod fierent alia hoscula quam illa de quibus supra deposuit. Dicebatur eis quod statim pro professis habebantur, sed non juravit ordinem non exire. Clandestine recipiebantur, ex quo erat suspicio contra eos; nec scit nec credit quod carnaliter commiscerentur, nec quod diceretur eis quod hoc licitum esset, nec quod haberent ydola, nec quod cordule, quibus ex ordinacione beati Bernardi cingebantur supra camisias cum quibus jacebant, tangerent capita ydolorum, nec quod aliquis noluerit facere predicta illicita, nec quod ex hoc punitus fuerit. Precipiebatur eis quod non revelarent secreta capitulorum, et si revelassent, perdidissent domum et incarcerati fuissent. Non tamen in speciali audivit inhiberi quod non revelarent modum recepcionis eorum. Injungebatur eis quod non confiterentur nisi sacerdotibus ordinis, ipse tamen non servavit. Fratres scientes errores fuerunt negligentes, quia non correxerunt eos nec denunciaverunt Ecclesie. Elemosinas et hospitalitatem vidit convenienter fieri et servari in domibus ordinis in quibus fuit conversatus, nec audivit precipi eis quod per nefas acquirerent. Clam capitulia tenebantur, sed non audivit quod excubie ponerentur, nec quod familia expelleretur de domo. Totus ordo servasset quod magnus Magister cum conventu ordinasset. Grandia scandala, suspicio et infamia propter premissa, que credit fuisse notoria fratribus ordinis, exorta sunt contra ordinem, contra quem audivit dici magnum Magistrum et alios aliquos errores, nescit quos, fuisse confessos. Non obtulit se deffensioni ordinis, nec fuit questionatus, et dictas abnegacionem et spuicionem sponte confessus fuit coram dicto domino Lemovicensi.

Requisitus si sic deposuerat prece, precepto, timore, amore, odio, vel temporali comodo habito vel habendo, respondit quod non, sed pro veritate dicenda. Cui fuit injunctum quod non revelaret hanc suam deposicionem quousque attestaciones fuerint publicate. Item, dixit quod majores ordinis non permitebant quod inferiores haberent regulam ordinis, nec quod exponeretur eis, et si ordo staret, vellet habere regulam certam.

Frater Stephanus las Gorsolas, testis eri examinatus, rediens ad presenciam dictorum commissariorum, dixit ad memoriam suam reductum fuisse quod, in die recepcionis ejus, fuerant cum eodem, per eundem et in eodem loco et eisdem presentibus et per eundem modum quoad licita, recepti fratres Petrus de Coderex et Guillelmus Fabri servientes, et post eorum recepcionem, antequam exirent capellam, fuerunt separatim et successive ducti, per fratres Bernardum Audieri et Audebertum de Nalhac, ad locum ad quem prope fontes duxerant ipsum testem, et credit quod fecerunt eos abnegare Jhesum et spuere super terram, sicut fecerat ipse testis; hoc tamen non vidit, nec audivit dici, nec aliter scit. Item, dixit quod frater Helias Galabri fuit simul, eisdem die et loco presentibus et per eundem et eodem modo, ut credit, receptus cum fratre Hugone Laugonia, cujus recepcioni post mantelli tradicionem deposuit se supervenisse.

Frater Johannes Fabri serviens, Lemovicensis diocesis, testis supra juratus, mantellum et barbam defferens, etatis xxxiiii annorum vel circa, lectis et diligenter expositis sibi omnibus et singulis articulis, respondit se nescire de eis nisi quod sequitur, videlicet : quod nullum alium viderat recipi in ordine nec interfuerat capitulis eorum; ipse tamen receptus fuerat, in festo Magdelene proximo preterito fuerunt novem anni vel circa, per fratrem Petrum de Quadrivio quondam servientem, preceptorem tunc de Cambarello, in capella dicte domus de Cambarello, presentibus fratribus Antonio Burgundo, Hugone de Lata Petra, vivis, et Hugone de Lios, deffuncto, servientibus, in hunc modum : nam cum fuisset donatus eorum per decem annos vel circa, requisivit caritatem dicti ordinis et se cum instancia pluries recipi, sicut instructus fuerat per fratres dicti ordinis, et responso ei pluries quod bene deliberaret, quia grandem rem petebat, et quod oporteret eum abdicare a se propriam voluntatem, et multa dura et aspera sustinere, et ipse testis dixisset quod omnia sustineret, finaliter fecit eum vovere et jurare supra quemdam librum castitatem, obedienciam, vivere sine proprio, servare bonos usus et bonas consuetudines ordinis, et non revelare secreta capitulorum, eciam illis fratribus qui non adfuissent in eis, et quod pro posse suo juvaret ad acquirendum Terram Sanctam. Post que dedit ei mantellum, et ipse testis fuit osculatus eumdem receptorem in ore et in pectore super vestes, et alios fratres astantes in ore. Postmodum dicti fratres Antonius et Hugo de Lata Petra duxerunt ipsum testem prope fontes, et dictus Antonius precepit ei quod abnegaret ter Jhesum, dicens quod hoc erat ex statuto ordinis; et tunc ipse testis abnegavit ter Jhesum ore non corde, et intellexit quod per Jhesum intelligerent dicti Antonius et Hugo Jhesum Christum, et ipse testis idem credidit et adhuc credit. Postea precepit ei dictus Antonius ut spueret ter supra terram, et ipse spuit ter; non tamen erat ibi aliqua crux, nec fuit ei dictum expresse quod spueret in despectum Jhesu; et credit quod omnes alii, qui fuerunt recepti in dicto ordine ubique post recepcionem ejusdem testis, fecerint abnegacionem et spuicionem predictas, sed de illis qui diu antequam ipse testis fuerunt recepti, non credit quod hoc, propter multos probos homines qui in ordine fuerunt; ipse tamen non credit fuisse primus qui predicta illicita fecerit. Nescit nec audivit dici nec credit quod fierent dogmatizaciones illicite et vituperia crucis, quam in die Veneris sancta devote et reverenter adorabant; nec quod adorarent catum, nec quod fratres ordinis essent increduli ecclesiasticis sacramentis, quibus ipse bene credebat, nec quod eorum sacerdotes contra formam Ecclesie celebrarent, nec quod eorum laici absolverent vel possent absolvere a peccatis, nec quod fierent oscula alia quam illa de quibus supra deposuit, nec quod crimen sodomiticum perpetrarent, nec quod dicerent eis hoc licitum, nec quod haberent vel adorarent ydola, nec quod cordule, quibus ex ordinacione beati Bernardi cingi debebant super camissias cum quibus jacebant, tangerent capita ydolorum. Dicebatur eis quod statim pro professis habebantur, sed non juravit ordinem non exire. Clandestine recipiebantur, ex quo erat suspicio contra eos. Non audivit quod aliquis recusaret in recepcione sua facere illicita de quibus supra deposuit, nec quod in speciali inhiberetur quod non revelarent modum recepcionis eorum; sed per sacramentum injungebatur eis quod non revelarent secreta capituliorum. Non inhibebatur quod non confiterentur nisi sacerdotibus ordinis. Fratres scientes errores fuerunt negligentes, quia non correxerunt eos nec denunciaverunt Ecclesie. Elemosinas et hospitalitatem vidit convenienter fieri et servari in domibus ordinis in quibus fuit commoratus; nec audivit eis precipi quod per nefas acquirerent, nec dici quod excubias ponerent in capitulis eorum, nec quod familiam expellerent. Clam tamen ea tenere dicebantur. Quod magnus Magister cum conventu ordinasset servare debebat ordo, non tamen quandoque servabatur. Contra quem ordinem grandia scandala, suspicio et infamia sunt exorta propter predicta, que credit fuisse manifesta fratribus ordinis, non extraneis; et audivit dici magnum Magistrum et alios aliquos errores, nescit quos, sed magis credit quod illos quos ipse confessus est, fuisse confessos contra ordinem; ad cujus deffensionem se non obtulerat nec questionatus fuerat; sed predictas abnegacionem et spuicionem sponte confessus coram dicto domino Lemovicensi episcopo, qui absolverat et reconciliaverat eumdem; et fuit ante ejus deposicionem protestatus quod non intendebat recedere a deposicione per ipsum facta coram domino episcopo memorato.

Requisitus si sic deposuerat prece, precepto, timore, amore, odio, vel comodo temporali habito vel habendo, respondit quod non, sed pro veritate dicenda. Cui fuit injunctum quod non revelaret hanc suam deposicionem quousque attestaciones fuerint publicate.

Frater Hugo la Hugonia serviens, Lemovicensis diocesis, testis supra juratus, mantellum deferens, etatis XXII annorum vel circa, lectis et diligenter expositis sibi omnibus et singulis articulis, respondit se nescire de eis nisi quod sequitur, videlicet : quod ipse, una cum fratre Helia Galabrii Lemovicensis diocesis, serviens, fuit receptus, in instanti vigillia festi Pentecostes erunt VIII anni vel circa, per fratrem Humbertum de Conbrino quondam militem, tunc preceptorem de Paulhaco, presentibus fratribus Stephano las Gorsolas et Aymerico de Primi, testibus supra examinatis, et Guillelmo de Brevasa, et Petro Maliani servientibus, et Guidone de Malo Monte milite, in capella domus Templi de Buxeria Raspit Lemovicensis diocesis, in hunc modum : nam cum peciissent panem et aquam et societatem fratrum ordinis, sicut instructi fuerant, et fuisset eis responsum quod grandem rem petebant et quod bene deliberarent, quia oporteret eos abjicere propriam voluntatem et multa alia aspera sustinere; finaliter, eis respondentibus quod parati erant omnia sustinere, dictus receptor fecit eos vovere et jurare supra quemdam librum apertum castitatem, obedienciam, et vivere sine proprio, tenere bonos usus et bonas consuetudines, et non revelare secreta ordinis; et imposuit eis mantellos, et primo ipsi testi, et fuit eos osculatus in ore; et postea ipsi osculati fuerunt alios fratres astantes in ore. Postmodum dictus receptor instruxit eos quot *Pater noster* dicerent pro horis suis, et qualiter regerent se in ordine. Post que fratres Guillelmus Arnaudi tunc preceptor de Madiis, et quidam alius nacione Normannus, qui venerat ibi cum magistro Pictavie ad dictam domum, cujus Normanni nomen et cognomen ignorat, qui adfuerunt eciam in recepcione predicta, duxerunt ipsum testem ad quemdam angulum obscurum dicte capelle, ubi ipse preceptor de Madiis precepit ei quod abnegaret ter Jhesum Christum. Postea precepit ei quod spueret ter in terram, et ipse spuit. Item, dixit quod, dum ipsi testis duceretur per dictos duos fratres, alii duo ex astantibus, de quibus non recordatur, duxerunt dictum Heliam ad aliam partem dicte capelle, et credit quod fecerunt eum facere abnegacionem et spuicionem predictas sicut ipse fecit, aliter nescit. Requisitus si interfuerat recepcionibus aliquorum aliorum, respondit quod non nec capitulis eorum. Requisitus si credit quod alii, quando recipiebantur vel post, facerent predicta illicita vel aliqua ex eis, respondit se nescire quod credat. De dogmatizacione, spuicione, conculcacione, et aliis vituperiis crucis et de cato dixit se nichil scire; immo dixit quod in die Veneris sancta adhorabant crucem cum magna reverencia. Credit bene sacramentis ecclesiasticis, credens quod alii crederent, et quod eorum sacerdotes debite celebrarent. Non audivit dici nec ipse credit quod magnus Magister vel alii eorum laici absolverent vel possent absolvere a peccatis. De osculis inhonestis, de peccato sodomitico, dixit se nichil scire nec audivisse, nec credit quod dictum peccatum committeretur in dicto ordine. Statim habebantur pro professis, sed non jurabant non exire ordinem. Clam fiebant recepciones, januis clausis scilicet et nullis presentibus nisi fratribus ordinis, ex quo contra ordinem mala suspicio habebatur. De ydolis et capitibus ydolorum dixit se nichil scire; cordulis cingebantur in signum castitatis, quas recipiebant unde volebant. Non juravit specialiter quod non revelaret modum recepcionis sue; qui revelarent secreta capitulorum, puniti fuissent, sed nescit qualiter. Debebant confiteri fratribus sacerdotibus dicti ordinis, quando copiam habere poterant eorumdem. Si erant aliqui qui scirent errores, negligentes fuerunt, quia non correxerunt eos nec denunciaverunt Ecclesie. Elemosinas et hospitalitatem vidit convenienter fieri et servari in domibus ordinis in quibus fuit moratus; non audivit precipi quod per nefas acquirerent vel licitum esset acquirere ordini. Audivit dici quod magister Pictavie apud Paulhacum tenebat capitulum quandoque de nocte, propter occupaciones suas, quod ponerentur excubie vel familia expelleretur de domo non audivit. Quod magnus Magister cum conventu suo statuisset in toto ordine servaretur. Grandia scandala, suspicio et infamia contra ordinem sunt exorta, et ipsemet verecundatur quando gentes vident eum et dicunt : Ecce Templarium. Audivit Magistrum et alios aliquos errores fuisse confessos, nescit quos, contra ordinem, ad cujus deffensionem se non obtulerat. Abnegacionem et spuicionem predictas sponte non questionatus confessus fuerat coram dicto domino Lemovicensi episcopo, per quem absolutus et reconciliatus, ut dixit, et antequam hanc deposicionem faceret protestatus fuit quod non intendebat recedere a deposicione per eum facta coram domino episcopo memorato.

Requisitus si sic deposuerat prece, precepto, timore, amore, odio, vel comodo temporali habito vel habendo, respondit quod non, sed pro veritate dicenda. Cui fuit injunctum quod non revelaret hanc suam deposicionem quousque attestaciones fuerint publicate.

Magister Anthonius Syci de Vercellis, apostolica et imperiali auctoritate notarius, et frater Guillelmus de Fonte Lingonensis, Petrus de sancto Mayencio Ambianensis, et Girardus de Monachivilla Altisiodorensis diocessium, presentibus ad presenciam eorum dominorum commissariorum, tactis sacrosanctis Evangeliis, juraverunt dicere plenam et meram veritatem in negocio isto, secundum formam juramentorum aliorum testium superius registratam, expositam et vulgarizatam eisdem.

Acta fuerunt hec dictis die et loco, presentibus magistro Amisio, me Floriamonte Dondedei, et aliis notariis supra ultimo nominatis.

Post hec, die Lune sequenti, que fuit prima dies mensis Marcii, fuit adductus ad presenciam eorumdem dominorum commissariorum, in domo predicta fratrum Minorum, frater Guillelmus de Fonte serviens, Lingonensis diocesis, testis supra juratus, ut deponeret dictum suum, non defferens mantellum ordinis, quia, tempore capcionis sue, erat vetustate consumptus, et extunc non habuit novum, et voluntarie radi fecerat sibi barbam, xxx annorum vel circa, cum quo inquisitum fuerat, absolutus et reconciliatus per dominum episcopum Suessionensem. Lectis autem et diligenter expositis sibi omnibus et singulis articulis, dixit se nescire de eis nisi quod sequitur : quia non interfuerat recepcioni alicujus in ordine nec in capitulis eorum; ipse autem receptus fuerat, in crastinum festi beati Remigii proximo preteriti fuerunt decem anni vel circa, per fratrem Hugonem de Penrado visitatorem Francie, in capella domus Templi de Mormant Lingonensis diocesis, presentibus fratribus Guidone de Roche Talhada, Aymone de Oyselier militibus, et Guidone de Lingonis serviente, qui omnes transfretaverunt et postmodum non redierunt, in hunc modum : nam cum pluries requisivisset panem et aquam, societatem et pauperem vestitum ordinis, et pluries ei responsum fuisset quod bene deliberaret, quia grandem rem petebat, et oporteret eum multa dura et aspera sustinere, finaliter fecit eum vovere et jurare castitatem, obedienciam, et vivere sine proprio, servare bonos usus et bonas consuetudines et puncta ordinis, et non revelare secreta capitulorum. Postmodum imposuit sibi mantellum, et ipse et omnes fratres astantes fuerunt eum osculati in ore. Postmodum instruxit eum qualiter regeret se in ordine et quot *Pater noster* diceret pro horis suis. Postea dictus frater Guido de Roche Talhada duxit eum retro altare ut indueret ibi vestes religionis, et cum eas induisset, precepit sibi quod abnegaret Deum; et cum ipse testis respondisset quod hoc nullo modo faceret, quia non erat licitum nec honestum, dixit ei dictus frater Guido quod hoc oportebat eum facere, quia hoc erat ex punctis ordinis ; et tunc ipse testis dixit quod, si abnegaret, abnegaret ore non corde. Postea dixit ei quod secundum dicta puncta poterat carnaliter commisceri fratribus ordinis, et ipsi sibi ; hoc tamen non fecit nec fuit requisitus, nec credit quod in ordine fieret ; nec quod in recepcionibus aliorum intervenirent alia nisi licita et illicita que deposuit intervenisse in sua ; nec quod alia dogmatizarentur eis, nec quod conculcarent crucem, nec quod spuerent contra eam quam in die Veneris sancta devote et reverenter adorabant, nec quod adorarent catum, nec quod essent increduli ecclesiasticis sacramentis, quibus ipse credebat, nec quod eorum sacerdotes contra formam Ecclesie celebrarent, nec quod eorum laici absolverent vel possent absolvere a peccatis, nec quod fierent oscula inhonesta. Non juravit ordinem non exire, sed fuit ei dictum quod statim pro professo habebatur. Audiverat tamen dici quod ad ordinem Cartusiensem, tamquam ad arciorem, poterant se transferre de licencia superioris. Clandestine recipiebantur, ex quo erat suspicio contra eos. Non credit quod haberent vel adorarent ydola, nec quod cordule quibus cingebantur, quas assumebant unde volebant, tangerent capita ydolorum. Non recolit sibi fuisse inhibitum quod non confiteretur nisi sacerdotibus ordinis. Fratres scientes errores fuerunt negligentes, quia non correxerunt eos nec denunciaverunt Ecclesie. Ex precepto superiorum, elemosine et hospitalitas convenienter fieri et servari debebant in ordine, et hoc vidit eciam observari in domibus ordinis in quibus fuit commoratus; nec fuit ei dictum nec audivit dici aliis quod acquirerent per nefas. Audivit dici quod clam eorum capitulia tenebantur, et aliquando propter negocia occurrencia tempestive tenebantur, sed non audivit dici quod familia expelleretur, nec quod excubie ponerentur. Totus ordo servasset quod magnus Magister cum conventu statuisset; nunc grandia scandala, suspicio et infamia contra ordinem sunt exorta. Credit quod confessata per eum essent nota fratribus ordinis, et quod alii fratres aliqua confessi fuerint contra ipsum ordinem, ad cujus defensionem se non obtulerat.

Requisitus si sic deposuerat prece, precepto, timore, odio, amore, vel aliquo temporali comodo habito vel habendo, respondit quod non, sed pro veritate dicenda. Cui fuit injunctum quod non revellaret hanc suam deposicionem, quousque attestaciones fuerint publicate.

Frater Petrus de sancto Maxencio serviens, Ambianensis diocesis, testis supra juratus, quadraginta quinque annorum vel circa, non defferens mantellum ordinis, quia ipsum dimiserat post concilium Remense; postmodum fecerat sibi radi barbam, cum quo inquisitum fuerat, absolutus et reconciliatus per dictum archiepiscopum Remensem, lectis et diligenter sibi expositis omnibus et singulis articulis, respondit se nescire de eis nisi quod sequitur : quia non viderat recipi in ordine, nisi fratrem Guillelmum le Normant servientem, nescit cujus diocesis, viventem, ut credit, quem recepit frater Johannes de Crepicordio preceptor tunc de Oysimont, in capella domus Templi de Grant, sunt ix anni vel circa, presente fratre Ricardo Poyla Caste serviente, in cujus recepcione nichil vidit fieri illicitum vel inhonestum nec post. Credit tamen quod, post ejus recepcionem et eciam omnium aliorum qui recipiebantur in ordine, intervenirent infrascripta illicita que intervenerunt post recepcionem ipsius testis; hoc tamen nescit aliter, quia non vidit plures recipi, nec interfuit capitulis eorum. Ipse autem receptus fuerat in capella domus Templi Oysimont Ambianensis diocesis, circa instantem mensem Augusti erunt xi anni vel circa, per fratrem Garinum de Grandi Villari servientem tunc, preceptorem de Pontivo et Viromandia quondam, presentibus fratribus Petro Minhet presbitero, Radulpho de Sernayo, Johanne le Beau et Hugone Dalbi, deffunctis, in hunc modum : nam cum requisivisset ter interpolate panem et aquam et societatem et pauperem vestitum ordinis, et finaliter ei concessum fuisset, fecit eum vovere et jurare supra quemdam librum castitatem, vivere sine proprio, et obedire omnibus preceptoribus qui preponerentur eidem, et servare bonos usus et bonas consuetudines ordinis. Post que imposuit ei mantellum, et ipse et omnes fratres astantes fuerunt eum osculati in ore ; et instruxit eum qualiter se regeret in ordine, et quot *Pater noster* diceret pro horis suis. Postmodum aliquibus ex dictis fratribus exeuntibus capellam, et aliis per ipsam capellam deambulantibus, adinvicem colloquentibus, dictus receptor submissa voce precepit eidem testi ad ejus pedes sedenti quod abnegaret Deum ; et cum ipse testis respondisset quod hoc nullo modo faceret, dixit ei quod oportebat eum facere, quia hoc erat de punctis ordinis ; et tunc ipse testis abnegavit ore non corde, multum ex hoc tristis et dolens, ut dixit. Deinde precepit ei quod spueret super quamdam crucem ligneam. per ipsum preceptorem ibidem positam, in qua erat, ut sibi videtur, ymago Crucifixi ; et ipse testis non in despectum Dei et crucis, ut dixit, sed propter obedienciam quam promisit, spuit non super sed juxta dictam crucem, quia dixit ei quod hoc erat de punctis ordinis; et insuper quod debebat, secundum dicta puncta, eundem receptorem osculari in ano si idem receptor volebat; non tamen precepit ei quod faceret dictum osculum, nec ipsum fecit. Postmodum dixit ei quod, secundum dicta puncta, poterat fratribus ordinis carnaliter commisceri, et ipsi cum eo; hoc tamen non fecit nec fuit requisitus, nec credit quod in ordine fieret, nec quod fierent alie dogmatizaciones illicite, nec quod conculcarent crucem, nec quod adorarent catum, nec quod essent increduli ecclesiasticis sacramentis, quibus ipse credebat, nec quod eorum sacerdotes contra formam Ecclesie celebrarent, nec quod eorum laici absolverent vel absolvere possent a peccatis, nec quod alii hoc crederent, nec quod diceretur eis. Statim pro professis habebantur; non juravit ordinem non exire. Clandestine recipiebantur, nec credit quod haberent ydola vel adorarent, nec quod cordule cum quibus cingebantur, quas assumebant unde volebant, tangerent capita ydolorum. Precipiebatur eis per sacramentum quod non revelarent secreta capitulorum; si revelassent, perdidissent habitum. Non fuit sibi inhibitum quod non revelaret modum sue recepcionis, nec quod non confiterentur nisi sacerdotibus ordinis. Fratres scientes errores fuerunt negligentes, quia non correxerunt eos nec denunciaverunt Ecclesie. Elemosinas et hospitalitatem vidit convenienter servari et fieri in domibus ordinis in quibus fuit conversatus, nec audivit precipi quod per nefas acquirerent. Credit quod totus ordo servasset quod magnus Magister cum conventu statuisset, et quod nunc grandia scandala, suspicio et infamia sint exorta contra ordinem, et quod illicita confessata per eum essent nota fratribus ordinis, contra quem magnus Magister et alii dicuntur aliquos errores, nescit quos, fuisse confessi. Non obtulit se deffensioni ordinis, et fuit protestatus quod non intendit recedere a deposicione per eum facta coram dicto domino archiepiscopo Remensi. Item, dixit quod, infra mensem a recepcione sua, fuit de predictis illicitis confessus fratri Laurencio d'Oysimonte de ordine fratrum Minorum, in domo eorumdem fratrum Minorum de Abbatis Villa, qui absolvit eum, imposita penitencia quod non perseveraret in dicto errore et jejunaret per unum annum sextis feriis in pane et aqua, quod et fecit.

Requisitus si sic deposuerat prece, precepto, timore, amore, odio, vel temporali comodo habito vel habendo, respondit quod non, sed pro veritate dicenda. Cui fuit injunctum quod non revelaret hanc suam deposicionem quousque attestaciones fuerint publicate.

Fratres Radulphus de Thaverniaco Parisiensis, Bono de Vollenis, Dominicus de Divione et Enricus de Faverolis Lingonensis, Gyronundus de Saccommin et Nicolaus de Compendio Suessionensis, et Petrus de Latinhiaco Noviomensis diocessium, adducti pro testibus coram dictis dominis commissariis, juraverunt, tactis sacrosanctis Evangeliis, dicere in isto negocio plenam et meram veritatem, secundum formam juramenti aliorum testium superius registratam, expositam et vulgarizatam eisdem.

Acta fuerunt hec dictis die et loco, presentibus magistro Amisio, me Floriamonte Dondedei, et Bernardo Filhoi, Hugone Nicolai, Guillelmo Radulphi et Bernardo Umbaldi notariis superius nominatis.

Post hec, die Martis sequenti, que fuit secunda dies dicti mensis Marcii, fuit adductus ad presenciam eorumdem dominorum commissariorum, in domo predicta fratrum Minorum, frater Gerardus de Manachivilla serviens, Altisiodorensis diocesis, testis supra juratus, ut deponeret dictum suum, XXVII annorum vel circa, non defferens mantellum ordinis, quia voluntarie ipsum dimiserat vetustate consumptum, et radi fecerat sibi barbam, cum quo inquisitum fuerat, absolutus et reconciliatus per dominum episcopum Suessionensem; qui, protestacione premissa quod non intendit recedere a deposicione per eum facta coram dicto domino episcopo Suessonensi, lectis et diligenter expositis sibi omnibus et singulis articulis, respondit quod nullum alium viderat recipi in ordine, nec interfuerat capitulis eorum, et ideo nesciebat de contentis in eis nisi quod sequitur, scilicet : quod ipse, in instanti festo Pentecostes erunt XII anni vel circa, fuerat receptus in capella domus Templi de Salice super Yonem Altisiodorensis diocesis, per fratrem Galterum de Colay quondam, tunc preceptorem dicte domus, presentibus fratribus Nicolao de Parisius presbytero, Petro de Passalieres et Clemente de Turno servientibus, deffunctis, in hunc modum : nam cum, celebrato capitulo, requisivisset panem et aquam ordinis, et finaliter ei concessisset, fecit eum vovere et jurare super quemdam librum apertum castitatem, obedienciam, vivere sine proprio, et servare bonos usus et puncta ordinis; postea imposuit ei mantellum, et ipse et astantes fuerunt eum osculati in ore. Quo facto, precepit ei in presencia predictorum quod, ex quo juraverat servare puncta ordinis, abnegaret Deum, quia hoc erat de punctis dicti ordinis; et cum aliquantulum restitisset, demum negavit Deum ore non corde. Deinde precepit ei quod spueret super quamdam crucem ligneam ibidem existentem, in qua nulla erat ymago Crucifixi; et cum ipse testis aliquantulum restitisset, finaliter spuit non super sed juxta dictam crucem. Postmodum dixit ei quod, secundum dicta puncta, poterat carnaliter commisceri fratribus ordinis, et ipsi cum eo; hoc tamen non fecit nec fuit requisitus, nec credit quod fieret in ordine, nec alie dogmatizaciones illicite, nec conculcacio crucis, nec quod adorarent catum, nec quod essent increduli ecclesiasticis sacramentis, quibus ipse credebat, nec quod eorum sacerdotes contra formam Ecclesie celebrarent, nec quod crederent nec quod diceretur eis quod eorum laici possent eos absolvere a peccatis, nec quod fierent inter eos oscula inhonesta. Jurabant ordinem non exire, et statim pro professis habebantur; ad ordinem tamen Cartusiensem poterant, nec audivit dici eciam absque licencia, se transferre. Clandestine recipiebantur, ex quo credit quod esset suspicio contra eos. Non credit quod haberent nec adorarent ydola, nec quod cordule quibus cingebantur tangerent capita ydolorum. Credit quod in recepcionibus aliorum fratrum ordinis intervenirent communiter licita et illicita que deposuit intervenisse in sua. Per sacramentum injungebatur eis ne revelarent secreta capitulorum nec modum sue recepcionis. Non inhibebatur eis quod non confiterentur nisi sacerdotibus ordinis. Fratres scientes errores fuerunt negligentes, quia non correxerunt eos nec denunciaverunt Ecclesie. Elemosinas et hospitalitatem vidit convenienter fieri et servari in domibus ordinis in quibus extitit commoratus. Non fuit ei dictum quod per nefas acquireret ordini. Quod magnus Magister cum conventu ordinabat servabat totus ordo, contra quem grandia scandala, suspicio et infamia sunt exorta. Credit quod confessata per eum essent nota fratribus ordinis, sed non extraneis. Audivit dici magnum Magistrum et alios aliquos errores, nescit quos, fuisse confessos contra ordinem, ad cujus deffensionem se non obtulerat, sicut dixit.

Requisitus si sic deposuerat prece, precepto, timore, amore, odio, vel temporali commodo habito vel habendo, respondit quod non, sed pro veritate dicenda. Cui fuit injunctum quod non revelaret hanc suam deposicionem quousque attestaciones fuerint publicate.

Frater Radulphus de Taverniaco serviens, Parisiensis diocesis, testis supra juratus, preceptor domus Ville Dei juxta Strapis, aliter vocata de Malo Repastu, Carnotensis diocesis, quinquaginta octo annorum vel circa, non defferens mantellum ordinis, quia ipsum vetustate consumptum voluntarie dimiserat, et radi fecerat sibi barbam, cum quo inquisitum fuerat, absolutus et reconciliatus per dominum archiepiscopum Remensem in concilio Remensi, lectis et diligenter expositis sibi omnibus et singulis articulis, protestacione premissa quod non intendit recedere a deposicione per eum facta coram dicto domino archiepiscopo, respondit se vidisse et audivisse dici quod in recepcionibus fratrum ordinis faciebant eos abnegare Jhesum, et hoc vidit primo in se ipso, qui fuit receptus in capella domus Templi de Soysiaco Meldensis diocesis, in octabis Pasche instantis erunt xxxiiii anni vel circa, per fratrem Johannem de Turno quondam, thesaurarium tunc Templi Parisiensis, presentibus fratribus Johanne de Moranciaco presbitero, priore tunc Templi Parisiensis, Johanne de Villa Nova preceptore tunc Templi Parisiensis, Arberto de Juriaco preceptore de Latigniaco Sicco, Guillelmo Normanni dispensatore tunc dicte domus de Soysiaco, et Raynardo de Charni agricola, deffunctis, in hunc modum : nam cum requisivisset panem et aquam ordinis instanter et frequenter, et per juramentum protestavisset quod non erat servilis condicionis, excommunicatus, debitis quod solvere non posset, alteri religioni vel matrimonio obligatus, nec habebat infirmitatem latentem, fecit eum vovere et promittere castitatem, obedienciam, et vivere sine proprio, et servare bonos usus et bonas consuetudines ordinis. Quo facto, dixit quod, in nomine Patris et Filii et Spiritus Sancti et omnium sanctorum, et ex potestate quam habebat a Magistro, concedebat ei panem et aquam et vestitum ordinis, et tradidit sibi mantellum, et ipse et omnes astantes fuerunt ipsum testem osculati in ore. Post que in presencia predictorum precepit ei quod abnegaret Jhesum; et cum ipse testis respondisset quod hoc nullo modo faceret, dixit ei quod hoc oportebat eum facere, quia hoc erat de punctis ordinis, et quia omnes fratres dicti ordinis, quantumcumque nobiles et potentes, hoc faciebant; et tunc ipse testis abnegavit Jhesum ore non corde, ut dixit. Post que precepit ei quod spueret super crucem mantelli ejusdem fratris in terra positi, quia hoc erat de dictis punctis; et tunc ipse testis spuit non supra sed juxta dictam crucem. Deinde dixit ei quod, ex quo voverat castitatem, debebat abstinere a mulieribus, ne ordo infamaretur; verumptamen, secundum dicta puncta, si haberet calorem naturalem, poterat refrigerare et carnaliter commisceri cum fratribus ordinis, et ipsi cum eo : hoc tamen non fecit, nec credit quod in ordine fieret. Item, dixit quod vidit recipi per eundem modum, (quoad licita et quoad illicita supradicta, hoc excepto quod aliquando crux non erat mantelli sed aliqua alia,) infrascriptos, scilicet : fratrem Radulphum filium domini Radulphi de Fremecuria militis secularis, per magnum Magistrum, qui nunc est; fuerunt XVI anni vel circa, in generali capitulo Parisius celebrato, in quo capitulo adfuerunt circa ducenti fratres, in quorum presencia predicta dicta facta fuerunt; inter quos erant fratres Hugo de Penrando, Gaucherus de Liencourt, Guaufredus le Berroyer preceptor tunc Normannie, Humbertus de sancto Jorio preceptor Cathalanensis, testis supra examinatus, et Hugo de Cabilone preceptor de Spalhi, qui affugit quando alii capti fuerunt, milites; Radulphus de Gisi receptor Campanie, Johannes de Turno thesaurarius Templi Parisius, Guillelmus de Arbleyo elemosinarius domini Regis, testes supra examinati, servientes. Item, vidit per dictum fratrem Hugonem de Penrando recipi, in capitulo generali Parisius, sunt vi anni vel circa, fratrem Baudoynum de Pyceyo militem, Ambianensis diocesis, et adfuerunt dicti receptor, thesaurarius, elemosinarius, et in eorum presencia predicta licita et illicita acta fuerunt; sed crux erat lignea in recepcione dictorum fratrum Radulphi et Baudoyni. Item, dixit se per eumdem modum recepisse fratrem Guidonem de Latigniaco Sicco, in capella domus Templi de Latigniaco Sicco, circa mediam Quadragessimam instantem erunt circiter octo anni, presentibus fratribus Daniele de Parisius presbytero, P. de Sarcellis, teste supra examinato, Humberto de Cayneio, qui affugit quando alii capiebantur, vivis, ut credit, et Guillelmo Grant quondam; et quia dictus frater Guido amare flevit quando precepit ei quod abnegaret Jhesum, dixit ei quod hoc oportebat eum facere, et quod non haberet pro malo, quia hoc erat de punctis ordinis, et ipse idem fecerat; et si volebat, poterat de hoc confiteri et purgare conscienciam suam. Verumptamen de crimine sodomitico non fuit locutus eidem, nec credit quod in ordine committeretur dictum crimen, nec quod fierint alie dogmatizaciones illicite nec conculcaciones crucis, nec quod adorabant catum, nec quod essent increduli ecclesiasticis sacramentis, quibus ipse credebat, nec quod eorum sacerdotes contra formam Ecclesie celebrarent, nec quod crederent nec quod dicerent quod eorum laici possent eos absolvere a peccatis; absolvebant tamen a penis ordinis, et quando eorum capitulia terminabantur, laicus tenens capitulum dicebat : De peccatis que obmisistis hic dicere, propter verecundiam carnis vel propter timorem penarum ordinis, vobis facimus talem indulgenciam qualem possumus, et Deus vobis remittat, et ecce ibi presbiterum qui vos absolvet.

Requisitus si scit vel credit quod per indulgenciam dicti laici crederent fratres ordinis esse absoluti a peccatis venialibus vel mortalibus, respondit quod non.

Requisitus quare ergo dicta verba dicebantur per dictum laicum, dixit quod ex quadam consuetudine, et quia erat talis modus loquendi inter eos. Dixit insuper quod, ex virtute obediencie, tenebantur culpas suas manifestare in capitulis. Non credit quod haberent nec adorarent ydola, nec quod cordule, quibus cingebantur super camisias cum quibus jacebant, tangerent capita ydolorum. Credit quod ubique reciperentur secundum modum per eum confessatum. Per sacramentum injungebatur eis quod non revelarent secreta capitulorum, et si revelassent, perdidissent habitum, ut credit. Non vidit inhiberi quod non confiterentur nisi sacerdotibus ordinis. Fratres scientes errores fuerunt negligentes, quia non correxerunt eos nec denunciaverunt Ecclesie. Magister qui nunc est preceperat ipsi testi, sunt XVI anni vel circa, quod abstineret ab elemosinis voluntariis, quia multa habebat expendere ultra mare et in curia Romana et alibi, sed elemosinas debitas et discretas daret; et credit quod idem precepit aliis. Non audivit precipi quod acquirerent per nefas, nec quod familia excluderetur a domibus quando capitulum tenebatur, nec quod excubie ponerentur, nec quod tenerentur de nocte; firmabantur tamen porte, nec erant presentes nisi fratres ordinis. Quod magnus Magister ordinasset servasset totus ordo, contra quem grandia scandala, suspicio et infamia sunt exorta. Confessata per eum credit quod essent nota fratribus ordinis, contra quem audivit dici magnum Magistrum et alios aliqua horibilia confessos fuisse, ad cujus deffensionem se obtulerat malo consilio ductus.

Requisitus si sic deposuerat prece, precepto, timore, odio, amore, vel aliquo temporali comodo habito vel habendo, respondit quod non, sed pro veritate dicenda. Cui fuit injunctum quod non revelaret hanc suam deposicionem quousque attestaciones fuerint publicate.

Acta fuerunt hec die et loco predictis, presentibus magistro Amisio, me Floriamonte Dondedei, et aliis notariis supra proximo nominatis.

Post hec, die Mercurii sequenti, que fuit III dies dicti mensis Martii, fuit adductus ad presenciam eorumdem dominorum commissariorum, in domo predicta fratrum Minorum, frater Bono de Vollenis serviens, Lingonensis diocesis, testis supra juratus, ut deponeret dictum suum, quadragenarius vel circa, non defferens mantellum ordinis, quia voluntarie nuper ipsum dimiserat, et radi fecerat sibi barbam, agricola, cum quo inquisitum fuerat, absolutus et reconciliatus per dominum archiepiscopum Remensem. Lectis autem et diligenter expositis sibi omnibus et singulis articulis, respondit quod nunquam interfuerat capitulis, nec viderat aliquem alium in ordine recipi, nisi fratrem Arbertum de Cooperto Puteo Turonensis diocesis, deffunctum, ut credit, qui fuit, eisdem die, hora, loco, et per eumdem et eodem modo et eisdem presentibus, receptus cum eo, in instanti festo natalis beati Johannis Baptiste erunt VIII anni vel circa, per fratrem Johannem de Marciis quondam, preceptorem tunc domus Templi de Royers Cathalanensis diocesis, in capella ipsius domus, presentibus fratribus Theobaldo Lotoringo, presbitero dicte domus, et Guillelmo de Vollenis avunculo ipsius testis, serviente, deffunctis, et ideo nesciebat de contentis in dictis articulis, nec audiverat dici, nec credebat nisi quod sequitur : nam dixit quod, in recepcione sua et predicti Arberti, fuit servatus talis modus. Nam, cum requisivissent panem et aquam ordinis, et finaliter dictus receptor eis concessisset, prestito ab eis per juramentum quod non erant excommunicati, matrimonio vel alteri religioni vel debitis que non possent solvere obligati, nec habebant infirmitatem latentem, fecit eos vovere et jurare supra quemdam librum castitatem, obedienciam, vivere sine proprio, servare bonos usus et bonas consuetudines ordinis. Postmodum imposuit, et primo ipsi Arberto, eis mantellos, et ipse et astantes fuerunt eos osculati in ore. Deinde precepit eis, in presencia predictorum, quod spuerent super quamdam crucem cujusdam mantelli eorum ibidem positam, dicens quod hec et alia illicita sequencia erant de punctis ordinis, et quod oportebat eos facere predicta; et tunc ipse testis et dictus Arbertus multum fleverunt, et dictus testis dixit quod pocius exiret religionem quam faceret predicta; sed finaliter dictus Arbertus spuit primo non super sed juxta dictam crucem, et post ipsum dictus testis. Deinde precepit eis quod abnegarent Jhesum, non faciendo mencionem de Christo nec de Deo; et cum dictus Albertus abnegasset, ipse testis abnegavit ore non corde, credens, ut dixit, eumdem Albertum similiter ore non corde negasse. Deinde dixit eis quod poterant adinvicem et cum aliis fratribus ordinis carnaliter commisceri, et id ipsum pati, nam, cum vovissent castitatem, non debebant accedere ad mulieres. Verumptamen ipse testis non commisit dictum peccatum, nec fuit de hoc requisitus ab aliis; et pocius credit quod non committeretur ab aliis fratribus quam contrarium; alia illicita non intervenerunt, sed credit quod in recepcionibus aliorum vel post communiter intervenirent dicta illicita et non alia in articulis contenta. Statim pro professis habebantur. Clandestine recipiebantur, ex quo credit quod esset suspicio mala contra eos. Injungebatur per sacramentum ne revelarent secreta capitulorum, et qui revelassent, puniti fuissent, nescit qualiter. De predictis illicitis dixit se fuisse confessum et absolutum, intra triduum a recepcione sua, fratri Jacobo de Dangonvilla Lotoringo, presbytero, defuncto, in capella dicte domus de Cooperto Puteo; per quem fuit ei imposita penitencia quia jejunaret duobus annis diebus Venerinis et sabbatinis, et quod cingeretur una cordula super carnem nudam per dictum biennium, quam penitenciam complevit, et adhuc portat dictam cordulam, ut dixit. Fratres scientes errores predictos fuerunt negligentes, quia non correxerunt eos nec denunciaverunt Ecclesie. Elemosinas et hospitalitatem vidit convenienter fieri et servari in domibus ordinis in quibus fuit commoratus. Clam, nullis presentibus nisi fratribus ordinis, eorum capitulia tenebantur, de die, ut audivit dici. Credit quod totus ordo servasset quod magnus Magister cum conventu statuisset, et quod illicita confessata per eum essent nota fratribus ordinis, et quod grandia scandala, suspicio et infamia sint exorta contra ordinem, contra quem magnus Magister et alii dicuntur aliqua fuisse confessi, ad cujus deffensionem ordinis non obtulit se idem testis, ut dixit.

Requisitus si sic deposuerat prece, precepto, timore, amore, odio, vel comodo temporali habito vel habendo, respondit quod non, sed pro veritate dicenda. Cui fuit injunctum quod non revelaret hanc suam deposicionem quousque attestaciones fuerint publicate. Et fuit ante deposicionem protestatus quod non intendebat recedere a deposicione per ipsum facta coram dicto domino archiepiscopo Remensi.

Frater Dominicus de Divione serviens, Lingonensis diocesis, preceptor domus Templi de Joigniaco Senonensis diocesis, testis supra juratus, septuagenarius vel circa, non defferens mantellum ordinis, quia ipsum vetustate consumptum voluntarie dimiserat; postmodum radi fecerat sibi barbam, cum quo inquisitum fuerat, absolutus et reconciliatus per dominum archiepiscopum Remensem in concilio Remensi. Lectis et diligenter expositis sibi omnibus et singulis articulis, respondit se nescire nec credere nec audivisse dici de contentis in eis nisi quod sequitur: nam fuerat in ordine agricola, nec intererat capitulis eorum; nec viderat in ordine recipi nisi fratrem dictum Besanzon de Bisuncio servientem quondam, quem recepit frater Anricus de Dola serviens quondam, magister passagii ultramarini, instanti estate erunt xxx anni vel circa, in capella domus Templi de Divione, presente fratre Diderio de Buris serviente quondam, in qua quidem recepcione vel post non vidit nec scivit aliquid illicitum agi. Ipse autem testis receptus fuerat, prima die Adventus nuper lapsi fuerunt L anni vel circa, in dicta capella de

Divione, per predictum fratrem Anricum de Dola, presente dicto fratre Diderio de Buris tunc preceptore dicti loci, et fratre Johanne de Benevant servientibus, deffunctis, in hunc modum : nam instructus ab aliis fratribus requisivit panem et aquam, societatem et pauperem vestitum ordinis, et obtulit se velle fieri servum esclavum ordinis; et cum ei responsum fuisset quod bene deliberaret, quia grandem rem et extraneam petebat, et oporteret eum a se abdicare propriam voluntatem, et subjici aliene, vigillare quando vellet dormire, esurire quando vellet comedere, multos *Pater noster* pro horis suis dicere, et multa dura et aspera sustinere, nec forte habere illa que videbat eos exterius habere; finaliter, cum ipse testis respondisset quod omnia sustineret propter Deum et salvacionem anime sue, et dictus receptor deliberasset cum fratribus de recipiendo eundem, fecit eum vovere et jurare super quemdam librum castitatem, vivere sine proprio, et obedire omnibus preceptoribus suis et ordini. Post que imposuit ei mantellum, et osculatus fuit eundem testem in ore et super scapulas vestibus intermediis; postmodum alii fratres astantes fuerunt eum osculati in ore. Post que precepit eidem testi, in presencia aliorum, quod abnegaret Jhesum, nullam aliam faciendo mencionem de Christo nec de Deo; et cum ipse testis reclamaret et diceret se predicta nullo modo facturum, dixit ei quod hoc oportebat eum facere, quia erat de punctis ordinis; et tunc ipse testis abnegavit Jhesum ore non corde, ut dixit. Quo facto, precepit ei quod spueret super crucem mantelli ipsius testis, quia hoc debebat facere secundum dicta puncta ordinis; et ipse spuit non supra sed juxta, et credit quod omnes alii qui recipiebantur in ordine reciperentur secundum modum predictum. Alia vero illicita non intervenerunt in dicta sua recepcione nec post, nec credit quod intervenirent in recepcionibus aliorum nec post. De predictis autem illicitis dixit se fuisse confessum, infra quindecim dies a recepcione sua, Nicolao de Buris quondam presbytero seculari, curato parochialis ecclesie de Lonvi dicte diocesis Lingonensis, qui, ejus confessione audita, noluit eum absolvere, dicens se non habere potestatem absolvendi eum, sed remisit ipsum ad fratrem Guillelmum priorem conventus fratrum Minorum de Divione, habentem, ut dicebatur, potestatem episcopalem, qui absolvit eum in ecclesia predictorum fratrum Minorum de Divione Lingonensis diocesis, imposita penitencia quod portaret cilicium per tres annos; et cum portasset fere per annum et ex hoc nimium gravaretur, dictus frater commutavit dictam penitenciam, et precepit ei quod jejunaret septem annis sextis feriis in pane et aqua, quod complevit, ut dixit. Debito modo, ut ei videtur, eorum sacerdotes celebrabant. Statim pro professis habebantur. Clandestine recipiebantur, quia nolebant quod aliqui scirent secreta eorum. Injunctum fuit sibi sine juramento quod non revelaret secreta capitulorum nec modum recepcionis, eciam illis fratribus qui non adfuerant, credens quod idem injungeretur aliis, et quod scientes errores fuerunt negligentes, quia non correxerunt eos nec denunciaverunt Ecclesie. Elemosinas et hospitalitatem vidit convenienter fieri et servari in domibus ordinis in quibus fuit commoratus. Preceptum fuit ei quod per modum licitum acquireret ordini, et credit quod idem aliis preciperetur. Audivit dici quod eorum capitulia clam januis clausis tenebantur. Credit quod totus ordo servasset quod magnus Magister cum conventu statuisset. Nunc grandia scandala, suspicio et infamia sunt exorta contra ordinem. Credit quod illicita confessata per eum essent nota fratribus ordinis, contra quem audivit dici Magistrum et alios aliquos errores, nescit quos, fuisse confessos; ad cujus ordinis deffensionem, malo ductus consilio, se obtulerat;

Nec sic prece, precepto, timore, amore, odio, vel temporali comodo habito vel habendo deposuerat, sicut dixit. Cui fuit injunctum quod non revelaret hanc suam deposicionem quousque attestaciones fuerint publicate.

Frater Anricus de Favarolis serviens, Lingonensis diocesis, testis supra juratus, quadragenarius, non defferens mantellum ordinis, quia ipsum accommodaverat cuidam fratri non habenti, et ex tunc rehabuerat, et voluntarie radi fecerat sibi [barbam], quinquaginta quinque annorum vel circa, cum quo inquisitum fuerat, non absolutus et reconciliatus per dominum archiepiscopum Remensem, lectis et diligenter expositis sibi omnibus et singulis articulis, respondit se nichil scire nec audivisse dici nec credit de contentis in dictis articulis nisi quod sequitur. Dixit enim quod ipse et fratres Adam, cujus cognomen ignorat, Viardus de Tivayez et Jacobus de Crevello, qui omnes erant conversi seu donati hospitalis de Mormancio Lingonensis diocesis, cum dictum hospitale pervenisset ad Templarios, fuerunt simul recepti in capella dicte domus de Mormancio, per fratrem Laurencium de Belna, combustum Parisius, in Adventu proximo preterito fuerunt novem anni, presentibus fratribus Juliano presbytero, cujus cognomen ignorat, et Petro Bergerio, et aliis Templariis quorum non habet noticiam, in hunc modum : nam cum requisivissent panem et aquam et societatem ordinis, dixit eis quod bene deliberarent, quia religio Templariorum erat durior et asperior quam religio quam ipsi tenuerant ; et cum respondissent quod omnia sustinerent, fecit eos vovere et jurare supra quemdam librum castitatem, obedienciam, et vivere sine proprio ; et imposuit eis mantellos, et osculatus fuit eos omnes in ore et retro in collo, et alii fratres astantes fuerunt eos osculati in ore. Deinde precepit eis quod abnegarent Jhesum ; et cum ipsi respondissent quod hoc nullo modo facerent, dixit eis quod oportebat eos facere predicta, ex quo promiserant obedire, quia talia erant puncta ordinis ; et tunc abnegaverunt omnes, et ipse testis abnegavit ore non corde, credens quod idem facerent alii. Requisitus quis primo abnegavit, dixit quod Adam, post eum Viardus, post Viardum ipse testis, et post eum dictus Jacobus, de quorum vita vel morte non habet certitudinem. Post que precepit eis quod quilibet spueret super crucem mantelli sui, nam hoc debebant facere secundum dicta puncta, et omnes spuerunt non supra sed juxta dictas cruces, secundum ordinem, secundum quem abnegaverant. Alia illicita non intervenerunt in recepcionibus predictis nec post, nec credit quod intervenirent alia illicita, sed pre-

80.

dicta duntaxat in recepcionibus aliorum, quia vidit secundum modum eundem recipi fratrem Bartholomeum de Volenis Lingonensis diocesis, quadrigarium, de cujus vita vel morte non habet certitudinem, in capella domus Templi de Fontanoys dicte Lingonensis diocesis, per fratrem Stephanum de Gri presbiterum, de cujus vita vel morte non habet certitudinem, tunc preceptorem dicte domus, modo sunt quatuor anni vel circa, presentibus fratribus Petro de Chableiis et quodam bergerio dicte domus, cujus nomen et cognomen ignorat. Requisitus si fuit eis dictum vel preceptum quod dictam spuicionem facerent in despectum Dei vel Jhesu Christi, respondit quod non. Credit quod eorum sacerdotes debite celebrarent, et quod bene crederent ecclesiasticis sacramentis. Statim pro professis habebantur. Clandestine recipiebantur, ex quo credit quod esset suspicio contra eos. Juravit non revelare secreta capitulorum nec modum recepcionis, et credit quod alii idem jurarent, et quod scientes errores fuerunt negligentes, quia non correxerunt eos nec denunciaverunt Ecclesie. Audivit dici elemosinas et hospitalitatem in aliquibus locis ordinis fuisse restrictas, et quod eorum capitulia clam tenebantur, et quod eorum errores diu duraverunt in ordine; nescit tamen quanto tempore nec a quibus audivit, sed reputat quod diu steternit, quia fuerunt ibi saltem a tempore recepcionis sue. Quod magnus Magister cum conventu statuisset, fuisset, sicut credit, servatum in ordine, contra quem nunc grandia scandala, suspicio et infamia sunt exorta. Confessata per eum credit quod essent nota fratribus ordinis, contra quem audivit dici magnum Magistrum et alios aliquos errores, nescit quos, fuisse confessos. Obtulerat se ad deffensionem ordinis, malo ductus consilio, alios sequendo.

Nec sic deposuit prece, precepto, timore, amore, odio, vel temporali commodo habito vel habendo. Cui fuit injunctum quod non revelaret hanc suam deposicionem quousque attestaciones fuerint publicate.

Acta fuerunt hec dictis die et loco, presentibus magistro Amisio, me Floriamonte Dondedei, et aliis notariis supra ultimo nominatis.

Post hec, die Jovis sequenti, que fuit quarta dies mensis Marcii, fuit adductus ad presenciam eorumdem dominorum commissariorum, in domo predicta fratrum Minorum, frater Virmundus de Sanconi serviens, Suessionensis diocesis, testis supra juratus, ut deponeret dictum suum, quadragenarius vel circa, non defferens mantellum ordinis, quia circa festum Purificacionis beate Marie proximo preteritum voluntarie dimiserat, et radi fecerat sibi barbam, cum quo fuerat inquisitum, absolutus et reconciliatus per dominum archiepiscopum Remensem in concilio Remensi, et fuit protestatus quod non intendit recedere, per ea que intendit deponere coram dictis dominis, a deposicione per eum facta coram dicto domino archiepiscopo. Lectis autem et diligenter expositis sibi omnibus et singulis articulis, dixit se nescire nec credere nec audivisse dici de eis nisi quod sequitur, cum modico tempore fuisset in ordine, nec viderat aliquem alium recipi in ordine nisi unum alium, qui fuit cum eo et per eumdem et eodem modo et eisdem die et loco et eisdem presentibus receptus, de cujus nomine et cognomine non recordatur, nec interfuerat capitulis eorumdem. Ipse et ille alius recepti fuerunt, in vigillia Nativitatis Domini proximo preterita fuerunt quinque anni vel circa, in capella domus Templi Montis Suessionensis, per fratrem Gerardum de Villaribus militem, tunc preceptorem ballivie Brie et dicte domus, presentibus fratribus Roberto presbytero, cujus cognomen ignorat, et Guillelmo de Platea, supra examinato, et Jacobo de Cormellis, teste eciam supra examinato, et Johanne de Margivalle servientibus, de cujus vita vel morte non habet certitudinem, in hunc modum : nam cum singulariter peciissent panem et aquam, societatem et pauperem vestitum ordinis, dictus receptor, prestito per juramentum eorum quod non habebant latentem infirmitatem, nec erant matrimonio nec alteri religioni astricti, fecit eos vovere et jurare castitatem, obedienciam, vivere sine proprio, servare bonos usus et bonas consuetudines, et custodire fideliter bona ordinis et elemosinas; et postmodum imposuit eis mantellos, et idem receptor et astantes fuerunt eos osculati in ore. Quo facto, dictus receptor precepit ipsi testi, in presencia aliorum, quod abnegaret Deum; et cum ipse testis esset stupefactus et resisteret, dictus receptor dixit ei quod hoc oportebat eum facere, quia talia erant puncta ordinis; et tunc ipse testis, dolens et tristis, ut dixit, abnegavit Deum ore non corde. Precepit eciam dicto testi idem receptor quod spueret supra quamdam crucem ligneam ibidem positam, nescit per quem allatam, in qua nulla erat ymago, quod ipse recordetur; et cum idem testis eciam hoc contradiceret facere, dicto receptore asserente quod talia erant puncta ordinis, ipse testis spuit non supra sed juxta dictam crucem. Dixit eciam eidem testi receptor predictus quod, si moveretur calore naturali, poterat carnaliter commisceri cum fratribus ordinis, et ipsi cum eo, secundum puncta ordinis; ipse tamen nunquam fecit nec fuit requisitus, nec credit quod illud peccatum perpetraretur in ordine. Requisitus si aliqua alia illicita fuerunt sibi dicta vel facta per eum, respondit quod non; videtur eciam sibi et credit quod dicta illicita per eum confessata fuerunt dicta et precepta illi alteri qui fuit receptus cum eo et facta per eum. Respondit eciam requisitus se credere quod alii communiter reciperentur in ordine per modum illum per quem deposuit se fuisse receptum. Dictum fuit eis quod statim habebantur pro professis, et quod non poterant exire ordinem. Clam recipiebantur, nullis presentibus nisi fratribus ordinis. Cordulis cingebantur, quas recipiebant unde volebant. Fuit eis injunctum quod non revelarent secreta ordinis, non tamen juraverunt. Fratres qui sciebant errores negligentes fuerunt, quia non correxerunt eos nec denunciaverunt Ecclesie. Elemosinas et hospitalitatem vidit convenienter fieri et servari in ordine in domibus in quibus fuit moratus. Credit quod illud quod magnus Magister cum conventu ordinasset, fuisset servatum in toto ordine. Grandia scandala, suspicio et infamia contra ordinem sunt exorta. Credit quod confessata per eum essent nota fratribus ordinis, contra quem audivit dici magnum Magistrum et alios aliquos errores fuisse confessos, nescit quos. Obtulerat se ad defensionem ordinis una cum aliis qui sequebantur.

Requisitus si sic deposuerat prece, precepto, timore, amore, odio, vel temporali comodo habito vel habendo, respondit quod non, sed pro veritate dicenda. Cui fuit injunctum quod non revelaret hanc suam deposicionem quousque attestaciones fuerint publicate.

Frater Nicolaus de Compendio Suessionensis diocesis, serviens, preceptor domus Templi de Boys Destruez, testis supra juratus, quinquagenarius vel circa, non defferens mantellum ordinis, quia voluntarie dimiserat ipsum ab octo diebus citra, et radi fecerat sibi barbam, cum quo inquisitum fuerat, absolutus et reconciliatus per dominum archiepiscopum Remensem in concilio Remensi, protestacione premissa quod non intendit recedere a deposicione facta coram dicto domino archiepiscopo. Lectis et diligenter expositis sibi omnibus et singulis articulis, respondit quod nunquam alium viderat recipi in ordine; nec interfuerat capitulis eorum, nec sciebat nec credebat nec audivit dici de contentis in eis nisi quod sequitur. Credit tamen quod omnes alii fratres ordinis reciperentur communiter sicut ipse fuit receptus per fratrem Radulphum de Gisi, testem supra juratum, in festo beati Michaelis proximo preterito fuerunt xi anni vel circa, in camera quadam domus Templi de Valleya Trecensis diocesis, presentibus fratribus Johanne nacione Burgondo, presbytero quondam, Gaufrido de Trachi, Johanne de Vernolio, Ponsardo de Gisi, quondam servientibus; a quo receptore, instructus per quosdam alios fratres, peciit panem et aquam, societatem et pauperem vestitum ordinis amore Dei, et fuit ei responsum quod bene deliberaret si posset subportare onera ordinis, et quod grandem rem petebat et honorabilem sibi, si posset aggregari tam nobili religioni; et petitum ab eo si habebat infirmitatem latentem, si erat matrimonio vel alteri religioni aut debitis obligatus, et si dederat aliquid quod reciperetur in dicto ordine, et si volebat intrare ad decepcionem ipsius ordinis vel alicujus alterius. Quo respondente quod non, et pro ejus recepcione instante ter interpolate, deliberacione prehabita cum dictis fratribus de recipiendo eumdem, fecit eum vovere et jurare super quemdam librum apertum castitatem, obedienciam, vivere sine proprio, et servare bonos usus et bonas consuetudines ordinis, et quod non esset in loco in quo aliquis exheredaretur injuste nec in quo fieret falsum judicium, et quod non acquireret ordini in prejudicio alterius, et quod non portaret litteras clausas alicujus secularis quarum tenorem ignoraret. Post que imposuit et affiblavit ei mantellum ex auctoritate Magistri ordinis, ad honorem Dei et beate Marie; et ipse et fratres astantes fuerunt ipsum osculati in ore. Quo facto, dixit ei quod, si aliquis peteret ab eo quando natus fuerat, responderet quod dicta die recepcionis sue, quia ea die reliquerat mundum et ingressus fuerat religionem; et instruxit eum quot *Pater noster* diceret pro horis suis, et qualiter regeret se in ordine, et quod jaceret cum caligis et pannis lineis, una cordula cinctus quam preparaverat ipse testis. Postmodum dixit ei ibidem, et in presencia predictorum, quod abnegaret Jhesum; et cum ipse testis multum restitisset, finaliter, audito a dicto receptore quod hoc debebat fieri secundum consuetudinem ordinis, abnegavit Jhesum ore non corde, ut dixit. Deinde precepit ei quod spueret super quamdam crucem ligneam, factam de quodam baculo fisso, ibidem positam, dicens quod, secundum dictam consuetudinem, hoc eum facere oportebat, quia omnes alii de ordine faciebant; et tunc ipse testis spuit non supra sed juxta dictam crucem. Postmodum dixit ei quod, si haberet calorem naturalem, poterat refrigerari et carnaliter commisceri cum fratribus ordinis, et ipsi cum eo; hoc tamen non fecit, nec credit quod in ordine fieret. Item, dixit flendo quod alias confessus fuerat, metu tormentorum, se fuisse osculatum dictum receptorem in ventre, quod tamen non fuerat verum; quam eum de hoc sua consciencia remordebat; sed predicta de quibus supra deposuit erant vera, ut dixit. Credit quod sacerdotes ordinis debite celebrarent, et quod fratres alii crederent ecclesiasticis sacramentis, quibus ipse credebat. Dicebatur eis quod absque excommunicacione non poterant egredi de ordine. Clandestine recipiebantur, ex quo credit quod aliquam haberent suspicionem contra eos,

Jurabant non revelare secreta capitulorum nec modum recepcionis, quem intelligebant sub secretis capitulorum. Si revelassent, credit quod perdidissent habitum. Concedebatur eis quod possent fratribus Predicatoribus, Minoribus et de Valle Scolarium confiteri, et ipse testis, infra quindecim dies a recepcione sua, fuit de predictis illicitis confessus cuidam presbitero seculari, cujus nomen et cognomen ignorat, familiari tunc domini episcopi Trecensis, predecessoris istius qui nunc est, qui absolvit eum in quadam camera dicti domini episcopi, domus sue de Ayse in Osta, imposita penitencia quod jejunaret certis diebus Venerinis. Credit quod fratres scientes errores negligentes fuerunt, quia non correxerunt eos nec denunciaverunt Ecclesie; et audivit dici quod magnus Magister qui nunc est, in primo suo adventu ad partes istas, precepit fratri Johanni de Turno quondam, tunc thesaurario Templi Parisiensis, quod restringeret ellemosinas; sed post recessum dicti Magistri non fuit servatum dictum preceptum. Audivit eciam dici quod frater Ger. de Villaribus tunc preceptor Francie mandaverat eas restringi; ipse tamen testis vidit eas et hospitalitatem convenienter fieri et servari in domibus ordinis in quibus extitit commoratus, et precepit subditis suis quod eas bene facerent et servarent. Clam, januis clausis, eorum capitulia tenebantur. Quod magnus Magister cum conventu ordinabat, servabatur in ordine, contra quem nunc grandia scandala, suspicio et infamia sunt exorta. Confessata per eum credit quod essent nota fratribus ordinis, contra quem audivit dici magnum Magistrum et alios aliquos errores, nescit quos, fuisse confessos. Ad ordinis deffensionem cum aliis se obtulerat, nescit quare, sed quia videbat alios se ad dictam deffensionem offerentes.

Requisitus si sic deposuerat prece, precepto, timore, amore, odio, vel comodo temporali habito vel habendo, respondit quod non, sed pro veritate dicenda; cui fuit injunctum quod non revelaret hanc suam deposicionem quousque attestaciones fuerint publicate.

Magister Anthonius Sici de Vercellis, apostolica et imperiali auctoritate notarius, testis supra juratus, qui die Lune proximo preterita deposuerat coram dictis dominis commissariis, omnibus et singulis articulis sibi lectis et per eum visis, et cum per dictos dominos commissarios injunctum fuerat, in virtute juramenti prestiti per eumdem, quod dictam deposicionem suam, fideliter in scriptis redactam, hodierna die defferet eisdem, in ipsorum dominorum presencia constitutus, detulit quemdam rotulum pargameni scriptum, in quo asseruit esse deposicionem suam predictam; et dictus rotulus eo presente lectus fuit coram dictis dominis commissariis antedictis, et per juramentum suum deposuit sicut in ipso rotulo continetur, non prece, non timore, nec amore, nec precio, nec odio, nec comodo temporali habito vel habendo, sed pro veritate dicenda. Cui fuit injunctum per dictos dominos commissarios quod non revelaret hanc suam deposicionem quousque attestaciones fuerint publicate.

Dicti autem rotuli tenor talis est :

In Dei nomine, amen. Hec est deposicio mei Anthonii Syci de Vercellis, apostolica et imperiali auctoritate notarii publici, quam feci super hiis que vidi et audivi de gestis fratrum et personarum ordinis milicie Templi, temporibus retroactis, ultra mare et citra, in presencia reverendorum in Christo patrum Mimatensis et Lemovicensis episcoporum, adjuncto eisdem venerando patre domino Matheo Carazoli archidiacono Rothomagensi ac domini Pape notario, una cum venerabili ac discreto viro domino archidiacono Tridentino ac domini Pape capellano, et dictorum episcoporum notariis, super examinacione ipsorum Templariorum et personarum ejusdem ordinis facienda super erroribus contentis in articulis eisdem missis a Sede Apostolica vel directis. In primis anno a Nativitate Domini millesimo $III^c XI^o$, indictione nona, prima die mensis Marcii, pontificatus domini Clementis, divina providencia pape quinti anno sexto, auditis articulis memoratis mihi lectis et diligenter expositis, super articulo loquente de principio seu creacione ordinis, deposui quod ultra mare, dum cum ipsis Templariis, sunt quadraginta anni vel circiter, conversabar tanquam eorum clericus et notarius, audivi pluries refferri ab aliquibus eorumdem, quorum nomina ad presens ignoro, quod duo nobiles de Burgondia milites dictum ordinem milicie Templi inceperant eo modo qui sequitur : videlicet quod illi duo milites quondam passum custodiebant qui nunc Castrum Peregrinum nuncupatur, in quo passu, qui tunc Iter Peregrinorum vocabatur, proficiscentes ad sepulchrum Jerosolimitanum spoliabantur et eciam necabantur. Quiquidem milites diu in custodia illius passus steterunt, per novem annos vel circa, quia non nisi novem socios receperunt; et tunc, propter eorum merita probitatis, que in exercicio custodie passus hujusmodi fidei catholice et securitati transeuncium impenderunt, dictus Papa, qui pro tempore erat, ipsis dictum ordinem cum habitu quem absumpserant confirmavit, et indulsit eisdem quod omnia relevia fratrum domus hospitalis sancti Johannis Jerosolimitani, in subsidium substentacionis dicti ordinis, propter tuicionem et libertatem Terre sancte, quibus insistebant, ad usum et proprietatem ipsorum devenirent. Item, audivi quod per plurima tempora steterunt sic, quod nullum in dicto ordine receperunt nisi esset de genere nobilium vel militum procreatus. Item, quod in illis temporibus unicuique de scutiferis et servientibus eorum taxabant quandam summam pecunie, de qua, tanquam eorum stipendiariis, pro salariis suis satisfacere consueverunt, perseverantes in consuetudine illa per tempora longissima; et quod nullum in eodem ordine in servientem receperunt eo modo quo novissime recipiebant; sed postmodum, quia non sufficiebat eis peccunia prelibata ad satisfaciendum consuetudini memorate et aliis qui, propter augmentacionem ipsorum dictorum, ordini et administracioni ipsius incumbebant, plures servientes et indifferentes in dicto suo ordine receperunt. Item, pluries audivi refferri ab eisdem quod dictus Papa, qui dictum ordinem confirmavit, dedit eis regulam, vel quasi, que fratribus Minoribus est concessa, quam ego qui loquor, ibi ultra mare pro aliquibus ipsius ordinis fratribus propria manu scripsi; in qua vel in ea contentis non vidi vel inveni aut legi seu scripsi aliquid inhonestum quin deberet et posset in quocumque alio sancto ordine inveniri. Item, super articulo loquente de erroribus et heresibus, dico quod in illis temporibus pluries audivi a quibusdam ipsorum fratrum, quorum nomina ad presens ignoro, propter diuturnitatem temporis et labilitatem memorie, quod inter ipsos quoddam secretum turpissimum observabant, quod nemini audebant, sub pena mortis vel carceris perpetui, revelare. Item, vidi et audivi, ego qui loquor, apud Barolum in Apulia, tempore quo cum quodam fratre Petro Griferii nomine, de Alvernia milite, magistro ordinis in regno Sicilie, conversabar, quod quidam, vocatus frater Johannes de Regio, cujusdam domus dicti ordinis preceptor, de illa effugerat, vel forte pro certis excessibus ab eo perpetratis expulsus fuerat; et veniens ad portam domus Templi de Barolo, sine mantello, loquebatur cum quodam fratre portonario, qui, ut credo et in quantum recolo, frater Raymondus de Alvernia vocabatur; petens ab ipso si pacem suam erga dictum fratrem P. Griferii obtineret. Ipso portonario respondente : Credo quod, si te teneret, quod ita te carceribus manciparet, quod forte nec solem nec lunam videres quando velles; et tunc dictus frater Johannes, sine mantello existens, animosa voce respondit : Frater Raymonde, frater Raymonde, tu bene scis sicuti et ego quod, si vellem loqui, omnes essemus vituperati. Et tunc ego qui loquor dixi sibi : Maledicte, quare non dicis tu illa que scis? quoniam pocius deberes velle vituperare quam vituperari; et per Deum! diu est quod audivi loqui de quodam errore quem inter vos habetis. Ipso respondente quod error ille talis erat quod, si revelaretur, omnes illi de ordine essent vituperati; et pocius vellem habere capud incissum, quam tot nobiles et tot probi viri in ipso ordine existentes essent male tractati vel vituperati. Item, predictis temporibus, in dicta domo vidi, ego qui loquor, quemdam clericum capelle seu ecclesie dicte domus, amicum meum et consocium specialem, Polinum nomine, quem postmodum vidi in ordine et habitum absumpsisse, cum quo pluries loqutus fui de errore predicto ut illum michi exponeret, petens hoc sub quadam dissimulacionis specie; qui respondens dixit quod in mundo non habebat tam fidum vel dilectum amicum cui aliquo modo revelaret, nam pocius vellet mori; plura de dictis erroribus assero me nescire. Item, super articulo faciente mencionem de consecracione corporis domini nostri Jhesu Christi, dico quod, tempore quo eram ultra mare, in quadam villa seu castro quod Tortosa vocatur, quidam frater Alamanus miles, nomine Petrus, preceptor ibidem, mihi ab episcopo dicti loci tonsuram clericalem fieri procuravit. In cujus loci vel Templi capella et ipsius altari, tam secularibus quam dicti ordinis sacerdotibus, ad opus divini misterii necessaria pluries ministravi, sed nunquam perpendi quod aliter facerent quam faciunt vel facere deberent fratres de ordine Predicatorum vel Minorum.

Super articulo faciente mencionem de capite, audivi pluries dici in Sydonensi villa quod quidam dominus Sydonie dilexerat quamdam nobilem mulierem de Hermenia, et ipsam viventem nunquam cognoverat carnaliter, sed demum eam mortuam cognovit in sepulcro, secrete, in nocte diei qua fuerat sepulta; et sic, illa cognita, audivit quandam vocem dicentem sibi : Redeas cum tempus fuerit pariendi, quoniam invenies tibi filium unum capud. Et audivi quod, completo tempore, predictus idem miles rediit ad sepulchrum, et invenit capud humanum inter tibias illius mulieris sepulte, audiens iterum vocem dicentem sibi : Custodi hoc capud, quod omnia bona ventura sunt tibi ab illo. Tempore vero quo hoc audivi, erat preceptor illius loci frater Matheus dictus le Sarmage, Picardus, et de Picardia dicebatur natus fuisse, et frater illius soldani Babilonie qui tunc regnabat, quia unus eorum de sanguine alterius mutuo potaverat, propter quod dicebantur fratres. Preceptor quoque militum erat quidam frater Philippus nomine; cofalonerius erat quidam magister famulorum, et vocabatur frater Symon Picardus. De conventu erat quidam Joffridus, qui postea fuit magister ordinis, socius dicti fratris Mathei preceptoris, et quidam qui vocabatur frater Petrus de Fontanis, et illo tempore fuit factus magister ordinis. Item, vidi fratrem Guillelmum de Bello Joco transfretatum in domo Anconitana, qui multos servientes secum de diversis partibus adduxerat, quos ante pallacium dicte domus vidi alta voce clamitantes, ut eis faceret solucionem de stipendiis suis, prout eis promiserat in Francia et alibi. Qui respondit eisdem quod nulla stipendia eis daret. Illis respondentibus quod hoc eis promiserat de tribus mensibus in tribus se in fortaliciis Templi ei dicta stipendia soluturum, et ipsos in custodiendis dictis fortaliciis promiserat statuendos, ipso respondente : Nequaquam, sed de cetero vultis ordini Templi et ipsius personis servire, nos vos ponemus in fortaliciis nostris predictis, ut per vos possint in antea custodiri. Qui videntes hoc ceperunt clamare quod eos deceperat, et quod ob decepcionem illam abnegarent Christum et fidem catholicam, et efficerentur Sarraceni. Qui respondit illis : Recedatis cum malediccione nostra. Tunc vidi turbam illorum procul recedencium, et infra VIII dies audivi quod IIII$^c$ effecti fuerunt Sarraceni. Patriarcha Jerosolimitanus erat frater Thomas de Leucino, ordinis Predicatorum. Item, vidi, ego qui loquor, quemdam priorem domus Aconensis, Antonium nomine, qui de Suria fuerat oriundus, impotens tibiis et pedibus, in cujus camera secreta capitulia tenebantur per majores ordinis, videlicet fratrem Symonem de Turri preceptorem regni Jerosolimitani, Theobaldum dictum Monnegandi, preceptorem Anconitanum, Guillelmum draperium et permarescallum ordinis illarum parcium, cujus nomen ignoro ad presens. Item, audivi, ego qui loquor, quod ille frater Anthonius erat multum sapiens, et multas inveniebat subtilitates et cautellas, quas quandoque audiebam in bonum interpretari et quandoque in malum. Item, ego qui loquor vidi pluries ejici servientes et alios non existentes de ordine a locis in quibus capitulia fiebant, et hoc in horis matutinis. Item, vidi pluries quamdam crucem cupitam, que prima facie nullius valoris quoad precium existere videbatur, et de cuvello seu alveo in quo Christus fuit balneatus esse dicebatur, quam dicti fratres in thesauro suo reservabant; et aliquando vidi quod, cum nimius calor vel siccitas occurebat, populares Anconitane supplicabant fratribus Templi quod cum processione cleri Anconitani illa crux portaretur. Vidi eciam quandoque patriarcham Jerosolimitanum ad processiones hujusmodi hambulantem cum uno de militibus ordinis Templi, qui dictam crucem portabat cum devocione qua decebat. Quibus processionibus ita factis, divina cooperante clemencia, aqua de celo veniens terram rorabat, et calorem aeris temperabat. Item, vidi, ego qui loquor, multos egrotantes, tam viros quam mulieres, ad ecclesiam domus Templi Aconensis deferri et aduci maligno spiritu vexatos, qui tamen crux ipsa ante eos afferetur, capellanis vel clericis ipsis conjurantibus, respondebant vulgariter eciam et Latine, dicendo aliquando quibusdam de capellanis vel clericis : Quomodo tu, qui es filius talis, loqueris, et aliquando : Tu comisisti talia crimina vel delicta, et visa ipsa cruce ab ipsis, clamabant : Ecce crux, ecce crux, non possumus amplius hic morari; sed oportet nos recedere. Et sic malignus ille spiritus loquebatur in illis, ita quod demum egrotantes ipsi, quasi ex toto extincti jacentes, spumosis labiis et malignis liberati spiritibus cruciabantur. Item, vidi, ego qui loquor, quemdam Julianum nomine, qui domino Sydonensis ville successerat, et qui, ut predicitur, capud predictum in filium habuerat, et ante adventum supradicti fratris Guillelmi de Bello Joco, dictam villam Sydonensem et omnia bona sua Deo et ordini Templariorum, ut dicebatur, dedicavit, et postmodum vidi eum in ordine et habitu Templariorum; et deinde ipsum ab ordine exclusum et habitu privatum vidi, qui postea, cum duobus militibus Hospitalis, ad domum Templi Aconensis sine dicto habitu remeavit, et videntes eum dicebant : Ecce frater Julianus qui de ordine exivit; et peciit ab Hospitalariis ut ipsum in suo ordine receperent. Quem receptum vidi pluries in habitu Hospitalariorum; sed post infra breve tempus, dictum ordinem et habitum Hospitalariorum reliquit, et quoddam monasterium quasi Premostratensis ordinis subintravit, quod monasterium sancti Michaelis de Clusa vocabatur, situm in quadam insula ante ripam maris, prope civitatem Baruti, ubi dicebatur diem clausisse extremum. De erroribus contentis in articulis supradictis plura nec visu nec auditu cognovi, nisi tantum illa que ipsi Templarii vel major pars ipsorum in examinacionibus, deposicionibus et confessionibus suis voluntate spontanea, cum diligencia requisiti, dixerunt; aut eciam revelarunt in presencia reverendorum patrum in Christo, dominorum Dei gracia Parisiensis et Mimatensis episcoporum, et aliorum plurium adjunctorum ac venerabilium et discretorum virorum dominorum, decani et succantoris Parisiensis et Inquisitoris heretice pravitatis in regno Francie, et in presencia plurium aliorum tam relligiosorum quam secularium personarum, quarum nomina in scriptis, una cum dictorum Templariorum deposicionibus, per me notarium publicum, qui loquor, et per plures alias manus publicas sunt redacta, dicta fuerunt, sub anno, indiccione, mense, die et pontificatu predictis, presentibus personis superius annotatis.

FIN DU TOME PREMIER.

# INDEX.

## A

ABBAS (F. Guillelmus), p. 389.
ABBATIS VILLA (fratres Minores de), p. 623.
ABES (F. Anricus LI), p. 63.
ABRI (F. Guillelmus), p. 418.
ACHOTI (F. Hugo), domicellus, Lugdunensis diocesis, p. 456.
ACIES vel ACIIS (F. Petrus de), p. 83, 106.
ACOLIIS (F. Guido de), p. 66.
ACON, p. 219, 418.
ACONENSIS (F. preceptor). Vid. *Montade*.
——— (domus Templi), p. 643, 676.
ADEMARI (F. Johannes), miles, p. 406, 407.
——— vel ADHEMARI (F. Guigo), miles, p. 184, 379.
AGARNI (magister Guillelmus), Aquensis et Aptensis prepositus, p. 1, 2, 9, 12, 16, 21, 23.
AGATE (F. Philippus), preceptor sancte Ganburge, Rothomagensis diocesis, p. 87, 421; son interrogatoire, p. 428, 554.
AGRICOLA (F. Lambertus), p. 505.
AGUSANO vel AQUSANO (F. Petrus de), p. 63, 98, 106.
AIUDA DIEU (F. Bertrandus), p. 69.
AJUDA DEI vel AJUDADEO (F. Bernardus), presbyter, p. 106, 130.
S. ALBANO (F. Nicolaus de), p. 551.
ALBERTI (F. Guillelmus), p. 74, 104, 230.
——— (F. Sicardus vel Chicardus), p. 108, 114.
ALBUINI (F. Durandus), p. 512.
ALIACO (F. Hugo de), p. 106.
ALLADENT (Johannes), apparitor curie officialis Parisiensis, p. 18.
ALQUERIIS (F. Johannes de), p. 108.

ALTISIODORO (fratres Minores de), p. 336, 339, 343.
ALTO VILLARI (F. Gerardus de), p. 407.
ALTO VIVARI (F. Godardus de), p. 518.
ALVERETUS (F.), preceptor Normannie, p. 428.
ALVERNIA (F. Johannes de), presbyter, p. 548.
——— (F. Raymundus de), p. 644.
ALVETO (F. Matheus de), presbyter, p. 75, 111, 119, 155.
AMBIANENSIS (G. episcopus), p. 467.
AMBIANENSIS episcopi domus Parisius, p. 157, 158.
AMBIANIS (F. Nicolaus de), p. 64, 97, 107, 153.
AMBLARDI (F. Bertrandus), p. 58, 110, 131.
AMBLAVILLA (F. Robertus de), p. 153.
AMBLEVILLA vel AMBLEYVILLA (F. Johannes de), p. 85, 86, 105, 132.
AMELII vel AYMELII (F. Johannes de), p. 69, 106, 131.
ANCINIMONTE (F. Nicolaus de), p. 78.
ANCONA (F. Symon de), p. 549.
ANCONITANA domus, p. 646.
ANDEGAVIS (Theobaldus de), nuncius, p. 15.
ANDREAS (F.), presbyter, p. 407.
ANDREE (F. Bertholomeus), p. 69, 106, 131.
ANESI vel ANESIO (F. Johannes de), p. 518.
ANFERGIS (F. Johannes D'), p. 598.
S. ANGELI (Landulphus, diaconus cardinal tituli), p. 4.
ANGEVILLA GASTA (F. Sanctius de), p. 230.
ANGICURIA (F. Johannes de), p. 334.
——— (F. Matheus de), p. 44.
ANGLESI (F. Anricus de), miles, p. 509.
ANGLICI (F. Audinus), p. 86.

PROCÈS DES TEMPLIERS. — 1

ANGLICI (F. Guillelmus), p. 99, 111, 125.
—— (F. Guillelmus), viator domus Templi de Berleta, p. 549.
—— (F. Johannes), p. 174.
—— (Johannes) de Hinquemeta, Londoniensis diocesis; sa déposition, p. 193.
—— (F. Robertus), p. 30, 450.
—— (F. Stephanus), p. 76.
—— (F. Thomas), presbyter, p. 491.
ANISEYO (F. Petrus de), p. 111.
ANISIACO (F. Henricus de), miles, p. 137, 348.
—— (F. Petrus de), p. 87.
ANNONIA (F. Radulphus de), p. 435.
ANONA, ANONE vel AYRONE (F. Otho vel Odo de), p. 137, 282, 421; son interrogatoire, p. 436.
ANONIA, HANONIA vel ENONIA (F. Johannes de), p. 70, 76, 119, 137, 155, 435.
ANRICUS (frater), p. 514.
ANSERRA (F. Johannes d'), p. 374.
ANTINHI (F. Henricus de), p. 97.
ANTONIUS, prior Aconensis, p. 646.
ANUCUILIO (F. G. de), p. 85.
ANUCUPE (F. J.). Vid. *Ganerii*.
ANUDEI vel ANUERDI (domus Roberti), p. 134, 139, 160, 162.
APELLIS (F. Johannes de), p. 133.
AQUA SPARSA (F. Johannes de). Vid. *Manaco*.
AQUENSIS prepositus. Vid. *Agarni*.
AQUSANO (F. P. de). Vid. *Agusano*.
ARAGONIA, p. 176, 183.
ARAMBLAY, ARREBLAYO, ARBLEYO vel ARTEBLAYO (F. Guillelmus DE), elemosinarius regius, serviens, p. 87, 390, 459; son interrogatoire, p. 498, 589, 628.
ARATZ (F. Matheus D'). Vid. *Atrabato*.
ARA VALLIS DIONISII (preceptor de), p. 428.
ARBIA (F. Arnulphus), p. 97.
ARBLAYO vel ARBLEYO (F. Petrus de), p. 86, 105, 283; son interrogatoire, p. 496.
ARBLEYO (F. Guillelmus de). Vid. *Aremblay*.
ARCHEIM (F. Anricus DE), p. 107.
ARCONA (F. Johannes de), p. 513.
ARCOYS (F. Reginardus), p. 230.
ARDAN (F. Baudoinus DE), miles, p. 213.
ARDENAYO (F. Petrus de), p. 236.
ARDENBANDI (F. Durandus), p. 110.
ARDENBORT (F. Anricus DE), p. 97, 107.
ARDEVILLARI vel ARDIVILIER (fratres Deodatus et Radulphus de), p. 431, 432.
ARDOYNI (F. Guillelmus), p. 79, 108, 114, 282.

ARESTAN (F. Johannes), p. 611.
ARGENTOLIO (F. Gerardus de), miles, p. 365, 545.
ARIDA VILLA (F. Dyonisius, curatus de), p. 103.
ARNALDI, ARNANDI vel ARNAUDI (F. Guillelmus), p. 132, 230, 235, 418, 617.
ARNARDI (F. Garsias), p. 605.
ARNULLO (F. G. de), p. 86.
ARPAJONE (dominus Hugo de), p. 404.
ARREBLAYO (F. G. de). Vid. *Aramblay*.
ARTEBLAYO (F. G. de). Vid. *Aramblay*.
ASSINELLIO (F. Renaudus de), p. 106.
ASTENSIS (domus Templi civitatis), p. 425.
ATRABATENSIS comes, p. 44.
ATRABATO vel D'ARATZ (F. Matheus de), p. 65, 105, 117, 541, 545, 552.
ATREBATO (Colinus de), nuncius, p. 15.
AUBON (F. Johannes DE), p. 406, 407.
AUCENI (preceptor D'), p. 120.
AUDEBERTUS (F. Durandus), p. 58.
AUDEBORT (F. Durandus), p. 131.
AUDIERII (F. Audebertus), p. 605.
AUDIERII (F. Bernardus), p. 605, 614.
AULISI (F. Anricus de), miles Bituricensis, p. 70.
AURELIANIS (filius Hisabellis de), p. 501.
AURELIANIS (F. Reginaldus de), p. 36.
AURELIANO (magister Amisius de), archidiaconus Aurelianensis, notarius, p. 15, etc.
AURI FABRI (F. Guillelmus), p. 109.
AUSAPIE (F. Johannes), p. 133.
AUSATO (F. Johannes de), p. 59.
AUXEYO (F. Martinus de), p. 297.
AUXITANENSIS (archiepiscopus), p. 404.
AUZONT (capitula apud), p. 227.
AVENOT (F. Johannes), p. 581.
AVEYNES LES SECCHES (domus Templi vocata), Cameracensis diocesis, p. 365.
AXIIS vel AYHIIS (F. Philippus de), miles, p. 363, 480.
AYANCERIIS (F. Arbertus, curatus de), p. 66.
AYHIIS (F. Philippus de), miles. Vid. *Axiis*.
AYMARDI vel AYNARDI (F. Guillelmus), p. 105, 418.
AYMELII (F. Johannes). Vid. *Amelii*.
AYMERICI (F. Helias), p. 75, 111, 119, 120, 154, 267.
AYMONT (domus Templi DE), Ambianensis diocesis, p. 217, 362.
AYNARDI (F. Guillelmus). Vid. *Aymardi*.
AYRONE (F. Otho de). Vid. *Anona*.
AYSE IN OSTA (domus de), p. 641.

## B

BAAZIN vel BACIZIN (F. Laurencius), p. 76, 141.
BABILONIE (soldanus), p. 643.
BAER (F. Gerardus), p. 102.
BAJOCENSIS (episcopus), p. 16, 18, 19, etc.; se excusat, p. 285.
BALAN (F. Reynaldus DE), p. 97.
BALATI (magister Falco), notarius, Claramontensis diocesis, p. 15, etc.
BALENO (F. Johannes de), p. 70.
BALIANI (F. Raynardus), p. 62.
BALLAYNVILIER (F. Michael DE), miles, p. 551.
BALLE YGLISE (F. Radulphus DE), p. 114.
BANCHIER (F. Johannes LE), p. 130.
BANCON (F. Guillelmus), p. 125.
BANDELIIS (preceptor de), Senonensis diocesis, p. 439, 440.
BANDEYO (F. Radulphus de), p. 137.
BANILIAN (F. Guaufredus), p. 119.
BANS (F. Reynaldus DE), p. 97.
BARASCI alias BAROSA (F. Ger.), miles, p. 379.
BARBONA vel BARBONE (F. Aymo de), p. 40, 80, 108, 114.
——— (F. Johannes), p. 86.
——— (domus Templi de), Trecensis diocesis, p. 436.
BARBOT vel BARBOTI (F. Guillelmus), p. 75, 111.
BARINIS (F. Raymundus de), p. 113.
BARLETA (F. Johannes de), p. 540.
BARLOTI (F. Aymericus), p. 155.
——— (F. Guillelmus), p. 119, 155.
BARO SUPER ALBAM (F. Johannes de), p. 67.
——— SUPER SECAÑAM (curatus de), p. 563.
BAROLUM in Apulia, p. 644.
BAROSA (F. Ger.), miles. Vid. Barasci.
BARRO (F. Johannes de), miles, p. 110, 322.
BARUTI in Syria (civitas), p. 647.
BASIMONT, BASMONTE vel BASSIMONTE (F. Theobaldus DE), p. 28, 80, 108, 111, 115, 283, 540; son interrogatoire, p. 542.
BASINI (F. Laurencius), p. 155.
BASMONTE (F. Theobaldus de). Vid. Basimont.
BASSA (F. Raymondus de), p. 106.
BASSIMONTE (F. Theobaldus de). Vid. Basimont.
BASSON (F. G.), p. 131.
BASTRE (ballivia DU), p. 377.
BAUDERII (porta), Parisius, p. 136.

BAVENANT (F. Stephanus DE), p. 104.
BAVENAS (F. Stephanus DE), p. 67.
BAVERON (F. Petrus), p. 437.
BEAU (F. Johannes LE); p. 622.
BEGRAVILLA (F. Robertus de), p. 103.
BELA CHASSALNA (domus Templi DE), Lemovicensis diocesis, p. 602.
BELINAYS vel BELINEYS (F. Petrus DE), p. 84, 103.
BELLA FAGA, alias BELLAFAGE vel BELLAFAYA (F. Johannes de), p. 58, 110, 140.
——— PERTICA (F. Andreas de), gardianus fratrum Minorum de Abbatis Villa, p. 484, 489.
BELLAVILLA (F. Guido de), p. 107, 567.
BELLA VILLA (F. Symon de), p. 312.
BELLENCORT (F. P. de), p. 137.
BELLEVANT (F. Stephanus DE), p. 125.
BELLEYVIAL (domus Templi DE), Ambianensis diocesis, p. 535.
BELLO CAMINO (F. Oddo de), p. 66.
——— JOCO vel ZOCHO (F. Guillelmus de), Magister ordinis, p. 187, 219, 418, 646, 647.
——— MONTE (F. Petrus de), p. 287; son interrogatoire, p. 331.
——— VISU (domus Templi de), Ambianensis diocesis, p. 328, 333, 444, 465, 488.
BELNA (F. Galterus de), p. 174.
——— (F. Gerardus de), p. 137, 283.
——— (F. Guillelmus de), p. 71, 302, 437.
——— (F. Johannes de), p. 338.
——— (F. Morellus de), p. 583.
——— (F. Naniellus de), p. 356.
——— vel BELLNA (F. Laurencius de), p. 70. 71, 72, 591.
BELNO (F. Johannes de), p. 137.
BELVACENSIS episcopi domus Parisius, p. 156.
BELVACO (F. Gervasius de), p. 175.
——— (F. Guillelmus de), p. 130.
——— (F. Robertus de), alias dictus DE S. PANTALEONE vel DE S. JUSTO, presbyter, p. 241, 244, 291, 371, 374, 448, 350, 465, 466, 471, 475, 477.
BELVAS (F. P. de), p. 119.
BELVICINIS (preceptor de), p. 35.
BENAY (F. Guillelmus DE), presbyter, p. 119.
S. BENEDICTO (F. Johannes de), p. 177, 178, 222.

82.

BENEL (F. Raymondus Guillelmi DE), miles, p. 118.
BENEVANT (F. Johannes DE), p. 632.
BENOVALLE (F. Adam de), p. 501.
BERARDI (F. Thomas), magister Templi, p. 387, 389.
BERENGARIUS, cardinal tituli sanctorum Nerei et Archilei, p. 4, 11.
BERGERII vel LO BERGIER (F. Guillelmus), p. 265.
——— (F. Humbertus), p. 529.
——— (F. Johannes), p. 307, 418.
BERGERON (F. Raynaudus); son interrogatoire, p. 591.
BERGEROT (F. Reginaldus LE), p. 566.
BERGIER (le). Vid. *Bergerii.*
——— (F. Galterus LE), p. 435.
——— (F. Petrus LE), p. 418.
BERGNICURIA (F. Jacobus de), p. 244.
BERGONHO DE SERENA (domus Stephani LE), p. 157.
BERGONHONS (F. J. le), p. 76.
BERGUNDIIS (F. Robertus de), p. 133.
BERI (F. Andreas), p. 61, 97, 109, 113.
BERINES vel BERNIES (F. G. de), p. 86.
BERLENGUE (F. Richardus), p. 85.
BERLETA (domus Templi de), p. 549.
BERNANGER (F. Ricardus), p. 106.
BERNARDI CASTRUM, Xantonensis diocesis. Vid. *Castrum Bernardi.*
BERNARDI (F. Raymondus), p. 74, 105, 125.
——— (Robertus), nuncius, p. 15.
BERNIES. Vid. *Berines.*
BERNINET (F. G. de), maistre du Temple, p. 143.
BERNOYS (F. Robertus DE), p. 99.
BERRI (F. Andreas). Vid. *Beri.*
BERROYER (F. Guaufredus LE), p. 627.
BERROYERS (Humbaudus LE), p. 235, 236.
BERSE (F. J.), p. 97.
BERSI vel BERSIACO (F. Johannes de), p. 64, 65, 107, 153, 282.
BERSU (F. Johannes), p. 108.
BERTALDI (F. Johannes), Pictavensis diocesis; sa déposition, p. 270.
BERTRANDI (F. Raymondus), p. 230.
BERZO (F. Arnaudus), p. 265.
BESSO (F. Gerardus), p. 58.
BESSU vel BESU (F. Johannes de), p. 540; son interrogatoire, p. 541.
BESSUS (F. Stephanus), p. 98, 109, 138.

BETENCOURT (F. Ricardus DE), miles, p. 407.
BEVELLA (F. Bernardus de), p. 75.
BEYSE (F. P. de), p. 352.
BIAME (F. Lorent de), p. 71.
BIANIS (F. Reginaldus de), p. 230.
BICE. Vid. *Biceyo.*
BICEL (F. Johannes LE), p. 591.
BICEYO, alias BICE, BICHI, BICHIACO, BICI, BISI vel BISSIACO (F. Bernardus de), p. 104, 129.
——— (F. Christianus de), p. 65, 108, 114, 283, 511; son interrogatoire, p. 524, 571, 575, 591.
——— (F. Constancius de), p. 63, 97, 107, 153.
——— (F. Robertus de), p. 66, 110.
BICI (F. Miletus de), p. 591.
BICIIS (domus Templi de), Nivernensis diocesis, p. 509.
BICTES (F. Viardus DE), p. 591.
BIENCURIA (F. Galterus de), miles, p. 407.
BIERSI (F. Johannes de), p. 64.
BILDA (preceptor de), p. 232.
BILHEDA (domus Templi de), p. 235.
BISI. Vid. *Biceyo.*
BISONIO (F. J. de), p. 76.
BISSI (F. Bertrandus de), p. 69.
——— (F. Stephanus de), p. 119.
BISSIACO. Vid. *Biceyo.*
BISUNCIO (F. Besanzon DE), p. 632.
BITERIS (Floyrano de), p. 36.
BITURICENSIS (Symon, archiepiscopus), p. 449.
BLANC (F. Humbertus), miles, p. 512.
BLANDES (preceptor DE), p. 605.
BLANDESIO (preceptor de), p. 120.
BLANGI (F. Laurencius), p. 491.
BLAVOT al. BLAVOTI (domus), p. 135, 139, 161.
BLAYS (F. P. DE). Vid. *Blesis.*
BLERE, BLEREYO vel BLERI (F. Guillelmus DE), p. 62, 97, 108, 113.
BLESIS (F. Petrus de), presbyter, p. 65, 108, 114, 283, 511; son interrogatoire, p. 514.
BLEYMONT IN LOTARINGIA (comes DE), p. 216.
BLISON vel BLISSON (F. Johannes DE), p. 111, 155.
BLOFFIERS (F. Enricus DE), p. 374.
BOCELLA (F. G.), p. 80.
BOCELLI (F. Guido), p. 114.
——— (F. Guillelmus), p. 108, 283, 428, 429.
——— (F. Johannes), presbyter, p. 111, 133, 575, 589.

BOCHANCOURT (F. Thomas DE), p. 104, 135.
BOCHANDI (F. J.), p. 76.
BOCHERII vel BOCHIER (F. Johannes), p. 74, 109.
BOCHEYO (F. Petrus de), miles, Noviomensis diocesis, p. 108.
BOCHIER (F. J.). Vid. *Bocherii*.
BOCLI vel BONELI (F. Petrus de), miles, Noviomensis diocesis, p. 80, 377, 407; son interrogatoire, p. 412.
BOCON (F. Guillelmus), p. 111.
BOETI (F. Aymericus), p. 75, 119, 155.
BOFIN (F. Laurencius), p. 119.
BOILEVE (F. Girardus), p. 84. Vid. *Boyleve*.
BOILHENCORT, POLLENCOURT vel POLHEICOURT (F. Johannes DE), p. 367; son interrogatoire, p. 368 et 377.
BOLART (F. Henricus), p. 292.
BOLENCURIA (F. Johan. de). Vid. *Bollencourt*.
BOLHENCOURT alias POIGNENCORT (F. Petrus DE), p. 367; son interrogatoire, p. 371.
BOLIENS (F. Robertus DE), p. 111.
BOLLENA (F. Johannes de), p. 174.
BOLLENCOURT vel BOLENCURIA (F. Johannes DE), p. 97, 116, 443; son interrogatoire, p. 461.
BOLLEVILLE (F. Guido DE), p. 114.
BONAFORSUS (F.), p. 418.
BONAMOR (F. G.), p. 76.
BONANCURIA (F. Johannes de), p. 107, 129.
BONAYO (F. G. de), p. 103.
BONCA (F. Raymondus Guillelmi de), miles, p. 118.
BONCELO (F. Nicolaus de), p. 83.
BONCHANCURIA (F. Thom. de). Vid. *Bochancourt*.
BONCINO (F. Guillelmus de), p. 59.
BONCOLI (F. P. de), p. 114.
BONCOURT (F. Thomas DE); son interrogatoire, p. 485.
BONDIEZ vel BONDIS (F. Johannes DE), presbyter, p. 321, 543.
BONDIS (F. Raynaldus vel Raynardus de), p. 75, 155.
—— vel BONDIIS (F. Reginaldus de), p. 111, 119.
BONECOURT (F. Radulphus DE), p. 485.
BONEFACI (el pape), p. 170.
BONELI (F. Petrus de), miles, Noviomensis diocesis. Vid. *Bocli*.
BONIS (F. Bernardus de), p. 109.
—— (F. Raynaudus de), p. 62.
BONNENCOURT (F. Thomas DE), p. 446.
BONOGNA (messire Pierre de). Vid. *Bononia*.

BONO LOCO (domus Templi de), Trecensi diocesis, p. 522.
BONONIA (F. Petrus de), presbyter, procurator generalis in curia Romana tocius ordinis, p. 36, 65, 100, 108, 113, 114, 115, 126, 128, 137, 138, 147, 151, 152, 153, 154, 155, 156, 161, 164, 165, 172, 201, 232, 259, 260, 262, 275, 277, 281, 286.
BONO OPERE (F. Poncius de), p. 42, 80, 108, 114, 282, 511; son interrogatoire, p. 538.
BONS (F. P. de), miles, Bituricensis diocesis, p. 85, 105, 132.
BONTER (F. Nicolaus DE). Vid. *Bornel*.
BORD (F. Bernardus DE), p. 155.
—— (F. Bertrandus DE), p. 124.
—— (F. Raynaudus DE), miles Lemovicensis, p. 96, 109.
BORDIS (F. Raynaldus de), p. 418.
BORIVENT (F. Johannes), Pictavensis diocesis, p. 230.
BORLETA (F. Gerardus), p. 103.
—— (F. Johannes), p. 63.
BORNARELLI (F. Raymondus), p. 389.
BORNEL, alias BONTER vel BORNELLI (F. Nicolaus DE), p. 106, 465.
BORNETO (F. Hugo de), p. 512.
BORT (F. Bernardus DE), miles, p. 59.
—— (F. Reynardus DE), miles, Lemovicensis. Vid. *Bord* et *Bordis*.
BORTO (F. Franco de), miles, preceptor Alvernie, p. 233, 416, 513, 602, 605.
BOSCELLI (F. Guillelmus de), p. 41.
BOSCIS (F. Terricus de), magister boscorum Templi, p. 518.
BOSCO (Johannes de), nuncius, p. 15.
—— IN VIROMANDIA (domus Templi de), p. 373.
BOS DESTRUZ. Vid. *Bois Destruz*.
BOSSA (F. Hugo), p. 57, 98, 110.
—— (F. Petrus), presbyter, p. 58.
BOSSELLI IN GRAVIA (domus Johannis), Parisius, p. 160.
BOSSI (domus Templi de), Noviomensis diocesis, p. 362.
BOSSILHA (F. Stephanus LA), p. 58.
BOSSO (F. Gerardus), p. 110.
BOTAN (F. Johannes), Pictav. diocesis, p. 266.
BOTELLA (F. J.), p. 86.
BOTENCORT (F. Jacobus DE), miles, p. 561.
BOTENGNI (F. Egidius), presbyter, p. 116.
BOTON vel BOTTON (F. Guillelmus), p. 348.

BOUCHEURES (F. Petrus DE), p. 376; son interrogatoire, p. 374.
BOULAY (Clemens DE), p. 97.
BOVINI Pictavensis (monasterium), p. 264.
BOYLEVE (F. Gunardus), p. 119.
BOYNEL (F. Nicolaus DE), p. 153.
BOYS DESTRUZ (domus Templi DE), Belvacensis diocesis, p. 325, 448, 450, 570.
BOYSIMONT (F. G. de), p. 87.
BOYSSET (F. Guillelmus DE), miles, p. 554.
BOYZOL (Geraues de), chevalier, p. 37.
BRABANCIA, BRAYBANCIA vel BREBANZ (F. Auricus de), p. 60, 98, 107.
BRAELLA vel BREELLA (F. Petrus de), preceptor de Somorens, p. 73, 242.
BRAGELLA (F. P. de), p. 104, 135.
——— (F. Thomas de), presbyter, p. 110.
BRALI (Robertus, curatus de), p. 63.
BRANCCIO (F. Clemens de), p. 58.
BRANLES vel BRANLIS (F. Johannes DE), presbyter, p. 99, 111, 125, 337; son interrogatoire, p. 341.
BRAYBANCIA (domus Coyssoine de), p. 158.
——— (F. Henricus de). Vid. Brabancia.
BRAZ DE FER (F. Johannes), presbyter, p. 64, 107, 114.
BREBANZ (F. Auricus DE). Vid. Brabancia.
BRECEL (F. Johannes LE), p. 66.
BRECENAY (F. Constancius DE), presbyter, p. 65.
BRECINA (F. P. de), p. 110.
BRECTIVILLE LE REBEL (domus Templi DE), Bajocensis diocesis, p. 554.
BREELLA (F. Petrus de). Vid. Braella.
BREM (F. Arnulphus), p. 60.
BREMAZ (F. Guillelmus), p. 59.
BREONE (F. P. de), p. 131.
BRETENAY (F. P. de), p. 103.
BRETES (F. Johannes LE), p. 110.
BRETONA (F. Petrus de), p. 58.
BREVASA vel BREVEZA (F. Guillelmus de), p. 604, 617.
BREVESA (F. Gaufridus de), p. 608.
BREVEZA (F. Guillelmus de). Vid. Brevasa.
——— (F. Iterius de), p. 77.
BRIA (F. Michael de), presbyter, p. 312.
——— (preceptor de), p. 529.
BRIARDI DE ENONIA alias BRIART (F. Johannes), p. 87, 133.
BRIAYS (F. Robertus). Vid. Brioys.
S. BRICII (domus Templi in villa), p. 347.
BRIGOLIO (F. Helias de), p. 611.

BRIMES vel BRIMEZ (F. Guillelm. DE), p. 105, 132.
BRINAT, BRINATZ vel BRITAZ (F. Guillelmus), p. 98, 110, 160.
BRINONE (F. Raynaudus de), p. 509.
BRIOYS (F. Guillelmus), p. 64, 107, 114.
——— (F. Robertus LE) alias DE BRIOYS, p. 68, 104, 132, 443; son interrogatoire, p. 447, 568, 569.
BRITINHIACO (F. de), p. 16.
S. BRITONE (dominus Guaufredus de), episcopus Xantonensis, p. 199.
BRITONIS (F. Raynaldus), p. 224, 226.
BROET (F. Poncius DE), miles, p. 403.
BROETI (F. Aymericus), p. 111.
BROLIE, BROLII vel BROLIO (F. Petrus DE), p. 59, 98, 110, 160, 418.
BROLII (F. Stephanus), p. 418.
BROLIO (F. P. de). Vid. Brolie.
——— (domus Templi de), Agenensis diocesis, p. 405.
BRONDISIO (F. Symon de), p. 548.
BROSSA (F. Arnardus LA), p. 236.
BROSSARDI (N.), clericus Engolismensis, p. 266.
BROTONE (F. Guido de), p. 428.
BRUART (F. Johannes), preceptor ballivie Trecensis, p. 435.
BRUERIA (F. Johannes de), p. 69, 104.
BRUGES vel BRUGIS (F. Gonsoynus vel Gossoynus DE), preceptor Flandrie, p. 64, 107, 114.
BRUXERIA RASPIT (domus de). Vid. Buxeria Raspit.
BUARDI (F. Johannes), p. 111.
BUCHANDI (F. Johannes), Pictavensis diocesis, p. 232.
BUFFAVENT (F. Johannes DE); son interrogatoire, p. 509. Vid. Bussavent.
BUFFOYMONT (F. Johannes DE), p. 431.
BUISSIERS (F. Evrart DE), p. 150.
BULLE NONCIA (F. Johannes de), p. 63.
BULLENS (F. Galterus DE), miles, Ambianensis diocesis, p. 85, 105, 535.
BUOSEMONT (F. Guillelmus DE), p. 133.
BURES vel BURIS (F. Aimericus DE), presbyter; son interrogatoire, p. 316.
BURGERE (domus Templi DE), Rothomagensis diocesis, p. 428.
BURGONDI (F. Anricus), p. 250.
——— (F. Bernardus), p. 469.
——— (F. Milo), presbyter, p. 254.
BURGUNDI (F. Antonius), p. 614.
——— (F. Robertus), p. 85.

BURGUNDIE (confessor Ducisse), p. 303.
——— (elemosinarius Ducis), p. 350.
BURIS (F. Andreas de), p. 70, 137.
——— (F. Aymo de), p. 66, 109.
——— (F. Bricius de), p. 67, 110.
——— (F. Diderius de), p. 302, 632.
——— (F. Enricus de), p. 287.
——— (F. Galterus de), presbyter, p. 61, 103, 287; son interrogatoire, p. 296, 303.
——— (F. Guillelmus de), presbyter, p. 66, 110, 206.
——— (F. Hugo de), p. 58, 97, 103, 351.
——— (F. Huguetus de), p. 174; sa déposition, p. 205.
——— (F. Johannes de), presbyter, p. 105, 110, 136, 150, 296.
——— (F. Mattheus de), p. 105, 136, 150.
——— (F. Oddo de), p. 89, 109, 138.
——— (F. Parisetus de), p. 70.
——— (F. Parisius de), p. 67, 110.

BURIS (F. Petrus de), p. 205, 507.
——— (F. Poncius de), presbyter, p. 64, 108, 114.
——— (F. Radulphus de), p. 507.
——— (F. Robertus de), p. 125.
——— (F. Stephanus de), p. 72, 137.
——— (domus Templi de), p. 296, 300, 301.
BURIVILLA (F. Martinus de), p. 396.
BURRENVILLE (F. Albericus DE), p. 594.
BUS (F. Robertus DE), p. 491.
BUSSAVENT vel BUSSAVENTO (F. Johannes DE), p. 89, 138.
BUXERIA (domus Templi de), Carnotensis diocesis, p. 558.
BUXERIA RASPIT (domus Templi de), Lemovicensis diocesis, p. 120, 604, 617.
BUXERIIS (F. Evrardus de), p. 105.
BUXERIS IN GASTINA (preceptor de), p. 270.
BUXIACO (F. Martinus de), p. 581.
BUYSSITGRA (F. Gerardus), presbyter, p. 602.
BYASSERES (F. Girardus DE), p. 136.

# C

CABILLONENSIS episcopus, p. 212.
CABILONE (F. Gerardus de), p. 61, 97.
——— vel GABILONE (F. Hugo de), miles, p. 406, 407, 592, 628.
CABLES (F. P. de), p. 132.
CADELETA (F. Jacobus), p. 97.
CAEMI (F. Petrus de), p. 83, 365.
CAIARCO (F. G. de), miles, Caturcensis, p. 105.
CAIARDI (F. Jacobus), p. 106.
CALABRI, CALABRIN, CALABRINI vel GALABRII (Ff. Guillelmus et Guaufredus), p. 98, 99, 111, 125.
CALANDRIACO (Addam de), clericus, p. 176.
CALETI MAJORIS (Matheus de Neapoli), notarius, archidiaconus, p. 1, 2, 12, etc.
CALHARDI (F. Jacobus), p. 63.
CALHISTRAC. Vid. Chalhistrat.
CALIDO FURNO (F. Jacobus de), p. 104, 135.
——————— (F. Johannes de), p. 73.
CALINIS (domus Johannis de), p. 149.
CALINO (vicus de), Parisius, p. 130.
CALMIS (F. Adam de), miles, p. 541.
CALMONTE vel GAMONE (F. Hugo de), miles, Ruthenensis diocesis, p. 108, 402.
CALMOTA (F. Johannes de), presbyter, p. 448.
CALVIONI (F. Hugo de), miles, Ruthenensis, p. 82.
CAMBARELLO (preceptor de), p. 614.

CAMBER (F. Johannes LE). Vid. le Gambier.
——— (F. Robert le), presbyter, p. 128.
CAME (F. Gerardus DU), p. 105.
CAMERACO (F. Johannetus de), p. 30.
CAMES (F. Thomas DES), p. 64, 114.
CAMINO (F. P. de), p. 106.
——— (F. Thomas de), p. 76, 111.
CAMIS (F. J. de), p. 103.
CAMP ALLAMAN vel CAMPO ALLAMANO (F. Galterus DE), p. 89, 109, 138.
CAMPANEA (F. Johannes de), p. 106.
CAMPANEIS (F. J. de), p. 83.
CAMPANIA (F. Egidius de), p. 357.
CAMPANIE receptor, p. 567, 571.
CAMPO ALAMANI (domus Templi de), Nivernensis diocesis, p. 509.
——— BUBALI, alias CHAMBUCLE vel CHAMBUGLE (domus Templi de), Senonensis diocesis, p. 292, 329, 330.
——— GILONIS (domus Templi de), p. 270, 273.
CAMUS (F. Johannes LE), p. 291.
CANDANO (F. Gossoynus de), p. 118.
CANDEBUR (F. Jacobus), p. 107.
CANEIIS, CAYNEYO vel CAYNEIIS (F. Matheus de), p. 60, 103, 496.
CANELLIS (F. Albertus vel Arbertus de), miles, Aquensis diocesis, provincie Mediolanensis,

p. 63, 98, 106, 421; son interrogatoire, p. 424.

CANELLIS (F. Guillelmus de), miles, preceptor Lombardie, p. 425.

——— (F. Yvanus de), miles, p. 425.

CANERPIIS (F. Humbertus de), p. 110.

CANHO DE RUSIACO (F. Johannes), p. 66.

CANTALUPO (F. Johannes de). Vid. *Chantalup.*

CANTUCO (F. Egidius de), p. 65.

CAPELLA (F. Galterus de), p. 70, 137.

——— (F. Nicolaus de), p. 174.

CAPIACO (F. Aymericus de), miles, p. 59.

CAPITE VILLE (F. Matheus de), p. 103.

CAPOINS vel CAPON (F. Petrus), p. 60, 97, 107, 131.

CAPOY (F. Aymo DE), p. 103.

CAPRARII (Bartholamus), civis Lugdunensis, scancio regis, p. 458.

CAPRIACO (F. Droco de), p. 86.

CAPRICORDIO vel CREPICORDIO (F. Johannes de), p. 174, 622.

CAPROSIA (F. Richardus de), p. 64, 283.

CAPUA (domus Templi de), p. 548.

CAPUANUS preceptor, p. 548.

CARAGOLI vel CARAZOLI (Matheus), alias Matheus de NEAPOLI, notarius, p. 1, 2, 9, etc. Infirmitate detentus, p. 485.

CARARACHE (F. Anricus DE), presbyter, p. 480.

CARARCO (F. G. de), miles, Caturcensis, p. 75.

CARATI (Artaudus), miles, p. 456.

CARAZOLI (Matheus). Vid. *Caragoli.*

CARBONA (F. Raymondus de), p. 107.

CARDALHACO (F. Guillelmus de), p. 74, 105.

CARDEYACO (F. Guillelmus de), p. 125.

CAREL vel CARREL (F. P. du), p. 109, 138.

——— (F. Radulphus DU), p. 64, 103.

CARITATE (F. Henricus de), p. 89, 109, 138.

CARMELIIIS (F. P. de), p. 151.

CARNELLA (F. Matheus de), p. 84.

CARNERII (F. Johannes), p. 111.

CARNOTENSIS BAILLIVIE preceptor, p. 543.

CARON (F. Racinbaudus DE), p. 562.

CARPENTARII (Petrus et Guillelmus), p. 439.

CARREL. Vid. *Carel.*

CARRUCIS (F. Radulphus de), p. 460, 465.

CASCAVELLI (F. Bernardus), p. 106, 131.

——— (F. Bertrandus), p. 69.

CASNAY (F. Thomas DE), p. 61.

CASSAGNOLI (F. Bonetus), p. 58.

CASSANHAS (F. J.), p. 69.

CASSEME (F. P. de la), p. 150.

CAST (F. Johannes LE), p. 138.

CASTABOLLE (F. Raymondus DE), p. 230.

CASTANHERIO vel CASTANHIER (F. P. de), p. 82, 108, 114.

CASTEL PELEGRI (miracles arrivés à), p. 143.

CASTELLA (lo roi de), p. 143.

CASTELLARIO IN VIROMANDIA (domus Templi de), p. 556.

CASTELLETI Parisiensis prepositus, p. 29, 31.

CASTELLIO SUPER SECCANAM, p. 317.

CASTELLIONE (F. Anricus de), p. 60.

——— (F. Stephanus de), p. 137.

CASTELLIONETO (F. Petrus de), p. 507.

CASTILHO (F. Stephanus de), p. 70.

CASTRA (F. Johannes de), p. 97, 113.

CASTRE, CASTRI vel CASTRIS (F. Bernardus DE), p. 60, 74, 98, 131.

CASTRI NANTONIS vel LANDONIS prepositus, p. 320, 324, 331.

CASTRODUNI (F. Odo de), p. 540; son interrogatoire, p. 558.

——— (domus Templi de), p. 559.

CASTRO NOVO (F. Gerardus de), miles, p. 583.

——— (F. Guillelmus de), miles, p. 69, 102, 106, 130.

CASTRO VETERI (F. Guillelmus de), p. 403.

CASTRUM BERNARDI, Xantonensis diocesis, p. 199, 265, 273.

——— PEREGRINI (statuta ordinis facta apud), p. 458.

CATHALANO (F. Petrus de), p. 104, 135.

CATHALANENSIS episcopi penitenciarius, p. 563.

CATHALONE (F. Addam de), p. 59.

——— (F. Ger. de), p. 109.

——— (F. Petrus de), p. 68.

CATIBOF (F. Jacobus), p. 131.

CAUS vel CAUSO (F. Gerardus DE), miles, Ruthenensis diocesis, p. 27, 81, 377; son interrogatoire, p. 379.

CAVALERII, CAVALIER vel LE CAVALIER (F. Robertus), presbyter, p. 62, 107, 116, 159.

CAVALIER (F. Thomas), p. 67.

CAYNEIIS (F. Thomas de), p. 103.

CAYNEIO vel GAYNEIO (F. Humbertus de), p. 575, 628.

——— (F. Matheus de). Vid. *Caneiis.*

CAYNO, p. 223, 224.

CAYNONE (Lucas de), presbyter, p. 226.

CELLA (F. Helias de), p. 98, 111, 125.

CELLA (Hugo de), miles regius, p. 276.
—— (F. Johannes de), p. 80, 108, 249.
—— (F. Nicolaus de), p. 41, 108, 368.
CENOMANENSIS episcopus, p. 231.
CERA (F. Guaufredus de), p. 85.
CERCELLIS, SARCELLIS vel SERCELLIS (F. Petrus de), p. 79, 108, 282, 566, 571; son interrogatoire, p. 574, 583, 628.
CERNAYO (F. Guaufredus de), miles, p. 133.
CERNOY, alias SERNAY, SERNAYO, SERNEYO vel SERNOY (F. Johannes DE), p. 368, 520, 545, 546, 547, 552.
CHABANAZ (F. Hugo), p. 602.
CHABLEIS vel CHAMBLEIS (F. Petrus de), p. 85, 105, 636.
CHADALEU vel CHADELEU (Petrus DE), canonicus Enesiati, Claramontensis diocesis, p. 15, 16.
CHADANETO (rector S. Privati de), Mimatensis diocesis, p. 15.
CHADELEU. Vid. Chadaleu.
CHAENES (F. J. de), p. 104.
CHALIM (F. Guil.), p. 72.
CHALISTRAT vel CALHISTRAC (F. Helias DE), presbyter, p. 75, 111, 119, 154.
CHALOTO REGINE (F. Guillelmus de), p. 598.
—————— (domus Templi de), Carnotensis diocesis, p. 598.
CHALOX (Guaufredus, dictus), canonicus ecclesie Perronensis, p. 21.
CHAMAR (F. Jacobus DE), p. 59.
CHAMAROT (F. Jacobus), p. 541.
CHAMAT (domus Templi DE), Claramontensis diocesis, p. 418.
CHAMBLEIS (F. P. de). Vid. Chableis.
—————— (Stephanus de), p. 356.
CHAMBONENT, alias CAMBONENT, CHAMBOLENT vel CHAMBONNET (F. Guillelmus DE), miles, Lemovicensis diocesis, p. 59, 96, 109, 113, 120, 124, 126, 128, 146, 147, 154, 155, 156, 161, 164, 165, 171, 201, 232, 259, 260, 262, 275, 277, 281, 286, 562.
CHAMBUCLE vel CHAMBUGLE. Vid. Campo Bubali.
CHAMERI (F. Christianus de), p. 73.
CHAMERLENT (F. Aymericus), p. 76.
CHAMES vel CHAMIS (F. Johannes DE), p. 68, 136.
CHAMINANT (F. Hugo DE), p. 114.
CHAMINO (F. Egidius de), p. 108.
—————— (F. Johannes de), p. 74.
—————— (F. Thomas de), p. 232, 233.

CHAMIS (domus Johannis de), Parisius, p. 139, 161.
CHAMMERIACO (F. Christianus de), p. 135.
CHAMPANOYS (F. J. le), p. 104.
CHAMPCUELH vel CHAMPENELHE (F. Arnulphus DE), p. 439, 598.
CHANACO (curatus de), Caturcensis diocesis, p. 230.
CHANANIS (F. Robertus DE), p. 312.
CHANENEYO (F. Milo de), presbyter, p. 135.
CHANTALLONE (preceptor de), p. 120.
CHANTALOP (F.), p. 514.
CHANTALUP, CANTALUPO vel CHANTALUPO (F. Johannes DE), p. 89, 109, 138.
CHAPINI (Joan), clerc, p. 71.
CHARA (F. Johannes LA), p. 62.
CHARINIS (F. Robertus de), p. 85.
CHARMES (F. Robertus DE), p. 106.
CHARMOLHIS (F. Thomas de), p. 66.
CHARNERII (F. Bernardus), p. 58, 110, 140.
CHARNI (F. Milo de), p. 73.
—————— (F. Raynardus de), p. 627.
CHARUT (F. Droco DE), p. 132.
CHARUTO (F. Petrus de), p. 65.
CHASSADAS vel CHAUSSADAS (F. Johannes LA), p. 605, 608, 611.
CHASSANÇHA (F. P. de la), p. 136.
CHAT (F. Guillelmus LE), p. 98, 125.
CHATALONO (F. Gerardus de), p. 113.
CHATENHAC (F. Petrus DE), p. 195, 196.
CHAUMERIO (F. Christianus de), p. 104.
CHAURINO (F. P. de), p. 108.
CHAUSSADAS. Vid. Chassadas.
CHAVALER (F. Robertus LE), p. 97.
CHAVALIEL (F. P.), p. 131.
CHAYNAY (F. P.), p. 103.
CHELI (F. Baudoynus de), miles, p. 535, 536.
CHENACO (Guillelmus de), canonicus Parisiensis, p. 15.
CHENAY (F. P. de), p. 119.
CHERI (F. P. de), p. 110.
CHERIACO (F. Petrus de), p. 66.
CHERRUTO (domus Templi de), Senonensis diocesis, p. 521, 529, 541, 571.
CHERU (F. Droco de), p. 105.
CHERU, CHERUTO vel CHEURUTO (F. P. de), p. 114, 282, 511.
CHERUTO, CHEURU vel CHEURUTO (F. Gilo vel Egidius de), p. 114, 566; son interrogatoire, p. 578.

CHEURU vel CHEURUTO (F. Egidius de). Vid. *Cheruto.*
CHEURUTO (F. Petrus de). Vid. *Cheru.*
CHEYNEI (F. Michael DE), p. 598.
CHICUS (Franciscus), domicellus, p. 18.
CHIFELLI vel CHOFILLI (F. decanus de), p. 63, 110.
CHISIACO (F. Johannes de), presbyter, p. 125.
CHOCHIACO (F. Johannes de), p. 137.
CHOFILLI. Vid. *Chifelli.*
CHONLES (F. Oricus), presbyter, p. 106.
CHOQUEII (Aymo), rector, p. 16.
CHOYNEYO (F. P. de), p. 84.
S. CHRISTOPHORO (F. Hugo de), p. 97, 103.
CHUEFFODEVILLE DE CORMALHES (F. Matheus DE), p. 119.
CISSEYO (F. Johannes de), p. 58.
CLAMEROLIS (F. Jacobus de), p. 158.
CLANS (F. Raymondus DE), presbyter, p. 118.
CLARAVALLE (domus de), Parisius, p. 160.
CLARGOR (F. P. de), p. 86.
CLAROMONTE (F. Aymo de), miles, p. 407.
——— (F. Petrus de), p. 105, 292.
CLEMENS papa, p. 1, 7, 8, 12, 25, etc.
CLERICI (F. Henricus), p. 30.
CLERIMONT (F. Petrus DE), p. 136.
CLERMONT EN BIAUVOISIN (F. P. de), p. 150.
S. CLERO (F. Johannes de), p. 345.
CLICHI (domus Templi DE), Parisiensis diocesis, p. 575.
CLICHIACO vel CLISSI (F. Matheus de), p. 101, 102, 114, 126.
CLIPES (F. Johannes DE), p. 114.
CLISSI (F. Matheus de). Vid. *Clichiaco.*
CLUSA (F. Michael de), p. 647.
COBLANS (F. Jacobus DE), p. 564.
COBRENIII (F. J. de), p. 98.
COCCARDI (Johannes), canonicus, p. 278, 279, 281.
COCHARDI (Petrus), nuncius, p. 15.
COCHIACO (F. Johannes de), p. 71, 72.
COCLARIUS (F.), p. 106.
CODELIN vel CODOLIN (F. Johannes), p. 111, 125.
CODUN (F. Raynaudus DE), p. 464.
COETA (F. Bosso vel Bossa), p. 59, 110.
COHADEBUR (F. Jacobus), p. 60.
COLANCURIS (F. Johannes DES), p. 136.
COLAOURS, COLEURS vel COLLATORIIS (F. Constancius, curatus DE), p. 65, 103, 118.
COLAY (F. Galterus DE), p. 495.

COLEURS vel COLLATORIIS (F. Jehan de), p. 105, 150.
COLLATORIIS. Vid. *Colaours* vel *Coleurs.*
COLLEGI (F. Johannes de), p. 553.
COLOMERIIS (preceptor de), p. 583.
——— (domus Templi de), Meldensis diocesis, p. 503, 504.
COLON (F. Odo DE), p. 133.
COLONGE, LA COLONGNE vel LA COLONGNA (F. Petrus DE LA), miles, Claramontensis diocesis, p. 59, 96, 107, 124, 155.
COLORIBUS (baillivia Templi de), p. 307, 312.
COLUMBIS (F. Albertus de), p. 287.
COLUMPNA (P. de), diaconus cardinal, p. 9, 10.
COLUMPNIS (F. Arbertus de); son interrogatoire, p. 320.
COMMONT (F. Stephanus), p. 106.
COMPEN (F. Aymo DE), p. 57.
COMPENDIO, CONPENDIO vel COMPINGNE (F. Auricus de), p. 63, 97, 107, 116.
——— (F. Johannes de), p. 153.
——— (F. Nicolaus de), p. 77, 104, 134, 624; son interrogatoire, p. 639.
——— (F. Petrus de), p. 86, 111, 133.
——— (F. Radulphus de), p. 86, 111, 133, 139, 162.
——— (F. Stephanus de), p. 84, 103.
CONBORIMO vel CONBRINO (F. Humbertus de), miles, p. 235, 617.
CONDE (F. G. de), p. 85, 132.
CONRIUCLE (F. Johannes DE), p. 511.
CONSTANCIENSIS (Nicolaus), Bajocensis diocesis, notarius, p. 15, 16.
COOPERTO PUTEO (F. Albertus de), presbyter, p. 527, 630.
——— (domus Templi de), p. 631.
COPIAC, COPIHAC vel COPRIACH (F. Aymericus DE), miles, Lemovicensis diocesis, p. 97, 107, 124, 155.
COQUARDI (F. Bernardus), p. 105, 117.
——— (F. Bertrandus), p. 65.
CORBAN (F. Matheus DE). Vid. *Corbon,* p. 97.
CORBEO (F. Johannes). Vid. *Corbon,* p. 66.
CORBEONE (F. Dominicus de), p. 524.
CORBERMONT (domus Templi DE), Morinensis diocesis, p. 491.
CORBES (F. Raymondus DE), p. 69.
CORBIE (F. Jehan de), p. 146.
CORBINHIACO (F. Johannes de), p. 57.
CORBOLIO (F. Johannes de), preceptor Corbolii, p. 515.

CORBON (F. Johannes DE), p. 66, 110.
——— (F. Petrus DE), p. 70.
——— (F. Raymondus DE), p. 131.
——— CORBAN vel CORBONO (F. Matheus DE), p. 58, 97, 103.
CORBONE (F. Symon de), p. 338; son interrogatoire, p. 350.
CORENFLOS, CORRENFLOS, GORRENFLORE vel GORREFLOR (F. Robertus DE), presbyter, p. 62, 97, 107, 116, 128, 477.
CORMELANO (F. G. de), p. 85.
CORMELE, CORMELLA, CORMELIIS, CORMELHIS vel CORMELLIS (F. Jacobus DE), p. 74, 103, 136, 540; son interrogatoire, p. 545, 637.
——— (F. Johannes DE), preceptor de Moysiaco, Meldensis diocesis, p. 79, 85, 108, 133, 137, 439; son interrogatoire, p. 520, 527.
CORMELES (F. Lambertus DE), p. 60, 72, 103; son interrogatoire, p. 439.
——— (F. Petrus de), p. 70, 137, 291, 325, 499, 500.
CORMELHIS (F. Thomas de), p. 110.
CORMELIIS (F. Robertus de), p. 70, 421; son interrogatoire, p. 441.
CORMELLIS (F. Remigius de), p. 552.
CORMERSSI (F. Manesseris), p. 518.
CORMESCI, CORMESSI, CORMICIA, CORMISSIACO vel CORNISIACO (F. Symon de), p. 78, 107, 282, 511; son interrogatoire, p. 517.
CORMOLAN (F. Guillelmus DE), p. 106.
CORNAY (domus prioris DE), p. 125, 156.
CORNAYO (F. Robertus de), p. 132.
CORNISIACO (F. Symon de). Vid. *Cormesci.*
CORPENTHE (F. Johannes DE), p. 110.
CORREANS (domus Templi DE), p. 474.
CORSO (F. Guido de), p. 119, 155.
CORTALDA vel CORTARDA (F. Drago vel Draco de), miles, Tarvensis diocesis, p. 99, 107, 164.

CORTEMPLE vel COURT TEMPLE (F. Petrus DE), p. 70, 105, 136, 150.
CORTESA (F. Robertus), p. 512.
CORVELLA vel CORVILLE (F. Johannes de), p. 114, 283.
COSTA (F. Johannes), p. 70, 106, 131.
COSTA (F. Raymondus DE LA), presbyter, p. 379, 382.
COURGEMI vel COURGEMIN (domus Templi de), Lingonensis diocesis, p. 593, 594.
COURT TEMPLE (F. P. de). Vid. *Cortemple.*
COYFER vel COYFIER (F. Johannes), p. 62, 97, 109, 113.
CRAVA (F. Johannes de), p. 73.
CRENAYO vel CRENOY (F. Laurencius de), p. 64, 103.
CREPICORDIO (fratres adducti de), p. 74.
——— (F. Johannes de). Vid. *Capricordio.*
CRESSETI (F. P.), p. 138.
CRESSON ESSART vel GRESSON ESSART (F. Matheus DE), p. 74, 109, 130, 145, 146, 165, 511; son interrogatoire, p. 535.
CRETIS (F. Nicolaus), p. 28.
CREVELLO (F. Jacobus de), p. 635.
CREZCIACO (F. Johannes de), p. 441.
S. CRISTOFORI (vicus), Parisius, p. 158.
CROCHET (F. P.), p. 98.
CROTOY (F. Bertrandus DE), p. 547.
CROY (P. Bernerius DE), p. 441.
CRUCI (F. Guaufredus), p. 86.
CUCEYO (F. Julianus de), p. 66.
CUGNERES, CUNHERIIS vel CUNERIIS (F. Raynaudus, Raymondus, Reynardus vel Reginaldus DE), miles, Belvacensis diocesis, p. 63, 97, 107, 116, 128, 407.
CULHERET vel LE CULHERIER (F. Addo), p. 83, 153.
CUNHERIIS vel CUNERIIS. Vid. *Cugneres.*
CURTIS (villa de), Lingonensis diocesis, p. 353.
CYPRI preceptor, p. 562.
CYPRUM, p. 213, 217, 219.

## D

DALHI vel DEILLI (F. Hugo), p. 153, 622.
DAMPNO MARTINO (F. P. de), presbyter, p. 84, 105, 132.
DANGONVILLA (F. Jacobus de), p. 631.
DANISA (F. Johannes), p. 135.
DASPEL (F. Anricus), p. 130.

DATIES (F. P.), p. 153.
DAVERONS (F. Lambertus), p. 132.
DAVID (F. Hugo), presbyter, p. 292.
DAVISE (F. Johannes), p. 68.
DEILLI. Vid. *Dalhi.*
DELPHINI (F. Guido), miles, Claramontensis

diocesis, p. 377; son interrogatoire, p. 415.
DICIME (F. Seguin de), p. 125.
DICTO BONO (F. P. de), p. 137.
DICURE (F. Guillelmus), p. 559.
DIENNE vel DYONA (F. Seguinus DE), p. 99, 111.
DIGI (F. Guillelmus), p. 108, 114.
DIUNCURIA (F. Johannes de), p. 132.
DIVIONE (F. Benignus de), p. 302.
——— (F. Dominicus de), p. 68, 132, 624; son interrogatoire, p. 632.
DIVIONE (F. Johannes de), p. 302, 356, 402.
——— (F. Stephanus de), presbyter; son interrogatoire, p. 301.
——— (domus Templi de), p. 303, 304.
DOIMONT. Vid. *Domont.*
DOIS vel DOY (F. Petrus DE), p. 98, 111, 125.
DOLA (F. Anricus de), p. 437, 632, 633.
DOMIBUS (F. Evrardus de), p. 66, 110.
DOMNECURIA (F. Johannes de), p. 569.
DOMNON (F. Arnulphus DE), p. 84.
DOMO DEI (F. Johannes de), p. 106.
——— AU MOYNE (F. J. de), p. 86.
DUMO VIVARIA (F. Petrus de), p. 407.
DOMONT vel DOIMONT (F. Stephanus DE), p. 86, 133, 153, 158, 540; son interrogatoire, p. 556.
DOMPUHO (F. Hugo de), p. 234.
——— (domus Templi de), Xantonensis diocesis, p. 265.

DOMPUT (F. Arnulphus), p. 119.
DONA PETRA vel DOURA PETRA (F. Odo de), presbyter, p. 287; son interrogatoire, p. 306.
DONARCAN (F. Anricus), p. 509.
DONDE DEI (Floriamons), de Mantua, notarius, p. 15, 16, 21, etc.
DORBIS (F. Johannes), p. 64.
DORDANO (F. Guido de), preceptor de Sanceyo, p. 411.
DORGES (F. J.), p. 85.
DORMANT (F. Arnulphus DE), p. 103.
DORMAYS (F. Johannes DE), p. 68.
DORMELES vel DORMELLIS (domus Templi DE), p. 320, 321, 322.
DORMELLI (F. Guillelmus), p. 106.
DORMELLIS (F. Robertus de), presbyter, p. 66, 110, 153.
DORMELLIS. Vid. *Dormeles.*
DOUAY vel DUACO (F. Philippus DE), p. 60, 97, 107, 131.
DOURA PETRA (F. Odo de). Vid. *Dona Petra.*
DOY (F. Petrus DE). Vid. *Dois.*
DUACO (F. Philippus de). Vid. *Douay.*
DUCAMUR (F. Gerardus), p. 117.
DUCIS (F. Johannes), p. 65, 105, 117, 424.
DUNGALET (F. Radulphus), p. 119.
DUNO (F. Fulco de), p. 78.
DUSSEAM (F. Johannes), p. 62.
DYONA (F. Seguinus de). Vid. *Dienne.*

# E

EBRARDI (F. Bernardus), p. 230.
EBROICIS (Colardus de), alias DE EVREIS, p. 145, 147.
ÉCOLIERS (ordre des), p. 140.
ELIBE vel OLIBE (F. Johannes), p. 69, 106.
ELLEMOSINA (F. Johannes de), p. 78, 107, 283, 566; son interrogatoire, p. 588.
——— (F. Stephanus de), p. 119, 155.
EMALIANDUS (F.), p. 395.
ENAPES (F. Petrus DE), p. 61, 103.
ENCREYO (F. Gilletus de), p. 232; son interrogatoire, p. 349.
ENDEBURT vel ERDENBORT (F. Enricus), p. 60, 131.
ENESI (F. Radulphus de), p. 377.
ENFFANT (F. Guillelmus L'), p. 338, 345.
ENONIA (F. Galterus de), p. 154.
ENONIA (F. Johannes de). Vid. *Annonia.*

ENVAL (F. Thomas), p. 214.
ERDENBORT (F. Anricus DE). Vid. *Endeburt.*
ERRIVILLA (F. Dionisius, curatus de), p. 84.
ERVEI (F. Guaufredus), p. 106.
ESCARPA (F. Petrus), p. 465.
ESPALHI (F. Martinus de), p. 562.
——— (domus Templi de), p. 317, 350, 395, 628.
ESPANBART, ESPANLART, ESPARLART vel ESPAULART (F. Guillelmus), p. 65, 78, 105, 117.
ESPANHEYO (F. Stephanus de), p. 66.
ESPANHI (F. Laurencius preceptor D'), p. 70.
ESPES (F. Poncius), p. 69, 107, 130.
ESPINATZ (F. Guillelmus DE L'), p. 418.
ESTA (F. Galterus D'), miles, p. 410, 464.
——— (F. Garnerius de), p. 536.
ESTAMIS (F. Thomas de), p. 108.
ESTANHAC (Seguinus D'), p. 611.

Sᵗᵉ Euphémie (reliques de), p. 143.
S. Eustache (la pointe), à Paris (poncta S. Heustachii), p. 132.
Everey̆o (F. Egidius de), p. 85.
Evreis (Colardus de). Vid. *Ebroicis*.

Exordunum, p. 240.
Eymont (domus Templi d'), Ambianensis diocesis, p. 373.
Eynardi (F. G.), p. 85.

## F

Fabri (F. Guillelmus), p. 74, 596, 614; son interrogatoire, p. 614.
—— (F. Humbertus), p. 66.
—— (F. Johannes), p. 601.
Falesia vel Fallasia (F. Gervasius de), p. 73, 104.
Falesia (F. Michael de), p. 430.
—————— (domus Nicolai de), Parisius, p. 153.
Fallegio (Johannes de), presbyter, p. 174.
Fanria (Johannes la), presbyter, p. 612.
Farra (F. Guaufredus de), p. 105.
Fassatensis monasterii prepositus, p. 176.
Favarolis vel Faverolis (F. Enricus de), p. 68, 104, 132, 624; son interrogatoire, p. 634.
Felheyo (F. Johannes de). Vid. *Folhayo*.
Fellinis (F. Gervasius de), p. 73, 104, 135.
—————— (F. Johannes de), notarius, p. 111, 113, 160.
Ferer (F. Gaufredus de la), p. 132.
Feritate (F. Symon de), p. 84.
—————— Gaucherii (domus Templi de), p. 532.
—————— Villenolii (F. Symon de), p. 103.
Ferreriis (F. Guido de), presbyter, p. 64.
S. Fiacro (F. Miletus de), p. 102.
—————— (F. Milo de), presbyter, p. 520.
Filholi vel Filioli (Bernardus), canonicus Lemovicensis, notarius, p. 15, 16, 21, 113, etc.
Finel (F. Raymondus), p. 70.
Fiscanensis abbatis domus, p. 331.
Flamengi (F. Lambertus), p. 74, 103, 136.
—————— (F. Nicolaus), preceptor de Latigniaco Sicco, p. 331, 422, 431.
—————— (F. Robertus), p. 66, 110, 153, 243.
Flandres (F. Gossein, commandeur de), p. 146.
Flavacuria (G. de), archidiaconus Rothomagensis, p. 16.
Fles vel Fleys (F. Michael de), p. 85, 105, 132.
Fleyo (F. Marcilius de), p. 64, 108.

Fleys (F. Michael de). Vid. *Fles*.
Floer (F. Marsiletus de), p. 114.
Floriaco in Beria (F. Symon de), p. 103.
Flote (dominus Guillelmus), p. 187.
Floyrac (Esquius de), de Biterris.
Foberti vel Fouberti (F. Petrus), p. 62, 97, 109.
Focharen (F. Odo de), miles Burgondus, p. 549.
Folhayo vel Folheyo (F. Johaunes de), p. 422, 424, 598.
Folie (F. Ranaus de la), p. 39.
Font (F. Ambertus la), p. 131.
—— (F. Symon la), p. 119.
Fontancort (F. Egidius de), p. 114.
Fontanes (F. Reginardus de), p. 118.
Fontaneto (F. Johannes de), p. 111, 125.
Fontanetos (preceptor de), p. 137, 300.
Fontaneyo (F. J. de), p. 99.
Fontanis (F. Arnulphus de), p. 85, 86, 133.
—————— (F. Petrus de), p. 77, 496, 645.
—————— subtus montem Desiderii (domus Templi de), p. 464.
Fontanoys (domus Templi de), p. 636.
Fontanvilla (F. Johannes de), p. 139.
Fontaynes (F. Raynaldus de), p. 65, 103.
Fonte (F. Guillelmus de), p. 108; son interrogatoire, p. 619.
Fontenayo (domus Templi de), Lingonensis diocesis, p. 356.
Font Lezentort (domus Templi de), Lemovicensis diocesis, p. 608.
Fore Agula (F. Ger. de), p. 70.
Forest (F. Johannes la). Vid. *Foresta*.
—————— (domus Templi vocata), Ambianensis diocesis, p. 243, 444.
Foresta (F. Guillelmus de), p. 66.
—————— (F. Johannes de), p. 65, 66, 104, 118, 346.
—————— (F. Petrus), p. 105.
Fort de Vin (F. Johannes), p. 68, 104, 132.
Fouberti (F. P.). Vid. *Foberti*.

FRAHENVILE (F. Hugo DE); p. 488.
FRANCEYS (F. Arnulphus LE), p. 74.
FRANVILLE (F. J. de), p. 87.
FRAYVILLA (F. Johannes de), p. 162.
FREANVILLA (F. Johannes de), p. 111, 133.
FRECOY prope LOCHES (preceptor domus DE), p. 223.
FREDERICUS (imperator), p. 33.
FREMECURIA (F. Radulphus de), miles, p. 627.
FREMEYO, FREMIO, FRENAYO vel FRENOY (F. Radulphus de), p. 83, 106, 153, 243, 363.
FRENEXO (domus Templi de), Trecensis diocesis, p. 580.
FRENOY (F. Radulphus DE). Vid. *Fremeyo*.

S. FRIACHIO (F. Milo de), p. 64.
FRISONE vel FRISONRE (F. Robertus), p. 504, 505.
FUEL (F. Raymondus DE), p. 131.
FUGO (F. Guillelmus de), miles. Vid. *Fuxo*.
FULCANDI CURIA (F. Egidius de), p. 159.
FUNIS (F. Thomas de), p. 307.
FURCHIS (domus Templi de), Senonensis diocesis, p. 499.
FURNO (F. Johannes de), alias DE TORTAVILLA, p. 41, 114, 471, 567.
FUSIHAC (F. J. de), p. 97.
FUXO (F. Guillelmus de), miles, Appamiensis diocesis, p. 69, 107, 130, 139, 148, 165.

## G

GAANHE (F. Bernart), p. 131.
GABEER (F. J.). Vid. *le Gambier*.
GABILONE (F. Hugo de), miles. Vid. *Cabilone*.
GADOLIN (F. Matheus), p. 138.
GAFEL (F. Philippus), p. 74.
GAFET, GAFFEL vel GAFFELLI (F. Bernardus), p. 243, 469, 482.
GAGNEOR (F. Guillelmus LE), p. 348.
GALABRI vel GALABRII (F. Helias), p. 614, 617.
GALABRII (F. Guaufredus). Vid. *Calabri*.
GALET vel DE GALETO (F. Radulphus DU), p. 84, 103.
GALHARDI (F. Jacobus), p. 98.
GALLO (F. Bernardus de), p. 118.
GALTERUS (F.), p. 514.
GAMACHES (F. Auricus DE), presbyter, p. 359, 488.
——— (F. Hugo DE), p. 368.
GAMBAEUR (F. Guillelmus LE), p. 437.
GAMBE (F. Johannes, dictus LA), p. 250.
GAMBER DE GRANDE VILLARII (F. Johannes), p. 107.
GAMBIER vel GABEER (F. Johannes LE), p. 65, 114, 446; son interrogatoire, p. 471.
GAMONE (F. Hugo de), miles, Ruthenensis diocesis. Vid. *Calmonte*, p. 377.
S. GANBURGE (preceptor). Vid. *Agate*.
GANCIN (F. Thomas), p. 540.
GANDANO (F. Gossoynus de), p. 65, 105.
GANDE (F. Petrus), p. 321, 450.
GANDELIN (F. Johannes), p. 98.
GANDELIN vel GONDELIN (F. Matheus), p. 98, 109.

GANDETI vel GANDOTI (F. Gerardus), p. 98, 109, 138.
GANDI (F. Theobaldus), p. 418.
GANDICHI (F. Radulphus), p. 297.
GANDOTI (F. Gerardus). Vid. *Gandeti*.
GANDUHON (F. Radulphus DE), p. 71.
GANERII (F. J.), alias ANUCUPE, p. 87.
GANHEL (F. Bonetus), p. 110.
GANHEUR (F. Johannes, dictus LE), p. 307.
——— (F. Lambertus LE), p. 504.
——— (F. Renardus LE), p. 543.
GARA (F. Ancelinus), miles, et Stephanus ipsius frater, p. 454.
GARDA vel GARDIA (F. Stephanus de), presbyter, p. 59, 110, 160.
GARINUHI (F. Oddo de), p. 84.
GARRUFIS (F. Johannes de), p. 331.
GARSON (F. Guido DE), p. 111.
GAS (F. Johannes LE), p. 109.
GAST (F. Bertrandus), p. 125.
GASTINESIO (F. Petrus de), p. 598.
GAT (F. Guillelmus LE), p. 111.
GATZ (F. Guillelmus), miles, p. 509.
GAUCHER (F. Guillelmus), p. 342.
GAUDE (F. Petrus), p. 515.
GAUDINI (F. Guillelmus), miles, p. 558, 559.
GAYNEIO (F. Humbertus de). Vid. *Cayneio*.
GEANS (F. P. de), p. 80.
GELBOE (domus Templi DE), Lingonensis diocesis, p. 561.
GELLA vel LA GELLA (F. Nicolaus DE), p. 80, 283.
GENCILS (domus Templi DE), p. 602.

# INDEX.

Genef (F. Girardus de), p. 118.
S. Genefa (F. Johannes de), p. 283.
Genefle (F. Gerardus de), p. 65, 103.
——— (F. Johannes de), p. 64, 108, 114.
Gentevilla (F. Albertus de), p. 108.
Gentils vel de Gentils (F. Johannes), p. 110, 131.
Gerde (F. Jacobus), p. 67.
Germilla (F. Albertus de), p. 64.
Germilla (F. Humbertus de); son interrogatoire, p. 560.
Gi vel Gii (F. Guillelmus de), p. 283, 540; son interrogatoire, p. 564.
Gibellini (F. Petrus), p. 63, 106.
Gifli (F. Ponsardus de), p. 114.
Gii. Vid. Gi.
Gireset (F. Guillelmus), p. 110.
Gisi, Gisiacho, Gisiaco vel Gysiaco (F. Radulphus de), preceptor Campanie, p. 35, 82, 254, 256; son interrogatoire, p. 394, 475, 520, 521, 567, 571, 575, 578, 583, 628.
Gisi (F. Baudoynus vel Baldoynus de), p. 67, 104, 125, 575.
Gisi (F. Johannes de), presbyter, p. 67, 104; son interrogatoire, p. 566.
——— (F. Ponsardus de), p. 36, 80, 108, 254, 256, 521, 639.
Gisiaco (F. G. de), p. 78.
——— (F. Matheus de), miles Belvacensis, p. 80.
Givresoy (F. Guillelmus de), et Hugo nepos suus, p. 160.
Givrisaco (F. Guillelmus de), p. 165.
Gizorcium (fratres capti apud), p. 250.
Gladio vel Glodio (F. Raymondus de), p. 73, 105.
Glano vel Glevon (F. Bartholomeus de), p. 337; son interrogatoire, p. 344.
Glodio. Vid. Gladio.
S. Glodoaldi (domus episcopalis), p. 178, 182.
Gloria (F. Guillelmus, dictus), p. 447.
Gocta de Payrato (F. Bosso), p. 98.
Godandi (F. Radulphus), p. 567.
Godofredus, preceptor Brie, p. 505.
Golferius (F.), presbyter, p. 418.
Golsa (F. Hugo). Vid. Gossa.
Gomerimonte (domus Templi de), Morinensis diocesis, p. 372.
Gonavala vel Gonavilla (F. Guaufredus de), miles, preceptor Pictavie et Aquitanie, p. 88, 120, 514, 604.
Gonde (F. Guillelmus de), p. 105.
Gondelin (F. Matheus). Vid. Gandelin.
Gonessa (F. Guillelmus de), p. 575.
Gonrisan (F. G. de), p. 98.
Gorenflore. Vid. Corenflos.
Gorion (F. Lambertus de), p. 86, 105.
Gorreflor. Vid. Corenflos.
Gorsolas (F. Stephanus las), p. 601; son interrogatoire, p. 604, 614.
Gorzo (F. Guido de), p. 76.
Gorzol (F. Lambertus de), p. 132.
Gossa vel Golsa (F. Hugo), p. 75, 105.
Gossein (F.), commandeur de Flandres, p. 146.
Gostro (F. Helias de), p. 77.
Goyhi (F. Robertus de), p. 368.
Grandis (Johannes), p. 21.
Grandi Silva (domus Templi de), Ambianensis diocesis, p. 472.
Grandi Villarii vel Grand Vilar (F. Clemens de), p. 74, 109, 130.
Grandi Villarii (F. Garinus de), presbyter, p. 291, 368, 445, 482, 491, 535, 556, 622.
——— (F. Radulphus de), p. 64, 65, 105, 108, 117, 371, 494.
——— (F. Robertus de), p. 86, 365.
Grangia (Johannes de); Meldensis archidiaconus, p. 533.
Grant (F. Guillelmus), p. 628.
——— (domus Johannes le), Parisius, p. 164.
——— (domus Templi de), p. 622.
Grecis (F. Jacobus de), p. 70.
Gremelio (F. P. de). Vid. Grimenilio.
Grenulhii (F. Oddo de), p. 119.
Gresilh (F. P.), p. 119.
Sta Gressa (F. P. de), p. 65, 108, 114, 282.
Gressibus (F. Johannes de), 446; son interrogatoire, p. 487.
Gresson Essart (F. Matheus de). Vid. Cresson Essart.
Grevilla (F. Albertus de), p. 540.
Gri (F. Stephanus de), p. 636.
——— (F. P. le). Vid. le Gris.
Griferii (F. Petrus), miles de Alvernia, p. 644.
Grilhot (F. Johannes), p. 297.
Grimenilio, Gremelio vel Grumenilio (F. P. de), presbyter, p. 65, 159, 183, 567.
Gris (F. Petrus le), p. 63, 97, 116, 130.

GRISI vel GRISSI (F. P. de), p. 84, 103.
GRISELLI (F. Petrus), p. 107.
GRISSEL vel GRISSET (F. Philippus), p. 103, 136.
GRISSI. Vid. *Grisi.*
GROCHETI (F. P.), p. 109.
GRUMENILIO (F. P. de). Vid. *Grimenilio.*
GUERTELLI (F. P.), p. 98.
GUILHEVAL vel GUILHERVAL (F. Guillelmus DE), p. 84, 119.
GUILLELMI (F. Arnaudus), p. 99.
GUILLELMI (F. Raymondus), miles Convenarum, p. 73, 75, 105.
GUILLELMI DE BENCHA (F. Raymondus), p. 105.
——— DE BENEL (F. Raymondus), miles, p. 118.
——— DE LON vel DAULO (F. Arnaudus), p. 107, 164.
——— DE SALIS (F. Raymondus), p. 118.
GUILLELMUS (F.), pastor porcorum domus Templi de Valeure, p. 524.
——— (F.), presbyter, p. 429.
GUISA vel GUISE (F. Arnulphus de), p. 359, 488.
GURRISACO (F. Guillelmus de), p. 57.
GYSIACO. Vid. *Gisi.*

# H

HANCURIA (preceptor de), p. 377.
HANONIA (F. Johannes de). Vid. *Anonia.*
HENESI (F. Johannes de), p. 174.
HENREGEA (domus de), Parisius, p. 159.
HENTINGENTIS (F. Henricus de), p. 153.
HERBLAY (F. P. de), p. 132.
HERMENOVILLA (F. Aymonus de), p. 133.
HERMENOVILLE (F. Radulphus DE), p. 106.
——— (F. Robertus DE), p. 85, 133.
S. HEUSTACHII poncta, Parisius. Vid. *S. Eustache.*
S. HILARIO vel S. ILARIO (F. Clemens de), presbyter, p. 99, 111, 125.
S. HILARIO (F. Johannes de), p. 234.
HONDREE, ODREE vel ORDEE (domus Nicolai), Parisius, p. 132, 139, 162.
HONORELLI, alias DE HONORELLO vel ONERELLO (F. Anricus), p. 89, 109, 138, 152.
HÔPITAL (ordre de l'), p. 140.
HUBERTUS (F.), p. 351.
HUCE (domus Guillelmi DE LA), Parisius, p. 113.
HUGONIA (F. Hugo LA), p. 601, 604; son interrogatoire, p. 616.
HUMBALDI vel UMBALDI (Bernardus), Barchionensis diocesis, notarius; p. 15, 16, 21, etc., 113, etc.
HUMBERTUS (F.), p. 522.

# I

S. ILARIO (F. Clemens de). Vid. *S. Hilario.*
ILLINO (Berlio de), Viennensis diocesis, p. 456.
——— (Gerardus de), p. 457.
INFERNO (F. Adam de), p. 68, 104, 132, 139.
INGALTERRA (le Roy de), p. 143.
INSULA BOCHARDI (preceptor de), p. 177, 178, 222, 223, 224, 225, 227.
INTEGENTIS (F. Albertus de), presbyter, p. 109.
INTER DUO MARIA (preceptor de), p. 268.
INTEYO (F. Jullianus de), p. 109.

# J

JACOB vel JACOBI (F. Andreas), p. 110, 131.
JACOBUS (F.), agricola domus de Mormant, Lingonensis diocesis, p. 435.
JACOSI (F. Johannes), p. 230.
JACOTI (F. Andreas), p. 58.
JAFET vel JAFFET (F. Deodatus vel Dorde), p. 70, 106, 131.
JAMVALLE, JANVALLE, JEMVAL vel JEMVILLE (F. Thomas DE), p. 64, 108, 243; son interrogatoire, p. 443, 452, 460, 465.
JAMVILLA, JAMVILLE, JANVILLA, JEMVILLE vel YEMVILLA (Johannes vel Johan de), huissier d'armes du roi, gardien des Templiers, p. 32, 71, 124, 173, 264, 270, 348, 463.

# INDEX.

JAMVILLA (F. Johannes de), p. 66, 110, 113.
JANS (F. P. de), p. 108, 114, 282.
JANVALLE, JANVILLA. Vid. *Jamvalle, Jamvilla.*
JAURENEN (F. Stephanus), p. 98.
JEMVILLE (F. Arbetus DE), p. 114.
JEMVILLE. Vid. *Jamvalle, Jamvilla.*
JEZ (F. Symon de), presbyter, p. 571, 583.
JOCRO vel JOTRO (F. Helias de), p. 104, 134, 511; son interrogatoire, p. 531.
S. JOCRO (F. Humbertus de), miles. Vid. S. *Jorgio.*
JOFFRIDUS, Magister ordinis, p. 645.
S. JOHANNE (F. Bertrandus de), p. 230.
JOHANNES (F.), agricola domus de Mormant, Lingonensis diocesis, p. 435.
JOHANNES, Lingonensis episcopus, p. 298.
JONNEYO (F. Dominicus, preceptor de), p. 104.
S. JORGIO, S. JOCRO, S. JORIO vel S. JORRE (F. Humbertus de), miles, Viennensis diocesis, p. 114, 282, 377; son interrogatoire, p. 406, 413, 628.

JORIO (F. Consolinus de), miles Caturcensis diocesis.
S. JORIO (F. Gaucelinus de), miles, p. 389.
JOTRO (F. Helias de). Vid. *Jocro.*
JUBINI (F. P.), p. 98.
JULIANUS, presbyter, p. 635.
JURADE (Hugo), p. 299.
JURIACO (domus Templi de), Rothomagensis diocesis, p. 461.
JURIACO (F. Arbertus de), p. 627.
JUSSIACO LE CHANDIER (domus Templi de), Bituricensis diocesis, p. 418.
S. JUST vel DE S. JUSTO (F. Baudoynus DE), p. 87, 232; son interrogatoire, p. 241, 452, 460, 465, 468.
S. JUSTO (F. Johannes de), p. 63, 97, 107, 116, 128, 243, 443; son interrogatoire, p. 468.
——— (F. Petrus de), p. 74, 109, 130, 446; son interrogatoire, p. 474.
——— (F. Robertus de). Vid. *Belvaco.*
JUVIGNACO vel JUVINIACO (F. Johannes de); son interrogatoire, p. 229, 445.

## L

LABORATOR (F. Geraldus), p. 524.
LAFON (F. Gilbertus), p. 58.
LAFONS (F. Guillelmus DE), p. 114.
LAFONT (F. Lambertus), p. 110.
LAGORSE (F. Johannes), p. 230.
LALAMANS (F. Anricus), p. 66, 110.
LALANSA (F. Stephanus de), p. 89.
LALHAVAL (F. P. de), p. 97.
LAMBRE (F. Arnulphus), p. 131.
LAMINA (F. P. de), p. 137.
LAMON (F. Stephanus DE), p. 76.
LANA CURIA (F. Egidius de), p. 74.
LANCELOTI (F. Guillelmus), p. 112.
LANCHIVILLA (F. Tossanz), p. 79.
LANDESI (F. Henricus de), p. 174.
LANDEVILLA (F. Reginaldus vel Renaudus de), p. 85, 105, 132.
LANDRES (F. Petrus DE), p. 69, 104, 129, 130.
LANDULPHUS S. ANGELI, diaconus cardinal, p. 4.
LANGIVILLA (domus Templi de), p. 397.
——— LANGIVILE, LANHIVILLA vel LINGIVILE (F. Johannes de), presbyter, p. 85, 133, 325, 397, 494, 567, 577.
——— (F. Nicolaus de), p. 85, 133.

LANGLEYS (F. Albrinus), p. 106.
LANHIVILLA (F. Johannes de). Vid. *Langivilla.*
LANHIVILLA (F. Toysanus de), p. 107, 283.
LANS (F. Guillelmus DE), p. 348.
LANZALOT (F. Guillelmus), p. 119.
LARCHANT vel LARCHAMP (F. Raynerius DE), p. 27, 78, 115, 283, 447, 459; son interrogatoire, p. 494, 598.
LATA PETRA (F. Hugo de), p. 614.
LATENGNI vel LATINGI (Guillaume de), gardien des Templiers, p. 128.
LATI (F. Guillelmus, curatus de), p. 568.
LATIGNIACO (F. Petrus de), p. 74, 362, 365, 624.
——— SICCO (F. Gualterus de), p. 114.
——— (F. Guido de), p. 79.
——— (F. Guillelmus de), p. 64, 108.
——— (F. Nicolaus, preceptor de). Vid. *Flamengi.*
——— (F. Oddo de), p. 86.
——— (F. P. de), presbyter, p. 114.
——— (F. Raynaldus de), presbyter, p. 499.
LATINGI (Guillaume de). Vid. *Latengi.*

LATINGI (domus Guillelmi de), Parisius, p. 164.
LATINIACO (domus abbatis de), Parisius, p. 159.
——— (F. P. de), p. 109.
LATOR (F. Aymericus), p. 99, 111, 125.
LATRE (F. Johannes DE), p. 491.
LAUDEFEY (F. Gobertus DE), p. 407.
LAUDINESIO (F. Petrus, preceptor de), p. 410.
LAUDUNENSIS episcopus, p. 468.
LAUDUNO (F. Gerardus de), p. 250.
LAUGONIA (F. Hugo), p. 614.
LAUNAY (F. Geraldus DE), p. 223.
LAURENCIUS (F.), preceptor de Mormant, Lingonensis diocesis, p. 435.
S. LAURENT (ordre de), p. 140.
LAVANDERII (F. Bernardus), p. 403.
LAVINE (F. Petrus DE), p. 70, 71.
LAVIONE (F. Johannes de), p. 115.
LAYME (F. Robertus DE), p. 174.
LEBURHAC (F. Iterius DE), miles, p. 119, 154.
LECHAREM (F. Ricardus), p. 114.
LECHUNO (F. Symon de); son interrogatoire, p. 364.
LEGAN (F. Nicolaus), p. 87.
LEGIONE (F. P. de), p. 178.
LEGNI (F. Petrus de), p. 445.
LEGNOVILLE (F. Toumez de), p. 115.
LEHERI (F. P.), p. 138.
LEMOSIS (F. Johannes), p. 58.
LEMOVICENSIS episcopus, p. 1, 2, etc. p. 139.
LEMOZIN (F. Johannes), p. 131.
LENFFANT (F. Guillelmus), p. 338, 345.
LENHI (F. P. de), p. 154.
LENHIVILLA (F. Tonzsanus de). Vid. *Lanhivilla*.
LENNAUBE (F. Johannes), p. 110.
LEODIO (F. Guillelmus de), p. 193.
S. LEONARDO (F. Guillel. de), p. 61, 97, 109.
——— (F. Johannes de), p. 160, 165.
LEOPARDI (F. Ricardus), p. 85.
LEPLECHE (F. Guillaume de), p. 146.
LERAN (F. Reynerius DE), p. 108.
LESCOLHE (F. Robertus), p. 317, 351.
LEUCINO (F. Thomas de), p. 646.
LEURAGE (domus Templi DE), p. 145.
LEURECHIRES (F. Philippus DE), p. 477.
LEVELA (F. Dominicus), p. 230.
LEYMA (F. Naucherius de), p. 297.
LEYSCIN (domus Templi DE), Morinensis diocesis, p. 481.
LICON (F. Stephanus), p. 84.
LIENCOURT vel LIENCURIA (F. Galterus DE), miles, p. 501, 518, 628.

LIGNERIIS (F. Allemanus de), p. 446.
LIGNI (F. P. de), p. 482.
LIGOSSA (F. J.), p. 98.
LIMASSO (domus Templi de), p. 562.
LIMAY (F. Petrus DE LA), p. 57.
LINACHE (F. Johannes), presbyter, p. 518.
LINERIIS (F. Alelinus de); son interrogatoire, p. 479, 491.
——— (F. Martinus de), p. 62.
——— (F. Symon de), p. 62.
LINGIVILE (F. J. de). Vid. *Langivilla*.
LINGONIS (F. Gerardus de), presbyter, p. 64.
——— (F. Guido de), p. 620.
LIONS (F. Symon de), p. 338.
LIOS (F. Hugo DE), p. 614.
LIRIS (F. Guillelmus de), miles, p. 509.
LOAGES (domus Templi DE), Trecensis diocesis, p. 522.
LOBESTER (F. Arnaudus DE), p. 268.
LOBURHAC (F. Iterius DE), miles. Vid. *Leburhac*.
LOCAVERIS (F. Christophorus de), p. 86.
LOCHAN (F. J.), p. 104.
LOER (F. P.), p. 98, 109.
LOERNIA (F. Petrus de), presbyter, p. 317.
LOGANS (F. Nicolaus), p. 111.
LOMBARDIE (F. preceptor). Vid. *Canellis*.
LOMBIACO vel LOMBIHACHO (F. Iterius de), miles Lemovicensis, adductus de Pictavia, p. 111.
LOMONE (F. J.), p. 86.
LON (F. Arnaudus Guillelmi DE). Vid. *Guillelmi*.
LONGA VALLE (F. Bertrandus de), miles, p. 379.
LONGNI (F. P. de), p. 120.
LONIHIS (F. P. de), p. 75.
LONSO (F. P. de), p. 293.
LONVI (curatus de), p. 633.
LOPIERA (F. Reginaldus DE LA), p. 337.
LOQUETI (F. Johannes), p. 138.
LORINHE (F. Gerardus LE), p. 58.
LORPERIIS (F. Guillelmus de), p. 135.
LORSCIUS (F. Johannes de), p. 114.
LOSA (F. Stephanus de), p. 109, 138, 418.
LOTORINGI (F. Guillelmus), p. 499, 500.
——— (F. Theobaldus), p. 630.
LOTORINGIA (F. Guillermus de), miles, p. 586.
LOUETI (Johannes), notarius, p. 113, 162, etc.
LOUVENCURT (F. Andreas DE), p. 130.
LOVENCURT (F. Egidius DE), p. 109.
LOVIER (F. Petrus, dictus), p. 418.

LOYCHON (F.), p. 129.
LOYSON (F. Petrus DE), p. 287; son interrogatoire, p. 328.
—— (domus Templi DE), Morinensis diocesis, p. 491.
LOZON (F. Johannes), p. 130.
LUCHIACO (F. Odo de), p. 518.
LUCUMDELLA (vicus de), Parisius, p. 153.

LUGNET (F. J. de), p. 98.
LUGNI vel LUGNIACO (F. P. de), p. 111, 119.
LUIER (F. Thomas DE), p. 85.
LUPERIIS (Johannes de), canonicus, p. 16.
S. LUPO (F. Johannes de), p. 283, 421; son interrogatoire, p. 431.
—— (F. P. de), p. 77, 104, 134.
LUQUETO (F. Johannes de), p. 109.

# M

MACI (F. Galterus de), p. 124.
—— (F. Sancius de), miles, p. 155.
MADIIS (preceptor de), p. 617.
MADIT (F. Petrus DE), miles, p. 193, 513.
S. MAGLORII abbacia, Parisius, p. 131, 140.
MAGNA SOPANA (domus Templi de), Ambianensis diocesis, p. 373.
MAIACO (F. P. de), p. 118.
MAINILIO ALBRICI (F. Guido de), p. 103.
—————— (F. Jean de), p. 103.
MAINLE (F. Johannes LE), p. 66.
MAIZ (domus Templi DE LAS), p. 235.
MALAMORT vel MALAMORTE (F. Johannes DE), p. 58, 110.
MALESIS vel MALEZIS (F. Renaudus de), p. 109, 113.
MALHACO (F. P. de), p. 75, 105.
MALIANI (F. Petrus), p. 62, 109, 113, 120, 604, 617.
MALIAS (F. Durandus), presbyter, p. 512, 513.
MALICONDUCTUS (Michael), canonicus Ebroicensis, p. 278, 279, 281.
MALIP (F. Joh. dictus DE), p. 69.
MALLE (F. Gobertus DE), p. 40, 114.
MALO MONTE (F. Guaufredus de), p. 61, 97, 109, 113.
MALO MONTE (F. Guido de), miles, p. 604, 617.
MALON (F. Johannes), p. 62, 97, 109, 113.
MALO PASSU (F. Poncius de), p. 58, 103.
—— REPASTU (domus Templi de), aliter DOMUS VILLE DEI JUXTA STRAPIS, Carnotensis diocesis, p. 543, 626.
MALVO (F. J. de), p. 104.
S. MAMERTO (F. Petrus de), p. 566; son interrogatoire, p. 586.
MAMILIO (F. Michael de), p. 118.

MANACHIVILLA (F. Gerardus de); son interrogatoire, p. 624.
MANACO (F. Johannes de), vel DE AQUA SPARSA, presbyter, p. 418.
MANBERCHIM (F. Joh. DE), p. 68.
MANBRESSI (F. Johannes de), miles, p. 556.
MANBRESSIS (F. Petrus de), p. 69.
MANCHIACO (F. Philippus de), p. 395.
MANDIES (F. Theobaldus), miles, p. 194.
MANHBERSI (F. Johannes de), miles, p. 365.
S. MANIERRO (F. Petrus de), p. 71.
MANIN (F. Philippus DE), p. 471.
S. MANINIO (F. Michael de), p. 65.
—— (F. Philippus de), p. 97.
MANINO (F. Philippus de), p. 63.
MANPARTIT (F. Guillelmus), p. 549.
MANRA (F. Gaubertus de), leprosus, p. 159.
—— (F. Nicolaus de), presbyter, p. 104, 135.
MANSI DEI DE LOBERTZ (domus Templi de), Lemovicensis diocesis, p. 611.
MANSO SERENO (F. Oliverius de), p. 99, 111, 125.
MANTUA (Johannes de), Tridentinus archidiaconus, p. 1, 2, etc.
MANTUHACO (F. Petrus de), p. 58.
MANTULA (F. Poncius, prior de), Viennensis diocesis, p. 454.
MAQUENHIN vel MAQUENHIACO (F. Albertus DE), p. 98, 109.
MARAYO (P. de), episcopus Altisiodorensis, p. 343.
MARCHA (F. Bertrandus LA), p. 235.
MARCHANT (Hugo DE), miles Lugdunensis, p. 183.
MARCHÉ PALU (vicus DE), p. 113.
MARCHIACO, MARZIACO vel MASIACO (dominus Guischardus vel Guizardus), miles secularis, p. 174; sa déposition, p. 182.
—————— (Hugo de), canonicus Lugdunensis, p. 185.

MARCILHIACO (G. de), miles regius, p. 276.
——————— (domus Guillelmi de), Parisius, p. 135, 139, 148.
MARECHAL vel MARESCALLUS (F. Addam LE), p. 103, 118.
MARENNET (F. Guillelmus DE), p. 114.
MARESCALLUS (F. Addam). Vid. *Marechal.*
MARGIVALLE (F. Johannes de), p. 637.
MARIANI (F. P. presbyter), p. 230.
S. MARINETO (F. Gerardus de), p. 605.
MARINO (F. Philippus de), p. 107.
MARMANT (domus Templi DE), p. 586.
MARRA (F. Nicolaus de), presbyter, p. 68, 148.
MARRI (F. Galterus de), miles, Ebroicensis diocesis, p. 109.
MARSELHIE (F. Richardus DE), p. 85.
MARSELLES, MARSELLIS vel MARSILIA (F. Rogerius DE), p. 106, 153, 477.
MARSELLIS (F. Martinus de), p. 63, 97, 107, 374.
MARSILIA (domus Templi de), p. 564.
MARTINET vel MARTINETI (F. Symon), p. 97, 109, 113.
MARTINGNI vel MARTINHIACO (F. Thomas de), presbyter, p. 65, 108, 114, 282.
S. MARTINI (F. adducti de Castro), p. 73.
S. MARTINO DE CAMPIS (ecclesia de), Parisius, p. 116.
MARTINUS, presbyter secularis, p. 585.
MASIACO vel MARZIACO (Guizardus de), miles. Vid. *Marchiaco.*
MASSET (F. Michael), p. 107.
MASSI (F. Galterus de), miles, p. 59, 97.
MASUALIER (F. Aymericus DE), p. 608; son interrogatoire, p. 611.
MATHEUS DE NEAPOLI, notarius, p. 260.
MAUBRESI (F. Petrus de), p. 129.
MAURI (F. Johannes), p. 106.
—————— (F. Philippe de), p. 128.
MAURINI (F. J.), p. 69.
S. MAURINO (F. Michael de), p. 103.
S. MAXENCIO vel S. MAYENCIO (F. Petrus de), p. 445, 619; son interrogatoire, p. 621.
MAXENIX (F. G. de), p. 107.
MAYBRESIS (F. P. de), p. 104.
S. MAYENCIO. Vid. *S. Maxencio.*
MAYNILLIO (F. G. de), p. 104.
—————— (F. Guido de), p. 599.
—————— (F. Johannes de), p. 129.
—————— (F. Nicolaus de), p. 61.
—————— ALBRICI (F. Guido de), p. 84, 543.

MAYNILLIO ALBRICI (F. Guillelmus), presbyter, p. 68, 132.
—————— (F. J. de), p. 84.
—————— MONTIS DESIDERII (F. Nicolaus de), p. 103.
—————— S. LUPI (domus Templi de), p. 306, 307.
MAYRAVENT (F. Guillelmus DE), p. 64, 108.
MAYSONS (F. Anricus DE), p. 591.
MAYSONSELES (F. Petrus DE), p. 485.
MAYSON VINHIER (F. P. de), p. 60.
MAYSORILIER (F. Petrus), p. 601.
MAYSSE (F. Guillelmus DE), p. 110.
MAYSSON UMHERII (F. P. de), p. 103.
MAZON DEI (F. Johannes DE LA), p. 133.
MEANNAY vel MEANVOY (F. Nicolaus DE), p. 146; son interrogatoire, p. 482.
MEDERARII (F. Andreas), p. 84.
MEDITATORII (F. Andreas), p. 243, 469.
MELDIS (F. Johannes de), gardianus fratrum Minorum Meldensium, p. 499.
MELFIA (F. Guillelmus de), presbyter, p. 549.
MELIANI (F. P.), p. 97.
MELLA (F. Robertus de), p. 79.
MELLANS (F. Gaubertus, preceptor DE), p. 407, 408.
—————— (domus Templi de), Remensis diocesis, p. 118.
MELOT (F. Johannes DE), p. 27.
MENAVEL (F. Guillelmus), p. 593.
MENBRESI (F. Johannes de), preceptor de Viromandia, p. 464.
MENIL (F. Guido DU), p. 119.
MENIN (F. Philippus DE), p. 368.
MENOVILE (F. Johannes DE), p. 575.
MERCATI (F. G.), p. 230.
MERCORIO (dominus de), p. 417.
MEREVILLA (F. Petrus de), miles, p. 558.
MERLOTI (F. Bartholomeus), p. 264, 265.
MERNORVALE alias DE MERROUVILLE (F. Johannes DE), p. 461, 462.
MERVILLA (F. P. de), miles, p. 231.
MESSELANT (F. Ricardus, preceptor DE), p. 450.
MEYNIL (F. Johannes DU), p. 119.
MICHAEL (F.), p. 271.
—————— (F.), presbyter, p. 307.
—————— (F.), presbyter de Villaroys, p. 243.
MILITIS (F. Thomas), p. 110.
MILO (F.), presbyter Burgondus, p. 254, 256.
MIMATENSIS episcopus, p. 1, 2, etc.

MINHET (F. Petrus), presbyter, p. 622.
MINHOT (F. Petrus LO), presbyter, p. 328.
MINI (F. Philippus de), p. 116.
MOCEYO (F. Robertus de), p. 66.
MOET (F. Johannes), p. 325, 328.
MOFLERIIS (F. Johannes de), p. 471, 472, 482.
——— (domus Templi de), Ambianensis diocesis, p. 465, 488.
——— (F. Theobaldus de), p. 444.
MOLAYO (F. Jacobus de), Magister ordinis; son interrogatoire, p. 32, 42, 87.
MOLENDINARII (F. Guillelmus), p. 447.
——— (F. Robertus), p. 407.
MOLETA (F. Bertrandus de), p. 69.
MOLINIS (domus Templi de), p. 223.
MONACHI (F. Johannes), p. 111, 133, 529, 532.
——— VILLA (F. Gerardus de), p. 78, 108, 619.
MONBELENT (F. J. de), p. 97.
MONBOIN (F. Robertus DE). Vid. Mont Boin.
MONCELLIS (F. Johannes de), miles, p. 504.
MONCHELHI (F. Humbertus de), preceptor de Monchelbi, p. 524.
MONDEVILLE (F. Ernulphus DE), p. 411.
MONESTAL (F. Johannes DE), p. 338, 339, 342, 345.
MONETA (F. Bertrandus DE LA), p. 106, 131.
MONGNEVILLE (F. Gerardus DE), p. 114.
MONNEGANDI (F. Theobaldus), p. 646.
MONNIER (F. Droy le), p. 495.
MONS (F. P. de), p. 106, 130.
MONSAMON (F. Nicolaus DE), p. 66.
MONSAYGO (F. Nicolaus de), p. 110.
MONSET D'AMIENS (F. Michel), p. 128.
MONSONT (F. Michael), p. 97.
MONSTEROLIO (F. Robertus de), presbyter, p. 84, 105.
MONT (F. Stephanus DE LE), p. 111.
MONTADE (F. Petrus DE), preceptor Aconensis, p. 418.
MONTAYO (F. Robertus de), p. 110.
MONT BOYN, MONBOIN vel MONTE BOYNI, p. 65, 108, 114, 282.
MONTCUCOURT (domus Templi DE), Noviomensis diocesis, p. 371.
MONTE ACUTO (F. Johannes de), presbyter, p. 517.
——— BELLETI vel BOLETI (F. Johannes de), p. 58, 103.

MONTE BOINI (preceptor de), Senonensis diocesis, p. 291.
——— BOYNI (F. Robertus de). Vid. Mont Boin.
——— CLARO (F. Richardus de), miles, p. 562, 564.
——— CLARO (F. Johannes de), miles, p. 564.
——— COYNI vel GOYNI (F. Petrus de), p. 68, 104, 135.
MONTE GASTONIS (F. Guillelmus de), miles, p. 512.
MONTELARIE (vicus DE LA), Parisius, p. 137.
MONTE LAURO (Johannes de), Magalonensis archidiaconus, p. 1, 2, etc. 288.
——— LEGALI (F. Hugo de), p. 610.
——— LETERICO (Templarii adducti de), p. 64.
——— MELIANDI (F. Joh. de), p. 69.
——— MORELI (F. Martinus de), p. 70, 137.
——— MORENCIACO (F. Johannes de), presbyter, p. 596.
MONTENGE (F. Bertrandus DE), p. 97.
MONTENHI (F. Petrus de), presbyter, p. 496.
MONTE PESSATO (F. Bertrandus de), p. 99, 107, 164.
——— PESSATO (F. Gacerandus de), p. 70, 106, 131.
——— REGALI (F. Johannes de), p. 107, 130, 131, 140, 162, 165, 169.
MONTIGNIACO (F. Bertrandus de), p. 107.
MONTILHIACO (domus Guillelmi de), p. 161.
MONTINHI vel MONTINHIACO (F. Bertrandus de), p. 64, 153.
MONTINHIACO (F. P. de), p. 110.
MONTIS FALCONI (prior), p. 36.
——— FERRANDI (domus Templi), Claramontensis diocesis, p. 512.
——— SUESSIONENSIS (domus Templi), p. 545, 553.
MONTONT (F. P. de), p. 174.
MONTURHAC (F. P. de), p. 131.
MORANCIACO (F. Johannes de), presbyter, p. 627.
MORELLI DE BRAGELLA (F. Thomas), p. 67.
MORESTOIROL (F. Robertus DE), p. 132.
MORETI (Raymondus), canonicus Parisiensis, p. 15.
MORIVALLE (F. Galterus de), p. 444, 465.
MORMANCIO (hospital de), p. 635.
MORMANT (domus Templi DE), Lingonensis diocesis, p. 188, 435, 620.
MORTOER (F. Andreas DE). Vid. Mortoiers.

MORTOIERS (F. Andrées li), p. 130, 145, 146.
MORTUO FONTE (F. Johannes de), presbyter, p. 65, 105, 117.
MOSETI alias MOSTETI (F. Michael), p. 452, 460, 465.
MOSSA (Petrus de), canonicus Senonensis, p. 278, 279, 281.
MOSSET (F. Michael), p. 63.
MOSSIO (F. P. de), p. 69.
MOSTERII (F. Andreas), p. 107.
MOSTETI. Vid. *Moseti*.
MOTIER (F. Andreas), p. 109.
MOUR (F. Johannes), p. 130.
MOYS (F. Thericus, dictus LI), p. 66, 109.
MOYSIACO (preceptor de), Meldensis diocesis, p. 520.
MOYSIMONT (F. Johannes DE), p. 111.
MUCIACO (F. Guillelmus de), p. 66.
MURA (Matheus de), p. 186.
MUSARDI (F. Nicolaus), p. 66, 110.
MUSTI DE AMBIANIS (F. Michael), p. 116.
MUSSET (F. Michael), p. 243.

# N

NAIN (F. Stephanus LE), p. 434, 435.
NALHAC (F. Audebertus DE), p. 605, 614.
NANGIVILLA (F. Robertus de), p. 84.
NANNATENSIS (domus Templi), p. 199.
NANS vel NANS IN VALLE (F. Johannes DE), presbyter, p. 132, 569.
NANTERRE (Laurencius DE), nuncius, p. 15.
NANTOLIO (F. Johannes de), episcopus Trecensis, p. 307.
——— (F. Oddo de), p. 60.
——— DESUBTUS MORELLUM (F. Oddo de), p. 103.
NARBONENSIS archiepiscopus, p. 1, 2, etc. 193, 222, 285.
NARIS IN VALLE (F. Johannes de), p. 68.
NATALIS (F. P.), p. 230.
NEAPOLI (Matheus de), notarius. Vid. *Caragoli*.
NEBIAS (F. Guil. DE), p. 69.
NEPOTIS (F. Dionisius), p. 84.
NEREACO (F. Stephanus de), Lugdunensis diocesis, de ordine Fratrum Minorum. Témoin étranger à l'Ordre, sa déposition, p. 454.
NICI vel NICIACO (F. Guido de), p. 70, 296, 297, 538, 581.
NICIACO (F. Johannes de), p. 70, 566.
——— (F. Martinus de), p. 296, 301, 538.
NICOCHET (F. Guillelmus DE), p. 558.
NICOCIENSIS (domus Templi), p. 213.
NICOLAI (Hugo), de Eugubio, notarius, p. 15, 111, 178, etc.
S. NICOLAI DE PORTU (villa), p. 216.
NICOLAUS (F.), presbyter, p. 338, 353.

NICON (F. Stephanus), p. 103.
——— DE DUESTREVILLE (F. Stephanus), p. 119.
NIGRACURIA vel NINGRANCURIA (F. Johannes de), p. 61, 365, 371.
NISEYO (F. P. de), p. 133.
NIVELLA (F. Johannes de), p. 97, 107, 153; son interrogatoire, p. 548.
NOERIO (F. G. de), p. 99.
NOERS (F. Guillelmus DE), p. 164.
NOGARETO (Guillelmus de).
NONS (F. J. de), p. 104.
——— (F. Oddo DE), p. 110.
NORMANNI vel LE NORMANT (F. Guillelmus), p. 621, 627.
NORMANNI (F. Johannes), presbyter, p. 365.
NORMANNI (Johannes), presbyter secularis, p. 545.
NORMANNI (F. Petrus), miles, p. 409.
NOVA VILLA JUXTA CATHALANUM (domus Templi de), p. 406, 407, 408.
NOVIOMO (F. Adam de), p. 480.
——— (F. Johannes de), p. 64, 282.
NOVO CASTELLO (F. Stephanus de), p. 85, 106.
NOYLHACO (F. Johannes de), presbyter, p. 397.
NOYO (F. Johannes de), p. 108.
NUBIA (F. Guillelmus de), p. 106, 131.
NULHIACO (domus Templi de), p. 569.
NULIACO (Jacobus de), clericus, p. 177.
NULLIACO (F. Fulco de), p. 446; son interrogatoire, p. 477.

## O

OCREA (domus de), Parisius, p. 133, 139, 158, 162, 163.
ODREE vel ORDEE (domus Nicolai), Parisius. Vid. *Hondree.*
OLIBE (F. Johannes). Vid. *Elibe.*
OMONT (F. Stephanus D'). Vid. *Domont.*
ONERELLI. Vid. *Honorelli.*
OPELLIS (F. Johannes de), p. 111.
ORATORIO (F. Guido de), p. 520, 521.
——— (F. J. de), p. 77.
ORBIS (F. Johannes de), p. 114.
ORCO vel ORTO (F. Johannes de), p. 58, 110, 131.
ORDEE DOMUS. Vid. *Hondree.*
ORDES (F. Johannes DE), p. 108.
ORTALIANO (F. Addam de), p. 158.
ORTO. Vid. *Orco.*

OSQUERIIS (F. Johannes de), p. 64.
OTE (F. Galterus de), miles, p. 450.
OYSELAERS, OYSELIER vel OYSILIERES (F. Aymo DE), miles, p. 407, 620.
OYSEMONT, OYSIMONT vel OYSIMONTE (domus Templi DE), Ambianensis diocesis, p. 243, 247, 358, 359, 363, 445, 452, 453, 460, 622.
——— (F. Galterus D'), p. 328.
OYSIMONT (F. Egidius D'), presbyter, p. 62, 443, 460.
——— (F. Hugo D'), p. 446; son interrogatoire, p. 490.
——— (preceptor D'), p. 63, 359.
OYSIMONTE (F. Johannes de), p. 133.
——— (F. Laurencius de), p. 623.

## P

PACAT (F. Johannes), p. 137.
PACON (F. Stephanus), presbyter, p. 114.
PAGANIS (preceptor ballivie de), p. 406.
PAGES (F. P.), p. 118.
PAGESSII (F. P.), p. 75, 105.
PAIANS (F. Millo DE), p. 104.
——— vel PAYANS (preceptor DE), p. 36.
PALHO (F. J.), p. 86.
PALLATIO (domus Templi de), p. 604.
PANAIA vel PANAYE (F. Guido de), p. 85, 106.
PANCON vel PASCON (F. Johannes), p. 335, 338.
PANENGES (F. Stephanus DE), p. 89.
S. PANTALEONE (F. Robertus de), presbyter. Vid. *Belvaco.*
PARAVANT (F. Hugo DE), p. 186.
PARAY (F. Stephanus DE), p. 109, 138.
PARBONA (F. Egidius de), p. 143.
PARE LE MONIAN (F. Stephanus DE), p. 103.
PAREDO (F. Stephanus de), p. 89.
PARISIENSIS episcopus, p. 241.
PARISIIS (F. Daniel de), presbyter, p. 293, 575, 628.
——— (F. Reginaldus de), presbyter, p. 77, 134.

PARISIUS (F. Johannes de), p. 64, 97, 107, 153, 501.
——— (F. Nicolaus de), presbyter, p. 625.
PARRE (F. Johannes), p. 345.
PARRIER (F. Guillelmus LE), p. 292.
PARTIVIS (F. Johannes de), p. 231.
PARVANE (F. Egidius DE), p. 86.
PARVOCAYO (Jacobus de), nuncius, p. 15.
PARVO PARISIUS (F. Jacobus de), p. 578.
PASAGIO vel PASSAGIO (F. Gerardus de), p. 174; son interrogatoire, p. 212.
PASCON. Vid. *Pancon.*
PASPRETES (Lanzalotus DE), canonicus Aniciensis, p. 185.
PASSALIERES (F. Petrus DE), p. 625.
PATIGES vel PATINGES (F. Stephanus DE), p. 109, 138.
PAULHAC (domus Templi DE), p. 605.
PAULHACO (preceptor de), p. 235, 611.
S. PAULO (F. Bernardus de), p. 129, 130.
S. PAULO (F. Bertrandus de), p. 69, 104.
PAURANDO (F. Hugo de). Vid. *Peraudo.*
PAYANIS (F. Poncius de), p. 97.
PAYANS (domus Templi DE), p. 256, 571.
PAYRANDO (F. Hugo de). Vid. *Peraudo.*
PEDAGIO (F. Petrus de), p. 61, 109, 113.

PEDAGIO (F. Poncius de), p. 97.
PEDIS LEPORIS (F. Johannes), canonicus regularis, p. 528.
PEITAVIN (F. Joh.), p. 69.
PELETI (Bernardus), priour de Maso de Genois, p. 37.
PELLES (F. J. de), p. 86.
PENET (F. Johannes), presbyter, p. 130.
PENNA (F. Olivarius de), miles, cubicularius domini Pape, p. 390.
PENNAVARIA (Chatardus de), Lemovicensis canonicus, p. 15.
PENNA VAYRIA (domus de), Parisius, p. 153, 158.
PENRADO. Vid. *Peraldo*.
PERALDO, alias PAURANDO, PAYRANDO, PAYRANDO, PENRADO, PERAUDO vel PERAUT (F. Hugo de), miles, visitator Francie, p. 25, 28, 88, 152, 244, 292, 390, 395, 397, 400, 401, 407, 412, 413, 419, 422, 429, 434, 448, 475, 501, 502, 514, 520, 535, 538, 575, 583, 599, 620, 628.
PERBONA (F. Aymo de), p. 282.
——— vel PERBONE (F. Egidius de), presbyter, p. 97, 107, 131, 162.
PERCHA (F. Johannes LA), p. 71, 137.
PERESIO (F. Adhemarus de), miles, p. 118.
PERGOCHE (F. Arnulphus DEU), p. 119.
PERNET (F. J.), p. 74.
PEROSELLO (F. Radulphus de), p. 86.
PERTICO (F. Arnulphus de), p. 103.
PETIT (F. Johannes LO), p. 345.
PETITPARS (F. J.), p. 256.
PETRAGORICENSIS episcopus, p. 230.
PETRI IN ALAVERDO (F. Jacobus, prior), Gratapolitane diocesis, p. 455.
PETROSSE (F. Radulphus), p. 106.
PETRUS (F.), miles Alamanus, p. 645.
PEYNET (F. Johannes), p. 292.
PEYTO (F. Sen. de), p. 264.
PHILIPPUS IV, rex Francorum, p. 2, 122.
PHILIPPUS, princeps Tharantinus, p. 10.
PICARDI vel LE PICART (F. Gales), p. 529.
——— (F. Godofredus), p. 529.
——— (F. Guillelmus), presbyter, p. 554.
——— (F. Hugo), p. 529.
——— (F. Hymbertus), p. 356.
——— (F. Odo), p. 529, 579.
——— (F. Petrus), preceptor de Loages, Trecensis diocesis, p. 71, 98, 109, 115, 138, 283; son interrogatoire, p. 522.
——— (F. Robertus), p. 499.

PICARDI (F. Symon), p. 265, 645.
——— DE BURIS (F. Petrus), p. 79, 108, 511.
PICON. Vid. *Pincon*.
PICTAVENSIS decanus, p. 270.
——— prepositus, p. 124, 463.
——— seneschallus, p. 270.
PICTAVINI (F. Guillelmus), p. 224.
PICTI (F. Julianus de), p. 230.
PILAVENA (Johannes), nuncius, p. 15.
PILHON vel PILLON (F. Johannes), p. 105, 132.
PINCON (F. Galterus DE), p. 75, 111, 119.
PINHOLA (F. Durandus), p. 512.
PISANI (F. Poncius), p. 63, 98, 106.
PLACHE (F. Guillialme de la), p. 128.
PLASIACO (F. Remigius de), p. 521.
PLASIANO (Guillelmus de), miles regius, p. 34.
PLATEA (F. Giricus de), de Trecis, p. 131.
PLATEA (F. Guillelmus de), preceptor d'Oisemont, Ambianensis diocesis, p. 97, 107, 116, 243, 374, 443; son interrogatoire, p. 450, 460, 465, 637.
PLATEA (F. Henricus de), p. 60, 98, 107.
——— DE BELVACO (F. Guillelmus de), p. 63.
PLATEE PORCORUM vicus, Parisius, p. 134.
PLESIACHO (F. Reginaldus de), p. 125.
PLEXEIO (Gaufredus de), Sedis apostolice notarius, p. 18.
PLOMION (F. Theobaldus DE), p. 64, 108, 114.
PLOYSIACO (F. Bernardus de), p. 104.
——— (F. Reginaldus de), p. 67.
——— (F. Remigius de), p. 545.
PLUBLAVEH (Johannes DE), p. 29.
PODIO (F. Humbertus de); son interrogatoire, p. 264.
——— FORT AGULHA (F. Gerardus de), p. 106, 131.
——— VIGNALI (F. Guillelmus de), p. 59.
POIGNENCORT (F. Petrus DE). Vid. *Bolhencourt*.
POILALOE (F. Johannes DE), p. 230.
POLHEICOURT (F. Johannes DE). Vid. *Boilhencort*.
POLLENCOURT (F. Johannes DE). Vid. *Boilhencort*.
PONCHARDI vel PONCHART (F. Martinus), p. 97, 109, 113.
PONTE (F. Radulphus de), p. 108, 114.
——— EPISCOPI (F. Johannes de), p. 79, 108, 282.
PONT FRENOY (F. Radulphus DE), p. 65.

PONTISARA (F. Garnerius de), p. 590.
PONTISSERA (F. Robertus de), p. 67, 104, 125.
PONTIVO (F. Addam de), p. 520.
PONTIVO (preceptor baillivie de), p. 232, 243, 328, 371, 374, 444, 445, 536.
PORCETO (F. Arnaudus), p. 108.
PORCHE (F. Arnulphus DEU), p. 84.
PORTA vel LA PORTE (F. Audebertus de), p. 75.
PORTA (F. Girbertus LA), p. 59.
——— (F. Gumbertus de), p. 98, 110.
PORTE (F. Bernardus LA), p. 99, 111, 125.
PORTEL (F. Arnulphus DE), p. 114.
PORTELLO (F. Arnaldus de), p. 82.
POVOMACO (abbacia de), p. 334.
POYLA CASTE (F. Ricardus), p. 622.
POYNET (F. Johannes), presbyter, p. 109.
POYSSON (F. Johannes DE), p. 64, 103.
POYTAVIN (F. Johannes), presbyter, p. 104, 129.
PRAELLIS (magister Radulphus de), advocatus in curia regia, p. 174; sa déposition, p. 175, 177.
PRAMI (F. Aymo de), p. 109.
PRANEDO (F. Stephanus de), p. 97.
PRATEMI (F. Johannes de), p. 235.
PRATIM vel PRATIMI (F. Aymo de), p. 39, 138.
PRATIMI (F. Bartholomeus de), miles, p. 236.
PRECINGIE (F. Orricus DE), p. 64.
PRECINHIS (F. Oricus de), p. 108.
PREDICATORUM VICUS, Parisius, p. 139.
PRELOMONIAY (F. Stephanus DE), p. 57.
PREMI (F. Ahimericus de), p. 601.
PREPOSITI vel LE PREVOST (F. Petrus), preceptor Campanie, p. 83, 106, 146, 153, 491.
PRERVERIACO (F. Jacobus de), p. 429.

PRESBYTER (Raymondus), p. 104.
PRESSIGNI (F. Henricus DE), p. 114.
PREVOST (F. P. le). Vid. *Prepositi*.
PRIMEYO (F. J. de), miles Carnotensis, p. 80.
PRIMI (F. Aymericus de); son interrogatoire, p. 608, 617.
PRINHANS (F. Raymondus DE), p. 106, 131.
PRISIACO (F. Durandus de), p. 230.
PRIVERI (F. Jacobus de), p. 86.
PRONAY (F. Johannes DE), miles Parisiensis, p. 390.
PROVINCIE (preceptor sive magister), p. 403.
PROVINS (F. Renaut de), p. 146.
PRUHANIS (F. Raymondus de), p. 69.
PRUINO (F. Johannes de), p. 64, 97, 107, 153, 571.
——— (F. Laurencius de), p. 269, 104, 129, 130.
——— (F. Reginaldus de), presbyter, defensor ordinis, p. 65, 100, 101, 113, 117, 126, 128, 138, 147, 151, 152, 153, 154, 155, 156, 161, 164, 165, 172, 201, 260, 262, 275, 277, 281, 286.
——— (Stephanus de), p. 40, 78, 108, 114.
——— (F. Symon de), presbyter, p. 254.
PRUINS (F. Runaut de). Vid. *Pruino (F. Reginaldus de)*.
PRULHACO (domus Templi de), p. 269.
PRUVINO (F. Motonetus de), p. 521.
PRUYNO (F. Oddo de), p. 125.
PUNI (F. Senebrunus de), miles, p. 403.
PUTEOLIS vel PUTOLIS (F. Guillelmus de), p. 73, 104, 567.
——— (F. Nicolaus de), p. 85, 431.
PYCEYO (F. Baudoynus de), miles, Ambianensis diocesis, p. 628.

# Q

QUADRIVIO (F. Petrus de), p. 614.
QUENTINI. Vid. *Quintini*.
S. QUENTINI DE VARENNA (rector), Cenomanensis diocesis, p. 16.
S. QUESTO (F. Johannes de), p. 287; son interrogatoire, p. 338, 344.
——— (F. Theobaldus de), p. 494, 495.
QUINCIACO (F. Symon de), miles, p. 564.

QUINTINI vel QUENTINI (F. Johannes); son interrogatoire, p. 334.
——— (F. Johannes) de Benna, p. 287.
——— (F. Stephanus), p. 77, 111, 119.
——— (F. Thomas), p. 79, 108, 114, 282; son interrogatoire, p. 554.
S. QUINTINO (F. Oddo de), p. 422.

PROCÈS DES TEMPLIERS. — I.

# R

Rabanval (F. Robertus de), p. 130.
Radulphi (Guillelmus), notarius, p. 15, 111, 114, etc.
——— (F. Guillelmus), p. 74, 105, 118.
Radulphus (F.), agricultor domus d'Oysemont, p. 452.
Raembaudi Villa (F. Robertus de), p. 481.
Rambavalle (F. Johannes de), p. 109.
Ramecourt (F. Lambertus de), p. 250.
Ranco (F. Guillelmus de), p. 63, 98, 106.
Ranevilla alias Reneville (domus Templi de), Ebroicensis diocesis, p. 429, 430.
Ranseria (domus Templi de), Claramontensis diocesis, p. 415.
Rassi (F. Guillelmus), p. 110.
Raynaldi (Petrus), p. 15.
Raynaldus (F.), preceptor de Vinciaco, p. 437.
Raynandi (F. Matheus). Vid. Renaudi.
——— (F. P.), p. 605.
Raynardi (F. P.), p. 76.
Raynaudus (F.), presbyter, p. 331.
Reblay (F. Petrus de), p. 459.
Rebol (F. Martinus), p. 69, 130.
Recors (F. Anricus des), p. 86, 106.
Reffiet (F. Humbertus de), p. 73.
Regio (F. Johannes de), p. 644.
Regis (F. P.), p. 106.
Relanco (F. Theobaldus de), p. 66.
Relanpont (F. Petrus de), p. 70, 435.
——— (F. Stephanus de), p. 110.
——— (F. Theobaldus de), p. 110.
Rembaldi Valle (F. Robertus de), p. 74.
Remensis preceptor, p. 407.
S. Remigio (F. Johannes de), p. 64, 103.
Remis (F. Richardus de), presbyter, p. 505.
——— (F. Simon de), p. 114.
——— (F. St. de), p. 155.
——— (F. Thericus de), p. 63, 97, 153, 390.
Renanvilla (F. Johannes de), p. 359.
Renaudi vel Raynaudi (F. Matheus), p. 86, 106, 554.
Renaval (dominus de), p. 292.
Reneville. Vid. Ranevilla.
Reppe ou Repre (Symon le), p. 65, 105, 117.
Resida Valle (F. Johannes de), p. 243.
Ressi (F. Johannes de), p. 65.

Revello (F. Bernardus de), p. 118.
Reyans (F. Albertus de), presbyter, p. 520.
Ricenbort vel Richenbort (F. Johannes de), p. 66, 110.
Richavalle vel Rizavalle (F. Johannes de), p. 83, 106.
——— (F. Stephanus de), miles, Bituricensis diocesis, p. 98, 99, 107, 138, 152.
Riperia (F. Nicolaus de), p. 57, 97, 103.
Rizavalle (F. J. de). Vid. Richavalle.
Roberti vel Roberts (Guillelmus), monachus, p. 36.
Roberti (F. Johannes), presbyter, p. 98, 111, 125.
Roberti (F. Raymondus), p. 379, 380.
Robertus, Ambianensis episcopus, p. 369.
Robul (F. Martinus), p. 106.
Rocha (F. P. de la), p. 111, 119.
Rocha Cueria (F. Thomas de), p. 73.
Roche Talhada (F. Guido de), p. 620.
Rocheria vel la Rochiera (F. Ancellus de), miles Cathalanensis, p. 85, 132.
Rochiera (F. Ansellus de la). Vid. Rocheria.
Rociacho vel Rociaco (F. Johannes de), p. 105, 118.
Rogerii (F. Petrus), p. 407.
Roianis (F. Raymondus de), p. 69.
Roleis (domus Templi de), p. 235.
Rolencort le Gris (F. Johan. de), p. 128.
Romagna vel Romanha (F. Stephanus de la), p. 85, 86, 105, 132.
Romana Curia vel Romancuria (F. Lambertus de), p. 73, 104, 135.
Romangna (F. Guillelmus de), p. 125.
Romanha (F. Stephanus). Vid. Romagna.
Romanioha (domus Templi de), p. 217.
Romanis (F. Nicolaus, curatus de), p. 68, 139.
Romano (F. Johanes de), p. 348.
Rompre (F. Johannes de), p. 459.
Roncelinus (F.), miles de provincia Provincie, p. 418.
Ronge (Raymondus de), p. 130.
Ronsiera (domus Templi de), p. 368.
Rontangis, Rontangni, Rontengi, Rotangi vel Rotengi (F. Egidius de), presbyter, p. 97, 107, 128, 368, 369, 452; son interrogatoire, p. 463.

RONZAVALLE (F. Johannes de), p. 153.
Ros (F. Ambertus DE), p. 232.
ROSA (F. Petrus), p. 513.
ROSAYO (F. Andreas de), preceptor de Ara Vallis Dionisii, p. 428.
ROSCELLI. Vid. *Rosselli.*
ROSSALHA (F. Stephanus LA), p. 110.
ROSSELLI (domus Johannis), Parisius, p. 138, 152, 162.
―――― (F. Petrus), p. 529.
ROSSERIA (F. Johannes de), p. 110.
―――― (domus Templi de); Ambianensis diocesis, p. 482.
ROSSI (F. G.), p. 98.
ROSSIACO (F. Johannes de), p. 153.
ROSSIAU (l'ostel Jehan). Vid. *Rosselli.*
ROSSILHA (F. Stephanus LA), p. 131.
ROSSINI (F. Guillelmus), p. 160.
ROTANGI vel ROTENGI (F. Egidius de). Vid. *Rontangis.*
ROTHOMAGENSE (concilium provinciale), p. 197.
ROUELLO (F. Bernardus de), p. 105.

ROY (F. Guillelmus DE), p. 85, 106, 133, 547.
―――― (F. P. le), p. 133.
ROYERS (domus Templi DE), p. 630.
ROYNAYO (F. G. de), p. 84.
RUBEO MONTE (F. Jacobus de), p. 158, 242, 244.
RUBEO PONTE (F. Clemens de), p. 103.
RUCIACHO vel RUCIACO (F. Petrus de), p. 67, 97, 103.
RUFFEMONT (F. Johannes), p. 459.
RULHIACO (F. Nicolaus de), p. 461.
RUMPREY vel RUMPREYO (F. Johannes DE), p. 71; son interrogatoire, p. 506.
RUPE (F. P. de), p. 75, 155.
RUPE AMATORIS (F. Gerardus de), presbyter, p. 601; son interrogatoire, p. 602.
RUPELLA (F. Ancellus de), p. 105.
―――― (F. Jacobus de), p. 65, 105, 117, 562.
―――― (preceptor de), p. 179, 193.
RUSIACO (F. Johannes de), p. 110.
RUTHENA (F. G. de), p. 105.

# S

SABAUDIE (domus comitis), Parisius, p. 118, 157.
SABLONERIIS (domus Templi de); Suessionensis diocesis, p. 520, 521.
SACCOMMIN, SANCONF, SANCONIO vel SANTONI (F. Gyronundus, Vernondus vel Virmundus DE), p. 60, 103, 624; son interrogatoire, p. 637.
SACELLIS (F. P. de), p. 115.
SACEYO (F. Jacobus de), p. 104.
SACIACO (F. Jacobus de), p. 69.
SACO (F. J. de), p. 158.
SAFET (F. Petrus DE); serviens, p. 45.
SALADINUS, soldanus Babilonie, p. 44.
SALICE D'ELLANT (domus Templi de), p. 352.
SALICE SUPER YONEM (preceptor de), p. 345.
―――― (domus Templi de), Altisiodorensis diocesis, p. 338, 342, 355, 357, 495, 625.
SALICIBUS (F. Radulphus de), p. 28, 78, 108, 283, 566; son interrogatoire, p. 583.
SAME CRICON (F. Hugo DE), p. 58.
SAMEE SOLONGE (F. Michael), p. 111.
SAMNERIACO (F. Dionisius de), p. 559.

SANCEY (domus Templi DE); Senonensis diocesis, p. 439.
SANCEYO (F. Arnulphus de), p. 130.
―――― (F. Jacobus de), p. 110, 129.
―――― (F. Nicolaus de), p. 66.
―――― (F. preceptor de). Vid. *Dordano.*
―――― (F. Robertus de), p. 119.
―――― (F. Stephanus de), p. 60.
SANCI vel SANCIACO (F. Stephanus de), p. 575, 583.
―――― (domus Templi de), p. 254, 571, 583.
SANCIACO (F. Arnulphus de), p. 109.
SANCONI vel SANCONIO. Vid. *Saccommin.*
SANCTI (F. Nicolaus), p. 133.
SANCTIS (F. Guaufredus de), p. 84.
SANHCIALE (F. Adam de), p. 480.
SANO PUCTO (F. Johannes de), p. 556.
SANSAUHOLI (F. Bonetus), p. 58.
SANTANVILLE (F. Ricardus DE), p. 429.
SANTILLIHACO (domus Templi de), p. 137.
SANTONGIER (F. Guillelmus), p. 266.
SANTONI (F. Vernondus). Vid. *Saccommin.*
SANZETO (F. G. de), p. 75.
SAPIENCIE (F. Johannes), p. 98, 108, 138.

85.

# INDEX.

SAQUENVILLE (fratres Guillelmus et Ricardus DE), p. 429.
SARA (F. Nicolaus de), p. 583.
SARANCURIA (F. Johannes de), alias DE CELLA, serviens, p. 39.
SARANHACO (domus Templi de), Senonensis diocesis, p. 515.
SARCELLIS (F. P. de). Vid. *Cercellis*.
SARMAGE (F. Matheus dictus LE), p. 645.
SARNAYO (F. Petrus de), p. 68.
SARRACENI (F. Johannes), p. 512.
SARTHAGO (F. Guillelmus de), miles, p. 118.
SARTIGES vel SARTIGIIS (F. Bertrandus DE), miles, p. 59, 96, 113, 124, 126, 154, 155, 156, 161, 164, 165, 172, 201, 232, 259, 260, 262, 275, 277, 281, 286.
SARTIS (F. Nicolaus de), p. 30.
SAUMANDA (F. Oddo), p. 184.
SAURINI (F. Stephanus), p. 69, 107, 130.
SAVERE (F. Dionisius de), presbyter, p. 119.
SAXONIA (F. Thericus), miles Magdebrugensis, p. 66.
SCESIACUM, Meldensis diocesis, p. 424.
SCIVREYO (F. P. de), p. 296.
SCIVRIACO (F. Johannes de), p. 174.
SCOPOY (F. Aymo DE), p. 97.
SCORAHA vel SCORRALHA (F. Guillelmus de), p. 74, 105, 125.
SCORTUS (F. Ricardus), p. 514.
SCOTI (F. Ricardus), p. 292.
SECH DE AMBLEYVILLA (F. Robertus LE), p. 66.
SELLIN (F. Johannes DE), p. 338.
SELLIS (domus Templi de), Claramontensis diocesis, p. 418.
——— (F. Guillelmus, curatus de), p. 418.
S. SELOIGUCH (F. Michael DE), p. 125.
S. SELONHE (F. Michael DE), p. 99.
SENCEYO (F. Nicolaus de), presbyter, p. 109.
SENCIO (F. P. de), p. 170.
SENETO CASTRO (F. Petrus de), presbyter, p. 507.
SENONIS (F. Radulphus de), p. 115.
SEPTEM MONTIBUS (F. Johannes de), presbyter, p. 73, 104, 135, 150.
SERCELLIS (F. P. de). Vid. *Cercellis*.
SERENA CURIA (domus Templi de), p. 252.
SERENCOURT (F. Johannes DE), p. 114.
——————— (F. Nicolaus DE), p. 114.
SERENE (domus), Parisius, p. 125.
SERENICOURT (domus Templi DE), p. 249.
SERIE (F. Nicolaus de), p. 136.

SERIER (domus Templi DE), Ambianensis diocesis, p. 477.
SERNAY, SERNAYO, SERNEYO vel SERNOY (F. Johannes DE). Vid. *Cernoy*.
SERNAYO (F. Droco de), p. 68.
SERNOY (F. Radulphus DE), p. 466.
——— (F. Robertus DE), p. 105, 362, 371.
SERPENTEM (domus ad), Parisius, p. 266.
SERRA (F. Guido de), p. 110.
——— (F. Nicolaus de), p. 174, 103, 434, 571, 575.
——— vel SERRE (F. P. de), p. 65, 105, 118.
SERVOY (F. Lucas de), p. 83.
SESSA (F. Hugo de), p. 118.
SESTAN (F. Hugo), miles Claramontensis diocesis, p. 111.
SEURORIO (F. Ricardus de), p. 108.
SEVERI DRAPERIO (F. Petrus de), p. 418.
SEYSSEL (F. Hugo), p. 98.
SICARDUS, Caturcensis episcopus, p. 387.
SICCI (F. Robertus), p. 110.
SICI DE VERCELLIS (magister Antonius), notarius; sa déposition, p. 619, 641.
SILHI vel SILLI (F. Gaubertus de), p. 338; son interrogatoire, p. 333.
SIMON, archiepiscopus Bituricensis, p. 449.
SISSEYO (F. J. de), p. 103.
SIVRE (F. Ancherius DE), miles, p. 137, 151.
——— (domus Templi DE), p. 208.
SIVREF (F. P. de), chevalier, p. 114.
SIVREYO vel SIVRI (F. Petrus de), p. 301, 538.
SIVRI (F. Johannes de), p. 110.
SIVRIACO (F. Johannes de), p. 67.
SOIONS (F. G. de), p. 108.
SOMERENS. Vid. *Somorens*.
SOMEYRE, Nemausensis diocesis (depositio facta apud), p. 425.
SOMIS (domus Templi de), p. 217.
SOMONS (F. Gerardus DE), p. 64, 114.
SOMORENS vel SOMERENS (F. Albertus, curatus DE), p. 246.
——————— (F. Bertrandus de), p. 97, 116.
——————— (Jaquetus vel Bertaldus de), p. 63, 479.
——————— (preceptor domus de), p. 154, 377, 394, 447, 450, 464.
——————— (domus Templi de), p. 241, 244, 247.
——————— (F. Thomas, curatus de), p. 67.
SORNAY vel SORNAYO (F. Droco DE), p. 104, 135.

SORNAYO (F. Guaufredus de), miles, Aurelianensis diocesis, p. 85.
——— (F. Guillelmus de), miles Pictavensis, p. 73, 104, 135, 139, 149, 150.
——— (F. Johannes de), p. 104, 135.
——— (F. Lucas de), p. 106, 153.
——— (F. P. de), p. 30, 104, 135.
——— (F. Robertus de), p. 85, 132.
SORS (F. Gaufredus DE), p. 103.
SORTES (F. Anricus), p. 319.
SOTEAN (F. Petrus), p. 353.
SOURS (domus Templi DE), Carnotensis diocesis, p. 485.
SOYSIACO (domus Templi de), Meldensis diocesis, p. 441, 443, 590, 626.
SPALHI (preceptor de), p. 628.
SPAROS vel SPARROS (F. Ademarus DE), miles Tarvensis vel Convenarum, p. 73, 105.
SPAYACO (preceptor de), p. 297.
SPEL (F. Arnaudus DE), p. 69, 106.
SPINASSA vel SPRIMASSA (F. Guillelmus de), p. 59, 98, 110, 160.
SPOLIIS (domus Richardi de), Parisius, p. 130, 140, 148, 159, 169.
SPRIMASSA. Vid. Spinassa.
STAGNO (F. Matheus de), p. 75.
STAMPIS (F. G. de), Carnotensis, p. 103.
——— (F. G. de), Senonensis, p. 103, 119.
——— (F. Guaufredus de), p. 98, 109.
——— (preceptor de), p. 439.
——— (domus Templi de), p. 598.

STANGNO (F. Mathias de), p. 112.
STEPHANI (F. P.), p. 69, 70, 106, 131.
STEPHANUS tituli S. Ciriaci in Termis presbyter cardinal.
——— (F.), capellanus de Mormant, p. 188.
——— (F.), claviger domus Templi de Rupella, p. 194.
SUESSIONENSIUM FRATRUM MINORUM (F. Arnulphus, gardianus), p. 547.
SUESSIONIS (F. Remigius de), p. 529.
SUETE (F. Ancherius de), miles Viennensis, p. 70.
SUMMAVERA (F. Petrus de), presbyter, p. 66, 109.
SUOSOYS (F. Hugo), miles, p. 125.
SUPINI (Joh.), clericus, p. 71.
SUPINO (F. Anricus de), p. 307, 312.
——— (F. Guido de), p. 312.
S. SUPPLETO (F. Guillelmus de), p. 174.
SURREF (F. P. de), miles Viennensis diocesis, p. 108.
SYARE (FF. Ancherius et Petrus de), milites Viennenses, p. 282.
SYCI DE VERCELLIS. Vid. Sici.
SYDONENSIS VILLA, p. 645.
SYDONIE (dominus), p. 645.
SYMEYO (F. P. de), miles, p. 645.
SYMONIS (Nicolaus), armiger secularis, alias DOMIZELLUS, Senonensis diocesis, p. 174, 176.

## T

TABULLA (F. Matheus de), p. 77, 104, 134.
TARA (F. Johannes de), p. 329.
S. TAURINO (F. Guillelmus de), p. 428.
TAVERNARII (F. Theobaldus), p. 287.
TAVERNI, TAVERNIACHO vel TAVERNIACO (F. Radulphus de), p. 77, 1004, 134, 139, 163, 575.
TAVERNIACO (F. Theobaldus de); son interrogatoire, p. 324.
——— (domus Templi de), p. 301.
TAXACO (F. P. de), p. 230.
TAYLAFER DE GENE (F. Johannes); son interrogatoire, p. 187.
TAYSANTRIA (F. Guillelmus de), p. 138.
TELHETO (F. P. de), p. 82.
TELLEYO (F. Matheus de), p. 293.

TEMPLAMARS vel TEMPLEMARCK (F. Alidus vel Helinus DE), p. 60, 97, 131.
TEMPLE DE TALENDE (F. Bonafos), p. 512.
TEMPLE MARCH. Vid. Templamars.
TEMPLEYO (F. Renaudus de), presbyter, p. 107.
TEMPLO (Janotus de), p. 176.
TENTAN (F. Guaufredus DE). Vid. Thatan.
TEOTONICUS (F. Thericus), miles Magdebrugensis, p. 109.
TERLANDERA vel TERLANDERIA (F. Gerardus DE LA), p. 77, 111, 119, 155.
TERRA CUMFONDREA vel TERRA ENFONDRÉE (F. Johannes de), p. 70, 137.
TERRASSONE (F. P. de), p. 69, 106.
TESTAFORT vel TESTEFORT (F. Symon), p. 89, 109, 138.

TEULET (F. Robertus DE), miles, p. 234.
TEXANDERII (F. Jacobus); p. 230.
THAIAFER (F. Johannes); p. 174.
THANTAN (F. Guaufredus). Vid. *Thatan*.
THARA (F. Johannes de); son interrogatoire, p. 287, 290.
THARANTINUS (Philippus, princeps), p. 10.
THATAN, TENTAN vel THANTAN (F. Guaufredus DE), p. 174, 205; son interrogatoire, p. 222.
THAVERNIACO (F. Radulphus de), p. 624; son interrogatoire, p. 626.
THELHETO (F. P. de), p. 108.
THERRICI (F. Stephanus), p. 111, 133.
THOLOSANUS VIGERIUS, p. 404.
THOLOSE (domus Templi), p. 183, 184, 403.
THOMAS (F.), claviger domus Templi Nannatensis, p. 199.
THORIACO (F. Guido de), p. 97.
TILLE vel TILLEYO (F. Matheus DE), p. 338; son interrogatoire, p. 358.
TIRAUT vel TIROL (Crux DU); Parisius. Vid. *Trahoir*.
TIRON, TIRONIO vel TYRON (domus abbatis DE), Parisius, p. 136, 150, 162.
TIVAYER (F. Viardus DE), p. 635.
TOE (F. Gilanus vel Guillanus), p. 86, 106.
TOLHES (F. G. de), p. 89.
TOLUO (F. Petrus de), miles, p. 408.
TONACO (F. Guido de), p. 61.
TORBONE (F. Humbertus de), miles, p. 65.
TORIACHO (F. Guido de), p. 113.
TORLANDERA (F. Ger. de la). Vid. *Terlandera*.
TORNACO (F. Escalinus de), p. 30.
TORNON (F. Lambertus DE), miles, Viennensis diocesis, p. 107.
TOROYNE (baillivus DE), p. 223.
TORTASSA. Vid. *Tortossa*.
TORTAVILLA (F. Johannes de), p. 80, 583.
——— (F. Johannes de). Vid. *Furno*.
TORTA VILLA (F. Petrus de), preceptor Parisiensis, p. 422, 496, 583.
TORTOSSA (F. Poncius), p. 69, 106, 131.
TOSSIACO (F. Reginaldus de), p. 437.
TOURTOSE (l'île de), p. 39.
TOYFONTRIA (F. Guillelmus de), p. 109.
TOYSI vel TOYSIACO (F. Lambertus de), p. 64, 103, 561.
TOYSSONIEYRA (F. G. de la), p. 89.
TRACHI vel TRECHI (F. Ganfredus de), p. 395, 396, 397, 639.

TRAHOIR, TIRAUT vel TIROL (la Croix du), à Paris, p. 133, 139.
TRAMBEYO (F. Reginardus de), presbyter, p. 28.
TRECENSIS episcopus, p. 307.
TRECENSIS (preceptor domus Templi), p. 571, 583.
TRECIE vel TRESSIE (F. Petrus), p. 61, 97, 108, 113.
TRECIS (F. Bartholomeus de), p. 137, 383, 421; son interrogatoire, p. 433.
TRECIS (F. Fulco de), p. 74, 103, 136.
TREBIS (F. Jacobus de), p. 232; son interrogatoire, p. 254.
TRECIS (F. Nicolaus de), p. 78, 108, 115, 566; son interrogatoire, p. 571, 575.
TRECIS (fratres Minores de), p. 313.
——— (F. Thomas de), p. 86, 105, 432.
TREFONS (F. Oddo DE), p. 111.
TRELHET (F. P. de), presbyter, p. 114.
TREMBLAY, TREMBLAYE, TREPLOY vel TREMPLAIO (F. Raynardus DE), presbyter, curatus ecclesie Templi Parisiensis, p. 77, 115, 283; son interrogatoire, p. 421, 451, 515, 598.
TRESSIE (F. P.). Vid. *Trecie*.
TREVERIS (domus Templi de), p. 216.
TRIBUS FONTIBUS vel TROYS FONS (F. Philippus de), p. 68, 104.
TRIBUS FUGIIS (F. Philippus de), p. 135.
TRIBUS VIIS (F. Johannes de), p. 63, 98, 186.
TROBATI (F. Stephanus), p. 70, 106, 131.
TROYS FONS. Vid. *Tribus Fontibus*.
TRUELLI (F. P.), p. 230.
TUCHAT (F. Durandus DE), p. 110.
TULHAS (F. Guillelmus DE), p. 109.
TULHELHIS (F. Guillelmus de), p. 138.
TURACHAC (F. Durandus DE), p. 66.
TURIACO (F. Guido de), p. 109.
TURNIACO (F. Michael, curatus de), p. 307.
TURNO (F. Clemens de), p. 106, 153, 625.
——— (F. Johannes de), thesaurarius Templi Parisius, p. 78, 87, 114, 321, 353, 441, 459, 461, 494, 496, 499, 515, 543, 589; son interrogatoire, p. 595, 599, 628, 641.
——— (F. Petrus de), p. 83.
——— (F. Stephanus de), presbyter, p. 64, 108, 283, 422.
TURRE (F. Johannes de), p. 108.
TURRETA (preceptor de), Claramontensis diocesis, p. 512.
TURRI (F. Symon de), p. 646.
TYRON. Vid. *Tiron*.

## U

Ucherii (F. Petrus), p. 543.
Ulmo Triandi (domus Templi de), p. 236.
Umbaldi (Bernardus), notarius. Vid. *Humbaldi*.

Umharius (F. Berterius), p. 495.
Urdrini (Guillelmus), Claramontensis canonicus, p. 21.

## V

Vado (F. Bernardus de), p. 75, 105.
Valamaxut (F. Adam de), p. 377.
Valbelant, Valbellando, Valbellay vel Valbellendi (F. Johannes de), p. 103, 139, 149, 540.
Valbellay (F. Thericus de), p. 103.
Valdencia (F. Enardus vel Evrardus de), miles Treverensis, p. 85, 132.
Valdencia (F. Gerardus de), miles Treverensis, p. 105.
Valence (F. Petrus), p. 522.
Valencenis vel Valencianis (F. Egidius de), presbyter, p. 63, 97, 107, 153.
Valencourt (F. Adam de), miles, p. 204, 599.
Valeure (Petrus de), presbyter secularis, p. 526.
Valeure, Valeyre vel Valoire (F. Humbertus, preceptor de), Trecensis diocesis, p. 396, 434, 522, 562.
Valiaco (F. Nicolaus de), p. 104.
Valincuria (F. Addam de), miles. Vid. *Valencourt*.
Vall de Tor (preceptor de). Vid. *Val Tors*.
Valle Bellant (F. Thericus de), p. 60.
Valle Bruandi (F. Johannes de), p. 174.
Valle Camulla (F. Johannes curatus de), p. 64.
Valle Gelosa (F. Johannes, de), presbyter p. 73, 105, 118.
Valleia vel Valleya (domus Templi de), p. 395, 639.
Vallellent (F. J. de), p. 74.
Valle Scolarium (F. Bonomo de), p. 519.
Vallesia (F. Gervasius de), p. 135.
Valleya. Vid. *Valleia*.
Vallibus (F. Johannes de), p. 551.
Vallibus ultra Lugdunum (domus Templi de), p. 402.
Vallon (F. Johannes de), p. 342.
Valloysa (domus Templi de), p. 216.

Valoire (F. Humbertus, preceptor de), Lingonensis diocesis. Vid. *Valeure*.
Val Tors (preceptor domus de), p. 591, 593, 594.
Valvassor (F. Robertus). Vid. *Vavassor*.
Vambellano vel Vanbellant (F. Johannes de), p. 136; son interrogatoire, p. 550.
Van de Tors (F. Albertus de), presbyter, p. 561.
Varenis (F. Martinus de), p. 109.
Varlin (F. Nicolaus de), p. 68.
Varmerivilla (F. P. de), p. 78.
Vasconis (F. Bertrandus), p. 105.
Vassal (F. Johannes), presbyter, p. 64.
Vassegio (Johannes de), miles secularis, p. 174.
Vassiniacho, Vassinhaco, Vassinhiaco vel Versinacho (F. Raymondus de), miles, Lemovicensis diocesis, p. 101, 102, 112, 232; son interrogatoire, p. 233.
Vatan (F. P. de), p. 105, 150.
Vauben (preceptor de), p. 229.
Vaucellis (F. Petrus de), p. 395, 396.
Vavassor (F. Robertus), p. 65, 105, 362.
Vendac, Vendach vel Vendaco (F. Audinus, Odinus vel Oddo de), miles, Claramontensis diocesis, p. 59, 96, 107, 124, 155.
Venesi (F. Garnerius de); son interrogatoire, p. 311.
Venysi vel Veneysiaco (F. Thomas de), p. 307, 312.
Verce (F. J. de la), p. 85.
Vercellis (Hugucio de), miles, cubicularius quondam Pape, p. 562.
Vercinara (F. J. de), p. 97.
Vercines (F. Philippus de la), p. 104, 132.
Vercura (F. Lambertus de), p. 86.
Verduno (F. Dominicus de), p. 68, 104, 135, 139, 148.
Verenis (F. Lambertus de), p. 105.
——— (F. Petrus de), p. 63.

VERERIA (F. Johannes, curatus de), p. 246.
VERERIIS (F. P. de), p. 110.
VERGES (F. Johannes DE), p. 133.
VERGIIS, VERGUS vel LE VERJUS (F. Jacobus de), p. 39, 80, 114; son interrogatoire, p. 503.
VERGUS (F. P.), p. 108.
VERINES (F. Martinus DE), p. 89.
VERINIS (F. Petrus de), p. 136.
VERJUS (F. Jacobus LE). Vid. *Vergiis*.
VERJUS (F. Johannes LE), p. 505.
VERNEFRAACO (F. Garnerius de), p. 287.
VERNEGIA (F. P. de), p. 110, 160.
—— (F. Poncius de), p. 98.
VERNIS (F. Jacobus de), p. 459.
VERNOGIA (F. Petrus de), p. 59.
VERNOLIS (F. Johannes de), p. 158.
VERNOSIO (F. Johannes de), p. 59.
VERRENIS (F. Johannes de), p. 515.
VERRERIIS (F. Stephanus de), p. 571.
VERRINIS (F. Guillelmus de), p. 64, 107.
VERSENACHO (F. Johannes de), p. 131.
VERSEQUI (F. Egidius), p. 162.
VERSEQUI vel VERSEQUIN (F. Nicolaus de), p. 60, 97, 107, 131, 140, 146, 162.
VERSIACO (F. Addam de), p. 65.
VERSINACHO. Vid. *Vassiniacho*.
VERSINARA (F. Johannes de), p. 107.
VERSINE (F. Philippus de), p. 68.
VERTIMARE (F. Johannes de), p. 60.
VERVANS (domus Templi DE), Senonensis diocesis, p. 440.
VESSARDI (F. Stephanus), p. 418.
VIA (F. Johannis de), p. 106, 242, 244.
VIANESIO (F. Robertus de), p. 297.
VIA PARISIA (F. Jacobus de), p. 292.
VICHEYO (F. Guaufredus de), p. 199.
VIENESIO (F. Bertrandus de), miles, p. 567.
—— (F. Petrus de), p. 581.
VIGERII (F. Guillelmus), p. 75, 111, 119, 155, 230.
VIGERII (F. Robertus), p. 89, 109, 138, 511; son interrogatoire, p. 512.
VILLA (F. Florencius de), p. 418.
—— ADEMARI (F. Adam de), p. 553.
—— DUCIS (F. Ancherius de), p. 232.
—— MOSON (F. Laurencius de), p. 509.
—— MOSTRUE (preceptor de), p. 348.
—————— (F. Raynandus de); son interrogatoire, p. 348.
VILLANE DE PRETANO (F. Henquinus), p. 30.

VILLA NOVA (F. Johannes de), p. 444, 465, 481, 489, 536, 627.
—— PETROSA (F. Arvcus de), p. 358.
—— REGIA (F. Michael de), presbyter, p. 469.
VILLARIBUS (F. Galterus de), p. 158.
—————— (F. Geraldus de), miles, p. 322, 397, 399, 408, 448, 449, 503, 514, 532, 561, 571, 575, 578, 599, 637, 641.
—————— (F. Guillelmus de), p. 230.
—————— (F. Hugo de), p. 69, 104, 129, 350.
—————— (F. Jacobus de), p. 125.
—————— (F. Johannes de), p. 73, 104, 135, 407.
—————— (F. P. de), p. 265.
—————— (F. Stephanus de), p. 397.
—————— (domus Templi de), Trecensis diocesis, p. 254, 435, 436.
—————— DUCIS (F. Americus de), p. 275.
—————————— (F. Jacobus de), p. 67, 104.
VILLARIIS (F. Anricus de), archiepiscopus Lugdunensis, p. 454.
VILLA SANA (F. Philippus de), p. 108.
—— SAPIENCIE (F. Galterus de), p. 106, 374.
—— SAUOIR vel VILLA SAVIR (F. Galterus DE), p. 83, 153.
—— SELVA vel VILLA SERVA (F. Philippus de), p. 80, 282.
—— SERVA (F. Johannes de), p. 40.
—— SOTERRA (F. Johannes de), p. 66.
—————— (Guillelmus de), p. 110.
—————— (F. Petrus de), p. 66, 110.
—— VINOSSA (F. Guillelmus de), p. 265.
VILLE DEI JUXTA STRAPIS (domus Templi). Vid. *Malo Repastu*.
VILLEPROUS (F. Arncus DE), miles, p. 488.
VILLERS (F. Galterus DE), p. 59.
—— (F. Gerot de), p. 39.
—— (F. P. de), p. 85, 86.
VILLESUBTERRE (F. Philippus DE), p. 114.
VINCENCIUS (F.), p. 342, 345.
VINEIS (F. Durandus de), p. 114.
VINERIIS (F. Durandus de), p. 108.
VINHAEUR (F. Johannes LO), p. 597.
VINHIE vel LE VINHIER (F. Gerardus LA), p. 504, 579.
VINZIACO (domus Templi de), Eduensis diocesis, p. 437.
VIRIA (F. Jacobus DE LA), p. 137.
VIROMANDIA (preceptor de), p. 622.
VISANDI vel VISSANDI (F. Johannes), p. 108, 113.
VISELLO (F. J. de), p. 97.

# INDEX.

VISINALLA (F. Arnulphus de), miles, p. 176.
VISSANDI. Vid. *Visandi.*
VIVARIIS vel VIVERIIS (F. Johannes de), p. 338; son interrogatoire, p. 355.
VIVERIIS (F. Droco de), p. 73, 104, 135.
——— (F. Durandus de), p. 82.
——— (F. Ger. de), presbyter, p. 529.
VOBERTI (F. Johannes). Vid. *Vomberti.*
VOE (F. Johannes DE LA), p. 471.
VOET vel VOHETO (Philippus DE), prepositus Pictavensis, p. 26, 71, 274, 277.
VOLENIS (F. Bartholomeus de), p. 68, 104, 132, 636.
——— (F. P. curatus de), p. 352.
——— (domus Templi de), Lingonensis diocesis, p. 505.
VOLENIS. Vid. *Vollenis*, p. 71.
VOLLANIS. Vid. *Vollenis.*
VOLLENCOURT (F. Addam DE), preceptor de Anricuria, Cameracensis diocesis, miles; son interrogatoire, p. 409, 413, 501.

VOLLENIS (F. Baudricus de), p. 437.
——— (F. Bono de), p. 77, 104, 134, 624, 630.
——— (F. Egidius de), p. 591.
——— (F. Guillelmus de), p. 630.
——— (F. Hugo de), p. 111, 125.
——— (F. Johannes de), presbyter, p. 66, 109.
——— (F. Martinus de), p. 138.
——— (F. Parisetus vel Parisius de), p. 72, 137.
——— (F. Stephanus de), p. 71, 110, 137, 297, 302, 581.
VOMBERTI (F. Johannes), p. 64, 107.
VOSSELLO (F. Bonnetus de), p. 602.
VOSSINHACO. Vid. *Vassiniacho.*
VOYA (F. Johannes DE LA), p. 133.
VRIACO (F. Johannes de), p. 608.
VUOQUIER (F. Stephanus), p. 119.
VYSOMALE (F. Arnulphus de), p. 536.

# X

XANTONENSIS (Gaufredus, episcopus). Vid. *S. Britonne.*

# Y

YEMVILLA (Johannes de). Vid. *Jamvilla.*

YENGENTIS (F. Arbertus de), p. 66.

# Z

ZALUP (Guaufredus), p. 55.
ZANOTUS, valetus preceptoris de Insula Bochardi, p. 227.
ZAPELLANS (F. Orricus), p. 133.

ZARMES (F. Robertus DE), p. 133.
ZELOT (F. Enricus), p. 84.
ZELZILS (F. Johannes DE), p. 58.

FIN DE LA TABLE DU TOME PREMIER.

www.ingramcontent.com/pod-product-compliance
Lightning Source LLC
Chambersburg PA
CBHW050057230426
43664CB00010B/1353